Jörg Sader / Anette Wörner (Hg.) — Überschreitungen

ÜBERSCHREITUNGEN

Dialoge
zwischen Literatur- und
Theaterwissenschaft,
Architektur und
Bildender Kunst

Festschrift für
Leonhard M. Fiedler
zum 60. Geburtstag

*

herausgegeben von
Jörg Sader & Anette Wörner

Königshausen & Neumann

Die Deutsche Bibliothek — CIP-Einheitsaufnahme

Ein Titeldatensatz für diese Publikation
ist bei der Deutschen Bibliothek erhältlich.

Gedruckt auf säurefreiem, alterungsbeständigem Papier
Umschlag: Hummel / Lang, Würzburg
Umschlagfoto: Anette Wörner
Bindung: RIB GmbH, 97297 Waldbüttelbrunn

Printed in Germany
ISBN 3-8260-2262-9
www.koenigshausen-neumann.de
www.buchhandel.de
www.dbdb.de

TABULA GRATULATORIA

Barbara Bauer, Burgdorf

Wolfgang Bergmann, Bremen

Jeffrey B. Berlin, Langhorne (PA/USA)

Andrea Boelke-Fabian, Frankfurt am Main

Elisabeth Borchers, Frankfurt am Main

Dieter Brockmeyer, Frankfurt am Main

Andrea Büttner, Wiesbaden

Günther Erken, München

Norbert Otto Eke, Paderborn

Rainer Ewald, Weimar

Konrad Feilchenfeldt, München

Annemarie Greisner, Königstein

Oliver Grothe, Wiesbaden

Isabella Grüner Stumpe, Barcelona

Ulrich Hackenbruch, Markersdorf

Monika Hahn, Eppstein-Vockenhausen

Nils Haupt, Leipzig

Christine Hoffmann, Frankfurt am Main

Jerzy Ilkosz, Wroclaw (Breslau)

Christian Istel, Frankfurt am Main

Bond Johnson, Malibu (USA)

Gerhard R. Kaiser, Jena

Sofia Karpouzi, Frankfurt am Main

Wolfgang Klauke, Mühlheim

Christoph Knüppel, Herfort

Katrin Krebs, Frankfurt am Main

Marlene Lohner, Wiesbaden

Ingrid Lorenz, Frankfurt am Main

Dalinda Maamar, Göttingen

Cornel Meder, Luxemburg

Jochen Meyer, Marbach a. N.

Peter Michelsen, Wilhelmsfeld

Carsten Niemann, Hannover

Dolf Oehler, Bonn

Christoph Perels, Frankfurt am Main

Alexander Martin Pfleger, Glattbach

Burkhard Pflug, Frankfurt am Main

Hermann Rath, Heusenstamm

Karin Schlootz, Offenbach

Manfred Schmeling, Saarbrücken

Ursel Schneider, Frankfurt am Main

Joachim Schröder, Ginsheim

Christel Sponagel-Goebel, Bickenbach

Martin Stern, Basel

Beate Störtkuhl, Oldenburg

Cynthia Walk, San Diego (California)

Hugo Wetscherek, Wien

Jochen Winter, Paris

Diözesanmuseum, Freising

Freies Deutsches Hochstift, Frankfurt am Main

Ludwig-von-Hofmann-Archiv, Zürich

Ein Globalisierer avant la lettre
Anstelle eines Vorworts

Globalisierung, als Wort in vieler Munde seit den letzten Jahren des 20. Jahrhunderts, ist ein höchst diffuser Begriff – und offenbar für die Fortschritte der Menschheit ebenso verantwortlich zu machen wie für grauenerregende Ereignisse, Schrecken und Terror. Völlig vergessen wird jedoch, daß die Prozesse und Ereignisse, die mit dem Begriff verbunden werden, nicht mit der Notwendigkeit von Naturgesetzen ablaufen, sondern auf das Handeln realer Personen zurückgehen. Ihnen wird nachgesagt, sie wollten zu ihrem Profit oder dem bestimmter Unternehmen eine globale Wirtschaftsordnung herbeiführen.

Diese Entwicklungen haben auch die Literatur erreicht. Zur „Weltliteratur" zählen nun, so scheint es, nicht mehr Werke, die ihrer literarischen Qualität wegen gelesen werden, sondern Bücher, die ohne Anstrengung konsumiert werden können – von möglichst vielen auf dem gesamten Globus. Bestseller treten an die Stelle von Literatur.

Zu den Menschen, die früh, noch bevor die „Globalisierung" als Mode die Predigtkanzeln erreicht hatte, eine Weltliteratur im Sinne Goethes – also gegenseitige Aneignung und Austausch des Wissens um Leben und Denken anderer Nationen – beförderten, gehört für mich der Wissenschaftler und der Mensch Leonhard M. Fiedler: für mich Leo. Als ich ihm 1973 zum ersten Mal begegnete, nahm ich ihn als singuläre Persönlichkeit wahr. Am 1968 in „Walter-Benjamin-Institut" umgetauften, dann wieder als Deutsches Seminar fungierenden Institut herrschte der Zeitgeist – im Denken wie im persönlichen Habitus. Literatur wurde unter gesellschaftsrelevanten Perspektiven auf ihren Nutzen abgeklopft, die äußere Erscheinung hatte nonkonformistisch zu sein: also lange Haare, keine ‚bürgerlichen' Umgangsformen, das Stricken während des Seminars galt als Befreiung der Frau schlechthin. Leo betonte die Differenz: Er bot ein Seminar über Kabarett um die Wende vom 19. zum 20. Jahrhundert an und leitete es im Anzug mit Seidenkrawatte. Unter vergleichender Literaturwissenschaft verstand er eine genaue Betrachtung ganz unterschiedlicher Literatur um der Literatur und der Kultur willen – nicht den Vergleich unterschiedlicher Gesellschaftssysteme.

Leo war bewußt, daß dies sinnvoll von einem relativ provinziellen Frankfurt aus nicht geleistet werden konnte – auch wenn sich die Stadt damals als eine der weltweit bedeutendsten Bewahrerinnen der revolutionären Tradition verstand. So mußte es denn wohl kommen, daß er den Beinamen „Leo Jet set" erhielt. Denn „Leo Jet set" hielt sich selbstverständlich häufig in den USA auf – wohin denn waren sie vor allem gegangen, die aus Nazi-Deutschland vertriebenen Intellektuellen? Ihm war klar, daß ein Frankfurtzentrismus oder selbst ein Eurozentrismus bei weitem nicht ausreichen würden, um im Wortsinne vergleichende Literaturwissenschaft zu betreiben. Und so wurde Leo einer der ersten, die Globalisierung praktisch umsetzten, genauer: ein Kosmopolit, der zu seinen fundamentalen Überzeugungen die aufklärende Funktion von Weltliteratur, besonders des Welttheaters, zählt und entsprechend lebt.

Stephanie Tyszak

Inhalt

II.

III.

Richard Exner

Das Versprechen

zum 19. III. 2002

Kaum größer als
ein Apfel das schwarze
Knäuel den Fluß nicht breiter
als ein Steinwurf hinuntereilend
spielerisch dotzend zwischen Gräsern
die Ufer in Blumen rot und gelb –
eine blaue Kuppel im Wasser
zerspiegelt bricht sich
an diesem nassen
Schwarz.

War das der Tod?

Wir sahen seine Fäden Stränge
seine Sehnen in den kristallenen
Wellen. Beringte Hand die einen
Teppich wusch zur Taufe
eines Kindes.

Es war
wie ein Versprechen.
Und es war der Tod.

Vielleicht
wird unser Leben noch
vor dem Ende durchsichtiger
wie dieser Fluß der um
den schwarzen Apfel
schnellt.

Aber die Farben!

Siehst du die Farben?
Wie sie ihr buntes Leben
Tropfen für Tropfen
auf unsere Zunge
zerstäuben:

Eine buchstabierte
Lust.

Marlene Lohner

Vom „geistigen Handel und Wandel"
Zur Poetologie des *West-östlichen Divans*

Lieber Herr Fiedler,
es freut mich, daß sich mir fast ein Jahr nach dem Erscheinen von ‚Goethes Caravanen'[1] zu Ihrem FEST noch einmal SCHRIFTlich die Gelegenheit bietet, Ihnen für Ihre aufbauende Kritik, Ermutigung und akribische Sorgfalt als Herausgeber zu danken. Niemand weiß besser als Sie, was zu den Verkörperungen der Phantasie in Goethes Spätwerk in „unserem" Buch noch alles hätte gesagt werden können. Einiges davon sei Ihnen hier in Form von Gedankensplittern mit allen guten Wünschen auf die nächste Lebensetappe mitgegeben.

Der viel zu früh verstorbene Norbert Altenhofer wäre über die Entdeckung, daß sich unter den Divan-Caravanen in „schalkhafter Vermummung" ein poetologischer Begriff verbirgt, die Phantasie nämlich, wohl eher erfreut gewesen als verwundert. Denn er war auf gleicher Spur: Er widmete Rudolf Hirsch seinen Aufsatz „im Gedanken an das ungeschriebene Buch des West-östlichen Divans" und nannte ihn *Poesie als Auslegung.*[2] Im Zentrum der Betrachtung steht der Vierzeiler, der im *Divan* die Mitte zwischen Lyrik und Prosateil bildet, eine Art Motto, dem laut Altenhofer der „Status einer aesthetica und hermeneutica in nuce" zukommt:

Wer das Dichten will verstehen
Muss ins Land der Dichtung gehen;
Wer den Dichter will verstehen
Muss in Dichters Lande gehen.

Zu den beiden ersten Zeilen des Vorspruchs schreibt Altenhofer: „Die Forderung ‚Wer das Dichten will verstehen / Muss ins Land der Dichtung gehen' impliziert eine bewußte Abwendung von der Realität des praktischen Lebens und das Eintreten in ein Reich, in dem nur die Macht der Phantasie und die Gesetze der literarischen Tradition Geltung haben."[3] Ähnlich lautet die Definition dieser Zeilen bei Ursula Wertheim, die sich meines Wissens als erste eingehender mit dem Vorspruch beschäftigt hat. „Um Verständnis für den Prozeß des Dichtens zu gewinnen, ist es notwendig, sich auf Flügeln der Phantasie in den Bereich der Ideen, Fabeln, Märchen, der Poesie schlechthin zu begeben, jedenfalls hinweg aus der rauhen Wirklichkeit."[4] Die Definitionen beider Forscher sehen das „Land der Dichtung" als der Wirklichkeit entgegengesetzt und einem Raum der Phantasie zugeordnet, in dem andere Regeln gelten. Hier geht es vorwiegend um das Verstehen des Schaffensprozesses, um produktive Poetologie.

Die beiden letzten Zeilen legen laut Altenhofer dagegen nahe, daß hier auf literarische Erfahrung angespielt werde, „konkret: Lektüre von Werken, die eine Anschauung vom historischen und gesellschaftlichen Lebenskreis östlicher Dichter vermitteln, wie Goethe es beispielhaft in seinem Kapitel über den ‚Reisenden' Pietro de la Valle vorschwebte; denn er habe erst durch diese Darstellung seinem *Divan* „einen eigentümlichen Grund und Boden gewonnen." An dieser Stelle folgt in den *Noten* im Kapitel „Entschuldigung" die Variation des Vorspruchs:

Wer den Dichter will verstehen
Muss in Dichters Lande gehen
Er im Orient sich freue
Dass das Alte sei das Neue.

Im Verlauf seiner Ausführungen gelingt Altenhofer der Nachweis, daß Goethe im *Divan* den „klassisch-organischen Kunstbegriff der früheren Jahre, für den individueller Erlebnisausdruck und höhere Bedeutung identisch sind", hinter sich gelassen habe zugunsten eines „Geistigen, das nicht mit den sinnlichen Gegenständen eins wird, sondern als sie verknüpfendes, über ihnen schwebendes Prinzip wirksam ist." So sei Thema des Buchs Suleika „nicht Liebe, erfüllte oder entsagende, sondern der Vorgang, wie Liebe sich in Literatur verwandelt." (114) Die *Noten* sind für Altenhofer „einmal eine Stufe der Aneignung des Fremden, die den Gedichten vorausliegt: die der Materialaufbereitung und der Vermittlung von kulturhistorischem Grundwissen. [...] Zum anderen aber entwickelt der Prosateil in diskursiver Form Perspektiven künftiger Aneignung, die über das bereits poetisch Gestaltete hinausgehen." (121) Goethes ästhetisches Bewußtsein der *Noten* sei nicht mehr auf die Autonomie der poetischen Gebilde fixiert, sondern hebe „ihren Weg vom Dichter zum Leser ins Licht [...], Produktion und Rezeption als Aspekte eines nicht endenden Vorgangs kultureller Aneignung begreifend, zu dessen Verständnis es der Kenntnis des Autors und seines Publikums bedarf" (121). Die poetische Idee des *Divan* „entfaltet sich als vielfach gebrochene Bewegung zwischen Poesie, Auslegung von Poesie und Poetisierung der Auslegung" (117).

Seit langem wandte Goethe naturwissenschaftliche Erkenntnisse oder Gesetzmäßigkeiten auf Struktur, Sprache oder Thematik seiner Dichtungen an, um durch Mehrfachbilder den Assoziations- und Analogiereichtum seiner Spätwerke zu vertiefen.[5] So empfand er die aus der Bekanntschaft mit den persischen Dichtern gewonnenen Erkenntnisse als eine dankbar begrüßte Möglichkeit, die eigene

Produktivität anzufachen, eigene und gänzlich neue Ausdrucksmöglichkeiten durch Spiegelung im „Alten" auf eine Weise zu steigern, die ihn zutiefst beglückte: „Ich war wie neu geboren".

Die Bitte des Dichters zu Anfang der *Noten*, man möge ihn auf seinem Weg in die fremde Kultur als einen reisenden Kaufmann betrachten, der „seine Waren gefällig auslegt", scheint allerdings schon mehreren Auslegern einiges Kopfzerbrechen bereitet zu haben. Altenhofer versucht folgende Erklärung: „Die Metapher des geistigen Handelsverkehrs, des kulturellen Warenaustauschs, deutet die sozialgeschichtliche Perspektive an, in der Goethes west-östliches Unternehmen schärfer gesehen werden kann. Die Aufgabe des Dichters als die eines Handel Treibenden zu verstehen, der fremde und geistige Waren verfügbar macht, setzt voraus, daß diese Güter generell verfügbar geworden sind. Man kann in dieser Auffassung das zutiefst bürgerliche Bewußtsein eines Autors sehen, der äußerlich in der Stellung eines Hofbeamten verharrt. Daß kulturelle Errungenschaften ‚Waren' werden, impliziert ihre Loslösung aus kultischen und repräsentativen Funktionen, [...] das Fraglichwerden ihrer Autonomie, die sie der Entbindung von diesen Funktionen verdankten und die im Fremdartig-Kostbaren der ‚gefällig ausgelegten' Gebilde noch einmal aufleuchtet" (122-23). Der sozialgeschichtliche Ansatz ist m. E. zu weit hergeholt und bedenkt zu wenig, daß Goethes späteres gegenständliches Denken sich immer an solchen Bildern entzündete, die durch ihre Assoziations- und Analogiefülle das Wirkliche ins „Grenzenlose" zu erweitern vermochten. Daß diese Fähigkeit oder Gabe ein Hauptmerkmal seines Künstlertums ausmachte, war Goethe zweifellos bewußt. Boisserée gegenüber charakterisiert er seine eigene Dichtart im Unterschied zu der orientalischen folgendermaßen: er bringe „von den Alten mehr Bildung und Bildlichkeit mit. Das ist gerade das einzige, was den Orientalen abgeht, die Bilder–. Insoweit sei er so eitel und übertrieben zu sagen, daß er darüberstehe, das Alte und Neue verbinde –."[6] Die bisherigen interpretatorischen Schwierigkeiten mit der „merkantilischen Terminologie"[7] liegen doch wohl nur darin, daß die symbolisch-allegorische Identität von Caravanen und Phantasie sowie der organisch sich ergebende Bezug zu den Waren als den vom Geist eroberten Schätzen noch nicht erkannt war.[8] Um *geistigen* Handel und Wandel[9] geht es also im ganzen *Divan*. Die Kenntnis der in jüngerer Zeit erschlossenen Stoffülle der orientalischen Quellen ist ein Faszinosum; aber entscheidend für das Verständnis des goetheschen *Divan* wird immer sein, wie der Dichter dem „Alten" begegnete und wie sein eigenes „Neues" daraus entstand.[10]

In das programmatische Eingangsgedicht *Hegire* sind alle wichtigen Farben und Töne des *Divan* bereits eingegangen, so auch die strukturelle Vorgabe eines unregelmäßigen, aber beständigen Wechsels von vertikaler oder horizontaler Bewegung, die von „des Ursprungs Tiefen" durch Wellen der Wüste zu „Höherem und Höchstem" führt. Dieser Gedankenreisende flüchtet gleichsam im Sturzflug („Schon ist er im Orient angelangt")[11] durch alle vier Elemente hindurch in frühe Räume und Zeiten, um „ein deutsches Herz von frischem zu ermuthen"[12]. Wenn sich hier der Dichter unter die Hirten mischt, geht es scheinbar nur um den „Beduinenzustand". Aber bei dieser fiktiven Reise steht von Anfang an das Dichten im Vordergrund, das sehr bewußt eingesetzte Spiegeln der Dichtung innerhalb der Dichtung. So auch in der vierten, der mittleren Strophe:

> Will mich unter Hirten mischen,
> An Oasen mich erfrischen,
> Wenn mit Caravanen wandle,
> Schawl, Caffee und Moschus handle;
> Jeden Pfad will ich betreten
> Von der Wüste zu den Städten.

Hier hat nun die Phantasie selber ihren großen Auftritt, wenn sie in „schalkhafter Vermummung" und in „würdiger Begleitung aller Elemente" in ihrer Verkörperung durch die Caravanen erscheint.[13] Und wenn der Dichter dann behauptet, er werde mit den Caravanen „jeden Pfad [...] von der Wüste zu den Städten" betreten, dann verweist diese Behauptung des Unmöglichen sogleich auf das tertium comparationis des Bildes, nämlich auf das Hin- und Widerschweifen in unbegrenzter Breite. Aber damit nicht genug. Zu den Caravanen gesellen sich als das Dazugehörige die Waren. In der *Hegire* verbirgt sich hinter ihnen eine weitere wichtige Quelle der Erneuerung, nämlich die der fünf Sinne. Im Schawl versteckt sich der Tastsinn, im Caffee und Moschus Geschmacks- und Geruchssinn; in der fünften Strophe wenden sich die Lieder ans Gehör, und der Blick des Sängers zu den Sternen deutet in bezeichnender Steigerung auf den höchsten Sinn, das Auge. Um Rehabilitierung und Resensibilisierung der Sinne ging es schon dem Stürmer und Dränger. Nur wird das in der Jugend unmittelbar in Ausdruck umgesetzte Gefühl auf der Divan-Stufe zu jener unnachahmlichen Mischung, die das Geisterzeugte, das „Gesetz" mitdenkt.[14] Goethes eigene Zusammenfassung im Kapitel „Endlicher Abschluß!" sieht die persische Dichtkunst, und damit die eigenen Divan-Gedichte, „in ewiger Diastole und Systole begriffen [...] immer geht es darin ins Grenzenlose und gleich wieder ins Bestimmte zurück. Der Herrscher ist Weltlicht und zugleich seines Reiches Herr, die Wohlgerüche seines Leibgurts sind dem Saturn noch ruchbar, und so weiter fort strebt Alles hinaus und herein, aus den fabelhaftesten Zeiten zum augenblicklichen Hoftag. Hieraus lernen wir abermals, daß ihre Tropen, Metaphern, Hyperbeln niemals einzeln, sondern im Sinn und Zusammenhange des Ganzen aufzunehmen sind."[15] Dies ist Divan-Poetologie *in nuce*. Auch die Caravanen samt ihren Waren sind das Bestimmte, sind Beduinenzustand. Aber kaum ist das Bild angedeutet, wird das Gedicht im Aussprechen des Unmöglichen in jenen Schwebezustand versetzt, der „zwischen dem Sinnlichen und Übersinnlichen hin- und herwogt, ohne sich für eins oder das andere zu entscheiden."[16]

Ganz ähnliche Muster geistiger Bewegung durchziehen die Prosa der *Noten und Abhandlungen*. Nicht selten führt ein Kapitel anfangs „in Dichters Lande", also in die mit großer Aufmerksamkeit aufs Einzelne beschworene Überlieferung und historische Dokumentation, um sodann fast unmerklich ins „Land der

Dichtung“ überzugehen. So z. B. in „Neuere und neuste Reisende“: „Über die Halbinsel hinunter bis Java können wir nach Belieben [...] unsere Übersicht ausdehnen und uns im Besondersten unterrichten; und so öffnet sich den jüngern Freunden des Orients eine Pforte nach der anderen, um die Geheimnisse jener Urwelt [...] sowie die Herrlichkeit der Poesie kennen zu lernen, in die sich reine Menschheit, edle Sitte, Heiterkeit und Liebe flüchtet, um uns [...] zu überzeugen, daß doch zuletzt in ihr das Heil der Menschheit aufbewahrt bleibe.“[17] Bei seinem Versuch, gültige Kriterien für eine Poetologie der persischen Poesie zu finden (die oft genug zu wichtigen Einsichten in Goethes eigene Schreibweise werden), fasziniert ihn immer wieder das Problem einer vergleichenden Wertung. Er denkt nach über das Phänomen, daß „der Orientale, seltsame Wirkungen hervorzubringen, das Ungereimte zusammenreimt“[18]; doch solle der Deutsche, dem solches begegnet, „dazu nicht scheel sehen“. Und er fährt fort: „Die Verwirrung, die durch solche Produktionen in der Einbildungskraft entsteht, ist derjenigen zu vergleichen, wenn wir durch einen orientalischen Bazar, durch eine europäische Messe gehen. Nicht immer sind die kostbarsten und niedrigsten Waren im Raume weit gesondert, sie vermischen sich in unseren Augen, und oft gewahren wir auch die Fässer, Kisten, Säcke, worin sie transportiert worden. Wie auf einem Obst- und Gemüsemarkt sehen wir nicht allein Kräuter, Wurzeln und Früchte, sondern auch hier und dort allerlei Arten Abwürflinge, Schalen und Strunke.“[19] Hier also, im Abschnitt „Allgemeines“, erscheint das mit scharfem, liebevollem Blick[20] und vor allem mit Humor gezeichnete Waren-Gleichnis, um damit den rein poetologischen Sachverhalt vor Augen zu führen, daß ein orientalischer oder auch ein orientalisierender Dichter neuerer Zeit sich gelegentlich wohl erlauben dürfe, in seinen Hyperbeln, Metaphern, Tropen das eigentlich Unverträgliche in einem Bilde miteinander zu verknüpfen. Diese Dichtart setze Übersicht über das Weltwesen, Besonnenheit und Ironie voraus, recht eigentlich Eigenschaften, die man im Deutschen mit dem Wort „Geist“ bezeichne.[21]

In diesem Sinne spricht Goethe – dabei Hammer folgend – einem neueren Dichter „Orientalität“ zu, dessen bizarre Sprachphantasie bei ihm und Schiller zwanzig Jahre früher noch auf heftige, auch in den *Xenien* verewigte Ablehnung gestoßen war. Jetzt aber, in „Vergleichung“[22], sieht Goethe in Jean Paul einen „verständigen, umschauenden, einsichtigen“ Mann, der allerdings in einer „ausgebildeten, überbildeten, verbildeten, vertrackten Welt leben und wirken und eben daher sich anschicken muß, die seltsamsten Elemente zu beherrschen.“ Und nun, wenngleich „auf völlig verschiedener Unterlage“, vollzieht Goethe den Schulterschluß: „Ein so begabter Geist lebt, nach eigentlichst orientalischer Weise, munter und kühn in seiner Welt, erschafft die seltsamsten Bezüge, verknüpft das Unverträgliche, jedoch dergestalt, daß ein geheimer ethischer Faden sich mitschlinge.“ Es folgt dann eine Liste mit Ausdrücken, die Goethe aus Jean Pauls *Hesperus* zusammengestellt hat, wie Barrierentraktat, Nebenrezeß, Bruststücke, kanonischer Billardsack, Manualpantomime, Sabbaterweg usf., und dann resümiert er: „Wenn nun diese sämtlichen Ausdrücke einem gebildeten deutschen Leser bekannt sind, oder durch das Konversationslexikon bekannt werden können, gerade wie dem Orientalen die Außenwelt durch Handels- und Wallfahrtskarawanen, so dürfen wir kühnlich einen ähnlichen Geist für berechtigt halten, dieselbe Verfahrensart auf einer völlig verschiedenen Unterlage walten zu lassen." Hier also, innerhalb eines rein poetologischen Kontexts, vergleicht Goethe die Produkte von Jean Pauls üppig schweifender Phantasie und damit auch der eigenen, mit den Waren orientalischer Handelskarawanen.[23] Und schließlich entläßt er seinen Leser noch mit dem Wink: „Man übt seinen eigenen Witz, indem man die wunderlich aufgegebenen Rätsel zu lösen sucht, und freut sich in und hinter einer bunt verschränkten Welt, [...] Unterhaltung, Erregung, Rührung, ja Erbauung zu finden."

Im *West-östlichen Divan* gibt es ein Gedicht, das alles bisher Gesagte in sich enthält und auf wundersame Weise steigert.[24]

Kaisergaben

Nur wenig ist's was ich verlange,
Weil eben alles mir gefällt,
Und dieses Wenige, wie lange,
Gibt mir gefällig schon die Welt!

Oft sitz' ich heiter in der Schenke
Und heiter im beschränkten Haus;
Allein sobald ich dein gedenke,
Dehnt sich mein Geist erobernd aus.

Dir sollten Timurs Reiche dienen,
Gehorchen sein gebietend Heer,
Badakschan zollte dir Rubinen,
Türkisse das Hyrkan'sche Meer.

Getrocknet honigsüße Früchte
Von Bochara dem Sonnenland,
Und tausend liebliche Gedichte
Auf Seidenblatt von Samarkand.

Da solltest du mit Freude lesen
Was ich von Ormus dir verschrieb,
Und wie das ganze Handelswesen
Sich nur bewegte dir zu lieb;

Wie in dem Lande der Bramanen
Viel tausend Finger sich bemüht,
Daß alle Pracht der Indostanen
Für dich auf Woll' und Seide blüht;

Ja, zu Verherrlichung der Lieben,
Gießbäche Soumelpours durchwühlt,
Aus Erde, Grus, Gerill, Geschieben
Dir Diamanten ausgespült;

Wie Taucherschaar verwegner Männer
Der Perle Schatz dem Golf entriß,
Darauf ein Divan scharfer Kenner
Sie dir zu reihen sich befliß;

Wenn nun Bassora noch das Letzte,
Gewürz und Weihrauch, beigethan,
Bringt alles was die Welt ergetzte
Die Caravane dir heran.

Doch alle diese Kaisergüter
Verwirrten doch zuletzt den Blick;
Und wahrhaft liebende Gemüther
Eins nur im andern fühlt sein Glück.

Die Ausgangssituation dieses Gedichts ist die einer doppelten Polarität. Erst wird aus Wenigem „alles", und in der zweiten Strophe folgt auf die Ortsbestimmung „im beschränkten Haus" sogleich die gedankliche Beschwörung der Geliebten; wiederum als deren Folge „dehnt sich mein Geist erobernd aus"[25]. Erobernd wie der Kaiser, diesem aber überlegen durch Geist und Liebe, sendet der Handelsmann immer neue Phantasiekarawanen aus, um „zur Verherrlichung der Lieben" die kostbarsten Waren herbeizuschaffen. Unter diesen befinden sich auch jene tausend ost-westlichen Gedichte auf Seidenblatt aus Timurs transoxanischer Residenzstadt, welche der Dichter der Geliebten „verschrieb“, d. h. „übertragen, zuweisen, ein Terminus der Rechts- und Kaufmannssprache, hier metaphorisch für die Gaben des Liebenden“[26]. Hier in der Mitte des Gedichts vollzieht sich also ein geradezu von artistischem Übermut zeugender Balanceakt einer poetischen Spiegelung, wo das Aufgebot des „ganzen Handelswesens“ zum Zweck freudiger Lektüre für Suleika erklärt wird. Während die drei nächsten „Waren“-Strophen, den Leseinhalt jener Gedichte beschreibend, grammatikalisch durch den Übergang zu unkonjugierten partizipialen Verbformen immer mehr „abheben“[27], widmet der Dichter eben diesen Strophen mit scharfem, liebevollem Blick jene „Aufmerksamkeit aufs Einzelne“, den „irdischen Ballast“, wodurch solch ein „herrlicher Luftballon“ vorm Verschweben ins Allgemeine bewahrt wird.[28] Auch die folgende Strophe wird kräftig durch das „sichtlich Sinnliche“ gestützt, und doch entsteht der Eindruck, daß hier der „innere Sinn“ sich mindestens so stark betätigt habe. Seit *Lied und Gebilde* wird die dem flüssigen Element durch des Dichters „reine Hand“ abgewonnene runde Form im *Divan* durchweg mit dem abgeschlossenen Kunstwerk identifiziert, vom „Buch der Sprüche“ an in ihrer kostbarsten Ausprägung als Perle mit ihrem „milden Schein“[29]. Eine weitere, wieder poetologische Steigerung erfährt die achte Strophe dadurch, daß sich an dieser Stelle die einzige Erwähnung des Titelworts „Divan“ findet als jener „Versammlung“ von Kennern, welche die einzelnen Perlen zur Kette reiht, wie Goethe seine Divan-Gedichte zum Zyklus (oder: wie im Sinne verschlüsselt vorgetragener gesellschaftlicher Implikationen der Einzelne in einer Gemeinschaft erhöhten Sinn erfahren kann, auch im Selbstopfer, ebensowohl aber Auslöschung des Individuums in der Menge, wie im „Buch Timur“).

Unter den Waren, die das ganze imaginäre Handelswesen herbeischafft, sind solche, die als Wolle, Seide, Früchte, Gewürz und Weihrauch eher der organischen Natur entstammen, unter denen sich zugleich aber, wie in der *Hegire* die menschlichen Sinne verstecken, eine Deutung, die auch von Boisserées Tagebuchnotiz über das „prachtvolle Stück“ gerechtfertigt scheint, wenn es dort heißt, daß in diesem Gedicht „alle Elemente alle Kräfte der Natur und Menschen in Bewegung gesetzt werden“, vermutlich eine Paraphrase des an diesem Tag von Goethe selber Gehörten.[30] Die übrigen Waren sind Edelsteine, Türkis und Rubin, Diamant und Perle, Juwelen, die die Schönheit der Geliebten noch erhöhen: „Denn geschmückt ist sie ein Wunder“[31]. Wie stark sich die Lektüre von *1001 Nacht* auf Goethes Schaffen ausgewirkt hat, ist seit den fünfziger Jahren von Momme und Katharina Mommsen immer wieder überzeugend nachgewiesen worden. Auch das Motiv, eine umworbene Schöne mit Edelsteinen zu beschenken, stammt dorther.[32] Viele Dichter haben, von der Antike bis zu Gottfried Benn, Edelsteine als Kunstsymbole benutzt, aber der Eindruck drängt sich auf, daß sie in Goethes Werk eine besondere Rolle spielen. Im Sommer und Herbst 1794 hatte sich die Freundschaft zwischen Goethe und Schiller gefestigt. Nach seinem Aufenthalt in Goethes Haus im September 1794 übersandte Schiller am

20. Oktober Goethe seine *Briefe zur ästhetischen Erziehung des Menschen*. Goethe antwortete umgehend, er habe das übersandte Manuskript mit „großem Vergnügen“ gelesen, „ich schlurfte es auf einen Zug hinunter.“ Goethe erwidert im Sommer 1795 die Gabe mit seinem *Märchen* aus den *Unterhaltungen deutscher Ausgewanderten*. In beiden Arbeiten geht es – mit verschiedenen Mitteln – um eine Art Gegen-Utopie zur Französischen Revolution, daß nämlich wahre Erneuerung nur durch Sensibilisierung des menschlichen Charakters durch Kunst auf Dauer zu erreichen sei. Goethe greift im *Märchen* Schillers Definition der gesamten Kunstebene als „schönen Schein“ dadurch auf, daß er allen schöpferisch wirkenden Figuren und Gegenständen des *Märchens* wundersame Eigenschaften des Leuchtens, Scheinens oder Glänzens verleiht, also die abstrakte substantivische Bestimmung umwandelt in verbale Tätigkeit.[33] Und immer dort, wo die Übergänge zwischen dem Bereich der Kunst und dem der Wirklichkeit durch geistige „Vermittlung“ geschieht, wie z. B. beim Bau jener glänzenden Brücke durch den Opfertod der Schlange, erscheinen diese Verben als Attribute von Edelsteinen: Der Schlange „schöner, schlanker Körper war in tausend und tausend leuchtende Edelsteine zerfallen; [...] Wie leuchtende und blinkende Sterne schwammen die Steine mit den Wellen hin.“[34] Sie finden sich an vielen Stellen des Spätwerks, besonders eindrucksvoll im ersten und dritten Akt des *Faust II*. So wenn Lynkeus aus dem „Schoß“ der Burg den „allergrößten Schatz“ herbeiholt, um die höchste Schönheit würdig zu empfangen, diese Herrscherin mit allen Insignien der Kunst des Scheins zu schmücken (V. 9340-41). In der Mummenschanz des ersten Aktes erscheint der Knabe Wagenlenker, Inkarnation der Poesie, auf einem geflügelten Viergespann, das durch die Menge „schweift“, ohne Spuren zu hinterlassen. In der Hoffnung, damit auch den Geist zu entzünden, wirft er seine Schätze unter die Leute, doch indem diese nur gierig danach haschen, verwandelt sich der ganze glitzernde Tand zu Käfern in ihrer Hand. So schickt ihn sein „Vater“ Plutus, mit Turban und Mondgesicht wie ein Divan-Zitat auftretend, „Dorthin, wo schönes Gutes nur gefällt / Zur Einsamkeit! – Da fasse Deine Welt“ (V. 5695/6).

So sind wir denn wieder bei unserem Divan-Gedicht, das mit dem gleichen Reim beginnt, und dessen zweite Strophe – wie ähnlich in anderen Divan-Gedichten – den Dichter am Ort produktiver Einsamkeit zeigt, wo sich, der Geliebten gedenkend, der Geist erobernd ausdehnen kann. Indem ein Teil der von den Karawanenzügen mitgebrachten „Waren“ auf den Bereich des schönen Scheins verweist, rückt das Gedicht *Kaisergaben* noch näher an Gedichte mit hohem Anteil an poetologischem Gehalt heran, wie die anderen Caravanen-Gedichte, fast das gesamte „Buch des Sängers“ und „Buch Hafis“, auch das meiste im „Buch Suleika“ und vieles andere mehr. Noch kunstvoller, ja überraschend modern wirkt das Gedicht *Kaisergaben* durch einen weiteren Aspekt, auf den ich am Ende dieser Untersuchung mit Hilfe eines Selbstzitats hinlenken möchte.[35]

Vermutlich ist es richtig, daß Goethe zum Schreiben von *Kaisergaben* durch den Klangreiz der orientalischen Namen angeregt wurde (unter den „vermummten" Sinnen fehlte bisher ja auch noch das Gehör!). Aber wenn wir zunächst annehmen, „es handele sich hier um einen an orientalische Namen geknüpften Zug gen Osten, so ergibt die geographische Überprüfung etwas ganz anderes. Da geht es im Zickzack von Badakschan im Nordosten geradewegs westlich zum Kaspischen Meer, von da wieder östlich bis Samarkand, dann scharf südwestlich nach Ormus, von dort zum fernen Indischen Ozean ans Gangesdelta, nach Industan, und schließlich wieder zurück zum Persischen Golf in die Nähe von Schiras, dem geistigen Ausgangspunkt, sowie nach Basra am Zusammenfluß von Euphrat und Tigris. Mit anderen Worten: Die Caravanen schweifen hin und wider, sie wogen hin und her, im Zickzack, kreuz und quer.[36] Diese Verse zeigen nicht nur auf, daß Schätze der Phantasie wie orientalische Handelswaren transportiert werden; das Gedicht ist darüber hinaus Inbild und Abbild der Phantasie selber. In reinster Abspiegelung tritt hier die Idee in die Welt der Erscheinungen. Es gelingt etwas, was Goethe am 3. August 1815 dem jungen Freund Sulpiz Boisserée als Wunschvorstellung anvertraut: „Das ist die höchste Höhe der Kunst, wo der Gegenstand gleichgültig wird, [...] sie rein absolut, wo der Gegenstand nur der Träger ist."

Wie sehr das Denken des älteren Goethe darum kreist, die Gefahren aufzuzeigen, die dem Menschen nicht nur seiner Gegenwart durch die Entfremdung von der Natur, dem Verlust eines gesicherten Glaubens, durch Verhirnung und „Zerstückelung" drohen, durch fehlgeleitetes „Maschinenwesen" oder grobes Nutzdenken, das wurde von der jüngeren Forschung endlich erkannt. Erneuerung und Sensibilisierung durch Phantasie war seine Hoffnung, zunächst für die grössere Gemeinschaft von Menschen, später wohl nur noch für Einzelne.

Reflektieren über Poetologie, ihr Spiegeln und Aufscheinen im Gedicht wurden Goethe zunehmend wichtig. Vermutlich, lieber Herr Fiedler, hätte das leider ungeschriebene Buch Ihres Freundes Norbert Altenhofer zu ähnlichen Fragen und Gedankengängen neue Aufschlüsse geliefert.

Anmerkungen:

1 Marlene Lohner: Goethes Caravanen. Verkörperungen der Phantasie im Spätwerk, hg. v. Leonhard. M. Fiedler, Frankfurt/M. 2001.

2 Norbert Altenhofer: Poesie als Auslegung, in: Für Rudolf Hirsch zum Siebzigsten Geburtstag, hg. v. J. Hellmut Freund, Frankfurt/M. 1975, S. 108-132; wieder abgedruckt in: Norbert Altenhofer: Poesie als Auslegung. Schriften zur Hermeneutik, hg. v. Volker Bohn, Leonhard M. Fiedler, Heidelberg 1993, S. 19-46. Ich zitiere nach 1975.

3 Diese Interpretation von Altenhofer wurde von Karl Richter als Stützung seiner eigenen Gedanken über den Vorspruch in die Münchner Ausgabe übernommen: J. W. Goethe: Sämtliche Werke nach Epochen seines Schaffens. Münchner Ausgabe, Bd. 11.1.2., hg. v. Karl Richter in Zusammenarbeit mit Katharina Mommsen und Peter Ludwig, München 1998, bes. S. 743-44. Diese Ausgabe ist m. E. der beste und ausführlichste Kommentar, der

sowohl die Quellen wie vor allem deren Umbildung in Goethes Einbildungskraft und damit sein „eigenes Poetisches" im Auge hat. Hier werden auch die Forschungsergebnisse der letzten 10-20 Jahre minutiös, aber auch dem Goethe-Liebhaber verständlich eingearbeitet. Zu *Hegire*: a. a. O., 11.1.2 S. 432-38

4 Vgl. Ursula Wertheim: Von Tasso zu Hafis, Berlin 1965, S. 239-47, bes. S. 240

5 So die entoptischen Spiegelungen. Wie ihre Anwendung auf Goethes Dichtart, hier auf den *Divan*, zu verstehen ist, faßt Karl Richter folgendermaßen zusammen: „Gemeint ist ein Verfahren, das die dargestellte Welt sehr bewußt von Mehrfachbildern aus aufbaut, die wiederholen, variieren oder auch kontrastieren – eine Technik der Auffächerung und Perspektivierung, die die „wiederholten Spiegelungen" zum Prinzip der Aussage macht. Seinen Abschnitt „Aspekte einer nachklassischen Poetik" in der Einführung zum *Divan* faßt Richter dann zusammen: „Daß die Vorgabe der Wirklichkeit nur auf dem Wege von Mehrfachabbildungen darstellbar war, löste den mimetischen Bezug auf. Genau hier lag die poetologische Provokation, die von der Entoptik ausging. Darin lag aber auch ihr Beitrag zu einer Modernität des späten Goethe, die sich aus dem Orientierungsrahmen der Mimesis-Poetik befreit." A. a. O. S. 326-32

6 Sulpiz Boisserée: Tagebücher, 3. 8. 1815

7 Vgl. Anm. 26 bei Altenhofer. Er beruft sich hier auf Katharina Mommsens Interpretationsversuch des Gedichts *Den Gruß des Unbekannten ehre ja!*, aus dem Buch der Betrachtungen, wo sich die Zeile findet „Nun tauschet Waar' um Waare, theilt Gewinn!", die in einem Gedicht an einen preußischen General von Mommsen als zumindest „seltsam genug" bezeichnet wird. Die „merkantilische Terminologie" erscheint Mommsen „auffällig, ungewöhnlich. Anscheinend hat hier die Quelle ihren Einfluß geltend gemacht." Und sie zitiert das Buch Kabus: „Zum Handel such' keine Waaren, welche wenig gesucht und spät gekauft werden, sondern kauf' Waaren, welche häufig gesucht und schnell zu verkaufen sind." Oder „Jeder Mensch stiftet Nutzen, der aus Begierde, sein Geld zu vermehren, die Waaren des Morgenlandes nach dem Abendlande und die Waaren des Abendlandes nach dem Morgenlande bringt und sie über Berge und Felsen, über Ebenen und Meere verführt [...] Aus diesem Grunde gibt es nichts Größers als den Kaufhandel." Katharina Mommsen: Goethe und Diez, Berlin 1961, S. 137-39. Dem hält Altenhofer entgegen: „Mit dem bloßen Einfluß orientalischer Quellen ist die gehäufte Verwendung ‚merkantilischer Terminologie' in Lyrik und Prosa des ‚Divans' nicht befriedigend zu erklären. Ware, Handel, Tausch und verwandte Metaphern haben im ‚West-östlichen Divan' keinen peiorativen Beigeschmack, sondern bezeichnen Gegenstand und Modus freier, individueller und kultureller Kommunikation." Norbert Altenhofer: Poesie als Auslegung, a. a. O., S. 131

8 Vgl. bes. Kap. 2 und 5 von Marlene Lohner: Goethes Caravanen.

9 Vgl. den Abschnitt „Verwahrung" der *Noten*.

10 Siehe Ankündigung des *Divan* im „Morgenblatt für gebildete Stände" vom 24. Februar 1816, zitiert bei H. J. Weitz: Goethe. West-östlicher Divan, Wiesbaden 1951, S. 407-9

11 Ebd., („Morgenblatt"), S. 408

12 Hamburger Ausgabe (HA) II, 24

13 In den *Noten*, im Abschnitt „Künftiger Divan" heißt es: „Der geistreiche Mensch, nicht zufrieden mit dem, was man ihm darstellt, betrachtet alles, was sich den Sinnen darbietet, als eine Vermummung, wohinter ein höheres geistiges Leben sich schalkhaft-eigensinnig versteckt, um uns anzuziehen und in edlere Regionen aufzulocken. Verfährt hier der Dichter mit Bewußtsein und Maß, so kann man es gelten lassen, sich daran freuen und zu entschiedenerem Auffluge die Fittiche versuchen." HA II, 197

14 Vgl. Marlene Lohner, a. a. O. S. 27

15 HA II, 263

16 HA II, 197. Zu dieser Verknüpfungssucht gibt Goethe in den *Noten* („Allgemeines“) folgende Erklärung: „Die Fruchtbarkeit und Mannigfaltigkeit der persischen Dichter entspringt aus einer unübersehbaren Breite der Außenwelt und ihrem unendlichen Reichtum. Ein immer bewegtes öffentliches Leben, in welchem alle Gegenstände gleichen Wert haben, wogt vor unserer Einbildungskraft, deswegen uns ihre Vergleichungen oft so sehr auffallend und mißbeliebig sind. Ohne Bedenken verknüpfen sie die edelsten und niedrigsten Bilder, an welches Verfahren wir uns nicht so leicht gewöhnen.“ HA II, 162

17 HA II, 245

18 HA II, 163

19 Ebd.

20 Diesen Blick vergleicht er in den *Noten* der Malweise der Niederländer, die er mit Hilfe der Brüder Sulpiz und Melchior Boisserée, die er wenige Jahre zuvor an Rhein und Main schätzen und lieben gelernt hatte: „Sie [die orientalischen Dichter, die Verf.] haben poetische Stilleben, die sich den besten niederländischer Künstler an die Seite setzen.“ HA II, 165

21 Hier sei nur kurz angemerkt, daß eben dieses Charakteristikum der Goetheschen Spätstufe in den Divan-Gedichten Marianne von Willemers fehlt. Ihre Gedichte sprechen Seelisches im Spiegel eines Natursymbols aus, also ähnlich dem Verfahren Goethes auf einer früheren Stufe, wie z. B. in *An den Mond* von 1790.

22 Daß es in den Kapiteln „Warnung“, „Vergleichung“ und „Verwahrung“ auch um eine unausgesprochene Auseinandersetzung mit einigen Thesen Hammers geht, hat Katharina Mommsen bereits in ihrem Buch Goethe und Diez, S. 47-51, nachgewiesen. Dazu auch K. Richter, a. a. O. 2, S. 794 ff. Richter zitiert hier aus J. v. Hammer: Geschichte der schönen Redekünste Persiens. Der Absatz sei hier gekürzt wiedergegeben. „Unendlich ist das Gebieth der Natur und die Herrschaft der Einbildungskraft, welche aus demselben ihre Vergleichungen hernimmt.“ Hammer fährt fort, daß die Mischung der metaphorischen Vergleichungen jeweils eine andere sei je nach Himmelsstrich, Erziehung, Religion u.a.m. und kommt dann zu den „Ausnahmen großer origineller Geister, welche sich über die vor ihnen bestandenen Schranken erhoben, und durch die Excentrität ihres hippogryphen Fluges die Freyheit der Einbildungskraft beurkunden“. Als einen solchen Dichter sieht Hammer Jean Paul: „So haben wir Deutsche einen Jean Paul, dessen Muse sich aus dem Orient nach dem Occident verirrt, und um als Fremdlinginn unerkannt zu bleiben, die Larve der Laune und des Witzes vorgenommen zu haben scheint, dessen Phantasie deutscher Poesie wohl als Kronjuwele, aber deutscher Cultur und Bildung nicht als Gemeingut angehört.“ (796)

23 HA II, 184/5. Eine genauere Analyse der Auswirkungen von Goethes Gleichsetzung der schweifenden Phantasie mit den Divan-Caravanen bringt die Verf. in: Goethes Caravanen, a. a. O., S. 18-40.

24 Das Gedicht mit dem früheren Titel *Kaisergaben* entstand zum größten Teil am 17. März 1815, einen Monat nach den beiden angrenzenden Gedichten *Komm, Liebchen, komm* und *Hätt' ich irgend wohl Bedenken*. Die drei Gedichte wurden also noch vor der zweiten Rheinreise Goethes geschrieben, zu der er am 24. Mai 1815 aufbrach. Allen dreien liegt das sog. Übermachts- oder Kaiser / Bettlermotiv zu Grunde, das schon bei Hafis anekdotisch vorkommt und Goethe durch die Vorrede von Hammers Übersetzung bekannt wurde (vgl. K. Richter, a. a. O., S. 616.) Hans Albert Maier weist nach, daß die siebte Strophe vermutlich erst genau drei Monate nach dem übrigen Gedicht entstanden ist, nämlich am 17. Mai 1815, wo das Tagebuch den Lektürehinweis anführt: „Tavernier. Diamantgruben.“ Erst an diesem Tag sei vermutlich diese Strophe und damit das Gedicht abgeschlossen worden. Goethe: West-östlicher Divan, Kritische Ausgabe der Gedichte mit textgeschichtlichem Kommentar, Bd. 2, Tübingen 1965, S. 295-300

In der bisherigen Forschung wurde das Gedicht einigermaßen vernachlässigt. Bei Burdach und Kommerell kommt es gar nicht vor; Beutler betont als erster (1943), daß hier im Klangrausch orientalischer Namen eine „heitere Wunsch- und Wahnvorstellung des Dichters" farbenprächtig schillernd beschworen werde. Ähnlich auch Trunz (1949). Erst Ingeborg Hillmann widmet dem Gedicht breiteren Raum, und zwar besonders im Hinblick auf ihr Thema der Dichtung als Gegenstand der Dichtung, darüber hinaus auch der gegenseitigen Abhängigkeit von Kunst und Liebe (Ingeborg Hillmann: Dichtung als Gegenstand der Dichtung, Bonn 1965, S. 88-100). Richter (a. a. O., S. 613-15) gibt eingehende Erklärungen aller fremdländischen Namen, beruft sich für die Interpretation aber nur auf die oben zitierten Zeilen aus Boisserées Tagebuch. Eine eingehendere Interpretation bei Marlene Lohner, a. a. O. S. 35-37.

25 Im ersten Gedicht des Buches Suleika heißt es in ähnlichem Sinne: „Aber wenn du froh verweilest / Wo ich mir die Welt beseitge / Um die Welt an mich zu ziehen / Bist du gleich mit mir geborgen." Hier wird die Ausdehnung des Geistes durch die Beseitigung der Welt, aber in Anwesenheit der Geliebten, sozusagen vorausgesetzt, damit der Dichter dann die Welt schaffend an sich ziehen könne.

26 Karl Richter, a. a. O., S. 615

27 Das gleiche Phänomen beobachteten wir in dem Caravane-Gedicht, wo die „Neugeburt" des beglückten Dichters als Zug der Caravanen durch Beduinen-Frühzeit und Wellen der Wüste zum Blau der „erlog'nen Meere" des poetischen Scheins in Gestalt einer Fata Morgana dargestellt wird. Vgl. Marlene Lohner, a. a. O., S. 32-35 und 112-14

28 In den Jahren seines Orientalisierens wendet Goethe die Ballon-Metapher besonders gern an, vor allem in seinen Briefen. Vgl. Weitz, a. a. O., S. 380-81 sowie WA IV, 42, 108-09.

29 Im „Buch der Parabeln" endet das erste Gedicht: „Die Perle glänzt an unseres Kaisers Krone / Mit holdem Blick und mildem Schein." Ähnlich lautend über Perlen oder Edelsteine u. a. im Märchen, HA VI, 218, 231-32; in der Natürlichen Tochter, HA V, 217 und im Faust II, V. 7032, V. 9239, V. 9708.

30 Tagebücher, 7. August 1815

31 HA II, 66

32 Hierzu v. a. Katharina Mommsen: Goethe und 1001 Nacht, Berlin 1960, S. 6 ff. und 272 ff.

33 Goethe. Märchen, hg. u. erläutert v. K. Mommsen, Frankfurt/M. 1984, S. 210-11

34 HA VI, 232-33, 238

35 Dazu ausführlicher bei Marlene Lohner, a. a. O., S. 39-40

36 Vgl. Israel in der Wüste, HA II, bes. 221

Klaus Jeziorkowski

Die Grammatik der Architektur
Zum Rhythmus bei Palladio und Goethe

... völlig wie die Force des großen Dichters
(Goethe über Palladio)

Am 13. September 1795 fragt Schiller in einem Brief bei Goethe an, dem vergleichsweise Weitgereisten: „Ich wünschte zu wissen, ob es bei Vicenza ist, wo die schöne Brücke mit Einem Bogen (über die Etsch, wie ich denke) geführt ist. Schreiben Sie mir doch ein Wort darüber. Ich brauche diese Brücke zu einem Hexameter."[1] Das wird sich später darin wiederholen, wie er den Urner See und die umliegenden Gelände zu einem Tell-Schauspiel zu „brauchen" wußte: die Kenntnis auch dieser Gegenden und des Tell-Stoffes ist wiederum von Goethe ausgeliehen. Es scheint sich folgendes Bild zu ergeben: Schiller, den Gottfried Keller später, „mit Respekt zu melden", einen „Stubensitzer" nennen wird[2], bleibt daheim, natürlich auch wegen seiner instabilen Gesundheit; er läßt Goethe in der Welt umherziehen und verbraucht danach dessen eingeheimste Reise-Erfahrungen und Vorräte an Kenntnis der Welt zu seinen eigenen Stuben-Produktionen, die freilich ihrerseits dann vor Welthaltigkeit und Stil-Glanz nur so funkeln und strahlen. Goethe als der Reisende Schillers, als derjenige, der wie ein in die Ferne segelnder Kaufmann für andere die Viktualien der Kunst herbeiträgt.

Im nächsten Brief versäumt Goethe, auf die Frage nach der Brücke einzugehen, aber im übernächsten am 16. September will er Schiller nicht länger warten lassen: „Über Ihre Anfrage wegen der Brücke habe ich etwas zu sagen unterlassen, das ich jetzt nachhole. Bei Vicenz ist keine merkwürdige einbogigte Brücke. Die zwei daselbst, von Palladio erbaut, sind dreibogigt. Auch ist mir außer dem Rialto zu Venedig keine der Art in jenen Gegenden erinnerlich"[3].

„Zu einem Hexameter" brauchte Schiller, wie er schrieb, jene Brücke – das ist nur die Andeutung dessen, was geschehen wird. Daß er sie im selben Jahr ungleich konkreter a l s Hexameter in eine seiner berühmtesten metrischen Dichtungen einsetzt, werden bald darauf seine Elegie *Der Spaziergang* und dort die Verse 127 f. offenbaren:

Leicht wie der Iris Sprung durch die Luft, wie der Pfeil von der Senne,
Hüpfet der Brücke Joch über den brausenden Strom[4].

Das ist Schillers Italien, wie Goethe es ihm mitgebracht hatte. Ein Italien auf Versfüßen. Was die aus Lettern und Lauten gebaute „schöne Brücke" hier sinnfällig vor Augen stellt, ist offenkundig der Bogen des daktylischen Verses, der in seinen beiden Hälften vor und nach der Mittelzäsur seinerseits den An- und Abstieg des Brückenjochs vollzieht und dabei den Sprechenden, den Hörenden und den Lesenden sicher über die Tiefen hinwegträgt. Auf dem schwungvoll gespannten Vers-Bogen werden Stromtiefe und Abgrund überquert. Daß der Brücken-Bogen derart in den prosodischen Vers-Schwung strukturell übersetzt wird, rechtfertigt im nachhinein das umständliche und genaue Korrespondieren über die Etschbrücke. Schiller verbraucht die nicht selbst erfahrene, ihm vom Briefpartner übermittelte Weltmaterie zu Vers-Architekturen, die ihrerseits Weltmaterie zur literarischen Form werden lassen.

„Der Iris Sprung durch die Luft" macht diese Architektur-Form anschaulich, die weit über eine Metapher hinausreicht. Die Bahn der olympischen Botin Iris auf ihren Wegen und „Sprüngen" zwischen Göttern und Menschen bezeichnet nach antiker Mythologie der Regenbogen als Attribut der Iris. Für Schiller wird diese augenfälligste und strahlendste aller Bogenformen zum Sinnbild der Brücken- und zugleich der Vers-Architektur, wobei, je nach Perspektive, auch das komplette Distichon als Doppelgebilde aus zwei sechshebigen Versen insgesamt den Brücken-Bogen vor Augen stellt. Der Hexameter formt die Aszendenz, der Pentameter die Deszendenz, analog zu Schillers berühmtem Distichon über das Distichon, das „des Springquells flüssige Säule" im Auf- und Absteigen die Form des Doppelverses vorführen läßt. Jetzt nun das Distichon als sprachgewordene Brücke von der Anschauung zum Gedanken, von der Stimme des darstellenden Ich zu den Organen des Lesenden oder Hörenden, den Abgrund des Rezipierens mit einem göttlichen Sprung überquerend. Der Stoffe vermittelnde Goethe erscheint dabei seinerseits als eine Art Iris.

„Palladio" in Goethes Antwortbrief wird dabei zum Stichwort der erstrebten Kongruenz zwischen Architektur und Literatur, zwischen dem anmutigen Schwung der gemauerten Brücke und dem des literarischen Gebildes. Schiller hatte unspezifischer angefragt; Goethe aber bringt sofort als Zauberwort und ästhetischen Code seinen Gewährsmann ins Gespräch, jenen Schlüssel-Namen, ohne den für ihn seit den ersten Italientagen im Herbst 1786 eine ästhetische Reflexion auch über Literarisches kaum noch denkbar erscheint.

Nachdem er die Gegenwart Palladios in Vicenza und Padua begeistert erfahren hat, notiert er angesichts seiner Bauten in Venedig sehr grundsätzlich, er fühle leider, „wie weit ich in diesen Kenntnissen zurück bin, doch es wird vorwärts gehen, wenigstens weiß ich den Weg. Palladio hat mir ihn auch dazu und zu aller Kunst und Leben geöffnet". Und er vergleicht dieses Erweckungserlebnis mit dem des Jakob Böhme angesichts der Lichtreflexe auf einer zinnernen Schüssel.[5]

Das ist eine Neugeburt im Ästhetischen. Vier Tage später wird er im Hinblick auf sein eigenes Metier spezifischer: „Die Baukunst steigt wie ein alter Geist aus dem Grabe hervor, sie heißt mich ihre Lehren wie die Regeln einer ausgestorbenen Sprache studieren".[6] Es passiert fast ein Jahrzehnt früher das, was Schiller danach mit der Übersetzung der italienischen Brücke in die Struktur des Verses praktizieren wird: Goethe erfährt wie eine Erleuchtung die Parallelität zwischen den Gefügen der Architektur und denen der Sprache, die das Medium des Poeten ist.

Architektur spricht. Sie ist Sprache. Ihre Gesetze haben die ordnende Macht einer Grammatik.

Wenige Tage zuvor hatte er im Botanischen Garten zu Padua ein paralleles Erlebnis: die Geburt des Konzepts einer Urpflanze. „Bei gewohnten Pflanzen sowie bei andern längst bekannten Gegenständen denken wir zuletzt gar nichts, und was ist Beschauen ohne Denken? Hier in dieser neu mir entgegentretenden Mannigfaltigkeit wird jener Gedanke immer lebendiger, daß man sich alle Pflanzengestalten vielleicht aus einer entwickeln könne".[7] Man wird sich das Gebären dieses vorher schon als Embryo schlummernden botanischen Gedankens schwerlich vorstellen können ohne die Entdeckung der Baugesetze anhand der Architekturen Palladios kurz zuvor in und um Vicenza. Pflanzen- und Gebäude-Architektur und die Gesetze der Sprache, der Poesie, ja des Lebens schießen für den Goethe dieser ersten Italientage wie in einem Urerlebnis zusammen beim Erfahren der Grund-Rhythmik, die allen diesen Phänomenen innewohnt. Das kommentiert die lebenslang anhaltende Kraft dieses Erweckungserlebnisses Italien. Palladio und die klassische Ordnung seiner Bauten werden für Goethe zum Katalysator bei der Entfaltung dieses rhythmischen Gesamtkonzepts. Anders läßt sich die elementare und anhaltende Kraft dieser Erfahrungen kaum erklären.

Daß es im Grunde ein Rhythmus-Ereignis ist, dokumentiert Goethes Aufsatz *Baukunst* von 1795: „Man sollte denken, die Baukunst als schöne Kunst arbeite allein fürs Auge; allein sie soll vorzüglich, und worauf man am wenigsten acht hat, für den Sinn der mechanischen Bewegung des menschlichen Körpers arbeiten; wir fühlen eine angenehme Empfindung, wenn wir uns im Tanze nach gewissen Gesetzen bewegen; eine ähnliche Empfindung sollten wir bei jemand erregen können, den wir mit verbundenen Augen durch ein wohlgebautes Haus hindurch führen. Hier tritt die schwere und komplizierte Lehre von den Proportionen ein, wodurch der Charakter des Gebäudes und seiner verschiedenen Teile möglich wird".[8] Jene Erfahrung einer allem zugrundeliegenden Rhythmik ist zugleich die der Proportionen in Bewegungen, Gebilden und Lebewesen.

Ein den ganzen Körper bewegendes Rhythmus-Ereignis im Zeichen Palladios ist jenes Gehen „mit verbundenen Augen durch ein wohlgebautes Haus". Ein entsprechendes Erlebnis notiert Goethe wiederum in Venedig beim Besuch der Kirche Santa Maria della Carità, deren anschließender, später gebauter Konvent zu einem Teil von Palladio stammt: „Die Kirche stand schon, aus ihr tritt man in ein Atrium von korinthischen Säulen, man ist entzückt und vergißt auf einmal alles Pfaffentum. An der einen Seite findet man die Sakristei, an der andern ein Kapitelzimmer, daneben die schönste Wendeltreppe von der Welt, mit offener, weiter Spindel, die steinernen Stufen in die Wand gemauert und so geschichtet, daß eine die andere trägt; *man wird nicht müde, sie auf- und abzusteigen*; wie schön sie geraten sei, kann man daraus abnehmen, daß sie Palladio selbst für wohlgeraten angibt.«[9] In solcher auch leibhaftig hingerissenen Erfahrung von Architektur liegt nach Goethe „der poetische Teil der Baukunst, in welchem die Fiktion eigentlich wirkt".[10] Er ist es, der die Künste zusammenführt und die Erfahrung architektonischer Gebilde zur Sache des Poeten macht.

Der Rhythmus des Tanzes und der beim Gehen in „wohlgebauter" Architektur offenbart seine federnde Elastizität in der Rhythmik der Sprache, die dieses Erlebnis in Worte faßt und gliedert. Es ist das somatisch-ästhetische Erfahren der wohlgeschwungenen Proportionen, deren Goethe in Italien am menschlichen und tierischen Körper, an den Pflanzen und an der Architektur mit weit geöffneten Sinnen und ungeheurer Lust innewird. Hier kommt seine Sprache zu jener gegliederten plastischen Kraft, die im umfassenden Sinne bewegend zu nennen ist, weil sie sich selbst bewegen läßt, unter anderem von den rhythmischen Grundereignissen Atem und Herzschlag.

Wie Poesie und Baukunst für Goethe miteinander zusammenhängen, wird konkreter in der *Italienischen Reise*: „ [...] und so sag' ich vom Palladio: er ist ein recht innerlich und von innen heraus großer Mensch gewesen. Die höchste Schwierigkeit, mit der dieser Mann wie alle neuern Architekten zu kämpfen hatte, ist die schickliche Anwendung der Säulenordnungen in der bürgerlichen Baukunst; denn Säulen und Mauern zu verbinden, bleibt doch immer ein Widerspruch. Aber wie er das untereinander gearbeitet hat, wie er durch die Gegenwart seiner Werke imponiert und vergessen macht, daß er nur überredet! Es ist wirklich etwas Göttliches in seinen Anlagen, völlig wie die Force des großen Dichters, der aus Wahrheit und Lüge ein Drittes bildet, dessen erborgtes Dasein uns bezaubert."[11]

Wie immer, wenn er Palladio begeistert preist, bringt Goethe sein eigenes Metier ins Spiel. Goethe entdeckt sich selbst und sein eigenes Handwerk in der Entdeckung dieses Baumeisters. Das wird an jener Hauptschwierigkeit deutlich, die Goethe „in der bürgerlichen Baukunst" konstatiert, die jenseits von Goethe auch die Erfahrungen mit dem vor allem von England sich ausbreitenden Palladianismus in der Architektur bestätigen. Eine Architekturbewegung, ohne die große Teile Europas und Amerikas vollkommen anders aussähen und die heute im trivialen Postmodernismus der Gegenwartsarchitektur, der repräsentativen wie der alltäglich „bürgerlichen", eine unübersehbare Renaissance erlebt. Kaum werden noch öffentliche Gebäude und auch Wohnhäuser, die einen gewissen Zuschnitt vorzeigen wollen, ohne palladianischen Säulenportikus gebaut. Und in der Tat bleibt, meistenteils im Mißlingen, bis in unsere Tage an solchen Bauten das Grundproblem sichtbar, wie „denn Säulen und Mauern zu verbinden" seien auf eine Weise, die den „Widerspruch" zwischen beiden Elementen nicht zum Störfaktor werden lassen. Oft genug erscheinen an den Bauten unserer Tage aus dem kommerziellen Bastel-Arsenal der Baumärkte beide Elemente wie mit

Schnellkleber aneinandergeleimt, als habe man dem dürren Zweckbau im letzten Augenblick noch ein Mode-Quantum Palladio verordnet aus Gründen der Repräsentation zur Straße hin.

Wie das Goethesche Reisetagebuch unter demselben Datum ausweist, konstatiert er diese „Schwürigkeit“ in der Tat gleich an Ort und Stelle in Vicenza. Als er dann ab 1813 die *Italienische Reise* für die Buchausgabe redigiert, hat er unterdes als Dichter eine ganze Reihe weiterer poetischer Erfahrungen mit diesem Problem gemacht. Denn was er an diesem Widerspruch zwischen Säulen und Mauern konstatiert, wird im Zusammenhang mit der *Italienischen Reise* vor allem in den römischen Tagen für ihn handwerklich äußerst interessant: Es liegt nahe, daß er das Säulen-und-Mauern-Problem deshalb so engagiert zum Prüfstein der Meisterschaft macht, weil sich beim Niederschreiben eines erzählenden Textes in Versen exakt das analoge Problem ergibt, vor allem angesichts der *Römischen Elegien*, in denen ein erzählter Prozeß, das Liebesabenteuer mit der römischen Faustina, dazu noch mit Abrissen der Mythologie und der römischen Geschichte seit der Gründung Roms, in eine Vers-Struktur zu binden war. Der Iktus in Hexameter und Pentameter entspricht dabei den Säulen und ihrer rhythmisch gereihten Anordnung, der Fluß und Fortgang der Narration dann dem Mauerwerk. Waagerechte Ausdehnung in den Mauern, senkrechte Akzentuierung in den Säulen entsprechen dem erzählenden Text, der durch eine Versordnung metrisch gegliedert wird. Der daktylisch rhythmisierte Erzählprozeß hat also sein Analogon exakt in Palladios Grundproblem der Kombination von Mauern und Säulen. Mit den *Römischen Elegien* macht Goethe den Versuch, eine palladianische Architektur der Poesie zu entwerfen, in der beide Elemente „untereinander gearbeitet“ erscheinen.

Das berühmte Eingangsdistichon formuliert genau die Aufgabe:

> Saget, Steine, mir an, o sprecht ihr hohen Paläste!
> Straßen, redet ein Wort! Genius, regst du dich nicht?[12]

Es gilt, die klassische Architektur in ihrem metrischen Gefüge als Sprache zu modellieren, sie sprechen und reden zu machen. Die Kunst Palladios hat sich in Versen zu etablieren, das eine Medium sich ins andere zu übersetzen.

Goethe konzipiert in den *Römischen Elegien* ein Dreieck der wirkenden Hauptkräfte: „Amor“, die Liebe – säulengetragene Paläste und Tempel, die römische und palladianische Baukunst – Hexameter und Pentameter, die mehrfach im Text genannten oder gar angerufenen Elemente der Erzählarchitektur. Zwischen diesen drei immer neu variierten und kombinierten Elementen bewegt sich der erzählte Prozeß. Am dichtesten und beispielhaftesten spielen sie in der V. Elegie zusammen: „Froh empfind' ich mich nun auf klassischem Boden begeistert“. Schon hier in der Anfangszeile bleibt in der Schwebe, ob damit nur der klassische Boden Roms und Italiens gemeint ist oder nicht zugleich auch das gespannte Laken des Betts, der Spielplatz Amors, der am Ende jener Elegie sein Geschäft betreibt. In der Mitte der Elegie kommen die Elemente anmutig zueinander:

Und belehr' ich mich nicht, indem ich des lieblichen Busens
Formen spähe, die Hand leite die Hüften hinab?
Dann versteh' ich den Marmor erst recht: ich denk' und vergleiche,
Sehe mit fühlendem Aug', fühle mit sehender Hand.[13]

Und wenige Zeilen später verbindet sich damit das dritte der Elemente auf jene bis heute berühmte und damals gewagte Weise, die bei den zeitgenössischen Lesern der Elegien Anstoß erregt hat, vielleicht auch erregen sollte:

Oftmals hab' ich auch schon in ihren Armen gedichtet
Und des Hexameters Maß leise mit fingernder Hand
Ihr auf den Rücken gezählt. [...][14]

Das verknüpft sich allein über den Rhythmus in der Frühfassung der I. Elegie mit jener deutlichsten Passage, die Goethe in der endgültigen Version der *Römischen Elegien* gestrichen hat:

Uns ergötzen die Freuden des echten nacketen Amors
Und des geschaukelten Betts lieblicher knarrender Ton

Und noch einmal in der letzten Fassung der abschließenden XX. Elegie:

Dir, Hexameter, dir, Pentameter, sei es vertrauet,
Wie sie des Tags mich erfreut, wie sie des Nachts mich beglückt.[15]

In der Kunstgeschichte ist es ein längst offenbares Geheimnis, daß die Säule ein phallisches Symbol ist. Wenn es so ist und wenn der rhythmische Iktus der daktylischen Verse dem palladianischen Element der Säule entspricht, dann wird offenkundig, daß den gesamten *Römischen Elegien* über diese Entsprechung der Rhythmus der leibhaftigen Liebe unterliegt. Das ist es, was den antiken Versen vom sprechenden Ich anvertraut wird. Der Rhythmus der Verse, der Säulenordnungen in den Bauten Palladios und des handgreiflich praktizierten Eros werden für Goethe zur Gesamterfahrung der elementaren Rhythmik dessen, was er das in Italien neu entdeckte „Leben" nennt.

Diese Elementarität der Elegien, die jeder Lesende oder Hörende zumindest unbewußt aufnimmt, vielleicht sogar gegen seinen Willen, wurde fast notwendig zum Skandalon bei Goethes Zeitgenossen, so daß bei ihrer Erstpublikation in den *Horen* der Herausgeber Schiller vor seinem Gönner, dem Herzog von Augustenburg, sich am 5. Juli 1795 zur entschuldigenden Rechtfertigung entschloß: „Die Elegien [...] sind vielleicht in einem zu freien Tone geschrieben, und vielleicht hätte der Gegenstand, den sie behandeln, sie von den ‚Horen' ausschließen sollen. Aber die hohe poetische Schönheit, mit der sie geschrieben sind, riß mich hin, und dann gestehe ich, daß ich zwar eine konventionelle, aber nicht die wahre und natürliche Dezenz dadurch verletzt glaube".[16] In der Tat wahrt Schiller, der keine zwei Monate später mit seiner Frage nach der Etschbrücke auf Goethes italienische Reiseerfahrungen zurückgreifen wird, damit exakt jene klassische Balance, die Goethes *Elegien* ihm vorgaben.

Die Konturen schärfen sich schließlich bei einem vergleichenden Blick auf den Zeitgenossen Heinrich von Kleist, den Spezialisten der „einstürzenden Neubauten", wie allein *Das Erdbeben in Chili*, Kunigundes Schloß im *Käthchen von Heilbronn* und *Das Bettelweib von Locarno* erweisen. In auffallend vielen seiner Werke gehen Architekturen zugrunde, was zum Signal einer Lebenserfahrung zu werden scheint. Er ist, um es mit Herbert Rosendorfer zu sagen, der perfekte Ruinenbaumeister. Seine Bauten bröckeln. Sprünge und Risse durchziehen ihr Gefüge. Nicht anders bei den inneren Strukturen seiner Texte.

Es würde zum Abenteuer, in einer vergleichenden Studie die grundlegenden ästhetischen Differenzen zwischen Goethe und Kleist anhand ihrer polaren architektonischen Konzepte zu verfolgen. Als Kleist ihm seinen *Amphitryon* schickt, geht Goethe sofort in abwehrende Distanz in Form einer selbstgefertigten Architekturzeichnung, mit der er sich das Unwesen der Kleistschen Dramenstruktur zu verdeutlichen sucht.[17]

Andererseits ist relativ wenig beachtet worden, daß Kleists zentrales Architekturbild vom nicht einstürzenden Gewölbe des Würzburger Torbogens gerade auf ein Goethesches Xenion zurückgeht:

Gewölb

Sicher ruhst du auf uns, und warum? Weil wir alle zum Zentrum
Gleich uns neigen und gleich unter uns teilen die Last.[18]

Wo Goethes Distichon in den *Xenien* vertrauensvoll mit „Sicher" beginnt, endet Kleists Würzburger Gewölbevision im Brief an seine Braut mit der Angst vor jenem Moment, „wenn alles mich sinken läßt".[19] Die ganze Differenz zu jenem Konzept der gefügten Festigkeit und der klassischen Körperlichkeit, das Goethe in Italien an Palladio erfahren und später in die Architektur des Distichons übersetzt hat, eröffnet sich darin, wie Kleist das Würzburger Gewölbe als prekären Halt im wahrsten Lebenssinn braucht und existentiell nötig hat zur erhofften Rettung aus katastrophischer Lebenserfahrung. In extremer Lebensnot, die auch beim jüngeren Kleist immer auf der Lauer liegt, wird dieser gewölbte Bogen für ihn zum halbierten und damit versagenden Rettungsring. Viel später im Werk wird angesichts der kämpfenden Penthesilea die tödliche Energie der Torbogenmetapher offenkundig.[20] Und in der Form schließlich jener Mulde am Kleinen Wannsee, in der Henriette Vogel und Heinrich von Kleist sich zum selbstbereiteten Sterben betten, wird spiegelsymmetrisch die liegende andere Hälfte jenes Rettungsrings sichtbar. Der Ring bleibt halbiert. Nur der Katastrophenkreis hat sich geschlossen.

Bei Kleist also überall eine Art dekonstruktivistischer Desaster-Architektur ohne Palladio. Wie das Werk des Philosophen Kant hätte Kleist freilich auch die Bauten und Schriften des italienischen Architekten, wenn er sie denn vor Augen bekommen hätte, gleichfalls als Signale zum Tode gelesen, weil „die Wahrheit ist, daß mir auf Erden nicht zu helfen war".[21] Warum das bei ihm so ist und warum dem architekturanschauenden Goethe zu helfen war – wer wollte darauf eine Antwort wagen.

Anmerkungen:

1 Der Briefwechsel zwischen Schiller und Goethe, hg. von Emil Staiger, Frankfurt/M. 1977, S. 136

2 Gottfried Keller: Der grüne Heinrich, in: G. K.: Sämtliche Werke und ausgewählte Briefe, hg. von Clemens Heselhaus, München o. J., Bd. I, S. 604

3 Der Briefwechsel zwischen Schiller und Goethe, a. a. O., S. 139

4 Zit. nach: Interpretationen. Gedichte von Friedrich Schiller, hg. von Norbert Oellers, Stuttgart 1996, S. 153

5 J. W. v. Goethe: Italienische Reise, Venedig, 8. Oktober 1786

6 Ebd. Venedig, 12. Oktober 1786

7 Ebd. Padua, 27. September 1786

8 Goethe: Baukunst (1795), in: Johann Wolfgang Goethe: Schriften zur Kunst. Erster Teil, München 1962, S. 55. – Diese Passage Goethes erscheint wie im Dialog verbunden mit Gedanken, die Schiller zwei Jahre zuvor geäußert hatte (ich zitiere Paul de Man):
„In einem langen Brief an Körner vom 23. Februar 1793 gibt Schiller die folgende Beschreibung der vollkommenen ästhetischen Gesellschaft:
‚Ich weiß für das Ideal des schönen Umgangs kein passenderes Bild als einen gut getanzten und aus vielen verwickelten Touren komponierten englischen Tanz. Ein Zuschauer aus der Galerie sieht unzählige Bewegungen, die sich aufs bunteste durchkreuzen und ihre Richtung lebhaft und mutwillig verändern und doch *niemals zusammenstoßen*. Alles ist so geordnet, daß der eine schon Platz gemacht hat, wenn der andere kommt, alles fügt sich so geschickt und doch wieder so kunstlos ineinander, daß jeder nur seinem eigenen Kopf zu folgen scheint und doch nie dem andern in den Weg tritt. Es ist das treffendste Sinnbild der behaupteten eigenen Freiheit und der geschonten Freiheit des andern.'
Schillers englische Übersetzer und Kommentatoren, Elizabeth Wilkinson und L. A. Willoughby, zitieren diese Passage als treffende Beschreibung von Schillers wichtigster theoretischer Schrift, der *Briefe über die ästhetische Erziehung des Menschengeschlechts*. Sie behaupten, in ihr sei die ‚philosophische und ästhetische Komplexität der Form des gesamten Buches' reflektiert. Was ihnen am Modell des Tanzes besonders bezeichnend erscheint, ist das, was sie die *Tautologie* der Kunst nennen, ‚die ihr innewohnende Tendenz, hundert verschiedene Behandlungsarten ein und desselben Gegenstandes zu bieten, tausend verschiedene Ausdrucksformen für Gedanken und Gefühle zu finden, die allen Menschen gemein sind [...] Die ständig wiederholten Figuren – die so sehr formalisiert sind, daß sie sich leicht in einem Notationssystem festhalten ließen – erlauben in ihrer sukzessiven Ausführung durch verschiedene Tänzer nur so viel Individualität, wie durch die Anmut der körperlichen Bewegung ausgedrückt werden kann.'" (Paul de Man: Ästhetische Formalisierung: *Kleists Über das Marionettentheater*, in: ders.: Allegorien des Lesens, Frankfurt /M. 1988, S. 205).

9 It. Reise, Venedig, 2. Oktober 1786. [Hervorhebung von K. J.]

10 Baukunst (1795), S. 56

11 It. Reise, Vicenza, 19. September 1786

12 Goethe: Römische Elegien, in: Johann Wolfgang von Goethe: Werke (Hamburger Ausgabe in 14 Bänden), Bd. 1, S. 157

13 Ebd., S. 160

14 Ebd.
15 Ebd., S. 173
16 Zitiert nach dem Kommentar von Erich Trunz, ebd. S. 581
17 Siehe dazu Katharina Mommsen: Kleists Kampf mit Goethe, Frankfurt/M. 1979, S. 33
18 Hamburger Ausgabe, Bd. I, S. 233
19 Heinrich von Kleist: Brief an Wilhelmine von Zenge, Berlin 16. November 1800
20 Heinrich von Kleist: Penthesilea. Ein Trauerspiel. Verse 1349 ff.
21 Heinrich von Kleist: Brief an Ulrike von Kleist „am Morgen meines Todes" [21. November 1811]

Rainer Ewald

„... das Erstarrende wieder aufzulösen in Flüssiges ...“ Die Wiederaufnahme Goethescher Baukunst[1] im 20. Jahrhundert durch Rudolf Steiner

I.

Anfang August 1889. Weimarer Schloss. Nordflügel. In mehreren vor vier Jahren kurzerhand zu Archivräumen umgewidmeten Privatzimmern von Herzogin und Herzog von Sachsen-Weimar stehen noch immer Kisten, Kartons, verschnürte wie geöffnete Aktenbündel unsortierten Inhalts, z. T. noch ungesichteter Schriftstücke. Der hier geborgene Bestand ist so umfangreich wie vielseitig, in der Form uneinheitlich wie im Inhalt unübersichtlich, so dass in den letzten vier Jahren durch verschiedene Spezialisten nur ein kleiner Teil hiervon gesichtet, geordnet und schließlich publiziert werden konnte; der Abschluss dieses Unternehmens soll noch weitere 30 Jahre in Anspruch nehmen ...[2]

An einem Arbeitstisch hat ein junger Österreicher Platz genommen, ebenfalls als Spezialist für die riesige Aufgabe gewonnen, ebenfalls einen Berg von Akten vor sich, verschiedene gebundene Faszikel wie einzelne bunt gemischte Notizblätter entschnürend, dicht und säuberlich beschrieben ebenso wie nur flüchtig bekritzelte Zettel verschiedener Papierarten, verschiedenster Formate, ja, der verschiedensten Handschriften aus den Büscheln lösend, sondierend, studierend, Schriftstücke, die z.T. unter einem Staubschleier verhüllt wohl über 50 Jahre niemand mehr zu Gesicht bekommen hatte. Dieser Sternstunde, die der österreichische Kollege nun erleben darf, diesem atemberaubenden, fast intimen Stöbern in unbekannten Schriftstücken eines so berühmten Mannes der Weltliteratur, hatte die gebildete Welt seit einem halben Jahrhundert in der Erwartung entgegengefiebert, dass sich hier noch weitere literarische Schätze heben lassen: es ist der gesamte schriftliche Nachlass Johann Wolfgang von Goethes!

Erst der Tod und schließlich die Eröffnung des Testaments des letzten Goethe-Nachkommens, Walther von Goethe, hatte Ende April 1885 der begünstigten jungen Herzogin Sophie von Sachsen-Weimar und damit schließlich der Weltöffentlichkeit die so lange verschlossenen Schränke im Haus am Frauenplan geöffnet, denn der allen diplomatisch-diskreten „Annäherungsversuchen“ wie massiv-publizistischem Druck in Richtung Familienarchiv trotzende, zeitlebens glücklose Enkel des Poeten überrascht nicht nur mit seiner testamentarischen Verfügung zugunsten der Adligen, sondern vielmehr mit der darin enthaltenen Auflage, den gesamten „wissenschaftlichen, poetischen, literarischen, administrativen und familiären“ Nachlass seines Großvaters der Öffentlichkeit zugänglich zu machen![3]

Gebildet, verantwortungsbewusst, wohl auch die Chance der eigenen „Unsterblichkeit“ erkennend, beruft die Herzogin noch im selben Jahr ein Experten-Triumvirat aus angesehenen Goethe-Spezialisten (Gustav von Loeper, Prof. Wilhelm Scherer, Prof. Erich Schmidt) nach Weimar, mit dem Ziel, eine neue Goethe-Biografie sowie eine nunmehr vollständige Goethe-Gesamtausgabe zu veranstalten.[4] Und sie soll Recht behalten: die bald als „Sophien-Ausgabe“ (später „Weimarer Ausgabe“) berühmte 142-bändige Edition soll nicht nur epochemachend für die Literaturgeschichte bleiben, sondern bis in unsere Zeit hinein die umfangreichste Goethe-Gesamtausgabe darstellen! – Das hierfür zunächst verantwortliche, bald fluktuierende Gremium schlägt der Herzogin schon ein Jahr nach seiner Berufung, 1886, für den noch vakanten naturwissenschaftlichen Bereich jenen damals erst 25-jährigen Österreicher vor, der schon zuvor als Bearbeiter und Kommentator des naturwissenschaftlichen Teils einer Goethe-Ausgabe in Kürschners *Deutscher Nationalliteratur* hervorgetreten war: Rudolf Steiner.[5] Dieser sagt sogleich seine Mitarbeit zu, die zunächst für die Bearbeitung von Goethes *Farbenlehre* vorgesehen ist.

Doch Steiner und seine Archiv-Kollegen entdecken während ihres Sondierens immer mehr völlig unbekannte Schriftstücke des Poeten, die in der „Ausgabe letzter Hand“ gar nicht enthalten sind; mit fortschreitendem Sortieren schwillt allein der naturwissenschaftliche Stoff zu ungeahntem Umfang an, die Themenbereiche werden unter den Mitarbeitern neu verteilt; Steiner wird nunmehr – in Abgrenzung von naturwissenschaftlichen Themenbearbeitungen des leitenden Archivdirektors Prof. Bernhard Suphan – mit folgendem Arbeitsbereich betraut:

I. Morphologie: 1. Alles auf Botanik bezügliche
2. Alles auf Zoologie und Anatomie bezügliche
II. Mineralogie, Geologie, Meteorologie ...
III. Zur Naturwissenschaft im Allgemeinen[6]

Goethes z. T. eigenhändige Handschriften mit Aufsätzen über den Granit, über die Bildung von Wolken, über die Spiraltendenz der Pflanzen, über Magnetismus und Elektrizität liegen nun vor ihm – wie eine direkte und lebendige Rede des großen Dichters. Vor seine geologischen Beschreibungen der „Zur Kenntnis der Böhmischen Gebirge“ setzt Goethe den bezeichnenden Vers:

Was ich dort gelebt, genossen,
Was mir all dorther entsprossen,
Welche Freude, welche Kenntnis,
Wär ein allzulang Geständnis!
Mög es jeden so erfreuen,
Die Erfahrenen, die Neuen![7]

Rückblickend beschreibt Steiner später seine ersten Wochen in Weimar:

> Mein durch einige Wochen dauernder Aufenthalt in der Goethe-Stadt war für mich die Festeszeit meines Lebens. Ich hatte jahrelang in Goethes Gedanken gelebt; jetzt durfte ich selber an den Stätten sein, an denen diese Gedanken entstanden sind. Unter dem erhebenden Eindrucke dieses Gefühls verbrachte ich diese Wochen.
> Ich durfte nun Tag für Tag die Papiere vor Augen haben, auf denen die Ergänzungen zu dem standen, was ich vorher für die Goethe-Ausgabe der Kürschnerschen Nationalliteratur bearbeitet hatte. Die Arbeit an dieser Ausgabe hat in meiner Seele Goethes Weltanschauung ergeben. Jetzt handelte es sich darum, zu erkennen, wie dieses Bild bestehen kann im Hinblick darauf, dass sich vorher Nichtveröffentlichtes über Naturwissenschaft im Nachlasse vorfand. Mit großer Spannung arbeitete ich mich in diesen Teil des Nachlasses hinein.[8]

Steiner sieht das durch ihn schon zuvor erkannte durchgängige und einheitliche Prinzip von Goethes Gestaltenlehre, seine umfassende Einsicht in die Metamorphose alles Lebendigen von neuem belebt und bestätigt:

> Stufenweise sieht man die organischen Schaffenskräfte geistähnlicher werden, indem man in der Betrachtung von dem Pflanzenwesen zu den verschiedenen Formen des Tierischen aufsteigt. In der organischen Gestalt des Menschen sind geistige Schaffenskräfte tätig, die eine höchste Metamorphose der tierischen Bildung hervorbringen. Diese Kräfte sind im Werden des menschlichen Organismus vorhanden; und sie leben sich zuletzt als Menschengeist dar, indem sie sich in der natürlichen Grundlage ein Gefäß gebildet haben, das sie in ihrer naturfreien Daseinsform aufnehmen kann.[9]

Mitte August 1889 kehrt Steiner noch einmal in seine Heimat zurück, zunächst an seine Stelle als Hauslehrer, dann zu seinen Eltern. In seiner Heimat sinnt er darüber nach, wie er anlässlich der neuen Gesamtausgabe seinen Beitrag so zu gestalten vermag, dass Goethes Naturanschauung hiermit zugleich klar dargestellt und nachgewiesen wird. Daher erachtet er die geplante Herstellung eines lediglich philologisch-historisch gesicherten Textes, d. h. hier eine sammelnde, chronologisch sortierende Wiedergabe der Werke des Genius als weder Goethe gemäß noch dessen Verständnis förderlich. Schließlich hat Steiner in den bisher unveröffentlichten Papieren von Goethe selbst einen Hinweis entdeckt, der es ihm geradezu unmöglich macht, Goethes Naturerkenntnis in Bezug auf den Menschen in einer lediglich historischen Aneinanderreihung seiner Texte gleichsam untergehen zu lassen[10]:

> Um uns in diesen verschiedenen Arten einigermaßen zu orientieren (Goethe meint die verschiedenen Arten des Wissens im Menschen und seines Verhältnisses zur Außenwelt [Anm. von R. Steiner]), wollen wir sie einteilen in: Nutzende, Wissende, Anschauende und Umfassende.
> 1. Die Nutzenden, Nutzsuchenden, Fordernden sind die ersten, die das Feld der Wissenschaft gleichsam umreißen, das Praktische ergreifen. Das Bewusstsein durch Erfahrung gibt ihnen Sicherheit, das Bedürfnis eine gewisse Breite.
> 2. Die Wißbegierigen bedürfen eines ruhigen, uneigennützigen Blickes, einer neugierigen Unruhe, eines klaren Verstandes und stehen immer im Verhältnis mit jenen; sie verarbeiten auch nur im wissenschaftlichen Sinne dasjenige, was sie vorfinden.
> 3. Die Anschauenden verhalten sich schon produktiv, und das Wissen, indem es sich selbst steigert, fordert, ohne es selbst zu bemerken, das Anschauen und geht dahin

über, und so sehr sich auch die Wissenden vor der Imagination kreuzigen und segnen, so müssen sie doch, ehe sie sich versehen, die produktive Einbildungskraft zu Hilfe rufen.
4. Die Umfassenden, die man in einem stolzen Sinne die Erschaffenden nennen könnte, verhalten sich im höchsten Sinne produktiv, indem sie nämlich von Ideen ausgehen, sprechen sie die Einheit des Ganzen schon aus, und es ist gewissermaßen nachher die Sache der Natur, sich in diese Ideen zu fügen.[11]

Der Mensch als Schöpfer der Natur ? –

Zurück in Weimar ahnt Steiner im Herbst 1890 wohl bereits die Schwierigkeiten, die er sein ganzes weiteres Leben auf sich ziehen soll, wenn er bewusst die Grenzen der damals üblichen philologischen Methode, wie sie ihm und seinen Kollegen seitens der Herausgeber auferlegt worden war, überschreitet, indem durch seine „Sachen [...] also in gewisser Hinsicht eine Unebenheit in die Ausgabe”[12] gebracht werde (Steiner); gleichwohl legt Steiner seinen Vorgesetzten vorab seine Verfahrensweise dar und begründet diese, zudem verehrt er u. a. Prof. Suphan seine kürzlich erschienenen *Grundlinien der Goethischen Weltanschauung*[13], der diese nur anliest. Die Herausgeber erklären sich daraufhin ausdrücklich mit Steiners Vorgehensweise einverstanden, wie er diese selbst u. a. im Band 9 zur „Mineralogie und Geologie I. Theil“ kurz charakterisiert: „Der vorliegende neunte Band der naturwissenschaftlichen Schriften enthält alle Goethe'schen Arbeiten, die geeignet sind, einen Umriß der Gesamtheit seiner geologischen Ideen zu geben. Ausführungen über Einzelfragen, Untersuchungen, die von dem Hauptwege abgehen und in Seitenpfade sich verlieren, sind hier weggelassen. Sie wurden in Band 10 verwiesen [...]“.[14]

Noch im Jahr 1921 donnert z. B. der Aachener Geologe Prof. Dr. Dr. Semper in der *Kölnischen Zeitung* gegen den „Anthroposophen und Soziologen Rudolf Steiner“: „Wenn es nur irgendwie ginge, sollte man die vom Herrn Steiner besorgten Bände der Weimarer Goethe-Ausgabe einziehen, einstampfen und neu herausgeben, denn sie taugen nichts; sie sind nichtswürdig gearbeitet.“[15]

Sieben Jahre soll Steiners Arbeit im Weimarer Goethe-Schiller-Archiv am naturwissenschaftlichen Teil der Goethe-Ausgabe in Anspruch nehmen, die er wiederum mit einer eigenen Veröffentlichung, „Goethes Weltanschauung“[16], abschließt, ehe er nach Berlin übersiedelt, um dort als nunmehr promovierter Philosoph neben seiner Lehrtätigkeit an der von Liebknecht gegründeten *Arbeiter-Bildungsschule* seine „anthroposophische“ Vortragstätigkeit aufzunehmen ...

II.

Dornach bei Basel. 12. März 1914, Baustelle sog. Johannesbau, späteres *Goetheanum*, Sockelgeschoß, Ostseite.[17]

Seit den frühen Morgenstunden steht hier Rudolf Steiner, 53, in seinen leicht federnden Bewegungen immer noch Jugendlichkeit ausstrahlend, fast unermüdlich mit Holzhammer und Stecheisen einen siebeneckigen Klotz aus Weißbuche bearbeitend, den er das „Saturn-Kapitell“ nennt. Ein angenehmer Duft von verschiedenen Holzarten durchzieht den zur Schnitz-Werkstatt improvisierten Betonrohbau, das Sockelgeschoss des *1. Goetheanums*: Klötze gleicher Größe, knapp 2 m hoch, etwa ebenso breit, jedoch verschiedener Holzarten, werden noch geglättet, um gleichermaßen bildhauerisch bearbeitet werden zu können. Es ist die Rede von je einer

1. Säule – Weißbuche	5. Säule – Rüster
2. Säule – Esche	6. Säule – Ahorn
3. Säule – Kirsche	7. Säule – Birke
4. Säule - Eiche	

Immer mehr Leute versammeln sich um „den Doktor", wie er von allen kurz und respektvoll genannt wird, nicht allein aus Bewunderung für die scheinbare „Leichtigkeit" seiner Bearbeitungsweise, nicht nur aus Neugierde, welche eigenartigen Formen nach den aufgestellten Gipsmodellen aus den übrigen Klötzen noch herausgearbeitet werden sollen. Die ersten von ihnen klagen nach anfänglichen einstündigen Bemühungen an den Hölzern bereits über Sehnenscheidenentzündungen, Muskelkater. Es sind junge wie reifere Menschen, denen man durchweg Intellektualität wie akademische Bildung ansieht, aus deren Reihen man zwischendurch Gemurmel und Getuschel verschiedenster Sprachen, wie russisch, englisch, italienisch, deutsch, französich, norwegisch ... vernehmen kann. Der Kreis der Tätigen wie Zuschauenden um „den Doktor" schwillt allmählich auf 70 Personen an, alles Freiwillige, fast ausschließlich ungelernt und ungeübt, die vor allem gekommen sind, selbst mit Hand anlegen zu wollen an einem neuen, ungewöhnlichen Kunstwerk. Doch der Doktor drängt zur Eile, wohl wissend, dass ein Krieg bevorsteht, der möglicherweise die hier friedlich und fröhlich versammelte bunte Gesellschaft aus 17 Ländern zumindest teilweise an gegenüberliegende Frontlinien des 1. Weltkrieges abziehen soll ...

Alle diejenigen, die an den Kapitellen nicht beschäftigt werden können, werden daher sogleich vom Doktor in die benachbarte Baubaracke, Schreinerei genannt, hinüber geleitet, um die hier bereits vorbereiteten, grob konturierten brettschichtverleimten Architrave von etwa 4 x 4m Größe zu bearbeiten. Zunächst der Architrav über der „Saturn"- und „Sonnen"-Säule: auch hier leitet der Doktor an, schnitzt mit, zeigt verschmitzt seinen Helferinnen und Helfern, wie man „ermüdungshemmend" den Rückschlag des Meißels für den nächsten Schlag ausnutzt, auf die Charakteristik der verschiedenen Holzarten eingehend, legt Wert auf klar definierte, kantige, nicht „geschmierte" Richtungswechsel der dynamisch abfolgenden Oberflächen; konvexe Flächen sollten flach gehalten werden, kein „astralisches Fett" sei zugelassen, von der Fläche zur Kante sei zu schnitzen, nicht umgekehrt; durch die Fläche sollen letztlich im Detail die Kanten bestimmt werden, auf die solle man beim Schnitzen „neugierig warten"[18].

Bei näherer Nachfrage stellt sich heraus, dass die lt. Planung jeweils sieben beidseitig des runden Zuschauerraumes des entstehenden „Johannesbaues" einen Umgang auszonenden Säulen je einen Gestirnsnamen des Sonnensystems tragen, die hier für die Entwicklungsstufen des Menschen im Kosmos stehen sollen, deren Abfolge man im späteren Saal der „Hochschule für Geisteswissenschaft" durchschreitet (Abb. 1 und 2)[19].

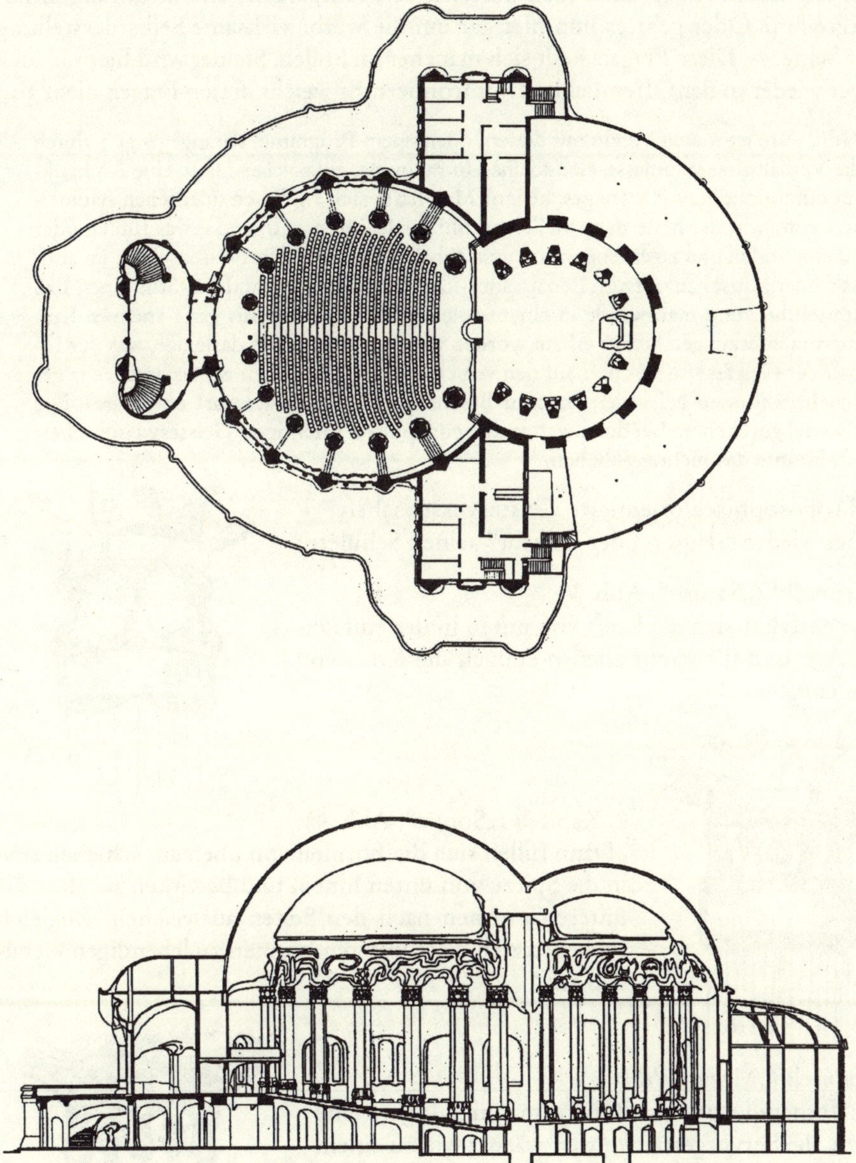

Abb. 1 und 2 Grundriß und Schnitt Erstes Goetheanum

Warum besteht der Doktor auf dieser „eigensinnigen" Architektur? Warum will er nicht auf traditionelle oder auch bestehende avantgardistische Strömungen zurückgreifen? Oder geht es ihm hier gar um die werbewirksame Selbstdarstellung einer Sekte? – Diese Fragen stellt sich mancher im Stillen, Steiner wird hiermit auch immer wieder in der Öffentlichkeit konfrontiert. Er weicht diesen Fragen nicht aus:

> Nun, wäre irgendein Verein mit diesem oder jenem Programm darangegangen, durch die Verhältnisse veranlasst, eine solche Umrahmung, ein solches Haus, eine Architektur aufzurichten, was wäre geschehen? Man hätte sich an diesen oder jenen Baumeister gewandt; der hätte dann vielleicht, ohne sehr intensiv irgend etwas fühlen oder zu empfinden und zu erkennen von dem Inhalte unserer Geisteswissenschaft, im antiken oder gotischen oder im Renaissance- der in irgendeinem anderen Stile einen Bau aufgeführt, und man würde in einem solchen Bau, der uns aus ganz anderen Kulturvoraussetzungen heraus erbaut worden wäre, tradiert haben dasjenige, was der Inhalt der Geisteswissenschaft auf den verschiedensten Gebieten ist. So hätte es ja geschehen können bei vielen anderen Bestrebungen der Gegenwart und wäre ohne Zweifel geschehen. Bei dem, was anthroposophisch orientierte Geisteswissenschaft ist, konnte das nicht geschehen.[20]

Anthroposophisch orientierte Geisteswissenschaft? – Immer wieder erläutert „der Doktor" seinen Schülern:

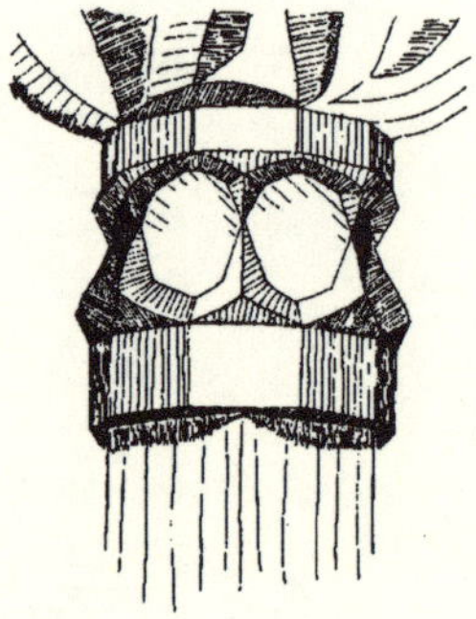

1. Kapitell[21] („Saturn", Abb. 3)
„Erst entfaltet sich die Kraft von unten in der einfachsten Art, und ihr strebt ebenso einfach die Kraft von oben entgegen."

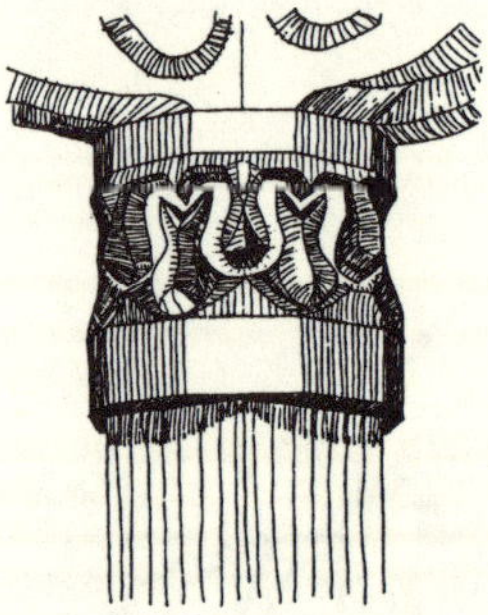

2. Kapitell („Sonne", Abb. 4)
„Dann füllen sich die Formen von oben an, schieben sich in die Spitze von unten hinein und bewirken so, dass die unteren Formen nach den Seiten ausweichen. Zugleich schließen sich diese unteren Formen zu lebendigen Gebilden auf."

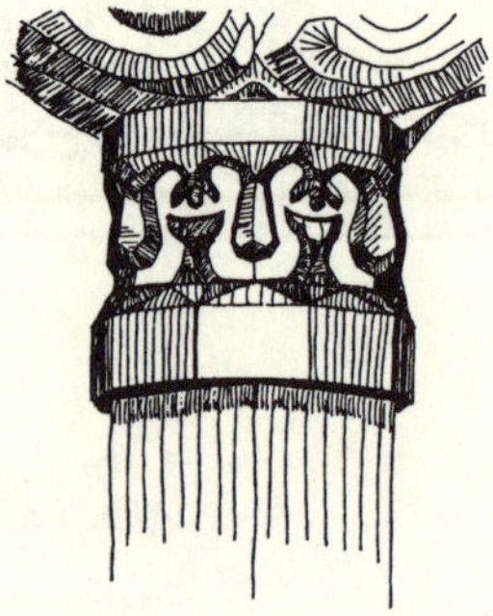

3. Kapitell („Mond", Abb. 5)
„Im ferneren wird das Obere mannigfaltiger, eine Spitze, die hervorgetrieben war, wächst wie zu einem befruchtenden Prinzip aus, und das Untere gestaltet sich zu einem Fruchtträger um. Das andere Kraftmotiv zwischen beiden ist zu einer tragenden Stütze geworden, weil das Verhältnis der Zwischenglieder nicht genug stark als Tragkraft empfunden würde."

4. Kapitell („Mars“, Abb. 6)
„Weiterhin tritt eine Abscheidung des Unteren und Oberen ein, die starken Träger des Mond-Kapitäls sind selbst säulenartig geworden, das dazwischenliegende Obere und Untere ist verwachsen zu einem Gebilde, von oben deutet sich ein neues Motiv an.“

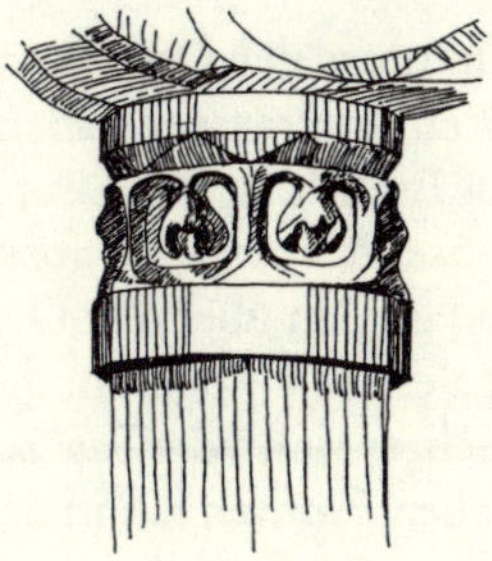

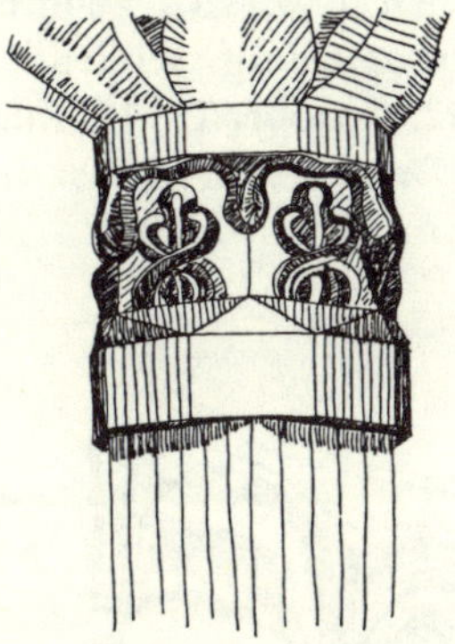

5. Kapitell („Merkur“, Abb. 7)
„Die aus der Verbindung des Oberen und Unteren entstandenen Gebilde haben Leben angenommen, erscheinen daher als von Schlangen umwundener Stab. Man wird empfinden müssen, wie dieses Motiv aus dem vorigen organisch herauswächst. Die mittleren Gebilde des Mars-Kapitäls sind verschwunden; ihre Kraft ist von dem stürzenden inneren Teile des Kapitäls aufgesogen, die vorher von oben kommenden Andeutungen sind voller geworden.“

6. Kapitell („Jupiter“, Abb. 8)
„Nun geht es wieder zu einer Art Vereinfachung, die aber die Frucht der vorhergängigen Vermannigfaltigung in sich schließt. Das Obere schließt sich kelchartig auf, das Untere vereinfacht das Leben in einer keuschen Form.“

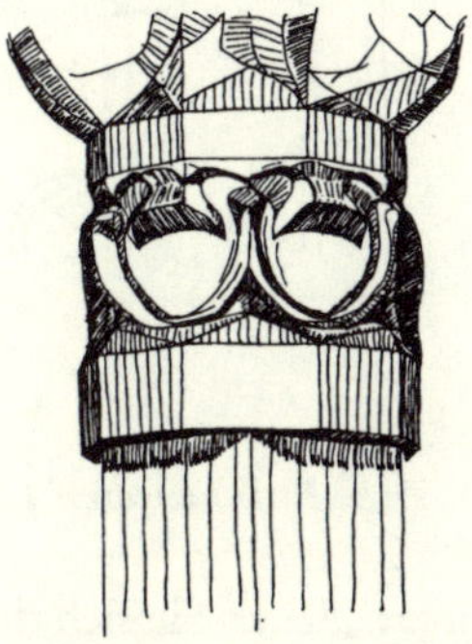

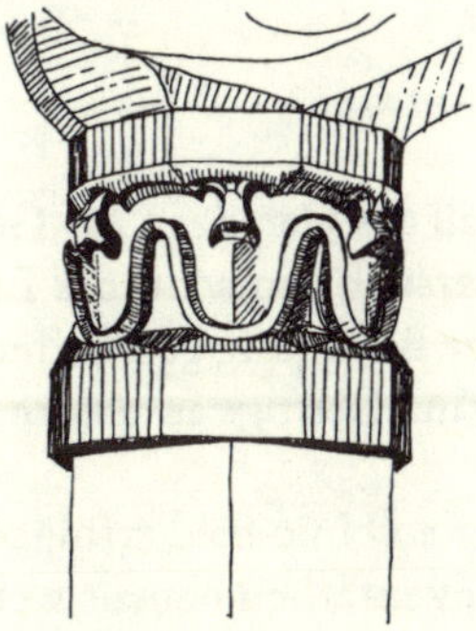

7. Kapitell („Venus“, Abb. 9)
„Der letzte Zustand zeigt diese „innere Fülle“ bei der äußeren Vereinfachung aufs höchste. Die Wachstumsgestaltungen von unten haben von oben her ein fruchttragendes Kelchartiges hervorgelockt.“[22]

Nur wenige Tage verbleiben den opferbereiten, z. T. bis Mitternacht schnitzenden Helferinnen und Helfer zur Vollendung ihrer zugewiesenen Bauteile, da lt. Bauzeitenplan schon im August der gesamte Holzbau auf den gerade fertiggestellten Beton-Unterbau aufgerichtet sein soll, was gerade für die bildhauerisch aufwendig zu bearbeitenden Bauteile lediglich sechs Monate Bauzeit bedeutet!

Zudem muss der Doktor in wenigen Tagen die Baustelle wieder verlassen, um zur nächsten Vortragsserie abzureisen. Während der gesamten Bauzeit bereist der Doktor auf Einladung fast ganz Europa, ein geradezu unglaubliches Pensum von mehreren tausend Vorträgen absolvierend.[23]

Bald grollen über den Dornacher Hügel schon die ersten Kanonendonner aus den nahegelegenen Vogesen, die bislang fröhliche und bunte Schar der Mitarbeiter am Bau lichtet sich von Tag zu Tag: zunehmend werden die männlichen Mitarbeiter nach allen Fronten hin in den Krieg eingezogen, die weiblichen als „Ersatz" zu ihren Familien; Rückschläge verzögern immer wieder die Fertigstellung; schließlich gelingt dennoch die Rohfertigstellung des Bauwerks zum 12. Oktober 1914[24]. Zum ersten Mal fallen die Innengerüste des Doppelkuppelbaus, zum ersten Mal ist der Innenraum erlebbar, doch nicht vollendet (Abb. 10).

Abb. 10 Innenraum 1. Goetheanum, Kapitell- und Architravbereich, 1. – 7. Säule

Steiner: „Sehen Sie sich die Formen unseres Baues an: Überall das Gerade in das Gebogene übergeführt, Gleichgewicht gesucht, überall der Versuch gemacht, das Erstarrende wieder aufzulösen in Flüssiges, überall Ruhe in der Bewegung geschaffen, aber die Ruhe wiederum in Bewegung versetzt. Das ist das ganz Geistige an unserem Bau."[25]

Der Einbau der reliefartig geschliffenen farbigen Fenster soll nun bald erfolgen, die Decken mit neuartigen, vom Doktor rezeptierten Pflanzenfarben bemalt werden. Zeitgleich wird vom Doktor eine Reihe von Nebenbauten um das Goetheanum konzipiert und realisiert.[26] Dies alles soll sich bis Anfang der 20iger Jahre hinziehen. Doch die Vollendung soll dem Goetheanum nicht beschieden sein ...

Immer wieder auf seinen Vortragsreisen wie vor Ort erläutert der Doktor den „neuen Baustil", sich immer wieder gegen symbolistische, allegorisierende Unterstellungen ebenso wie mystische Spekulationen wehrend:

> Man gestaltet zunächst das einfachste Kapitell oder den einfachsten Sockel aus für die erste Säule, die man hier hat, und dann übergibt man sich gewissermaßen den schaffenden Kräften der Natur, die man zuerst zu erlauschen versucht hat - nicht mit abstraktem Denken, sondern mit innerlicher Empfindung, die mit Willensimpuls Anteil an dem Schaffen der Natur erlauscht hat, und dann versucht man, aus dem einfachen Motiv der ersten Säule ein etwas komplizierteres der zweiten Säule hervorzubringen, wie das etwas höher stehende Blatt an der Pflanze komplizierter ist, als das vorhergehende, aber eine Metamorphose darstellt. So dass also tatsächlich alle diese sieben Säulenkapitelle auseinander hervorgeholt sind, metamorphosisch auseinander hervorgewachsen, wie die Formen der Blätter, die auf einander sich bilden im Werden der Pflanze, metamorphos sich bilden. Es ist dadurch ein wirkliches Nachschaffen dem organischen Naturschaffen in diesen nicht einfach dasselbe Motiv wiederholenden Kapitellen, sondern es sind die Kapitelle in fortdauerndem Wachstum, vom ersten bis zum siebten.
> Nun kommen natürlich die Leute, sehen da sieben Säulen - tiefe Mystik! Ja, es finden sich durchaus auch Mitglieder der Anthroposophischen Gesellschaft, die in allerlei dunklen geheimnisvollen Andeutungen reden von der tiefen Mystik dieser sieben Säulen und so weiter. Es ist aber gar nichts darinnen als das künstlerische Empfinden. Ist man nämlich bei der siebenten Säule angekommen, so steht dieses Motiv der siebenten Säule dem der ersten Säule gerade so gegenüber - wenn man wirklich so geschaffen hat, wie die Natur schafft - wie die Septime der Prim gegenübersteht und wie man in der Oktave das erste Motiv, die Prim, wiederholt hat, so hätte man das erste Motiv zu wiederholen, wenn man zum achten übergehen würde.[27]

Doch trotz dieser wie vieler weiterer Klarstellungen und öffentlicher Statements Steiners läßt sich die Gegnerschaft „des Doktors“ und des Goetheanums nicht beschwichtigen; einen vorläufigen Höhepunkt erreichen die Gegner mit der Brandstiftung in der Sylvesternacht 1922/23: das Goetheanum, an dem über 600 Menschen aus 17 Nationen freiwillig in tausenden von Arbeitstunden, zudem größtenteils unentgeltlich, mitgewirkt haben, wird in Schutt und Asche gelegt.

1923 veröffentlicht Steiner einen Nachruf auf das Kunstwerk und den Zusammenhang „Goethe und das Goetheanum“:

> Wer die Formen betrachtet hat, aus denen sich die Gesamtgestaltung des Goetheanum in lebendiger Gliederung zusammenfügte, konnte ersehen, wie Goethes Metamorphosen-Ideen in den Baugedanken eingegangen sind. Diese Metamorphosen-Ideen sind Goethe einleuchtend geworden, als er die Mannigfaltigkeit der Pflanzenwelt in geistiger Einheit umspannen wollte. Er suchte, um dieses Ziel zu erreichen, nach der Urpflanze. Diese sollte eine ideelle Pflanzengestalt sein. In ihr konnte ein Organ zu besonderer Größe und Vollkommenheit entwickelt, andere klein und unansehnlich sein. Auf diese Art konnte man aus der ideellen Urpflanze spezielle Gestalten in unermesslicher Zahl ersinnen; und dann konnte man den Blick über die äußeren Formen der Pflanzenwelt schweifen lassen. Man fand in der einen Form dies, in der anderen jenes aus der Urpflanze abgeleitete Gedankenbild verwirklicht. Die ganze Pflanzenwelt war gewissermassen eine Pflanze in den allerverschiedensten Formen. Damit aber war von Goethe angenommen, dass in der Mannigfaltigkeit der Organisationen ein Gestaltungsprinzip waltet, das vom Menschen in der inneren Beweglichkeit der Gedankenkräfte nachgebildet wird. Er hatte der menschlichen Erkenntnis damit

etwas zugeschrieben, wodurch diese nicht bloß eine äußere Betrachtung der Weltwesen und Weltvorgänge ist, sondern mit diesen zu einer Einheit zusammewächst. Goethe hat dasselbe für das Verständnis auch der einzelnen Pflanze geltend gemacht. In dem Blatte sah er auf einfachste Art schon ideell eine ganze Pflanze. Und in der vielgestalteten Pflanze sah er ein Blatt auf komplizierteste Weise ausgebildet; gewissermaßen viele Blattpflanzen wieder nach dem Blattprinzip zur Einheit verbunden. – Ebenso waren ihm die verschiedenen Organe der tierischen Bildung Umformungen eines Grundorgans; und das ganze Tierreich die mannigfaltigsten Ausgestaltungen eines ideellen „Urtiers".

Goethe hat den Gedanken nicht allseitig ausgebildet. Die Gewissenhaftigkeit ließ ihn – insbesondere gegenüber der Tierwelt – auf unvollendeten Wegen haltmachen. Er gestattete sich nicht, in der bloßen Gedankenbildung allzuweit fortzuschreiten, ohne das ideell Gebildete sich immer wieder von den sinnfälligen Tatsachen bestätigen zu lassen.

Man kann nun zu diesen Goetheschen Metamorphosen-Ideen ein zweifaches Verhältnis haben. Man kann sie als interessante Eigenart des Goetheschen Geistes betrachten und dabei stehen bleiben.

Man kann aber auch den Versuch machen, die eigene Ideentätigkeit in die Goethische Richtung zu bringen. Da wird man finden, dass sich dadurch in der Tat Naturgeheimnisse offenbaren, zu denen man auf eine andere Art keinen Zugang hat.

Ich habe, als ich dies vor nun mehr als vierzig Jahren zu bemerken glaubte, in meinen Einleitungen zu Goethes naturwissenschaftlichen Schriften in Kürschners Deutscher Nationalliteratur, Goethe den Kopernikus und Kepler der Wissenschaft vom Organischen genannt. Ich ging dabei von der Anschauung aus, dass für das Leblose die Kopernikus-Tat in dem Bemerken eines vom Menschen unabhängigen Sachzusammenhanges besteht; dass aber die entsprechende Tat für das Lebendige in dem Entdecken der rechten Geistesbetätigung liegt, durch die das Organische von dem Menschengeiste in seiner lebendigen Beweglichkeit erfasst werden kann.

Goethe hat diese Kopernikus-Tat dadurch verrichtet, dass er die Geistesbetätigung, durch die er künstlerisch wirkte, in das Erkennen einführte. Er suchte den Weg vom Künstler zum Erkenner und fand ihn. Der Anthropologe Heinroth hat Goethes Denken deshalb ein gegenständliches genannt. Goethe hat sich darüber tief befriedigt ausgesprochen. Er nahm das Wort auf und nannte auch sein Dichten deshalb ein gegenständliches. Er sprach damit aus, wie nah in seiner Seele die künstlerische und die erkennende Betätigung wohnten.

Das Einleben in die Goethische Geisteswelt konnte Mut dazu geben, gerade die Metamorphosen-Anschauung wieder in das Künstlerische zurückzuführen. Das half zu dem Baugedanken des Goetheanum. Die Natur schafft, da wo sie sich in der Lebendigkeit entfaltet, in Formen, die auseinander herauswachsen. Man kann in der künstlerisch-plastischen Gestaltungskraft dem Schaffen der Natur nahe kommen, wenn man liebevoll nachfühlend ergreift, wie sie in Metamorphosen lebt.

Man wird nun einen Bau Goetheanum nennen dürfen, der in seiner Architektonik und Plastik so entstanden ist, dass in seinen Formen das Einleben in die Goethische Metamorphosen-Anschauung den Versuch gewagt hat, zur Verwirklichung zu kommen.

Und in der gleichen Art ist ja auch die Anthroposophie selbst in gerader Fortentwicklung der Goetheschen Anschauungen gelegen. Wer den Gedanken der Umbildung nicht nur der sinnlich-anschaulichen Formen – bei der Goethe in Gemäßheit seines besonderen Seelencharakters stehen geblieben ist –, sondern auch des seelisch und geistig Erfassbaren sich zugänglich macht, der ist bei der – Anthroposophie angelangt ...“[28]

III.

26. März 1924. Dornach. Glashaus beim Goetheanum. Der Doktor, 64, inzwischen von Krankheit und ersten Anzeichen von Erschöpfung gezeichnet, ist in Eile. Die Abreise nach Stuttgart zu Vorträgen wie Konferenzen an der expandierenden, von ihm selbst begründeten „Waldorfschule“ wird vorbereitet. Den mit dem Abbruch der Betonterrasse des abgebrannten Goetheanums beschäftigten Arbeiter soll noch vormittags „ihr Vortrag“[29] gehalten werden. Vorher lässt der Doktor noch das von ihm eilends modellierte Plastilin-Modell des neuen Goetheanum[30] in das Glashaus[31] tragen (Abb. 11).

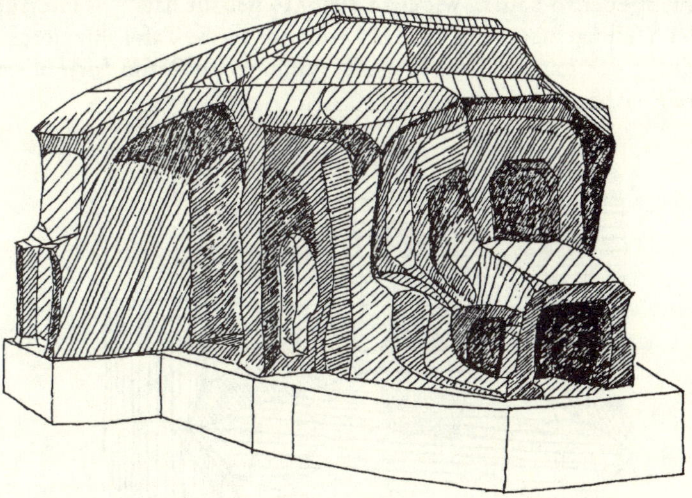

Abb. 11 Plastillin-Modell Rudolf Steiners zum zweiten Goetheanum 1924

Dieses wird von Ernst Aisenpreis, dem leitenden Architekten schon lange erwartet, vor allem, seit der Doktor zur Jahreswende erstmals konkrete Angaben zu seiner Gestaltung skizziert hatte[32].

In ebenso technologisch-innovativem Geist wie die Bogenbinder- und Leimholzkonstruktionen des 1. Goetheanums soll nun sein Nachfolge-Bauwerk, dieses Mal in dem ebenfalls zu jener Zeit noch „innovativen“ Werkstoff Stahlbeton ausgeführt werden. Für den Doktor gibt es keinen Zweifel: ein Gebäude gleicher Nutzungsstruktur und am selben Standort, nunmehr in dem spröden wie mineralischen Werkstoff Beton, muss wiederum eine ganz neue, nämlich eckigere Form erhalten, als diejenige des abgebrannten hölzernen, demzufolge in weicheren, rundlicheren Formen gehaltenen Doppelkuppelbaus des 1. Goetheanum:

> Betonformen werden andere sein müssen, und es wird auch manches getan werden müssen, was das spröde Betonmaterial auf der einen Seite wirklich so bezwingt, dass das menschliche Seelenauge ihm künstlerisch folgen kann in seinen Formen; aber es wird auf der anderen Seite notwendig sein, manches scheinbar Dekorative, aber aus dem Betonmaterial Hervorgehende, künstlerisch, malerisch, plastisch zu schaffen, um eben das Betonmaterial einmal auch künstlerisch zur Offenbarung zu bringen. [33]

In gänzlich anderen Formen soll hier wiederum eine „fortschreitende Metamorphose" entstehen. Aber schon der zeitliche Abstand zum 1. Goetheanum erfordert für den Doktor eine unabdingbare Verwandlung: „Wenn heute [1923; Anm. d. Verf.] einer die Dinge in derselben Weise vertritt, mit der man sie 1919 vertreten hat, man da um Jahrhunderte zurückgeblieben ist. Und so kann man auch wirklich [...] 1924 nicht ebenso bauen, wie man 1913/14 gebaut hat."[34] – Hierfür mag das während der Weihnachtstagung 1923/24 von ihm an die Tafel skizzierte Detail für die Darstellung des Lastens und Tragens, nunmehr in Beton formuliert, charakteristisch sein (Abb. 12).

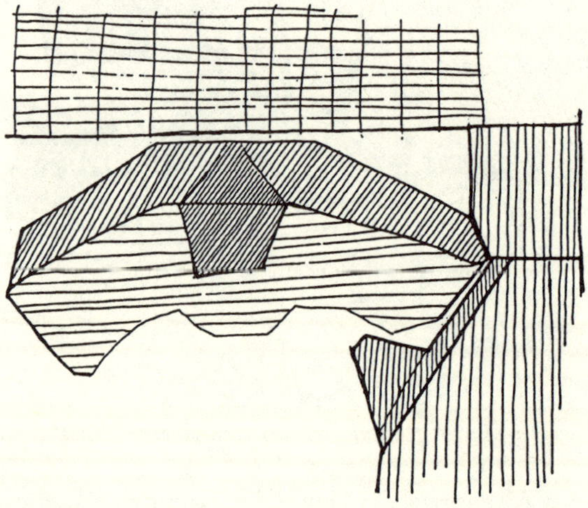

Abb. 12 Detail Steiners zum Lasten und Tragen von Bauteilen aus Beton, Trägerauflager

Doch das hingestellte, neuartig gewagte Bauformen darstellende Modell im Maßstab 1:100 zeigt lediglich skizzenhaft die Gestaltung der Massen, als „Außenschale"; keine Grundrißskizze, keine näheren Angaben zur Fassadengestaltung, nur eine Detailskizze zur Terrassengestalt und o.g. „Musterdetail" zur Ausbildung von Stützenauflagern! –

Im April wünscht der Doktor das Baugesuch einzureichen! Und viel mehr Zeit, als seine Unterschrift unter die Pläne zu setzen, wird er kaum haben, stehen doch bis zum Herbst weitere Vortragszyklen u. a. in Prag, diversen Schweizer Städten, Paris, Breslau, Jena, Süd-England, London, mehrmals zwischendrin in Stuttgart und wiederum Schweizer Städten auf dem lückenlos gefüllten Terminkalender[35].

Aisenpreis ahnt wohl, dass er für die Realisierung des neuen Goetheanum – im Gegensatz zum ersten – nun mit seinen Mitarbeitern weitgehend auf sich gestellt sein und möglicherweise auch bald vollständig bleiben wird. Und Steiner vertraut auf den besonnenen wie versierten Praktiker, der mit der Kernbesetzung seiner Mitarbeiter[36] bereits die Schwierigkeiten des ersten Goetheanum zu meistern wusste, der sicherlich ebenso die feinen Ziselierungen, Nuancen, Andeutungen des auf den ersten Blick widersprüchlichen neuen Modells richtig zu deuten und umzusetzen weiß: wiederum kein „astralisches Fett“, die dynamischen Flächen mit eindeutigen Knicklinien abgrenzen, „überall das Gerade in die Bewegung übergeführt, Gleichgewicht gesucht, [...] überall Ruhe in der Bewegung, aber die Ruhe wiederum in Bewegung versetzt [...]“, usw.

Schon am nächsten Tag lässt Aisenpreis von seinen Mitarbeitern im Baubüro die Konturen des Modells abgreifen, in Ansichten und Schnitten aufreißen, zeichnet den Grundriss, sich der knappen Angaben der vergangenen Weihnachtstagung erinnernd, und legt tatsächlich den gesamten Plansatz knapp vier Wochen später dem Doktor zu Korrektur und Unterschrift vor; im Mai liegen die Antragspläne der Solothurner Bezirksregierung vor (Abb. 13 und 14).[37]

Künstlerverbände, konfessionelle Kreise, Politiker beginnen erneut gegen den neuen „Tempel der Anthroposophen“ Sturm zu laufen, die Bezirksregierung ist verunsichert, die Gemeinde Dornach dagegen hat durch die explosionsartig zunehmende Ansiedlung der Anthroposophen seit 1913/14 einen nie gekannten wirtschaftlichen Aufschwung erlebt und setzt sich demzufolge vehement für die Realisierung des neuen Betonbaus ein.

Aisenpreis lässt die Statiker bereits in Meter-Schichten angelegte Schal- und Bewehrungspläne[38] zeichnen, um die komplexen Formen ausführungstechnisch in den Griff zu bekommen, aus Hamburg werden bereits Schiffs-Zimmerleute zur Fertigung der konvex wie konkav geformten Betonschalungen rekrutiert ...

Mit der Gestaltung der Außenschale des neuen Bauwerks hatte der Doktor an die Ingenieure die Forderung verbunden, diese – dem Wesen des Betons gemäß – als selbsttragende Massiv-Schale auszubilden: „Flächen- und Linienführungen, Winkelgestaltungen usw. sind so zu halten, dass, was im Innern gestaltet und gegliedert ist, wie in die Außenformen drückt und dadurch sich offenbart.“[39]

Doch Steiners innovatives Konzept zur Bautechnologie auch des zweiten Goetheanums muss 1924 noch jedes Ingenieurbüro überfordern, so auch das Dornacher Baubüro: das neue statische Berechnungsverfahren für freitragende Betonschalen, erstmals 1922/23 mit dem Massiv-Kuppelbau des Jenaer Planetariums durch den Ingenieur Franz Dischinger praktisch realisiert und mit theoretischem Berechnungsverfahren erst 1925 veröffentlicht[40], kommt damit für Dornach um wenige Monate „zu spät“; man hilft sich hier noch mit einer hauchdünnen (8cm) Betonhaut, die auf

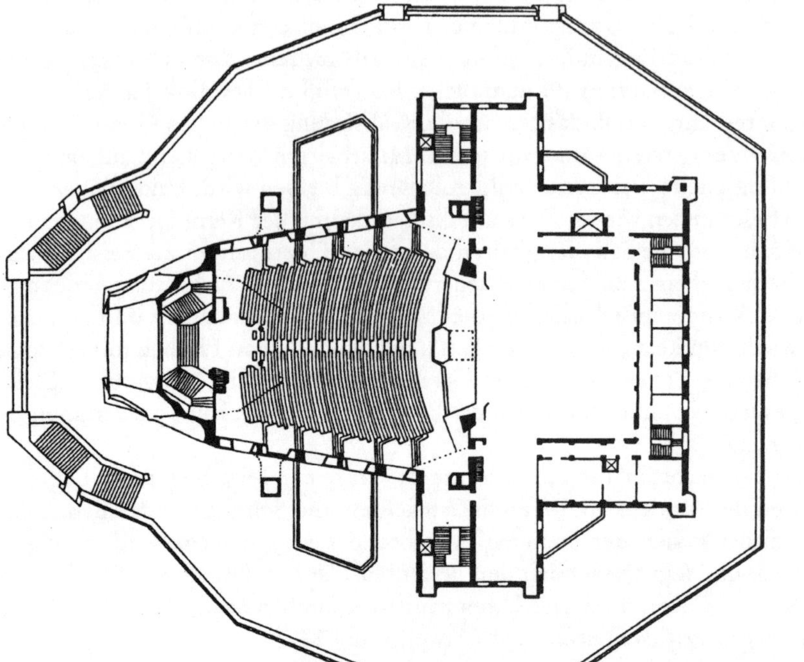

Abb. 13 und 14 Grundriß, Längsschnitt zweites Goetheanum, Dornach

das – in Holz-Fachwerkmanier konstruierte – eigentliche Traggestell aus kräftigen Beton-Stützen, -Balken wie -Diagonalstreben gelegt wird. Freilich soll mit dieser Steiners Schalenkonzeption zuwiderlaufenden und den Innenraum verstellenden Sekundär-Konstruktion die Bildung einer adäquaten Innenschale bis zum heutigen Tag problematisch werden ...[41]

Am 9. September erteilt die Bezirksregierung endlich die Baugenehmigung unter Auflagen: der Bau muss um 1,5 m in der Höhe „gedrückt“, die glatte Ostfassade stärker gegliedert, weitere feuerpolizeiliche Auflagen befolgt werden. Die Pläne werden nochmals rasch überarbeitet.[42] Am 28. September tritt schließlich das ein, was viele schon lange befürchtet haben: der Doktor bricht erstmals in seinem Leben einen Vortrag ab; Grund: Krankheit und Erschöpfung. Krankenlager. Von hier aus Weiterführung literarischer Tätigkeit, Besprechungen.[43] Ende Oktober liegen die überarbeiteten Pläne samt Skizze des Doktors zur gegliederten Ostfassade vor. Zeitungsartikel des Doktors in der „National-Zeitung“ vom 1. November 1924:

> Der Wiederaufbau des Goetheanums stellte der Gestaltung des Baugedankens keine leichte Aufgabe. Eine völlige Umorientierung war notwendig, da der alte Bau Holz war, der neue ganz aus Beton errichtet werden soll. Dabei durfte aber doch Anthroposohie, zu deren Pflege der Bau bestimmt ist, sich durch seine Gestaltung mit ihrem eigenen Wesen nicht in Widerspruch setzen. Sie will aus Geistesquellen schöpfen, aus denen geistgemäßes Wissen für die Erkenntniskräfte fließt, aus denen aber auch für die empfindende Phantasie Kunstformen und Stil erströmen. Sie strebt nach allerursprünglichsten Kräften der Erkenntnis, aber auch nach deren künstlerischer Gestaltung und stilgemäßen Haltung. Grotesk wäre es, wenn gerade ihre Arbeitsstätte jemand bauen würde, der aus irgendeiner Kunstempfindung heraus nur mit äußerlichen Gefühlen vom Wesen der Anthroposophie den Baugedanken ersönne. Diese Arbeitstätte kann nur bauen, wer jede Einzelheit der Form aus dem Wesen geistiger Anschauung künstlerisch so erlebt, wie er erkennend jedes Wort erlebt, das aus derselben Anschauung in Anthroposophie gesprochen wird.
>
> Im Holz war durch Weichheit des Stoffes eine Raumgestaltung möglich, die dem Schaffen der Natur in der organischen Form selbst nachstrebte. Der Organismus als Ganzes macht, zum Beispiel für das kleinste Gebilde - ein Ohrläppchen - eine Form notwendig, die nicht anders sein könnte. Mit diesem künstlerischen Erleben in diesem organischen Schaffen der Natur aufgehen, konnte zu der Ausgestaltung eines „organischen Baustiles“, im Gegensatz zu einem auf bloß Statisches oder Dynamisches sich stützenden, führen, wenn eben das Naturhafte durch die schaffende Phantasie in das Geistgemäße gehoben wurde. [...]
>
> Einer solchen Bildung des Baugedankens fügt sich der Beton nicht in der gleichen Weise wie das Holz. Darin ist der Grund zu sehen, warum die Ausgestaltung des Modell-Entwurfs fast ein volles Jahr in Anspruch nahm. - In Holz arbeitet man die Raumform hinein; man läßt durch Vertiefung (concav) einer Hauptfläche die Form entstehen. Beton dagegen ist ein Material, aus dem man die Form durch Erhöhung (convex) der Hauptfläche so herausarbeiten muß, wie man sie zur Begrenzung des notwendigen Raumes braucht. Das macht sich dann auch geltend in der Bildung der nach außen gehenden Formen. Flächen- und Linienführungen, Winkelgestaltungen, usw. sind so zu halten, dass, was im Innern gestaltet und gegliedert ist, wie in die Außenformen *drückt*[44] und sich dadurch offenbart. [...]

Dieser Gliederung im Innern mußte die künstlerische Linien- und Flächengestaltung nach außen hin folgen. Man sehe sich daraufhin die Dachform an - die diesmal nicht Kuppel ist. Man wird, wenn man die Formen durchfühlt, doch finden, wie versucht ist, die Aufgabe zu lösen, das Dach hin nach der einen Seite in die45 Formen künstlerisch zu bringen, die dem ansteigenden Zuschauerraum gemäß sind, während es nach der andern Seite in die Umschließung des Bühnenraumes mit seinen Magazinen usw. verlaufend gedacht ist. Man wird bei künstlerisch unbefangener Betrachtung vielleicht doch herausfinden, wie die in der Gestaltung des Grundrisses liegenden Notwendigkeiten bei Ausgestaltung des Baugedankens bis in die gewagte Form der Westfront gewirkt haben. [...]
Der Ausgestalter des Baugedankens hat die Überzeugung, dass den Formen der Hügelgruppe, auf der das Goetheanum stehen darf, dieser Betonbau in seiner Gestaltung ganz besonders entsprechen wird. Als er den Holzbau gestaltete, war er mit diesen Naturformen noch nicht so vertraut, wie jetzt, wo er auf ein Jahrzehnt zurückblicken darf, in dem er sie kennen und lieben gelernt hat, so dass er gegenwärtig in einem ganz anderen Sinne aus *ihrem*[46] Geiste heraus den Baugedanken schaffen konnte als vor elf Jahren.[47]

Mitte März 1925. Dornach. Baubeginn 2. Goetheanum; keine Innenraumpläne, kein Innenraummodell. Die ersten Schalungselemente für die Beton-Terrasse werden gefertigt. Der Doktor zitiert Aisenpreis an sein Krankenbett: an den Fensterwänden des Zuschauerraums sollen drei Halbsäulen sein, entsprechend der ersten, vierten und siebten Säule im Säulenorganismus des 1. Goetheanums.[48]

29. März 1925. Der Doktor fragt seine Ärztin und Betreuerin, Dr. Wegmann, ob das Atelier neben seinem Krankenzimmer in der Schreinerei bald fertig sei, damit er das Innenraummodell arbeiten könne.[49]

30. März 1925. Der Doktor stirbt.

Aisenpreis führt mit Unterstützung des Bildhauers Carl Kemper und eines Basler Planungsbüros die Bauarbeiten weiter, lässt ein detailliertes Ausführungsmodell im Maßstab 1:20 anfertigen, da die Fertigung der Ausführungspläne der Baustelle kaum mehr nachkommt ...

29. September 1928: Eröffnung des innen unvollendeten Goetheanums.[50]

Anmerkungen

1 Ausführlich in: Rainer Ewald: Goethes Architektur. Des Poeten Theorie und Praxis, Weimar 1999. – Es ist in diesem Rahmen nicht möglich, Umfang wie Charakteristik einer „Baukunst Goethes“ nochmals ausführlich darzulegen. Trotz aller Verkürzungsproblematik soll jedoch ein wesentlicher Gedanke Goethischer Kunstauffassung kurz angesprochen sein: das Prinzip der *Metamorphose* (altgrch.= Formverwandlung). Bekanntlich wird dieses Formenentwicklungsprinzip der stufenweise fortschreitenden Steigerung bei Goethe zunächst in seiner „Metamorphose der Pflanzen“, (fragmentarisch auch in seiner „Metamorphose der Tiere“) beschrieben: „Es mag nun die Pflanze sprossen, blühen oder Früchte bringen, so sind es doch immer nur dieselbigen Organe, welche in vielfältigen Bestimmungen und unter oft geänderten Gestalten die Vorschrift der Natur erfüllen. Dasselbe Organ, welches am Stengel als Blatt sich ausgedehnt und eine höchst mannigfaltige Gestalt angenommen hat, zieht sich nun im Kelche

zusammen, dehnt sich im Blumenblatte wieder aus, zieht sich in den Geschlechtswerkzeugen zusammen, um sich als Frucht zum letztenmal auszudehnen“ (J. W. G: Metamorphose der Pflanzen, Abs. 115, Weimarer Ausgabe II, Bd. 6, S. 25 f.).
Erstaunlicherweise läßt sich dieses *Gestaltungsprinzip* zugleich an einem guten Dutzend Gebäude beobachten, die von Goethe maßgeblich und unmittelbar mitgestaltet wurden. Am eindrucksvollsten kann dieses sicherlich an Goethes „Lehrgebäude“, dem Römischen Haus, im Weimarer Goethe-Park, kurz charakterisiert werden: hier *verwandeln sich* alle Räume gleichsam von der kleinsten Zelle des Hauses, dem als vollkommen schmucklos überlieferten herzoglichen Ankleidezimmer, von wo ab der Tagesablauf des Bewohners beginnt, *stufenweise größer werdend* über das schlicht dekorierte Schlafzimmer zum aufwendiger ausgestalteten Arbeitszimmer, um schließlich in das *größte und aufwendigste*, das Blaue Zimmer, das Gesellschaftszimmer, einzumünden. – Zu einem anderen Gebäude (dem Wiederaufbau des Weimarer Schlosses) beschreibt Goethe dieses Prinzip, dass man „[...]stufenweise nicht das Kostbare am unrechten Fleck anbringe [...]“, vielmehr „aus dem anständigen eines Vorsaales in das würdige der Vorzimmer, in das Prächtigere des Audienzzimmers übergehen, [...] sowohl durch das zu verwendende Material als durch die zu bestimmenden Formen einem jeden dieser Zimmer einen eigenen Charakter und dem Ganzen eine Folge durch Übergänge und Kontraste zu geben [...] Stuck, Vergoldung und Malerei können hier miteinander wetteifern und sich steigern. Wir haben in dem Römischen Hause schon sehr schöne Beispiele ...“ Vgl. auch: Christa Lichtenstern: Die Wirkungsgeschichte der Metamorphosenlehre Goethes. Von Philipp Otto Runge bis Joseph Beuys, in: Metamorphose in der Kunst des 19. und 20. Jahrhunderts, Weinheim 1990.

2 Wo nicht anders vermerkt, Daten und Fakten zu Steiners Weimarer Tätigkeit 1889-1897 entnommen aus: Jutta Hecker: Rudolf Steiner in Weimar, Dornach 1988 sowie: R. Steiner: Mein Lebensgang, Dornach 1925.

3 Vgl. Goethes Werke, Supplement zur Weimarer Ausgabe (dtv), München 1987, S. 10 f.

4 Ebd., S. 12.

5 Vgl. J. Hecker: Steiner in Weimar, a. a. O., S. 22.

6 Ebd., S. 23.

7 Vgl. WA (=Weimarer Ausgabe) II 9, Weimar 1892, S. 6.

8 R. Steiner in: Mein Lebensgang, IX. Kap., Stuttgart 1975, S. 105.

9 Ebd., S. 81. VI. Kap. Vgl. auch die von Steiner bereits 1886 veröffentlichte Zusammenfassung seiner Erkenntnisse aus seiner Tätigkeit innerhalb der Kürschner-Ausgabe: „Grundlinien einer Erkenntnistheorie der Goethischen Weltanschauung mit besonderer Berücksichtigung auf Schiller“; Rudolf Steiner Gesamtausgabe (GA) Nr. 2 , Dornach 1998.

10 J. Hecker, a. a. O., S. 50.

11 Zitiert aus: R. Steiner : Mein Lebensgang, IX. Kap., a. a. O., S. 106.

12 Brief an Ladislaus Specht, Weimar 15. Okt. 1890, zitiert aus: J. Hecker, a. a. O., S. 30.

13 Grundlinien der Goetheschen Weltanschauung mit besonderer Berücksichtigung auf Schiller, GA 2, a. a. O.

14 WA II 9, S. 309 (Lesarten).

15 J. Hecker, a. a. O., S. 31.

16 GA 6.

17 Assja Turgenieff: Erinnerungen an Rudolf Steiner und die Arbeit am ersten Goetheanum, Stuttgart 1972, S. 47 ff; Andrej Belyj: Geheime Aufzeichnungen. Erinnerungen an das Leben im Umkreis Rudolf Steiners, Dornach 1992, S. 50; Datum ermittelt aus: Hans Schmidt: Das Vortragswerk Rudolf Steiners, Dornach 1978, S. 210.

18 Vgl. Assja Turgenieff: Erinnerungen, a. a. O., S. 50 f; zur Charakterisierung „des Menschen Steiners“ und seines Auftretens wie Umganges mit seinen Schülern sind aus deren Reihen zahlreiche weitere autobiografische Berichte erschienen, wie u. a. Andrej Belyj: Geheime Auf-

zeichnungen, a. a. O.; ders.: Verwandeln des Lebens, Erinnerungen an Rudolf Steiner, Basel 1977; Heinz Müller: Spuren auf dem Weg, Stuttgart 1970; Erika Beltle/Kurt Vierl (Hg.): Erinnerungen an Rudolf Steiner, Gesammelte Beiträge aus den „Mitteilungen aus der anthroposophischen Arbeit in Deutschland 1947-1978", Stuttgart 1979.

19 Grundrisse und Schnitte nach Zeichnungen der Bauadministration Goetheanum Dornach, Umzeichnungen durch den Verfasser.

20 R. Steiner: Der Baugedanke des Goetheanum, Einleitender Vortrag mit Erklärung zu den Lichtbildern des Goetheanum-Baues, gehalten in Bern am 29. Juni 1921, in: Das Goetheanum als Gesamtkunstwerk, hg. von W. Roggenkamp, Dornach 1986.

21 Alle Zeichnungen vom Verfasser.

22 Kapitellmotive erstmals öffentlich vorgestellt 1907, Münchner Kongress, GA 284: „Bilder okkulter Siegel und Säulen", Dornach 2000. Hieraus Wortlaut der Beschreibungen der Kapitelle 1-7 entnommen.

23 Vgl. Hans Schmidt: Das Vortragswerk Rudolf Steiners, a. a. O., S. 210 f.

24 A. Turgenieff, a. a. O., S. 62 f.

25 Vgl. R. Steiner: Vortrag vom 21.9.1918, 8. Vortrag aus Zyklus „Die Polarität von Dauer und Entwicklung im Menschenleben", GA 184, 2. Aufl., Dornach 1968.

26 Vgl. Erich Zimmer: Rudolf Steiner als Architekt von Wohn- und Zweckbauten, Dornach 1970.

27 Rudolf Steiner: Der Baugedanke des Goetheanum, Einleitender Vortrag mit Erklärung zu den Lichtbildern des Goetheanum-Baues gehalten in Bern am 29. Juni 1921, in: Das Goetheanum als Gesamtkunstwerk, hg. von W. Roggenkamp, Dornach 1986.

28 R. Steiner: Goethe und Goetheanum, in: Der Goetheanumgedanke inmitten der Kulturkrisis der Gegenwart. Ausgewählte Aufsätze 1921-1925, GA 36, Neuausgabe: Dornach 1982.

29 Vgl. Hans Schmidt: Das Vortragswerk Rudolf Steiners, a. a. O., S. 462.

30 Vgl. Carl Kemper: Der Bau, Studien zur Architekur und Plastik des ersten Goetheanum, Stuttgart 1984, Chronologie von S. 270.

31 Die ehem. Glasschleiferei des ersten Goetheanum, unterhalb dessen gelegen, nun Baubüro.

32 Vgl. Der künftige Baugedanke des Goetheanum, aus: Die Weihnachtstagung zur Begründung der Allgemeinen Anthroposophischen Gesellschaft 1923/24, Vortrag vom 31.12.1923, GA Bibl.-Nr. 260, Dornach 1982.

33 Ebd.

34 Ebd

35 Vgl. Hans Schmidt: Das Vortragswerk Rudolf Steiners, a. a. O., S. 462 f.

36 Vgl. auch die autobiografischen Aufzeichnungen zweier Mitarbeiter im Baubüro (H. Ranzenberger, A. Hummel) in: Hermann Ranzenberger: Ein Leben für den Goetheanum-Bauimpuls, Dornach 1995.

37 Vgl. Sonja Ohlenschläger: Rudolf Steiner (1861-1925). Das architektonische Werk, Petersberg 1999, S. 110. Ohlenschlägers Buch zeichnet sich durch eine dichte und quellengestützte Sammlung der wichtigsten Fakten zu den Goetheanum-Bauten aus; leider trifft der analytische Bereich nicht den „goetheanistischen" Kern von Steiners Architektur.

38 Vgl. Rex Raab/Arne Klingborg/Ake Fant: Sprechender Beton. Wie Rudolf Steiner den Stahlbeton verwendete, Dornach 1972, S. 68; der unten genannte Widerspruch Schale-Sekundärkonstruktion wird von Raab nicht erwähnt.

39 R.Steiner: Wege zu einem neuen Baustil, GA 286, Dornach 1982, S. 119.

40 Franz Dischinger: Fortschritte beim Bau von Massivkuppeln, in: Der Bauingenieur, Heft 10, Berlin 1925.

41 Vgl. hierzu R. Ewald: „Das Erstarrende wieder aufzulösen in Flüssiges ..." – ein ungehörter Aufruf gegen den Zeitgeist, Anmerkungen zur Architektur Rudolf Steiners und ihrer „Vollendung", in: *Thesis*, Wiss. Zeitschrift der Bauhaus-Universität Weimar, 6. Heft 2000, 46. Jahrgang, Weimar 2001, S. 14-18.

42 Vgl. Sonja Ohlenschläger: Das architektonische Werk, a. a. O., S. 111.
43 A. Turgenieff, a. a. O., S. 107 f.
44 Hervorhebung durch R. Steiner.
45 Hervorhebung durch R. Steiner.
46 Hervorhebung durch R. Steiner.
47 Abgedruckt in: R. Steiner: Wege zu einem neuen Baustil, GA 286, Dornach 1982, S. 119.
48 Carl Kemper: Der Bau, a. a. O., Chronologie von S. 270
49 Ebd.
50 Soweit nicht anders vermerkt, sind die chronologischen Daten entnommen aus: Carl Kemper: Der Bau, a. a. O.; H. Biesantz/Arne Klingborg: Das Goetheanum. Der Bauimpuls Rudolf Steiners, Dornach 1978; R. Ewald: Die Bauchronik des ersten Goetheanum in Dornach, Studienarbeit Universität Stuttgart 1987 (Typoskript, unveröffentlicht), die aus datierten Baustellenfotos wie o. g. autobiographischer Literatur von Steiners Schülern ermittelt wurde.

Ernst Erich Metzner

Dichtung und Wahrheit über das älteste ‚Frankfurt' von 719/20ff. Der frühe fränkische Wende-, Ursprungs- und Vorrangsmythos von der Alamannenzeit und Chlodwig bis zu Karl Martell und Karl dem Großen

How does the real get into the made up?
Ask me an easier one ...
Known World,
Seamus Heaney[1]

I.

‚Ein Fall für mehr als eine Wissenschaft', so könnte man – den Titel einer Fernsehserie mit Frankfurt-Bezug abwandelnd – das hier vorzustellende Thema umschreiben. Es scheint dem Verfasser, der schon seit langem auch mit einem besonderen Blick auf den Frankfurter Namen-Mythos und die Frankfurter Hauptstadt-Frage[2] interdisziplinär forscht, ganz im Sinne seines neugermanistischen Kollegen zu sein, der hier geehrt wird. Diesem, der sich ebenfalls immer wieder zu fachlichen Grenzüberschreitungen gedrängt sah, dürfte auch der behutsam entdeckerische Zugriff auf das in mündlicher und schriftlicher Form nachträglich poetisch und prosaisch Verklärte und Verunklärte, Halbvergessene und Halbverschüttete der europäischen Geschichte seit dem Altertum nicht zuwider sein, zumal nicht der Rückgriff auf die Geschichte und Dichtung um das älteste Frankfurt – bei aller Liebe auch für die grenzüberschreitende architektonische Moderne des früheren 20. Jahrhunderts am Ort. Das hier Dargebotene stellt in gewisser Weise eine längst nötige, mögliche und wohl auch schlüssige Zusammenfassung und Abrundung von verstreuten, z. T. einlässigeren Darlegungen, von neuen, hier zum ersten Mal expressis verbis vorgestellten Erkenntnissen und von bloßen Ausblicken des Verfassers auf bisher nur in Umrissen Erkennbares dar; eingegangen sind dabei auch andeutungsweise Ergebnisse eines facettenreichen Forschungsprojekts zur weithin übersehenen vielfältigen Kontamination von Karl-Martell- und Karl-der-Große-Überlieferung (und Karl-der-Dicke-Tradition) v.a. in der mittelalterlichen deutschen und lateinischsprachigen Literatur. Dem Charakter einer Zusammenfassung eigener Arbeiten und eines Ausblicks auf vermutbare Ergebnisse weiterer eigener Recherchen entsprechend, ist die einschlägige anderweitige Sekundärliteratur nur sehr selektiv angegeben. In der Regel finden sich in den zitierten eigenen Arbeiten weiterführende Literaturangaben.

II. *Streiflichter auf die dichterische und bildkünstlerische Sagen-Rezeption im 19. und 20. Jahrhundert*

Es ist keineswegs selbstverständlich und es ist ein Zeichen besonderen historischen Rangs, daß man im weithin illiterarischen früheren Mittelalter schriftlich und ausführlich über die Bedeutung und das Alter eines Ortsnamens berichtete, der schon eine geraume Zeit, Jahrhunderte, vorher bezeugt und möglicherweise schon lange davor gegeben wurde, wie es im Falle von ‚Frankfurt' am Main zu vermerken ist, das wohl nicht ohne Hilfestellung des hier zu erhellenden alten Karls-Namen-Mythos – als schon bei der urkundlichen Erstnennung 794 wahrscheinlich eben deswegen ‚berühmter Ort'[3] – letztlich, wenn auch aufhaltsam zum Rang einer Hauptstadt ‚Deutschlands' aufgestiegen war; und erst recht nicht selbstverständlich erscheint, daß eine solche sehr nachträgliche Aussage zur Namengenese einigermaßen Plausibles oder ganz Richtiges überliefert, sowenig es andererseits, wird man natürlich konzedieren, angeht, sie prinzipiell zu bezweifeln oder nicht zu beachten, auch wenn Einwände sich unüberhörbar aufdrängten, wie eben zunehmend gerade auch im Fall ‚Frankfurt'; dort hat man aber doch noch in der Gegenwart aus einem verständlichen Wunschdenken heraus und im Blick auf eine lokalpatriotisch voreingenommene Klientel die zuerst überlieferte schöne, allzuschöne Geschichte von der Findung der ‚Frankenfurt' und der Namengebung durch Karl den Großen sehr gern fast wörtlich genommen und, zusätzlich aufs Jahr 793 falsch datiert, falschmünzerisch unter die Leute gebracht, im Rückgriff auf heimische bildliche Karls-Verherrlichung im Zweiten Kaiserreich –[4] zum Ärger wohl anderer, kritischerer Geschichtswissenschaft, die z. B. in den Jubiläumsjahren 1994[5] und 2000[6] die auf Vorangegangenes verweisende Sage ganz oder fast ganz indiskutiert beiseite ließ. Wir, in Anbetracht der komplexen Überlieferungslage und aufgrund anderer, primär sprachwissenschaftlich-namenkundlicher und literaturwissenschaftlicher Ansatzpunkte schon vorher zu umfassender Interdisziplinarität im Blick auf die Frühzeit der Siedlung wie der Sage veranlaßt und ermutigt,[7] ahmen diese Abstinenz nicht nach, mit guten Gründen, wie zu hoffen!

Einleitend sei – zur Neugierdeweckung und Gedächtnisauffrischung – der ja hier nur bezüglich seiner Anfänge zu untersuchende facettenreich langlebige Frankfurter Karls-Mythos doch auch in seiner eindrucksvollen Spätblüte im Herbst der Romantik zumindest mit einem Exempel sinnfällig vorgestellt.[8]

Vor allem wirkungsvoll und -reich erscheint da mit seinem zugleich vergangenheitsverbundenen und zukunftsoffenen Gegenwartsbezug ein balladeskes Langzeilen-Gedicht des schlesischen Malers und Dichters August Kopisch (1796-1853). Es setzt das als schicksalhaft dargestellte Ende des alten Reichs (1806), als dessen ‚Hauptstadt' Frankfurt am Main erscheinen konnte, voraus und hebt zugleich die wie auch immer tröstliche Weiterexistenz des Kaisersaals im Frankfurter ‚Römer' mit seinen Kaiserbildern zu „mehr als tausend Jahren" deutscher Geschichte, wie J. Grimm 1846 zur Eröffnung der einen politischen Neubeginn, den von 1848, mit vorbereitenden 1. Germanistenversammlung dort formulierte,[9] hervor und bringt alles dies geschickt mit der örtlichen Sage über den inzwischen als vorbildlich fromm dargestellten „ersten deutschen Kaiser“ in Verbindung; im poetischen Überschwang wird diesem jetzt auch expressis verbis ein unwahrscheinlich langer Fluchtweg aus Sachsen an den Main zugeschrieben, die älteste Sage mißverstehend, zu der weiter unten zu sprechen ist:

Frankfurt am Main (von A. Kopisch)[10]

Die besten seiner Helden, sie lagen in Sachsen tot,
Da flohe Karolus Magnus der Kaiser in großer Not.
„Laßt eine Furt und suchen, längshin am schönen Main!
O weh! Da liegt ein Nebel! Der Feind ist hintendrein!"
Nun betete Kaiser Karol auf Knien an seinem Speer:
Da teilte sich der Nebel, eine Hirschin ging daher.
Die führte ihre Jungen hinüber zum anderen Strand:
So machte Gott den Franken die rechte Furt bekannt.
Da schlug der Kaiser Karol mit seinem Speer den Sand:
„Die Stätte sei hinfüro der Franken Furt genannt!“
Er kam da bald zurücke mit neuer Heeresmacht,
Damit er der Sachsen Lande zu seinem Reich gebracht.
Doch dort am Main erpranget nun eine werte Stadt,
Die reich ist aller Güter und edle Bürger hat.
Es ward da mancher Kaiser gekrönt mit Karols Kron
Und feierlich gesetzet auf goldgestickten Thron.
Da briet man ganze Rinder, es strömte der Fülle Horn,
Es schöpfte jeder Arme Wein sich aus reichem Born.
Im Römer füllte dem Kaiser der Erzschenk den Pokal,
Mit Kaiserbildern wurden bedeckt alle Wänd im Saal.
Bedeckt sind alle Wände bis an den letzten Saum:
Kein neuer Herrscher fände zu seinem Bildnis Raum.
Der erste deutsche Kaiser gab Namen dieser Stadt,
Die auch den letzten Kaiser in ihr gekrönet hat.

III. *Von der Niederlage der Franken im ‚Mordtal‘ bei ‚Schlüchtern‘ und der Rettung an der ‚Frankenfurt‘ a.719: Die älteste überlieferte Sagenfassung zur Namengebung von ‚Frankfurt‘ bei Thietmar von Merseburg als Reflex eines stabreimenden fränkischen Preislieds auf Karl Martell*

Über den Sinn und die Herkunft des dazumal noch besser als heute vordergründig verständlichen, wohlgemerkt in sich wohlklingend alliterierenden Namens ‚Frankfurt‘ (alt: „Franconovurd/Franconofurt“ o. ä.)[11] mit dem unbezweifelbaren, aber vielfach zu hinterfragenden Sinn ‚Furt der Franken‘ gibt zuerst Thietmar von Merseburg († 1018) in seiner Chronik (VII, 75) kurz vor ihrem Ende zum Jahr 1017 Auskunft –[12] lange nach den urkundlichen Erstnennungen des Orts schon 794 aufgrund der großen Reichssynode dieses Jahrs, dem Anlaß der großen 1200-Jahr-Feiern in Frankfurt 1994,[13] und lange nach der schon ungefähr auf 764/65 zu datierenden nichturkundlichen Erstnennung noch 30 Jahre davor, die bis vor kurzem, bzw. zu meinen einlässigen Darlegungen, noch verkannt wurde.[14] Erst zur Zeit Friedrich I. Barbarossas (1152-1190) ist im Zuge der typisch staufischen Rückbesinnung auf Karl den Großen die Sage dann wieder bezeugt, durch Otto von Freisings und Rahewins *Gesta Frederici* und, diese versifizierend, in Gunthers von Pairis Barbarossa-Epos *Ligurinus*[15] – beide Texte, die jeweils eine eigene Interpretation verdienen, präsentieren sich mit deutlich veränderten Akzenten und zeigen stärkeren, wohl schon älteren Einfluß fränkischer Chlodwig-Sage[16] und den der neuen politischen Konzeption Barbarossas, die nicht (wie sein staufischer Vorgänger) Frankfurt, sondern Aachen als Hauptstadt ‚Deutschlands' bzw. des hochmittelalterlichen ‚Imperiums' intendierte.[17]

Offenbar hielt der stammesstolze Reichsbischof Thietmar in der Zeit der sächsischen Kaiser Deutschlands die berichtete legendarische wunderbare Geschichte bzw. ‚Sage' über den schon seit langem und auch noch zu seiner Zeit bedeutsamen, wenn auch nicht mehr ganz zentralen fränkisch-deutschen Pfalzort Frankfurt (bei Thietmar: „Froncannawordi"), die ihm angeblich durch verläßliche Gewährsleute („credibilibus viris") mündlich zugetragen worden war, auch nur deshalb für besonders erwähnenswert, weil darin von einem Sieg seiner Stammesgenossen über den letztlich dann doch siegreichen, aber in der Gegenwart Thietmars wieder gegenüber den Sachsen zurücktretenden Frankenstamm und gar über den berühmten Karl den Großen berichtet wurde.[18] Nicht ausgeschlossen ist im übrigen, daß dem mündlich an Thietmar Weitergegebenen nicht auch Schriftliches, etwa gerade in Frankfurt Niedergeschriebenes und/oder Bewahrtes und Weiterwirkendes, zugrundegelegen hat.[19]

Doch zunächst die ‚Sagen'-Formulierung Thietmars aus Anlaß eines in der Pfalz Frankfurt begangenen Weihnachtsfests (1017) des ‚sächsischen' Kaisers Heinrich II. in der hier benutzten (und gegliederten) Übersetzung:[20]

> Unter der Regierung Kaiser Karls d. Gr., des Sohnes König Pippins, kam es zwischen den Seinen und unseren Vorfahren zum Kriege; in diesem Kampfe wurden die Franken von den Unsrigen besiegt; als sie nun, unkundig einer Furt, über den Main zurück mußten, ging vor ihnen eine Hirschkuh hinüber und zeigte ihnen so durch Gottes Erbarmen gleichsam den Weg; ihr folgten sie und erreichten frohen Mutes das rettende Ufer. Danach heißt der Ort Frankfurt.
> Als sich der Caesar auf diesem Feldzuge schon von den Feinden überwunden sah, wich er als erster zurück und erklärte: „Es ist mir lieber, daß die Leute mich schmähen und sagen, ich sei von hier geflohen, als ich sei hier gefallen. Denn solange ich lebe, darf ich hoffen, die mir angetane schwere Schmach zu rächen.

Bei den Brüdern Grimm liest sich die Zusammenfassung davon in ihren *Deutschen Sagen* im 2. Band von 1818 – die kennzeichnenderweise den aussagekräftigen, poetisch formulierten Ausblick Karls am Ende des Texts auf seine Rache nicht berücksichtigt – wie folgt, wobei mit der Überschrift unversehens noch ein zusätzlicher Akzent gesetzt wird:[21]

> 455. Erbauung Frankfurts
> Als König Karl, von den Sachsen geschlagen, floh und zum Main kam, wußten die Franken das Furt nicht zu finden, wo sie über den Fluß gehen und sich vor ihren

> Feinden retten könnten. Da soll plötzlich eine Hirschkuh erschienen, ihnen vorangegangen und eine Wegweiserin geworden sein. Daher gelangten die Franken über den Main, und seitdem heißt der Ort Frankenfurt.

Bemerkenswert für den modernen, kritischen Historiker-Standpunkt ist die erkennbare Abstandnahme der Grimms beim Bericht über das wunderbare Erscheinen der rettenden Hirschkuh, in dem sie wohl – das Faktum wird noch zu deuten sein – einen sagenhaften Zusatz vermuteten. Festzuhalten ist im Blick auf das Grimm-Kondensat über die Namengenese aber auch, daß darin offenbar implizit das Wissen um die urkundliche Erstnennung und damit die Existenz Frankfurts schon 794 zur Zeit König Karls (des Großen), der damals noch nicht Kaiser war, eingegangen ist; von der nichturkundlichen Erstnennung im *Lorscher Reichsurbar* von 764/5,[22] mit der heute zu rechnen ist, konnten sie noch nichts wissen. Karl erscheint bei den besser als Thietmar über die Zeit Karls informierten Grimms, denen es um größere Glaubhaftigkeit der präsentierten Sage ging, jedenfalls (noch) als König wie vor 800 bzw. 794, nicht (schon) als Kaiser – und damit eröffnen, unbewußt, die hier sicher wie bei Thietmar allzu gutgläubigen Brüder Grimm dem heutigen Leser, der inzwischen – in der Nachfolge schon viel älterer Zweifel (und älteren Wissens?)[23] – seit dem Nachweis einer Erstnennung schon 764/5 von der Unmöglichkeit des Geschehens zur Zeit Karls des Großen überhaupt endgültig überzeugt ist, doch auch wieder die Möglichkeit, anders als die kritische moderne Geschichtswissenschaft bisher, zumindest eine prinzipielle Historizität dieser Sage weiter, wenn auch anders zu mutmaßen:

Es eröffnet sich jedenfalls konkret die Möglichkeit zu dem inzwischen nachprüfbar durchgespielten Gedankenspiel, daß mit der (aus echter Tradition schöpfenden) Sage ursprünglich, in einer Zeit (vor 768 bzw. 764/5), als noch kein unterscheidender Namenzusatz vonnöten war, Karls (des Großen) gleichnamiger Großvater Karl (Martell), der seinerseits zu seiner Zeit und noch lang in der Folge hochberühmte Namengeber der ‚Karolinger', gemeint gewesen sein könnte, der – obzwar offiziell nur ‚Hausmeier' (mit größerer Macht als der merowingische König) – bei Zeitgenossen und Nachfahren bezeugtermaßen als fränkischer ‚König' galt. Der durch Überlegung und Erfahrung erzwungene Rekurs auf die mühsamen Anfänge Karl Martells zwischen 714 und 720, insbesondere der Jahre 718-720,[24] ist jedenfalls die Folgerung, auf die die fächerübergreifende gezielte Analyse aller Quellen jetzt hinausläuft! Eine einlässige Zeittafel im Anschluß an einen diesbezüglichen, auf Teilaspekte sehr genau eingehenden eigenen Aufsatz verdeutlicht die sich schon nahelegenden Schlüsse aus der Überlieferungslage; der Aufsatz selbst behandelt die früheste Geschichte des Klosters ‚Schlüchtern' (m. E. alt: *‚sluhti-warim' = ‚bei den Bewahrern der Hingeschlachteten' o. ä.), das von Karl bald nach seinem baldigen Rache-Feldzug a. 720 in der unmittelbaren Nähe des von der Sage angesprochenen Orts der Niederlage a. 719 gegen die Sachsen gegründet und dem Gedenken an die gefallenen Heidenkämpfer geweiht worden war.[25] Der Ort der fränkischerseits durch Heimtücke erklärten Niederlage ist jetzt, unter Berücksichtigung der Bedeutung von altdeutsch ‚mord/mort', noch genauer im ‚Mordtal' bzw. am ‚Mordgraben' nördlich Schlüchterns am schon bisher als Schlachtort ins Auge gefaßten ‚Drasenberg' zu lokalisieren. Wohlgemerkt spricht die alte Überlieferung nicht von einer Niederlage in Sachsen (wie dann Kopisch), sondern nur von einer gegen Sachsen!

Für die Brüder Grimm war es nicht schwierig, wie es für uns nicht schwer ist, im Blick auf die bekannten unvermeidlichen unwillkürlichen Kontaminationen in mündlicher Überlieferung, anzunehmen, daß nach dem Aufstieg Karls zum Kaisertum der gewichtigere Titel ‚Kaiser' auf einen ‚König' Karl (oder einem ‚Fürsten' Karl) älterer Überlieferung zurückprojiziert wurde, wie es auch gegenwärtig noch üblich ist. Ähnlich hat aber, das sei vorweggenommen, das ‚Volk' in mündlicher Überlieferung dann, wie nachweisbar und weiter in einem besonderen Forschungsprogramm nachzuweisen, auch den früheren ‚König' Karl (dem man nachmals der Unterscheidung halber mit dem festen Beinamen ‚Martell' = ‚Hammer' bezeichnete) mit dem gleichnamigen Enkel König Karl (dem erst nachmals generell zum ‚Großen' gewordenen) verwechselt;[26] ähnlich verfuhr man in der Vergangenheit ja bei der Verwechslung von Kaiser Friedrich I. (Barbarossa) und Kaiser Friedrich II., von gleichnamigem Großvater und Enkel, und ähnlich geht es der Gegenwart, wenn der Gesang vom Kaiser Wilhelm, den man wiederhaben wolle, nur einen Kaiser dieses Namens erinnert und nicht die zwei der Geschichte, wieder Großvater und Enkel. Doch zurück zu Thietmar!

Entsprechend seinem Stammesstolz akzentuierte Thietmar offenbar das Gehörte, und demzufolge haben die späteren Benutzer Thietmars Text in der Regel, wohl zum Schaden der richtigen Erkenntnis des zugrundeliegenden Substrats, zusätzlich selektiv gelesen, so eben auch die Brüder Grimm in ihren letztlich dann doch sehr wirkungsreichen *Deutschen Sagen*;[27] sie lasen so den Wortlaut sicher nicht als indirektes Lob Frankfurts und der Franken, die angeblich nur durch die Barmherzigkeit Gottes (und wegen der Verdienste Karls?) gerettet werden, sondern als Preis der Sachsen! So erscheint denn auch die sagenhafte Geschichte bei Thietmar nicht mehr, wie von uns mit guten Argumenten für die ursprüngliche Frankfurter Wirklichkeit zu vermuten war und ist, als ausgesprochener, als wesentlicher Grund für den (immer wieder unterbrochenen) Aufstieg des schon 794 (sagen-?),berühmten' Frankfurt zur ‚ostfränkischen' (und dann zur ‚deutschen') ‚Hauptstadt' in spätkarolingischer (und wieder in frühstaufischer und noch späterer) Zeit.[28]

Man hat in der Folge von Thietmar jedenfalls wie selbstverständlich meistens den zweiten, nachtraghaften (von uns in der obigen Wiedergabe abgesetzten) Teil des Wortlauts kürzend unterschlagen, auf den aus unserer Sicht besonderer Wert zu legen ist: Er bringt ja sogar ein wörtliches, einprägsames Zitat der angeblichen Aussage Karls vor seiner Flucht an den Main, das – ganz authentisch, wie es sich gibt und in gewisser Weise auch zu sein scheint –[29] darauf deutet, daß in den zugrundeliegenden Berichten gegenüber Thietmar entsprechend der Willensbekundung Karls noch von einer auf die Niederlage folgenden gewichtigen

‚Rache' Karls und der Franken für die ihnen (m. E.: in ihrem eigenen Lande!) durch Heiden angetane ‚Schmach' die Rede war.

Es erscheint eine solche königliche ‚Rache' mit vergleichbaren wörtlichen Reden des Königs ähnlich in der erhaltenen karolingischen rheinfränkischen Preisdichtung *Ludwigslied* von 881 auf den schließlichen Sieg des westfränkischen Königs Ludwig III. bei Saucourt in der Picardie über die eingefallenen heidnischen Normannen: in einem Lied, das wohl von dem ersten ‚Abt' Williher des damaligen neugegründeten Frankfurter ‚hauptstädtischen' (‚Dom-')Stifts nach der Schlacht als Augenzeuge vor allem für ein (mit Sicherheit erschließbares) ostfränkisches Hilfskontingent aus dem verbündeten Ostreich mit der Residenz Frankfurt verfaßt wurde und das wohl auch – als von einem in Frankfurt besonders erinnerten Karls-Text und besonderer Frankfurt-Kenntnis (u. a. über das frankfurtnahe ‚Kelkheim') angeregt – mit ganz besonderem Recht herangezogen werden kann![30]

Summa summarum: Ein Preislied mit engem Frankfurt-Bezug, ein zeitgenössisches *Karlslied* auf den Frankenfürsten ‚Karl' (Martell) ähnlich dem endreimenden *Ludwigslied* auf den Westfrankenkönig Ludwig III., aber noch in Stabreimform und noch ohne einen unterscheidenden Namen-Zusatz bei der Nennung Karls, der die Verwechslung mit dem noch gar nicht geborenen Karl dem Großen verhindert hätte, könnte dem Bericht Thietmars letztlich mit zugrundeliegen, wenn die prinzipielle Historizität des Berichteten erst einmal gesichert wäre.[31]

Ein solches Preislied mag in die berühmte, verlorene Liedersammlung Karls des Großen, die von Einhard in der Karlsbiographie erwähnt wird und die genau besehen eine Preisliedsammlung zum Thema Fränkisches christliches Königtum gewesen ist,[32] eingegangen sein, und Karl der Große mag aus ihr geradezu konkrete Anregungen für seine erschließbare bewußte Erinnerung 794 in Frankfurt vor und während der Synode an die Ereignisse um die Namengebung des Versammlungsorts erhalten haben – es ist erneut darauf hinzuweisen, daß 794 es genau 75 Jahre her waren, als Karls des Großen gleichnamiger Großvater Karl Martell, an dem eben die Sage ursprünglich gehaftet haben dürfte, im m. E. mit Sicherheit zu erschließenden Jahr 719 am Untermain sich vor den nachdrängenden Sachsen rettete:[33] (Schon) 794 – in einem vielleicht nicht zufällig für die Hervorhebung Frankfurts gewählten Jahr – soll Frankfurt jedenfalls, m. E. eben deshalb, als Ort ‚celeber' (= ‚berühmt') gewesen sein, Schriftstücken aus dem Umfeld der Synode von 794 zufolge; man braucht jetzt nicht mehr wie bisher zu fragwürdigen Übersetzungen bzw. Deutungen des Ausdrucks zu greifen.[34] Eben das vermutbare Ausklingen der stabreimenden Dichtung schon zur Zeit Karls des Großen im engeren fränkischen Bereich mag mit der Grund für die Sammlung der bis dahin noch mündlich weitergegebenen, vom Biographen Einhard bezeugten ‚sehr altertümlichen' („antiquissima") ‚volkssprachlichen' („barbara") poetischen Texte von politischer Bedeutung über die ‚Taten und Kriege' der ‚alten (christlichen) Könige (der Franken)' („veterum regum actus et bella") gewesen sein,[35] und der Wortlaut eines solchen noch stabreimenden Preislieds über Karls (des Großen) Großvater Karl (Martell) – mit der Nennung wohl auch schon des stabreimenden Namens ‚Frankonofurt' im Stabreimlied? – mochte gerade in Frankfurt besonders gern erinnert und bewahrt worden sein, weil in ihm die Namengebungsgeschichte von Frankfurt eingegangen war; und so könnte eben sogar noch ebenda einprägsam formulierte, wörtlich wiedergegebene Rede Karls im Text Thietmars durchscheinen!

Ohne hier schon den damaligen Sprachgebrauch bestätigend heranzuziehen, sei erinnernd darauf verwiesen, daß die ganz unvoreingenommene offiziöse Übersetzung ins Deutsche, die wir oben zitierten,[36] stabende Wendungen bzw. Zeilen der erschließbaren zugrundeliegenden Dichtung anklingen lassen mag und lassen wird. In der folgenden erneuten Wiedergabe der ‚Rückübersetzung' ins Deutsche sind die stabenden Anlaute der betonten Silben von zentralen Begriffen hervorgehoben, wie in der Stabreimdichtung üblich: in einem besonders schönen Beispiel wohl dafür, daß ‚Dichtung' und ‚Wahrheit' sehr nahe beieinander liegen können und sich aus lateinischen prosaischen Historiker- und Hagiographen-Paraphrasen späterer Zeit volkssprachliche stabreimende geschichtsnahe bzw. geschichtsnähere Dichtung zurückgewinnen läßt, wie man ja anderwärts auch schon nachgewiesen hat:[37]

> Es ist mir lieber, daß die Leute mich schmähen und sagen, ich sei von hier geflohen, als ich sei hier gefallen: Denn solange ich lebe, darf ich hoffen, die mir angetane schwere Schmach zu rächen.

Selektive Wahrnehmung bei dem sächsichen Bischof Thietmar ist ähnlich wie in dem oben Beschriebenen auch im Spiel, wenn vom anstößigen Heidentum der Sachsen keine Rede ist.

Und entsprechend kann das Faktum, daß bei Thietmar bzw. in der ganzen Sagenüberlieferung von der Existenz einer Siedlung an der gefundenen Furt bzw. nahe der gefundenen Furt nicht expressis verbis gesprochen wird, die Existenz einer Siedlung dort (mit Kirche) zur Zeit der eventuell gespiegelten historischen Ereignisse nicht ausschließen, wie sie inzwischen durch vor allem namenkundlich-sprachwissenschaftliche[38] und archäologische[39] Untersuchungen wohl sicher spätestens für die Zeit seit etwa 700, seit dem Hausmeier Pippin dem Mittleren, dem Vater Karl Martells, bezeugt ist.[40] Über ihren älteren Namen ist wohl noch aus später, m. E. humanistisch verfremdeten, möglicherweise auf unabhängiger mündlicher Tradition basierender Überlieferung Überzeugendes zu eruieren: jedenfalls kann sie als Bestätigung der Annahme einer Umbenennung (durch Karl Martell) dienen,[41] wenn auch nicht als Beweis für Namenkontinuität seit der Antike.[42]

Andererseits scheint die gefundene, durch Karl benutzte Furt wegen des Erscheinens der Hirschkuh abseits von bewohntem Gelände gedacht, so daß man nachmals leicht, wie die Grimms, auf die Gründung des bzw. eines Orts des neuen Namens ‚Frankfurt' in diesem Bereich erst in Folge der Ereignisse denken konnte, zumal der Tenor des ursprünglichen Berichts den Begriff der ‚Wende' und des ‚Neubeginns' nahelegte, wie ich annehmen möchte: der ‚Wende' in der bisherigen, aus karolingischer Sicht von den merowingerzeitlichen Franken selbstverschuldeten negativen Entwicklung, die zu einer Ausbreitung des Heidentums bzw. der heidnischen Sachsen geführt hatte und schließlich zum ‚Neubeginn' mit dem endgültigen Aufstieg der Karolinger Anlaß gab. Auch da argumentiert später das *Ludwigslied*, nach der durch Ludwig (scheinbar) überwundenen Krise hoffnungsvoll, wohl ganz ähnlich.

Festzuhalten ist aber, daß auch Thietmars alte Version in jenem Punkt nicht ausdrücklich der historischen Realität widerspricht – ein Blick z. B. auf die topographischen und onomastischen mittelalterlichen Gegebenheiten in Frankfurt kann jetzt wohl zeigen, daß hier der Sagen-Bericht der erschließbaren bzw. bezeugten Wirklichkeit nicht entgegensteht, weil man von einer älteren, aber von Karl bei der Flucht nicht begangenen Furt – volkstümlich genannt ‚var'/ ‚Fahr'[43] – mit zugehöriger Siedlung bzw. Kirche (an der ‚Fahrgasse' am Dom!) und zugleich von einer (angeblich) neugefundenen – ebenfalls ‚var/Fahr' genannten – nicht ganz nah dabei (am ‚Fahrtor' unter St. Nikolai!), die allein für die Sage wichtig war, ausgehen kann bzw. auszugehen hat.[44] Sehr wohl möglich, daß die Patrozinien(vor)geschichte von Bartholomäus-Dom und St. Nikolai, soweit sie für Früh- und Hochmittelalter erschließbar ist, noch einen Reflex der Wundergeschichte um die Hindin, in der man früher oder später St. Maria erkannt haben dürfte, erkennen lassen! Es muß jedenfalls nicht wundern, daß der Hirschin in der Folge ein Kitz zugeordnet wurde, höchstens daß es dann zwei wurden! Auch darüber ist natürlich noch zu arbeiten, im Blick vor allem auch auf das Muttergottes-Tympanon über dem Römerberg-Eingang zu St. Nikolai (wofür wir jetzt schon für ca. 1236 das Nikolaus-Patrozinium indirekt bezeugt sehen).[45]

IV. *Von der Furt der Rettung a. 719 zum Feld der Vergeltung a. 720: Die von der Sage für ‚Franconovurd' / ‚Frankfurt' nahegelegte Kategorie ‚Ereignisname', die herrschaftliche alliterierende Ortsnamengebung im Untermaingebiet seit der Alamannenzeit des 4. Jahrhunderts und der notwendige Einbezug von ‚Kadelcamf' / ‚Kelkheim'*

Bei alledem hätte die Geschichtswissenschaft, die – bisher jeweils in verschiedener Weise radikal sagenkritisch – entweder, sicher irrig, eine relativ junge Benennung noch in der Frühzeit Karls des Großen im Verlauf der wichtigsten Aufmarschstraße der Franken in seinen frühen Sachsenkriegen erwog oder, wenig überzeugend, eine alte über Verhältnisse schon zur Zeit der fränkisch-alamannischen Auseinandersetzungen des 5. Jahrhunderts in diesem Raum,[46] sich dezidiert mit der von ihr nicht gewürdigten Möglichkeit auseinandersetzen müssen, daß es sich bei dem Namen ‚Frankfurt' wirklich um einen sogenannten ‚Ereignisnamen'[47] in der Folge eines als erinnerungswert erachteten einmaligen geschichtlichen Ereignisses handelt, wobei als Namengeber die entscheidungsbefugte Herrschaft fungierte, wie es eben die fragliche Sage nahelegt.

Schon ältere namenkundliche Erkenntnis hat, ohne für die Wertung der Sage schon notwendige Folgerungen zu ziehen, nachdrücklich darauf verwiesen, wie singulär die Namenbildung *Stammesnamen* + *-furt* ist,[48] wenn man von den sicheren oder wahrscheinlichen Nachbenennungen, eben den diversen später bezeugten ‚Frankfurt' (o. ä.), absieht;[49] und auch wenn man, wie es scheint, nicht zufällig eben im Untermaingebiet mit (der Wüstung) ‚Seilfurt' bei Rüsselsheim (alt ‚Seilenuort', ‚Selinuuort' u. ä.) ein weiteres (ein älteres?) Exempel für die exzeptionelle Koppelung beibringen kann,[50] ergibt sich doch – naheliegenderweise –, daß solche Namengebung sich nicht spontan einstellte: Es müssten sonst auch viel mehr Beispiele dafür zu finden sein. Die Wahl des wohl hochsprachlichen Grundworts ‚-furt' (statt des, wie zu vermuten, vor Ort üblicheren ‚var'/‚Fahr')[51] und die bisher von anderen anscheinend nicht beachtete, aber, wie sich zeigt, sehr aussagekräftige ‚poetische' Binnen-Alliteration im Namen ‚**F**rank**f**urt'[52] deuten zusätzlich auf obrigkeitliche, genau bedachte, prätentiöse Namengebung (durch einen Karl), und das eine andere eng verwandte Namen-Beispiel am Untermain kann wohl, nach genauem Vergleich der erstaunlich ähnlichen lokalen Gegebenheiten, als konkrete Anregung für die ansonsten singuläre, untermainische Prägung ‚Frankfurt' verstanden werden;[53] es muß nicht als Beweis für eine sonst nicht erkennbare Geläufigkeit solcher Namengebung gelten.

Im übrigen mag auch die Verwendung der Binnen-Alliteration im Namen gerade im Untermain-Gebiet ein im 7., 8. Jahrhundert noch bekanntes Phänomen, das eben dort zur Nachahmung Anlaß geboten haben mag, gewesen sein: So ist analoge Namengebung schon für das alamannenzeitliche untermainische ‚**B**ukinobanten''-Gebiet des 4. Jh.s wahrscheinlich zu machen, wobei der auch sonst interessante Stammesname selber in sich alliterierte –[54] es ist in diesem Zusammenhang auf die Namen ‚**H**och**h**eim' (über dem Main und Mainz) und ‚**H**eeg**h**eim' (unter der Glauburg!) als vermutbare Endpunkte einer alemannenzeitlichen Fernwegführung des 4. Jahrhunderts, die noch bei der Überführung des toten Bonifatius von Mainz bzw. Hochheim aus nach Fulda 759 benutzt wurde, zu verweisen;[55] die Namen deuten auf gleichzeitige herrschaftliche Gründung und Namengebung durch einen auf der Glauburg bzw. in dem darunter liegenden ‚Heegheim' residierenden alamannischen Bukinobanten-Fürsten, dessen Gebiet sich bis vor die so oder so attraktive Stadt Mainz bzw. bis zum römischen Brückenkopf um (Mainz-)Kastel erstreckte.[56]

Und eben im Gefolge der für die Namengebung von ‚**F**rank**f**urt' relevanten Ereignisse von 719, die wohl auch zur Gründung des Klosters ‚Schlüchtern' nahe bei dem Ort (‚Mordtal' bzw. ‚-graben') der damaligen Niederlage führten mag in der unmittelbaren Nähe Frankfurts mit ‚**K**adel**c**amf' (= ‚Kelkheim') ein weiterer in sich stabender offiziöser Ereignisname für das Feld, den ‚Kamp(f)' des erschließbaren deutlichen schließlichen Siegs über die eingedrungenen Sachsen 720 zu benennen sein; er muß zusammen gesehen werden mit dem Namen ‚Münster' (von ‚monasterium') in unmittelbarer Nähe, dem Ort der (damals zu erwartenden) Klostergründung beim Heidenschlachtfeld, mit höchst bemerkenswertem St. Dionysius- St. Denis-Patrozinium![57]

V. *Eine unabweisliche merowingerzeitliche Interpretationshilfe: Die wegweisende große Hinde der Chlodwig-Überlieferung bei Gregor von Tours (II, 37)*

Ist so nach bisherigem Vermuten naheliegend, nach dem historischen Hintergrund der Sage zu suchen nicht in der Zeit Karls des Großen (768-814), in der Sachsen – auch nicht vor 794! – niemals bis nach Frankfurt an den Main vorgestoßen sind, sondern zu suchen jedenfalls vor der nichturkundlichen Erstnennung Frankfurts 764/65 und da naheliegenderweise in der Zeit seines mächtigen Großvaters Karl Martell (714-741), als in der Frühzeit des anfangs noch sehr umstrittenen Hausmeiers – wie sich schon vorwegnehmend summarisch zeigen ließ: genau im Frühjahr 719 – den spärlichen weltlichen und geistlichen Quellen zufolge sehr wohl ein solcher Einbruch aus dem gerade eben 718 scheinbar unterworfenen Sachsen ins damalige ostrheinische, ‚hessische' Frankengebiet mit folgender Racheexpedition – im Jahr 720 – erfolgt sein kann: so ist hier nur noch andeutungsweise zu klären, welche Rolle die angeblich wunderbar zur Rettung der Franken bzw. Karls am Main erscheinende göttliche Hinde in der vermutbaren namengebenden Realität von 719/20 spielte –[58] die ganze Antwort, nicht unbedingt im Sinne sagenkritischer skeptizistischer Gegenwart und Vergangenheit, dürfte auch eine Art Bestätigung der eingangs geäußerten Vermutung sein, daß die Namengebungs-Sage von Frankfurt und ihr geglaubter historischer Hintergrund eine, wenn nicht die Voraussetzung zur Hauptstadtwerdung Frankfurts im Ostfrankenreich bzw. in Deutschland dargestellt hat.

Festzuhalten ist für uns, wie auch immer die Hinde in die Geschichte kam, als ‚fact' oder ‚fiction', jedenfalls, als m.E. neue Erkenntnis: Die Hinde an der ‚Frankenfurt' dürfte für die damaligen Franken im Umkreis des damaligen merowingischen Königs und des sich durchsetzenden ‚illegitimen', aber schließlich den König an Macht weit übertreffenden Hausmeiersohns Karl Martell dasselbe gottgesandte Hirschwesen gewesen sein, das – ‚von wunderbarer Größe' („mira magnitudine"[59] – was eher an eine Elchkuh als an eine einfache Hinde denken läßt!)[60], dem ersten christlichen Frankenkönig Chlodwig († 511) nach seiner Bekehrung zum Christentum beim Kampf gegen die häretischen Westgoten in Südfrankreich im angeschwollenen Fluß Vienne vorangegangen sein soll, als Wegweiserin zum Sieg. So heißt es bei Gregor von Tours in seiner fränkischen Kirchengeschichte II, 37 über Chlodwig:[61]

> Als dieser darauf mit seinem Heere zum Viennefluß kam, wußte er durchaus keinen Rat, wo er übersetzen sollte. Denn der Fluß war vom Regen hoch angeschwollen. Und in der Nacht betete er zum Herrn, daß er ihm eine Furt zeigen möchte, wo er hindurchgehen könnne; da kam in der Frühe eine Hirschkuh von wunderbarer Größe herbei und ging vor ihren Augen auf Gottes Geheiß durch das Wasser, und er sah, daß, wo sie hindurchwatete, das Heer übersetzen könne.

Ganz eindeutig sind jedenfalls die später bezeugten Namensage-Fassungen des 12. Jahrhunderts bei Otto von Freising und Gunther von Pairis (wie auch noch spätere, frömmere Fassungen, wie die bei A. Kopisch, überlieferte, und andere, z. B. im Altnordischen bewahrte Karls-Überlieferung)[62] bzw. ihre erschließbaren Vorstufen von dieser wohl weitverbreiteten Chlodwig-Sage stärker beeinflußt und umgeformt worden, auch wenn die zwei genannten hochmittelalterlichen Zeugnisse zu ‚Frankfurt' die Hinde nicht (mehr) erwähnen; es geht bei ihnen jetzt aber ebenso um einen siegreichen Vormarsch gegen Glaubensfeinde, nicht um die Flucht vor ihnen! Doch nicht nur durch die Sage, sondern auch durch ein erschließbares Preislied auf Chlodwig, eines von denen, die mündlich weitergegeben, durch Karls des Großen erwähnte Preisliedsammlung aus politischen Gründen vor dem Vergessen bewahrt werden sollten, könnte die Erinnerung daran auch anderwärts im Frankenreich und auch im Ostreich bewahrt worden sein, wo spätestens seit Karl dem Großen, symbolisiert durch die Übernahme u.a. des Namens ‚Ludwig/Louis' in die karolingische Namengebung, auf die Kontinuität bis zurück zu Chlodwig, dem ersten christlichen Frankenkönignamens ‚Ludwig', großen Wert gelegt wurde – wohl mehr als bisher erkannt.[63]

VI. *Der Frankfurt-Mythos und die Frankfurt-Rolle in der Gegenwart – ein Aperçu*

In Frankfurt am Main ist inzwischen die Erinnerung an den romantischen ostfränkisch-deutschen Mythos aus der schriftlosen Fernvergangenheit aus politischen Gründen im vorauseilenden Blick auf die übernationale Zukunft ganz zurückgedrängt und durch die nüchterne, konkrete Erinnerung an den historischen Karl den Großen der Synode von 794 und seine Bedeutung für die zeitgenössische christlich-lateinische Kultur und für die europäische Nachwelt ersetzt worden; die einstigen Hauptstadtträume aber sind in dieser Stadt nicht ausgeträumt, nur daß sie sich nicht mehr an der Sage und dem Begriff Nation fest machen und an der letztlich auch davon abhängigen Paulskirchentradition, wie im 19. Jahrhundert und z. T. noch nach 1945, sondern an der immens gewachsenen übernationalen wirtschaftlichen Bedeutung Frankfurts, die historisch zumindest bis auf die Gründung der Messe (wohl schon zur Zeit König Konrads III. und seiner Hauptstadtpläne)[64] zurückdatierbar ist. Die zentrale europäische Rolle Frankfurts im 19. Jahrhundert zur Zeit des alten Bankiers M.A. Rothschild und der ‚Fünf Frankfurter', der fünf Rothschild-Söhne in damaligen ‚Haupt-Städten' des ‚lateinischen' Europa,[65] regt heute eher die Phantasie an als die Hirschkuh mit ihren ein oder zwei Kitzen, die, wie man – so auch Kopisch – meinen zu müssen glaubte, aus dem deutschen Nebel kam und wieder verschwand, ohne daß man wohl ihre ursprüngliche Botschaft bis heute ganz richtig verstanden hat. In ‚City of the Euro', in ‚Europastadt' – fast unkenntlich lebt darin aber doch noch, wenn wir nicht irren, das frühkarolingische, ‚kleineuropäische' Erwähltheits-Pathos der sagenhaften Vor- und Frühgeschichts-Zeit von 719/20 ff. nach: der so gesamt- wie ostfränkische ursprüngliche Wende-, Ursprungs- und Vorrangsmythos der ersten deutschen Hauptstadt, die zunächst die oder eine ostfränkische ‚Hauptstatt'[66] sein sollte, nachdem man einer im Verlauf des Auseinanderfallens des großen romanisch- und germanischsprachigen Frankenreichs im 9. Jahrhundert bedurfte;[67] soweit hier möglich, haben wir den Weg angedeutet in der gedrängten Zusammenschau älterer und der kurzen Vorwegnahme neuerer eigener Ergebnisse.

Anmerkungen:

1 FAZ, 1. 6. 1999, S. 49

2 Vgl. der Verf.: Vergangenheit am Untermain – gegenwärtig. 20 mal Geschichte zur Sprache und Sprache zum Sprechen gebracht, Rüsselsheim 1982, S. XXV u. S. 1-111; Der Namensinn und die Gründungszeit der drei Ortsteile von Hattersheim, in: Hattersheim am Main 1132-1982, Hattersheim 1982, S. 17-35; Namenkundliche Bemerkungen zu Franken und Alemannen im Rhein-Main-Gebiet, in: Beiträge zur Namenforschung, Bd. 19, hg. v. Rudolf Schützeichel, Heidelberg 1984, S. 28-61; Frühkarolingische Forstnamen im Mittelrheingebiet. ‚Flurnamen'-Befragungen als Beiträge zur frühmittelalterlichen Verfassungs- und Institutionsgeschichte des rheinischen Raums, in: Gießener Flurnamen-Kolloquium, hg. v. R. Schützeichel, Heidelberg 1984, S. 571-599; Das Lorscher Reichsurbar vor seinem deutschen und französischen Hintergrund – ein verkanntes Sprach- und Geschichtsdokument aus den Jahren 764/5?, in: Beiträge zur Erforschung des Odenwaldes und seiner Randlandschaften e. V., hg. v. W. Wackerfuß, Breuberg-Neustadt 1992, S. 99-126; Die Pippinische Schenkung 750/51 von ‚Schlüchtern', ‚Amorbach', ‚Murhardt', ‚Neustadt' und ‚Homburg' für den angelsächsischen Hofkaplan Burghard von Würzburg, in: Unsere Heimat. Mitt. d. Heimat- u. Geschichtsvereins Bergwinkel e. V., Bd. 9, 1993 (a), S. 1-61 (mit der Zeittafel a. a. O., Redaktion H.-W. Bindrim, S. 61-66); Geburt der Germanistik aus dem Geist der Demokratie. Vor 150 Jahren Erste Germanistenversammlung in Frankfurt. in: Forschung Frankfurt 3, Frankfurt 1996, S. 38-52; Neue Annäherungen an das Ludwigslied von 881. Zu den sprachlichen, dichterischen und geschichtlichen Vorgaben und Voraussetzungen eines frankfurterisch-hofrheinfränkischen Karolingerpreises aus dem wikingerzeitlichen Nordfrankreich, in: Der fremdgewordene Text, FS f. Helmut Brackert, hg. v. S. Bovenschen u. a., Berlin 1997, S. 174-201; Die Gründungsstadt-Namen-Kreuze von ca. 1142 und ca. 1236 über der alten und neuen „Hauptstadt" Frankfurt am Main und dem neuen, anderen „Frankfurt" an der Oder. Ein interdisziplinärer Einstieg in die kohärente Entstehungsgeschichte herausgehobener deutscher Gründungsstadt-Landschaften im reichspolitischen Kontext – anhand der Stadt-Beispiele Kronberg, Friedberg etc., in: Raum, Zeit, Medium – Sprache und ihre Determinanten. Festschrift für Hans Ramge zum 60. Geburtstag, hg. v. Gerd Richter, Jörg Riecke und Britt-Marie Schuster, Darmstadt 2000 (a), S. 151-183.

3 S. die Zusammenstellung der frühesten Nennungen zu 794 bei Marianne Schalles-Fischer: Pfalz und Fiskus Frankfurt. Eine Untersuchung zur Verfassungsgeschichte des fränkisch-deutschen Königtums, Göttingen 1969, S. 505-509, bes. 507f. (zu „in loco celebri" o. ä.); vgl. Thimm/Metzner: Jubiläum ist, wenn man trotzdem feiert. Die neue Frankfurter Unübersichtlichkeit, in: Forschung Frankfurt 3, Frankfurt/M. 1994, S. 42 f.

4 S. W. Klötzer zur Silber-Münzserie von 1994; die fragliche Münze hat die Umschrift „Karl der Große findet die Frankenfurt. 793". Das Münzbild gibt ungenau – u. a. nur mit 2 statt mit 3 wegweisenden Tieren – das Mittelbild des Zyklus ‚Aus Sagen und Geschichte von Frankfurt und Umgebung' von C. L. Bode (1888) wieder, das in der Bildunterschrift nicht als Sage gekennzeichnet ist. Vgl.: August Heuser/Matthias Kloft: Karlsverehrung in Frankfurt am Main. Eine Ausstellung des Dommuseums Frankfurt und des Historischen Museums Frankfurt 13.12.00-11.2.01, Frankfurt/M. 2000, S. 20 u. 104.

5 S. etwa F. Schmieder in: Lothar Gall (Hg.): FFM 1200: Traditionen und Perspektiven einer Stadt, Sigmaringen 1994, S. 29 f.

6 S. Heuser/Kloft, a. a. O., S. 9

7 S. Anm. 2 u. bes. Metzner 1985, 1992 u. 1993 (a).

8 S. dazu Ernst Mack: Von der Steinzeit zur Stauferstadt. Die frühe Geschichte von Frankfurt am Main, Frankfurt/M. 1994, S. 103-105; Hilde Kathrein/Laura Krüger (Hg.): Liebe zu Frankfurt. Im Urteil von Dichtern, Denkern, Diplomaten, Frankfurt/M. 1990, S. 52 f. (K. Enslin), S. 42 (A. Kopisch), S. 16 (Gunther de Pairis), S. 22 (S. Münster).

9 Vgl. J. Grimm bei der Eröffnung der 1. Germanistenversammlung 1846 im Kaisersaal, z. n. Metzner 1996, a. a. O., S. 40 f und S. 38 ff. über die Rolle Frankfurts, des Römersaals und Karls des Großen u. a. für L. Uhland und J. Grimm.

10 A. Kopisch, z. n. Kathrein/Krüger, a. a. O., S. 42. Leonhard M. Fiedler hat in der Person Hans Poelzigs eine Gestalt beschworen, die für uns eine deutlichere, noch gegenwärtige Verbindung zwischen Breslau und Frankfurt herstellt als Kopisch.

11 Früheste Belege bei Schalles-Fischer, a. a. O., S. 505 ff.

12 Vgl. Werner Trillmich (Hg.): Thietmar von Merseburg: Chronik, Darmstadt 1966 (Ausgewählte Quellen zur deutschen Geschichte des Mittelalters. Freiherr vom Stein-Gedächtnisausgabe Bd. IX), S. 436/7.

13 Vgl. etwa Schalles-Fischer, a. a. O., S. 505-509 u. Johannes Fried (Hg.): 794 – Karl der Große in Frankfurt am Main. Ein König bei der Arbeit. Ausstellung zum 1200-Jahre-Jubiläum der Stadt Frankfurt am Main. Ausstellung im Historischen Museum Frankfurt vom 18. Mai bis 28. August 1994, Sigmaringen 1994.

14 S. Metzner 1992, a. a. O..

15 Vgl. F.-J. Schmale (Hg.): Bischof Otto von Freising und Rahewin. Gesta Frederici, übers. v. Adolf Schmidt, (Ausgew. Quellen z. Gesch. d. MA. Frh.-v.-Stein-Gedächtnisausgabe Bd. XVII, hg. v. R. Buchner), Darmstadt 1974, S. 216/217; Fritz Peter Knapp (Hg.): Der „Ligurinus" des Gunther von Pairis. In Abbildung des Erstdrucks von 1507, A III, Göppingen 1982, (Litterae 76) u. Kathrein/Krüger, a. a. O., S. 16.

16 Vgl. Rudolf Buchner (Hg.): Gregor von Tours: Zehn Bücher Geschichten Bd. 1: Buch 1-5. Auf Grund der Übersetzung W. Giesebrechts, neubearbeitet v. Rudolf Buchner (Ausgew. Quellen z. Gesch. d. MA. Frh.-v.-Stein-Gedächtsnisausgabe Bd. II.), Historiarum II, 37, Darmstadt 1967 (S. 130/131); vgl. Kap. V.

17 Vgl. Metzner 2000(a), a. a. O., über die jetzt erst erkannte Rolle Frankfurts unter Konrad III. (1138-1152), u. M. Kerner: Karl der Große. Entschleierung eines Mythos, Köln/Weimar/Wien 2000, über den Aufstieg Aachens unter Friedrich I. (1152-1190). Vgl. Metzner 2000 (a) bes. Anm. 65 u. 66 über den arabischen Geographen Idrisi, bei dem um 1150 Frankfurt – in einer noch genauer zu untersuchenden aussagekräftigen Passage – ausdrücklich als ‚Regierungssitz' Deutschlands bezeichnet wird. Dazu Wilhelm Hoenerbach (Hg.): Deutschland und seine Nachbarländer nach der großen Geographie des Idrisi († 1162), Stuttgart 1938, S. 68 f

18 Vgl.: Trillmich (Hg.), a. a. O., S. 436/7.

19 Metzner 1997, a. a. O., S. 190-192.

20 Vgl. Trillmich (Hg.), a. a. O., S. XXIII-XXV u. S. 437; vgl. den Urtext der wiedergegebenen Passage S. 436: „Regnante Karolo imperatore magno, Pippini regis filio, bellum fit inter suos et predecessores nostros. in quo certamine Franci a nostris devicti, cum flumen Moin dictum sine aliqua vadi certidudine palantes transire cogerentur, cervam precedentem et divina miseracione quasi viam eis demonstrantem subsequuti optati littoris securitate pociuntur laeti. Inde locus hic Francorum dictus est vadum. In illa expedicione predictus cesar, cum se iam ab hostibus superatum esse cognosceret, precessit talia fatus: 'Karius mihi est, ut populi exprobantes dicant, me hinc fugisse, quam hic cecidisse: quia, dum vivo, iniuriae pondus inlatae vindicaturum me spero."

21 Brüder Grimm: Deutsche Sagen. Hg. von Hans-Jörg Uther, Bd. 2, München 1993, S. 402; vgl. die Nachbemerkung von H.-J. Uther, S. 545 ff.

22 Metzner 1992, a. a. O.

23 Vgl. etwa S. Münster, in: Kathrein/Krüger, a. a. O., S. 22.

24 Vgl. etwa Theodor Breysig: Jahrbücher des Fränkischen Reiches 714-74 (Jb. d. dt. Gesch. 1869), S. 29-35; über die m. E. schon 720 mögliche Ausweitung der Macht Karl Martells bis nach (der) ‚Brandenburg' – ein in sich stabender Name (vgl. u.)! - s. etwa Lothar Dralle: Wilzen, Sachsen und Franken um das Jahr 800, in: Aspekte der Nationenbildung im Mittelalter, hg. v. Helmut Beumann u. W. Schröder, Sigmaringen 1978, S. 205-227, bes. S. 218 ff.

25 Metzner 1993(a), bes. die Zeittafel (red. H.-W. Bindrim), S. 61-65 u. ebenda S. 62 f.. Im Jahr 719 ist – auch im Blick auf den Lebensweg des Hl. Bonifatius (vgl. Metzner a. a. O., S. 61 f.) – eine derartige Schwächung des noch weithin im eigenen Land angefochtenen ‚illegitimen' Hausmeiers Karl vorzustellen, daß die eben 718 bis zur Weser unterworfenen Sachsen dem nach der erschließbaren Überwinterung im grenznahen fränkischen Grenzgebiet Nordhessens über dem Landrücken-Paß zum Main ziehenden Karl nach Pfingsten 719 die (letztlich aber doch ephemere) Niederlage beigebracht haben könnten, an die wie an die folgende wunderbare Rettung am Main zwar die Sage und die Reflexe der Klostergeschichte erinnert, von der aber die sehr karge Historiographie nichts berichtet. Vergleichbar in mehr als einer Hinsicht ist die Überlieferungslage zum historischen Hintergrund des Rolandslieds – einem ähnlichen Überfall auf Franken in einer Paßregion (vgl. a. a. O., S. 62)!

26 S. etwa Bruno Rech: Die Sage von Karls Jugend und den Haimonskindern. Historisches Jahrbuch 62-69 (1942-49), S. 136-154; als Beispiel für Kontaminationen ist u. a. wohl auf das Eindringen der Gestalt des Hl. Egidius († ca. 720) in die Geschichte Karls des Großen zu werten – die Frage, wie überhaupt die Frage möglicher Kontaminationen in anderen Kontexten, wird nicht aufgeworfen bei Kerner, a. a. O., S. 174 u. passim.

27 Vgl. Uther, a. a. O., S. 373-580.

28 Vgl. vorläufig Metzner 1996, 1997 u. 2000(a).

29 Vgl. Metzner 1997, a. a. O., S. 191 f und u.

30 Vgl. Metzner 1997 passim, bes. S. 176 u. 197; zu ‚Kelkheim' s. Anm. 57.

31 Vgl. bes. Metzner 1997, S. 190-192.

32 Vgl. Metzner a. a. O., dazu aber auch Wolfgang Haubrichs: Veterum regum actus et bella – Zur sog. Heldenliedersammlung Karls des Großen, in: Aspekte der Germanistik (FS H.-F. Rosenfeld), 1989, S. 17-46.

33 S. Metzner 1993, a. a. O., S. 64 u. Thimm/Metzner 1994, a. a. O., S. 42.

34 S. z. B. Schalles-Fischer, a. a. O., S. 90, wo die Rede ist von „einem sehr besuchten Ort" bzw. „einem aufgrund der Ereignisse berühmten Ort".

35 Vgl. Metzner 1997, a. a. O., S. 190 f. nach Einhard, Vita Caroli Magni c. 29, in: H.-D. Schlosser: Althochdeutsche Literatur. Erw. Neuausgabe, Frankfurt/M. 1989, S. 306.

36 S. Anm. 20.

37 S. etwa Felix Genzmer: Liobwins Dingfahrt. Germanisch-Romanische Monatsschrift NF I,3 1951, S. 163-171 pass. (Nach G. Eis: Drei deutsche Gedichte des 8. Jahrhs. 1936).

38 Metzner 1992, a. a. O.

39 Z. B. Andrea Hampel: Der Kaiserdom zu Frankfurt am Main. Ausgrabungen 1991-93, Nußloch 1994. (Beiträge zum Denkmalschutz in Frankfurt am Main 8.) u. dies.: Das Kindergrab und die Datierung. Ausgrabungen im Kaiserdom zu Frankfurt am Main, Denkmalpflege in Hessen 1/1994, S. 14-16 pass.

40 Vgl. Metzner 1993 (a), a. a. O., S. 44, wo die in der Frankfurter Lokaltradition für Pippin den Jüngeren (vg. etwa S. Münster in Kathrein /Krüger, a. a. O., S. 22) behauptete Rolle als Gründer der ersten Kirche als Kontamination mit der ursprünglichen Rolle von Pippin dem Mittleren, ebenfalls Vater eines Karl, erklärt wird. Die Übereinstimmung der Volksnamen

von Karl Martell und Karl dem Großen erleichterte sicher die Kontamination beider ‚Karle' in der Überlieferung.

41 Vgl. etwa M. Merian in: Kathrein/Krüger, a. a. O., S. 27 über den angeblich älteren Namen ‚Helenopolis', von dem aus tatsächlich weiter zu kommen ist, sobald man ihn als humanistische Umdeutung eines volkssprachigen Namens versteht.

42 Ein noch ungedruckter Vortrag, gehalten beim Wiener Namenkunde-Kolloquium 2000, zeigt die Unwahrscheinlichkeit ungebrochener Namenkontinuität seit der Antike in diesem Raum auf.

43 Vgl. Matthias Lexer: Mittelhochdeutsches Taschenwörterbuch, Stuttgart[29] 1959, S. 263 zu „var" (stn.): „platz wo man überfährt oder landet...".

44 Seit den archäolog. Entdeckungen ist die zwischenzeitliche Meinung, die Furt am Fahrtor sei die ursprünglich begangene (vgl. Schalles-Fischer, a. a. O., S. 244ff.), als irrig erwiesen; man muß zu älteren Ansichten zurückkehren.

45 S. vorläufig etwa Markus Grossbach: Die bauliche Entwicklung bis zum Ausgang des Mittelalters, in: Die alte Nikolaikirche am Römerberg, hg. v. Werner Becher u. Roman Fischer, Frankfurt/M. 1992, S. 31-76, bes. S. 39-42 u. Roman Fischer: Die Nikolaikapelle im Mittelalter, in: Die alte Nikolaikirche am Römerberg, a. a. O., S. 77-155 u. Schalles-Fischer, a. a. O., S. 253-63; vgl. auch Metzner 2000(a), a. a. O., S. 168, bes. Anm. 61 u. 173 f. u. Anm. 81.

46 Vgl. etwa Schalles-Fischer, a. a. O., S. 78-84. Kritik vor allem auch an der späteren Auffassung von J. Steen bei Metzner 1984, a. a. O., S. 44f f.

47 Adolf Bach: Deutsche Namenkunde II, 1. u. 2.: Die deutschen Ortsnamen, Heidelberg 1933, 1.§ 402, S. 433 f.

48 S. Edward Schröder: Frankfurt und Salzwedel, in: Deutsche Namenkunde. Gesammelte Aufsätze zur Kunde der deutschen Personen- und Ortsnamen, Göttingen 1944[2] pass.

49 Zu Frankfurt, einer Gründung und Nachbenennung von m. E. 1236, s. Metzner 2000(a), S. 173-174.

50 Belege bei Wilhelm Müller: Hessisches Ortsnamenbuch. 1. Bd.: Starkenburg, Darmstadt 1937, ND 1972, S. 655; vgl. Metzner zus. mit H. Thomas: Der ‚Steinweg' und die ‚Taunusstraße' in Wicker. Zu einem Stück römerzeitlicher und mittelalterlicher Fernwegführung zwischen dem Mittellahnbereich und der Oberrheinebene, in: Zwischen Main und Taunus. Jb. d. Main-Taunus-Kreises, 1. Jg., S. 75-82 u. Metzner: Exemplarisches vom Untermain zur karolingerzeitlichen Kenntnis älteren Geheimrunen-Gebrauchs. Die alten Orts- und Ortsverbunds-Zeichen in den Siegeln und Wappen der frühmittelalterlichen Siedlungen Dörnigheim und Rüsselsheim bei Frankfurt im runen- und namenkundlichen, religions- und regionalhistorischen Kontext, in: International Scandinavian and Medieval Studies in Memory of Gerd Wolfgang Weber, hg. v. Michael Dallapiazza, Olaf Hansen u. a., Triest 2000, S. 323-338, bes. S. 334 u. 336 u. Anm. 44. Der im Namen ‚Seilfurt' verbaute Völkername ‚Sail(i)on-' ist wohl mit dem der wandalischen ‚Silingen' zusammenzustellen; von da aus ist weiter zu argumentieren.

51 S. Anm. 43 u. S. Münster in: Kathrein/Krüger, a. a. O., S. 22.

52 S. zuerst Metzner 1997, a. a. O., S. 191.

53 Es ist zu erwägen, ob nicht ‚Seilfurt' zur Zeit der Namenprägung ‚Frankfurt' am Untermain noch als ‚Ereignisname' mit zugehöriger ähnlicher Sage in Erinnerung war!

54 In einem in Druck befindlichen Vortrag vor dem Wiener Namenkunde-Kongreß 2000 ist die Etymologie (‚Bewohner des bauchigen Gaus', d. h. des ehemaligen ausgebuchteten Wetterau-Limesgebiets) gegeben worden. S. Metzner 1984, a. a. O., S. 54-57.

55 S. vorläufig Metzner 1982, a. a. O., S. 29 f. Über andere bewußte Binnenalliteration, solche des 7. Jahrhunderts am Untermain, in der im Druck befindlichen Ortsgeschichte von Nauheim bei Groß-Gerau!

56 Noch im 13. Jh. ist im übrigen die Verwendung von Alliteration zwischen gleichzeitig gegründeten benachbarten Orten im ostdeutschen Bereich bei der Gründungsstadt-Namengebung nachzuweisen (s. dazu: Metzner 1978(a)).

57 Zu ‚Kelkheim' u. ‚(Kelkheim-)Münster' s. Gerd S. Bethke: Main-Taunus-Land. Histor. Ortslexikon, Frankfurt/M. 1996. (Rad und Sparren Nr. 26.) Zu erinnern wäre, daß Karl Martell als Hausmeier in Paris residierte und auch in der Köngisgrablege St. Denis begraben ist. Zu ‚Kelkheim' vgl auch Metzner 1984, a. a. O., S. 45 f. u. Metzner 1986.

58 Vgl. Carl Pschmadt: Die Sage von der verfolgten Hinde, Greifswald 1911, S. 38-45. Zum Sagentyp ‚Die führende Hinde' bes. S. 40-43. Pschmadt rechnet mit einer einfachen Übertragung des Mythos von Chlodwig auf Karl, ohne die Unterschiede des ursprünglichen Handlungsverlaufs im Frankfurt-Text Thietmars zu beachten.

59 Gregor von Tours: Historiarum II, 37, in: G. v. Tours: Zehn Bücher Geschichten. Bd. 1., a. a. O., S. 130 (zum Jahr 507).

60 Von hier aus wäre weiter zu fragen nach der eventuellen familiengeschichtlichen Rolle dieses Tiers für die heidenzeitliche Merowingerdynastie vor Chlodwig.

61 S. Anm. 59, a. a. O., S. 131. Der lat. Urtext, S. 130: „Porro ille cum ad fluvium Vigennam cum exercitu advenisset, in quo loco eum transire deberit, paenitus ignorabat. Intumuerat enim ab inundationem pluviarum. Cumque illa nocte Dominum depraecatus fuisset, ut ei vadum quo transire possit dignaretur ostendere, mane facto cerva mirae magnitudinis ante eos nuto Dei flumine ingreditur, illaque vadante, populus quo transire possit agnovit."

62 Pschmadt, a. a. O., S. 42.

63 So deuten bisher mißverstandene anspielende Verse bei Otfrid und im Ludwigslied auf die Präsenz eines positiv gewürdigten Chlodwig-Mythos zumindest am jeweils angesprochenen Karolingerhof, wo der König jeweils ‚Ludwig' hieß. Zum Begriff der ‚Ansippung' allgemein und im Fall der Karolinger s. etwa Reinhard Wenskus: Zum Problem der Ansippung, in: Ausgewählte Aufsätze zum frühen und preußischen Mittelalter, hg. v. Hans Patze, Sigmaringen 1986, S. 85-95.

64 Vgl. Metzner 2000(a), a. a. O., S. 168.

65 Vgl. Amos Elon: Der erste Rothschild. Biographie eines Frankfurter Juden, Reinbek 1998, passim.

66 Zur Entstehung und Verbreitung der ‚Stadt'-Worts s. Metzner: ‚burc' und ‚stat' als Stadtnamenwörter im östlichen und östlichsten Ostmitteldeutschen des 13.-15. Jahrhunderts, in: Zeitschrift für Ostforschung, 26. Jg., Marburg 1977, S. 193-244; Die mittelalterlichen ‚burc'-Städte des mittleren Oderraums (Land Lebus, Niederlausitz, Land Sternberg, Neumark): Weiterführendes zur Wortgeschichte von mhd. ‚burc' und ‚stat', zur altdeutschen Ortsnamenbildung und zur Frühzeit des ostdeutschen Städtewesens, in: Beiträge zur Namenforschung, Bd. 14, Heidelberg 1979, S. 412-463; Die Wandlung des Stadtwortgebrauchs bei Heinrich von Veldeke zwischen Maas und Unstrut. Hochmittelalterliche Sprach- und Dichtungsgeschichte im westlichen und östlichen Mitteleuropa vor dem Hintergrund der deutschen *-burc-* und *-stat-*Stadtnamengebung des 13. Jahrhunderts, in: Beiträge zur historischen Stadtsprachenforschung, hg. v. Helga Bister-Broosen, Wien 1999, S. 205-221 u. Metzner 2000(a), a. a. O.. Zum Aufkommen von ‚houbestat': Metzner 2000(a), S. 169, Anm. 65.

67 S. dazu zunächst Karl Heinrich Rexroth: Volkssprache und werdendes Volksbewußtsein im ostfränkischen Reich, in: Aspekte der Nationenbildung im Mittelalter, hg. v. H. Beumann u. W. Schröder, Sigmaringen 1978, S. 275-315 passim, von wo aus weiterzukommen ist, bes. hinsichtlich Ludwig dem Frommen.

Heinz Rölleke

Der Hund und das ‚Gespenst' in Kleists Novelle *Das Bettelweib von Locarno* und anderwärts

Höhe- und Wendepunkt in Kleists kürzester, im Oktober 1810 erschienener Novelle sind die im 16. und 17. Satz berichteten Begebenheiten. Nachdem der Marchese und seine Gattin nebst dem zufällig sich einfindenden Hund das Zimmer betreten haben, um den angeblichen Spuk in ihrem Schloß aufzuklären und ihm ein Ende zu machen, heißt es:

> Das Ehepaar, zwei Lichter auf dem Tisch, die Marquise unausgezogen [...] Degen und Pistolen neben sich [...] Drauf, in dem Augenblick der Mitternacht, läßt sich das entsetzliche Geräusch wieder hören; jemand, den kein Mensch mit Augen sehen kann, hebt sich auf Krücken, im Zimmerwinkel empor; man hört das Stroh, das unter ihm rauscht; und mit dem ersten Schritt: tapp! tapp! erwacht der Hund, hebt sich plötzlich, die Ohren spitzend, vom Boden empor, und knurrend und bellend, grad' als ob ein Mensch auf ihn eingeschritten käme, rückwärts gegen den Ofen, weicht er aus. Bei diesem Anblick stürzt die Marquise, mit sträubenden Haaren, aus dem Zimmer; und während der Marchese, der den Degen ergriffen: werda? ruft [...][1]

Zunächst seien einige Vermutungen über Kleists Vorlagen für die kleine Szene gegeben. Der Eintritt ins Spukzimmer ähnelt in Einzelheiten Johann Peter Hebels Kalendergeschichte *Merkwürdige Gespenstergeschichte*, die 1809 in seiner Sammlung *Rheinischer Hausfreund* erschienen war:

> [...] ging er mit dem Bedienten, so er bei sich hatte, in das Schloß. Im Schloß kleidete er sich nicht aus, wollte auch nicht schlafen, sondern abwarten, was geschieht. Zu dem Ende stellte er zwei brennende Lichter auf den Tisch, legte ein paar geladene Pistolen [...] Aber als die Mitternacht im Kirchturm sich rührte, und die Glocke 12 schlug [...][2]

Das onomatopoetische „tapp! tapp!", mit dem die Schritte des angeblichen Gespensts hörbar gemacht werden, könnte Kleist Mozart/da Pontes *Don Giovanni* (II.14) in der Rochlitzschen Übersetzung von 1801 entlehnt haben, wo Leporello so den „schweren Schritt" der Geistererscheinung des Komturs beschreibt: „tap, tap, tap, tap!"

Der hilflose Ausruf des Marchese „werda?" enspricht dem ersten Wort in Shakespeares *Hamlet* gemäß der Übersetzung von August Wilhelm Schlegel aus dem Jahr 1801, denn so fragt Bernardo den Francisco auf der Schloßterrasse, wo der Geist von Hamlets Vater umgeht – eine Erscheinung, deren Forderungen Hamlet selbst letztlich in Verzweiflung und in seinen Untergang treiben, ein Schicksal, das der Marchese mit ihm teilt.

Während sich der Spuk in Hebels Gespenstergeschichte als ein handfester Schurkenstreich erweist, müssen Don Giovanni und Hamlet im doppelten Wortsinn daran glauben. Von diesen Vorlagen aus läßt sich Kleists Position in der Frage des Gespensterglaubens also nicht eindeutig festmachen. Wie sehr umstritten diese in den bisherigen Interpretationen geblieben ist, wurde zuletzt mit der scheinbar paradoxen Formulierung „natürlich gibt es den Spuk und es gibt ihn auch wieder nicht"[3] auf den Punkt gebracht.

Es müßte im Blick auf dieses Problem wohl nach der ‚Kompetenz' des Hundes gefragt werden, dessen Reaktion durchaus keine Erfindung Kleists ist. Inhalt und Form des Eingangs- und des Schlußsatzes der Kleistschen Erzählung gleichen wohl nicht zufällig entsprechenden aitiologischen Sagen – in diesen aber bleibt der Gespensterglaube natürlich unhinterfragt. So wird in einer um 1500 spielenden Sage von einem Kanzler Jürgen Kleist (!) auf Usedom erzählt, ihm und seinen Dienern sei ein Gespenst erschienen:

> Ein Hund, den sie bei sich hatten, hat sich vor Angst zwischen die Räder geflüchtet und dort gewinselt und geheult, als müsse er sterben. Man sagt, das Gespenst habe dem Kanzler seinen Unglauben gegen das Fegfeuer austreiben wollen.[4]

Georg Philipp Harsdörffer läßt in seiner Erzählung *Das Gespänst* aus dem Jahr 1648 allerdings den Hund gerade nicht auf ein vom Helden der Geschichte erwartetes Gespenst reagieren, das sich diesem zuvor gleich mehrfach höchst realistisch gezeigt hatte, sondern auf einen Mörder von Fleisch und Blut:

> Die Nacht zu ende der drey bestimten Tage fängt der Hund/ welchen Robert in seiner Kammer schlaffen lassen an zu bellen: Er springt aus dem Bette ergreift den Degen/ eröffnet die Kammer [...] in dem wird er auf der Stiegen durch und durch gestochen.[5]

Indes ließ Robert, der ganz bestimmt mit dem Wiedererscheinen des Gespenstes rechnete, den Hund nicht zufällig in seiner Schlafkammer, denn der „Hund [...] gilt bis in den heutigen Volksglauben hinein [...] als geistersichtig" – so heißt es bündig in einem volkskundlichen Wörterbuch, das sich immerhin auf die Autorität der *Deutschen Mythologie* Jacob Grimms stützen kann.[6] Justinus Kerner, der selbsternannte Geisterseher, schloß sich dieser Vorstellung selbstverständlich ohne jegliche Relativierung an, als er 1849 in seiner Aufzeichnung *Der alte Geisterspuk in der Prälatur* von einem Gespenst berichtet:

> Den 15. August nachts kam es in die Stube und dann in die Nebenstube und dann an das Bette, in dem der Offizier der Wache schlief, und schüttelte und rüttelte

> die Bettlade, so daß er vermeinte, mit derselben in die Höhe gehoben zu werden. Ein Hund, der mit ihm im Zimmer lag, sprang zum Zimmer, als würde er gejagt, hinaus.[7]

Kleist verfährt differenzierter, wenn er die Reaktion des Hundes mit einer Konjunktivkonstruktion – „als ob ein Mensch auf ihn eingeschritten käme" – zu erklären sucht.[8] Die Ungeheuerlichkeit, daß der Hund „den Spuk wider alle Vernunft bestätigt", eine Kreatur, die „hier zuständiger ist als angestrengtester Menschenverstand"[9], hatte schon den jungen Goethe beschäftigt:

> Man sagt Hunde heulen und zittern auf Kreutzwegen, für Gespenstern, die dem Menschen unsichtbar vorbeyziehen. Sollen wir den Tieren höheren Sinn zuschreiben? Und doch – das führt zum Aberglauben![10]

Franz Grillparzer folgte in seiner Skizze *Das Bettelweib von Locarno* im wesentlichen dem Kleistschen Text, verstärkte aber die sagenhaften Elemente, indem er etwa die Szene des Hundes bei dessen Witterung des im Sinn einer Sage als real vorausgesetzten Gespensts ausgestaltete, so daß zu schließen ist, Grillparzer habe in der Kleistschen Novelle eine solche Intention erkennen zu können geglaubt:

> Der Hund springt auf; bellend, als eine vor ihm hinwandelnde Gestalt verfolgend, weicht er aus der Ecke, der er beim ersten Geräusch zugeeilt ist, schrittweise, scheu und winselnd zurück. Jetzt hat er rückgehend den Ofen erreicht, an dem Graf und Gräfin sitzen, und jetzt heult er auf, indes unter Stöhnen und Röcheln das unsichtbare Etwas hart bei den Füßen des starrenden Paares am Ofen niedersinkt.[11]

Rainer Maria Rilke läßt in seinem 1910 erschienenen Roman *Die Aufzeichnungen des Malte Laurids Brigge* von einer ähnlichen und offenbar durch die Kleistsche Erzählung angeregten Episode berichten:

> Und nun will ich die Geschichte aufschreiben, so wie Maman sie erzählte, wenn ich darum bat. Es war mitten im Sommer, am Donnerstag nach Ingeborgs Beisetzung [...] da kam sie [...] Da schoß schon Cavalier, wie er immer tat, unter dem Tisch hervor und lief ihr entgegen. Ich hab es gesehen, Malte, ich hab es gesehen. Er lief ihr entgegen; obwohl sie nicht kam. Für ihn kam sie. Wir begriffen, daß er ihr entgegenlief. Zweimal sah er sich noch nach uns um, als ob er fragte. Dann raste er auf sie zu, wie immer, Malte, genau wie immer, und erreichte sie, denn er begann rund herum zu springen, Malte, um etwas, was nicht da war, und dann hinauf an ihr, um sie zu lecken, gerade hinauf. Wir hörten ihn winseln vor Freude, und wie er so in die Höhe schnellte, mehrmals rasch hintereinander, hätte man wirklich meinen können, er verdecke sie uns mit seinen Sprüngen. Aber da heulte er auf einmal auf, und er drehte sich von seinem eigenen Schwunge in der Luft um und stürzte zurück, merkwürdig ungeschickt, und lag ganz eigentümlich flach da und rührte sich nicht.[12]

Dieser zweifellos moderner strukturierte Hund sieht sozusagen seinen Irrtum ein und büßt diese Einsicht mit einem körperlichen Zusammenbruch, als seien ihm vertraute Wahrnehmungskategorien abhanden gekommen.

Davon kann bei den anderen geistersichtigen Hunden in den früheren literarischen Zeugnissen wohl keine Rede sein, und der Hund im Schloß bei Locarno erfüllt sozusagen alle im Volksglauben im allgemeinen und in Sagen im besonderen begegnenden Vorstellungen, wie dieses Tier auf ein leibhaftiges Gespenst reagiert und was diese Reaktionen ankündigen, denn wenn der Hund ein dem Menschen unsichtbares Gespenst wahrnimmt, so zeigen das „klägliche Bellen, Winseln und Heulen“ nicht nur den baldigen Tod des Menschen, sondern auch den Ausbruch eines Feuers an.[13] Dieser Befund macht die Interpretation Emil Staigers[14] noch überzeugender: Da der Marchese sich zu keiner Zeit durch die Irritation in seinem Schloß an sein Verhalten dem Bettelweib gegenüber erinnert, so steht die durch den Hund offenkundig verbürgte, mit dem menschlichen Verstand weder zu bestätigende noch abzustreitende Erscheinung nicht im Zusammenhang eines kurzschließenden und auch gänzlich unangemessenen Schuld- und Sühne-Nexus, sondern sie zeigt dem Welt und Überwelt ausschließlich aufgeklärt-rational wahrnehmenden Marchese die ihm unübersteigbare Erkenntnisschranke auf, was ihn am Sinn seiner Existenz verzweifeln läßt.

Anmerkungen

1 Berliner Abendblätter. 10tes Blatt. Den 11ten October 1810, Nachdruck in: Heinrich von Kleist: Erzählungen. Zweiter Theil, Berlin 1811, S. 85-92. Die recht zahlreichen stilistischen Änderungen des Nachdrucks betreffen in keinem Fall die zitierte Textpassage.

2 Johann Peter Hebel: Schatzkästlein des rheinischen Hausfreundes, hg. von Winfried Theiss, Stuttgart 1981, S. 161. – Vgl. auch Ludwig Bechsteins Gespenster-Novelle *Furia infernalis:* „angekleidet [...] meine zwei paar scharfgeladenen Pistolen [...] auf dem Tisch brennen vier Wachskerzen“ (Hexengeschichten, Halle 1854, S. 86-104)

3 Gerhard Schulz: Kleists „Bettelweib von Locarno“ – Eine Ehegeschichte?, in: Jb. der deutschen Schillergesellschaft 18 (1974), S. 431- 440 (hier S. 436)

4 Zit. nach Heinz Rölleke: Das große deutsche Sagenbuch, Düsseldorf u. Zürich 1996, S. 173 – Ferdinand Grimm, immerhin einer der Kasseler Brüder Grimm und einer der frühesten Kleistkenner, nahm Kleists Text ohne jede Einschränkung in seine 1820 in Leipzig unter dem Pseudonym „Lothar“ veröffentlichten *Volkssagen und Mährchen der Deutschen und Ausländer* auf. Es steht zu vermuten, daß die Quelle für Grillparzers Skizze „Das Bettelweib von Locarno“, der Nachdruck in der Wiener Theater-Zeitung von 1822 (ohne Nennung Kleists) unter dem bezeichnenden Titel *Eine Sage* auf Grimms Anthologie zurückgeht (vgl. Grillparzers Werke, 16. Teil, hg. von Stefan Hock, Berlin u. a. o. J., S, 611).

5 Der Grosse Schau=Platz jämmerlicher Mordgeschichte, 3. Auflage, Hamburg 1656, S. 167

6 Wörterbuch der deutschen Volkskunde, 2. Auflage, neu bearb. von Richard Beitl, Stuttgart 1955, S. 361; Handwörterbuch des deutschen Aberglaubens, hg. von Hanns Bächtold-Stäubli, Band 4, Berlin 1932, Sp. 473 f. – Für die auch international weite Verbreitung dieser Vorstellung nur zwei Beispiele: In Jacques Cazottes *Le diable amoureux* von 1772 berichtet der Ich-Erzähler, wie sein Hund im Gegensatz zu ihm in Biondetta die Verkörperung eines teuflischen Gespensts erkennt und ihn am Rockschoß aus den Armen der Ver-

führerin zu zerren versucht (Cazotte: Biondetta, Berlin 1924, S. 64). Algeman Blackwood entwickelt in seiner Gruselgeschichte *A Psychical Invasion* von 1908 auf Grund geradezu wissenschaftlicher Beobachtungen geistersichtiger Tiere eine Theorie zum Thema: Tiere seien „viel häufiger und echter hellsichtig" als Menschen, Hunde legten bei Auftreten von gespensterhaften „Phänomenen meist Furcht an den Tag [...], wogegen Katzen sich eher schläfrig und voll Behagen" gäben (Besuch von Drüben, Frankfurt/M. 1979, S. 213).

7 Justinus Kerner: Bilderbuch aus meiner Knabenzeit, hg. von Günter Häntzschel, Frankfurt/M. 1978, S. 150

8 Dagegen war zuvor, als die Existenz eines Spuks noch ganz und gar fragwürdig war, mit dem Indikativ gefolgert worden: „es war, als ob ein Mensch [...] sich erhob"; darauf hat Emil Staiger in seiner immer noch gültigen Interpretation hingewiesen (Meisterwerke deutscher Sprache, 4. Auflage, Zürich 1961, S. 100 - 117, hier S. 110).

9 Emil Staiger: wie Anm. 8, S. 115

10 Geschichte Gottfriedens von Berlichingen (der sog. ,Urgötz' aus dem Jahr 1771); Goethes Sämtliche Werke, Jubiläums-Ausgabe, hg. von Eduard von der Hellen, Stuttgart/Berlin o. J. Band 10, S. 173

11 Grillparzers Werke, 8. Teil (wie Anm. 4), S. 188 f. Dagegen folgt E.T.A. Hoffmann in seinem Nachtstück *Das Majorat* Kleist nur, was den Bewegungsablauf des Gespensts betrifft, verzichtet aber auf den Hund als gegebenenfalls zuständige Instanz, um die grundsätzliche Zweideutigkeit der Szene nicht aufheben zu müssen: „da geht es leise und langsam mit abgemessenen Tritten quer über den Saal (bei Kleist: „quer über das Zimmer gegangen") hin" (E.T.A. Hoffmanns Werke, 3. Teil, hg. von Georg Ellinger, Berlin u. a. o. J., S. 172).

12 Rainer Maria Rilke: Lyrik und Prosa, hg. von Dieter Lamping, Düsseldorf/Zürich 1999, S. 376 (mit der Erläuterung: „Ein Hund namens Cavalier kommt in Christina Ulfeldts ,Jammers Minde' vor"; S. 784). – „Gespensterfurcht" befällt den Ich-Erzähler indes erst später: „Aber auf einmal (war es die Hitze in den Zimmern oder das viele nahe Licht) überfiel mich zum erstenmal in meinem Leben etwas wie Gespensterfurcht. Es wurde mir klar, daß alle die deutlichen großen Menschen [...] sich mit etwas Unsichtbarem beschäftigten, daß sie zugaben, daß da etwas war, was sie nicht sahen. Und es war schrecklich, daß es stärker war als sie alle" (ebd., S. 414 f.).

13 Handwörterbuch (wie Anm. 6): Sp. 473

14 Wie Anm. 8

Ralph-Rainer Wuthenow

Epigramm, Idylle und Dithyrambos: Zu Nietzsches Gedichten
Ergänzung zu einem Nachwort[1]

I.

Die vielseitige, reiche und spannungsreiche Begabung, durch die Friedrich Nietzsche vor allem als philosophischer Schriftsteller, Kritiker und Denker vor uns steht, hat paradoxerweise nicht dazu geführt, daß wir den seinerzeit (in seinen Anfängen) vielgerühmten Altphilologen noch kennten und ebensowenig den ehrgeizigen, dilettierenden Musiker und Gelegenheitskomponisten; beinahe gar nicht mehr kennen wir Nietzsche als Lyriker. Die Hauptwerke haben alles andere überschattet, die frühen Aphorismenbücher, der fragwürdige *Wille zur Macht*, vor allem aber der hymnisch-lyrisierende *Zarathustra*.

Aber die Gedichte Nietzsches gehören doch, nach seinem Willen sogar, teilweise zu diesem, seinem umfangreichen Werk. So gab es viele Ausgaben in den 20er, 30er Jahren des vorigen Jahrhunderts noch im Handel, daneben auch, bis heute, Auswahl-Editionen; die sämtlichen Gedichte mit Einschluß der Jugendlyrik liegen erst seit kurzem wieder vor[2], wobei man auch erwähnen sollte, daß Nietzsche selbst, der in jungen Jahren seine lyrischen Versuche überaus wichtig nahm und immer wieder neue Verzeichnisse seiner pubertären Produktionen anfertigte, zu Ende seiner Studienzeit (und wohl auch früher gelegentlich) das meiste davon ins Feuer warf, und dies zu Recht. Man kann dies deshalb sagen, weil das, was davon durch Zufall und den Eifer seiner Schwester erhalten blieb, verständlicherweise unselbständig ist und im Stil der epigonalen Nach-Romantik gehalten (wie ähnlich auch die Lied-Kompositionen jener Jahre mit vielfachen Anlehnungen an die romantische Lied-Tradition). So klingt es hier nach Geibel, Scheffel, Kugler („An der Saale hellem Strande …"), hin und wieder auch nach Heinrich Heine. Die naive Empfindungslyrik des Gymnasiasten in Schulpforta ist noch ganz unspezifisch. Einiges davon blieb lediglich durch den Eifer der ihn bewundernden Schwester erhalten, die aufhob, was der Schüler und Student nach Naumburg schickte. Sie hat es dann später nach eigenem Gutdünken herausgegeben, d. h. so, wie es ihr gefiel: eine umfangreiche von ihr verantwortete Ausgabe aus den ersten Jahrzehnten des 20. Jahrhunderts, wiederholt aufgelegt, zeigt, daß sie aus den Gedichten durchaus einmal, ohne dies eigens anzumerken,

Strophen fortgelassen hat, in denen der Bruder sich gegen die religiöse Bevormundung, die Zwänge der Konvention, die strikten Vorstellungen von frommen Glauben und geborgenem Leben auszusprechen wagte.

Denn Nietzsches Gedichte sind natürlich auch Dokumente seiner seelischen und intellektuellen Entwicklung, so eben seiner plötzlich geweckten religiösen Zweifel. Als solche sind sie für uns auch da interessant, wo sie weder im Tone noch in der Gestaltung der Aussage als gelungen gelten können:

Entflohn die holden Träume,
Entflohn Vergangenheit,
Die Gegenwart ist schaurig,
Die Zukunft träg und weit.

Die Sterne schreiten traurig
Am kahlen Himmel hin,
Die Winde fragen schaurig,
Was ich so stille bin. (1862)[3]

Der junge Nietzsche kann nun manches Gedicht nicht zum Abschluß bringen: „Der Mensch ist nicht der Gottheit / Würdiges Ebenbild", lauten zwei Verszeilen eines zerbrechenden Gedichts. Dann, wenig später, nachdem ihm das „Du hast gerufen, Herr, ich eile", noch einmal wie selbstverständlich erschienen sein mag[4], ist überraschend von einem Bruch, ja von einer Art Heimsuchung die Rede. Die Verse, die er nunmehr niederschreibt, sind Zeugnis einer Verstörung:

Mein zuckend Herz, ich warf es hin,
Zu rasten
Und wälzte drüber Lust, Gewinn,
Schmerz, Wissen, Bergeslasten,
Ob es sich quält und drückt und engt –
In wilden Stunden
Da schleudert's flammend und versengt,
Empor was es gebunden.[4]

Das überkommene Vermächtnis ist nicht mehr gültig; im Gedächtnis allein lebt die alte Kinderseligkeit noch fort: „Wer nahm den letzten Rest von Glück, / Mein Träumen und mein Hoffen?" Die Frage läßt ihn fortan nicht mehr los.

Auch wenn er in Schulpforta bereits Hölderlins Werke für sich entdeckt hatte, so finden sich doch in seinen Versen (soweit sie überliefert sind) keinerlei Anklänge an den damals beinahe vergessenen großen Dichter, der vielleicht noch als Wahnsinnsgestalt in der Erinnerung einiger Zeitgenossen herumgeisterte. Dagegen finden sich immer neue Anklänge an die tagesübliche Lyrik, wozu auch historische Genre-Szenen gehören, sowie Stimmungsbilder nach Lenau oder dem großen Vorbild der Epoche: Lord Byron.

Als Nietzsche in Schulpforta das Abitur gemacht hat und dem Studium (zunächst der Theologie) entgegensieht, versucht er Bilanz zu ziehen: er weiß, daß es ein Zurück nicht geben kann, nur ein stetes Voran ins Offene und Unbekannte, ins Ungewisse auch, denn von Berufsplänen verlautet nichts:

Noch einmal eh ich weiter ziehe
Und meine Blicke vorwärts sende,
Heb ich vereinsamt meine Hände
Zu dir empor, zu dem ich fliehe,
Dem ich in tiefster Herzenstiefe
Altäre feierlich geweiht,
Daß allezeit
Mich deine Stimme wieder riefe.

Darauf erglüht tiefeingeschrieben
Das Wort: dem unbekannten Gotte.
Sein bin ich, ob ich in der Frevler Rotte
Auch bis zur Stunde bin geblieben:
Sein bin ich – und ich fühl' die Schlingen,
Die mich im Kampf darniederziehn
Und, mag ich fliehn,
Mich doch zu seinem Dienste zwingen.

Ich will dich kennen, Unbekannter,
Du tief in meine Seele Greifender,
Mein Leben wie ein Sturm Duchschweifender,
Du Unfaßbarer, mir Verwandter!
Ich will dich kennen, selbst dir dienen.[5]

II.

Nietzsche hat dann, sehr jung, noch nicht promoviert als Extraordinarius nach Basel berufen, für den zweifellos anspruchsvollen Unterricht an der Universität wie am Gymnasium sehr viel zu arbeiten, ist er doch im genauen Sinne auf diese Tätigkeit noch gar nicht vorbereitet. Allein das philologische Rüstzeug besitzt er – seit Schulpforta. Er ist fast nur noch wissenschaftlich und pädagogisch tätig, bald freilich auch kritisch-publizistisch. Nach der Schrift über *Die Geburt der Tragödie aus dem Geiste der Musik* entstehen nach und nach die vier zeitkritisch-diagnostischen *Unzeitgemäßen Betrachtungen* mit den Huldigungen an Schopenhauer wie an Wagner; er hat also keine Zeit für Lyrik mehr, könnte man sagen, obschon doch einiges, das dann später in den Anhang zur 2. Auflage der *Fröhlichen Wissenschaft* aufgenommen wird, aus den ersten Basler Jahren und aus der Zeit stammen könnte, in der die ersten Aphorismenbücher (*Menschliches, Allzumenschliches* in drei Teilen) entstanden. Dabei ist Ungeborgenheit, Heimatlosigkeit, Einsamkeit ein immer wieder neu aufgenommenes Thema, so auch in dem vormals berühmten Herbstgedicht unter dem Titel *Vereinsamt*, das schon den späteren Jahren der Rastlosigkeit zuzurechnen sein dürfte:

Die Krähen schrei'n
und ziehen schwirren Flugs zur Stadt:

bald wird es schnei'n, –
wohl dem, der jetzt noch – Heimat hat!

Nun stehst du starr,
schaust rückwärts, ach! wie lange schon!
Was bist du Narr
vor Winters in die Welt entflohn?

Die Welt – ein Tor
zu tausend Wüsten stumm und kalt!
Wer das verlor,
was du verlorst, macht nirgends halt.

Nun stehst du bleich,
zur Winter-Wanderschaft verflucht,
dem Rauche gleich,
der stets nach kältern Himmel sucht.

Flieg, Vogel, schnarr
dein Lied im Wüstenvogel-Ton! –
Versteck, du Narr,
dein blutend Herz in Eis und Hohn!

Die Krähen schrei'n
und ziehen schwirren Flugs zur Stadt:
bald wird es schnei'n, –
weh dem, der keine Heimat hat![6]

Es kann keinem Leser entgehen, wie stark hier neben dem Sententiösen die rhetorischen Momente, auch die pathetischen Selbstanreden sind, so daß sich der Verfasser (so scheint mir) veranlaßt sah, den Versen eine Erwiderung nachzuschicken, die epigrammatisch gehalten, ihn vor Mißverständnissen und falschem Mitleid bewahren soll. Der Titel signalisiert – im Kontext – die Absicht:

Antwort

Daß Gott erbarm'!
Der meint, ich sehnte mich zurück
ins deutsche Warm,
ins dumpfe deutsche Stuben-Glück!

Mein Freund, was hier
mich hemmt und hält, ist *dein* Verstand,
Mitleid mit *dir*!
Mitleid mit deutschem Quer-Verstand![7]

Auf charakteristische Weise erwidert das ernüchternde Epigramm dem lyrisch-pathetischen Ton der Spätherbst-Elegie. Daß Nietzsche mit seiner Vorliebe für Sentenz und Aphorismus auch zur aphoristischen Vers-Form, dem Epigramm eben, neigt, kann nicht überraschen. Eher ist überraschend, daß er *Die fröhliche*

Wissenschaft 1882 mit einer Folge von Epigrammen in eher altdeutscher Manier, in Knittel-Versen (!) unter dem Goethe-Titel „Scherz, List und Rache" zu eröffnen, daß er nunmehr, als Professor im Vor-Ruhestand, seine Verse auch zu veröffentlichen wagt. Vorausgegangen war dem allerdings eine Folge von acht Gedichten, die ebenfalls im Jahre 1882 in einer Zeitschrift („Internationale Monatsschrift") erschienen und von denen er die meisten in überarbeiteter, oft sogar in erweiterter Form in die Sammlung seiner *Lieder des Prinzen Vogelfrei* in den Anhang zur 2. Auflage der *Fröhlichen Wissenschaft* (1887), nunmehr mutiger geworden, aufnimmt.

Die Epigramme, dieses „Vorspiel in deutschen Reimen", sind weitgehend Selbstgeständnisse, Provokationen, sententiöse Nachdenklichkeiten, geistreiche, launische Einfälle, minder geistvolle Ermahnungen und zuweilen altkluge Belehrungen. So lesen wir unter der Überschrift *Der Wanderer*:

'Kein Pfad mehr! Abgrund rings und Totenstille!' –
So wolltest du's! Vom Pfade wich dein Wille!
Nun, Wandrer, gilt's! Nun blicke kalt und klar!
Verloren bist du, glaubst du – an Gefahr.[8]

Auch die fällige Absage an die Jugendgedichte und andere frühe Arbeiten findet sich hier deutlich ausgesprochen:

Jugendschriften

Meiner Weisheit A und O
klang mir hier: was hört' ich doch!
Jetzo klingt mir's nicht mehr so,
nur das ew'ge Ah! und Oh!
meiner Jugend hör' ich noch.[9]

Auch der ganze Stolz Nietzsches wird unmißverständlich vernehmbar:

Ohne Neid

Ja, neidlos blickt er: und ihr ehrt ihn drum?
Er blickt sich nicht nach euren Ehren um;
er hat des Adlers Auge für die Ferne,
er sieht euch nicht! – er sieht nur Sterne, Sterne![10]

Die berühmt gewordenen, dementsprechend vielzitierten Ecce-homo-Verse werden hier zum ersten Mal veröffentlicht, ein stolzes, fast trutziges Bekenntnis des Apatriden, des rebellischen Denkers:

Ja! Ich weiß, woher ich stamme!
Ungesättigt gleich der Flamme
glühe und verzehr' ich mich.
Licht wird alles, was ich fasse,
Kohle alles, was ich lasse:
Flamme bin ich sicherlich![11]

Daß sich unter diesen epigrammatischen Versen auch manche befinden, die offensichtlich weniger geglückt sind, die darunter leiden, daß sie geistvoller wirken sollten als es dem Verfasser gegeben war, sie zu formulieren, sollte nicht weiter irritieren: halten wir uns dafür an das, was gelungen ist, dann ist es leicht oder doch leichter, die Flecken und Mängel zu vergessen oder sie zu übersehen. (In der aphoristischen Prosa stellt sich zuweilen analog das gleiche Problem, zumal in bestimmten Abschnitten der *Götzendämmerung*.)

III.

Unter den wenigen Gedichten der *Idyllen aus Messina* findet sich auch eines mit der Überschrift *Vogel Albatross*, das Nietzsche nicht in die erweiterte Sammlung im Anhang zur *Fröhlichen Wissenschaft* aufgenommen hat:

O Wunder! Fliegt er noch?
Er steigt empor und seine Flügel ruhn!
Was hebt und trägt ihn doch?
Was ist ihm Ziel und Zug und Zügel nun?

Er flog zu höchst – nun hebt
Der Himmel selbst den siegreich Fliegenden:
Nun ruht er still und schwebt
Den Sieg vergessend und den Siegenden.

Gleich Stern und Ewigkeit
Lebt er in Höhn jetzt, die das Leben flieht,
Mitleidig selbst dem Neid –:
Und hoch flog, wer ihn auch nur schweben sieht!

O Vogel Albatross!
Zur Höhe treibt's mit ew'gem Triebe mich!
Ich dachte dein: da floss
Mir Thrän' um Thräne – ja, ich liebe dich![12]

Vielleicht erklärt die letzte Strophe, warum Nietzsche das Gedicht nicht wieder hat abdrucken lassen wollen, nachdem ihm, so darf man wohl annehmen, eine Überarbeitung nicht hatte gelingen wollen.

Mit einer Frage setzt das Gedicht ein; die darauf folgenden Zeilen sind Antwort – und Fragen, die sich aus der Erwiderung ergeben: der hier beobachtet, sucht sich die Frage zu beantworten, er vergewissert sich: regungslos bewegt, aufsteigend ohne Anstrengung und wie vom Himmel selbst gehalten und getragen – aus einer solchen Paradoxie entfaltet Nietzsche einen bezeichnenden, für ihn bezeichnenden, Anthropomorphismus. Fast überdeutlich wird der legendäre Vogel zum Gleichnis, das Gleichnis wird zum Wunschbild. In der 3. Strophe wird dieser Gleichnischarakter sogar noch gesteigert: wer ihn nur schweben sieht, fliegt gleichfalls hoch.

Dann aber scheint die Reflexion den bislang wie selbstverständlich durchgehaltenen Gleichnischarakter aufzulösen; der Sprechende führt die Rede auf sich als Subjekt zurück, und die Diskrepanz bricht wieder auf, die schon vor der allerersten Frage stand: wer nur den Vogel schaut, der schwebt. Deutlicher noch als Baudelaire in seinem Gedicht vom stolzen, weißen Vogel, den die Matrosen an Bord des Schiffes ob seiner Tolpatschigkeit verspotten, ihn, der doch in den Lüften frei und fast erhaben wirkt, spiegelt Nietzsche seine Existenz in der des hochschwebenden Vogels, der die ganz eigenen Vorstellungen zu verkörpern beschworen wird. Wie ohne Anstrengung war diesem gelungen, was zu überwinden und erreichen war – und er ist dabei in Höhen gelangt, wo kein Leben mehr ist, sogar der Neid verkehrt sich nun in Anteilnahme.

Doch fällt die letzte Strophe dann endgültig ab; die feierliche Anrede ist so konventionell geraten wie der allzu direkte Bezug auf das sprechende Subjekt. Der unmittelbare Ausdruck der Ergriffenheit löst den allegorisch objektivierenden Charakter auf; er bleibt clichéhaft wie auch der Wortgebrauch es ist („mit ew'gem Triebe", „da floss / Mir Thrän' um Thräne") und die direkte Anrede („O Vogel...!"). Das ist dann vielleicht die ganz schlichte Erklärung dafür, daß Nietzsche diese Verse nicht mehr in den Anhang zur *Fröhlichen Wissenschaft* aufzunehmen gewagt hat.

Auch Baudelaires Albatros-Gedicht, das die Problematik zu verdeutlichen hilft, ist keineswegs eines der eindrucksvollsten, bestgelungenen Gedichte aus den *Fleurs du mal*: die Allegorie ist überaus deutlich und wird vom Autor auch hervorgehoben, doch sind die Verse um vieles objektiver als die Nietzsches, weil die Allegorie aus einer Situation heraus, nicht aus dem bloß subjektiv proklamierten Bezug entfaltet wird.

Das Gedicht Baudelaires geht von einer ganz allgemein gehaltenen Feststellung aus, einem *on dit*, um daraus die konkrete Situation und schließlich, durch Kontrast, die allegorische Bedeutung zu entwickeln. Es handelt sich um das dritte Gedicht des Baudelaireschen Zyklus, in dem zunächst, also anfangs, von der Rolle des Dichters gehandelt wird.

> Souvent, pour s'amuser, les hommes de l'équipage
> Prennent des albatros, vastes oiseaux des mers,
> Qui suivent, indolents compagnons de voyage,
> Le navire glissant sur les gouffres amers.[13]

Dann wird höchst anschaulich vermittelt, wie die gefangenen Vögel nun plötzlich ungeschickt und plump mit hängenden Flügeln an Bord hocken, schwerfällig und sogar bemitleidenswert:

> A peine les ont-ils déposés sur les planches,
> Que ces rois de l'azur, maladroits et honteux,
> Laissent piteusement leurs grandes ailes blanches
> Comme des avirons traîner à côté d'eux.

Die Matrosen („pour s'amuser") machen sich einen Spaß daraus, die schwerfällig wirkenden Tiere zu ärgern, der eine neckt den Vogel mit seiner Pfeife, der andere ahmt ihn hinkend nach:

Ce voyageur ailé, comme il est gauche et veule!
Lui, naguère si beau, qu'il est comique et laid!
L'un agace son bec avec un brûle–gueule,
L'autre mime, en boitant, l'infirme qui volait!

So geht es auch dem Dichter, heißt es dann, ein wenig zu deutlich:

Le poète est semblable au prince des nuées
Qui hante la tempête et se rit de l'archer;
Exilé sur le sol au milieu des huées,
Ses ailes de géant l'empêchent de marcher.

Dies ist eben der Punkt, den Nietzsche (der das Gedicht noch nicht kannte) verfehlt hat, das gültige Gleichnis im Bild. Er flüchtet stattdessen in die emphatische Anrede.

Es gibt eine fast makellose Übersetzung dieser Verse von Stefan George, doch für das, was hier gezeigt werden soll, mag eine neuere, bescheidenere Version genügen:

Der Albatros

Zuweilen machen sich Matrosen ein Vergnügen
Mit Albatrossen, die, wohin es fährt,
Das Schiff begleiten, sorglos in den Flügen,
Indes das Fahrzeug tiefe Meere quert.

Kaum haben sie an Deck sie eingefangen,
Wie sind die Herrn der Lüfte ungeschickt!
Sie lassen kläglich ihre Schwingen hangen,
Die großen, weißen, fast wie angeflickt.

Wie ist er steif, der sonst so Schwerelose!
Der erst noch schön war, wirkt grotesk und schwach!
Mit seiner Pfeife neckt ihn ein Matrose,
Ein andrer ahmt den Armen hinkend nach.

Der Dichter ist dem Wolkenfürsten ähnlich:
Er lacht des Bogens, trotzt dem Sturm, dem Meer;
Doch hindern dann am Boden, unansehnlich,
Die Flügel seinen Gang und sind zu schwer.[14]

Diese Allegorie hat Nietzsche wohl intendiert, doch hat er sie dann leider nicht gestalten können.

IV.

Es ist von hier ein langer Weg bis hin zu den weitausschwingenden Strophen des Einsamen, der „Aus hohen Bergen" (im Anhang zu *Jenseits von Gut und Böse* als „Nachgesang") singt und, da die Freunde ihn fliehen, zum Freunde Zarathustras wird. Der Gesang endet mit den Strophen:

> *Dies* Lied ist aus, – der Sehnsucht süßer Schrei
> erstarb im Munde:
> ein Zaubrer tat's, der Freund zur rechten Stunde,
> der Mittags-Freund – nein! fragt nicht, wer es sei –
> um Mittag war's, da wurde Eins zu Zwei ...
>
> Nun feiern wir, vereinten Siegs gewiß,
> das Fest der Feste:
> Freund *Zarathustra* kam, der Gast der Gäste!
> Nun lacht die Welt, der grause Vorhang riß,
> die Hochzeit kam für Licht und Finsternis ...[15]

Zarathustra, „Gast der Gäste", ist auch der Herr des Festes, der Freund des Mittags, nachdem die alten Freunde zu Gespenstern geworden; er ist der Freund des Mittags, der die Trennung aufhebt, den Zwiespalt, an dem die Welt leidet, und daher wohl wird Eins zu Zwei: es fällt zusammen. Der „ewige Mittag", mit dem Zarathustra verbunden ist, deutet auf ein Heraustreten aus dem Kreislauf der Zeit: die Sonne steht im Mittag senkrecht, die Gegenstände werfen keinen Schatten, die Stunde steht – und so wird Eins zu Zwei.

Zu den *Liedern des Prinzen Vogelfrei* (im Anhang zur 2. Auflage der *Fröhlichen Wissenschaft*) gehört auch ein kleines, nur sechszeiliges Versgebilde, das gleichfalls den Mittag feiert und die Ankunft oder doch die Erscheinung Zarathustras (der eigentlich nicht erscheint, sondern lediglich vorübergeht). Doch geschieht dies auf eine sonderbare und vollkommen unpathetische, ja unfeierliche Weise:

> *Sils-Maria*
>
> Hier saß ich, wartend, wartend, – doch auf Nichts,
> jenseits von Gut und Böse, bald des Lichts
>
> genießend, bald der Schatten, ganz nur Spiel,
> ganz See, ganz Mittag, ganz Zeit ohne Ziel.
>
> Da, plötzlich, Freundin, wurde Eins zu Zwei –
> – und Zarathustra ging an mir vorbei ...[16]

Man darf von einer ungewöhnlichen Erfahrung sprechen, von einer Entrückung wohl, von der hier die Rede ist, von einem Zen-Erlebnis: der hier wartet, hat sich völlig leer werden lassen, sogar sein Warten ist nun ohne Ziel und Inhalt. Die Gegenstände der Welt sind reine Erscheinungen geworden, es gibt kein Gut, kein Böse mehr, das Spiel von Licht und Schatten herrscht, und der Wartende, ganz inhaltlos und willenlos Gewordene weiß sich eins mit See und Mittag. Er ist eingetreten in einen Zeitlauf, der Ziel und Richtung nicht mehr kennt, also auch kein Zeit-‚lauf' mehr ist, sondern Zeitlosigkeit. Nun kann auch Eins zu Zwei werden; die vertrauliche Anrede an eine Freundin (Lou Salomé?) suggeriert eine gemeinsame Erfahrung oder doch ein gemeinsames Wissen von dieser, vielleicht als Erinnerung an schon Berichtetes. In diesem Stillstand nun quert Zarathustra die Szene, kaum sichtbar, ein Hauch, ein Schatten nur.

Mehr als nur ein Loblied oder ein Erinnern an die erdichtete Zarathustra-Gestalt, lassen diese fast deskriptiven Zeilen eine geistige Erfahrung, eine meditative Entgrenzung ahnen: Beweise lassen sich hier nicht führen, es gibt aber auch andere Gedichte Nietzsches, in denen sich eine ähnliche Ent-rückung andeutet.[17]

Eine andere Art der Auflösung scheinbar fest gezogener Grenzen vollzieht sich in jenem später *Venedig* betitelten Nachlaßgedicht, das Nietzsche selbst in seinem *Ecce homo* noch zitiert und auf das er in einer längeren Prosa-Passage über Musik, wie er sie versteht, hinführt. Es ist dies wohl auch das Lied, das der kranke Nietzsche im Nachtzug von Turin nach Basel als ein „Gondellied" soll vor sich hin gesungen haben und zugleich eines der wenigen vollkommenen Gedichte Nietzsches, völlig objektiv gehalten, modern im Gestus und im Verzicht auf Anrede und Mitteilung. Vielmehr scheinen die im Erinnern heraufbeschworenen Erscheinungen selber zu sprechen. Es mischt sich kein Subjekt mehr ein, die Seele selbst wird Saitenspiel, sie schwingt mit. Nicht Venedig ist der Gegenstand der Verse, sondern die Wahrnehmung eines sich entgrenzenden Subjektes, das nur in den ersten beiden Verszeilen noch festen Halt zu haben scheint. Der Eingang ist wie eine Balustrade; Lichter, Flut, Gesang werden von hier aus wahrgenommen, und der Wahrnehmende verliert sich rasch in dieser Fülle von unaufdringlichen Erscheinungen:

An der Brücke stand
jüngst ich in brauner Nacht.
Fernher kam Gesang:
goldener Tropfen quoll's
über die flimmernde Fläche weg.
Gondeln, Lichter, Musik –
trunken schwamm's in die Dämm'rung hinaus...

Meine Seele, ein Saitenspiel
sang sich, unsichtbar berührt,
heimlich ein Gondellied dazu,
zitternd vor bunter Seligkeit.
– Hörte jemand ihr zu? ...[18]

Die Frage evoziert wiederum, aber nunmehr ohne Emphase, die schmerzliche Einsamkeit, von der Nietzsche auch in seiner Prosa, den späten Vorreden zumal, wiederholt spricht. Ihr gewinnt er noch anderes ab als die Beschwörung der

Zarathustra-Gestalt und die Entgrenzung eines Abends am Meer oder an der Lagune:

Heiterkeit, güldene, komm!
du des Todes
heimlichster, süßester Vorgenuß!
– Lief ich zu rasch meines Wegs?
Jetzt erst, wo der Fuß müde ward,
holt dein Blick mich noch ein,
holt dein *Glück* mich noch ein.[19]

Man darf diese Verse aus den Dionysos-Dithyramben wohl euphorisch nennen: Vorgenuß des Todes ist die hier beschworene, erahnte, ersehnte Heiterkeit. In freien, reimlosen, rythmisch spürbar beschwingten Versen erreicht Nietzsche einen Höhepunkt seiner lyrischen Versuche. So endet diese Sequenz mit den Versen:

Silbern, leicht, ein Fisch
schwimmt nun mein Nachen hinaus ...

Anmerkungen:

1 Das Wort Ergänzung bezieht sich auf das Nachwort zur Ausgabe der Nietzsche-Gedichte im Manesse-Verlag, Zürich 1999, das im Folgenden in mancher Hinsicht ergänzt werden soll.
2 Friedrich Nietzsche: Sämtliche Gedichte, Zürich 1999. Die Sammlung ist freilich insofern nicht vollständig, als viele von Nietzsche selbst ausgeschiedenen Gedichte, Entwürfe aus Briefen und Notizbüchern, jugendliche Fingerübungen nicht sind aufgenommen worden.
3 Friedrich Nietzsche: Sämtliche Gedichte, a. a. O., S. 35
4 ib. S. 47, vgl. auch S. 25
5 ib. S. 61 f.
6 ib. S. 133
7 ib. S. 133 f.
8 ib. S. 86
9 ib. S. 89
10 ib. S. 90
11 ib. S. 95
12 Friedrich Nietzsche: Kritische Studienausgabe, hg. von Giorgio Colli und Mazzino Montinari [KStA], München 1980, Bd. 3, S. 341 f. (Vgl. Anm. 2)
13 Charles Baudelaire: Les Fleurs du mal, zit. nach: Die Blumen des Bösen, Deutsch und Französisch, übertragen von Carl Fischer, Berlin und Neuwied 1955, S. 20
14 Anonym, unveröffentlicht
15 Friedrich Nietzsche: Sämtliche Gedichte, a. a. O., S. 139
16 ib. S. 107; vgl. hierzu die Vorform vom Herbst 1882 unter dem Titel *Portofino* [KStA, 10, S. 107 f.], in der von Zarathustra noch gar nicht, von der später sozusagen erinnerten Entwicklung erst auf sehr vorsichtige und unbestimmte Weise die Rede ist.

17 Vgl. *Das nächtliche Geheimnis* aus den *Idyllen aus Messina* [KStA, 3, S. 340]. Nietzsche hat das Gedicht dann unter dem Titel *Der geheimnisvolle Nachen* im Anhang zur 2. Auflage der *Fröhlichen Wissenschaft* als eines der *Lieder des Prinzen Vogelfrei* veröffentlicht. Hier heißt es:

Eine Stunde, leicht auch zwei,
oder war's ein Jahr? – Da sanken
plötzlich mir Sinn und Gedanken
in ein ew'ges Einerlei,
und ein Abgrund ohne Schwanken
tat sich auf: – da war's vorbei!

Friedrich Nietzsche: Sämtliche Gedichte, a. a. O., S. 101 f.

18 ib. S. 134

19 ib. S. 180

Ingo Starz

„Wie süß, o Traumwelt, schöne!“ Ludwig von Hofmann und die Lauchstädter Goethe-Aufführungen von 1909

I.

Als Harry Graf Kessler 1906 nach seiner Demission als ehrenamtlicher Leiter des Weimarer Museums für Kunst und Kunstgewerbe seinen Traum von einem ‚Neuen Weimar‘ endgültig begraben musste, waren auch seine damit verbundenen Theaterpläne hinfällig.[1] Das Vorhaben, Louise Dumont und ihr Ensemble an Weimar zu binden, war ebenso gescheitert wie die Einflussnahme auf den Weimarer Hoftheaterbetrieb. Die darstellende Kunst als zentraler Aspekt der Ästhetik Kesslers war, von Ansätzen abgesehen, nicht zur Wirkung gelangt. Seine Weggefährten Henry van de Velde und Ludwig von Hofmann, mit denen der Graf u. a. auch die Bühnenkunst stilisieren wollte, wirkten, nun weitgehend ohne dessen engagierte Unterstützung, noch rund ein Jahrzehnt in der thüringischen Residenzstadt. In eben jene Zeit fiel ein Theaterprojekt, das nicht nur eine Referenz an Johann Wolfgang von Goethe und das ‚Klassische Weimar‘ darstellte, sondern auch den erlahmten Weimarer Kunstbestrebungen ein zwar begrenztes, aber traditionsreiches Forum bot. Hofmann und – als Retter in letzter Minute sozusagen – van de Velde fanden im kleinen Theater der Kurstadt Bad Lauchstädt zusammen, um einer Aufführungsserie ihren Stempel aufzudrücken. Gedacht wurde dabei, und das ist wesentlich, des Dichters und des Theatermanns Goethe.

Die unweit Halle gelegene Bühne konnte auf eine ruhmreiche Vergangenheit zurückblicken. In den Jahren zwischen 1791 und 1811 bespielte nämlich das Weimarer Hoftheater unter der Oberdirektion von Goethe in den Sommermonaten mit großem Erfolg das Lauchstädter Haus.[2] Den ersten Auftritten des Weimarer Theaters in der Kurstadt vorausgegangen war die Gründung der Schauspieltruppe durch Herzog Karl August, der den Dichter mit der Oberleitung betraute. Wenige Wochen nach der Eröffnungsvorstellung in Weimar begann am 13. Juni 1791 der Spielbetrieb in Lauchstädt. In den ersten Jahren war es vor allem leichte Kost, die man den Besuchern vorsetzte – Stücke von Iffland, Kotzebue und Hagemeister neben Opern von Dittersdorf und Mozart. Am Ende des Jahrzehnts mehrten sich dann Klassikeraufführungen. Die allmähliche

Heranführung des Publikums an anspruchsvolle Dramen zahlte sich denn auch aus, so dass Goethe 1802 mit Genugtuung feststellen konnte: „Auf einen hohen Grad von Bildung waren schon Bühne und Zuschauer gelangt.“[3]

Der bescheidene Theaterbau in Lauchstädt genügte schon bald nicht mehr den Ansprüchen des Gastspielbetriebs. Darum wandte sich Goethe 1797 an den sächsischen Kurfürsten in Dresden mit dem Ersuchen, ein neues Schauspielhaus zu errichten und die Konzession für den Spielbetrieb zu verlängern. Das Gesuch des Dichters hatte Erfolg und so konnte nach einigem Hin und Her am 26. Juni 1802 das neue Lauchstädter Theater mit Goethes Prolog *Was wir bringen* und Mozarts *Titus* eröffnet werden. Der Entwurf des klassizistischen Theaterbaus, an dessen Konzeption sich der Dichter beteiligt hatte, stammte von Heinrich Gentz, der auch Treppenhaus und Festsaal des Weimarer Schlosses schuf. Bis 1805 kam Goethe im Sommer nach Lauchstädt. Im Jahr seines letzten Aufenthaltes gedachte man in einer Feier des wenige Monate zuvor verstorbenen Dichterfreundes Friedrich Schiller. Neben den drei letzten Akten der *Maria Stuart* wurde die als Melodrama eingerichtete *Glocke* mit einem Prolog Goethes gegeben. Bis zum Ende der Weimarer Gastspiele 1811 sollte der Geheime Hofrat dann nicht wieder nach Lauchstädt zurückkehren.

Die Jahre von 1791-1811 stellen einen einmaligen Höhepunkt in der Lauchstädter Theatergeschichte dar. Für zwei Dezennien konnte die Stadt die künstlerische Entwicklung des deutschen Theaters mitprägen. Joseph von Eichendorff, der als Student in Halle Lauchstädter Aufführungen besuchte, erkannte die Bedeutung des Geschehens: „Diese Truppe war damals in der Tat ein merkwürdiges Phänomen und hatte unter Goethes und Schillers persönlicher Leitung wirklich erreicht, was späterhin andere [...] vergeblich anstrebten, nämlich das Theater zu einer höheren Kunstanstalt und poetischen Schule des Publikums emporzuheben [...], sie hatten, was damals überall fehlte, ein künstlerisches Zusammenspiel.“[4] Wenn man sich nun am Beginn des 20. Jahrhunderts auf Lauchstädts grosse Jahre zurückbesann, dann hatte dies neben der Traditionspflege wohl auch damit zu tun, dass man mit den Mitteln der eigenen Zeit erneut ein „künstlerisches Zusammenspiel“ auf den Weg bringen wollte.

II.

Als rund ein Jahrhundert nach Goethes Ära die preussische Regierung den Abbruch des Lauchstädter Theaters beschloss, regte sich vielerorts in Deutschland Widerstand. 1906 fand sich die rettende Lösung: der Hallenser Bankier Lehmann übernahm die Kosten für die Instandsetzung des Gebäudes, und die Provinzialverwaltung verpflichtete sich ihrerseits, Theater und Kuranlagen förderhin zu erhalten und zu pflegen. Am 13. Juli 1908 wurde die Bühne mit Goethes *Iphigenie* wiedereröffnet und einige Monate später, am 3. Dezember 1908, der Lauchstädter Theater-Verein gegründet.[5] Ihm gehörten namhafte Persönlichkeiten aus Kultur, Politik und Wirtschaft an, im Vorstand war der Hallenser Archäologe und Altphilologe Carl Robert die treibende Kraft. Der Verein, der 1909 seine

Tätigkeit aufnahm, wies neben einem dreiköpfigen Vorstand einen Verwaltungsrat und einen Arbeitsausschuss, dessen Mitglieder sich aus den beiden anderen Gremien rekrutierten, auf. Ludwig von Hofmann und Henry van de Velde gehörten dem Verwaltungsrat an, letzter zusätzlich auch dem Arbeitsausschuss. Die beiden Künstler schieden nach dem Ersten Weltkrieg aus ihren Ämtern aus, der Verein löste sich nach etlichen spielfreien Jahren 1945 auf.

Der für den Sommer 1909 konzipierte Spielplan war wie der des Vorjahres Goethe gewidmet: Angesetzt waren der Prolog *Was wir bringen*, das Fragment *Pandora* und als beinahe ironisch anmutender, das falsche Prophetentum aufs Korn nehmender Schlußpunkt *Satyros oder der vergötterte Waldteufel* (Abb. 1).

Abb. 1 Ludwig von Hofmann, Bühnenbildentwurf zu Johann Wolfgang von Goethes „Satyros oder der vergötterte Waldteufel", (Theater Lauchstädt) 1909, Kohle, Theaterwissenschaftliche Sammlung der Universität Köln

Die Regie der Programmfolge oblag Emil Milan, der an Max Reinhardts Deutschem Theater wirkte. Der Regisseur brachte auch einen Teil der Schauspieler aus der Reichshauptstadt mit. An den Chören der Pandora und den Volksszenen des Satyros beteiligten sich Hallenser Studenten. Einleitend zu den drei Goethe-Werken erklangen vom studentischen Collegium musicum vorgetragene Musikstücke der Barockzeit. Die Bühnenbildentwürfe lieferte der in Weimar tätige Maler Ludwig von Hofmann, der bereits 1906 für eine Aufführung von Maurice Maeterlinks *Aglavaine und Selysette* am Deutschen Theater in Berlin die Ausstattung geschaffen hatte.[6] Dass man sich mit Milan und Hofmann in Lauchstädt erprobten Kräften der darstellenden und bildenden Kunst bediente, lässt den Wunsch der Initiatoren erkennen, das festliche Gedenken an Goethes Wirken in eine der Zeit entsprechende stilkünstlerische Form zu übersetzen.

Ludwig von Hofmann, der die Aufführungen wohl mehr als jeder andere künstlerisch prägte, war denn auch in den vorangehenden Monaten intensiv mit den Vorbereitungen beschäftigt, wie er am 3. April 1909 in einem Brief an Gerhart Hauptmann vermerkt: „Anfang Juni sind die Aufführungen; ich habe mit den Dekorationen, die hier unter meiner Aufsicht gemalt werden müssen, mit Besprechungen, Sitzungen, später mit Proben, Kostümen, Beleuchtung usw. immerhin so viel zu tun, daß ich nicht auf längere Zeit verreisen kann. [...] Es ist doch eine sonderbare Rechnung: diese deutschen ästhetischen Bestrebungen, so erfreulich als Ausdruck von Kunst- und Kulturinteressen, verhindern mich also jetzt, nach Sestri zu fahren, wo ich offenbar nach Deiner Schilderung die herrlichsten Motive und Anregungen finden würde, woraus vielleicht viel bessere Bilder entstehen würden als [...] die Poussinischen Dekorationen für die ‚Pandora'.“[7] Ob Hofmanns Entwürfe durch einen neuerlichen Italienaufenthalt besser geworden wären, läßt sich nicht beantworten, sie hätten vielleicht mehr Realitätsnähe erhalten. In der von Goethe vermittelten Poussinschen Prägung der Landschaft und in der malerischen Auffassung Hofmanns jedenfalls fand die Bühnenästhetik der *Pandora*, dem Herzstück der Aufführungsserie, großen Anklang beim Publikum.

Der Erfolg verdankt sich nicht zuletzt dem beherzten Eingreifen Henry van de Veldes, der im Probenstadium einrichtungs- und beleuchtungstechnische Probleme lösen half, wie aus einem Schreiben Hofmanns an den Architekten vom 17. 6. 1909 hervorgeht: „Hoffentlich sind Ihnen die Lauchstädter Strapazen gut bekommen. Daß Sie sich zuletzt noch so energisch der Dekorationen und der Beleuchtung angenommen haben, kommt mir zugute! und ich habe Ihnen besonders dafür zu danken, denn über die ‚großartigen Bühnenbilder' scheinen die Meinungen allgemein günstig zu sein, während man über die Darstellung sehr verschiedene Dinge hört und viel Bedenkliches!“[8]

Sowenig sich Erfolg oder Misserfolg des Lauchstädter Unternehmens im Detail, wie in Hofmanns Worten angedeutet, noch nachvollziehen lassen, so deutlich ist doch die dahinterstehende Absicht zu erkennen. Mit der Aufführung des Prologs und der beiden Dramen verband der Theaterverein nämlich nicht nur das Ziel, dem Dichtergenie Goethe zu huldigen, sondern er wollte ebenso den Blick auf die kulturellen Erneuerungsbewegungen der eigenen Epoche lenken. Goethes *Was wir bringen*, sein Ideal eines theatralischen Gesamtkunstwerks, und seine in mythische Bilder gekleidete Sprachkunst wurden programmatisch ins Feld geführt: Das ‚Theaterereignis‘ von Lauchstädt sollte sich wiederholen.

III.

Mit *Pandora* griff der Lauchstädter Theaterverein auf ein Drama zurück, das als exemplarisches Werk des reifen Dichters galt. Das Fragment gebliebene Stück handelt von den Brüdern Prometheus und Epimetheus, die mit ihrem Wesen – der erstgenannte ein unermüdlicher Arbeiter, der andere ein künstlerischer Mensch, der sich nicht von der Erinnerung an seine entschwundene Gattin Pandora lösen kann – das Tun und das Denken versinnbildlichen. Die Epimetheus-Tochter Epimeleia liebt den Prometheus-Sohn Phileros, der nach Tötung eines vermeintlichen Rivalen vom Vater dazu verurteilt wird, sich ins Meer zu stürzen. Seine Geliebte läuft daraufhin in das von den Rächern des Ermordeten entfachte Feuer. Die Göttin Eos rettet beide, und die unbedingte Liebe überwindet so die sinnbildhaften Gegenkräfte von Wasser und Feuer. An dieser Stelle bricht das Fragment ab, zur dichterischen Darstellung von Pandoras Wiederkehr ist es nicht mehr gekommen.

Der Dichter stellte seinem Drama eine ausführliche Schilderung des Handlungsortes voran, die Ludwig von Hofmann offensichtlich gründlich gelesen hat. So heisst es bei Goethe: „Der Schauplatz wird im großen Stil nach Poussinischer Weise gedacht. Seite des Prometheus. Zu der Linken des Zuschauers Fels und Gebirg, aus dessen mächtigen Bänken und Massen natürliche und künstliche Höhlen neben- und übereinander gebildet sind [...]. Seite des Epimetheus. Gegenüber zur Rechten ein ernstes Holzgebäude nach ältester Art und Konstruktion, mit Säulen von Baumstämmen [...]. In der Vorhalle sieht man eine Ruhestätte mit Fellen und Teppichen. Neben dem Hauptgebäude, gegen den Hintergrund, kleinere ähnliche Wohnungen mit vielfachen Anstalten von trockenen Mauern, Planken und Hecken, welche auf Befriedung verschiedener Besitztümer deuten; dahinter die Gipfel von Fruchtbäumen, Anzeigen wohlbestellter Gärten."[9]

Einer der beiden bekannten Pandora-Entwürfe Hofmanns (Abb. 2) zeigt eben jene von Goethe beschriebene Szenerie. Von den Höhlen über das Holzgebäude bis hin zu Details der Vorhalle und des Hintergrunds: Die Gestaltung lässt eine deutliche Anlehnung an die Vorgaben des Dichters erkennen. Die im zweiten Entwurf (Abb. 3) erkennbare Hintergrundtopographie – die Übereinstimmungen der beiden Landschaftsebenen sind evident – ähnelt ebenfalls in groben Zügen der Szenenanweisung: „Im Hintergrunde mannigfaltige Flächen, Hügel, Büsche und Haine; ein Fluß, der mit Fällen und Krümmungen nach einer Seebucht fließt, die zunächst von steilen Felsen begrenzt wird. Der Meereshorizont, über den sich Inseln erheben, schließt das Ganze."[10] Wenn Hofmanns Bühnenbildentwürfe bei aller vermeintlichen ‚Werktreue' dennoch nicht nur als gleichsam zeichnerische Umsetzung Goethescher Worte im Geiste Poussins zu gelten vermögen, so verdanken sie dies maßgeblich ihrer bühnenpraktischen Umsetzung. Da Photos fehlen und diese, selbst wenn sie vorhanden wären, ohnehin nur einen farblosen Eindruck wiedergeben könnten, muß an dieser Stelle auf eine Beschreibung der Lauchstädter Aufführung zurückgegriffen werden, die den Bühnenfor-

Abb. 2 Ludwig von Hofmann, Bühnenbildentwurf zu Johann Wolfgang von Goethes „Pandora", (Theater Lauchstädt) 1909, Kohle, Theaterwissenschaftliche Sammlung der Universtität Köln

Abb. 3 Ludwig von Hofmann, Bühnenbildentwurf zu Johann Wolfgang von Goethes „Pandora", (Theater Lauchstädt) 1909, Kohle, Ludwig-von-Hofmann-Archiv, Zürich

men der schwarz-weißen Entwurfszeichnungen gleichsam die notwendige und für Hofmanns Schaffen bedeutsame Farbigkeit zuteil werden lässt.

In den Hamburger Nachrichten vom 7. Juni 1909 konnte man zur Pandora-Aufführung lesen: „Hier sah man das Werk Ludwig von Hofmanns: ein hellbelichtetes, in kleinen hellblau und rot schillernden Wellen zu dem blauen Horizont erstrahlendes Meer, hier der violette Fels, dort die merkwürdig stilisierten, in gelb und hellgrün gemalten Waldlandschaften, die schlanken Bäume mit den reifen gelben Früchten, wie wir sie von vielen Bildwerken Ludwig von Hofmanns kennen. Man sah im Laufe der Handlung die Farben dieser Landschaft wechseln und glaubte in den gleichen Kulissen, die plötzlich brennendrot, dann wieder in den hellsten Farben erstrahlten, neue Bilder Hofmanns zu erkennen. Man sah Figuren auf der Bühne stehen, die eine weißgewandet mit ziegelrotem Überwurf, die andere in dunkleren abgestimmten Farben, man sah die zarte Mädchengestalt der Elpore, die jungen durchsichtigen Glieder in weiße Schleier verhüllt und geriet über den Goetheschen Versen immer wieder in die hellen Traumstimmungen Hofmannscher Bilder."[11]

Blieb Hofmanns Bühnenbild in seinen Umrissen und Details nahe an Goethes Vorstellungen, so wies es mit der intensiven Farbigkeit seiner Einzelformen, an der die Lichtführung van de Veldes fraglos Anteil hatte, über das Maßstäbliche der Weimarer Klassik hinaus. Farbe, Licht und wohl auch die Bewegungsführung der Protagonisten stilisierten das Geschehen, tauchten *Pandora* in neuidealistische Stimmungsbilder und entwarfen so eine Poetik farbiger Formen und Körper: In leuchtenden Tönen wurde die Handlung in Szene gesetzt, den Zeitgenossen als sinnfälliges Äquivalent zum hohen Ton, dem Reichtum an Versarten der Dichtung geltend. Der Ausruf des erwachenden Epimetheus, nachdem ihm im Traum seine Tochter Elpore erschienen war, ähnelt den Reaktionen mancher Zeitgenossen auf Hofmanns Bildfindungen und dürfte dem Empfinden des Lauchstädter Rezensenten nicht fern gewesen sein – hingerissen ruft Epimetheus aus: „Wie süß, o Traumwelt, schöne!"[12]

IV.

In einem Schreiben Gerhart Hauptmanns an Ludwig von Hofmann aus dem Jahr 1924, in dem er ihm für die Übersendung einer illustrierten Illias-Ausgabe dankt, redet der Dichter den befreundeten Maler mit den Worten an: „Du lieber, göttlicher Olympier..." Nicht ganz zufällig erinnern Hauptmanns Worte an die Goetheverehrung seiner Zeit, die in dem Weimarer Dichter mit Vorliebe den ‚Olympier' sehen wollte. Nicht mehr der Dichter des ‚Sturm und Drang' stand nun im Blickpunkt des Interesses, sondern der Schöpfer eines reifen Spätwerks, in dessen Zentrum der *Faust* stand. Goethe wurde in den Jahren nach der Reichsgründung, wie es Karl Robert Mandelkow formulierte, „zur inflationistisch gebrauchten Etikettierung des kulturellen Über-Ichs einer zur politischen Großmacht sich entwickelnden [...] Nation, die ihre gründerzeitliche Hybris auch auf ihr geistiges Erbe, allem voran Goethe, übertrug."[13] Wesentliche Impulse für das gewandelte Interesse an Goethe lieferte das Werk Friedrich Nietzsches, das um 1900 Kultstatus genoß. Im ersten Band von *Menschliches, Allzumenschliches* setzt der Philosoph Goethe in Relation zu den Griechen – ein Vorgehen, das Wirkung zeigen sollte. „Nicht Individuen, sondern mehr oder weniger idealische Masken; keine Wirklichkeit, sondern eine allegorische Allgemeinheit; [...] keine neuen Stoffe und Charakter, sondern die alten, längst gewohnten in immerfort währender Neubeseelung und Umbildung: das ist die Kunst, so wie sie Goethe später verstand, so wie sie die Griechen, ja auch die Franzosen übten.“[14]

Goethes ‚Olympiertum‘, für das Werke wie *Faust II* oder *Pandora*, in denen mythische Muster neu geformt werden, standen, bürgte der Jahrhundertwende für seine ‚Abkunft‘ von der Antike. In ganz ähnlicher Perspektive betrachtete die Epoche auch Ludwig von Hofmann.[15] Seine ‚neuidealistische‘ Kunst wurde, vergleichbar *Faust II*, als Ausdruck eines nach Harmonie strebenden Künstlertums angesehen – Dichtung wie Malerei markierten, so die Meinung, die Versöhnung des Nordens mit dem Süden, führten die deutsche Kultur auf den klassischen Boden zurück. Das 1912 in Auerbachs Keller in Leipzig geschaffene Wandbild des Künstlers, das die Euphorion-Sene aus *Faust II* gestaltet, scheint diese Ansicht gleichsam zu bezeugen. Ein in der traditionsreichen Form des Sonetts abgefaßtes, Hofmann gewidmetes Gedicht Edwin Redslobs huldigt wie kein anderes Textzeugnis diesem Bild einer Klassizität generierenden Italiensehnsucht.[16]

> Wie klangvoll schön und griechischem Geiste nah
> Hob Goethes Sprache sich zur Glanzvollendung
> Im Munde der Pandora, Helena
> Und Euphrosyne; Weimars hohe Sendung
>
> Erfüllt sich uns in Iphigenies Worten.
> Die Sprache wird zum feierlichen Schreiten,
> Purpur und Safran sehn aus Tempelpforten
> Wir über weiße Marmorstufen gleiten. –
>
> Noch einmal bot uns Weimar solch ein Bild:
> Arkadische Freude auf umblühtem Hügel,
> Reitende Knaben, nackt und ohne Bügel.
>
> Dein Werk, Ludwig von Hofmann, glänzt empor,
> Das Helena dem Heute neu beschwor,
> Sinnbild der Schönheit uns, die zeitlos gilt.

Der in Weimar aufgewachsene Kunsthistoriker rückt Hofmann und seinen Anteil am „Neuen Weimar“ denkbar nahe an die Leistungen der Goethezeit. Die Kunst des Malers erscheint dabei, versucht man seine Begriffe werkbezogen zu verstehen, als eine durch Körper und Farbe bestimmte ‚sinnliche Klassik.‘[17] Es überrascht angesichts einer solchen Betrachtungsweise nicht, dass Redslob im Lauchstädter Engagement Hofmanns einen Höhepunkt der Kunstbestrebungen des „Neuen Weimar“ erblickte – waren doch hier Goethe und Hofmann, klassische Sprache und moderne Farbigkeit als Spiegelungen des Mythos vereint. „Ein

Höhepunkt war die Aufführung von Goethes *Pandora* vor einer Bühnendekoration, in der Ludwig von Hofmann, damals in Weimar, den festlich klassischen Charakter seiner Kunst in den Dienst der Bühne stellte. Goethes Bühnendichtung schien eigens für den Rahmen von Lauchstädt geschaffen: die Aufführung wurde der Anlass zu einer neuen Besinnung auf festliche Kunst.«[18]

Als Vertreter einer „festlichen Kunst" galt Hofmann auch Harry Graf Kessler, der ihn 1903 nach Weimar holen ließ und ihn zusammen mit Henry van de Velde zum Schöpfer einer neuen Raumkunst machen wollte. Zum Zusammenwirken zwischen Maler und Architekt kam es jedoch nur einmal, beim 1906 verwirklichten Projekt der Weimarer Museumshalle. Und in eingeschränktem Maße, wenn man so will, in Lauchstädt. Dieses eher unscheinbar anmutende Theaterprojekt von 1909 trägt mehr an Ideen des ‚Neuen Weimar' in sich, als man zunächst vielleicht vermuten würde. Der von Kessler in mannigfachen Raumkonzepten ersonnene (Sakral-)Ort, an dem sich gemeinschaftliches Kunsterleben verwirklichen ließe, war in Lauchstädt momenthaft in die Nähe gerückt. Durch das Zusammenspiel der Künste und die ‚Übersetzungsleistung' Ludwig von Hofmanns sei, so glaubten viele Zeitgenossen, die Voraussetzung dafür geschaffen, daß sich einem Bedürfnis der Epoche folgend, wie es Edwin Redslob formulierte, „die seelische Verbindung des Menschen mit seiner Umgebung, die geheimnisvolle Einheit, welche die Umwelt als Zeugen unserer Stimmungen und Empfindungen belebt [...]"[19], im Moment der Aufführung erfüllen könne. Ob sie sich tatsächlich erfüllte, ist anzuzweifeln. So oder so: Dem Lauchstädter Theaterereignis von 1909 wird damit nichts von seiner Bedeutung genommen.

Anmerkungen:

1 Zu Kesslers Wirken in Weimar vgl. Thomas Föhl: Kunstpolitik und Lebensentwurf, in: Aufstieg und Fall der Moderne. Katalog Weimar 1999, hg. von Rolf Bothe und Thomas Föhl, Ostfildern-Ruit 1999, S. 60-89; d. Verf.: Raum-Muster. Umrisse einer Topologie des Neuen Weimar, in: Die Lebensreform. Entwürfe zur Neugestaltung von Leben und Kunst um 1900. Katalog Darmstadt 2001, hg. von Klaus Wolbert u. a., Darmstadt 2001, S. 465-469.

2 Vgl. zu Goethe und Lauchstädt: Willi Ehrlich: Bad Lauchstädt. Historische Kuranlagen und Goethe-Theater, Bad Lauchstädt [9]1992; allgemeiner: Ulrike Müller-Harang: Das Weimarer Theater zur Zeit Goethes, Weimar 1991

3 Zit. nach: Ehrlich: Bad Lauchstädt (Anm. 2), S. 25.

4 Zit. nach: Ehrlich: Bad Lauchstädt (Anm. 2), S. 22.

5 Eine Darstellung der Lauchstädter Theatergeschichte im frühen 20. Jahrhundert steht noch aus. Die Ausführungen des Verf. stützen sich auf Dokumente, die freundlicherweise von der Museumsabteilung der Historischen Kuranlagen und Goethe-Theater Bad Lauchstädt GmbH zur Verfügung gestellt wurden.

6 Entwürfe Hofmanns zu den Bühnenbildern für Pandora und Satyros befinden sich in der Theaterwissenschaftlichen Sammlung der Universität Köln und im Ludwig-von-Hofmann-Archiv, Zürich. Eine Ausgabe von Goethes Pandora wird Hofmann später mit Holzschnit-

ten illustrieren (erschienen 1923). – Zu den Bühnenbildentwürfen für das Deutsche Theater vgl. Carl Niessen: Max Reinhardt und seine Bühnenbildner, Köln 1958, 25 f.

7 Brief Ludwig von Hofmann an Gerhart Hauptmann vom 3. 4. 1909, zit. nach: Herta Hesse-Frielinghaus (Hg.): Gerhart Hauptmann – Ludwig von Hofmann. Briefwechsel 1894-1944, Bonn 1983, S. 79.

8 Ebd., S. 80, Anm. 2

9 Johann Wolfgang von Goethe: Pandora, in: Goethes Werke, Bd. 5 (Hamburger Ausgabe), München 1998, S. 332 f.

10 Ebd., S. 333

11 Carl Bulcke: Die Festvorstellung in Lauchstädt, in: Hamburger Nachrichten, 7. 6. 1909

12 Goethe: Pandora (wie Anm. 9), S. 345

13 Karl Robert Mandelkow: Goethe im Urteil seiner Kritiker. Dokumente zur Wirkungsgeschichte Goethes in Deutschland, Teil 3, 1870-1918, München 1979, S. XVII

14 Friedrich Nietzsche: Menschliches, Allzumenschliches I, Kritische Studienausgabe, Bd. 2, hg. von Giorgio Colli und Mazzino Montinari, München 1988, S. 184

15 Vgl. auch Franz Servaes: Goethe am Ausgang des Jahrhunderts (1897). Servaes übt am Goethe-Bild der Jahrhundertwende Kritik und weist auf das Trennende der beiden Epochen hin: „Der moderne Mensch [...] ertrüge eine volle Harmonie überhaupt nicht mehr. Er läßt sich ja wohl von einem Ludwig von Hofmann, Stefan George u. a. die idyllische Harmonie des Paradieses in Tönen und Farben heraufzaubern, aber genießen kann er das nur mit jener Sehnsucht, die sich ihrer eigenen Disharmonie und der Disharmonie der Welt bewußt bleibt. Und aus einem sehr verwandten Gefühl heraus sind diese Werke auch geschaffen worden. Sie suchen nach Harmonie und Verklärung – abseits von der Welt der Wirklichkeit, nicht innerhalb jener Welt, wie Goethe sie zu träumen wußte und in seinem Leben zu gestalten suchte." Zit. nach: Mandelkow: Goethe im Urteil seiner Kritiker [wie Anm. 13], S. 288

16 Edwin Redslob: Gestalt und Zeit. Sonette. Begegnungen eines Lebens, München und Wien 1966, S. 38

17 Zur ‚sinnlichen Klassik' im Weimar des frühen 20. Jahrhunderts vgl. Alexandre Kostka: Harry Graf Kesslers Überlegungen zum modernen Kunstwerk im Spiegel des Dialogs mit Henry van de Velde, in: Harry Graf Kessler. Ein Wegbereiter der Moderne. Reihe Litterae Bd. 37, hg. von Gerhard Neumann und Günter Schnitzler, Freiburg i. Br. 1997, S. 161-180

18 Edwin Redslob: Lauchstädt. Ein Tempel der Goethe-Zeit, in: Deutsche Rundschau, 65. Jg., 1939, S. 111

19 Edwin Redslob: Bühne und bildende Kunst in Weimar, in: Weimarer Blätter. Zeitschrift des Deutschen Nationaltheaters, 1919, S. 20. Zur Interpretation des Textes vgl. Ursula Renner: Die Zauberschrift der Bilder. Bildende Kunst in Hofmannsthals Texten. Reihe Litterae Bd. 55, hg. von Gerhard Neumann und Günter Schnitzler, Freiburg i. Br. 2000, S. 469 mit Anm. 22.

Wolfgang Nehring

„Das Unbegreifliche war Leben geworden“ Jugendstil-Perspektiven in der Erzählprosa

I.

In den fünfziger und sechziger Jahren wurde der Jugendstil, ein modernes Dornröschen, aus langem Zauberschlaf geweckt. Museumsbesucher und Sammler, Mode-Designer und Geschäftemacher, Verleger, Kunsthistoriker und Literaturforscher umwarben von neuem die verführerische Schöne. Nicht länger ließ man sich von dem Odium des Leichtsinns, der Oberflächlichkeit und der Sentimentalität, das strenge Richter ihr angehängt hatten, die Bewunderung ihrer Reize verbieten, und viele waren geneigt, bei der Schönheit auch Charakter und Tiefe zu entdecken. – Doch welche Erkenntnis hat die neue Popularität gebracht? Hat der Enthusiasmus in Konsum und Forschung zu einem einheitlichen Bild, zu einer gültigen Neubewertung oder auch nur zu einer plausiblen Definition geführt? Wer das Gewerbe der Kritik kennt, wird auf diese Fragen schwerlich eine positive Antwort erwarten. Das Interesse am Jugendstil wurde zwar neu belebt, aber nach einem Höhenflug bis in die Mitte der achtziger Jahre ist die Forschung „seit etlichen Jahren [wieder] rückläufig“[1], ohne daß die Grenzen und Bedeutungen des Begriffs mehr als vage umrissen wären.[2] Die Beurteilungen gehen weiter auseinander als je. „Will man den Jugendstil dialektisch packen, fließt er davon“, hat man gesagt.[3] „Dennoch ist es nicht angebracht, einen brauchbaren Terminus nur aus diesen Gründen aufzugeben“, stellt Jürg Mathes mit Recht fest.[4] Man spricht heute mit einer gewissen Selbstverständlichkeit vom Jugendstil in den verschiedensten Künsten, aber man resigniert vor seiner Beschreibung. Bevor wir hier versuchen, den Jugendstil in zwei Erzählungen der Jahrhundertwende dingfest zu machen, müssen deshalb die theoretischen Voraussetzungen dieses Unternehmens geklärt werden.

Es ist oft festgestellt worden, daß der Name Jugendstil sich von der Zeitschrift *Jugend* herleitet, die im Jahr 1896 in München begründet wurde. Nur darf man daraus nicht schließen, daß das Geburtsjahr dieses Organs auch den Beginn des Jugendstils bezeichnet. Die Berliner Kunstzeitschrift *Pan*, die nicht weniger wichtig für die Entwicklung dieses Phänomens war, erschien ab 1895, und viele Tendenzen des neuen Stils lassen sich bereits in Kunst und Literatur der frühen neunziger Jahre nachweisen, parallel zum Naturalismus, den man für überwunden erklärte, bevor er noch seine bedeutendsten Werke hervorgebracht hatte. Hofmannsthals „kleine Mädchen, die sehr blaß aussehn [...] und wissen, daß das Leben jetzt aus ihren schlaftrunknen Gliedern still hinüberfließt in Bäum und Gras, und sich matt lächelnd zieren wie eine Heilige, die ihr Blut vergießt", atmen schon 1894 den Zauber des Jugendstils.[5] Und mit Recht sagt Herbert Lehnert, daß die Zeitschrift *Jugend* „Anschluß an eine Bewegung" suchte, „die bereits in vollem Gange war."[6] – Ebensowenig berechtigt die Herkunft des Namens dazu, den Jugendstil als eine spezifisch deutsche Bewegung zu verstehen; denn die gleichen Bestrebungen, die die deutsche Kunstszene verwandelten, haben als internationales Phänomen – mit den verschiedensten Namen, unter denen „Art Nouveau" nur der zukunftsträchtigste werden sollte – von Spanien bis Polen, von England bis Amerika die Welt der Kunst verändert.

Der Titel der Münchner Zeitschrift war ein Programm: Im Namen der Jugend strebte man nach einer Erneuerung der Kunst – und nicht nur der Kunst, sondern des ganzen Lebens. Man wollte sich von den gesellschaftlichen und zivilisatorischen Zwängen befreien und proklamierte eine neue Schlichtheit und Natürlichkeit des Daseins. Der Historismus und die historischen Stilimitationen wurden verworfen: die gotischen Rathäuser und Kirchen ebenso wie die schwülstig-barocken Verwaltungspaläste und Bürgerhausfassaden, die traditonelle Historienmalerei nicht weniger als die klassizistische Literatur. In dieser Absage an Pathos und Stilschwulst der Gründerzeit steht der Jugendstil Seite an Seite mit dem Naturalismus, aber darüber hinaus gehen die Wege der beiden Stile in entgegengesetzte Richtungen. Wo die Naturalisten wissenschafts- und wahrheitsgläubig die soziale Wirklichkeit analysieren und verändern wollen, da vertrauen die Künstler des Jugendstils auf ein unmittelbares dynamisches Lebensgefühl, das alle Bereiche des Lebens durchdringen und in neuer Schönheit vereinigen soll. Sie entdecken für die Kunst die Formen der organischen Natur und suchen im künstlerischen Schaffen einen „zusammengefaßten Lebensausdruck".[7]

Obwohl die Aufbruchsbewegung das ganze Leben regenerieren sollte und von Künstlern aller Professionen getragen wurde, blieb der Begriff Jugendstil lange dem Gebiet der bildenden Kunst vorbehalten. Primär gehörte er sogar nur den angewandten Künsten zu, der Buchkunst, dem Kunstgewerbe, der Innenarchitektur, und erst Richard Hamann hat den Terminus 1914 entschlossen und konsequent auf die Malerei übertragen.[8] Ein puristischer Forscher wie Fritz Schmalenbach sieht noch 1960 in dem Wort „Jugendstilmalerei" die Kombination von zwei an sich nicht zusammengehörigen Bestandteilen, einen Zwitter von Kunstgewerbe und Malerei.[9] Der literarische Jugendstil, das jüngste Kind der Familie, gilt bis heute weithin als illegitimer Sproß.[10]

Worin liegen nun die eigentümlichen Züge, die dem Jugendstil sein visuelles Gepräge geben? „Im Anfang ist das Ornament", hat man mehrfach kategorisch festgestellt.[11] Das Prinzip des Dekorativen und Ornamentalen als asymmetrisches, stets verändertes Dekor beherrscht, wie es heißt, die Kunst. Aber es ist durchaus nicht das Ziel der Künstler, Objekte mit dekorativem Zierat zu schmücken. Das Ornament soll „kein eigenes Leben" haben, sondern der „naturgemäßen Form" des Gegenstandes entsprechen.[12] Der Jugendstil sucht die Gegenstände der Kunst zu stilisieren und ins Ornamentale zu verwandeln, so daß sie letztlich selbst Schönheit und Ornament werden.

Die wichtigsten Mittel der künstlerischen Stilisierung sind die Fläche und die gewundene Linie. Die Fläche bleibt vornehmlich der Malerei und der Graphik vorbehalten. Die Linie aber gehört dem ganzen Gebiet der bildenden Kunst an. Sie kann sich ebensogut als aufgelöstes Haar oder Blumenranke durch die Gemälde Klimts oder Toorops ziehen wie als ‚reine' Linie einem Schreibtisch van de Veldes oder einer Vase Olbrichs Gestalt geben. Die Unterscheidung zwischen einem „floralen" und einem abstrakt-linearen Jugendstil[13] ist von daher zweitrangig; denn beide haben eine ähnliche Ausdruckskraft, und auf diese Wirkung kommt es den Künstlern an. Wenn man dem Jugendstil immer wieder vorwirft, daß die Gegenstände der Kunst gegenüber dem dekorativen Stilisierungswillen entwertet werden, so bleibt dieser Vorwurf an der Oberfläche, solange man sich nicht vergegenwärtigt, daß dekorative Gestalt kein bloß ästhetischer Reiz ist. Niemand wird behaupten, daß in Klimts Bildern *Der Kuß* oder *Die Erfüllung* die verschlungenen Linien und die die Figuren durchstrahlenden Ornamente zu Lasten der gegenständlichen Aussage gehen. Das dekorative Element steigert vielmehr den Gehalt. Die Künstler der Jahrhundertwende waren sich der psychologischen Wirkung ihrer ästhetischen Mittel durchaus bewußt. „Aufsteigende Formen erwecken andere Gefühle als absteigende", konstatiert der Architekt August Endell.[14] Die geschwungene Linie des Jugendstils hat eine expressive Kraft. Sie ist Symbol für die alles durchdringende Dynamik des Lebens, die man feierte. Ebenso kann man, wie Wolfdietrich Rasch gezeigt hat, die Flächigkeit der Malerei als Ausdruck des Wunsches deuten, die räumliche Isolierung der Dinge zu durchbrechen und die Einheit des Lebendigen sichtbar zu machen. „Die Maler der neunziger Jahre," schreibt Rasch[15], „bekennen sich zwar zur Dekoration, aber sie tun das als Symbolisten." Daß natürlich die Prinzipien des Jugendstils auch verflachen können, wenn das Ornament sich verselbständigt und die seelische Dimension zur oberflächlichen Routine abflaut, ist unbestritten. Gerade weil der Jugendstil das gesamte Leben erfassen wollte, war er dieser Gefahr besonders ausgesetzt.

Über die Zugehörigkeit einzelner Künstler zum Art Nouveau besteht keine Einigkeit: ob man wegen ihrer flächigen Darstellung die gewöhnlich als Neoimpressionisten bezeichneten Seurat und Denis oder den Meister plakathafter Stilisierung Toulouse-Lautrec für den Jugendstil in Anspruch nehmen darf, ob wegen seiner expressiven Liniengestaltung Edvard Munch als Gipfel des Art Nouveau gelten kann und van Gogh oder Gauguin zumindest in die Randzone dieses Stils gehören, bleibt umstritten. Am weitesten hat Hans H. Hofstätter in seiner *Geschichte der europäischen Jugendstilmalerei* den Rahmen gesteckt, indem er alle Stilkünstler und Symbolisten der Epoche einschließt.[16] Eine derartige Erweiterung des Begriffs käme natürlich einer radikalen Neubewertung des Jugendstils gleich; denn so bescheiden man das Werk der deutschen Graphiker Otto Eckmann, Paul Behrens und Heinrich Vogeler oder der Maler Ferdinand Hodler, Ludwig von Hofmann und selbst Gustav Klimts einschätzen mag – die genannten internationalen ‚Repräsentanten' des Jugendstils lassen sich nicht abtun und relativieren. Im geistesgeschichtlich-literarischen Bereich hat Herbert Lehnert ein noch umfassenderes Konzept vertreten und alle Autoren zwischen Nietzsches *Zarathustra* und dem Tode Brechts unter den Leitbegriff ‚Jugendstil' subsumiert,[17] ohne daß dieser Versuch freilich Zustimmung oder Nachfolge gefunden hätte.

Doch was rechtfertigt überhaupt die Praxis, von einem literarischen Jugendstil zu sprechen? Lassen sich in der Literatur wirklich Prinzipien ausmachen, die so genau mit dem bildnerischen Art Nouveau korrespondieren, daß wir sie ohne Skrupel mit demselben Begriff bezeichnen dürfen? Denn nur wo wirkliche Entsprechungen bestehen, scheinen solche Übertragungen von einem Bereich auf den anderen sinnvoll. Die Jugendstil-Forschung hat verschiedene Ansätze verfolgt, die mit unterschiedlichem Erfolg auf relevante Gemeinsamkeiten hinzielten.

Vom gesellschaftlichen Aspekt her attackieren (im doppelten Sinn!) Jost Hermand und in seiner Nachfolge Dominik Jost und andere das Thema:[18] Der bildnerische und der literarische Jugendstil dienen – nach diesem Konzept – dem unpolitischen und konservativen Bürgertum der Wilhelminischen Epoche als Flucht in die Welt des schönen Scheins. Beide entspringen denselben kulturpolitischen Voraussetzungen und entsprechen sich daher in einer Fülle von Motiven. Was eine solche Betrachtung freilich schuldig bleibt, das ist die Abgrenzung des Jugendstils vom Impressionismus und anderen Strömungen, die von der gleichen gesellschaftlichen Schicht getragen wurden. Das Spezifische des Art Nouveau kommt kaum in den Blick. – Wolfdietrich Rasch leitet nach älteren Hinweisen von Dolf Sternberger und Robert Schmutzler[19] den Jugendstil aus dem Zusammenhang des von Nietzsche initiierten Lebenskults der Jahrhundertwende her. Während sich die Formelemente des bildnerischen Jugendstils seiner Meinung nach in sprachlichen Texten kaum aufweisen lassen, sind die gemeinsamen „Sinnbezüge" und „Weltkonzeptionen" unübersehbar. Das Jugendpathos ist ein Lebenspathos, das nach einer „universalen Einheit" strebt, „von der das individuelle Lebewesen nur ein Teil und Glied ist."[20] Hier wird zweifellos ein zentrales gemeinsames Konzept zwischen Kunst und Literatur der Epoche aufgezeigt, aber einerseits reicht der Lebenskult über die Grenzen des Jugendstils weit hinaus, andererseits fragt es sich, ob man über ein so allgemeines inhaltliches Prinzip nicht hinauskommen kann und ob fruchtbare formale Vergleiche zwischen den Künsten nicht doch möglich sind.

Eine relativ einfache und beliebte Methode,[21] Beziehungen zwischen Poesie und bildender Kunst zu dokumentieren, ist der Motivvergleich. In Bildern und Gedichten, in den Objekten des Kunstgewerbes und in lyrischen Dramen oder

Erzählungen leben oft die gleichen Figuren, weben die gleichen Naturerscheinungen und leuchten die gleichen Gegenstände hervor. Die sinnlich-erotischen und die zart-gebrechlichen Frauengestalten der Malerei locken auch in der Literatur; die Fülle ihres Haars schlingt sich durch Bild und Vers. Ströme, Wellen, Wasserpflanzen, Schwäne fließen, ranken und kreisen hier wie dort; kostbare Schmuckgegenstände und Gewänder strahlen sternenhaft aus dem Kunstwerk. Die Gleichheit der Motive und Bildvorstellungen ist keineswegs etwas Äußerlich-Triviales, Nebensächliches, wie rigorose Stilforscher uns manchmal glauben machen möchten.[22] Nur wo tiefe und echte Gemeinsamkeit besteht, finden sich so spezifische motivliche Korrespondenzen. Dennoch genügt auch der Motivvergleich nicht, um den literarischen Jugendstil als Entsprechung zur bildenden Kunst überzeugend zu etablieren.

Neben der gesellschaftlichen Basis, neben der Weltkonzeption, neben den einzelnen Motiven müssen sich auch gemeinsame stilistische Strukturen aufweisen lassen, wenn die Übernahme des Begriffs von dem einen Bereich in den anderen befriedigen soll. Findet sich die künstlerische Stilisierung der Realität zu einer neuen ornamental-expressiven Wirklichkeit nicht auch in der Literatur? – Es ist kein Zufall, daß die meisten Bemühungen um den literarischen Jugendstil von der Lyrik ausgehen.[23] Während in der Prosa die Sprache vornehmlich Mitteilungsfunktion hat und weitgehend auf äußere Realität verweist, scheint die lyrische Sprache in höherem Maß geeignet, Gegenstände in Kunst zu verwandeln. Sie kann selbst die Gestalt annehmen von dem, was sie beschwört und untrennbar mit dem Gehalt eins werden. Die Kürze des lyrischen Werks bewahrt die poetische Wirklichkeit vor dem Einbruch der Außenwelt. In der Prosa treten Jugendstilelemente häufig isoliert auf, ohne die Gesamtstruktur auszumachen. Ein Gedicht ist eher eine in sich abgeschlossene Welt – wie ein Bild; Gedichte der Jahrhundertwende sind vorwiegend als ganze durchstilisiert und ornamentalisiert.

Welche Mittel sind nun aber geeignet, die stilisierende Funktion zu übernehmen, die den Elementen von Fläche und Linie im bildnerischen Jugendstil zukommt? Volker Klotz hat die Sprachstruktur einiger Gedichte Stadlers untersucht und diese mit Bildelementen deutscher Jugendstilmaler verglichen. Ihm ist als einem der ersten unter den neueren Forschern[24] aufgefallen, daß das Wort ‚Gebärde' ein „Grundwort des Jugendstils“ ist. Nun befindet er jedoch, daß dieses Wort ein „sichtbares Tun“ bezeichnet, „dessen Zweck vor dem Wie erlischt.“[25] Und mit dieser Beschreibung sowie mit der Ablenkung auf die „Entaktivierung der Tätigkeitswörter“ als Basis der Gebärde bringt er sich um die beste Konsequenz seiner Beobachtung. Die Gebärde in der Kunst der Jahrhundertwende ist mehr als alles andere die Konzentration eines seelischen Gehalts in einer großen Bewegung. Die Kuß-Darstellungen Klimts, Munchs und Rodins sind bezeichnend dafür, ebenso Hofmannsthals Gedicht *Die Beiden,* das die ganze seelische Spannung der Begegnung zweier junger Menschen in der Gebärde des Becher-Reichens und -Nehmens versammelt. Die Gebärde ist die Stilisierung eines komplizierten Vorgangs in eine einfache, unmittelbar wirksame Form. Sie hat etwas „Generisches, Gattungshaftes, also allgemein Menschliches" an sich.[26] Sie entspricht damit genau der Funktion der Linie im bildnerischen Jugendstil. Schon Henry van de Velde hatte schwärmerisch von dieser Entsprechung geredet: „Linien – übertragene Gebärden – das ist das Wunder!"[27] Man hat von dem linearen Schwung des Jugendstils gesagt, daß die Bewegung „gerinnt" und „stockt", alles scheint „von einem Zauber gebannt"[28]; in noch höherem Maße gilt dies von der Gebärde, in der sich Bewegung und Ruhe vereinigen.

Das Phänomen der Fläche scheint sich zunächst jedem Vergleich mit der Literatur zu entziehen. Wie sollte die Zweidimensionalität sich als literarisches Strukturprinzip erweisen? Die meisten Forscher schweigen zu diesem Problem. Nur Edelgard Hajek versucht, das Dilemma zu lösen, indem sie streng methodisch nach Lessing feststellt, daß die Malerei es mit Körpern zu tun habe, die im Raum stehen, während die Dichtung Handlung gestalte, die sich in der Zeit abspielt. Daraus ergibt sich für sie, daß man den Raum in der bildenden Kunst bzw. die Reduktion des Raums in der Jugendstil-Malerei grundsätzlich nicht mit der Raumbehandlung in der Dichtung vergleichen könne. Vielmehr „entspricht die Zeit in der Dichtung dem Raum in der Malerei"[29], und bildnerische Raumlosigkeit oder Flächenhaftigkeit stellt sich in der Literatur als Zeitlosigkeit dar. So bestechend konsequent diese Theorie erscheint, so wenig zuverlässig bewährt sie sich in der praktischen Anwendung. Wenn die Verfasserin Schnitzlers *Leutnant Gustl* wegen der Auflösung der Zeitabläufe im inneren Monolog als Modellfall einer Jugendstil-Erzählung in Anspruch nimmt, so widerstreitet diese Zuordnung allen Vorstellungen vom Jugendstil.[30] Der Flächigkeit der Jugendstil-Malerei scheint in der Dichtung ein noch allgemeineres Prinzip zu entsprechen als die Zeitlosigkeit, nämlich der Verzicht auf allen figuralen Individualismus. Wie die Fläche die räumliche Isolierung aufhebt und – nach Rasch – die Einheit des Lebendigen betont, so wirken fehlende Raumtiefe, fehlender gesellschaftlicher Hintergrund, die fehlende historische Dimension entindividualisierend und generalisierend. Die bevorzugten Jugendstil-Gestalten sind Figuren (meist *ein* Mann und *eine* Frau), die ohne Beziehung zur äußeren Realität ganz dem Bann eines großen Erlebnisses erliegen.

Mit dieser Beschreibung nähert sich die Untersuchung bereits den Texten, die als Beispiel für den erzählerischen Jugendstil ausgewählt wurden. Nur ein Problem, das sich aus dem Bisherigen ergibt, ist noch zu klären, bevor die Erzählungen selbst in den Blick kommen: Verschiedene Kriterien des Jugendstils gehören diesem nicht ausschließlich zu, sondern verweisen auf Symbolismus, Ästhetizismus und Neuromantik, ja vielleicht sogar auf den Impressionismus. – Die Beziehung zum Symbolismus ist sicher am engsten. Beide Stilrichtungen haben die Tendenz, eigene künstlerische Wirklichkeiten jenseits der normalen Realität zu schaffen, und greifen dabei häufig auf die gleichen Motive zurück. Nur geht die symbolische Verfremdung ins Dunkle, Dissonante und Abnorme im Symbolismus wesentlich weiter als im Art Nouveau. Der Jugendstil ist in seinen Hauptströmungen lebensbejahender und idealistisch-optimistischer, gewiß auch illusionistischer als der Symbolismus. Dolf Sternberger spricht von der „Tag- und Nachtseite" ein und derselben Sache und von der „Vermenschlichung der Natur" im Jugendstil und der „Denaturisierung des Menschen" im Symbolismus.[31] Das wichtigste unterscheidende Merkmal ist aber die besondere Form der Stilisierung, die dem Jugendstil eignet, das Flächig-Lineare und seine literarische Korrespondenz. – Ästhetizismus ist keine selbständige Stilrichtung, sondern der Name für einen ausgeprägten Kunst- und Schönheitskult, der sich ebenso bei symbolistisch wie bei jugendstilhaft orientierten Künstlern und Kunst-Liebhabern der Epoche findet. – Der Begriff der Neuromantik hat sich nicht bewährt und wurde mit Recht aus dem Verkehr gezogen, weil die meisten Werke, die man früher dafür in Anspruch nahm, sehr wenig mit der eigentlichen Romantik zu tun haben. Wenn man als ‚neuromantisch' eine wirklichkeitsferne, idealisierende Kunst versteht, so steht diese Tendenz dem Jugendstil sicher nahe, und manche Werke, die als neuromantisch galten, wären dem Jugendstil zuzuordnen. Aber wichtigstes Kriterium für eine solche Zuordnung bleibt die spezifische Gestaltungsweise.

Mit dem Impressionismus hat der Jugendstil an sich am wenigsten zu tun, da der Impressionismus auf Unmittelbarkeit der Darstellung aus ist, der Jugendstil aber stilisieren und verwandeln will. Selbst die Aufhebung der Zeit im Impressionismus und im Jugendstil ist ganz unterschiedlicher Natur: Die impressionistischen Künstler wollen den flüchtigen Augenblick einfangen, die Jugendstil-Künstler suchen das aus dem Zeitfluß herausgehobene, das Dasein in sich versammelnde große Erlebnis. Dennoch hat Jost Hermand sicher recht, wenn er beobachtet, daß die Wirkung impressionistischer und jugendstilhafter Kunst sich oft ähnelt: die „flüchtigen Andeutungen des Impressionismus"[32] und die verschlungenen Linien und ornamentalen Reize des Jugendstils entziehen sich gleichermaßen dem schlichten rationalen Wirklichkeitsverständnis. Außerdem können natürlich impressionistische Stilmittel neben jugendstilhaften Elementen auftreten und dem dekorativen Stil dienstbar gemacht werden. – Die Stilkunst um 1900 ist ein reiches und verzweigtes Gebiet. Überschneidungen zwischen verschiedenen Bewegungen sind häufig, aber die Fülle der Tendenzen und ihre wechselseitige Beeinflussung nötigen nicht zur Kapitulation. Sinnvolle Ordnungsprinzipien und stilistische Unterscheidungen bleiben wünschenswert und möglich.

II.

Die beiden Erzählungen, die nun analysiert und verglichen werden, zeigen exemplarisch, daß die Prinzipien des literarischen Jugendstils nicht auf die Lyrik und das lyrische Drama beschränkt sind, sondern ganze Erzählzusammenhänge durchdringen können. An der Prosa, die ursprünglich eher jugendstilfern erscheint, lassen sich die Leistungen und die Grenzen dieser Stilisierungskunst sogar besonders einleuchtend nachweisen.

Heinrich Manns Erzählung *Das Wunderbare* erschien in der Zeitschrift *Pan* im Jahre 1896, illustriert mit einer Graphik des Art Nouveau-Künstlers Ludwig von Hofmann. Es ist die frühste Erzählung, die der Autor, leicht überarbeitet, in seine *Gesammelten Werke* von 1917 aufgenommen hat, eine atmosphärisch dichte Arbeit, obgleich zahlreiche persönliche Eindrücke und eine große Anzahl literarischer und künstlerischer Anregungen der symbolistischen Schule in sie eingegangen sind. Lange blieb die Novelle von der Forschung unbeachtet. Erst im Jahr 1969 veröffentlichte Lea Ritter-Santini einen Aufsatz, der die Quellen und geistesgeschichtlichen Zusammenhänge sachkundig erhellt und die Unterschiede der beiden Fassungen herausarbeitet.[33] Für Ritter-Santini steht die Erzählung ganz im Zusammenhang der symbolistischen Tradition; die Verfasserin sieht die Handlung als „Verkleidung" und „Verrätselung" von einer hintergründigen Absicht, die auf „Heilung des Blasierten [des Helden Siegmund Rohde] [...] mit den Mitteln einer echten Mystik" zielt. An anderer Stelle meint sie freilich, die Erzählung sei „nicht die Geschichte eines echten mystischen Erlebnisses [...] vielmehr eine Allegorie der Kunst in allen ihren Formen."[34] Jugendstilhaftes wird höchstens gelegentlich gestreift. Gar nicht berücksichtigt wird die Novelle auffälligerweise in dem Buch von Rudolf Walter über Nietzsche, den Jugendstil und Heinrich Mann.[35] Seit der kurzen Würdigung durch Jürg Mathes im Nachwort zu seiner Anthologie *Prosa des Jugendstils*[36] ist die Beziehung des Textes zum Jugendstil Gemeinplatz geworden, aber eine eigentliche Analyse des Jugendstil-Charakters der Erzählung liegt nicht vor.[37]

Der Titel der Geschichte verweist auf ein erhöhtes Dasein jenseits der bürgerlichen Normalität, einen idealen Zustand, der nicht nur in der Kunst erstrebt, sondern ebenso in der innigen Gemeinschaft mit Menschen und Dingen ersehnt wird – „das, was man nicht kennt und woran man nicht glaubt in der bürgerlichen Gewöhnlichkeit, [...] das Ferne, Sinnlose, ganz Unmögliche, bloß Geträumte, dessen man sich, auch wenn man es erlebt hat, nur wie an einen Traum erinnert" (13).[38] Dieses Wunderbare findet der Held in der Begegnung mit einer geheimnisvollen Frau in einem abgelegenen Bergtal irgendwo in Oberitalien. Die Erzählung beginnt aber nicht mit diesem Abenteuer, sondern sie setzt mit einer Rahmenhandlung ein. In dem Rahmen erscheint Siegmund Rohde als bürgerlich erfolgreicher Rechtsanwalt, Stadtrat und Familienvater, der alle seine Träume von der Kunst und dem „Dienst des Ideals" abgelegt hat. Die bürgerliche Welt scheint über die dekadent-schöne Jugendstilwelt zu triumphieren. Das „Wunderbare" ist im Leben dieses Mannes eine Episode geblieben.

Dennoch enthält auch der bürgerliche Rahmen verschiedene Jugendstilelemente. Der Ich-Erzähler, der den Helden nach vielen Jahren besucht, erinnert sich an den „sinnenden Knaben von damals, mit den halblangen Haaren, den weichen, etwas mädchenhaften Bewegungen" (9/10), eine androgyne Gestalt, wie sie die Künstler des Art Nouveau lieben. Und auch die Gegenwart entbehrt nicht der stilvollen Beziehung auf die Jugendstilkultur. Rohde wohnt in einem „freundlichen weißen Haus", das sich aus einem „parkähnlichen Garten" hervorhebt (10), geradezu eine bescheidene Variante des weißen Hauses, in dem er den märchenhaften Sommer erlebte. Die Zimmer verraten mit ihren „Schmuckgegenständen" und Kunstwerken einen „feineren Geschmack". Die Gattin ist keine würdige Matrone, wie der Erzähler erwartet hat, sondern gefällt durch die „graziöse Gelassenheit ihrer Bewegungen" (10), und auch Rohde selbst ist „nicht formlos" (11) geworden. Die Personen und ihre Umwelt passen in vollkommener Harmonie zueinander; eins ist Ausdruck des anderen, ganz wie es dem Ideal der Architekten und Dekorationskünstler des Jugendstils entspricht.

Als die Freunde abends im „Schatten hoher, kühl hauchender Blattpflanzen" ihre Erinnerungen austauschen, während die „weiche Luft der Sommernacht" hereinzieht und „die harten Unterschiede von Licht und Schatten [...] dem Garten eine ungeahnte Ausdehnung"(12) geben, da schlingt sich auch die „bescheidene mattgefärbte Winde", das landschaftliche Leitmotiv der Binnenerzählung, durch einen offenen Bogen in dieses jugendstilhafte Tableau und bringt die Atmosphäre des „Wunderbaren" unmittelbar in den Rahmen. Es ist für die Maler des Jugendstils charakteristisch, daß sich ihre dekorativen Motive oft in den Bildrahmen fortsetzen. Die Funktion des Rahmens ist nicht mehr nur, hervorzuheben, zu begrenzen und abzuschließen, sondern zugleich, Verbindung zu schaffen zwischen Bild und Umwelt. So steht auch in Heinrich Manns Novelle der Rahmen nicht in strengen Kontrast zu der Welt des Wunderbaren, sondern ist innig mit ihr verbunden. Siegmund Rohde spricht über sein Erlebnis nicht mit der gleichgültigen Distanz des Bürgers, sondern mit „verdeckter Erregung"(13). Als Ich-Erzähler der Binnengeschichte taucht er fast widerstandslos in die Vergangenheit ein, und nur selten kommt in einer Frage oder einer Betrachtung die Perspektive der Gegenwart ins Spiel.[39]

Lebt das Wunderbare etwa noch in dem Helden, und ist seine praktisch-bürgerliche Tätigkeit nur eine Fassade, hinter der eine geheime Sehnsucht zehrt? Welche Funktion kommt dem Abenteuer in der Gegenwart zu? „Man muß das Wunderbare nicht zum Alltäglichen machen"(13), belehrt Rohde seinen Schulfreund. Das praktische Leben und das ‚höhere Dasein' sind für ihn zwei Bereiche, die aneinander angrenzen mögen, die sich aber keineswegs durch Schwärmerei oder eifriges Künstlertum vereinigen lassen. Er sagt von sich selbst, die genauen Konturen seiner traumhaften Begegnung seien ihm aus dem Gedächtnis geschwunden und nur ein starker „Widerschein" ist in der Seele geblieben. „Das Unbegreifliche war Leben geworden" (38) – damals; aber dadurch, daß die Ruhelosigkeit und Sehnsucht seines Wesens in diesem Zauber einmal ihre Erfüllung gefunden haben, kann er in der Gegenwart ohne sehnsüchtige Faszination daran zurückdenken. Es erscheint ihm „besser, ein einziges Mal träumend von seinem vollen Schein getroffen zu sein, als die andere Art, wie ihr andern den gemeinsamen Idealen unserer Jugend näherzukommen sucht. Ihr ringt und hastet, und hier und da erhascht ihr einen Fetzen des Ideals, der euren prüfenden Händen gleich wieder entfliegt, ohne daß ihr je dahin gelangtet, ganz zu können, ganz zu verstehen oder ganz zu vergessen" (38/9). Der Autor konfrontiert uns mit dem

Paradox, daß die erfüllte Begegnung mit dem Unbegreiflichen den Helden frei macht für das praktische Leben, ihn versöhnt mit einer Existenz, die er früher verabscheut hatte. Rohde gewinnt nicht nur tiefere Einsicht in das höhere Dasein als „die andern", sondern auch ein lebendigeres Verhältnis zur gewöhnlichen Welt.

Die Ausgrenzung des Wunderbaren aus dem Alltäglichen entwertet es demnach nicht. Gerade dadurch, daß es als Sonderzustand herausgehoben wird, erhält es die Auszeichnung, die ihm einen überirdischen Glanz verleiht. Allerdings fehlt dieser Darstellung der optimistisch-lebensreformerische Aspekt, der dem Jugendstil sonst meist eignet, – die Trennung von erhöhter und alltäglicher Existenz wurzelt noch im symbolistischen Geist, aus dem sich der dunklere, dekadente Seitenstrom des Jugendstils speist.

Die Binnenerzählung steht ganz im Zeichen des großen Gefühlserlebnisses, das für die Jugendstilkunst so charakteristisch ist. Im Erlebnis konzentriert sich die Essenz des Lebens. Es bedeutet die Initiation in eine neue oder intensivere Welt und hat geradezu einen sakralen Rang. Religiöse Bilder und Motive geben ihm seine Weihe.

Doch was ist die Voraussetzung dieses Erlebnisses? Rohde ist zwar jung, aber ein müder, kranker, vom Leben enttäuschter Mensch, als ihm die Begegnung zuteil wird. Dennoch erscheint sein Zustand nicht einfach als Krankheit, die als Abwesenheit von Gesundheit der Heilung bedarf, sondern er enthält die Bedingung der Möglichkeit dessen, was mit ihm geschieht. Sein physisches Leiden setzt ihn unmittelbar in ein Verhältnis zu der leidenden Frau, die er trifft. Seine seelische Unbefriedigtheit, sein Ungenügen an der Realität macht ihn offen für das besondere Ereignis; denn hinter der äußeren Desillusionierung und Stumpfheit des Empfindens verbirgt sich eine unterdrückte Sehnsucht. „Es war, als suchte ich etwas Fremdes, das ich ahnte und nicht fand" (15). Er muß seiner Umgebung, den Menschen und den normalen Lebensfunktionen fremd werden, um sich dem ‚ganz anderen' mit solcher Ausschließlichkeit hingeben zu können. Es ist eine weltferne Idylle, in die er gerät, eines der Jugendstil-Paradiese, abgelöst von der trivialen Wirklichkeit, in der nur ein Geist zu leben scheint, der Geist der sterbenden Herrin der weißen Villa. Wie Rohde in diesen Geist eingeht, wie er mit dem vegetativen Leben dieses Wesens zusammenwächst, das macht das einzige Geschehen der Erzählung aus.

Richard Hamann beschreibt den typischen Jugendstil-Charakter der Bilder Ludwig von Hofmanns folgendermaßen: „Diese entfalten asymmetrisch ein feines, verschlungenes Ast- und Blattwerk, das sich in irrationalen Kurven rollt und windet, hier verschwindet und dort wieder auftaucht und in beständigem Fluß bleibt, ohne Anfang und Ende."[40] Diese Beschreibung könnte unmittelbar auf die Szenerie des *Wunderbaren* zielen. Der Schauplatz ist ein kleines, abgelegenes Tal mit einem See und einer reichen Vegetation, wo sich alle Motive des floralen Jugendstils vereinigen. Ein mit Schlingpflanzen überwachsener Pfad schmiegt sich zwischen Fels und Wasserfläche, „verworrenes Gestrüpp" (16) zieht sich bis ins Wasser, und Schilf und Seerosen wachsen aus der feuchten Tiefe. Blühende Akazien neigen sich über den See und „tropfen“ (18) ihre Blütenblätter hinab. Vor allem aber rankt sich die Winde als „lebender Blütenkranz“ (16) über das Ganze. „Sie windet sich, zahllos zwischen stillem Grün, im weiten Bogen über den blauen See. Am Ufer schlingt sie sich fort, den Fels hinan inmitten roter Büsche, und umstrickt mit ihren blassen Armen droben das weiße Haus. Die Marmorterrassen leuchten unter dem straffgespannten Blau des Himmels, wie roter Edelstein flimmern die Granatblüten, der See erglänzt diamantklar. Aber mild und mäßigend legt sich über all die Helligkeit der Schleier der Blüten, deren Weiß einen Hauch aller Farben in sich trägt.“ (13)

Es ist sicher nicht die emblematische Bedeutung der Winde als „Symbol der Demut“[41], die ihre leitmotivische Funktion in der Erzählung bestimmt. Auch „das Dekorative und Ornamentale“ dieser Pflanze reicht nicht hin, ihr Auftreten zu erklären. Zwar entsprechen das Verschlungene, Lineare ihrer Bewegung sowie das aus dem Grün hervorleuchtende Weiß der Blüten genau den typischen Formen des Jugendstils. Aber mit diesem Dekor verbindet sich eine Funktion, die über das rein Ornamentale hinausgeht. Die Winde ist das Element und das poetische Mittel, das die verschiedensten Details, den See und das Haus, die Personen und die Dinge, die Formen und die Farben zur schönen Einheit, zu einem einzigen arabesken Teppich verknüpft. Wenn die geheimnisvolle Fremde von einem „Windenzweig, der die Säule umschlang,“ liebkosend umglitten wird (25), so ist dies Ausdruck der tiefen Gemeinschaft zwischen der Frau und ihrer Umwelt. Das Naturhaft-Dekorative und das Seelische fließen zu einem harmonischen Gesamtgefühl zusammen. Das Wort ‚fließen‘ ist auch das häufigste Verb, um die vegetative Bewegung in der Landschaft und die flüchtige Grazie der Frau zu charakterisieren.

Die weiße Villa, die sich am Bergrand erhebt, hat zwei Ansichten, die beide mit dem Art Nouveau harmonieren. Einerseits ist sie von rokokohaften Amoren und Engeln belebt, die in Gruppen musizieren, hinter Muscheln und „schlanken Säulen“ hervorlugen und an die Reigentänze des bildnerischen Jugendstils erinnern. Hier herrscht Heiterkeit und Festlichkeit. Das Leben scheint zum anmutigen Kunstwerk stilisiert: „Auf dem Tische standen silberne Vasen und Südseemuscheln, gefüllt mit ausgewählten Blumen, deren Farben mit denen der Früchte, ja mit denen der aufgetragenen Speisen zusammengestimmt waren.“ (29) Andererseits sind die Räume mit dunklem Holz getäfelt, scharfe Kontraste verfremden die Lebensfülle zu tiefem Ernst, die schmale gotische Hauskapelle erweckt eine eher unheimliche Stimmung, und dunkle Zypressen kontrastieren mit der Blütenpracht. – Das üppige Wachstum der Vegetation zieht den Helden in eine Art Zauberbann; die Bewegung ist ziellos, nicht auf- oder mitreißend, sondern umschlingend, gefangennehmend. In den schlanken, totenhaften Zypressen kommt sie zur Erstarrung. Leichtigkeit und Schwere, Heiterkeit und Ernst, Leben und Sterben stehen in der Geschichte zunächst gegeneinander, und der Held ist von ihrem Kontrast verwirrt. Doch allmählich durchdringen sie einander, um sich schließlich in der Gestalt der sterbenden Frau zu vereinigen. Die landschaftlichen Elemente treten im Fortschreiten des Erzählens immer mehr zurück, und alles Leben, alles Geheimnis wächst unmittelbar als inneres Erlebnis aus der Beziehung zu der Geliebten.

Die Herrin der Villa und des Tales ist eine der typischen überzarten und zerbrechlichen Gestalten, wie sie die Maler des Art Nouveau lieben, rührend in ihrer Mädchenhaftigkeit, unsinnlich und doch von ergreifender seelisch-erotischer Ausstrahlungskraft. Die innige Nähe zum See, von dem sie träumt, wie schön es wäre, „zu denken, daß man immerfort darin hinabsteigen würde, ohne einen Boden zu finden – unendlich" (21), verbindet sie mit den beliebten Seejungfrauen, Najaden und Undinen, die als ursprüngliche, zauberhafte Wesen auserwählte Männer in ihren Bann ziehen.[42] Jedenfalls ist sie ein erlesenes Geschöpf, das der normalen irdischen Welt entzogen scheint und traumhaft in sich selbst beschlossen ist. Als Rohde sie zum ersten Mal erblickt, wie sie mit leichtem Ruderschlag ihr schlankes Boot durch das „grüne Reich" regiert, empfindet er sie als „die Seele der Landschaft selbst" (19), die sich ihm offenbart. Die Jugendstil-Landschaft will nicht reines Ornament sein. Sie ist im Sinne der Symbolisten ein Seelenzustand. Deshalb wirkt der „schwermütige Reiz des Verwunschenen" so stark auf den Helden, und er fühlt sich von einer tiefen Sympathie ergriffen. Die weiße, durchsonnte Frauengestalt erscheint ihm gleichsam als Prinzessin, in deren Wesen sich die Atmosphäre der Landschaft konzentriert, und von der sie ihr eigentliches Leben erhält.

Das Äußere der Gestalt wird jugendstilhaft linear beschrieben mit „im Sonnenduft verschwimmenden Konturen", mit „weichen Bewegungen schlanker Arme", einer „reizenden Neigung des zarten Körpers" (19). Auf der „schneeigen Blässe" ihrer Hände „zeichnete sich ein Gewebe feiner blauer Adern ab" (20), verräterisch wie die feine Ader Gabriele Klöterjahns in Thomas Manns *Tristan*. Und der kraftlose Ausdruck dieser Hände und des Profils wird noch – ebenso dekorativ wie bedeutungsvoll auf das Ungesunde hinweisend – unterstrichen durch die „zu roten Lippen" und die immer wieder erwähnten „weit geöffneten Augen" (28), die so durchscheinend sind, daß sie weniger zu sehen als einen Blick in die Seele zu öffnen scheinen. Dolf Sternberger nennt die Frauengestalten des Holländers Toorop „Seelentraumfiguren."[43] Besser läßt sich auch die weibliche Gestalt dieser Erzählung nicht beschreiben.

Eine soche Traumfigur bedarf nicht der realistischen Festlegung in Raum und Zeit. Der Erzähler weiß nicht, wer seine Gastgeberin ist, woher sie stammt und wie sie in diese Einsamkeit gekommen ist. Erst spät erfährt er ihren Namen Lydia – darüber hinaus nichts. Sie hat weder eine Vorgeschichte noch einen sozialen oder psychologischen Hintergrund. Alle Dimensionen, die das augenblickliche Erlebnis überschreiten, alles Historische oder Kausale ist abgestreift. Ja, selbst der unmittelbar gegenwärtige Raum und die unmittelbar gegenwärtige Zeit scheinen sich zu entwirklichen: „Obwohl der Raum, in dem wir uns bewegten, im Grunde nur klein war, schien es doch nicht anders, als wandelten wir,

Seite an Seite, in unendliche Weiten fort. Ich hatte das Gefühl für Raum und Zeit verloren in dem namenlosen Zauber ihrer Gegenwart.“ (28) In der Nähe dieser Frau ist alles zeitlose Gegenwart. Niemand fragt darüber hinaus; Rohde selbst geht seiner Vergangenheit verlustig. Diese Entrückung der Figuren aus allen umgreifenden Zusammenhängen, dieses Einswerden, das völlige Aufgehen in dem einen Erlebnis, sind die genaue Entsprechung zu der flächenhaften Gestaltung in der Malerei – nicht zu verwechseln mit Oberflächigkeit, die sich mit solcher Darstellung verbinden kann, aber nicht muß.

So wenig das Leben Lydias in weitere Zusammenhänge gestellt ist, so wenig scheint es an „alltägliche Lebensbedingungen“ (28) geknüpft. Von den normalen Lebensbedürfnissen ist fast nie die Rede. „Formen, Farben und Düfte, alles was sie umgab, hauchte mit einem einzigen Atem eine Schönheit aus, von der sie mehr als von Speise und Trank unterhalten schien.“ (29) Und wenn sie einmal gewöhnliche Verrichtungen tut, so verwandeln sich diese in stilisierte Schönheit. Das Geld, das sie ihrem Diener zur Wirtschaft gibt, rieselt golden „durch ihre weißen Finger über den grau-blauen Stahl“ und wird zum „Farbenspiel“ (29). Wenn sie sich fortbewegt, ist es, als wenn „sie mit geschlossenen Füßen über einen Blumenteppich schwebe, auf dem ihr Schritt keine einzige Blüte geknickt zurücklasse.“ (22)

Das Zauberhafte dieser Erscheinung, indem sich das „Wunderbare“ der ganzen Erzählung konzentriert, wird verschiedentlich durch die Beziehung auf die Kunst erhöht. Nicht nur, daß die Geliebte von Kunstwerken umgeben ist, sie selbst wird zum Kunstgegenstand, wenn „ihr Bild [...] im Rahmen eines offenen Fensters erschien, vom sonnigen Blättergrün und Himmelsblau zart abgehoben.“ (29) Natur und Kunst sind in dieser Welt keine Gegensätze mehr, sondern gehen die innigste Verbindung ein. – Dazu kommt noch die sakrale Dimension. Manchmal erinnert das glanzlose Licht, das als „leiser Schimmer“ von ihrem Haar ausfließt, den Erzähler an das Bild einer Madonna, „in dessen leidenden Reiz ich mich einst versenkt hatte.“ (30) Und er ist bereit, dieser ‚Heiligen‘ alle seine Liebe, seine Verehrung und sein Leben zu weihen. Den Höhepunkt dieser Entwicklung bildet die Szene, in der er Lydia, Gebete flüsternd, vor dem Christusbild in der Hauskapelle findet. Ihr Körper ist fast zur leblosen Sache entwertet, beziehungsweise ganz zur Seele geworden. Und nun spielt sich ein dramatisches seelisches Geschehen in einer einzigen Gebärde ab. Die „nervöse Kraft“ (33) der Krankheit oder die sehnsüchtige Seele der Frau hebt mit überirdischer Anstrengung zuerst die mageren Arme, dann den ganzen Körper, aufwärtsstrebend, aufschwebend, dem Haupt der Christusgestalt entgegen. Einen Augenblick scheint sie in mystischer Ekstase die Schwerkraft zu überwinden, aber der stumme Blick des Erlösers wirft sie zurück.

Die Beziehung der beiden Hauptfiguren besteht in einer fortschreitenden Annäherung, einem geheimnisvollen Einswerden der Seelen und über die Seelen hinaus auch der körperlichen Funktionen. Von Anfang an herrscht zwischen ihnen eine selbstverständliche Vertrautheit. Als Rohde die wunderbare Erscheinung zum ersten Mal erblickt, ist er nicht überrascht; denn „ich hatte sie erwartet." (19) Kein Moment der Verlegenheit entsteht. Eine unaffektierte Gelassenheit, „als fühlte sie sich unbeobachtet" (20) oder hätte seine Nachbarschaft völlig vergessen, geht von ihr aus und greift als „Strom träumerischer, einlullender Empfindung" (20) auf ihn über. Wenn Lydia in rätselhaften Chiffren spricht, so findet Rohde sich ohne Schwierigkeit darin zurecht: „Waren ihre Worte ungewöhnlich? Mich wunderten sie nicht." (21) Die beiden bedürfen kaum der Rede. Selten reicht ihr Dialog über mehr als einige kurze Sätze hinaus. Ein wortloses Sich-Verstehen, ein vertrautes Schweigen wie zwischen alten Freunden ersetzt alles Sprechen. Auf Rohdes Frage, nach einer langen Fiebererkrankung: „Du hast alles gehört, was ich gesprochen habe, alle diese Nächte?" ist die Antwort: „Nichts. Aber ich weiß alles. Sei still!" (35)

An die Stelle der Worte, die doch immer etwas Äußerliches, Unpersönliches an sich haben, treten häufig Gesten und Gebärden, die intimer Spiegel der Persönlichkeit sind und in konzentrierter Form das Seelische enthalten. Die Gebärde der Musik kann tiefere Harmonie enthalten als alle Töne. In Lydias stummem Musizieren wird die Kunst verinnerlicht. Es ist nicht unbedingt auffällig, daß die Kranke, mit ihren schlanken Fingern über die Noten gleitend, die Lippen kaum bewegend, stumme Melodien singt, aber umso mehr, daß der Zuhörer, ihr schräg gegenübersitzend und keineswegs mitlesend, die Tonreihen des „rätselhaften, fatalistischen" (27) Lieds lauschend erkennt und den Zusammenhang der Musik mit dem Leben der Frau und der sie umgebenden Landschaft begreift: „Da meinte ich plötzlich in den Notenlinien ein Gewirr schlanker Zweige zu erkennen, und ihre Finger, die darüber hinglitten, hefteten blasse Blüten daran. Die feinen Ranken des Schlinggewächses legten sich um mich her, um all mein Wesen, fester und fester, einschmeichelnd und erstickend. Und ich mochte ihnen nicht wehren. Es tat so wohl, ihre schwächende Umarmung zu erleiden." (27) Rohde ist hier nicht etwa abgelenkt von der Musik, sondern er geht tief auf sie ein. Lydias stummer Gesang und die alles umschlingende Winde vereinigen sich in dem Zauber, der ihn umstrickt.

Von vornherein kommt, wie bereits angedeutet, der Krankheit der beiden Hauptfiguren eine verbindende Funktion zu. Die Mutlosigkeit und Kraftlosigkeit der leidenden Frau üben eine geheime Faszination auf Rohde aus und sensibilisieren seinen eigenen „kaum genesenen Körper." (25) Ihre suggestive Frage nach seinem Befinden läßt ihn „fühlen, daß ich blaß und leidend sei." (26) Es ist nicht Mitleid, *misericordia*, was die beiden verbindet, sondern unmittelbares Mitleiden, *sym-pathia.* Als der Erzähler spürt, daß sie eine Sterbende ist, da trauert er nicht um sie, da sucht er sie nicht am Leben zu halten, sondern möchte ihr Sterben und ihren Tod einholen. „Es war unmöglich, ihr nicht zu folgen. Ich war krank und sterbend gleich ihr. Ich wollte es sein." (31) Lydias Krankheit und Sterben erscheinen nicht grauenvoll, sondern sie sind ein Hinschwinden in Schönheit, ein erhöhter Zustand, eine Verwandlung des Körpers in schwerelosen Geist. Und Rohde sucht die vollkommene Vereinigung mit diesem Zustand.

„Unmöglich war es, daß ich sie auch nur um eine einzige Sekunde überlebte. Lebte ich doch nur von ihrer Seele und ganz eingeschlossen in den Rätseln ihres Wesens, die für mich keine waren. Ich kannte sie, weil ich mit ihr eins war. Wie hätten die getrennten Körper in der letzten Stunde unsere Vereinigung lösen können." (31/2)

Identifikation mit dem anderen, Aufheben der Individualitat, Zusammenschmelzen des Getrennten: von Ich und Du, von Mensch und Pflanze, von Leben und Tod – diese traumhaften Ideale der arabesken Jugendstilkunst vereinigen sich zu einem eindrucksvollen Finale. Als Lydia mit der Anspannung ihrer ganzen Seele zu dem stummen Christus aufschwebt, da fleht, fürchtet und hofft Rohde mit ihr „in ihrer Seele" (33), und als sie in Vergeblichkeit aus der Höhe hinabstürzt, da sinkt auch er „ohne Widerstreben [...] ins Leere."(34) Die Fieberphantasien, in die er nach diesem Erlebnis fällt, sind ein einziger Ausdruck seiner Sehnsucht, mit ihr im All zu verschweben. Sie enden in der Sicherheit, „daß endlich, dennoch, die Trennung unserer Körper besiegt sei, daß sie nun ganz mein Traum geworden und ich der ihre und daß wir fortan ohne Furcht und sicheren Schrittes miteinander in die Unendlichkeit wandelten."(35)

Die Beziehung zwischen Rohde und Lydia ist die Liebe eines Kranken zu einer Sterbenden. Es liegt eine dekadente Faszination über dieser Begegnung. Ist das nicht mehr makabrer Symbolismus als jugendstilhaftes schönes Leben? Man kann wohl irre werden. Der Begriff des Lebens im Jugendstil muß aber weit gefaßt werden wie um die ganze Jahrhundertwende. Er zielt, wie Wolfdietrich Rasch gezeigt hat, keineswegs auf „kraftstrotzende Vitalität und überschäumende Lebenslust."[44] Das Leben erscheint vielmehr als eine Totalität, die in ekstatischer oder mystischer Entgrenzung erfahren wird. Es gilt, über die Beschränkung des Einzelwesens hinauszukommen, um ein Ganzes zu erfahren, das undefinierbar bleibt, aber die höchste Intensität besitzt. Diese allgemeine und weite Lebenserfahrung kann durchaus das Todeserlebnis einschließen. Der Tod kann für die Zeitgenossen, wie aus Hofmannsthals berühmtem Dramolett *Der Tor und der Tod* oder aus seinem dramatischen Gedicht *Idylle* abzulesen ist, eine dionysische Lebensqualität besitzen, die dem normalen Leben versagt ist. Die Entkörperlichung der Liebenden, die Auflösung der Individualität, der Wunsch, sich gemeinsam im Unendlichen zu verlieren, in Heinrich Manns Erzählung harmonieren voll mit dem Lebensgefühl des Jugendstils und der ganzen Epoche.

So stimmen die individuell motivlichen, die allgemein geistigen und die stilistischen Züge bis zum Höhepunkt der Novelle harmonisch zusammen. Erst der Hinweis auf „das Letzte, Häßliche" des Sterbens (36) und der Gedanke der vorübergehenden Trennung bringen etwas Störendes, Fremdes in die Atmosphäre. Wie kommt der Autor zu diesem unerwartet Widerständigen? Mir scheint dieses befremdliche Element primär erzählerisch bedingt. Um nicht ein Prosagedicht zu schreiben, das ganz aus einem Gefühl lebt, um eine Erzählperspektive zu gewinnen und eine abgerundete epische Geschichte oder Novelle zu erzählen, muß der Autor die geschlossene Atmosphäre und die zeitlose Welt aufbrechen, muß er auf das gemeinsame Ende verzichten. Der Held wird abrupt in die äußere Wirklichkeit entlassen, in der sich die Intensität des Erlebnisses verliert. Zwar schwingt die Erinnerung aus dem bürgerlichen Leben zurück in die Welt des Wunderbaren, zwar spiegelt sich der „Widerschein" des Erlebnisses noch in der Seele, aber das unmittelbare jugendstilhafte Lebensgefühl verwandelt sich letztlich doch in ästhetisierenden Jugendstil: Es bleibt ein schönes Bild in einem kunstvollen Rahmen.

III.

Ernst Hardt (1876-1947), der heute wenig bekannte Lyriker, Dramatiker und Erzähler in der Tradition Georges und des jungen Hofmannsthal hat 1902 eine erfolgreiche Novelle *An den Toren des Lebens* veröffentlicht[45], die ebenso deutlich dem Jugendstil zugehört wie die Erzählung *Das Wunderbare*, obwohl Raum und Handlung weit weniger esoterisch und realitätsfern erscheinen als in Manns Geschichte. Das Grundmodell ist ähnlich: im Mittelpunkt steht das jugendstilhafte besondere ‚Erlebnis' – die Begegnung eines jungen Mannes mit einer faszinierend schönen Frau, durch die ihm ein nie gekanntes, wunderbares Sein erschlossen wird. Aber diese Begegnung spielt sich nicht in der Einsamkeit eines entlegenen Bergtals ab, sondern in einem gut besuchten Seebad, das an der deutschen Ostseeküste zu liegen scheint. So muß sich die Leidenschaft der beiden Hauptfiguren vor fünfundneunzig Philistern entfalten, die mit den Liebenden die Hoteltafel teilen und das Einverständnis mit Neid, hämischen Blicken und böser Nachrede verfolgen, zumal die Geliebte keine märchenhafte Prinzessin oder Seejungfrau ist, sondern die gar nicht so gut beleumundete Schauspielerin Ella Gordon aus der Hauptstadt. Aus diesem Milieuunterschied, aus der Einbeziehung der entgegenstehenden Realität folgt, daß die Atmosphäre in Hardts Novelle weniger dicht und weniger verzaubert ist als bei Heinrich Mann und daß der Dichter besondere stilistische Astrengungen unternehmen muß, um die Höhe zu gewährleisten, die sein Thema fordert.

Aber nicht nur die soziale Umwelt unterscheidet die Erlebnisstrukturen der beiden Erzählungen, sondern ebenso der Geist des Lebens, der in ihnen wirkt. Während sich im *Wunderbaren* die Intensität des Lebens, die Entgrenzung des beschränkten Ichs im Einswerden mit dem Leiden und Vergehen einer Sterbenden offenbarte, atmet Hardts Erzählung einen stürmischen Lebensoptimismus. Ella Gordon ist eine Göttin der Schönheit, eine Frau, die Begehren erweckt und begehrt, und Günther von Schadow, der neunzehnjährige Held der Erzählung, ist in der Schönheit, Kraft und Spontaneität seiner Jugend ihr ebenbürtig. Seelische und sinnlich-körperliche Vereinigung verschmelzen hier rauschhaft zur Einheit. Die beiden Novellen und besonders die Frauenbilder repräsentieren die zwei Seiten des Jugendstils: die Faszination durch das Zerbrechlich-Zarte, Geheimnisvolle, Sinnlich-Spirituelle und die Begeisterung für das Vitale, Naturhaft-Starke, das sich rücksichtslos verwirklichen will und muß. Während Heinrich Manns Lydia an die Figuren des vom Symbolismus herkommenden Maler Toorop erinnert, weisen Hardts Gestalten auf die etwas seichten Glanzgestalten eines Fidus (Hugo Höppner).

Die Gestalt der Erzählung ist vornehmlich von zwei Elementen bestimmt: dem Kontrast zwischen den Trivialmenschen und den erlebnistiefen Helden einerseits und von der Erhöhung der Liebesbegegnung durch die gewaltige Naturkulisse des Meeres und der Nacht andererseits. – Die soziale Umwelt in dem Badeort besteht aus Angehörigen des höheren Bürgertums und der Aristokratie. Nur wenige Personen werden herausgehoben: ein etwas kümmerlicher Steuerbeamter aus Ostpreußen; der unbeholfene, glatzköpfige Rittergutsbesitzer Herr von Schweinitz; die bösartige Generalin von Prittwitz. Günter von Schadow mit seinem perfekten Adelsnamen und dem untadeligen Äußeren gehört in den oberen Bereich des gesellschaftlichen Spektrums. Ella Gordon, die Schauspielerin, gilt dagegen als sozial minderwertig, soweit die gesellschaftlichen Vorurteile und Normen reichen. Aber wie belanglos diese Normen sind, macht der Dichter durch die ästhetische Gegenüberstellung deutlich. Während Ellas Eintritt in das Gasthaus als ein Ereignis empfunden wird, vor dem man den Atem anhält und vor dem jedes Gespräch stockt, während die Macht ihrer Schönheit und ihrer Persönlichkeit „einige Minuten lang" den „Saal vollkommen beherrscht" (6), sind die meisten Badegäste nur häßlich und ordinär: der „kleine kugelrunde" Steuerbeamte, der sich aufbläst „wie eine rote Jahrmarktspfeife" (27), aber ängstlich kuscht, wenn er zur Rede gestellt wird, der lächerliche Herr von Schweinitz mit dem „dümmsten Gesicht", das Ella „jemals gesehen" hat (13), ein „blondbärtiger Herr, der mit einer dicken kurzhalsigen Frau und sechs kurzhalsigen Kindern"(25) strafend auf Günther herabsieht. Die ästhetische Unvollkommenheit dieser Personen ist zeichenhafter Ausdruck der inneren Unzulänglichkeit. Der Dichter beschreibt die Alltagswelt nicht, sondern er karikiert sie – mit dem geringsten Aufwand an Details. Sein Lieblingskontrast ist der zwischen dem jungen leidenschaftlichen Liebespaar und dem komischen Gespann, das der um Ella bemühte Herr von Schweinitz und die ihm freundlich gewogene „Bulldogge", Ellas Begleiterin, bilden.

Aber der ästhetische Vergleich reicht nicht aus, den Gegensatz zwischen den wahrhaft adligen Liebenden und der bürgerlich-aristokratischen Plebs zu definieren. In der Mitte der Erzählung findet sich eine mehrseitige Passage, die ganz der Bloßstellung der verlogenen sozialen Moral gewidmet ist. Weil sie selbst nicht stark empfinden und erleben können, weil sie selbst nur freche und schmutzige Absichten haben, – aus Neid, Begehrlichkeit und Frustration entrüsten sich die „kleinen moralischen Tierchen" (29) über die Beziehung zwischen Ella und Günther. Während sie sich von den eigenen Jugendsünden und Affären mit Geldheiraten losgekauft haben, erheben sie sich über Günthers ‚unmoralische' Beziehung zu einer Frau, die schon durch ihren Stand diskreditiert ist. Die verlogene Moral zeigt das Versagen der Trivialmenschen vor dem eigentlichen Leben.

Nur zwei Figuren sind von dieser Verurteilung ausgenommen: zwei Freunde, die mit wohlwollender Anteilnahme die Entwicklung der Leidenschaft und mit Amüsiertheit die Entrüstung der ‚Moralisten' verfolgen. Sie beobachten und kommentieren das Geschehen, das sich vor ihren Augen abspielt. Sie sind es, die Günther über das Unmoralische der gesellschaftlichen Moral aufklären. Darüber hinaus haben sie keine Funktion für die Handlung. Sie dienen nur als Räsonneure, die dem Autor ermöglichen, seine eigenen Ansichten auszusprechen, ohne die leidenschaftlichen Hauptfiguren mit zu viel Räsonnement zu belasten. Nicht zufällig zitieren die beiden Verse aus Hofmannsthals *Tod des Tizian:*

> Von Wesen, die die Schönheit nicht erkennen
> Und Ihre Welt mit unsern Worten nennen ...
> Denn unsre Wonne oder unsre Pein
> Hat mit der ihren nur das Wort gemein ... (34)

Verse, an denen sich um die Jahrhundertwende die besonderen Menschen mit dem erlesenen Sinn für die Schönheit des Lebens erkannten.

Die beiden Hauptgestalten sind jugendstilhaft ins Schlichte, Flächige und Allgemeine stilisiert. In ihnen begegnen sich weniger zwei einmalige Individuen als zwei Prinzipien: der jugendliche Mann, der voller unbestimmter Möglichkeiten offen und erwartungsvoll den Erfahrungen des Lebens entgegensieht, und die sinnlich-schöne Frau, in der sich die Lebensfülle konkretisiert. Wie die Figuren Heinrich Manns stehen auch Ella und Günther weder in einem sozialen noch in einem psychologischen Umfeld, das ihre Begegnung bestimmte. Von Günthers Vorgeschichte erfährt der Leser außer seinem Namen und seinem Alter schlichtweg nichts; er ist reine Potenz, die sich aktualisieren will. Die vierundzwanzigjährige Ella Gordon hat zwar eine Vergangenheit – die Jugendstil-Künstler lieben erotisch schillernde Frauen: ein früherer Liebhaber tritt „dunkelgekleidet", mit „männlichem ernsten Gesicht [...] und wie von einem Gram beladen"(4) in die Erzählung ein, von einem weiteren, der an Ella zugrunde gegangen sein soll, ist zumindest die Rede –, aber entscheidend bleibt, daß diese Vergangenheit keine Macht hat, weder über Günther noch über sie. Mögen die Menschen ihrer Umgebung munkeln und hecheln in heimlicher Erregung, Günther begreift die „ringende Keuschheit" (40) der Geliebten und läßt sich nicht irremachen.

In der Begegnung der Liebenden ist Ella ebenso unschuldig wie der Jüngling. Beide sind spontane, unverbildete Natur, die vorbehaltlos die Schönheit des Lebens und der Liebe erfahren. Die Erlebnisfähigkeit, die Intensität ihres Lebensgefühls ist ihre eigentliche Auszeichnung jenseits ihrer körperlichen Vorzüge. Sie spüren mehr als die anderen, sie sind tiefer mit der sie umgebenden Landschaft verbunden – das Wogen des Meeres und die Leidenschaft ihres Blutes verschlingen sich zu einer einzigen starken Bewegung. Das überraschte Sich-Entdecken, das allmähliche Miteinander-Vertrautwerden, die erwachende Zärtlichkeit, das ungewisse Bangen und Leiden umeinander und das volle Bewußtsein des Zusammengehörens bis zur eigentlichen Hingabe entwickeln sich aus einer inneren Notwendigkeit. Da sind weder Laune noch Willkür im Spiel, sondern da rollt ein elementar naturhaftes Ereignis ab, über das die Beteiligten selbst keine Kontrolle haben.

„Dieses alles ist ganz von selbst zwischen uns geschehen [...] es geschah einfach", träumt Günther vor dem Spiegel (22). „Wir werden alles dieses nun nie mehr verstehen", sinniert Ella (42). „Wir wissen alles dieses nicht", befinden beide gemeinsam (43). Die Kategorie des Nichtverstehens durchzieht in zahlreichen Variationen die ganze Erzählung. Dieses Nichtverstehen ist nicht negativ, bedeutet nicht Entfremdung, Kommunikationslosigkeit oder gar Einsamkeit, sondern ist Ausdruck der Unmittelbarkeit der Empfindung, der Ursprünglichkeit, der Hingabe an die lebendige Realität. Leben und Liebe sind keine rationale Rechenaufgabe, sondern ein unbegreifliches, faszinierendes Wunder, das man nur in spontanem Erleben erfährt. Günther, der ursprünglich ergründen möchte, was zwischen ihnen vorgeht: „wir m ü s s e n es verstehen" (40), lernt, seinen intellektuellen Eifer abzulegen und die Irrationalität des Lebensgefühls fraglos zu akzeptieren.

Aus der Unbegreiflichkeit des Lebens folgt auch der Verzicht auf große Dialoge. Die Liebenden gehen äußerst sparsam mit Worten um: „Sie sprachen nicht mehr, denn alles lag jenseits der Worte." (42) Dolf Sternberger hat das gemeinsame Schweigen als typische Geste des Jugendstil-Menschen erkannt: „Miteinander zu schweigen und auf das Strömen des Blutes zu lauschen wird zum tieferen Tun der Liebenden."[46] Wenn die beiden aber sprechen, so reden sie gern ohne Syntax, in Andeutungen oder in vielsagenden Hieroglyphen: „Und ich danke dir, danke dir, Günther! Ich habe alles gefühlt. Es braust und tost in mir wie das Meer. Unser Meer. Ich kann nichts sagen. Es ist so viel!" (22) Das Erlebnis transzendiert alle Worte, und die wenigen Sätze, die ausgetauscht werden, suchen bedeutungsschwer die Fülle und die Rätselhaftigkeit des Daseins mehr ahnen zu lassen als auszudrücken. „Du hast eine Seele, durch die das Leben geht!" versichert Ella dem Geliebten (41), ein Wort, das mehr Sinnbild oder große Gebärde, Sprachgebärde, darstellt als eine sachlich begreifbare Aussage.

Noch häufiger als in Heinrich Manns *Das Wunderbare* übernehmen sinnlich-körperliche Gesten und Gebärden die Funktion von psychologischen Erörterungen und Beschreibungen. Wenn Ella, statt zu reden, das Gesicht an die Brust des Geliebten drückt oder bei anderer Gelegenheit seine Warnung: „spiel nicht mit mir" damit beantwortet, daß sie ihn plötzlich „wild und schnell auf seine Augen, auf seinen Mund, auf seine Stirn" küßt, dann seinen Kopf beugt, ihm einen Kuß „lang und weich mitten aufs Haar" drückt und das Zimmer verläßt (37), so liegt in diesen Gesten eine größere Wirkung als in verbalen Versicherungen. Die Gebärdensprache ist eine stilisierte, vereinfachte, konzentrierte Ausdrucksform, die Seelisches visuell mitteilt statt intellektuell. Sie wirkt eindeutig in ihrer schlanken, linearen Bewegung und ist zugleich vieldeutig in ihrer Unergründlichkeit.

Die religiöse Dimension der Liebesbeziehung leuchtet auf, wenn Günther niederkniet und die „große Schönheit" (22) von Meer und Geliebter beschwört oder wenn er kniend gleichsam Nietzsches Frage nach dem in seine Seele greifenden unbekannten Gott wiederholt: „Ella, wer, wer bist du?" (38) Eine Verbindung des religiösen Motivs einer Schutzmantelmadonna mit typisch zeitgenössischer Erotik scheint in einer anderen Gebärde zu liegen: „Ella löste ihre Haare und legte sie um ihn und hielt ihn fest daran. Sie schmiegten sich dicht aneinander."(41) Wenig später wird Günther diesem Haar in voller Jugendstil-Metaphorik nachträumen: „Deine Haare – ich lege sie über mich, deine Haare, diese wellenden warmen wogenden Haare, eine ganze Flut, – tief meinen Kopf hinein, tief, – ein Blumengarten sind deine Haare, oder ein Sommerwald – hörst du die Vögel – die vielen Vögel! O Klang, du! [...] und Lust und Traum in deinen Haaren, die ganze Welt und der Himmel und Sterne, ein ganzes Bündel!" (44) Das sinnlich verführerische Haar der Geliebten wird assoziativ und bildlich bis ins Kosmische erhöht.

Die Bildsprache der Erzählung ist nicht selten pathetisch und preziös. Was immer wieder, und oft zu Unrecht, gegen den Jugendstil geltend gemacht wird, daß er Dekorationskunst sei, daß das Prinzip des Ornamentalen die jeweilige Funktion und Bedeutung überwuchere, ist hier nicht immer vermieden. Eine Fülle von Metaphern und Wie-Vergleichen schmückt das innere Geschehen, und die bildliche Redeweise ist sichtlich darauf angelegt, dem Erzählten Rang, Würde und den Reiz des Exklusiven zu geben. Nicht umsonst werden gegen Ende der Erzählung „Fürstengeschichten" (46) vergleichend bemüht. – Der Autor bevorzugt einerseits Bilder von Stahl und Eisen, von Feuer und Wasser, andererseits, seltener, die anmutigeren Varianten von Flora und Tanz. Die Traurigkeit des verlassenen Liebhabers wird „für einen Augenblick zu Stahl" (7). „Das Meer sah dunkel aus wie flüssiges, aber kaltes Eisen." (15) Von den aneinander geschmiegten Liebenden heißt es: „Wie ein See und ein Himmel lagen ihre Augen und ihre Seelen übereinander und ineinander." (18/9) Immer wieder wird die seelische und die ersehnte körperliche Gemeinschaft in Bildern der sich-verschlingenden und sich-verströmenden Elemente dargestellt. Beliebt ist auch die seit Eichendorffs *Marmorbild* geläufige Verbindung von floralen und astralen oder Feuer-Motiven: Als die Liebe Ellas und Günthers zur Leidenschaft gewachsen ist, fühlen sie, „daß über Nacht in ihren Leibern die feurige Wahrheit des Lebens erblüht" ist (44).

Bis zu diesem Punkt scheint die Metaphorik immerhin plausibel, weil die Bilder dem Erlebnis neue, rezipierbare Dimensionen abgewinnen. Aber wenn Ellas Schönheit von den räsonnierenden Freunden gegen „die harmonische Größe und göttliche Gelassenheit der Antike", gegen „die glühende Titanenhaftigkeit der italienischen Blüte" und gegen „die zarte und fremde Besonderheit gotischer Bilder" (9) gehalten wird mit dem einzigen Ergebnis, daß sie anders sei, nämlich, was schon vorher gesagt war, groß und einfach „wie die duftende Glut reifender Früchte"(9), so erscheinen diese bildungsträchtigen Vergleiche als ein wichtigtuerisches und willkürlich leeres Spiel. Auch wenn Günthers Gedanken einem „Zug vermummter Reiter" verglichen werden, „die gebeugt im regnerischen

Wetter langsam durch die Dämmerung reiten," (26) so wirkt das an sich attraktive Bild im Zusammenhang nur prätentiös. Die Beschreibung des folgenden Mondaufgangs gehört bereits in den Bereich des Kitsches: „Rings im Kreise wurde der Rand der irdischen Kugel scharf und hell, ein Hauch von blassen Rosen tanzte am unteren Himmel. Wie eine Blume der Mitternacht wuchs der Mond mit seinem lichten mildstrahlenden Kelch immer höher und höher in die Schatten des Alls empor. Ein weißer Segen floß warm und gütig über die große dunkle Welt der zuckenden Herzen. Wie zwei Schwestern, Hand in Hand, wandelten nun Ewigkeit und Unendlichkeit durch den Raum, und ihre Kronen waren zwischen den Sternen." (42) Der halbe Schritt, der bekanntlich vom Erhabenen zum Lächerlichen führt, scheint hier bereits zum Doppelschritt verlängert. Immerhin haben solche Entgleisungen einen Leser wie Rilke nicht gehindert, dem Autor seine große Bewunderung für die Novelle auszusprechen.[47]

Wichtigstes Bild aber für die Vorgänge in der Novelle, Hintergrund des großen Erlebnisses und Symbol für das innere Geschehen, ist das Meer. Es gibt kaum eine Seite des Textes, auf der nicht die Beziehung der Liebenden zum Meer beschworen würde. Günther und Ella halten es unter den faden Menschen des Hotels nicht lange aus. Alle wichtigen Szenen spielen draußen: auf der Segelpartie werden sie miteinander vertraut, beim nächtlichen Spaziergang zum „Molo" finden sie sich in ersten Küssen, die Mondnacht am Strand klärt ihr Einverständnis; und schließlich suchen sie auf einer Insel, in einem Gasthaus mit Blick aufs Meer, den Ort, wo sie einander ganz angehören können. Das Meer ist in seiner ruhigen Unendlichkeit eine Kraftquelle, zu der Günther flüchtet, wenn die Gefühle ihn zu überwältigen drohen. Es ist aber auch in seiner Wildheit Spiegel der leidenschaftlichen Bewegung, die zwischen den Liebenden ist: Angesichts der anprallenden Wogen der See fühlen sie einen unerklärlichen Lebensüberschwang, und „alles an ihnen bebte, und innen dröhnte ein Meer gegen die Wände ihrer Körper." (17) Innen und Außen werden ununterscheidbar: Ella gibt sich der Zärtlichkeit Günthers hin, „wie man sich den Wellen hingibt, die vorn am Ufer spülen, sie drängte und schmiegte sich in diese Wellen hinein und genoß sie." (17) Letztlich wird das Meer zum Symbol des Lebens selbst, in dem sich Mensch und Natur, Ich und All zur großen Einheit versammeln: „Sie hörten das Tosen ihres Blutes, das Dröhnen der Steine und das Brausen des Meeres – ohne daß sich ihre Lippen verließen, suchten ihre Augen den Himmel, die Sterne kreisten, und die Erde kreiste und das Meer und ihr Blut. Alles war Eines in diesem Augenblick, die Lebendigkeit des Alls war in ihnen und sie in ihm, und was war, war eine große Musik, das Brausen des Meeres, das Dröhnen der Steine und das Tosen des Blutes." (17) So ist die Liebe von Ella und Günther, bei aller Verschiedenheit des Lebensgefühls, doch ganz ähnlich wie in Heinrich Manns Novelle Entgrenzung der Individualität, Eingehen ins All, Vereinigung mit dem Geist des Lebens.

Aber was wird aus Ella und Günther? Wie löst Ernst Hardt das Problem, die jugendstilhafte Entrückung der Liebenden ins All wieder an die Wirklichkeit anzuschließen, ohne die gewonnene Höhe zu zerstören? Eine Lösung wie die im *Wunderbaren* verbietet sich angesichts des rauschhaften Finales, auf das die Erzählung zusteuert. Andererseits Günther und Ella als beseligtes Liebes- und Ehepaar in die Realität hinüberzuretten, ist bei dem Alters- und Standesunterschied kaum denkbar. Der Dichter hilft sich mit einem einzigen bedeutenden Wort, das wieder weniger eine konkrete Aussage als eine große und schöne Gebärde darstellt. Auf dem Höhepunkt des Glücks spricht Ella die traumschweren Worte „Werde etwas!" (52), und mit dieser Sprachgebärde, deren Sinn Günther in ihrer ganzen opfervollen Tiefe noch nicht begreift, entläßt sie den Geliebten ins Leben. Im diskreten Pathos der Entsagung findet die Erzählung ein Ende, das weder den Stil noch den Gehalt beeinträchtigt.

Die Analyse der beiden Texte hat gezeigt, daß auch in der Prosa Motive und Strukturen des literarischen Jugendstils nicht nur vereinzelt vorkommen – als stilvolle Einsprengsel oder dekorative Glanzlichter einer Dichtung –,[48] sondern daß die Prinzipien des Art Nouveau durchaus größere Erzählzusammenhänge bestimmen können. Wenn die Prosaerzählungen aber nicht zum reinen Prosagedicht oder zum esoterischen Märchen werden sollen, so dürfen sie nicht völlig die Verbindung zur Realität verlieren. Hierin liegt das Gestaltungsproblem der Jugendstil-Novelle: durch allzu konsequente Verfremdung und Stilisierung der dargestellten Welt läuft eine Erzählung Gefahr, die Wirklichkeitsdimension einzubüßen, ein zu starker Realitätsbezug dagegen gefährdet die poetische Einheit.

Die beiden Autoren, deren Werke hier analysiert wurden, haben jeweils verschiedene Wege aus diesem Dilemma gesucht. Heinrich Mann hat eine esoterische, mit äußerster Konsequenz dargestellte Binnengeschichte mit Hilfe des realistischen Rahmens an die Wirklichkeit herangerückt. Im Prinzip ist ihm die Verknüpfung gelungen; nur die Übergangsstelle zum zweiten Teil des Rahmens, die Trennung der Hauptpersonen, befremdet ein wenig, und das „Wunderbare" verliert mehr Glanz als zuträglich. Ernst Hardt hat die jugendstilferne, widerständige Realität als Gegenbild direkt in seine Erzählung hineingenommen. Dadurch entziehen sich Teile des Texts dem ästhetischen Geist des Ganzen. Der Autor bemüht sich, die Defizienz durch besondere Poetisierung des Hauptgeschehens auszugleichen, was ihn, wie wir gesehen haben, gelegentlich ins Prätentiöse führt. Geschickt ist dagegen die Formgebung des Endes, weil hier der Weg der Wirklichkeit angedeutet wird, ohne daß die gewonnene Gefühlshöhe darunter litte. Beide Erzählungen haben mit ihren Stärken und Schwächen das Format, als repräsentative Modelle des Zeitstils der Jahrhundertwende zu gelten.

Anmerkungen:

1 Andreas Beyer/Dieter Burdorf (Hg.): Jugendstil und Kulturkritik. Zur Literatur und Kunst um 1900, Heidelberg 1999, S. 9

2 Jüngste Forschungen wie Cornelia Blasbergs Beitrag: Jugendstil-Literatur. Schwierigkeiten mit einem Bindestrich, DVjs. 72, 1998, S. 682-711, verfremden und vergewaltigen den Begriff bis zur Unkenntlichkeit und gehen trotz moderner oder postmoderner Terminologie sachlich eher hinter frühere Positionen zurück.

3 Hermann Glaser: Mythen des Jugendstils. Impressionen und Assoziationen, in: Frankfurter Hefte 7, 1972, S. 48

4 Im Nachwort zu seiner Edition: Prosa des Jugendstils, Stuttgart 1982, S. 321

5 Hugo von Hofmannsthal: Die Stunden ... (Terzinen II), in: Stl. Werke, Krit. Ausgabe, Bd. 1, hg. von Eugene Weber, Frankfurt/M. 1984, S. 49

6 Herbert Lehnert: Satirische Botschaft an den Leser. Das Ende des Jugendstils, in: Gestaltungsgeschichte und Gesellschaftsgeschichte (Festschrift für Fritz Martini), hg. von Helmut Kreuzer, Stuttgart 1969, S. 493.

7 Hans Curjel: Vom neunzehnten zum zwanzigsten Jahrhundert (1952), jetzt in: Jugendstil, hg. von Jost Hermand (Wege der Forschung, Bd. 110), Darmstadt 1971, S. 124. – Kritiker des Jugendstils zitieren heute gern Walter Benjamin, der bereits 1933 die „Regression aus der sozialen in die natürliche und biologische Realität" im Jugendstil beklagt hat (Gesammelte Schriften, Bd. III, Frankfurt/M. 1977, S. 394). Vgl. Gert Mattenklott: Jugendstil, in: Horst Albert Glaser (Hg.): Deutsche Literatur. Eine Sozialgeschichte, Bd. 8, Reinbek 1982, S. 260-276; ferner Beyer/Burdorf (Anm. 1), S. 9

8 Richard Hamann: Die deutsche Malerei im 19. Jahrhundert, Leipzig 1914

9 Fritz Schmalenbach: Die Frage einer Jugendstilmalerei, in: Jugendstil (Anm. 7), S. 332

10 Vgl. Blasberg: Anm. 2

11 Volker Klotz: Jugendstil in der Lyrik (1957), in: Jugendstil (Anm. 7), S. 358

12 Henry van de Velde: Was ich will, in: Theorie des literarischen Jugendstils, hg. von Jürg Mathes, Stuttgart 1984, S. 106-110

13 Vgl. Ernst Michalski: Die entwicklungsgeschichtliche Bedeutung des Jugendstils (1925), in: Jugendstil (Anm. 7), S. 8-26; ferner Roswitha Riegger-Baurmann: Schrift im Jugendstil, ebd. S. 209-257

14 Vgl. Dolf Sternberger: Jugendstil. Begriff und Physiognomik (1934), in: Jugendstil (Anm. 7), S. 27-46

15 Wolfdietrich Rasch: Fläche, Welle, Ornament. Zur Deutung der nachimpressionistischen Malerei und des Jugendstils, in: W. Rasch: Zur deutschen Literatur seit der Jahrhundertwende, Stuttgart 1967, S. 197

16 Hans H. Hofstätter: Geschichte der europäischen Jugendstilmalerei. Ein Entwurf, Köln 1963

17 Vgl. Anm. 6

18 Richard Hamann/Jost Hermand: Stilkunst um 1900 (= Epochen deutscher Kultur von 1970 bis zur Gegenwart, Bd.4), 1959, zuletzt 1977; Jost Hermand: Jugendstil. Ein Forschungsbericht 1918-1964, Stuttgart 1965; ders.: Kurzgefaßter Rückblick auf den Jugendstil (1964), in: Jugendstil (Anm. 7), S. 333-345; ders.: Lyrik des Jugendstils (1964), in: Jugendstil (Anm. 7), S. 402-412; Dominik Jost: Literarischer Jugendstil, Stuttgart 1969; ders.: Jugendstil und Expressionismus, in: Expressionismus als Literatur, hg. von Wolfgang Rothe, Bern 1969, S. 87-106.

19 Dolf Sternberger: Anm. 14; ders.: Sinnlichkeit um die Jahrhundertwende (1942), in: Jugendstil (Anm. 7), S. 100-106; Robert Schmutzler: Der Sinn des Art Nouveau (1962), in: Jugendstil (Anm. 7), S. 296-314.

20 Wolfdietrich Rasch: Die Reichweite des Jugendstils, in: Kulturkritik und Jugendkult, hg. von Walter Rüegg, Frankfurt/M. 1974, S. 128. Vgl. auch Rasch: Anm. 15.

21 Vgl. neben Jost Hermand und Dominik Jost (Anm. 18) besonders Claude David: Stefan George und der Jugendstil (1963), in: Jugendstil (Anm. 7), S. 382-401

22 Vgl. Edelgard Hajek: Literarischer Jugendstil. Vergleichende Studien zur Dichtung und Malerei um 1900, Düsseldorf 1971; ebenso Rainer Gruenter: Der Jugendstil in der Literatur, in: Jahrbuch der Deutschen Akademie für Sprache und Dichtung 1976, Heidelberg 1977, S. 98-132

23 Vgl. Hermand (Anm. 18), Klotz (Anm. 11), David (Anm. 21); ferner Horst Fritz: Literarischer Jugendstil und Expressionismus. Zur Kunsttheorie, Dichtung und Wirkung Richard Dehmels, Stuttgart 1966 u. a.

24 Eine weitere, vor allem im theoretischen Teil vorzügliche Studie ist Gerhart Kluges Aufsatz: Die Gebärde als Formprinzip in der Lyrik des deutschen Jugendstils. Bemerkungen zu einigen Gedichten, in: Gerhart Kluge (Hg.): Aufsätze zu Literatur und Kunst der Jahrhundertwende, Amsterdam 1984, S. 125-150

25 Klotz (Anm. 11), S. 362

26 Kluge (Anm. 24), S. 129

27 Henry van de Velde: Zum neuen Stil. Aus seinen Schriften ausgewählt und eingeleitet von Hans Curjel, München 1955, S. 181.

28 David (Anm. 21), S. 385. Ähnlich schon Sternberger (Anm. 14)

29 Hajek (Anm. 22), S. 64

30 Man hat den *Leutnant Gustl* mit guten Gründen für einen psychologischen Realismus, für den Impressionismus, ja selbst für den Naturalismus in Anspruch genommen. Der Stilisierungskunst des Jugendstils steht die Erzählung fern.

31 Dolf Sternberger: Panorama des Jugendstils, in: Jahrbuch für Internationale Germanistik XIV, 1983, S. 12-30

32 Hermand: Lyrik ... (Anm. 18), S. 402

33 Lea Ritter-Santini: Die weißen Winde. Heinrich Manns Novelle *Das Wunderbare*, in: Wissenschaft als Dialog. Studien zur Literatur und Kunst seit der Jahrhundertwende, hg. von Renate von Heydebrand und Klaus G. Just, Stuttgart 1969, S. 134-173

34 Ebd., S. 140 und 141

35 Rudolf Walter: Friedrich Nietzsche – Jugendstil – Heinrich Mann. Zur geistigen Situation der Jahrhundertwende, München 1976

36 Vgl. Anm. 4

37 Ausgenommen ist meine eigene Darstellung im ersten Band des Heinrich Mann-Jahrbuchs (1983), auf der die hier vorgelegte Analyse beruht.

38 Textzitate nach Heinrich Mann: Novellen, Hamburg 1963

39 Z. B. in einer Reflexion über die „Koketterie" des Leidens (31).

40 Richard Hamann: Jugendstil und dekorativer Archaismus in der deutschen Malerei (1914), in: Jugendstil (Anm. 7), S. 3

41 Ritter-Santini (Anm. 33), S. 145

42 Vgl. Jost Hermand: Undinen-Zauber. Zum Frauenbild des Jugendstils (1969), in: Jugendstil (Anm. 7), S. 469-494

43 Dolf Sternberger: Zauberbann (1952), in: Jugendstil (Anm. 7), S. 146

44 Wolfdietrich Rasch: Aspekte der deutschen Literatur um 1900, in: Zur deutschen Literatur ... (Anm. 15), S. 20

45 Die Erzählung erschien in der Sammlung *Bunt ist das Leben*. 1904 wurde sie separat veröffentlicht als 13. Band der Insel-Bücherei. In dieser Ausgabe hat sie die größte Verbreitung gefunden. Alle Textzitate beziehen sich auf diese Edition

46 Sternberger (Anm. 14), S. 44

47 Briefe an Ernst Hardt. Eine Auswahl aus den Jahren 1898-1947, hg. von Jochen Meyer, Marbach 1975, S. 33-34

48 Beide Erzählungen sind viel konsequenter jugendstilhaft durchkomponiert als etwa Richard Beer-Hofmanns *Der Tod Georgs*, der gern als anerkanntes Beispiel des erzählerischen Jugendstils zitiert wird.

Reinhard Urbach

Arthur Schnitzler. *Das weite Land.* Genia Lesarten und Sichtweisen. Anmerkungen zu einer spekulativen Dramaturgie

I.

Das Drama ist ein Stück. Ganz wird es erst durch die Darstellung auf der Bühne. Es ist, weiß Hegel, „für das unmittelbare Anschauen gedichtet." Hugo von Hofmannsthal belehrt einen Studenten in diesem Sinne, wenn er von „der einzig legitimen Form der dramatischen Arbeit: der für die lebendige Bühne bestimmten" spricht. Das Theater ist Ziel und Zweck des dramatischen Schreibens. Es ist dies ein Gemeinplatz, auf dem sich dennoch kaum wer tummelt. Denn wäre diese Selbstverständlichkeit allen und jedem ständig gegenwärtig, könnte der Dramentext nicht absolut genommen und immanent interpretiert werden, sondern würden sich denkbare Aufführungsweisen in die – dann notgedrungen konjunktivische – Deutung eingliedern.

Es gibt zwar immer wieder Dramen, die in Schubladen bleiben, als Lesedramen konzipiert werden oder mit deren Unaufführbarkeit kokettiert wird, sei es, weil der Autor vor den Bühnen resignierte wie der späte Grillparzer; sei es, daß er den üblichen Rahmen sprengte wie Karl Kraus mit den *Letzten Tagen der Menschheit*, deren Aufführung er sich nur in einem „Marstheater" vorstellen wollte. Das hat Aufführungen nicht verhindert. So sehr sich des Autors szenische Einbildungskraft an der befürchteten oder angestrebten Unrealisierbarkeit entzündete, so sehr entbrannte die theatralische Phantasie der Theatermacher, das schier Unmögliche doch umzusetzen. Denn der Wille zur Vorstellung des dramatischen Textes ist stärker als der zur Verweigerung.

Figuren, Dialoge und Bühnenanweisungen wollen umgesetzt werden. Auch wenn sich Autoren (Prosaautoren wie Thomas Mann), die mit dem Lesen ihr Auslangen finden, gegen solche Verunreinigungen ihres Vorstellungsvermögens, sträuben.

Das Drama wird auf die Bühne zur Fertigstellung verwiesen. Der Autor entläßt seine Figuren und überantwortet sie zunächst dem Regisseur und den Schauspielerinnen.

Die Produktionsschritte: Der Autor erfindet eine Figur, schreibt ihr einen Text, stellt sie sich in Umfeld, Aussehen, Kleidung, Haltung und Verhalten, Bewegung und der Begegnung mit anderen Figuren vor. Die Summe der erfundenen, geschriebenen und vorgestellten Figur ist Gegenstand des Verständnisses und der Reflexion des Lesers, Interpreten. Der Vision des Autors folgt die Revision der Theatermacher (Direktor, Dramaturg, Regisseur – in unterschiedlicher Reihenfolge). Die Figur ist zur Rolle geworden. Ergebnis der Revision ist die Besetzung der Rolle mit einer Schauspielerin. Auf der Probe wird die besetzte Rolle zur dargestellten. Der Regisseur sieht seinerseits eine erfundene Gestalt vor sich (Subtext der Inszenierung), die Schauspielerin stellt sich diese Gestalt vor. Am Ende der Probenarbeit steht als gefundene Lösung, als angestrebte Vereinigung der erfundenen mit der vorgestellten Gestalt, die von der Persönlichkeit der Schauspielerin gestaltete Gestalt (wobei nicht auszuschließen ist, daß das Unzulängliche als Ereignis behauptet wird).

Wenn der Epiker gottgleich ist, indem er eine Welt nach seinem Bilde schafft, so ist der Dramatiker ein Halbgott, der eine Skizze macht, aber nicht den Lehm knetet (das tut der Regisseur) und ihm Odem einbläst (das macht die Schauspielerin), so daß das Zusammenwirken dieser Dreieinigkeit von Autor, Regisseur, Schauspielerin eine ästhetische Schöpfung wird: die Aufführung.

Soweit die gängige Dramentheorie. Sie leugnet nicht, daß das Drama der Aufführung bedarf, daß die Figur vom Schauspieler dargestellt gehört, daß sie ein Hohlraum ist, in den der Schauspieler schlüpft, daß sie ihm als Vorlage dient, daß der Autor die Realisierung einer Rolle im Auge hat, wenn er ein Drama schreibt.

Was aber dabei zu wenig beachtet wird, ist: Was macht die Figur aus? Wie viel erfahren wir über sie vom Autor, wieweit dürfen wir dem, was wir erfahren, trauen? Wie offen ist sie für Ergänzungen, wie sehr braucht sie Erweiterung? Und, wichtiger noch, wie viel Ausweitung erlaubt sie im Gefüge des Dramas?

Hinzu kommt die Frage, wie die Darstellerinnen auf das Angebot des Autors eingehen, wieweit sie die Freiräume nützen, wie viel sie dazuerfinden dürfen oder wollen.

Hinzu kommt die Frage, wie Schauspielerinnen die Figur als Rolle zur Gestalt formen.

Mit der Besetzung wird Rollendeckung angestrebt, aber nicht mehr typologisch, wie in den Jahrhunderten bis zum Naturalismus, sondern konzeptiv begründet. Mit Besetzungsproblematik und Konzept kommt der Dramaturg ins Spiel.

Der Autor hat sein Stück freigegeben. Seine Sicht endet vor der Bühne. Auf der Bühne herrscht die Sicht des Regisseurs, vermittelt durch die – zwischengeschaltete – Dramaturgie.

Der Dramaturg hat zu fragen: Was wollte der Autor, was sollte das Stück für uns sein? Welche Besetzung entspräche unserer Sicht auf Stück, Personen, Bedeutung. Mit der Besetzung verliert der Autor sein letztes Anrecht an der Figur. So wie er das Stück dem Regisseur überlassen muß, überlässt er die Figuren den Schauspielerinnen.

Früher hat sich die Schauspielerin die Rolle anverwandelt, jetzt wird sie vom Regisseur zu einer Möglichkeit – die sie anbietet oder die ihr abverlangt wird – bewogen, gebeten, gedrängt, gepresst.

Bei der Rollengestaltung ist die Bandbreite enorm, abhängig von Temperament, Talent, Charakter, Persönlichkeit.

Der Regisseur sorgt für die Einschränkung der individuellen Bandbreite zu Gunsten des Zusammenhangs der Rollen: der Konfiguration. Die Gestalten fügen sich zur Darstellung des Stücks in seinem Zusammenhalt und der dramaturgischen Intention. Es beginnt mit der Akzeptanz oder Verwerfung der Absichten des Autors, der eigenen, eigenwilligen Sicht des Regisseurs bis hin zu Willkür und Beliebigkeit, Behauptung und Zertrümmerung = Interpretation mit dem Ziel einer wie immer definierten Schlüssigkeit.

Hier kommt der wichtigste Motor des theatralischen Prozesses in Gang: Spekulation. Dramaturgie ist wesentlich spekulativ. Sie wirft die Kugeln „Absicht", „Stück", „Konzept", „Regie", „Publikumserwartung" ins Roulette in der Hoffnung auf Erfolg. Berechnung wäre verwerflich. Unberechenbarkeit ist eines der Kennzeichen von Kunst. Sonst ist es keine. Berechnete Kunst ist Kitsch. Spekulative Unberechenbarkeit ist eine paradox praktische Disziplin, die mit einer Unzahl von Unbekannten rechnet, als der einzigen Möglichkeit, mit Stückwahl, Besetzung, Inszenierung, Probenarbeit Erfolg zu haben, also im Brot zu bleiben.

Solche Spekulation ist nicht irrational, eher ein bewußtes Abwägen der Möglichkeiten und der Entscheidung für die eine, als einzige für richtig erachtete Realisation einer dieser Möglichkeiten (was auch die Improvisation einschließt).

II.

Ich möchte einen solchen spekulativen Vorgang abstrakt beschreiben, also ohne eine konkrete Realisierung zu meinen. Als Beispiel dient mir die Figur der Genia in Arthur Schnitzlers *Das weite Land*, entstanden 1908, publiziert als Rolle 1911, in neun verschiedenen Gestalten an neun verschiedenen Bühnen des deutschen Sprachraums am selben Abend, dem 14. Oktober 1911, uraufgeführt. Der spekulative Dramaturg (bzw. der Regisseur in seiner Eigenschaft als Dramaturg) hat die wichtigsten Genias der letzten vierzig Jahre vor Augen, als da sind (in Klammern die Darsteller des Hofreiter und die Regisseure/Regisseurinnen):

1959 Wien	Paula Wessely (Attila Hörbiger; Ernst Lothar)
1964 Hamburg	Heidemarie Hatheyer (Adolf Wohlbrück; Gustav von Manker)
1967 Hannover	Sigrid Marquardt (Hubert Berger; Franz Reichert)
1969 TV	Ruth Leuwerik (O. W. Fischer; Peter Beauvais)
1972 Wien	Aglaja Schmid (Walther Reyer; Ernst Haeusserman)
1974 München	Ursula Lingen (Werner Kreindl; Kurt Meisel)
1976 Basel	Hertha Schell (Karlheinz Böhm; Horst Zankl)
1978 Düsseldorf	Kitty Speiser (Karlheinz Böhm; Michael Gruner)
1978 Wien	Gertraud Jesserer (Helmut Lohner; Otto Schenk)
1979 London	Dorothy Tutin (John Wood; Peter Wood)
1979 Salzburg	Nicole Heesters (Walther Reyer; Maximilian Schell)

1980 Salzburg	Christiane Hörbiger (Walther Reyer; Maximilian Schell)
1984 Paris	Bulle Ogier (Michel Piccoli; Luc Bondy) Verfilmung 1987
1986 Berlin	Christine Ostermayer (Walther Reyer; Heribert Sasse)
1986 Hörspiel	Christine Ostermayer (Helmut Lohner; Klaus Gmeiner)
1988 Zürich	Christiane Hörbiger (Helmut Lohner; Hans Hollmann)
1990 Mannheim	Barbara Petritsch (Detlev Greisner; Nicolas Brieger)
1991 Hannover	Elisabeth Rath (Hans-Henning Heers; Thomas Reichert)
1992 Frankfurt/M.	Cornelia Schmaus (Joachim Bissmeier; Jürgen Gosch)
1992 Reichenau	Marianne Nentwich (Wolfgang Hübsch; Beverly Blankenship)
1992 Wiesbaden	Petra Fahrländer (Bernd Ripken; Annegret Ritzel)
1994 Wien	Marianne Nentwich (Helmut Lohner; Otto Schenk)
1995 Hamburg	Ulli Mayer (Hans Christian Rudolf, Jürgen Flimm)
1998 Meiningen	Christine Zart (Michael Jeske; Werner Schneyder)
1999 Köln	Birgit Walter (Martin Reinke; Volker Hesse)
1999 Wien	Regina Fritsch (Karlheinz Hackl; Achim Benning)

Wozu die Aufzählung? Zwei Dutzend Genias, alle die gleiche, keine dieselbe. Alle anders, alle Genia. Die selbe Schauspielerin in verschiedenen Inszenierungen – eine andere. Alle miteinander – jeden Abend in Nuancen verschieden. Man könnte sagen, sie alle, die ihren Namen Genia liehen, begaben sich in den Dienst des Dramas, der Figur, identifizierten sich mit ihrer Rolle, stellten sie dar und nicht sich. Aber wie trügerisch wäre solche Abwehr der Offenheit und Vielfalt. Neben dem einen Autor Arthur Schnitzler und seiner Figur steht die Hundertschaft der Genias, die in den vergangenen 90 Jahren diese Rolle verkörpert haben, Frauen zwischen Anfang 30 und Mitte 50, überlegene Heroinen, elegante Salondamen, unnahbare Mondäne, mütterliche Hausherrinnen, Kindfrauen und Teufelsweiber, verständnisvolle Kameradinnen und verlockende Geliebte, scheue höhere Töchter und strenge Emanzipierte. Sie alle haben die Hände hinter dem Rücken verschränkt (wenn ihnen die Regisseure diese Anweisung des Autors nicht verwehrt haben), haben Geniasätze gesprochen, Geniahaltung bewiesen, Geniagefühle empfunden, Geniaempörung gestaltet, Genias „Aus" geschrieen, geflüstert oder geschluchzt. Sie alle sind ein Teil der Summe, die Genia ausmacht, deren Endabrechnung in unabsehbarer Zukunft liegt. Genia zerfranst an den Rändern, und auch im Kern ist keine der anderen gleich; sie würden sich das auch verbitten. Alle behaupten mit gleichem Recht, die Genia gewesen zu sein, haben ihre Genia in der Rolle gesucht und wohl auch zu finden geglaubt, haben ihre Auffassung, ihre Menschenkunst einem täglich wechselnden Publikum vermittelt, als ein Stück von sich. Es wäre vermessen vom Zuschauer, ihnen die Identität mit der Figur abzusprechen, die Erfüllung der Aufgabe, Schnitzler gerecht geworden zu sein, abzuerkennen. Denn Genia existiert nicht auf dem Papier, sondern auf den Proben, auf der Bühne am Abend. Das hat Konsequenzen für den spekulativen Dramaturgen. Wenn die Interpretationen unterschiedlich ausfallen, dann beginnt auch das Vorbild zu verschwimmen. Dann tun sich Denkmöglichkeiten auf, die alle vom Text ausgehen, hinter den Text kriechen, alle dem Werk treu bleiben, weil das Werk offen genug ist für eine Fülle von Variationen. Alles ist möglich und jede Interpretation macht die Figur reicher.

Der spekulative Dramaturg sichtet alles, was es zur Figur vom Autor und den Zeitgenossen gibt, liest Vorstufen und Nachträge. Aber nicht, um eine feste Meinung zu bekommen, sondern um Eindeutigkeiten zu verwerfen. Der spekulative Dramaturg ist ungläubig, mißtrauisch und sucht hinter jeder Aussage, hinter jedem Faktum, jedem Detail das Gegenteil. Nichts darf sicher sein. Sobald ein Satz, Monolog, Dialog hinterm Doppelpunkt steht, also vom Autor einer Figur zugeordnet wurde, ist er vieldeutig, muß in seiner Glaubwürdigkeit bezweifelt werden. Allenfalls die Taten sind eindeutig, die wir auf der Bühne zu sehen bekommen, nicht die, von denen uns nur berichtet wird. Die Handlung ist allenfalls ein Gerüst, an dem man sich anhalten kann, um nicht ins Bodenlose zu fallen. Alles, was eine Figur sagt, ist die erste Regel, muß nicht stimmen, könnte Täuschung sein, auch Lüge, Maskerade, Irreführung, auch geglaubte aber nicht gelebte Wahrheit, Behauptung, Vorspiegelung, Plauderei ohne den Anspruch auf Wahrhaftigkeit, aus dem Moment heraus gesagt, geprahlt, geschwindelt, absichtsvoll oder unabsichtlich, bewußt oder unbewußt, was sagt man nicht alles. Weh dem, der sich darauf verläßt. Die Sprache ist zwar aus Worten gemacht, aber sie dient nicht der Verständigung, sondern der Verwirrung. Mit Worten die Wahrheit sagen zu wollen – was für eine Illusion. Die Wirkung, die Worte zeigen, ist wichtiger. Mißverständnis ist häufiger als Verständnis. Informationen im Drama sind nicht um ihrer selbst willen da, sondern werden in einer bestimmten Absicht verbreitet. Nichts darf für bare Münze genommen werden.

Wenn diese Regel der allumfassenden, vor nichts Halt machenden Skepsis befolgt wird, dann kommt Bewegung ins konzeptionelle Spiel. Wenn nichts sicher ist, dann beginnen die multivalenten Spannungen. „Sicherheit ist nirgends" – dieses Motto aus Schnitzlers *Paracelsus,* oft mißbraucht, allzuschnell als des Autors Lebensmaxime behauptet, bekommt so eine neue Qualität als dramaturgisches Prinzip.

Um nicht den Eindruck entstehen zu lassen, es sei wenig sinnvoll, ein Drama zu lesen, man müsse so viel wie möglich unterschiedliche Vorstellungen sehen, muß ich einschränken. Im Gegenteil: Die Lektüre entfesselt die Einbildungskraft des Lesers, die Aufführung bindet eher die Phantasie des Zuschauers. Es ist nun auch nicht so, daß erst die Summe aller denkbaren Aufführungen und Spielweisen, Kombinationen und Generationen von Akteuren das Stück erschöpfend ausloteten, sondern: Es ist nicht die Summe erstrebenswert, sondern die Fülle der ungezählten, unzählbaren Facetten, Möglichkeiten. Je mehr denkbar sind – und das wäre ein Maßstab für die nach oben offene Werteskala – desto besser ist das Stück.

Der spekulative Dramaturg wagt sich mit dem Rüstzeug der kritischen Lieblosigkeit (er darf nicht lieben, was er viviseziert), Ungläubigkeit (obwohl er doch der Figur vertrauen möchte, weil er sie mag), Hoffnungslosigkeit (er ist verzweifelt über die Abgründigkeit der Figur) an Genia heran.

III.

Das naive realistische Lesen des Textes der Tragikomödie *Das weite Land* fördert an Fakten über Genia, die Frau des Glühbirnenfabrikanten Friedrich Hofreiter, zu Tage: Sie ist 31 Jahre alt, vor etwa 14 Jahren hat sie, damals war sie 17, den etwa 14 Jahre älteren Hofreiter geheiratet. Hofreiter war also damals etwa 31 Jahre alt, so alt wie sie heute, hatte eine lange Junggesellenzeit hinter sich, aus der er die Gewohnheit eines Stammtisches im Hotel Imperial beibehalten hat. Sie haben einen Sohn, Percy, 13 Jahre alt, er wird in einem englischen Internat erzogen. In ihrer winterfesten, elektrifizierten Villa in Baden (man kann auf eine von männlichem Dienstpersonal betreute Wiener Stadtwohnung schließen) führen sie ein offenes Haus. Der Tennisplatz hinter dem Haus ist ein Ort gesellschaftlicher Begegnung. Der Großbürger Hofreiter pflegt den Verkehr mit Künstlern. Die Hofburgschauspielerin Anna Meinhold-Aigner wohnt in der weiteren Nachbarschaft, kommt in den Garten zum Tee. Ihr Sohn, ein Marine-Fähnrich auf Urlaub, spielt mit dem Hausherrn Tennis. Es ist mehr als mäzenatische Herablassung, sondern ebenbürtige Gastfreundschaft, wenn der international anerkannte russische Klaviervirtuose Alexej Korsakow nach Baden eingeladen wird, sich zum Klavier setzt, mit der Frau des Hauses plaudert, dort auch übernachtet. Er muß das mehrmals getan haben, jedenfalls oft genug, um ein Vertrauensverhältnis zu Genia zu entwickeln, das dazu führt, daß er um sie wirbt. Sie versagt sich ihm, so scheint es. Denn er schreibt ihr nach dem letzten Besuch einen Brief, in dem er beteuert, ohne sie nicht leben zu können. Kurze Zeit später bringt ihr Mann die Nachricht, daß Korsakow sich in seinem Zimmer im Hotel Imperial erschossen habe.

Korsakow ist jenen Pianisten nachgebildet, die nach Franz Liszt und Anton Rubinstein Weltkarriere machen, ein junger Rachmaninow, auf Tourneen zwischen Petersburg und Kalifornien, belesen und beredt, erfolgreich, er logiert im ersten Hotel der Stadt und kann gewiß sein, wo auch immer er sich umbringt, daß ihm eine Menge Leute der oberen Gesellschaft die letzte Ehre erweisen wird, ohne auf die Witterung zu achten. Mutmaßungen über seinen Tod reichen von gekränktem Ehrgeiz, weil er „nur“ Chopin und Schumann spielen konnte (Otto Weininger hatte diese Komponisten ausdrücklich als weibisch denunziert) bis hin zu einem amerikanischen Duell, soll heißen, er habe sich umbringen müssen, weil ein betrogener Ehemann ihn im Billardspiel besiegt hat. Denn daß Korsakow keinen Erfolg bei Frauen hätte haben sollen, das wagt niemand zu unterstellen.

Man erfährt, daß es um die Ehe Hofreiter nicht gut bestellt ist. Er gibt sich mit anderen Frauen ab; über das Ablaufdatum seines jüngsten Verhältnisses mit der Frau seines Bankiers wird Genia von Dr. Mauer, Hausfreund und Hausarzt in einem, unterrichtet. Mit ihm pflegt sie Intimitäten ihrer Ehe zu besprechen. Obwohl sie in Gesellschaft den Eindruck einer beherrschten, zurückhaltenden, höflich-verbindlichen Dame macht, nimmt sie Gelegenheiten wahr, sich über ihren Ehemann zu beklagen. Auch Korsakow hat solche Beschwerden zu hören bekommen und sich deshalb womöglich Chancen bei ihr ausgerechnet. Sein Scheitern führt er darauf zurück, daß Genia ihren Mann noch liebe. Auch Mauer sieht in der Wiederherstellung der ehelichen Vertrautheit ein erstrebenswertes Ziel.

Hofreiter versucht seine Vermutung, daß Genia ihn mit Korsakow betrogen und dieser sich, nachdem Genia das Verhältnis beendet, beleidigt erschossen habe, von Genia bestätigt zu bekommen. Sie zeigt ihm Korsakows Abschiedsbrief als Beweis ihrer Treue. Hofreiter ist diese Haltung unheimlich, er meint sich durch den überhasteten Entschluss zu einer Gebirgstour mit Mauer von der ihn bedrückenden häuslichen Atmosphäre befreien zu können.

Am Völser Weiher zieht ihn die junge Erna Wahl in ein Liebesabenteuer, dessen Konsequenzen er sich durch weitere Flucht entzieht. Nach drei Wochen kehrt er heim und wird des Nachts Zeuge eines Verhältnisses, das inzwischen seine Frau mit dem Marine-Fähnrich Otto von Aigner eingegangen ist. Er provoziert ein Duell, in dem er Otto erschießt. Die logische Überlegung, daß durch Genias Ehebruch das empfindliche Gleichgewicht ehelicher Untreue hergestellt wäre, hat ihn nicht vom tödlichen Schuß abgehalten. Dieser Ausgang läßt eine Versöhnung unmöglich erscheinen. Aus Alkmenes „Ach" ist Genias „Aus" geworden.

Wenn wir diese Sachverhalte als Fakten hinnehmen, und wir haben keinen Grund, an den beiden durch Zeugenaussagen erhärteten Todesfällen (Korsakow und Otto von Aigner) zu zweifeln, von den Anlässen, die Genia dazu gegeben haben mag, einmal abgesehen, so könnten wir das Geschehen auf den Punkt bringen: Zwei Menschen müssen sterben, damit eine brüchige Ehe endgültig auseinander geht. Bevor dies geschieht, könnte man die gedanklichen und moralischen Voraussetzungen untersuchen, die diese Ehe bedingen.

Wenige Jahre vor dem Ersten Weltkrieg scheint das Patriarchat den Gipfel seiner Macht erklommen zu haben. Der Vater behauptet seine führende Rolle in der Familie. Der Fabrikant wird nicht nur am planmäßigen Verlauf seiner Aktivität nicht gehindert, sondern er setzt auch seine Willkür durch. Hofreiter herrscht unumschränkt. Es scheint im *Weiten Land* keine Instanz über ihm zu geben. Die Frauen stehen ihm zur Verfügung: Genia, Adele, Erna – die jüngeren wohlgemerkt, die gleichaltrigen sind als Mütter blockiert (Mama Wahl, Frau Meinhold). Die Generation Hofreiters hat aber die denkbare Revolte der Söhne und Frauen gegen ihre Herrschaft generös einkalkuliert. Er wird dem Sohn die Berufswahl freistellen (Percy muß nicht zwangsläufig – in der Gründerzeit wäre das nicht anders denkbar gewesen – die Firma übernehmen). Er gesteht seiner Frau die gleiche Freizügigkeit zu, die er für sich selbst beansprucht. (Die in der Ehe geforderte Treue ist nicht mehr nur die Treue der Frau). In der Ehe herrscht Gleichheit, Gleichgewicht, Partnerschaft. Jeder hat die Freiheit, alles zu tun, was ihm nützt und dem andern nicht schadet. Eine neue Auffassung der Ehe hat sich durchgesetzt, die nicht mehr ausschließlich vom römischen Erbrecht bestimmt ist: Die Treue der Frau garantiert die Sicherheit der biologischen Erbfolge.

Schon in *Der einsame Weg* (1904) hat Schnitzler mit dem Vorrang biologischer Vaterschaft aufgeräumt. Die Sicherheit, auch wirklich der Vater seiner Kinder zu sein, ist in der „modernen Ehe" kein Thema mehr. Das Verhalten des Bankiers Natter, der seiner Frau die Geliebten nicht nur erlaubt, sondern sogar zuführt (Demeter Stanzides), scheint diese These zu bestätigen. Wenn also Genia die eheliche Treue durch ein Verhältnis mit Korsakow beschädigte, schädigt sie das eheliche Ehrgefühl ihres Mannes (der längst nicht mehr „Gatte", nur noch „Gemahl" für sie ist, eine von Schnitzler witzig gemeinte, wenn auch etymologisch nicht haltbare Unterscheidung zwischen der Gemeinschaft von Bett und Tisch) nicht, sondern befriedigt damit seinen Gleichheitsgrundsatz: Die Ehepartner haben – auch unausgesprochen – das Recht zu Seitensprüngen; sie haben nicht die Pflicht, diese zu deklarieren. Wenn aber Genia wider Erwarten dieses Recht nicht in Anspruch nimmt, ist das Gleichgewicht der Ehe empfindlich gestört, bedarf es einiger Korrekturen, um „das Verhältnis endgültig klarzustellen" (wie es im Jargon des Tennisturniers heißt).

Die erste Korrektur: Hofreiter verläßt das Haus, um Distanz zu der ungemütlichen Situation, daheim eine moralisch überlegene Frau sitzen zu haben, zu gewinnen.

Die zweite Korrektur: Genia nimmt sich einen Liebhaber, um das Gleichgewicht wiederherzustellen – eine sportiv ehehygienische Korrektur; so wird sie vom Personal des Stücks ebenso wie mehrheitlich von den literaturwissenschaftlichen Interpreten empfunden.

Die erste Korrektur funktioniert nicht. Die Beziehung zu Erna, die sich am Völser Weiher vertieft, ist nicht geeignet, Hofreiters Ehe zu retten; sie zerstört sie eher. Er macht Erna einen – allerdings von ihr abgelehnten – Heiratsantrag.

Die zweite Korrektur funktioniert nicht, weil Hofreiter die Beziehung auf Zeit, die Genia mit dem Marinefähnrich unterhält, entdeckt, bevor der Fähnrich abgereist ist und Genia ihrem Mann die Affaire gestanden, besser: eingestanden hätte. Es dominiert nicht die konstruierte Gleichgewichtsthese bei Hofreiter, sondern die Angst, zum Gespött („Hopf" = Hahnrei) zu werden. Also provoziert er den Fähnrich, ein Duell ist unausweichlich.

Hier könnte eine dritte Korrektur ansetzen, die Hofreiter auch nicht ausschließt: Die Kombattanten schießen in die Luft, das anschließende gemeinsame versöhnliche Frühstück ist im Garten des Heiligenkreuzer Stifts schon bestellt. Es ist dies eine durchaus übliche Lösung: Man tut dem Ehrenkodex genüge und sich nicht dabei weh.

Doch auch dieser Korrekturversuch scheitert. Dabei geht es nicht mehr um die Ehe, sondern allein um den Behauptungskampf des alternden Platzhirsches. Das weite Land wird eng, wenn es um die Potenz geht. Korrekturüberlegungen versagen vor dem plötzlichen Durchbruch atavistischer Rigidität.

Bisher habe ich das Geschehen hauptsächlich unter dem Gesichtspunkt einer eheinternen Abmachung gesehen, eines privaten – wenn auch nicht verbrieften – Vertrages. Solche Verabredungen glücken aber nur, wenn sie geheim bleiben.

Eine wesentliche Voraussetzung dafür, daß private Vereinbarungen halten, ist deren Intimität. Sobald sie öffentlich werden, treten Kontrollmechanismen in Kraft, die von individualistischen Vorstellungen nicht beeinflusst werden können.

Wer aber hütet Recht, Ordnung und die Einhaltung der Doppelmoral? Über gesellschaftlich und juristisch, staatlich und gesetzlich, also öffentlich korrektes Verhalten wacht im *Weiten Land* als einem Spiegelfeld des Großbürgertums der k.k. österreichischen Monarchie im ersten Jahrzehnt des 20. Jahrhunderts nicht der Großinquisitor oder der Fürst, der Vogt oder der Vater, die Herren über Leben und Tod aus Kirche, Staat oder Familie, den bislang aktiven moralischen Instanzen, sondern mit der Infamie des Klatsches, des journalistisch unterstützten Gerüchts und der beobachtungsgesättigten Intrige: der Bankier, die ökonomische Macht.

Der Bankier Natter, von dem wir annehmen wollen, daß es stimmt, wenn er erklärt, daß er ein nahezu voyeuristisches Vergnügen an den Eskapaden seiner Gattin hat, obwohl er so sehr im Besitz der unantastbaren Überlegenheit ist, daß er anderen nicht die Wahrheit zu sagen brauchte, zwingt Hofreiter zum Duell mit dem Fähnrich. Das Verhältnis Genias zu Otto ist in den knapp zwei Wochen, die es währte, der Umgebung nicht verborgen geblieben. (Der „Schein um den Kopf", von dem Hofreiter und Erna als merkbares Zeichen der Zusammengehörigkeit wissen, dürfte auch bei Genia und Otto nicht zu übersehen gewesen sein.) Hofreiter muß auf Natters „Spiel über die Bande" (das Gerücht über das amerikanische Duell zwischen Hofreiter und Korsakow als durch Billard getarnter Zweikampf um Genia) reagieren. Das Duell mit Otto steht nicht in seinem Belieben. Natter macht Hofreiter klar, daß auch er sich einzuordnen hat, daß er in der Öffentlichkeit für die Aufrechterhaltung der Fassade von Recht und Ordnung einzustehen hat.

IV.

Genia hat viele Benennungen erfahren. Im Jahr der Uraufführung nennt sie Alfred Kerr ein „Edelweib". Alfred Polgar stimmt in die Hochschätzung ein: „die gütigste, die nobelste, die sanfteste Frau", ergänzt aber sogleich erschrocken: „hat zwei blühende Tote auf dem Gewissen". Für Theaterkritiker der 70er Jahre ist sie die verkörperte „Melancholia" (Heinz Klunker) und ein „Instinktwunder" (Reinhard Baumgart). In Jahrzehnten hat sich das Bild der Dulderin verfestigt, die mehr Mitleid als Furcht erregt. Das mag dazu geführt haben, daß sich – wie Werner Schneyder erzählt – eine Burgschauspielerin (sagen wir, sie hieße Erika Pluhar) geweigert habe, diese Rolle zu spielen. Sie „sei ihr zweimal angeboten worden, es habe ihr aber davor gegraut, so viel triefenden Edelmut halte sie nicht aus." Wäre es nicht an der Zeit, solche Meinungen zu korrigieren? Genia ist nicht passiv, ist kein Opfer, nicht duldsame Dame, sondern – immer noch nach landläufiger Lesart – eine Egoistin, die sich nicht manipulieren lässt. Um ihrer selbst willen, um sich zu bewahren. Dann, als sie das allgemeine *everything goes* als „Gleiten“ interpretiert, als ihr der Boden, den sie in der Korsakow-Affäre noch unter den Füßen glaubte, zu schwanken beginnt, springt sie auf die Rutschbahn des Lebens auf. Sie ist weniger daran interessiert, ihre Ehe zu retten, wie es die Männer im Stück fürchten oder hoffen (Korsakow, Mauer, Otto). Sie ist weit genug von Hofreiter entfernt, um ihn noch lieben oder seine Liebe zurückgewinnen zu wollen. Sondern sie lebt ihr Leben. Ihr Leben als Frau erschöpft sich nicht in der Mutterrolle. Diese Lesart ist aber auch nur eine der vielen (nicht: unendlich vielen) möglichen Varianten und müßte eigentlich im Konjunktiv stehen.

Wir wissen nicht, wer Genia ist. Wir wissen nicht, ob sie das meint, was sie sagt. Wir dürfen ihrer Darstellerin nicht anmerken, daß sie lügt, aber wir müssen für möglich halten, daß sie nicht die Wahrheit sagt. Jeder Satz muß sich aus seinem Gegensatz heraus verstehen lassen. Die Schauspielerin gibt ein Grundmuster vor, das sich aus vielen Charaktermerkmalen zusammensetzt: Genia die Gute, die Verführerische, die Verhemmte, die Starke, die Eitle, die Böse, die Geile, die Verlogene, die „Abgrundtiefe“ (so dürfte Schnitzler selbst sie Otto Brahm gegenüber genannt haben) und richtet sich danach den Text, die Beziehungen, die Situationen ein.

Zum Beispiel: Es gibt keinen eindeutigen Beweis dafür, daß Korsakows Abschiedsbrief echt ist. Im Gegenteil: Während der Entstehungszeit des *Weiten Landes* brütet Arthur Schnitzler über der *Großen Szene*, in deren Mittelpunkt die Vortäuschung eines nicht vollzogenen Ehebruchs durch einen gefälschten Brief steht. Alle hätten dann Recht, die ein Verhältnis Genias mit dem Pianisten vermuteten (Natter), oder die dessen Beendigung durch Genia unterstellten (Hofreiter). Der Pianist stünde edel und pathosumwölkt da, denn er hat mit dem Brief eine Ehe gerettet gewähnt und durch den Freitod dem Ehemann, mit dem er befreundet war, die Mühe eines Duells erspart. Denn, wer sich mit diesem Gedanken befreundet, müßte den Brief, wenn er doch echt wäre, der Monstrosität eines rachsüchtigen Künstlers zuschreiben, der Genia die ewige, unsühnbare Schuld der Verschmähung aus ehelicher Treue aufbürdet, Strafe über den Tod hinaus. Was nun allerdings wiederum den Schluß zuließe, daß ein Mann, der aus dem Grab heraus der geliebten Frau in die Schuhe schiebt, an seinem Selbstmord Schuld zu sein, deren Verweigerung im Nachhinein legitimiert.

Zurück von diesem Detail zu der Frau, deren Geheimnisse ihr kein Interpret entreissen kann. Genia ist eine Frau, die durch nichts eingeschränkt ist: nicht durch die Ehe, nicht durch einen Beruf, nicht durch Fürsorge für den Sohn, nicht durch häusliche Pflichten, am wenigsten durch gesellschaftliche Normen. Sie ist der freieste der Menschen. Sie kann sich selbst bestimmen wie niemand sonst (schon gar nicht die mit ihr verschwisterten Frauenfiguren, die von Arthur Schnitzler in die Freiheit und Selbstfindung gezwungen werden, wie Cäcilia, Dionysia, Aurelie). Genias Freiheit lauert hinter den Masken der Konvention, den Larven der Konversation, hinter den Bemäntelungen ihres Tuns.

Die Regisseur/innen können sie an der Hand nehmen und in die Irre führen, ohne daß sie Schaden nähme. Sie können sie entblößen, beschimpfen, demütigen, opfern oder feiern. Sie können sie auf das Podest des Edelmutes heben oder sie in die Grube zu den Opfern werfen. Sie können sie über den Tod Ottos verzweifeln oder über die Vernichtung Hofreiters triumphieren lassen.

Genia wird sich aufschwingen, wie ihr Name sagt und alle die beflügeln, die ihren Fleiß daran setzen, ihr alle denkbaren Möglichkeiten zuzumuten und die Fülle ihrer Veränderbarkeit in den Köpfen, auf den Bühnen zu mehren.

Moushira Suelem

„Das Allervertrauteste plötzlich mitten im Fremden ..." Rainer Maria Rilke und Ägypten

„Die Pyramiden, die große Sphinx", schreibt Rainer Maria Rilke am 28. Januar 1907 an seine Frau Clara[1], „und allein schon die Museen von Bulak und Kairo. Und der große, große Strom. Ich glaube, an den ganz wichtigen Stellen wirst Du meine Augen mit in Deinen haben, einen Augenblick lang, während ich sie hier unwillkürlich schließe, und wenn sie wieder da sind, werde ich auf ihrem Grunde die Bilder haben, die sich in mir aufzubauen versuchen." Clara Rilke hält sich seit Ende des Jahres 1906 in Ägypten auf, um bildhauerische Aufträge zu erfüllen. Während der Reise kommt es zu einem ausführlichen Briefwechsel zwischen den Ehepartnern. Rilke kann wenigstens „im Geiste" an der Reise teilhaben und Eindrücke seiner Frau in sich aufnehmen.

Rilkes Interesse an Ägypten ist schon zwei Jahre früher durch den Freund Auguste Rodin in Paris geweckt worden. So schreibt er seiner Frau am 19. September 1905: „[...] Seine [Rodins, M. S.] große Freude ist, schöne antike Stücke zu kaufen; es ist eine Menge wunderschöner Dinge [...] Vitrinen mit ägyptischen kleinen Dingen [...]".[2] Es wird sich zeigen, daß Rilkes stetig wachsendes Interesse an Ägypten und seiner Kultur Teile seines Werkes auf eine oft erst auf den zweiten Blick zu erkennende Weise grundiert. Selten sind die Parallelen offensichtlich, häufiger dienen die Ägypten-Kenntnisse als Folie, als unaufdringlicher, doch fest verankerter Bestandteil seiner dichterischen Phantasie.

Das entfernte Miterleben der Ägyptenreise seiner Frau läßt in Rilke während eines Aufenthaltes auf Capri im März 1907 den Plan entstehen, nach Claras Rückkehr ein gemeinsames Werk aus Claras Bildern und Skizzen und seinen Texten zu schaffen: „[...] und vielleicht können wir aus dem Ganzen eine ägyptische Reise zusammenstellen, wie noch jemand sie zu machen und zu erzählen gewußt hat"[3], schreibt er begeistert an sie. Nach Claras Rückkehr schwärmt Rilke in vielen Briefen von den zahlreichen Eindrücken, die seine Frau aus Ägypten mitgebracht hat; das gemeinsame Werk kommt jedoch nicht zustande. Rilke faßt nun eine gemeinsame Reise nach Ägypten ins Auge, um dort selbst zu erleben, was er bisher nur aus den Schilderungen Claras erfahren hat.

Intensiv befaßt sich Rilke in der folgenden Zeit mit allen ägyptischen „Dingen“, die ihm zugänglich sind – der Obelisk etwa auf der Place de la Concorde in Paris oder die ägyptische Abteilung des Louvre. Für die Sammlung der *Neuen Gedichte* entsteht im Sommer 1908 das Gedicht „Der Käferstein“, über dessen Inspirationsquelle nur spekuliert werden kann. Der heilige Käfer gilt als ein Symbol für die Selbstschöpfung, in pharaonischen Zeiten herrscht die Vorstellung vor, der Käfer entstehe von selbst aus einer Mistkugel. Der Skarabäus, „Chepre“, wird schon früh dem Schöpfergott Atum gleichgesetzt und als eine Form des Sonnengottes betrachtet. Wie der Käfer eine Mistkugel vor sich herschiebt, so dachte man, rollt der Chepre die Sonnenkugel über das Himmelsgewölbe hinweg, innerhalb des ewigen Zyklus von Tag und Nacht, von Leben, Tod und erneuter Wiedergeburt. Intuitiv erfaßt Rilke die universelle Bedeutung des Skarabäus, wenn er schreibt[4]:

Sind nicht Sterne fast in deiner Nähe
und was giebt es, das du nicht umspannst,
da du dieser harten Skarabäe
Karneolkern gar nicht fassen kannst

Ohne jenen Raum, der ihre Schilder
Niederhält, auf deinem ganzen Blut
mitzutragen; niemals war er milder,
näher, hingegebener. Er ruht

seit Jahrtausenden auf diesen Käfern,
wo ihn keiner braucht und unterbricht;
und die Käfer schließen sich und schläfern
unter seinem wiegenden Gewicht.

Rilke sieht die Verbindung des Skarabäus mit dem Universum und den geheimen Sternenmächten: der gesamte Raum der Ewigkeit lastet auf seinen „Schildern“, auf seinen Flügeldecken. Erstaunlich ist, daß sich die dichterischen Äußerungen scheinbar spielerisch mit der Kultur des alten Ägypten verbinden, als sei in Rilke ein bis dahin nicht gekanntes Wissen um den Bau dieses antiken Weltgefüges ‚erwacht‘. Erstaunlich ist auch, daß diese „ägyptischen Visionen“ lange vor seinem persönlichen Kontakt mit Ägypten entstehen.

In Erinnerung an die 1907 verstorbene Malerin Paula Modersohn-Becker aus dem Worpsweder Künstlerkreis entsteht im Herbst des gleichen Jahres das „Requiem“[5]. Auf überraschende Weise vermischt das Gedicht verschiedene Elemente: es finden sich Sujets, die – so ist zu vermuten – ihren Ursprung in den Briefen und späteren Eindrücken Claras während und nach ihrer Ägyptenreise haben:

Ich will auf seinen Flüssen fahren, will
an Land gehen und nach alten Sitten fragen,
will mit den Frauen in den Türen sprechen
und zusehn, wenn sie ihre Kinder rufen.

Und an anderer Stelle:

> Ob man nicht dennoch hätte Klagefrauen
> auftreiben müssen? Weiber, welche weinen
> für Geld, und die man so bezahlen kann,
> daß sie die Nacht durch heulen, wenn es still wird.

Die Stelle läßt sich mühelos als Beschreibung des alltäglichen Lebens in Ägypten lesen: eine Reise auf dem Schiff, das Leben in den kleinen Dörfern, die Feldarbeit und, als inhaltliche Verbindung zum Anlaß des Requiems, die Arbeit der Klageweiber. Im Anschluß heißt es:

> Gebräuche her! wir haben nicht genug
> Gebräuche. Alles geht und wird verredet

Diese beiden Zeilen sprechen von einer angemessenen Art der Trauerarbeit; Rilke hält es für notwendig, den Tod nicht zu „verreden", sondern ihn zu zelebrieren, nicht „alles gehen" zu lassen, sondern den Tod mit Hilfe der genannten „Gebräuche" zu manifestieren und ihm so den Stellenwert zu geben, der ihm gebührt.

Eine auffallende Parallele zur altägyptischen Kultur liefern die folgenden Zeilen:

> Da
> trugst du dich ab und grubst aus deines Herzens
> nachtwarmem Erdreich die noch grünen Samen,
> daraus dein Tod aufkeimen sollte: deiner,
> dein eigner Tod zu deinem eignen Leben.
> Und aßest sie, die Körner deines Todes,
> wie alle andern, aßest seine Körner
> und hattest Nachgeschmack in dir von Süße

Was Rilke hier in dichterischen Worten umschreibt, ist die Darstellung eines sogenannten „Korn-Osiris". Diese bereits seit der 18. Dynastie bekannten Grabbeigaben bestanden in der Regel aus einem sorgfältig gebrannten Tonziegel mit einem in stark vertieftem Relief gehaltenen, umrißhaften Bild des Totengottes Osiris. Bei den Bestattungsriten wurde der Hohlraum mit einem Gemisch aus Erde und Getreidekörnern aufgefüllt und anschließend die Saat durch Befeuchten zum Aufsprießen gebracht. Dieser Vorgang verkörperte den Charakter des Osiris als Vegetations- und Fruchtbarkeitsgott und garantierte dem Verstorbenen in analoger Weise die erhoffte Regeneration, seine Wiedergeburt. Rilkes Dichtung überträgt in perfekter Art und Weise das Bild der durch die sprießenden Getreidekörner symbolisierten Wiedergeburt eines Verstorbenen, also eines „Osiris", auf die verstorbene Malerin. Gleichzeitig kommt diesen Zeilen des Requiems noch eine weitere Bedeutung zu: Nachdem sich Paula Modersohn-Becker zeitweilig von ihrem Mann Otto Modersohn getrennt hatte, kehrte sie zu Beginn des Jahres 1907 zu ihm zurück. Paula wurde kurz danach schwanger, starb jedoch im November des gleichen Jahres, wenige Tage nach der Geburt ihrer Tochter Mathilde mit nur einunddreißig Jahren an einer Embolie. Bleibt man also bei dem Symbol des Kornosiris für die ewig wiederkehrende Regeneration, die Wiedergeburt der verstorbenen Paula, so geschieht dies hier in weitaus dramatischerer Form: Mit der Geburt ihres Kindes wurde „ihr eigener Tod“ zu „ihrem eigenen Leben“ – in der Rezeption der Zeilen ergibt sich damit eine zweifache „Wiedergeburt“.

Ein weiteres Beispiel soll hier, trotz seiner späteren Entstehungszeit, vorweggenommen werden, da es das oben Gesagte noch einmal deutlich unterstreicht: Im Spätherbst 1913 verfaßt Rilke den Entwurf zu einem (nie ausgearbeiteten) Gedicht mit dem Arbeitstitel „Tränen, Tränen“.[6]

Tränen, Tränen, die aus mir brechen.
Mein Tod, Mohr, Träger
meines Herzens, halte mich schräger,
daß sie abfließen. Ich will sprechen.

Schwarzer, riesiger Herzhalter.
Wenn ich auch spräche,
glaubst du denn, daß das Schweigen bräche?

Wiege mich, Alter.

Auch hier sind verdeckte Anspielungen auf das altägyptische Totengericht enthalten: Der Verstorbene wird vor den Thron des Totengottes Osiris gebracht. Anubis, der schakalköpfige Schutzpatron der Einbalsamierer wird bei Rilke zum „Mohr“, zum „schwarzen, riesigen Herzhalter“ – seine Aufgabe bei dem Totengericht ist es, das Herz des Verstorbenen auf die große Balkenwaage zu legen. Auf der zweiten Waagschale liegt die Feder der Wahrheit, das Symbol der Göttin Maat. Ist das Herz leichter als die Wahrheit, wird der Verstorbene vor Osiris gebracht und geht in die Unterwelt der selig Verstorbenen ein, wiegt das Herz aber schwerer, wird der Verstorbene von einem Dämonen der Unterwelt verschlungen. Alle diese Elemente finden sich in verkürzter Form in diesem Entwurf wieder. Rilke schreibt diese Skizze vielleicht in der Vorstellung seines eigenen, zukünftigen, unausweichlichen Todes (viele seiner Gedichte ranken um eigene Todesvorstellungen) und bedient sich dabei der altägyptischen Bildsprache. „Halte mich schräger“ entspricht m.E. dem Aufrichten des Sarkophages vor dem Mundöffnungsritual wahrend der Beisetzungszeremonie; parallel hierzu erscheint der Wunsch des Toten „Ich will sprechen!“ als ein Akt, der ebenfalls erst wieder nach der rituellen Mundöffnung durch einen Priester ermöglicht wird. In den letzten Zeilen bleibt Rilke beim Bild des Totengerichtes: „Wenn ich auch spräche [...]“ – während des Totengerichtes ist der Akt des Sprechens sinnlos, es gibt keine verbale Rechtfertigung vor dem Tod und vor dem Leben, nur das Herz kann Auskunft geben über das Vergangene und das Jetzt. Daher folgt auch als Schluß die Bitte „Wiege mich, Alter“ – ohne Ausrufezeichen am Ende des Satzes: es ist kein Befehl, keine Aufforderung. Die Aussage ist weder mit Angst noch mit Zuversicht belastet, sondern erfüllt von der vertrauensvollen Hingabe an den „Alten".

Nach der Fertigstellung des Malte Laurids Brigge fühlt sich Rilke durch eine Schaffenskrise blockiert. Das Gefühl, sich an der Arbeit am „Malte" völlig verausgabt zu haben, läßt ihn im August 1910 Reisepläne schmieden. Nach Konstantinopel soll es gehen, vielleicht später auch noch nach Spanien. Plötzlich aber ändert Rilke seine Pläne. Unvermittelt läßt er sich Ende Oktober 1910 von Anton Kippenberg etwas Geld vorstrecken. Bei dem Nordafrika-Kenner André Gide holt er Auskünfte über Algerien und Tunesien ein. In einem Brief an Rodin, mit dem sich Rilke mittlerweile wieder ausgesprochen hat, nennt Rilke den Namen seiner zukünftigen Reisebegleitung; ob er ihm eine gewisse Madame Jenny Oltersdorf vorstellen dürfe, eine Freundin, mit der er zu verreisen gedenke. An anderer Stelle spricht Rilke von mehreren Reisegefährten. Wer sie sind und in welchem Verhältnis sie zu dem Dichter stehen, ist, wie auch die Art des Verhältnisses zu Jenny Oltersdorf, bis heute ungeklärt.

Am 30. Dezember berichtet er Katharina Kippenberg, daß er sich nun entschlossen habe, noch weiter nach Ägypten zu reisen; er habe sich „nicht getäuscht im Vorgefühl meiner Eignung und Einsicht" für das Orientalische und bemerkt begeistert, „daß man das Allervertrauteste plötzlich mitten im Fremden erlebt".[7]

Die Zeilen sprechen nicht mehr von den Zweifeln, die Rilke vor der Reise beschäftigt haben, Zweifeln, die sich auch im Requiem niederschlugen:

Sag, soll ich reisen? Hast du irgendwo
ein Ding zurückgelassen, das sich quält
und das dir nachwill? Soll ich in ein Land,
das du nicht sahst, obwohl es dir verwandt
war wie die andre Hälfte deiner Sinne?

Die Zeilen spiegeln die instinktive Furcht, das Land zu bereisen, das ihm durch Vermittlung Dritter nahegebracht worden ist und ihm nun so nahe scheint, daß er vor der Begegnung zurückscheut. Diesen Zustand des Hin- und Hergerissen-Seins beschreibt der österreichische Philosoph und Kulturkritiker Rudolf Kassner, der seit 1907 mit Rilke eng befreundet ist: „Er hatte von einer Dame die Einladung zu einer Reise nach Algier und Ägypten erhalten, die er mit geteilter Empfindung aufnahm. Ob er der Einladung folgen solle oder nicht, das möchte ich entscheiden, während er mit einem vor Unentschiedenheit, Wollen, Nichtwollen und Tränen aufgedunsenen Gesicht bei mir im Hotelzimmer stand [...] Ich entschied: Ja. Reisen Sie! Nehmen Sie an!"[8]

Mit dem Ziel Ägypten schifft sich Rilke am 6. Januar 1911 mit der Reisegruppe in Neapel ein. Am 10. Januar begeben sie sich an Bord der „Ramses The Great" und beginnen die Nilkreuzfahrt. Am gleichen Tag schreibt Rilke an seine Frau Clara: „[...] erster Tag auf dem Nil, wir liegen seit Mittag vor Bedraschên, jetzt ist die starke, dunkelblaue Dunkelheit eingebrochen [...] Wir kamen eben an Bord zurück, zweimal ritten wir durch die Palmenlichtung, in der der ungeheure Ramses liegt, wie nur Welt, allein mit sich, unter der Fülle des Raumes liegen kann. Ich hab ihn also gesehen und als das erste, das wollte ich Dir gleich schreiben.“[9]

Welch ein gewaltiger Unterschied zum Briefwechsel mit Clara vier Jahre zuvor! Der Enthusiasmus scheint verflogen und durch eine erschreckte Reserviertheit angesichts des Unbegreifbaren ersetzt. Auch die nächsten Briefe an Clara hinterlassen den Eindruck von Distanziertheit. Erst in Luxor gelingt es Rilke, wenn auch noch zaghaft, seiner Überwältigung Ausdruck zu geben: „Wir sind drei Tage in Luxor, aber man müßte viel länger hier sein [...] eine halbe Stunde weiterhin diese unbegreifliche Tempelwelt von Karnak, die ich gleich den ersten Abend und gestern wieder im eben abnehmenden Monde sah, sah, sah, – mein Gott, man nimmt sich zusammen, sieht mit allem Glaubenwollen beider eingestellter Augen – und doch beginnts über ihnen, reicht überall über sie fort (nur ein Gott kann ein solches Sehfeld bestellen) – da steht eine Kelchsäule, einzeln, eine überlebende, und man umfaßt sie nicht, so steht sie einem über das Leben hinaus, nur mit der Nacht zusammen erfaßt mans irgendwie, nimmt es im ganzen mit den Sternen, von ihnen aus wird es für eine Sekunde menschlich, menschliches Erlebnis [...].“[10]

Im gleichen Brief bekennt er: „[...] ich hatte bei dem liegenden Ramses in der Palmenlichtung zu Sakkhâra schon das Gefühl, ich könnte umkehren, jetzt ist es längst zuviel [...]“. Zu groß, zu gewaltig, zu unfaßbar werden ihm die Eindrücke. Was er bisher nur aus den Erzählungen Claras, aus Büchern und Museumsbesuchen kennt, liegt nun offen vor ihm, verdichtet zu einer Fülle von Eindrücken, die er nicht zu bewältigen, nicht zu begreifen weiß. Angesichts seines verzweifelten Wunsches, die auf ihn einstürzenden Bilderfluten zu reflektieren, werden die Begleiterscheinungen des Tourismus zur Tortur. Zehn Jahre später äußert sich Rilke dazu in einem Brief an die Baronin Sidonie Nadherny von Borutin: „In Ägypten ist die Reisetechnik so weit entwickelt, daß der Fremde, der sich nicht fortwährend wehrt, [...] nicht mehr die Zeit behält, etwas zu sehen [...] es ist zum Verzweifeln. Oft hab ich getrotzt und bin mit meiner arabischen Grammatik und dem Wörterbuch auf dem Schiff geblieben: wunderbare Abende, Nächte, wo einen der ganze Raum behandelt, als wäre man ein Rosenblatt [...].“[11]

Anfang Februar des Jahres 1912 kehrt Rilke nach Kairo zurück. Seine Stimmung schwankt zwischen namenloser Begeisterung und dem Gefühl des Bedrängtseins. So spricht er in einem Brief vom 10. Februar an Anton Kippenberg[12] von der „weite(n), rücksichtslos ausgebreitete(n) Großstadt“ Kairo, von „diese(n) unerbittlich großen Dinge(n) Ägyptens, mit denen man sich gar nicht einlassen sollte“ und wünscht sich „einen recht ruhigen Ausgang, damit das unendlich zerstreute Erlebnis zu einer Art inneren Konstellation zusammenkommt.“ Das bleibt Rilke vorerst verwehrt, doch spürt er instinktiv, daß er mit den Erfahrungen dieser Reise an einen Wendepunkt seines Lebens geraten ist. Aus dem Sanatorium Al Hayat, in dem er sich etwa einen Monat lang von einer Krankheit erholt, schreibt er am 25. Februar an Karl und Elisabeth von der Heydt: „[...]

Ordnung ist keine, gar keine, aber da hab ich nun meine Wasserscheide und werde nun wohl nicht anders können, als von alledem hinab nach der neuen Seite abzufließen [...].“[13] Zwei Tage später an Marie von Thurn und Taxis: „Die Welt kann hier fremd sein, fremd, manchmal sondert sie einen so reinlich aus wie ein Automat, der ein unpassendes Geldstück ohne Überlegung von sich gibt. Und doch sind grenzenlose Vertrautheiten da, nur kommt man auf einer ersten und obendrein konfusen Reise nicht zu ihrer Einsicht. Ich denke, vieles wird sich nachträglich einstellen, wenn man erst wieder mitten im eigenen Leben wohnt.“[14]

Sämtliche Briefe, die Rilke in seiner Zeit in Helouan verfaßt, zeigen deutlich den gleichen Tenor: Die „großen ägyptischen Dinge“ haben ihn zutiefst beeindruckt, aber auf eine für ihn nicht mehr faßbare, nicht mehr erfaßbare Art und Weise. Sein Verstand und sein Gefühl sind außerstande, mit diesen Erfahrungen produktiv umzugehen. Er spürt, daß diese Reise, die ihm soviel Inspiration geben sollte, ihn in seiner Arbeit blockiert, daß er nicht in der Lage ist, das Gesehene und Erlebte in Worte zu fassen. Das Gefühl, sich wie eine „falsche Münze“ zu fühlen, wird noch krasser in einem Brief beschrieben, den der Dichter Monate nach seiner Rückkehr an Rudolf Kassner adressiert – eben jener Kassner, der ihm zu der Reise nach Ägypten geraten hat: „Lieber Kassner, wenn ich die ganze Zeit über, statt die schönsten Dinge zu sehen, in einem Pariser Hospital gelegen wäre mit dem Gesicht gegen die Wand, so würde ich ebensoviel von allem gehabt haben und ebenso glücklich gewesen sein [...].“[15]

Erst am Ende seiner Reise formuliert ein im Widerspruch zu den vorigen Briefen stehendes Schreiben an Karl von der Heydt eine andere, zuversichtliche Haltung: „[...] heute konnte ich zum ersten Mal, seit ich hier in Helouan bin, hineinfahren für ein paar Stunden und mich mit dem ägyptischen Museum einlassen; lieber Freund, da kann ich wohl sagen: das geht mich an. Ich war innerlich genauso vorbereitet auf diese unkommensurablen Dinge, wie ichs immer zu sagen versuchte vorher und zu beweisen –, ich habe ein Einsehen für sie, das rein und klingend ist und voller Kontur, und meine Aufmerksamkeit, wächst ihnen gegenüber ins Große, wird Raum, in den sich jedes einzelne mitten hineinstellt und ist, ist, ist [...].“[16] Rilke zeigt sich hier begeistert von der ägyptischen Kunst – „das geht mich an“ –, aber diese Kunst ist eine entfremdete: zusammengestellte Schauobjekte in einem Museum, Statuen, auf Sockel gestellt oder unter Vitrinen geschützt, dazu in der isolierten Welt eines Museums. Durch das Zusammengestelltsein in einem abgeschiedenen Raum verlieren die Gegenstände für Rilke allem Anschein nach ihre erschreckende und bedrohliche Intensität, sie sind Artefakte, die er in ihrer ganzen Schönheit erlebt. Was ihn außerhalb der schützenden Museumswelt erschreckt, ist das Monumentale einer geistigen und religiösen Totalität, der sich sein Geist verschließt und deren Maßlosigkeit gegenüber er sich ausgeliefert fühlt.

Wie sehr ihn diese Zeit beim Schreiben hemmt, zeigt auch ein Brief, den er nach seiner Rückkehr nach Paris an Antonie Baumgarten am 27. Juni 1911 verfaßt. Von den gewaltigen Eindrücken sei er so „überhäuft“ gewesen, daß „an keinerlei Schreiben zu denken“ war; „der ungefährste Ausdruck schon wäre über Kraft und Wahrhaftigkeit hinausgegangen, allein nur ‚ich‘ zu sagen, war gewagt, war eine Übertreibung –, denn was war dieses Ich in solchen Händen, und blieb es, was es war, an irgendeiner seiner Stellen, und was wurde aus ihm?“[17] Verloren scheint ihm die Kraft der dichterischen Übertragung seiner Gefühle – zumindest für diesen Zeitraum. Unter der Last des Selbstzweifels und der unausgesprochenen Vermutung, diese Eindrücke nie wieder in Worte kleiden zu können, stellt er sich selbst die bange Frage: „[...] was wurde aus ihm?“

Fast hätte Rilke eine zweite Reise nach Ägypten in Begleitung der Fürstin Marie von Thurn und Taxis und ihres Gatten Alexander machen können. Die Gönnerin schreibt ihm im Oktober 1913 einen Brief, in dem sie ihn zu einer eventuellen Reise nach Ägypten zum Ende des Jahres einlädt. Noch bevor sich schließlich die Reisepläne zerschlagen, hat Rilke sich brieflich bei der Fürstin für die Einladung bedankt, eine Teilnahme an der Reise aber abgelehnt – unter fadenscheinigen Gründen. Offensichtlich scheut er eine erneute Auseinandersetzung mit dem Land, das ihn so tief berührt hatte. Im gleichen Brief aber empfiehlt Rilke der Fürstin die Reiselektüre. Zu diesen Empfehlungen gehört unter anderem der sogenannte „Sonnenhymnus“ Amenophis des Vierten, des späteren Echnaton. Die Empfehlung geht auf einen Besuch Rilkes im Berliner Ägyptischen Museum zurück. Als eines der ersten Exponate, die von deutschen Ägyptologen von Tell el Amarna nach Berlin verbracht worden waren, sah Rilke dort die Sandsteinbüste des Pharao Echnaton.

Hier, in der Abgeschiedenheit und der Isolation eines Museums begegnet er den Zeugnissen der ägyptischen Kultur wieder angstfrei und voller Begeisterung. Die Begeisterung für „seine Entdeckung“ war geradezu überschäumend. So schrieb er an Lou Andreas-Salome am 1. August: „[...] Durch Berlin reisend, sah ich Sonntag den neugefundenen Amenophis-Kopf: ein Wunder, ich erzähle Dir.“[18] Kurz darauf an Marie von Thurn und Taxis: „[...] und schrieb ich Ihnen, wie ich durchreisend in Berlin, den dortigen Amenophis IV. sah? [...]“[19] Und eine Woche später wiederum an die Fürstin: „Wieviel zu erzählen, liebe Fürstin, wieviel zu fragen, – wir könnten zusammen den Amenophis sehen und einige andere Großartigkeiten, nun er allein reicht schon aus [...].“[20] Einen (!) Tag später noch einmal an Marie von Thurn und Taxis: „Fürstin, wenn ich Sie hier nicht sehe, der Weg zum Amenophis müßte auch für Sie [...] das Wichtigste sein, er steht in dem Mittelraum der ägyptischen Sammlung [...]. Ich hätte Sie aber doch am liebsten davorgeführt, schon damit Sie gar nichts vorher sehen müssen [...].“[21] Fast ein halbes Jahr später ist die Euphorie Rilkes noch immer nicht erloschen: Am 1. Februar 1914 schrieb er an Magda von Hattingberg: „Meine Freundin, sehen Sie, in Berlin, den Kopf Amenophis des Vierten, im mittleren Lichthof des ägyptischen Museums, fühlen Sie an diesem Gesicht, was es heißt, der unendlichen Welt gegenüber zu sein und in so beschränkter Fläche, durch die gesteigerte Ordnung einiger Züge, ein Gleichgewicht auszubilden zur ganzen Erscheinung. Könnte man sich nicht abkehren von einer Sternennacht, um in diesem Antlitz dasselbe Gesetz in Blüthe zu finden, dieselbe Größe, Tiefe, Unausdenkbarkeit? [...] An solchen Dingen habe ich Schauen gelernt, und als sie später in Ägypten zahlreich vor mir standen, in ihrer eigensten Natur, da kam das Einsehn in sie in solchen Wellen über mich, daß ich fast eine ganze Nacht unter dem grossen Sphinx lag, wie vor ihm ausgeworfen von allem meinem Leben."[22] In diesem Brief an Magda von Hattingberg ist Rilke erstmalig in der Lage, ein Erlebnis, das zu den entscheidensten seiner Ägyptenreise gehört, zu reflektieren: „[...] An diesem schrägen Hange, gegen dem riesigen Gebilde über, suchte ich mir einen Platz und lag, in meinen Mantel gehüllt, erschrocken, namenlos theilnehmend, da. Ich weiß nicht, ob mir mein Dasein so völlig zum Bewußtsein kam, wie in jenen Nachtstunden, in denen es allen Werth verlor: denn was war es gegen dies alles?" Ein von Rilke häufig verarbeitetes Motiv hat hier sein erlebtes Äquivalent: die Selbstaufgabe an das Universum. Eingehen in namenlose Dingen, sich verlieren in blinder Bewußtlosigkeit – hier in der Einsamkeit, in der Kühle der Pyramiden gelingt ihm diese Erfahrung. Inmitten der Wüste, vor dem vergöttlichten Abbild eines Herrschers einer früheren Dynastie verliert der Sphinx seine Beziehung zu den Menschen, die ihn geschaffen haben, er löst sich gleichsam aus der Funktionalität eines Kunstwerks und beginnt ein Eigenleben als Symbol der nicht faßbaren Ewigkeit. Rilke ist nicht mehr in der Lage (im Gegensatz zu seinem Erleben im Museum), ein Relikt aus alter Zeit auf seinen künstlerischen Aspekt zu reduzieren – ist, nur noch „namenlos theilnehmend", ein Teil dieses Universums geworden.

Doch noch einmal zurück zu Rilkes euphorischen Gedanken über die Büste Echnatons. In weiteren Briefen fordert er die Empfängerinnen zum Besuch des Berliner Museums auf, vor allem dazu, sich die Büste anzusehen. Allein Lou sieht sie im Original und ist verblüfft über die Ähnlichkeit der Gesichtszüge des Pharao mit denen Rilkes. Eine erste umfangreiche Verarbeitung der ägyptischen Gedichte (das Gedicht mit dem Titel „Man muß sterben weil man sie kennt" von 1914 ist lediglich eine Adaption des sogenannten „Papyrus Prisse", einer Handschrift um etwa 2000 v. Chr., und daher nicht als eigenständiges Werk anzusehen) gelingt Rilke mit dem 1920 entstandenen Gedicht „Aus dem Nachlaß des Grafen C. W." Anläßlich dieser Arbeit schreibt er am 15. Dezember an Marie von Thurn und Taxis: „Ein sehr schönes (ägyptisches) Gedicht ist dabei, das ich wohl möchte gemacht haben, das aber nie so sich könnte in mir ausgeformt haben. Das ging im Fluge an drei Abenden vor sich –, und schon am zweiten setzte ich, ganz fließend, ohne einen Moment zu überlegen aufs Titelblatt ‚Aus dem Nachlaß des Grafen C. W.' ohne mir einen Namen bei diesen Initialen zu denken, – aber so durchaus sicher, daß es das sei. Was war das alles?"[23] Im Prinzip hat sich Rilke die Antwort bereits gegeben: Er schreibt ein Gedicht, „das aber nie so sich könnte in mir ausgeformt haben". Um seine Blockade zu überwinden, bedient er sich einer List; mit der Wahl des Titels erzeugt Rilke beim Leser (und auch bei sich selbst) den Eindruck, es handele sich hier um die Aufzeichnungen, den „Nachlaß", einer fremden Person. Offenbar ist Rilke der Meinung, diese

Blockade sei mit Hilfe dieser suggestiven Selbsttäuschung zu überwinden. Bemerkenswert ist der Stil des Gedichts, wenn es z. B. heißt:

In Karnak wars. Wir waren hingeritten
Hélène und ich, nach eiligem dîner.
Der Dragoman hielt an: die Sphinxallee –,
ah! der Pilon: nie war ich so inmitten

mondener Welt! (Ists möglich, du vermehrst
dich in mir, Großheit, damals schon zu viel!)
Ist Reisen – Suchen? Nun, dies war ein Ziel.
Der Wächter an dem Eingang gab uns erst

des Maßes Schreck. Wie stand er niedrig neben
dem unaufhörlichen Sich-überheben
des Tors. Und jetzt, für unser ganzes Leben,
die Säule -: jene! War es nicht genug?

Metrik und Versmaß wirken gequält, vom dichterischen Aspekt her geradezu ungelenk; der Eindruck entsteht, es handele sich hier um die nachgelesenen Erinnerungen eines nicht näher bezeichneten Grafen „C. W.“ mit dichterischen Ambitionen. Rilke schlüpft in dessen Rolle und führt den Leser mit teilweise holprigen Reimen durch die Wunderwelt Karnaks; die einzelnen Bilder werden so deutlich, die einzelnen Örtlichkeiten so präzise bestimmt, daß der Leser meint, einen gereimten Reiseführer in Händen zu halten. Nur an einigen wenigen Stellen wird der „Rilke“ unter der Maske des Grafen „C. W.“ sichtbar:

Und doch, die Gnade! Weißt du noch den See,
um den granitne Katzen-Bilder saßen,
Marksteine – wessen? Und man war dermaßen
gebannt ins eingezauberte Carré,

daß, wären fünf an einer Seite nicht
gestürzt gewesen (du auch sahst dich um),
sie, wie sie waren, katzig, steinern, stumm,
Gericht gehalten hätten [...]

Rilke ist diese Arbeit schnell von der Hand gegangen: sie hat ihn, wenn auch durch „Vermittlung“ der Kunstfigur C. W., die ausgerechnet die Initialen seiner Frau trägt, wieder in die Lage versetzt, sich seinen Erfahrungen mit Ägypten zu stellen, sie zu reflektieren, ja in Dichtung umzusetzen. Auch hier klingt das Motiv der völligen Entäusserung, der Hingabe an die gegenständliche Welt an; ein Motiv, das in den „Duineser Elegien“ und anderen Gedichten wiederkehren wird.

Gerade die zehnte „Duineser Elegie“, die mit überraschender Straffheit und Konsequenz die losen Fäden der ersten neun Gedichte verbindet, zeugt von der latenten Auseinandersetzung Rilkes mit der ägyptischen Kultur – und besonders mit dem Totenkult. Mit einer bitterbösen Parallele zwischen „Jahrmarkt“ und

„Trostmarkt" kritisiert er die Vermarktung des Todes und der Trauer. Dann aber spricht er von der mythischen Vorstellung einer Totenwelt:

> Und sie leitet ihn leicht durch die weite Landschaft der Klagen,
> zeigt ihm die Säulen der Tempel oder die Trümmer
> jener Burgen, von wo Klage-Fürsten das Land
> einstens weise beherrscht. Zeigt ihm die hohen
> Tränenbäume und Felder blühender Wehmut,
> (Lebendige kennen sie nur als sanftes Blattwerk);
> zeigt ihm die Tiere der Trauer, weidend, – und manchmal
> schreckt ein Vogel und zieht, flach ihnen fliegend durchs Aufschaun,
> weithin das schriftliche Bild seines vereinsamten Schreis. –
> [...]
> Naht aber Nacht, so wandeln sie leiser, und bald
> mondets empor, das über Alles
> wachende Grab-Mal. Brüderlich jenem am Nil,
> der erhabene Sphinx –: der verschwiegenen Kammer
> Antlitz
> Und sie staunen dem krönlichen Haupt, das für immer,
> schweigend, der Menschen Gesicht
> auf die Waage der Sterne gelegt.
>
> Nicht erfaßt es sein Blick, im Frühtod
> schwindelnd. Aber ihr Schaun,
> hinter dem Pschent-Rand hervor, scheucht es die Eule. Und sie
> streifend im langsamen Abstrich die Wange entlang,
> jene der reifesten Rundung,
> zeichnet weich in das neue
> Totengehör, über ein doppelt
> aufgeschlagenes Blatt, den unbeschreiblichen Umriß.[24]

Hier gelingt Rilke eine der vielleicht vollkommensten lyrischen Darstellungen des altägyptischen Jenseitsglaubens. Die „Klagen" erfüllen die Aufgabe, den Toten als Wegweiser in der neuen, der „jenseitigen" Welt zu dienen. Sie stehen sowohl für die in Ägypten anläßlich der Beisetzungsfeierlichkeiten ertönenden Klagegesänge, als auch als Wegweiser in die Unterwelt. Sie sind das personifizierte „Amduat", das „Buch der Toten", das „Buch der Höhlen" und das „Buch der Nacht". Sie zeigen den Toten ihre zukünftige Welt, wie wir sie heute noch in den Ausschmückungen der Gräber finden: Felder, weidendes Vieh, die Vögel in den gemalten Papyrussümpfen, und führen hin zu den „Gräbern" der Alten", zu den Mastabas der frühen Dynastien und zu den „verschwiegenen Kammern", den Grabkammern der Pyramiden und Totenstätten.

In die Beschreibung des „erhabenen Sphinx" bringt Rilke seine eigenen Erfahrungen mit ein: das Erlebnis, als er nächtens bei hellstem Mondschein, allein für Stunden in der Wüste ausharrt und versucht, diese unbeschreibliche Erscheinung in sich aufzunehmen. Wie weit sich die dichterische Ausformung mit dem Erlebten deckt, zeigt noch einmal sein Brief an Magda von Hattingberg vom Februar

1914: „[...] Denken Sie, dieses: Hinter dem Vorsprung der Königshaube an dem Haupte der Sphinx war eine Eule aufgeflogen und hatte langsam, unbeschreiblich hörbar in der reinen Tiefe der Nacht, mit ihrem weichen Flug das Angesicht gestreift: und nun stand auf meinem, von stundenlanger Nachtstille ganz klar gewordenen Gehör der Kontur jener Wange, wie durch ein Wunder, eingezeichnet.“[25]

Was den Abendländer – und auch Rilke – an der Kultur des alten Ägypten fasziniert, ist der Totenkult und die mit ihm verbundenen Vorstellungen des Jenseits. Im Glauben an ein Leben im Jenseits im Stile des diesseitigen Lebens, in der Annahme, der Tod sei nur ein Teil des Lebens, der zu einer anderen Daseinsform führt, konnte die archaische Furcht vor der Vergänglichkeit des Lebens überwunden werden. Auch in diesem Fall nutzt Rilke seine Erfahrungen mit der altägyptischen Kultur als Folie, um zu eigenen Erkenntnissen zu kommen. Aus der eigenen Einstellung zum Tod und zur Trauer macht er keinen Hehl: Weder heuchlerisches Vermarkten der Trauer auf dem „Trostmarkt“ noch das Einbalsamieren Verstorbener zum Zweck ihrer Konservierung scheint ihm als Umgang mit dem Tod angemessen. So kritisiert er in der Schrift *Über den jungen Dichter* sowohl den europäischen Forscherdrang als auch die altägyptischen Mumifizierungsrituale: „Es ist wahr, die Götter haben keine Gelegenheit verschmäht, uns bloßzustellen: sie ließen uns die großen Könige Ägyptens aufdecken in ihren Grabkammern, und wir konnten sie sehen in ihren natürlichen Verwesungen, wie ihnen nichts erspart geblieben war. Alle die äußersten Leistungen jener Bauwerke und Malereien haben zu nichts geführt; hinter dem Qualm der Balsamküchen ward kein Himmel erheitert, und der tönernen Brote und Beischläferinnen hat sich kein unterweltlicher Schwarm scheinbar bedient [...].“[26] Die Massen zumeist europäischer Archäologen und Ägyptologen, die zur Zeit der Entstehung dieser kleinen Schrift die antiken Begräbnisstätten durchstreifen und die Totenruhe stören, zeichnet Rilke als ‚verhöhnte‘ von den Königen Ägyptens. Den Königen, die sich ohne jeden Erfolg angemaßt hatten, der Vergänglichkeit des Daseins durch ihre Konservierungstechniken zu trotzen, sei „nichts erspart geblieben“. Lohnenswert ist es, dazu eine Stelle aus den „Sonetten an Orpheus“[27] zu lesen, in denen Rilke deutlich Stellung bezieht:

Rühmen, das ists! Ein zum Rühmen Bestellter
ging er hervor wie das Erz aus des Steins
Schweigen ...

Nicht in den Grüften der Könige Moder
straft ihm die Rühmung Lügen, oder
daß von den Göttern ein Schatten fällt.

Er ist einer der bleibenden Boten,
der noch weit in die Türen der Toten
Schalen mit rühmlichen Früchten hält.

In einer früheren Fassung[28], die ihren Gegenstand präziser benennt und Rilke vielleicht zu drastisch erschienen sein mag, hieß es:

> Euch kanns beirren, wenn man in Grüften
> Könige aufdeckt, verfault und verwürmt,-
> ihn hat der Hinfall der Häupter und Hüften
> zwar mit zehrendem Weh bestürmt,
> aber der Zweifel war ihm verächtlich.

Den wahren Umgang mit Toten beschreibt Rilke schließlich in seinem fünften Sonett[29]:

> Errichtet keinen Denkstein. Laßt die Rose
> nur jedes Jahr zu seinen Gunsten blühn.
> Denn Orpheus ists. Seine Metamorphose
> in dem und dem. Wir sollen uns nicht mühn
> um andre Namen ...

Das Gedenken an die Toten soll im orphischen Sinne erfolgen – nicht durch „Denksteine", nicht durch die billigen Denkmäler des „Trostmarktes" der zehnten Elegie oder die prunkvoll ausgestatteten Totentempel, sondern allein im Gedenken an die Toten in der Erkenntnis, daß alles, was stirbt, zur Natur zurückkehrt und dort weiterlebt.

Die Begegnung mit der ägyptischen Kultur, ihren Riten und Zeremonien, ihrem Totenkult und ihrem Jenseitsglauben hat Rilkes Werk tief inspiriert. Die Folgen dieser Auseinandersetzung, die bereits mit der Ägyptenreise seiner Frau beginnt, sind im Werk selten direkt ablesbar, gehen aber befruchtend in einen Hintergrund ein, vor dem Rilke eigene europäische Vorstellungen mit denen einer fremden, alten Kultur konfrontiert, abwägt und wertet. Bis Rilke allerdings in der Lage ist, diese gewaltigen Erfahrungen im Werk fruchtbar werden zu lassen, vergehen etliche Jahre. Überwunden sind diese Irritationen im Grunde erst in seinen letzten beiden großen Werken, den „Duineser Elegien" und den „Sonetten an Orpheus".

Die Verbindung mit Ägypten bleibt Rilke bis zu seinem Tode erhalten: Seine letzte Freundin ist die dreiundzwanzigjährige Ägypterin Nimet Eloui. Auch das letzte Geschenk, das ihm Katharina Kippenberg wenige Tage vor seinem Tod am 29. Dezember 1926 macht, ist eines von Rilkes „ägyptischen Dingen" – ein Skarabäus.

Anmerkungen:

Der Beitrag ist eine überarbeitete Neufassung meines Aufsatzes: Rainer Maria Rilkes Erfahrungen in und mit Ägypten. Die Diskrepanz zwischen Nähe und Distanz, in: Sahifatu' L-Alsun, Nr. 13, Part. 2, Alsun Faculty, Ein Shams University, Alsun Press Kairo 1997, S. 545-596

1 Ruth Sieber-Rilke/Carl Sieber (Hg.): Rainer Maria Rilke. Briefe aus den Jahren 1906-1907, Leipzig 1930, S. 170

2 Ruth Sieber-Rilke/Carl Sieber (Hg.): Rainer Maria Rilke. Briefe aus den Jahren 1902-1906, Leipzig 1929, S. 265

3 Ruth Sieber-Rilke/Carl Sieber (Hg.): Rainer Maria Rilke. Briefe aus den Jahren 1906-1907, a. a. O., S. 213

4 Rilke-Archiv (Hg.): Rainer Maria Rilke. Sämtliche Werke. Frankfurt/M./Leipzig 1991, Bd. I, S. 397 f. [zit. als SW]

5 Ebd., Bd. I, S. 403

6 Ebd., Bd. II, S. 239

7 Bettina von Bomhard: Rainer Maria Rilke – Katharina Kippenberg. Briefwechsel, Wiesbaden 1954, S. 16

8 Klaus Bohnenkamp (Hg.): Rudolf Kassner. Rilke. Gesammelte Erinnerungen, Pfullingen 1976, S. 86

9 Ruth Sieber-Rilke/Carl Sieber (Hg.): Rainer Maria Rilke. Briefe aus den Jahren 1907-1914, Leipzig 1933, S. 119

10 An Clara, 18. Januar 1911; ebd., S. 121

11 Bernhard Blume (Hg.): Rainer Maria Rilke. Briefe an Sidonie Nadherny von Borutin, Frankfurt/M. 1973, S. 323

12 Horst Nalewski (Hg.): Rainer Maria Rilke. Briefe in zwei Bänden, Frankfurt/M./Leipzig 1991, S. 349

13 Ingeborg Schnack/Renate Scharfenberg (Hg.): Rainer Maria Rilke. Die Briefe an Karl u. Elisabeth von der Heydt, Frankfurt/M. 1986, S. 172

14 Ernst Zinn (Hg.): Rainer Maria Rilke und Marie von Thurn und Taxis. Briefwechsel, Zürich/Wiesbaden 1951, S. 30

15 Klaus Bohnenkamp (Hg.): Rudolf Kassner. Rilke, a. a. O., S. 86

16 Ingeborg Schnack/Renate Scharfenberger (Hg.): Rainer Maria Rilke ..., a. a. O., S. 175

17 Ruth Sieber-Rilke/Carl Sieber (Hg.): Rainer Maria Rilke. Briefe aus den Jahren 1907-1914, a. a. O., S. 142

18 Ernst Pfeiffer (Hg.): Rainer Maria Rilke – Lou Andreas-Salome. Briefwechsel, Frankfurt/M. 1989, S. 293

19 (14. August 1913), in: Ernst Zinn, a. a. O., S. 631

20 Ebd., S. 312

21 Ebd., S. 314

22 Magda von Hattingberg (Hg.): Rainer Maria Rilke. Briefwechsel mit Benvenuta, Esslingen 1954, S. 22

23 Ernst Zinn, a. a. O., S. 631

24 Rainer Maria Rilke: Werke in drei Bänden, Frankfurt/M. 1966, Bd. I, S. 480

25 Horst Nalewski (Hg.), a. a. O., S. 504

26 SW, Bd. III, S. 555 f.

27 SW, Bd. I, S. 491

28 Hedwig Conrad-Martius/Eugen Fink u. a. (Hg.): Symposion. Jahrbuch für Philosophie, Bd. IV, Freiburg 1955, S. 446

29 SW, Bd. I, S. 489

Ingrid Mittenzwei

Das Haus der Dichter und das Gewebe der Spinnen
Erfahrung und poetisches Verfahren bei Hugo von Hofmannsthal, Henry James und Virginia Woolf

„Es führt von der Poesie kein direkter Weg ins Leben, aus dem Leben keiner in die Poesie“[1] – mit diesem Diktum trennt Hugo von Hofmannsthal in einem Vortrag von 1896 die beiden Bereiche, deren Zusammenhang der Titel zunächst suggeriert: „Poesie und Leben“ sind nur mittelbar verbunden, denn: „Das Wort als Träger eines Lebensinhaltes und das traumhafte Bruderwort, welches in einem Gedicht stehen kann, streben auseinander und schweben fremd aneinander vorüber, wie die beiden Eimer eines Brunnens.“[2]

Das ist, wie der Kontext zeigt, zugleich Ausdruck des Selbstbewußtseins dessen, der „Künstler in Worten sein“[3] will wie andere in Farben, Steinen und Tönen, und Ausdruck des Unmuts eines Lesers, der in der zeitgenössischen Forschungsliteratur etwa über einen „Künstler in Worten“ wie Goethe das „Materielle des Erlebnisses“ in den Vordergrund gestellt und das Kunstwerk bloß als „gemalte[n] Hintergrund“ dazu[4] bewertet sieht.

Zehn Jahre später führen Erfahrungen mit inzwischen Erlebtem und Gedichtetem, nach intensiven Vorüberlegungen und Vorarbeiten,[5] zu einer etwas veränderten Akzentuierung. In *Der Dichter und diese Zeit*, Ende 1906 und Anfang 1907 als Vortrag gehalten und im März 1907 in der *Neuen Rundschau* gedruckt, geht es Hofmannsthal, wie er einleitend sagt, „um das Dasein des Dichters oder des dichterischen Elementes in dieser unserer Zeit“,[6] um den, der für die Vermittlung zwischen Leben und Kunst zuständig ist. Der Autor hat sich seit einigen Jahren bereits, wie Wolfdietrich Rasch resümiert, „von der so oft abgewandelten Thematik der Lebensferne ab[gewendet]“,[7] und dies beeinflußt nun auch die Positionsbestimmung, die er für sich und seine Kollegen vornimmt in einer Zeit, die sich angesichts der Bestandsaufnahmen des Fin de siècle die Frage nach dem Umgang mit diesen Beständen im neuen Jahrhundert zu stellen beginnt.

„Diese Zeit“ ist gekennzeichnet durch ein auf den ersten Blick der dichterischen Imagination höchst abträgliches Faktum, das ein realitätszugewandtes Jahrhundert mitsamt seinen realitätszugewandten Poeten nach Meinung des Autors hinterlassen hat: Sie haben „die Phänomene zu stark gemacht“;[8] die Aufforderung, „hinein ins volle Menschenleben“ zu greifen, wie sie etwa Fontane aus dem *Faust*-Vorspiel übernimmt und zum „Motto des Realismus" erhebt,[9] hat zu einem „Larventanz der stummen Erscheinungen"[10] geführt, die, losgelöst vom Menschenleben, zu dem sie einmal gehörten, dieses nicht mehr vor Augen und zu Wort kommen lassen. Nicht mehr „die Worte haben sich vor die Dinge gestellt",[11] sondern die Dinge vor die Menschen, und dies ist eine neue Herausforderung für den Dichter, der jetzt ausdrücklich nicht neben dem Leben, sondern mittendrin, im *Haus der Zeit*,[12] seinen festen Wohnsitz genommen hat. Nicht nur mit dem Kult der schönen Dinge, der Kostbarkeiten und Raritäten, ist es vorbei, sondern mit der Wertschätzung von Dinglichkeit überhaupt, wenn diese zur bloßen Materie verfestigt und für den Blick zum Menschen hin nicht mehr transparent ist. Hofmannsthal wünscht sich nunmehr, den Begriff „Dichter" „ins Leben zurückzuholen", ihn, wie er mit Novalis formuliert, „zu ‚dephlegmatisieren', zu ‚vivifizieren'".[13]

Das bedeutet eine Absage an Sicht- und Denkweisen des Fin de siècle, und auf Hofmannsthals deutlich kritische Haltung gegenüber diesen ist ja oft hingewiesen worden. Es bedeutet aber auch ein Einschwenken auf einen Weg, den, auf der Suche nach einem neuen poetologischen Standort, Schriftsteller im angelsächsischen Sprachraum um die gleiche Zeit einschlagen und den sie mit einer Konsequenz verfolgen, deren berühmt gewordene Resultate zu Maßstäben für die Literatur der Moderne werden. Auf Beziehungen Hofmannsthals zur Moderne, besonders zum Symbolismus französischer Prägung, hat die neuere Forschung hingewiesen.[14] Ich möchte im folgenden mit ein paar vergleichenden Betrachtungen Hofmannsthals Überlegungen von 1906 zu Dichter, Dichtung, Leben und Zeit einmal in jenen anderen Kontext stellen und ihre Verflochtenheit mit diesem Teil der europäischen Moderne anhand einiger Fäden aufzeigen.

Wenn ich hier nun poetologische Essays von Henry James und Virginia Woolf gewählt habe, liegt natürlich sogleich der Einwand nahe, daß diese Autoren zwar als Essayisten zum engeren Kollegenkreis Hofmannsthals gehören, ansonsten aber Prosaschriftsteller sind mit Schwerpunkt auf dem Gebiet des Romans, auf das sich Hofmannsthal nur mit einem – allerdings gewichtigen – Fragment und einigen späten Plänen begeben hat. Das Fragment werde ich nicht außer acht lassen; aber vor allem geht es mir um Reflexionen und Thesen aus einigen Aufsätzen in ihrem thematischen Zusammenhang mit Hofmannsthals Vortrag. Und in den Essays von James und Woolf ist zwar von „fiction" und damit in erster Linie von fiktionaler Erzählprosa die Rede, aber es geht in ihnen um genau die Stellung des Schriftstellers im und zum Leben und deren Konsequenzen für das Werk, um die es auch Hofmannsthal an der genannten Stelle zu tun ist; zudem bezeichnet dieser ausdrücklich die Unterscheidung zwischen Dichter und Schriftsteller ebendort als „unhaltbar" und als Produkt von „Zeitgeschmack" oder „Hochmut",[15] und natürlich gehören der *Werther*[16] und das „Wilhelm-Meisterliche Lebenlernen"[17] zur Poesie, ebenso wie die große Anzahl anderer Romane, mit denen sich die Essayistik Hofmannsthals kontinuierlich beschäftigt.

Im übrigen hat es einen guten Grund, daß das Verhältnis des Dichters zum Leben gerade ein bevorzugtes Thema theoretischer und kritischer Reflexionen von Romanschriftstellern ist. Der Roman, zumal der angelsächsische, verstand sich von jeher als die literarische Form, deren Aufgabe im Repräsentieren von Leben besteht – was das aber heißt und wie sich das mit den Veränderungen der Zeit selbst verändert und verändern muß, das genau ist Anlaß und Thematik jener Überlegungen. Sie wurden niedergeschrieben von Autoren, die ganz unabhängig voneinander gearbeitet haben. Gemeinsam ist ihnen ihr Gegenstand: der Dichter, sein Metier und seine Zeit.

Hofmannsthals Dichter wohnt, wie schon zitiert, im „Haus der Zeit", und in Anlehnung an die in den *Gesta Romanorum* überlieferte Alexius-Legende[18] weist er ihm den Platz „unter der Stiege" zu, „wo alle an ihm vorüber müssen und keiner ihn achtet".[19] Um so mehr aber achtet er auf alles: Er ist „Zuseher"[20] mit einer selbstvergessenen Intensität, deren Beschreibung ihn deutlich in die Nähe des Keatsschen ‚Chamäleon-Dichters' rückt,[21] und: „Er kann nichts auslassen. [...] Es ist, als hätten seine Augen keine Lider."[22]

Um die Zeit von Hofmannsthals Vortrag verfaßt Henry James seine Vorworte zu den einzelnen Bänden der Ausgabe seiner Werke, der sogenannten New York Edition, die zwischen 1907 und 1909 erscheinen und, jeweils ausgehend von einem konkreten Werkbeispiel, die Summe seiner Erfahrungen mit Theorie und Praxis des Schreibens ziehen. Dort heißt es zum Standort des Schriftstellers: „The house of fiction has in short not one window, but a million", und an jedem steht „a figure with a pair of eyes", die zwar alle auf das von dort aus Sichtbare, „the human scene", blicken, aber worauf es entscheidend ankommt, ist der jeweils individuelle Blickpunkt, und „the spreading field" vor dem Haus wie die für die Wiedergabe des dort Gesehenen gewählte „literary form" bedeuten so gut wie nichts „without the posted presence of the watcher – without, in other words, the consciousness of the artist".[23]

Nur auf den ersten Blick hat der Dichter bei Hofmannsthal eine andere Position in seinem Haus als bei James; ungesehen „unter der Stiege" ist auch er da ‚postiert', „wo alle vorbei müssen", denn auch „in ihm", in seinem Bewußtsein, „muß und will alles zusammenkommen",[24] was seine Augen, die „keine Lider" zu haben scheinen, wahrnehmen. Hofmannsthal bezeichnet sein Bild vom unerkannten Wohnen des Dichters in seinem Haus denn auch als ein „Gleichnis"[25] für die immerwährende, ungestörte Präsenz des Beobachters, der alles aufnimmt und „in sich die Elemente der Zeit verknüpft".[26]

Die Metapher des Hauses steht traditionellerweise für Sicherheit, Solidität, festgefügte Ordnung, Besitz. Bei James wie bei Hofmannsthal wird sie in dieser Funktion nicht eingesetzt. Sie dient vielmehr nur dazu, um über sich hinauszuweisen: Der „watcher" am Fenster und der „Zuseher" im „Haus der Zeit" halten sich gerade nicht an einer vorgegebenen, dauerhaft gefügten Ordnung fest. Indem sie nichts, was vor ihnen auftaucht, „auslassen", sind sie offen für eine

„Ordnung der Dinge", in die „jedes Ding hineinpassen" und in der, siehe oben, „alles zusammenkommen [muß]".[27]

Das Gesetz, „keinem Ding den Eintritt in seine Seele zu wehren", ist die Voraussetzung für die vom Dichter zu schaffende „Welt der Bezüge".[28] James' spätes Bild vom Künstler und seiner Aussicht auf „the human scene" basiert auf der gleichen Anschauung von dessen Aufgabe, nichts ‚draußenzulassen', und es ist eine Art zusammenfassendes Gleichnis für einschlägige Formulierungen in früheren Arbeiten dieses Autors. Der Essay „The Art of Fiction" von 1884 enthält in dieser Hinsicht zwei Anweisungen an einen ‚Novizen' der Schriftstellerlaufbahn: „Write from experience and experience only" und „Try to be one of the people on whom nothing is lost!"[29] Der zweite Imperativ dient dazu, ein Mißverständnis des ersten zu vermeiden: „Experience" ist nicht das große Abenteuer, das herausragend Spektakuläre, sondern eben das, was sich im Bewußtsein eines Beobachters vollzieht, der nichts „auslassen" kann, an den nichts, was geschieht, ‚verloren' ist.

Um zu verdeutlichen, was er mit solcher Erfahrung als Basis des Schreibens meint, greift James auch hier zu einem Bild. Er fragt (rhetorisch), wo Erfahrung dieser Art ihren Anfang und ihr Ende habe, und antwortet:

> Experience is never limited, and it is never complete; it is an immense sensibility, a kind of huge spider-web of the finest silken threads suspended in the chamber of consciousness, and catching every air-borne particle in its tissue. It is the very atmosphere of the mind; and when the mind is imaginative – much more when it happens to be that of a man of genius – it takes to itself the faintest hints of life, it converts the very pulses of the air into revelations.[30]

Ich habe das ausführlich zitiert, um die Ähnlichkeit der Formulierungen mit denen in Hofmannsthals Vortrag ins Auge fallen zu lassen. Hofmannsthals Dichter, sensibel für „jeden Druck der Luft"[31] und der „Unendlichkeit der Erscheinungen" sich aussetzend, schafft „wie die Spinne, aus dem eigenen Leib den Faden hervorspinnend, der über den Abgrund des Daseins sie trägt".[32] Er schafft auf diese Weise, mit diesen Fäden den „Zusammenhang des Erlebten"[33] als ein „Gewebe".[34] Es sind die gleichen hauchfeinen Fäden einer „immense sensibility", die sein Bewußtsein alles, auch die „faintest hints of life" einfangen lassen und den „man of genius" – ein Ausdruck der englischen Sprache übrigens, den Hofmannsthal sehr schätzt[35] – fähig machen, unter Einbeziehung noch der „pulses of the air", des „fast Wesenlose[n]",[36] eine Textur zu schaffen; Fäden, deren Feinheit sonst kein Auge wahrnimmt, die in seinem Bewußtsein zusammenkommen, „verknüpft" werden und als „Welt der Bezüge" im Kunstwerk anschaulich werden sollen.

Die Frage ist nur, wie dieses Kunstwerk seinerseits aussehen soll, wenn es denn aus einer solchen Fülle der Impressionen heraus gestaltet wird und diese nicht verdrängen, sondern gerade vermitteln will. In James' eben zitiertem früheren Aufsatz stellt die hochgradige Sensibilität des Künstlers „on whom nothing is lost" ein Potential an Erfahrungen, die ihn schließlich befähigen, eine seiner

Intention jeweils entsprechende Auswahl zu treffen, die ihrerseits repräsentativ ist, also ermöglicht, „to judge the whole piece by the pattern",[37] und damit im Kunstwerk Realität zu ‚produzieren'.[38] Denn: „Art is essentially selection, but it is a selection whose main care is to be typical, to be inclusive."[39] In einem der späten Vorworte steht das quasi als abschließende Formel: „Life being all inclusion and confusion, and art being all discrimination and selection [...]."[40]

Aber „life" muß erfahren worden sein, um „art" zu ermöglichen. In einem Brief an Hugh Walpole schreibt James am 21. August 1913: „We must know, as much as possible, in our beautiful art [...], what we are talking about – and the only way to know is to have lived and loved and cursed and floundered and enjoyed and suffered."[41] Diese Stelle paraphrasiert Virginia Woolf in ihrer Besprechung der 1920 im Druck erschienenen Briefe von Henry James, indem sie sie mit seiner Fähigkeit zu kunstgerechter Auswahl in Verbindung bringt: „[...] to enjoy his power of exquisite selection one must have 'lived and loved and cursed and floundered and enjoyed and suffered', and, with the appetite of a giant, have swallowed the whole."[42]

Ein etwas drastisches Bild, aber geeignet, dem Mißverständnis vorzubeugen, das „chamber of consciousness" mit seinem Spinnengewebe feinster Seidenfäden befinde sich in einem Elfenbeinturm. „The posted presence of the watcher", der am Fenster des „house of fiction" seine Augen auf die menschliche Szene richtet, ist, was den damit verbundenen Blickpunkt betrifft, bedingt durch Erfahrung, die er mit Hilfe seines spinnwebfeinen Bewußtseins gemacht hat. Das Kunstwerk, das auf dieser Grundlage entsteht, erhebt nicht den Anspruch, das Durcheinander des Lebens in eine allgemeinverbindliche Ordnung zu bringen; das Urteilsvermögen, das Unterscheidung und Auswahl vornimmt, ist ein subjektives und hat *einen* von „innumerable points of view".[43] Die erzählerischen Konsequenzen, die James vor allem in seinen späten Werken daraus zog, haben ihn zu einem Erzähler an der Schwelle zur Moderne gemacht. „Reality has a myriad forms",[44] und er will das, was einem Roman als fiktionalem Werk seinen höchsten Wert gibt, „the air of reality",[45] dadurch erreichen, daß er „every air-borne particle", das sein Bewußtsein eingefangen hat, auf seine Eignung für die Textur des Ganzen und deren „myriad ordered stitches" überprüft.

Die letztere Formulierung findet sich in seinem 1905 veröffentlichten, von Bewunderung getragenen Essay „The Lesson of Balzac",[46] und 1908 wird Hofmannsthal einen Aufsatz über diesen Romancier als Einleitung zum ersten Band einer Balzac-Ausgabe erscheinen lassen, der von einer ganz ähnlichen Verbindung aus Begeisterung und Detailanalyse geprägt ist und an Balzacs erzählter „Welt"[47] besonders hervorhebt: „Alles ist so deutlich gesehen, daß es eine lükkenlose Skala ergibt, das ganze Gewebe des Lebens, von Faden zu Faden, auf und ab."[48]

Die Vorstellung vom Kunstwerk als einem Ganzen gilt für James wie für Hofmannsthal; wenn ihr wie im Fall Balzacs entsprochen wird, ist Bewunderung die Reaktion. Bei allem Bekenntnis zur Subjektivität des Beobachters und aller Vielfalt und Subtilität des durch sie eingefangenen, je individuell verwobenen Lebensstoffs bleibt für James die geschlossene Form des Werks der unangetastete Maßstab.

Hofmannsthal setzt in seinem Vortrag von 1906 bei den zeitgenössischen Lesern, die er anspricht, ebendiese Erwartung eines solchen Ganzen, „Gebaute[n]" voraus, das die „Elemente des Daseins" im Kunstwerk zusammenfaßt; die Erwartung der „Synthese des Inhaltes der Zeit" als „einzig unerläßliche dichterische Leistung".[49] Sein Dichter im „Haus der Zeit", unter dem „Zwang, nichts draußen zu lassen",[50] sieht sich konfrontiert mit der Forderung, den Zusammenhang des Erlebten nach dem Vorbild der literarischen Muster der Vergangenheit als ein wie auch immer vielfädiges, aber sichtbar strukturiertes Gewebe zu gestalten. Dazu sieht er sich jedoch nicht mehr in der Lage. Was er auf seinem Beobachterposten wahrnimmt, die sich überstürzenden Entwicklungen und Wandlungen in allen Bereichen des Lebens seiner Zeit, macht es unmöglich, einer solchen Zeit jemals wieder „von den Dichtern [...] ihren erschöpfenden rhetorischen Ausdruck" geben und „ihre in begrifflichen Formeln gezogene Summe" ziehen zu lassen.[51] Das „Erlebnis des Dichters" ist „neu geprägt",[52] und aufgrund der allem ausgesetzten, allem sich aussetzenden Sensibilität ist es ihm nicht mehr möglich, aus dem „zersplitterten Zustand dieser Welt" ein harmonisches Gefüge im Kunstwerk herzustellen. Nicht Konstruktion, Konfiguration, sondern „Atomisierung" und „Disintegration" verändern daher die Leseeindrücke, befremden die Leser. Und das vertraute Bild für Geschlossenheit, Ordnung, Solidität, das Bild des Hauses, wird jetzt in bezeichnender Abwandlung eingesetzt: Die Leser, so nimmt ihnen der Vortragende die Formulierung ihres Eindrucks vorweg, fanden in der Dichtung der Zeit nicht „ein Gebautes", sondern: „Sie fanden alle Elemente des Daseins bloßgelegt: den Mechanismus des Geistes, körperliche Zustände, die zweideutigen Verhältnisse der Existenz, alles wüst daliegend wie den Materialhaufen zu einem Hausbau."[53] Doch dies ist nicht als Selbstkritik gemeint, sondern als Bitte um Geduld. Es handelt sich darum, den Dichtern die nötige Zeit dafür zuzugestehen, die neu geprägte Erfahrung in ebenfalls neuer, noch unvertrauter, womöglich vorerst immer noch befremdender Form zu vermitteln, „da doch" – nach wie vor – „das Gedichtete nichts ist als eine Funktion der Lebendigen"[54] und eine neue künstlerische Fassung gefunden werden muß „in dieser über alle Maßen unfaßlichen, dieser im höchsten Sinne poetischen Zeit".[55]

Erlauben Sie mir jetzt einen Sprung, auf die Gefahr hin, mich dem Verdacht der Überstrapazierung meiner Haus-Metapher und ihrer Verwendung sozusagen pro domo auszusetzen; doch das wird sich zeigen. –

In einer winterlichen Abendstunde verläßt Virginia Woolf ihr Haus, um einen Bleistift zu kaufen – doch das ist nur ein Vorwand; der Titel des Essays, der die Episode zum Inhalt hat, nennt das eigentliche Vorhaben: *Street Haunting: A London Adventure*. Das Abenteuer, durch die – der Verfasserin ja durchaus bekannten – Londoner Straßen zu streifen, besteht darin, den Schutzraum des vertrauten Ich zu verlassen und der Imagination freies Spiel mit dem zu erlauben, was das Auge wahrnimmt, wenn es von den immer gleichen Bildern der gewohnten häuslichen Umgebung abzusehen die Freiheit hat:

> But when the door shuts on us, all that vanishes. The shell-like covering which our souls have excreted to house themselves, to make for themselves a shape distinct from others, is broken, and there is left of all these wrinkles and roughnesses a central oyster of perceptiveness, an enormous eye.[56]

Dieses Auge

> [...] is sportive and generous; it creates; it adorns; it enhances. Standing out in the street, one may build up all the chambers of an imaginary house and furnish them at one's will with sofa, table, carpet.[57]

Doch dieses Haus muß man nicht bewohnen; man kann es glücklicherweise sofort wieder abreißen und statt dessen aus aufgefangenen Teilchen der Realität Gebilde anderer Art herstellen: „one catches a word in passing and from a chance phrase fabricates a lifetime."[58]

Die Hingabe an alle Eindrücke führt auch hier zum Keatsschen Zweifel an der Identität des ‚Chamäleon-Dichters'[59] und zur beängstigend offenen Frage, ob denn das auf der Straße oder das imaginierte, assoziierte, projizierte das „true self" sei.[60] So ist, nach der abenteuerlichen Erfahrung von soviel Offenheit, die Rückkehr ins Haus eine tröstliche:

> Still, as we approach our own doorstep again, it is comforting to feel the old possessions, the old prejudices, fold us round; and the self, which has been blown about at so many street corners, which has battered like a moth at the flame of so many inaccessible lanterns, sheltered and enclosed.[61]

Der Essay, 1927 publiziert, ist eine Parabel. Er beschreibt das Bewußtsein des Schriftstellers „on whom nothing is lost", der „nichts auslassen" und vor nichts „seine Augen verschließen" kann. Mit Virginia Woolfs eigenen Worten gesagt: „He can no more cease to receive impressions than a fish in mid-ocean can cease to let the water rush through his gills."[62]

Welche Konsequenz dies für das poetische Verfahren hat, formuliert Virginia Woolf an einer für die moderne Poetik inzwischen schon klassischen Stelle, in ihrem Essay „Modern Fiction" von 1919, indem sie von, wie sie sagt, gewöhnlichen Bewußtseinsvorgängen ausgeht:

> Examine for a moment an ordinary mind on an ordinary day. The mind receives a myriad impressions – trivial, fantastic, evanescent, or engraved with the sharpness of steel. From all sides they come, an incessant shower of innumerable atoms.[63]

Ganz ähnlich hatte James 1884, wie zitiert, vom Bewußtsein gesprochen als „a kind of huge spider-web [...] catching every air-borne particle in its tissue". Hofmannsthal in seinem Vortrag von 1906 läßt aus einem solchen Bewußtsein und der Unzahl seiner Eindrücke die spinnwebfeinen Fäden für das poetische

Gewebe hervorgehen. „To spin a thread like a spider" ist im übrigen auch Virginia Woolfs Bild für ein Schreiben, das ihren Ansprüchen wirklich entspricht.[64]

Das Leben, das in jedem Fall die Basis für die Dichtung, das Material für ihr Gewebe abgibt, bringt nicht selbst schon das Muster dafür mit. Virginia Woolf fährt fort:

> Life is not a series of gig-lamps symmetrically arranged; life is a luminous halo, a semi-transparent envelope surrounding us from the beginning of consciousness to the end. Is it not the task of the novelist to convey this varying, this unknown and uncircumscribed spirit, whatever aberration or complexity it may display, with as little mixture of the alien and external as possible?[65]

In die Richtung einer solchen Aufgabe gingen auch Hofmannsthals Überlegungen und sein Plädoyer für Geduld auf seiten des zeitgenössischen Lesers mit dem vorläufig noch wüst daliegenden „Materialhaufen zu einem Hausbau". Und mit einem solchen Plädoyer wiederum beendet auch Virginia Woolf 1924 einen literaturkritischen und literaturtheoretischen Essay, der schon mit seinem Titel einen Hinweis gibt auf eine in diesem Genre nicht zwangsläufig zu erwartende Anschaulichkeit und Lebendigkeit: Er heißt *Mr. Bennett and Mrs. Brown* und zieht, mit Hilfe einer weit ausgesponnenen Anekdote, eine Bilanz der zeitgenössischen englischen Romanliteratur. Am Beispiel einer Begegnung mit einer „Mrs. Brown" genannten Unbekannten spielt die Autorin verschiedene Möglichkeiten durch, aus den Eindrücken, die diese Begegnung vermittelt, und den Anstößen, die sie einem Romanschriftsteller geben kann, unterschiedliche Arten imaginativer Ausgestaltung im fiktionalen Text zu entwickeln. Dabei geht sie ironisch-wertend vor, indem sie einige zeitgenössische, von ihr jedoch für nicht mehr zeitgemäß gehaltene, „Edwardians" genannte Autoren – Wells, Bennett und Galsworthy – quasi parodiert. Sie führt vor, was in einem Roman aus deren Feder jeweils geschehen wäre: Sie hätten Mrs. Brown, hinter den vielen Äußerlichkeiten, Fakten, Gegenständen, deren detaillierter Beschreibung stets das Hauptinteresse des Erzählers gegolten hätte, aus den Augen verloren. Die Autorin faßt ihre Bewertung dieser Erzählweise zusammen:

> They have laid an enormous stress upon the fabric of things. They have given us a house in the hope that we may be able to deduce the human beings who live there. [...] But if you hold that novels are in the first place about people, and only in the second about the houses they live in, that is the wrong way to set about it.[66]

Virginia Woolf hat auch, ebenso wie Hofmannsthal, noch keine schlüssige, hieb- und stichfeste Alternative anzubieten. Sie verweist das Publikum auf Schriftsteller einer neuen Generation, unter ihnen Joyce und Eliot, und das Zukunftsweisende ihres Ansatzes. Auf jeden Fall aber verweigert sie die Annahme der Werkzeuge, „tools", die die traditionsverhafteten „Edwardians" den Kollegen bieten, um den Erwartungen der Leser entsprechend zu schreiben: „there were the Edwardians handing out tools appropriate to house building and house breaking",[67] doch das sind die falschen; sie sind den unendlichen poetischen Möglichkeiten, die in Mrs. Brown stecken und ihrer Entdeckung und Entfaltung harren, nicht mehr angemessen. Denn natürlich ist „Mrs. Brown“ ein Pseudonym: „for she is, of course, the spirit we live by, life itself.“[68]

Um sie den neuen Erfahrungen entsprechend in literarischer Form zu veranschaulichen, muß erst ab- und aufgeräumt werden:

> Thus it is that we hear all round us, in poems and novels and biographies, even in newspaper articles and essays, the sound of breaking and falling, crashing and destruction.[69]

Und am Ende steht der Appell an die Geduld des zeitgenössischen Publikums, das auf die angemessene Präsentation von Mrs. Brown wartet:

> But do not expect just at present a complete and satisfactory presentment of her. Tolerate the spasmodic, the obscure, the fragmentary, the failure.[70]

1907, kurz nach der Publikation seiner Betrachtungen über den *Dichter und diese Zeit*, begann Hofmannsthal sein Romanprojekt *Andreas*, an dem er zwanzig Jahre gearbeitet hat. Über dessen Fragmentcharakter ist in den letzten Jahren viel diskutiert worden. Es sollte ein „Gewebe von Menschenschicksalen“ werden, wie Hofmannsthal am 24. August 1924 an Borchardt schrieb.[71] In einer Notiz im Zusammenhang mit diesem Projekt, aufgezeichnet „ad Roman“, heißt es: „Totalität. Im Leben ist alles auseinander – nur im Dichten, im Abbilden ists beisammen – [...]“[72]

Der „confusion of life“[73] und dessen „myriad impressions“ angemessen war vielleicht, vorläufig, doch das Fragment, waren die bloßgelegten „Elemente des Daseins“, solange sie nicht in einer neuen Form als „ein Gebautes“ beisammen sein konnten.

Anmerkungen:

1 Hugo von Hofmannsthal: Gesammelte Werke in zehn Einzelbänden, hg. v. Bernd Schoeller in Verbindung mit Rudolf Hirsch. Reden und Aufsätze I, Frankfurt/M. 1979 (im folg. zit: RuA I mit Seitenzahl), S. 16
2 Ebd.
3 Ebd., S. 17
4 Ebd., S. 15
5 Vgl. dazu: Hugo von Hofmannsthal: Der Dichter und die Leute. Notizen zu einem Vortrag. Mitgeteilt von Leonhard M. Fiedler, in: Hofmannsthal-Jahrbuch 3, 1995, S. 7-18
6 RuA I, S. 54
7 Wolfdietrich Rasch: Die literarische Décadence um 1900, München 1986, S. 192
8 RuA I, S. 76
9 Theodor Fontane: Unsere lyrische und epische Poesie seit 1848, in: Th. F.: Sämtliche Werke, hg. v. Edgar Groß, Kurt Schreinert u. a. Bd. XXI/1, München 1963, S. 12
10 RuA I, S. 76
11 Hugo von Hofmannsthal: Eine Monographie, RuA I, S. 479
12 RuA I, S. 66

13 Ebd., S. 57 f.
14 Vgl. dazu: Karl Foldenauer: Hugo von Hofmannsthals Idee der Prosa, in: Im Dialog mit der Moderne. Festschrift Jacob Steiner, hg. v. Roland Jost u. Hansgeorg Schmidt-Bergmann, Frankfurt/ M. 1986, S. 61
15 RuA I, S. 56
16 Ebd., S. 61
17 Hugo von Hofmannsthal: Gabriele d'Annunzio, RuA I, S. 176
18 Vgl. dazu: Leonhard M. Fiedler, a. a. O., S. 8 f. (s. Anm. 5)
19 RuA I, S. 66
20 Ebd., S. 67
21 Vgl. Keats' Brief an Richard Woodhouse vom 27. Oktober 1818: „As to the poetical Character itself, [...] it is not itself – it has no self – it is every thing and nothing – It has no character [...] What shocks the virtuous philosop[h]er, delights the camelion Poet." In: Letters of John Keats. Ed. by Robert Gittings, London 1970, S. 157. – Hofmannsthal zitiert den Brief in seinem Schreiben vom 23. Januar 1907 an Stephan Gruss; vgl. Hugo von Hofmannsthal: Briefe 1900-1909, Wien 1937, S. 254
22 RuA I, S. 67
23 Henry James: The Art of the Novel. Critical Prefaces. Ed. by Richard P. Blackmur, New York 1962, S. 46
24 RuA I, S. 68
25 Ebd., S. 67
26 Ebd., S. 68
27 Ebd
28 Ebd.
29 Henry James: The House of Fiction. Essays on the Novel. Ed. by Leon Edel, London 1962, S. 32 f.
30 Ebd., S. 31 f.
31 RuA I, S. 75
32 Ebd.
33 Ebd.
34 Ebd., S. 76
35 Ebd., S. 58
36 Ebd., S. 70
37 The House of Fiction, S. 32
38 Vgl. ebd.
39 Ebd., S. 38
40 The Art of the Novel, S. 120
41 The Letters of Henry James. Selected and ed. by Percy Lubbock, London 1920. Bd. 2, S. 335
42 Virginia Woolf: Henry James, in: V. W.: The Death of the Moth and Other Essays, Harmondsworth 1961, S. 133
43 The House of Fiction, S. 41
44 Ebd., S. 31
45 Ebd., S. 33
46 Ebd., S. 84
47 Hugo von Hofmannsthal: Balzac, RuA I, S. 383
48 Ebd., S. 391
49 RuA I, S. 73
50 Ebd., S. 78
51 Ebd., S. 76

52 Ebd., S. 77
53 Ebd., S. 73
54 Ebd., S. 79
55 Ebd., S. 77
56 Virginia Woolf: The Crowded Dance of Modern Life. Selected Essays: Volume Two. Ed. by Rachel Bowlby, London 1993, S. 71.
57 Ebd., S. 75
58 Ebd., S. 78
59 S. o. Anm. 21
60 Virginia Woolf: The Crowded Dance of Modern Life, S. 76
61 Ebd., S. 81
62 Virginia Woolf: Life and the Novelist in: V. W.: Collected Essays. Ed. by Leonard Woolf, London 1966, Vol. II, S. 131
63 Virginia Woolf: The Common Reader. First Series. Ed. by Andrew McNeillie, London 1984, S. 149 f.
64 5. August 1927 an Vita Sackville-West. Vgl. dazu die Anm. der Hg. in: The Crowded Dance of Modern Life, S. 198
65 Virginia Woolf: The Common Reader. First Series, S. 150
66 Collected Essays, Vol. I, S. 332
67 Ebd., S. 333
68 Ebd., S. 337
69 Ebd., S. 334
70 Ebd., S. 337
71 Hugo von Hofmannsthal - Rudolf Borchardt: Briefwechsel, hg. v. Marie-Luise Borchardt u. Herbert Steiner, Frankfurt/M. 1954, S. 156
72 Hugo von Hofmannsthal: Sämtliche Werke. Kritische Ausgabe. Veranstaltet vom Freien Deutschen Hochstift, Bd. XXX, hg. v. Manfred Pape, Frankfurt/M. 1982, S. 189
73 Virginia Woolf: Life and the Novelist, a. a. O., S. 135

Joëlle Stoupy

‚Brüder in der Zeit'
Über Thomas Mann und Hugo von Hofmannsthal

Seit Dezember 1908 kannten sich Thomas Mann und Hugo von Hofmannsthal persönlich. Thomas Mann besuchte Hofmannsthal in Rodaun, als er anläßlich einer Lesung aus seinem Roman *Königliche Hoheit* nach Wien gereist war. Seit dieser Zeit wurden – in ziemlich großen Abständen – Briefe gewechselt, in denen eine gegenseitige Wertschätzung ihres jeweiligen Werkes zum Ausdruck kommt. Beide Autoren sahen sich fast alljährlich in Rodaun, Wien, München oder Salzburg.

Bereits beim ersten Treffen, so Thomas Mann rückblickend in seiner kleinen Gedenkschrift für Hofmannsthal, *In memoriam* (1929), faszinierte ihn das Feinfühlige und Reizvolle des Gesprächs mit Hofmannsthal, das anmutig Wienerische, das vom Norddeutschen entschieden abstach; er schätzte auch seine vornehme Bildung, „dies Hirn von umfassendster und empfindlichster Feinheit"[1]. Der Briefwechsel verrät seinerseits an einigen Stellen auch Thomas Manns lebhafte Freude darüber, in einer als prosaisch empfundenen Zeit einem wirklichen Dichter begegnet zu sein und dessen „geistige Musik"[2] zu erleben. An einer Stelle des Briefwechsels kommt sogar Rührung auf: in einem Geständnis, das mehr enthält als nur höfliche Anerkennung der künstlerischen Leistungen des anderen. Thomas Mann schreibt an Hofmannsthal im Jahre 1926:

> Sie sind ein wunderbarer Dichter, und ich liebe und bewundere Sie mehr, als ich Sie merken lassen kann, wenn wir zusammen sind.[3]

Besonders Hofmannsthals „Lust" und „Mut" zu phantasieren, sich dem dichterischen Impuls hinzugeben, habe „etwas Enjouierendes"[4], wie Thomas Mann anläßlich seiner Lektüre der *Frau ohne Schatten* 1919 im Tagebuch notiert; in einer Zeit, in der das Tagesgeschehen die dichterische ‚Musik' zu unterdrücken drohte – Thomas Mann hatte die aufreibende Arbeit an den *Betrachtungen eines Unpolitischen* hinter sich, „die schwersten Jahre"[5] seines Lebens –, hielt Hofmannsthal wohltuend an der Lust zu fabulieren fest.

Thomas Mann konnte Hofmannsthal um so mehr schätzen, als ihre künstlerischen Stärken verschieden waren. Hofmannsthal exzellierte auf Gebieten, die

Thomas Mann als Autor fast gänzlich verschlossen geblieben sind: Lyrik und Drama. Zwar hat auch Thomas Mann, wie viele junge Autoren, erste poetische und dramatische Versuche vorzuweisen. Den frühesten erhaltenen Brief an das Kindermädchen Frieda Hartenstein unterschreibt er sogar scherzhaft mit „Thomas Mann. Lyrisch-dramatischer Dichter“[6]. Aber seine eigentliche Stärke lag im Epischen. Das Lyrische blieb eine kurze Episode, und es gelang ihm später auch nicht zu seiner Zufriedenheit, dramatische Figuren in Szene zu setzen. Man denke an sein Drama *Fiorenza* (1905), „dies Sorgenkind, das nicht leben und nicht sterben kann“[7], wie er Hofmannsthal anvertraut. So verband Thomas Mann mit Dramatik in erster Linie „Enttäuschungen, unfruchtbare [...] Erregungen und Kränkungen“[8] – um so mehr konnte er Hofmannsthals Leistungen anerkennen und sich seiner Bekanntschaft freuen.

In Thomas Manns Nachruf auf Hofmannsthal aus dem Jahre 1929 wird aber nicht, wie man erwarten könnte, das Verschiedenartige ihrer Persönlichkeiten hervorgehoben, sondern das Verbindende, Gemeinsame, das auf den ersten Blick nicht leicht auffällt:

> Ich habe nicht gewußt, wie Hofmannsthals Hingang mich schmerzen werde, noch habe ich ganz verstanden, was uns zusammenführte und durch die Jahrzehnte zusammenhielt. Das Wort ‚Freundschaft‘ bedürfte heute seiner Genehmigung. Aber trotz aller Unterschiede der Geburt, der Überlieferung und Lebensstimmung nenne ich, sehend gemacht durch den Tod, die Wahrheit bei Namen, wenn ich von Brüderlichkeit, von Schicksalsverwandtschaft spreche. Wären wir beide weniger ‚schwierig‘ gewesen![9]

Diese „Schicksalsverwandtschaft“ ist Thomas Mann bei der Lektüre von Raimund von Hofmannsthals Schilderung der letzten Tage seines Vaters deutlich aufgefallen: „Mein Vater stammte aus einer anderen Zeit“, meint Hofmannsthals Sohn abschließend: „Der Krieg hat die Begriffe geändert, und er hat sich nur schwer hineingefunden“ – Worte, auf die Thomas Mann in seinem Nachruf mehrmals eingeht und in denen er das Geheimnis ihrer beider Zeitgenossenschaft erblickt. Mit Hofmannsthal teile er „das Schicksal einer Generation, deren geistiger Aufbau sich vor dem Kriege vollzogen hatte“[10] und die mit dem Neuen, den politischen Umwälzungen schwer zurechtgekommen sei:

> Und nun dies Hirn von umfassendster und empfindlichster Feinheit, dies kostbarste Sein, dem die Welt, der Kosmos, die Ordnung, ‚die Monarchie‘ untergeht, auf das dieser Zeittumult, dies negerhaft Neue und Junge einstürmt, welches zweifellos Leben, mit allen Rechten des Lebens ausgestattetes Leben ist, und mit dem man sich auseinandersetzen muß in dem Bewußtsein freilich, sich selbst und seine Zeit überlebt zu haben.[11]

Ihre „Schicksalsverwandtschaft“ sieht Thomas Mann in erster Linie durch die gemeinsame Notwendigkeit begründet, sich als Künstler dem Bereich des Sozialen, der Politik zu öffnen. Noch in ihrem letzten Gespräch, über das Thomas Mann in seinem Nachruf berichtet und das um das Verhältnis Deutschlands zur Politik ging, stellten sie fest, daß „dies fremde Element", die Politik, „Zerrissenheit und leidvolle [...] Gehässigkeit [...]" in die „Seele" Deutschlands hineingetragen habe.[12]

Die „Härte der Zumutungen", die ihre Generation durch das Element des Politischen erfahren hat, hängt damit zusammen, daß beide einer geistigen Epoche entstammen, die im politikfernen Ästhetizismus verwurzelt war. Wenn man auf die Figuren des Frühwerks beider Autoren blickt, auf Hofmannsthals Kaufmannssohn, auf Tizians Schüler, auf Claudio einerseits und auf Thomas Manns Bajazzo, auf Hanno Buddenbrook und auf Tonio Kröger andererseits, verspüren wir eine verwandte Atmosphäre. Diese Gestalten stehen der Außenwelt fremd gegenüber; es sind träumerische Figuren, übersensibel, in Schönheit und Kunst verliebt, lebensfern und schwach. Hierin sind sie ‚Brüder in der Zeit'[13].

Aber bereits um die Mitte der 90er Jahre wurde von Thomas Mann wie von Hugo von Hofmannsthal, vor allem in Anlehnung an Nietzsches und Bourgets Kulturkritik, an der Décadence u. a. das gefährliche Übergewicht der Reflexion und die mangelnde Verbindung des Künstlers zur Gesellschaft beklagt. Der Künstler des Fin-de-siècle als der stets Hellsichtige erhebe sich analysierend über die Gesellschaft und Mitmenschen. Die Folge sei gesellschaftliches Außenseitertum, eine Kluft zwischen Geist und Tat: „Wir haben gleichsam keine Wurzeln im Leben und streichen, hellsichtige und doch tagblinde Schatten, zwischen den Kindern des Lebens umher"[14], schreibt Hugo von Hofmannsthal 1893 in seinem Aufsatz *Gabriele d'Annunzio*. In Abgrenzung zum Dilettantismus des Fin-de-siècle und zum Ästhetizismus taucht schon Mitte der 90er Jahre des 19. Jahrhunderts und vermehrt am Anfang des 20. Jahrhunderts die Idee des Lebens, der Gemeinschaft, des Menschlich-Sittlichen, des Engagements, des Sozialen, der Politik auf.

Deshalb überwiegt im Frühwerk beider Autoren nicht die Freude an der Fin-de-siècle-Stimmung. Schon im Frühwerk Hofmannsthals und Thomas Manns sind Zeichen einer Kritik an der Unzulänglichkeit ästhetischer und dilettantischer Lebenshaltung vorhanden, die im Lauf der Jahre eine Öffnung zum Sozialen, zur Politik mit sich brachte. Viele Figuren des Frühwerks gehen nicht in dekadentem Gefühlsschwelgen auf, sondern versuchen im Namen des vielzitierten ‚Lebens' und der gesellschaftlichen Bindungen über die Décadence hinauszugehen und den Widerspruch zwischen Geist und Leben, Geist und Tat aufzulösen.

Das Leiden an der Hellsichtigkeit, die sie von anderen Menschen trennt, kennt zum Beispiel bereits Gioconda in Hofmannsthals Fragment *Ascanio und Gioconda* (1892), die – ähnlich Tonio Kröger, der von „Erkenntnisekel" spricht – sich vom Menschlichen ausgeschlossen fühlt:

> [...] Ich will auf mich vergessen,
> Ertrinken in dem Leben, Leben fühlen
> Wie andre tun, die leicht und lachend leben.
> Ich will nicht dieses seelentötende
> Verstehenwollen [...]"[15]

Claudio in *Der Tor und der Tod* gilt seinerseits als Musterbeispiel für den Lebensdilettanten, den Zuschauer des Lebens ohne Zugang zu den Mitmenschen:

> Was weiß ich denn vom Menschenleben?
> Bin freilich scheinbar drin gestanden,
> Aber ich hab es höchstens verstanden,
> Konnte mich nie darein verweben.
> Hab mich niemals daran verloren.
> Wo andre nehmen, andre geben,
> Blieb ich beiseit, im Innern stummgeboren.
> Ich hab von allen lieben Lippen
> Den wahren Trank des Lebens nie gesogen,
> Bin nie, von wahrem Schmerz durchschüttert,
> Die Straße einsam, schluchzend, nie! gezogen.[16]

Am Beispiel d'Annunzios beklagt Hofmannsthal 1895 die „fieberhafte, von der Luft des Lebens abgesperrte Anbetung der Schönheit" und die „furchtbar zersetzende Art, das Leben zu sehen"[17], während er für sein Teil, wie er bereits 1894 schreibt, „von dem etwas leeren Ästhetismus ins Menschlich-Sittliche hinüberzulenken"[18] sucht. „Es hängt aber das ganze Leben an der geheimnisvollen Verknüpfung von Denken und Tuen", belehrt uns der Aufsatz *Der neue Roman von d'Annunzio* (1895).

Thomas Mann seinerseits, dem das Neue in der Kunst in einer ihm verhaßten Gestalt entgegentrat, nämlich „in *politischer* Gestalt"[19], will sich in den *Betrachtungen eines Unpolitischen* zuerst davon abgrenzen und den Ästhetizismus verteidigen. In der Anfangsphase fühlt sich Thomas Mann dem Psychologismus und der Widerspiegelung von Seelenzuständen verpflichtet, während ihn – anders als seinen Bruder – das Soziale weniger interessiert. In den *Buddenbrooks* z. B., so bekennt er, habe ihn das „Seelisch-Menschliche"[20] angesprochen, während er das „Soziologisch-Politische" nur unbewußt mitgenommen habe. Der Erste Weltkrieg bedeutet eine Zäsur. Thomas Mann fühlt sich zur Parteinahme veranlaßt – zum ersten Mal: Seine *Gedanken im Kriege* (1914) sind eine Stellungnahme zugunsten des Krieges, formuliert in dem Glauben, der dilettantischen Unentschlossenheit zu entkommen. Die Öffnung zum Sozialen, zur „Existenz", zur politischen Stellungnahme, den „Ausweg aus der Hoheit ins Leben"[21], die seit dem Ersten Weltkrieg zwingender wurde, strebte er seit den *Betrachtungen eines Unpolitischen* (1918) verstärkt an, jedoch hat er zuweilen geglaubt, einer anderen Zeit anzugehören und keinen Anschluß an das Neue zu finden. In einem Brief an den Bruder Heinrich aus dem Jahre 1913 ist bereits die Angst spürbar, der Entwicklung der Zeit nicht gerecht geworden zu sein und „ausgedient" zu sein. Dort klagt er über

> [...] die Unfähigkeit, mich geistig und politisch eigentlich zu orientieren, wie Du es gekonnt hast; eine wachsende Sympathie mit dem Tode, mir tief eingeboren: mein ganzes Interesse galt immer dem Verfall, und das ist es wohl eigentlich, was mich hindert mich für Fortschritt zu interessieren. [...] Ich bin ausgedient, glaube

ich, und hätte nie Schriftsteller werden dürfen. ‚Buddenbrooks' waren ein Bürgerbuch und sind nichts mehr fürs 20. Jahrhundert. ‚Tonio Kröger' war bloß larmoyant, ‚Königliche Hoheit' eitel, der ‚Tod in Venedig' halb gebildet und falsch.[22]

Es ging ihm, wie auch anderen Schriftstellern, darum, nicht mehr nur Psychologie der Décadence zu betreiben, man sprach vielmehr von der Überwindung derselben und von der Wendung zum Sozialen:

Hier ist unsere Gefahr, rascher zu veralten, als nötig wäre. Das Interesse, das, au fond, die Generation beherrscht, zu der Hauptmann, Hofmannsthal und ich gehören, ist das Interesse am Pathologischen. Die Zwanzigjährigen sind weiter. Hauptmann sucht eifrig Anschluß. Jemand sollte zählen, wie oft im Griechischen Frühling ‚gesund' vorkommt. Auch Hofmannsthal wird sich auf seine Art zu arrangieren suchen. Die Forderung der Zeit ist, alles, was irgend gesund in uns ist, zu kultivieren.[23]

Das Politisieren übt Thomas Mann seit dem Ersten Weltkrieg vermehrt, aber es bleibt ein Üben auf einem unbekannten, oft als schmerzvoll erfahrenen Feld, das er nach und nach zu erobern versuchen wird – ein ‚fremdes Element', wie es das *Gedenkblatt für Hofmannsthal* 1929 noch nennt. Wie der Name schon sagt, steht Politik in den *Betrachtungen eines Unpolitischen* gleichsam auf der feindlichen Seite. Dort tastet sich Thomas Mann behutsam vor[24]. Das Schreiben über Politik mutet ihm aber wie eine Qual, wie Galeerenarbeit an[25]. Politik – ein ihm fremdes Element, dem er näherkommt, indem er es oft auf sich bezieht oder zurechtbiegt, wenn es nicht in sein Antithesendenken hineinpaßt. Wie Politik auf den Thomas Mann des Jahres 1918 wirkt, zeigt eine Tagebuchnotiz vom 10. Dezember, die knapp über eine Versammlung des „Politischen Rats Geistiger Arbeiter" berichtet[26]. Politik wird nicht an sich wahrgenommen. Thomas Mann reagiert vielmehr als Künstler, der von außen beobachtet und sich einprägsame Menschentypen merkt, die eine literarische Verwendung finden könnten; eine Szene, die Jahrzehnte später auch tatsächlich in *Doktor Faustus* eingeht. In diesem späten Roman betont Thomas Mann immer noch das Leidvolle, das seine Figur mit Politik verknüpft:

Umherblickend fragte man sich wiederholt, ob man denn der einzige sei, der litt, und war am Ende froh, die offene Straße zu gewinnen [...][27]

In den zwanziger Jahren findet bei Thomas Mann bekanntlich die Wende vom Antirepublikaner zum Repräsentanten der Weimarer Republik statt. Bei verschiedenen Gelegenheiten stellt sich Thomas Mann fortan in den Dienst der Politik. Für die Zeit von Oktober 1922 bis Januar 1933 sind beispielsweise 375 publizistische Beiträge verzeichnet[28], die meist einen politischen Gehalt haben. Im Ausland entwickelt er sich sogar zu einer Art Botschafter deutscher Kultur, wie z. B. bei seiner Pariser Reise im Jahre 1926. Wenngleich seine Haltung zur Politik gefestigter wirkt als zur Zeit der *Betrachtungen*, hat man manchmal den Eindruck, daß sich Thomas Mann nicht immer aus tiefster Überzeugung der Politik zuwendet. Die Beschäftigung mit politischen Angelegenheiten ist gleichsam nur Pflichtübung, die die „Härte der Zumutungen" erklärt, die er noch in Hofmannsthals Gedenkschrift betont.

Erst im Zusammenhang mit seinem antifaschistischen Engagement wendet er sich mit mehr Überzeugung der Politik zu. Zu dieser Zeit, zu Beginn der 30er Jahre kam ihm im nachhinein Hofmannsthals Haltung zur Idee der „konservativen Revolution" als „etwas recht Ungewisses"[29] vor, und er rühmte sich anders als Hofmannsthal vorausgesehen zu haben, wie dieser Gedanke durch den Nationalsozialismus mißbraucht worden ist[30]. Daß er selber, als einer der ersten, auf der Suche nach einem ihm gemäßen politischen Weg das Schlagwort der „konservativen Revolution" verwendet hat, sagt er in diesem Zusammenhang nicht. In den frühen zwanziger Jahren hat sich Thomas Mann dem Gedanken der „konservativen Revolution" angenähert, er „verwendet Formeln wie ‚deutscher Kommunismus' und ‚nationaler Sozialismus', schwärmt von einer nationalen Erhebung wie 1914, ‚in Form des Kommunismus denn meinetwegen' (24. März 1919), von der Vergeistigung des marxistischen Klassen-Sozialismus zur Volksgemeinschaft, begrüßt begeistert Oswald Spenglers Schrift *Preußentum und Sozialismus*, liest regelmäßig und gern in der jungkonservativen Zeitschrift *Das Gewissen*, will den deutschen Konservatismus mit dem Sozialismus verbünden (19. Januar 1920) und fordert ein Bündnis zwischen Hölderlin und Marx (1925)"[31]. Nachträglich wollte Thomas Mann im „Ringen mit dem Neuen"[32], mit der Politik, der Bessere gewesen sein.

Anmerkungen:

1 Thomas Mann: Gedenkblatt für Hofmannthal. In memoriam, Essays, Bd. 3, kommentiert und hg. von Hermann Kurzke u. Stephan Stachorski, Frankfurt/M. 1994, S. 159

2 Thomas Mann: Briefwechsel mit Autoren, hg. von Hans Wysling. Frankfurt/M. 1988, S. 205

3 Ebd., S. 212

4 Thomas Mann: Tagebücher 1918-1921, Frankfurt/M. 1979, S. 327

5 Thomas Mann: Betrachtungen eines Unpolitischen, Gesammelte Werke [GW], Frankfurt/M. 1990, Bd. XII, S. 12

6 Thomas Mann: Briefe I. 1889-1936, hg. von Erika Mann, Frankfurt/M. 1979, S. 3

7 Thomas Mann: Briefwechsel mit Autoren, a .a. O., S. 205

8 Ebd.

9 Thomas Mann: Gedenkblatt für Hofmannsthal, a. a. O., S. 158

10 Ebd., S. 159

11 Ebd.

12 Ebd., S. 158

13 In seinem Gedenkblatt für Hofmannsthal nennt Thomas Mann Hugo von Hofmannsthal einen „Bruder in der Zeit" (a. a. O., S. 156).

14 Hugo von Hofmannsthal: Gesammelte Werke. Reden und Aufsätze I. 1891-1913, Frankfurt/M. 1979, S. 175

15 Hugo von Hofmannsthal: Dramen II. 1892-1905, Frankfurt/M. 1979, S. 42

16 Hugo von Hofmannsthal: Gedichte. Dramen I, Frankfurt/M. 1979, S. 282 f.
17 Hugo von Hofmannsthal: Reden und Aufsätze I. 1891-1913, Frankfurt/M. 1979, S. 212
18 Hugo von Hofmannsthal: Briefe. 1890-1901, Berlin 1935, S. 103
19 Thomas Mann: Betrachtungen eines Unpolitischen, a .a. O., S. 28
20 Ebd., S. 140
21 Thomas Mann: Briefwechsel mit Autoren, a .a. O., S. 200
22 Thomas Mann: Briefe I, a .a. O., S. 166 f.
23 P. Scherrer/H. Wysling: Quellenkritische Studien zum Werk Thomas Manns (Thomas-Mann-Studien I), Bern und München 1967, S. 142
24 „Den politischen Gedankenexperimenten fehlt ganz und gar der Boden unter den Füßen. Sie bleiben bezuglose Träumereien [...]" (Hermann Kurzke: Thomas Mann. Das Leben als Kunstwerk. Eine Biographie, München 1999, S. 274).
25 Wie das Motto aus *Les Fourberies de Scapin* bereits andeutet: „Que diable allait-il faire dans cette galère?"
26 Siehe Hermann Kurzke: Thomas Mann. Das Leben als Kunstwerk, a. a. O., S. 276 f.
27 Thomas Mann: Doktor Faustus, GW VI, S. 453
28 Siehe Hermann Kurzke: Thomas Mann. Das Leben als Kunstwerk, a .a. O., S. 354
29 Thomas Mann: GW XII, S. 716
30 1933, anläßlich eines Neudrucks der Münchner Rede Hofmannsthals *Das Schrifttum als geistiger Raum der Nation*, bemängelt Thomas Mann die Tatsache, daß diese Schrift posthum „zur geistigen Stützung, historischen Rechtfertigung dieses weltgefährlichen Greuels" beitrage. Thomas Mann ist der Auffassung, daß Hofmannsthal hier unpolitischen Geist gezeigt habe, „unbekümmert um die Gestalt, die sie [die konservative Revolution] allenfalls in der Wirklichkeit annehmen würde" (GW XII, S. 716).
31 Siehe H. Kurzke: Thomas Mann. Das Leben als Kunstwerk, a. a. O., S. 285 f.
32 Thomas Mann: Gedenkblatt für Hofmannsthal, a .a. O., S. 159

Iring Fetscher

Von roten Käppchen, Polizeiwölfen und Landfriedensbruch Grimms Märchen und die Politik

Es mag überraschen, daß ich Märchen mit Politik in Verbindung bringen will. Märchen sind doch mündlich überlieferte Erzählungen, deren meist historisch weit zurückliegender Ursprung eher ein Thema der Volkskunde, der Kulturgeschichte und – spätestens seit Bruno Bettelheim – der Kinder- und Jugendpsychologie sowie der Pädagogik sind. Auch die vergleichende Völkerkunde hat sich wiederholt der Märchen angenommen. Das umfangreiche Standardwerk von Johannes Bolte und Georg Polívka zählt in fünf Bänden eine unübersehbare Anzahl von parallelen Märchen fast aller Völker Asiens, Europas und der übrigen Erdteile auf. Dabei kann man darüber streiten, welche Märchen von Volk zu Volk gewandert sind und sich dabei mehr oder minder den jeweiligen geographischen und kulturellen Umständen angepaßt haben und welche – auf Grund struktureller Ähnlichkeit der Lebensverhältnisse – unabhängig voneinander entstanden sind und dabei erstaunliche Analogien aufweisen.

Märchen kann man aber auch politisch deuten. Ja, sie haben – wenigstens zum Teil – durchaus auch einen politischen Sinn. Ernst Bloch hat an vielen Märchen – im Unterschied zu Sagen – einen aufklärerischen und aufsässigen Geiste entdeckt, Inkarnationen nicht nur des „Prinzips Hoffnung", sondern auch verschlüsselte Zeitungen für erfolgreiche Emanzipation, für den Kampf der durch List unterstützten Schwachen gegen die mit Blindheit geschlagenen Mächtigen. Im ersten Band seines Hauptwerks heißt es: Die Märchenhelden

> ziehen aus, ihr Glück zu finden, klug gegen roh, Mut und List sind ihr Schild, ihr Spieß der Verstand. Denn Mut allein hülfe den Schwachen wenig gegen die dicken Herren, er würfe ihnen nicht den Turm zu Boden. List des Verstandes ist dem Schwachen sein menschlicher Teil. So phantastisch das Märchen ist, so ist es doch, in der Überwindung der Schwierigkeiten, immer klug. Auch reüssieren Mut und List im Märchen ganz anders als im Leben, und nicht nur das: es sind, wie Lenin sagt, allemal die schon vorhandenen revolutionären Elemente, welche hier über die gegebenen Stränge fabeln. Als der Bauer noch in Leibeigenschaft lag, eroberte so der arme Märchenjunge des Königs Tochter. Als die gebildete Christenheit vor Hexen und Teufeln zitterte, betrog der Märchensoldat Hexen und Teufel von An-

> fang bis Ende [...] Gesucht und gespiegelt wird das goldene Zeitalter, wo bis ganz hinten ins Paradies hineinzusehen war. Aber das Märchen läßt sich von den heutigen Paradiesbesitzern nichts vormachen; so ist es aufsässig, gebranntes Kind und helle [...] Im Märchen 'Der Gevatter Tod' bietet sich einem armen Mann der liebe Gott selbst als Gevatter an, aber der arme Mann antwortet: ‚Ich begehre dich nicht zum Gevatter, denn du gibst dem Reichen und läßt den Armen hungern'. Hier überall, in Mut wie Nüchternheit wie Hoffnung, ist *ein Stück Aufklärung*, lange bevor es diese gab.[1]

Als überzeugende Beispiele für derart emanzipatorisch-aufgeklärte Märchen nennt Bloch sodann *Das tapfere Schneiderlein* und *Tischleindeckdich* sowie *Aladins Wunderlampe*.

Im Unterschied zum Märchen sind übermenschliche mythische Gestalten in den Sagen einschüchternde Wesen. Die Sage stabilisiert die hierarchische Gesellschaft und läßt höchstens einmal eine Mahnung zur Freundlichkeit an die Adresse der Mächtigen fallen. Hier bleiben die Großen groß und die kleinen Menschen klein, sind die Könige mächtig und die Untertanen treue Diener oder auch ungezogene, die bestraft werden müssen. Kurz gesagt: die meisten Sagen sind politisch konservativ, während viele Märchen fortschrittlich im Sinne der Befreiung der Unterschicht und der Herstellung von Gleichheit und Solidarität sind.

Märchen, namentlich die bekanntesten, eignen sich aber auch vortrefflich zu ironischen und polemischen Aktualisierungen im Sinne unterschiedlicher politischer Tendenzen. Meist jedoch werden sie von revolutionären oder zumindest kritischen Autoren benutzt. Ein 1911 erstmals veröffentlichtes Buch mit „den schönsten Märchen für die nationale Kinderwelt" täuscht durch seinen Titel lediglich die deutschnationale Tendenz vor, in Wirklichkeit handelt es sich um eine gelungene Satire auf die reaktionäre, deutschtümelnde Literatur des Wilhelminischen Zeitalters. Der Verfasser unterzeichnet seine Vorrede zwar mit „Bremen im Fasching 1911", aber der Ton seiner einführenden Worte ist ganz ernsthaft auf die Melodie der zeitgenössischen Reaktionäre gestimmt: „Die Sozialdemokratie", schreibt er, „wird uns natürlich aus der 'Verquickung von Politik und Kinderlektüre' einen Vorwurf machen, aber das ist nur Heuchelei, denn gerade die roten Brüder Grimm haben ja zuerst angefangen, die keusche Welt der kindlichen Phantasie, das reine, fromme Kinderland des Märchens, durch parteipolitische Verhetzung zu vergiften. Nun soll ihnen Gleiches mit Gleichem heimgezahlt werden!" Und das Vorwort endet mit dem Wunsch: „Möge diese kleine Sammlung an ihrem bescheidenen Teile dazu beitragen, die Zahl der sozialdemokratischen Mandate und Stimmen auf jenes Maß zu bringen, welches das Wohl der Gesamtheit des deutschen Volkes erfordert."[2]

Ein besonders gelungenes Beispiel für die deutschnationale Umdichtung eines Grimmschen Märchens ist *Rotkäppchen*, aus dem ich die wichtigsten Passagen zitieren will:

> Es war einmal eine kleine Dirne, die von ihren sozialdemokratischen Eltern so hetzerisch erzogen wurde, daß sie ihre Gesinnung sogar im Namen und in der

Kleidung zu Schau tragen mußte, denn sie mußte ein Käppchen von rotem Samt aufsetzen (die Herren Arbeiter kleiden ja sich und ihre Brut überhaupt immer in Samt und Seide) und wurde Rotkäppchen genannt. Eines Tages sprach die Mutter dieses früh verdorbenen Kindes zu ihm: 'Komm, Rotkäppchen, da hast Du ein Stück Kuchen und eine Flasche Wein, bring das der Großmutter hinaus'. Hier sehen wir so recht, was für dreiste Lügen die Sozialdemokratie in die Welt setzt, wenn sie von der Verelendung der Massen redet. Mit Kuchen und Wein wird in Wirklichkeit nur so um sich geworfen!

Es folgt der Bericht, wie ihn jedermann und jedefrau von den Brüdern Grimm her kennt. Mit dem Unterschied freilich, daß der Wolf hier etwas anders aussieht:

In jener Gegend hatte das sozialdemokratische Unwesen, wie sich nach dem Erzählten schon denken lässt, schrecklich überhand genommen, so daß die Polizeibehörde sich veranlasst sah, statt der Polizeihunde, richtige Polizeiwölfe anzustellen, die sich denn auch vollauf bewährten. Ein solcher Polizeiwolf begegnete nun dem Rotkäppchen und musterte es scharf, schnüffelte auch an ihm herum, weil ihm der Kuchen verdächtiger Herkunft schien Das ungeratene Kind spuckte und trat nach dem wackeren Tier und rannte davon [...]

Der Fortgang der Geschichte – so der Erzähler – müsse sich aber ganz anders zugetragen haben, als es die linksextremen Brüder Grimm behauptet haben. Bei der Großmutter jedenfalls war ein im „sozialdemokratischen Försterverband" organisierter Mensch zu Besuch, der „durch den braven Polizeihund sein verbrecherisches Treiben (was immer das auch gewesen sein mochte) entdeckt sah und ihn ermordete". Das geschah – wie wir wissen – „auf höchst bestialische Weise, indem er ihm den Leib aufschnitt. Das sind dieselben Sozialdemokraten, die sich über die 'Roheit' der Hofjagden zu entrüsten pflegen"!

Das Verbrechen wurde natürlich entdeckt und die drei Beteiligten wurden wegen bewaffneten Aufruhrs, Landfriedensbruchs und Ermordung eines Beamten zur Rechenschaft gezogen. Da gab denn der Förster die bekannte lächerliche Geschichte zum besten, die Bestie (wegen dieser Ungebühr vor Gericht nahm der Vorsitzende den Kerl in eine sofort zu vollstreckende Ordnungsstrafe von drei Tagen Haft und stellte ihm eine Zusatzstrafe wegen Beamtenbeleidigung in Aussicht) habe Großmutter und Enkelin verschlungen gehabt, er aber diese eben durch seine Operation lebendig befreit.

Es folgt ein umständlicher Bericht über die Gerichtsverhandlung, die – nachdem die „Einlassungen" des sozialdemokratischen Försters als völlig unglaubhaft erwiesen worden waren – mit harten Urteilen endete.

Der Förster wurde wegen Mordes zum Tode und zum dauernden Verlust der bürgerlichen Ehrenrechte außerdem wegen vorsätzlicher Körperverletzung, Beamtenbeleidigung, Landfriedensbruchs und bewaffneten Aufruhrs zu insgesamt zehn Jahren Zuchthaus und 20 Mark Geldstrafe eventuell noch zwei Tagen Zuchthaus verurteilt. Die Großmutter kam auf Lebenszeit ins Zuchthaus, das sogenannte Rotkäppchen erhielt – mit Rücksicht auf seine Jugend – es war 12 Jahre alt – nur

> ein Jahr Gefängnis, wurde aber der Fürsorge-Erziehung überwiesen. Die Försterorganisation wurde aufgelöst, der Polizeiwolf erhielt ein Denkmal mit der Inschrift: ‚Im Kampf für Religion und Vaterland gegen den Umsturz gefallen'. Die Behörde führte aus Bengalisch-Indien 2000 Polizeitiger ein.[3]

Rudolf Franz, der als Germanist mit einer Arbeit über *Der Monolog und Ibsen* in Marburg promoviert hatte, hat auch eine ganze Reihe weiterer Satiren geschrieben, die – im Unterschied zum Rotkäppchen – nicht schon auf den ersten Blick als Satiren entlarvt werden konnten. Sein unter dem Pseudonym Dr. Siegfried Eckart 1910 veröffentlichtes Büchlein *Warum ich kein Sozialdemokrat bin* täuschte sogar den Reichsverband zur Bekämpfung der Sozialdemokratie, der fünf Exemplare bei dem verkannten Autor bestellte. Im Falle seiner Märchen hatte sich Franz jedoch nicht um eine derartig wirkungsvolle Tarnung bemüht. Das gilt auch für das Märchen *Hänsel und Gretel*, das ebenso deutlich mit einer Verspottung der Sozialdemokratie beginnt wie das Rotkäppchen: Der Holzhauer – so lautet hier die Behauptung – war im „Verband der Land-, Wald- und Weinbergarbeiter" organisiert und „mußte mit seinen Arbeitergroschen August Bebel, Paul Singer und Rosa Luxemburg mästen [...]." Seine

> Kinder hießen Hänsel und Gretel. Eines Abends, es war nach der letzten Finanzreform, hetzte der Mann seine Frau auf und sagte: ‚Ach Frau, wie wollen wir nur die Kinder durchbringen, da der Winter herankommt, und wir für uns selbst nichts haben!' Die Mutter las gerade in der ‚Gleichheit' und darum sagte sie natürlich: ‚Führe sie in den Wald, gib jedem noch ein Stück trockenes Brot, mach ihnen ein Feuer und überlasse sie dem Schicksal!' Die Kinder hatten nur so getan, als ob sie schliefen, denn sozialdemokratische Kinder heucheln von klein auf [...].

Weiter geht die Märchenerzählung wie bei den Brüdern Grimm, nur daß die Kinder, als sie Holz für ein wärmendes Feuer sammelten, „Holzfrevel" begingen, und, da die Forstverwaltung ausdrücklich Feuer im Wald verboten hatte, kam auch noch dieses Delikt der sozialdemokratisch verdorbenen Kinder hinzu. Aus der im Wald lebenden Hexe wurde eine feine alte Dame, die freilich die Kinder, weil sie vorm Schlafengehen nicht gebetet hatten, bestrafte: Hänsel, indem sie ihn einsperrte, Gretel, indem sie zur Hausarbeit gezwungen wurde. Aus Empörung über diese doch ganz angemessene Strafe begehen die Kinder schließlich ein gemeinsames Verbrechen, töten die alte Dame und rauben das Haus vollständig aus. Der Schluß des umgebauten Märchens endet dann wie folgt:

> Mit den gestohlenen Sachen machten sich Hänsel und Gretel auf den Heimweg. Gerade als sie zu Hause ankamen, sollten ihre Eltern abgeführt werden wegen Verdachts des Kindesmordes. Die verlogenen Kinder schwindelten dem Gendarmen vor, sie hätten sich nur im Walde verirrt, und er mußte unverrichteter Dinge abziehen. Dann packten sie den (mit Goldstücken gefüllten) Strumpf und den Schmuck sowie das Sparkassenbuch (der alten Dame) aus, und die Eltern waren obendrein noch sehr erfreut. Mit einem Teil des gestohlenen Geldes, das sie einfach unterschlugen, unterstützen sie die sozialdemokratische Parteikasse unter dem Zeichen 'Nordische Waterkante'. Dann kauften sie sich das Schloß Bebels am

Züricher See und lebten herrlich und in Freuden. So machen es die Sozialdemokraten, um reich zu werden.[4]

Satirische Märchenumdichtungen sind weit amüsanter und gelungener als die Bemühungen zum Beispiel einer Hermynia zur Mühlen, proletarisch-revolutionäre Märchen zu erfinden. Diese Kunstmärchen, die in den zwanziger Jahren einigen Erfolg hatten, bleiben weit hinter dem Ur- und Vorbild der Grimmschen Märchensammlung zurück[5]. Sie haben zwar mit Politik und mit politischer Tendenz zu tun, aber wenig mit den Volksmärchen und ihrem realen Hintergrund, den Ernst Bloch so zutreffend schon erkannt hatte. Ihr politischer Sinn soll an Hand einiger Beispiele noch etwas genauer interpretiert werden.

Eine Zeitlang wurden Märchen – insbesondere auch die der Brüder Grimm – als belastende Bestandteile der schlechten deutschen Tradition heftig kritisiert. *Böses kommt aus deutschen Märchen* hieß wohl sogar ein Buchtitel. Zwei Merkmale der Märchen waren es vor allem, die wegen ihrer mangelnden „political correctness" verurteilt wurden: die oft vorkommenden blutigen Gewalttaten und die große Zahl von Königen, Königinnen, Prinzessinen, Grafen und so weiter. Zu Tode tanzende böse Mädchen, vom Wolf verschlungene Großmütter und Enkeltöchter, erschlagene Riesen und ertränkte Knechte – die Märchen sind voll von schrecklichen Todesarten und die Märchenerzähler/Innen stoßen sich nicht daran. Freilich vergaßen die meisten Kritiker, daß am Ende der oder die Gute stets noch gerettet wird und nur die Bösen leiden und sterben müssen. Im Märchen herrscht das happy end vor. Zugleich aber behauptet das Märchen keineswegs, daß es in der realen Alltagswelt so gerecht zugehe. Der Hollywoodfilm, in dem noch stets die arme Sekretärin am Ende den reichen Unternehmer „kriegt" oder der verkannte Ingenieur seinen gerechten Lohn empfängt, verfälscht im Unterschied dazu die Wirklichkeit, indem er vortäuscht: so gehe es in ihr zu. Das Märchen läßt keinen Augenblick vergessen, daß in ihm gerade ganz andere – und bessere – Gesetzmäßigkeiten vorherrschen als in unserer Alltagswelt. Die Brutalität der Strafen, die das Märchen für böse Stiefmütter und gemeine Zauberer bereithält, verdeutlicht nur ein Prinzip, das mit „normalen" Strafen, wie sie unser Strafgesetzbuch kennt, nicht genügend verdeutlicht werden kann. In der Regel ist es ja auch nicht der handelnde Mensch, der jene Grausamkeiten begeht, sondern ein numinoses Wesen – allenfalls auch ein Tier –, das die Aufgabe der Wiederherstellung der Gerechtigkeit übernimmt. Auffallend ist, wie oft unser alltägliches Fernsehmärchen, das in Gestalt eines Kriminalfilms zu uns kommt, an die Stelle der – stets noch den Wunsch nach ausgleichender Gerechtigkeit oder Buße enttäuschenden – von Gerichten verhängten Strafe einen schlichten oder verständlichen Mord an dem nicht überführbaren Bösewicht oder dessen Suicid setzt. Die Autoren solcher Kriminalfilme haben – ohne vermutlich darüber nachgedacht zu haben – den Schematismus der märchenhaften Gerechtigkeitsverwirklichung adaptiert.[6]

Wie sollen wir nun aber die Menge der Exponenten der feudalen Vergangenheit als überzeugte Demokraten und Republikaner akzeptieren? Sollten die Märchen umgeschrieben werden und an die Stelle der Angehörigen des Hochadels Generaldirektoren, Minister und Gewerkschaftbosse sowie deren Töchter und Söhne treten lassen? Märchen solchen Zuschnitts würden kaum ihren Reiz behalten. Nein, Bruno Bettelheim hat sicher Recht, wenn er betont, daß Könige und Prinzessinnen Projektionen kindlicher Wunschträume sind: „Jedes Kind wünscht einmal, es wäre ein Prinz oder eine Prinzessin – und manchmal glaubt es auch in seinem Unbewußten, es wäre das wirklich und nur vorübergehend durch widrige Umstände degradiert. Es gibt so viele Könige und Königinnen in den Märchen, weil ihr Rang absolute Macht bedeutet, wie sie Vater oder Mutter über das Kind zu besitzen scheinen. So sind königliche Personen Projektionen der kindlichen Phantasie [...].“[7]

Wer genauer zuhört, stellt aber meist auch noch fest, daß die Könige und Königinnen, Prinzen und Prinzessinnen im Märchen lauter Eigenschaften haben und Erfahrungen machen müssen, die wir gewöhnlichen Menschen nur allzugut kennen. Auch sie werden von stiefmütterlichen Eltern unterdrückt, leiden unter Eifersucht und sehnen sich nach wirklicher Liebe. Sie sind – mit anderen Worten – genau wie wir, nur daß sie eben herausgehobene fürstliche Wesen sind. Schon darin liegt ein erheblicher Trost. Man kann aber auch – mit Ernst Bloch – diese Plebeisierung des Hochadels als eine Form der imaginierten Egalisierung ansehen. Könige und Prinzessinnen sind gar nichts Besonderes, wenn man auch an ihnen besser erkennen kann, was uns alle bedrückt und beglückt. Ein bißchen ironisiert das Märchen zuweilen auch den Dünkel und den unberechtigten Stolz der Fürstlichkeiten. Die „Erbsenprobe“, die in zahlreichen Varianten überliefert ist, soll durch extreme Empfindlichkeit die einwandfrei vornehme Abkunft einer „von weither kommenden“ Prinzessin „beweisen“. In einigen Varianten ist es auch eine Bauerntochter oder ein Bauernsohn, die – durch einen „gestiefelten Kater“ oder ein anderes hilfreiches Wesen – sich als hochsensible Prinzen und Prinzessinnen „beweisen“. Oft genug berichtet das Märchen von höchst ungewöhnlichen Mesalliancen zwischen Königstöchtern und Bürgersöhnen, und fast immer ist es die überlegene Klugheit der Bürgerlichen, die den Widerstand des Hofes überwindet. Zu einer Zeit, da – im Unterschied zur unseren – schon die Heirat einer Gräfin einem Königssohn allenfalls zur linken Hand genehmigt wurde, sind Verbindungen wie die zwischen dem „Tapferen Schneiderlein“ und der erbberechtigten Königstochter im wahrsten Sinn des Wortes „märchenhaft“. Während man heute ohne Unterschied von jeder Hochzeit in königlichen Familien als einer Märchenhochzeit spricht, mag es sich nun – wie unlängst in Barcelona – um eine erlaubte Mesalliance oder auch wie beim Habsburger Enkel um eine – fast – standesgemäße Verbindung handeln.

Wem ein Märchen erzählt wird, in dem die Königskinder keine anderen Eigenschaften und Erfahrungen kennen als er oder sie selbst, der fühlt sich angenehm erhoben und beruhigt. Wenn obendrein noch am Beispiel vorgeführt wird, daß buchstäblich jeder und jede dort „hinaufkommen kann“, dann festigt das seine und ihre Hoffnung, es eines Tages auch zu schaffen. Vielleicht genügt es aber auch schon, wenn man erfährt: *das kommt vor.*

Am Beispiel der ungewöhnlichen Popularität der geschiedenen Prinzessin von Wales und der milliardenfachen Anteilnahme an ihrem Unfalltod läßt sich noch einmal verdeutlichen, was die „Märchenprinzessinen" für das Gemüt der einfachen Menschen selbst in unserer modernen Massengesellschaft bedeuten. Lady Di war gewiß schön, aber genauso schön sind viele Models und Filmschauspielerinnen, Lady Di wurde von ihrem Ehemann betrogen, aber das ist kein besonders seltenes Schicksal, sie litt – etwas spät noch – an Magersucht, unter der viele Pubeszentinnen leiden, und sie hatte mehrere Liebhaber, was zumindest einem verbreiteten Wunsch vieler entspricht. Warum wurde sie aber zu einem Idol, oder wie der modische Ausdruck lautet, zu einer „Ikone"? Weil sie eine Prinzessin war. Und zwar keine „normale" und „korrekte" Prinzessin, die sich an die Verhaltensnormen eines konservativen Hofes wie dem von St. James orientierte, sondern eine „moderne Frau", ein extrem offenherziger Mensch. Sie ließ von sich selbst wissen, was das freche Märchen nur von imaginären Prinzessinnen berichtet. Insofern war sie tatsächlich eine „Märchenprinzessin", märchenhaft gerade dadurch, daß sie nicht so war, wie es die Tradition von Angehörigen regierender Häuser verlangt, sondern so wie viele von uns – und dabei noch ein wenig offenherziger, was ihre Leiden und Krankheiten betrifft. Selbst ihr Tod entbehrte nicht der Volkstümlichkeit, wenn man für ihr trauriges Ende einmal diesen unangemessenen Ausdruck gebrauchen darf. Es war kein fürstlicher, sondern ein alltäglicher Tod, der sie gewöhnlichen Menschen umso näher brachte. Lady Di war eine lebendige Märchenprinzessin, vielleicht ist das ein Indiz dafür, daß die Zeit der erzählten Märchenprinzessinnen nunmehr zuende geht. Was könnte schon eine Märchenerzählung darüber hinaus noch Neues hinzubringen? Sogar ein orientalischer Liebhaber war ja zur Stelle, und die böse Schwiegermutter fehlte – jedenfalls nach Meinung der Massenblätter – ebensowenig.

Ein besonders einleuchtendes Beispiel für die von Ernst Bloch hervorgehobene emanzipatorisch-aufgeklärte Tendenz vieler Märchen ist das vom *Tapferen Schneiderlein*, das in den *Anmerkungen zu den Kinder- und Hausmärchen der Brüder Grimm* von Johannes Bolte und Georg Polívka in zahlreichen Varianten bei den verschiedensten Völkern und Stämmen nachgewiesen wird. Neben verschiedenen deutschen Fassungen erwähnen die Verfasser unter anderem schwedische, dänische, italienische, maltesische, serbokroatische, bosnische, wendische, russische, ukrainische, finnische und zigeunerische.[8] Ihnen allen ist die Struktur der Erzählung gemeinsam: ein armer, sogar niedrig stehender junger Mann – nicht immer ein Schneider, zuweilen auch ein Weber, ein Hirte, ja sogar ein Schweinehirt – beginnt mit einer vermeintlichen Heldentat, indem er zum Beispiel sieben Mücken oder Fliegen „auf einen Streich" erledigt. In der Grimmschen Fassung führt das aus dieser Tat erwachsene höhere Selbstwertgefühl eines Schneiders dazu, daß er sich einen Wappenspruch zulegt und – des bescheidenen bürgerlichen Lebens überdrüssig – mit einem derart wappenverzierten Wams in die Welt hinaus geht. Als Wegzehrung nimmt er sich unter anderem ein Stück Käse mit, das ihm – beim ersten Wettkampf mit einem mächtigen Riesen – gut zupaß kommt. Der Schneider schlägt dem Riesen vor, sie wollten beide einen Stein so fest zusammendrücken, daß Wasser herauskommt. Während das dem Schneider mit seinem Käse rasch gelingt, muß der Riese seine Niederlage eingestehen. Auch die nächste Probe gewinnt der listige Schneider, indem er statt eines Steines einen Vogel in die Höhe wirft, der nicht mehr zur Erde zurückkommt, während der vom Riesen geworfene Stein – wenn auch in großer Entfernung – wieder zu Boden fällt.

Die frühestens seit dem 16. Jahrhundert nachgewiesene Erzählung läßt sich leicht als ironische Verspottung des Adels und als erträumte Wunscherfüllung des Kleinbürgertums dechiffrieren. Der stolze Adel führt seine Herrschaftsbefugnis auf Mut und kriegerische Fähigkeiten zurück und zeigt seinen Rang durch Wappen und Wappenspruch. Auf seine – ironisch verkehrte – Weise erweist sich auch der (typischerweise schwächliche und ängstliche) Schneider als mutig und kraftvoll. Ohne natürlich dazu befugt zu sein, legt er sich einen angeberischen Wappenspruch zu, und wie ein fahrender „Ritter" zieht er hinaus, um Abenteuer zu bestehen. Das Glück und sein wacher Verstand lassen ihn Wettkämpfe und Gefahren bestehen, sodaß er schließlich dem König vorgestellt wird und – unter scheinbar unerfüllbaren Bedingungen – die Hand der Königstochter in Aussicht gestellt bekommt. Wiederum führen List und glücklicher Zufall zum Erfolg. Der Schneider besiegt ein feindliches Heer, läßt zwei schlafende Riesen sich – aus Wut – gegenseitig umbringen, indem er von einem Baum herab sie abwechselnd mit Steinen bewirft, und fängt einen wilden Eber, indem er, durch eine Kapelle eilend, vor ihm flüchtet und die Türe hinter ihm verschließt.

In allen Fällen siegt List und „fortune" über physische Stärke und mythische Gewalt, das Prinzip des Bürgertums über das des Feudaladels, Geist über blinde Macht. Zuletzt muß aber noch der Widerstand des Dünkels überwunden werden, der die Königstochter vor der Mesalliance zurückschrecken läßt. Im Schlaf hat nämlich der träumende Schneider seine „niedrige Abkunft" verraten, und die eingebildete Prinzessin stiftet ihre Leibgarde dazu an, den unerwünschten Ehegatten zu töten. Der aber stellt sich nur schlafend und schlägt durch seine – scheinbar übermenschliche – Fähigkeit zum Durchschauen der Pläne der ihm auflauernden Soldaten jene in die Flucht.

Die von den erwähnten Märchenforschern nachgewiesenen Varianten sind – so deren Erkenntnis – „selbständig an verschiedenen Orten: in Deutschland zu Ende des Mittelalters, in Rußland als eine Parodie der heimischen Heldensagen [...] entstanden".[9] Es leuchtet ein, daß unter vergleichbaren sozialen Bedingungen unter dem einfachen Volk ähnliche Wunschträume und Märchen entstehen. Nur das menschliche und tierische Personal nimmt jeweils lokales Kolorit an: in Deutschland ist es ein Eber oder ein mythisches Einhorn, in der Mongolei ein Tiger, in Indien ein Elefant, den der kleine Mann durch List scheinbar wie versehentlich besiegt oder in seinen Dienst stellt. Überall aber sind es die hochmütigen Kraftprotze aus der herrschenden Schicht, die übertölpelt werden und – so der fromme Märchenwunsch – freiwillig wenigstens die Hälfte ihrer Herrschaft an den ungewöhnlichen Aufsteiger abtreten. Zu dieser historisch-politischen Deutung paßt die Datierung aufs Ende des Mittelalters ausgezeichnet. In meiner halbironischen Interpretation im *Märchenverwirrbuch*[10] habe ich dieses Märchen als Ausdruck der „schönen Herrschaftsträume der Bourgeoisie" bezeichnet. Das war nicht ganz ernst gemeint, dürfte aber den Sachverhalt ziemlich zutreffend wiedergeben. Am schönsten an diesen und ähnlichen Märchen ist ihr leiser schmunzelnder Humor. Die märchenerzählenden Rebellen nehmen weder ihre Gegner noch sich selbst allzuernst. Daß heißt gewiß nicht, daß sie auf ihren künftigen Sieg verzichten wollen, aber ihnen geht jener verbissene Ernst ab, der spätere Revolutionäre so unsymphatisch macht.

Zu guter Letzt noch ein Zitat von Heinrich Heine, das als Motto über einer Sammlung von aufklärerisch-emanzipatorischen Märchen stehen könnte: „Der Ernst tritt umso gewaltiger hervor, wenn der Spaß ihn ankündigt."

Anmerkungen

1 Ernst Bloch: Das Prinzip Hoffnung, Bd. I, Frankfurt/M. 1959, S. 411 [Hervorhebung I. F.]
2 Rudolf Franz: Die schönsten Märchen für die nationale Kinderwelt, bearbeitet im Sinne des Reichsverbandes gegen die Sozialdemokratie (1911), Bremen 1984 (Neudruck), S. 4.
3 Ebd., S. 53-56
4 Ebd., S. 39-41
5 Über die proletarischen Märchen von Hermynia zur Mühlen und andere informiert die Dissertation von Bernd Dolle-Weinkauff: Das Märchen in der proletarisch-revolutionären Kinder- und Jugendliteratur der Weimarer Republik 1918-1933, Frankfurt/M. 1984
6 Zur „linken" Kritik an den Grimmschen Märchen vgl. Otto F. Gmelin.
7 Bruno Bettelheim: Kinder brauchen Märchen (engl.: The uses of enchantment), Stuttgart 1974, S. 194
8 Johannes Bolte/Georg Polívka: Anmerkungen zu den Kinder- und Hausmärchen der Brüder Grimm, Bd. I, Hildesheim 1963 (Neudruck), S. 148-165
9 Ebd., S. 165
10 Iring Fetscher: Wer hat Dornröschen wachgeküßt? Das Märchen-Verwirrbuch, Hamburg 1972

Guy Stern

Zu einem Reinhardt-Konzept für *The Eternal Road*
Ein unveröffentlichtes Dokument aus dem Kurt Weill Archiv

Leonhard Fiedler, dem die vorliegende Ehrenbezeugung gilt, hat mehrfach argumentiert, daß das Hauptverdienst an dem künstlerischen Gelingen des Musikdramas *The Eternal Road* dem Regisseur Max Reinhardt zugeschrieben werden müsse. Fiedler nennt es „ein jüdisches *Großes Welttheater*, in dem [...] Reinhardts fundamentale Vorstellungen von Theater auf grandiose Weise erfüllt wurden."[1] In einem weiteren Aufsatz hebt er hervor, daß die New Yorker Presse von dem Werk mehrfach behauptet habe, „es handelt sich bei dem Bibelspiel um ein Werk von Max Reinhardt."[2] Auch mir gegenüber äußerte er anlässlich eines dem Musikdrama gewidmeten Symposium seine Überzeugung, daß Reinhardt als der *spiritus rector* jenes gigantischen Bühnenwerks anzusehen sei.[3]

Diese seine Ansicht wird weiterhin von einem undatierten, inhaltlich jedoch auf 1937 festzulegenden Dokument untermauert, das ich im Archiv des Kurt Weill-Lotte Lenya Research Center als Ablichtung eines im Original an der Yale University vorliegenden Manuskriptes vorgefunden habe. Das hier zum ersten Mal veröffentlichte Schriftstück von Max Reinhardt trägt den Titel „Layout for *The Eternal Road*." Es erbringt, ganz im Sinn von Fiedler, einen klaren Beweis dafür, daß der Anteil an der Bühnengestaltung von Max Reinhardt, besonders nach dem zeitweiligen Ausfallen von dem Bühnenbildner Norman Bel Geddes, noch bedeutender war, als man früher angenommen hat.

Das Dokument spricht im großen und ganzen für sich selbst. Die Schilderung einiger Details aus der Vorgeschichte und etliche Kommentare zum Text könnten jedoch zum Verständnis von seiner Bedeutung für die richtige Einschätzung von Reinhardts Verdienst um *The Eternal Road* beitragen. Unter anderem zeigt es, wie fest Reinhardt das Heft in die Hand nahm, als Bel Geddes als einer der Hauptmitarbeiter ausschied.

Reinhardts Zusammenarbeit mit Norman Bel Geddes ist auf einen tragischen Zwischenfall zurückzuführen. Reinhardt hatte Oskar Strnad, seinen Mitarbeiter von über zwanzig Jahren, als Bühnengestalter vorgesehen. Strnad, bevor er eine der größten Herausforderungen seiner Laufbahn seiner Vorstellung gemäß ausführen konnte, erkrankte ernstlich und starb kurz darauf an den Folgen.[4]

Max Reinhardt verpflichtete nunmehr den ihm aus früherer Mitarbeit bekannten Bühnenbildner Norman Bel Geddes. Dessen immer kostspieliger werdenden Umbauten des Manhattan Opera Theaters führten jedoch zu einem Bruch mit dem Produzenten Meyer Weisgal und (bis kurz vor der Premiere) zu seinem völligen Ausscheiden.[5] Reinhardt beauftragte daraufhin seinen erst 20 Jahre alten Assistenten Harry Horner mit der Gestaltung der Bühnenbilder; er ist es, den Reinhardt im „Layout" mit der Appellation „jungen Assistenten" meint. Reinhardt schätzte besonders seine Fähigkeiten als Architekt. In späteren Jahren sollte er sich als einer der prominenten Filmregisseure in Hollywood etablieren, der von der Academy of Motion Pictures gleich dreimal mit einem „Oscar" ausgezeichnet wurde.[6]

Nach dem Ausscheiden von Bel Geddes war Reinhardt nunmehr auf sich selbst und auf seinen Assistenten gestellt. Zwar hatte er schon seine Gedanken über die Inszenierung zu Papier gebracht, aber das war noch 1935, als ihm die finanzielle Krise, die das Unternehmen im ersten Anlauf abbrechen ließ, noch nicht klar vor Augen stand. Als es Meyer Weisgal 1936 gelungen war, das Projekt noch einmal zu retten, machte sich Horner daran, einige nützliche Vereinfachungen zu unternehmen. Auch Werfel hatte zuvor seine Vorschläge in einem Aufsatz vorgebracht.[7] Das nun folgende „Layout" von Reinhardt ist also als eine Art Nachsatz zu seiner früheren Exposition und als Neubeginn des wieder eingefädelten Projektes zu verstehen. Er nimmt Vorschläge von Bel Geddes auf, spricht sich mit Werfel und Weill aus, benutzt Horners Layout-Künste (dessen Skizze sich allerdings nicht auffinden ließ), macht aber gleich zu Anfang klar, daß die resultierende Skizze „genau nach meinen [d.h. Reinhardts, Anm. G.S.] Angaben" aufgesetzt wurde. Anders ausgedrückt: ich habe mir alle Ansichten angehört, jetzt aber sind meine Vorstellungen maßgebend. So ist der nun folgende Text zu verstehen:

> Beiliegende Skizze (von einem meiner jungen Regieassistenten genau nach meinen Angaben gemacht) stellt ungefähr das Resultat dar, das sich am Ende meiner ausführlichen Besprechungen mit Werfel und Kurt Weill ergeben hat. Es zeigt die Stellung des Dirigenten, des Orchesters und des Chors (alles für das Publikum unsichtbar). Der Dirigent ist durch den Schrein gegen das Publikum gedeckt und muß von seinem Platz das Orchester und den Chor, der eine große Rolle spielt, übersehen. Eine andere Plazierung des Orchesters, des Chors, des Dirigenten kann nicht in Betracht kommen. Gewiss kann mit Verstärkern gerechnet werden (amplifizieren). Auch vielfach mit Platten (records) und Instrumenten auf der Bühne. Die Art des Rezitativs, eines halb gesungenen, halb gesprochenen Ausdrucks, stellt ein vollkommen neues Prinzip dar, das für das ganze Werk grundlegend ist und noch nie versucht wurde. Dafür hauptsächlich (natürlich auch für die reinen Musikstücke, Lieder, Arien, Psalmen etc. etc.) ist es unbedingt erforderlich, daß der Dirigent den singenden Schauspielern, den schauspielernden Sängern den genauen Einsatz gibt und den ganzen gesanglichen, recitatorischen, orchestralen Apparat in seiner Hand hat und je nach Bedarf vorwärts treiben, warten und folgen kann. Es ist kein Schauspiel mit musikalischen Einlagen und mit melo-

dramatischer Begleitmusik (in einem solchen Fall könnte man freilich die Musik zum großen Teil auf Platten aufnehmen lassen). Es ist vielmehr ein Oratorium wie etwa die Matthaeus-Passion von Bach, nur in einer neuen halb gesprochenen, halb gesungenen Form, die aber durchwegs musikalisch (auf Noten) festgelegt und gebunden ist. Und diese Form fordert unbedingt den lebendigen Gesamtapparat, wie ihn die großen Bach'schen Passionen und Fugen erfordern, umsomehr, da sich der schauspielerische Impuls und seine Expression niemals so genau berechnen lässt (viel weniger noch als reiner Gesang).

Die Skizze zeigt ferner die Lesekanzel, die hochzuheben sein muß und stellenweise silhouettenhaft ins Bild hineinwächst. Dahinter der heilige Schrein mit den Thorarollen, der am Anfang hoch vor der Bühne steht, später (während der visionären Vorgänge auf der Bühne) in die Tiefe sinkt und den Blick auf die Bühne freigibt. Er deckt aber immer den Dirigenten. Ferner ist dargestellt, wie das Zeltvelum vor Beginn der Handlung und während des Vorspiels in der Synagoge tief hängt, um die sehr geringe Höhe der Synagoge zu betonen. Durch das Velum hängen über der Synagoge tief die holländischen Messingkronen mit brennenden Kerzen. Wenn die ersten Worte aus der heiligen Schrift verlesen werden, hebt sich die niedrige Decke des Bethauses und schwebt wie eine Wolke (mit den Kronen) hoch an den Plafond des Opernhauses und verdeckt dort zeltartig die schrecklichen Stuckornamente.

Die vierte Zeltwand (vor der Bühne) ist dann in voller Höhe frei, ebenso die seitlichen Zeltvorhänge mit den Emblemen. Die Zeltwand vor der Bühne wird transparent und die Visionen werden erst verschleiert und vernebelt sichtbar, um im Verlauf der Handlung immer klarer zu werden. Es müsste eine Möglichkeit gefunden werden, diesen Schleiervorhang zu heben oder seitlich wegzuziehen, ohne daß man es merkt und ihn nach Bedarf in derselben Weise wieder zu senken, resp. zu schließen. Die Stellen, an denen eine Verschleierung notwendig ist und wann eine absolute Klarheit erwünscht ist, das wird noch genau auszuschreiben sein.

Die Skizze zeigt auch, wo die Eingangstore (mit breiten Stufen, auf denen wichtige Vorgänge sich abspielen) gedacht sind und die Fenster neben den Türen, die, die nach außen führen. Türen und Fenster an beiden Seiten. Ausserdem sind neben den Türen, wie auf der Skizze angedeutet, Sitze angebracht. Darüber ist (auf beiden Seiten) die vergitterte Frauengalerie gemacht (siehe Skizze), zu der gewundene Holztreppen hinaufführen, gleichfalls vergittert. Unter dem Parkett (Publikum) muß genügend Platz sein für die Betenden, die vor der Kanzel und links und rechts neben der Kanzel in der Tiefe auf Bänken sitzen und stehen. Sie sind nur zum Teil sichtbar. Nur die Sprecher stehen auf den breiten Stufen, die um die Kanzel herum laufen. Manchmal im Sturm der Aufregung drängen viele zur Kanzel hinaus und bilden eine Menschenpyramide, die in dem hochragenden Rabbi den Gipfelpunkt erreicht.

Es kann erwogen werden (nur um Sitze für das Publikum zu sparen) früher oder später nicht die ganze Breite des Zuschauerraumes für die Synagoge zu benützen. Doch muß in jedem Fall eine Verbindung der seitlichen Eingangstüren mit der tieferliegenden Synagoge bleiben und sichtbar sein.

Zunächst fällt bei dieser Beschreibung auf, wie weitgehend Reinhardt sich mit der Weillschen Vertonung auseinandergesetzt und das Konzept des Komponisten zu seinem eigenen gemacht hatte, lange bevor ihm das Werk *in extenso* vorgespielt worden war. Reinhardts Formulierung im Manuskript ist fast ein Echo von einer Äußerung des Komponisten: „Ich habe immer die Ansicht vertreten, daß ich keine gewöhnliche Bühnenmusik zu schreiben habe. Ich muss eine Art von Musik schreiben, in der der Gesang – d. h. eine neue aufgelockerte Art von Gesang – eine hervorragende Rolle spielen soll.“[8]

Mag sein, daß Reinhardt dabei das Originelle bei Weill überschätzte: Ein Vergleich mit Vorgängern wie etwa Honeggers *König David* drängt sich auf.[9] Daß aber Weill die verschiedensten Elemente auf neuartige Art und Weise verband, das kommt schon dadurch zum Ausdruck, daß bei einem Weill Symposium 2000 gerade die Benennung des Werkes die heftigsten Debatten herausforderte.[10]

In diesem gerafften Layout greift Reinhardt eine Idee auf, die er zusammen mit Bel Geddes schon ein Jahr zuvor erarbeitet hatte. Nämlich die Ausdehnung der Bühne über den Orchesterraum hinweg und die hier noch vorsichtig vorgebrachte Erwägung, das Orchester durch das Abspielen von Schallplatten zu ersetzen. Diese Vorkehrung wurde bei der Vorführung trotz anfänglicher Bedenken von Reinhardt und Weill in der Tat angewandt. Mit dieser Neuerung antizipierte Reinhardt eine Gepflogenheit des heutigen Musical. Der Sohn des Produzenten Meyer Weisgal, Mandy (Bühnenname Michael Wager) und der Darsteller einer Jugendrolle in der Premiere erinnerte sich an die Verwendung von Schallplatten statt dem Einsatz eines Orchesters während eines Interviews mit Miles Krueger, dem Präsidenten des Institutes of the American Musical:

> [Wager und Krueger] often saw each other, and he was the one who revealed to me that because Norman Bel Geddes's setting occupied the orchestra pit at the Manhattan Opera House, it was necessary to pre-record the score. This was done by the RCA Photophone sound-on-film system, the same system that Disney used in recording *Fantasia*. As *The Eternal Road* openend in early 1937, I have to assume that its recording came first, for I believe that *Fantasia* was not recorded until some time during 1937 at the Academy of Music in Philadelphia with Stokowski conducting. [...] Mandy added that a few live musicians did appear at each performance and were perched on tiny platforms behind the proscenium. There, they hovered precipitously bowing or tooting away with fear that at any moment they might topple onto the stage below.[11]

Ebenfalls zeigt es sich, daß Reinhardt bei der Erstellung des Bühnenbilds, obwohl er sich dabei keineswegs enge Schranken auferlegte, doch um einige Grade zurückschraubte. Bel Geddes wollte die ersten neun, also die einkommensträchtigsten Reihen des Parketts herausreißen, ein Vorgehen, das wesentlich zum finanziellen Scheitern der New Yorker Uraufführung beitrug.[12] Reinhardt hingegen, wie aus dem letzten Abschnitt seiner Prospektion hervorgeht, wollte „um Sitze für das Publikum zu sparen“, einige Einschränkungen in Kauf nehmen, d.h. es wurden letztendlich „nur“ vier Sitzreihen eliminiert.

Einige Vorsätze Reinhardts wurden – so weit das aus späteren Skizzen und aus Filmdokumenten ersichtlich ist – später fallen gelassen, etwa das auf- und absteigende Podium, andere, wie z. B. die wechselnde Durchsichtbarkeit der

Schleier beibehalten. Ganz besonders aber bestand Reinhardt auf seinen Einfall, keinen elektrischen Kronleuchter in der Bühnensynagoge anzubringen – sondern einen mit Kerzen. Das sollte zu einem letzten, Reinhardt fast zur Verzweiflung bringenden Hindernis bei der Broadway-Premiere führen. In einem Dokumentarfilm über den *Weg der Verheißung* beschreibt Michael Wager, wie der *firemarshall* von New York (etwa Stadtverwalter für Feuerschutz) die Vorstellung wegen Feuergefahr absagen wollte. Erst die Intervention des benachrichtigten Oberbürgermeisters Fiorello LaGuardia verhinderte die bevorstehende Theaterkatastrophe.[13] Das so sorgfältig ausgearbeitete Layout hätte unvorhergesehene Folgen haben können.

Ende gut – alles gut. Der Gemeinplatz trifft jedenfalls auf die Premiere zu. Was aus Reinhardts Vorstellung in dieses Konzept eingegangen war, dann auf der Bühne Gestalt annahm, das beraubte dem Publikum den Atem.[14]

Ebenso auffallend wie der Inhalt des Manuskriptes ist dessen Stil und Sprache. Es ist mehrfach über Reinhardt behauptet worden – besonders unverblümt von seinem Sohn Gottfried, daß er nach all den Hindernissen und Fehlschlägen sich das Scheitern des Projektes noch vor der Premiere erhofft habe.[15] Aber man beachte Reinhardts Entschlossenheit, die sich in Formulierungen wie „eine unbedingt andere Placierung [...] kann nicht in Betracht kommen“ und „diese Form fordert unbedingt [...]“ oder „doch muss eine Verbindung in jedem Fall [...]“. Das ist die Sprache eines Künstlers, der trotz aller Schwierigkeiten „seinen Weg“ (wie Fiedler seinen Aufsatz nennt) mit dem Blick auf das Ziel unentwegt weiter verfolgt.

Anmerkungen

1 Siehe Leonhard M. Fiedler: Bleiben doch die ewgen Juden. Max Reinhardts Exil, in: Editha Koch und Frithjof Trapp (Hg.): Exiltheater und Exildramatik 1933-1945, Exil (Sonderheft 3), Maintal 1991, S. 54.

2 Siehe Leonhard M. Fiedler: The Eternal Road – Max Reinhardts Weg, in: Helmut Loos und Guy Stern (Hg): Kurt Weill – Auf dem Weg zum „Weg der Verheißung“, Reihe Litterae, Bd. 75, Freiburg / Br. 2000, S. 157.

3 Bei einer Unterredung während der Konferenz „Kurt Weill – Leben und Werk – unter der Berücksichtigung des Bibelspiels Weg der Verheißung“ vom 11. bis 13. Juni 1999, veranstaltet vom Lehrstuhl für Historische Musikwissenschaft der Technischen Universität Chemnitz in Verbindung mit der Kurt Weill Foundation for Music, New York.

4 Über Strnads Erkrankung und seinen Plan, das Stück in einem Riesenzelt im Central Park aufführen zu lassen, siehe Edda Fuhrich-Leisler und Gisela Prossnitz: Reinhardt in Amerika. Publikation der Max Reinhardt Forschungsstelle 5, Salzburg 1976, S. 144 und 149 f.

5 Siehe Meyer Weisgal: So Far. An Autobiography, New York 1972, S. 132: „Several months before the opening I severed all my connections with Bel Geddes“.

6 Information from Internet: Homepage Horner, via Yahoo: Horner wurde 1912 in Holic in der Tschechoslowakei geboren. Er starb in Los Angeles. Zu seiner Tätigkeit als Reinhardt-Schüler siehe Gusti Adler: ...aber die vergessen Sie nicht die chinesischen Nachtigallen. Erinnerungen an Max Reinhardt, München 1983, S. 308. Zu Horners späterer Laufbahn, u.

a. die von ihm geleiteten Filme, seine Auszeichnungen, seine Zusammenarbeit mit Arturo Toscanini siehe Database World Cat, Eintrag „Papers ca. 1951-1957."

7 Siehe Max Reinhardt: Szenarium zu *The Eternal Road*; Franz Werfel: Kleine Inszenierungsübersicht für das Bibelspiel *Der Weg der Verheißung* und Harry Horner: Brief an Max Reinhardt, 22. Nov. 36. Alle drei abgedruckt in: Fuhrich-Leisler: Reinhardt in Amerika, a. a. O., S. 162-168, bzw. 136-138 und 172-173.

8 Brief an Max Reinhardt vom 27. Nov. 35 (im Kurt Weill-Lotte Lenya Center). Kurioserweise wurde dieser Brief zunächst in einem Lesebuch für amerikanische Studenten der deutschen Sprache abgedruckt, da Lotte Lenya die diesbezügliche Korrespondenz dem Verfasser zur Verfügung gestellt hatte. Siehe Gustave Mathieu und Guy Stern: Brieflich Erzählt, New York 1956, S. 220. Ähnlich argumentiert Weill über die Musik zu *Eternal Road* in einem Beiheft zu der Rezitation von Helen Hayes der vier patriotischen Lieder *Mine Eyes Have Seen The Glory* aus dem Jahre 1942. Abgedruckt in: Michael Morley: I Cannot – Will Not Sing the Old Songs Now, in: Kim H. Kowalke und Horst Edler (Hg.): A Stranger Here Myself. Kurt Weill Studien, Hildesheim 1993, S. 232 f.

9 Für eine Liste möglicher Vorgänger siehe Norbert Abels: Von den Mühen eines Bibeldramas. Franz Werfel und Kurt Weill, Der Weg der Verheißung, in: Loos und Stern (Hg.): Kurt Weill ..., a. a. O., S. 133. Zu Honegger als Vorgänger siehe auch David Drew: Reinhardts Choice. Some Alternatives to Weill, in: ebd., S. 237-254.

10 Mit den verschiedenen Designationen des Werks setzte sich u. a. Helmut Loos auseinander: Kurt Weill. Der Weg der Verheißung – geistliche Oper und Oratorium, in: ebd., S. 190-201.

11 Krueger in einem Brief an David Farneth, zu der Zeit Archivar des Kurt Weill Archivs. Gedruckt in Guy Stern: The Road to the Eternal Road, in Kim Kowalke (Hg.): A New Orpheus. Essays on Kurt Weill, New Haven and London 1986, S. 275.

12 Bel Geddes noch drastischeres Vorgehen wurde David Farneth und mir in einem Interview im August 1983 von David Lipsky, dem Presseagenten der Eternal Road berichtet. Den finanziellen Verlust durch die Einbuße der teuersten Sitze beschreibt Weisgal, a. a. O., S. 183. Ähnlich die Beobachtung des in New York anwesenden Gottfried Reinhardt in: Der Liebhaber – Erinnerungen seines Sohnes Gottfried Reinhardt an Max Reinhardt. München 1973, S. 222: „Weisgal sorgte sich um Ersatz für den Verlust der den meisten Gewinn bringenden Parkettplätze."

13 Michael Wagers Reminiszenz ist ein Teil des Dokumentarfilms „The Eternal Road. An Encounter with the Past" des Hollywood-Filmregisseurs und -Produzenten Ron Frank.

14 Eine typische Rezension, die die Beeindruckung als überwältigend bezeichnet, ist die Besprechung von Burns Mantle. Siehe sein „The Eternal Road Is Staggering", The New York News, 6. Jan. 1937, S. 17, und wiedergegeben in: David Farneth with Elmar Juchem and Dave Stein: Kurt Weill: A Life in Pictures and Documents, Woodstock/New York 2000, S. 174: „It is all tremendously effective."

15 Siehe Gottfried Reinhardt, a. a. O., S. 218: „Ich habe den Verdacht, daß er im Stillen bis zuletzt gehofft hat, es werde vor der Premiere doch noch scheitern."

Wolfgang Pehnt

„Umrisse gewaltiger Formen"
Schwarz, Poelzig und die Theaterarchitektur
Zu einem unpublizierten Blatt von Rudolf Schwarz

Im Jahre 1959 wurde in Düsseldorf ein Architektenwettbewerb ausgeschrieben, der dem Neubau des Schauspielhauses galt. Rudolf Schwarz (1897-1961), Professor an der Düsseldorfer Kunstakademie, war zur Teilnahme aufgefordert und bedankte sich bei Friedrich Tamms, dem Dezernenten für das Düsseldorfer Bauwesen. Der burschikose Brief gibt Interesse wie Zweifel an dieser Bauaufgabe gleichermaßen zu erkennen: „Als ich noch jung und schön war, habe ich viel Zeit damit verbracht, über neuen Theaterbau nachzudenken, und als ich dann langsam alt und hässlich wurde, ergab sich, dass das alles jugendlicher Unsinn war und es wahrscheinlich gar keinen neuen Theaterbau gibt."[1] Der berühmte Kirchenbauer und Stadtplaner als Theaterarchitekt?

Wer damals die Szene verfolgte, hatte wahrnehmen können, dass Schwarz auch in der Nachkriegszeit am Theaterbau interessiert war.[2] Nicht nur, dass sein 1949 erschienenes, aber wesentlich früher entstandenes Buch *Von der Bebauung der Erde* eine anspruchsvolle Passage über das Theater enthält, den „Gerichtsort über die eigene Geschichte"[3]. Sechs Jahre vor dem Düsseldorfer Wettbewerb, 1952-53, hatte Schwarz zusammen mit Wilhelm Riphahn und seinem oftmaligen Projektpartner Josef Bernard an einer anderen prominenten Konkurrenz teilgenommen, dem Wettbewerb für das Mannheimer Nationaltheater. Erfolg war ihm weder in Mannheim noch in Düsseldorf beschieden.[4] In Mannheim wurde sein Team (wie auch Mies van der Rohe, ein anderer eingeladener Teilnehmer) aufgefordert, ihren Entwurf zu überarbeiten, sie lehnten jedoch ab. In Düsseldorf erhielt Schwarz nur einen zweiten Ankauf, obwohl sein vielfach gestaffeltes Theatermassiv zu den bedeutenden Projekten der Epoche gehört. Wäre es ausgeführt worden, hätte sich dieser „Zauberberg"[5] mit Hans Scharouns späterer Berliner Philharmonie vergleichen können.

In seinem Brief an Tamms berief sich Schwarz nicht auf diese jüngste Vergangenheit, sondern auf die Jahre, in denen er „noch jung und schön war". In der Tat hat damals ein großer Theaterbaumeister und Theaterbesessener seinen Weg gekreuzt, Hans Poelzig (1869-1936). Zu Poelzig, damals ein prominenter Architekt, war der diplomierte und frisch promovierte Rudolf Schwarz im Jahre 1923 gekommen. Vom 1. Mai 1923 bis zum 1. Februar des folgenden Jahres arbeitete er im Meisteratelier, das der „Meester“ innerhalb der Berliner Akademie der Künste leitete. Untergebracht war es allerdings in den Potsdamer Communs, den barocken, pathetischen Wirtschaftsgebäuden hinter dem Neuen Palais von Sanssouci. Poelzig betrieb dort auch sein privates Architekturbüro in chaotisch-fruchtbarem Durch- und Miteinander mit dem Lehratelier.

Als Lehrer hat Poelzig auf Schwarz wie auf viele andere seiner Schüler – darunter auch Tamms – einen unauslöschlichen Eindruck gemacht. Poelzigs pädagogische Leistung war es, den jungen Leuten zu ihren eigenen Möglichkeiten zu verhelfen. Dass es ihm nicht in erster Linie darum ging, Architekten auszubilden, sondern Menschen, haben viele bezeugt. Nicht Rezepte und Methoden suchte er zu vermitteln, sondern Selbstfindung, wie die Vokabel heute heißen würde. Schwarz in seiner hochgestimmten Schreibweise sah noch andere Qualitäten in der Lehre Poelzigs: „Wir danken ihm, daß er [...] uns, seinen Schülern, die Umrisse der gewaltigen Formen zeigte, daß sie sich daran wagen mochten, wenn sie fühlten, daß ihr Herz stark genug dazu war, doch alles wieder verhüllte, wenn er merkte, daß sie des Großen nicht fähig waren, daß sie nicht hungerten oder nicht tapfer genug waren, den Weg ohne Hoffnungen und Erfolg anzutreten.“[6]

Die Theaterbauprojekte, mit denen Poelzig in die Architektur- und Theatergeschichte eingegangen ist, entstanden vor Schwarz’ Potsdamer Aufenthalt. Das Große Schauspielhaus für Max Reinhardt, diese Zaubergrotte der starken Emotionen, war Ende 1919 eingeweiht worden. Zu dem Zeitpunkt, als Schwarz bei Poelzig arbeitete, wurde das Theater der Dreitausend, das auch manchmal übertreibend das Theater der Fünftausend hieß, bereits nicht mehr von Reinhardt bespielt. Auf Reinhardts Welttheater waren Eric Charells Musikrevuen gefolgt. Auch die verschiedenen Projekte für die Salzburger Festspiele im Park Hellbrunn (1920-22) waren storniert, obwohl noch im August 1922 der Grundstein gelegt worden war. Das minderte nicht die Attraktivität der Pläne. Poelzig hatte nicht nur Architektur entworfen, sondern, ergriffen vom Genius Loci, Landschaft weitergedichtet und eine Chiffre für Sehnsüchte der Epoche gefunden. Die Verschmelzung von Bühne und Raum, die Überwölbung von Akteuren und Zuschauern, „in der alle [...] eine hingerissene Gemeinsamkeit bilden“ (Bruno Taut)[7], war hier bis zu einer Grenze geführt worden, die das bürgerliche Theater bis dahin nicht erreicht hatte.

Man darf davon ausgehen, dass die großen Theater-Projekte der allerersten Nachkriegszeit sämtlichen Mitarbeitern Poelzigs vor Augen standen und im Atelier nach wie vor diskutiert wurden. Kohlezeichnungen von Schwarz, die sich aus der Poelzig-Zeit erhalten haben, erinnern unmittelbar an die Salzburger Skizzen, auch wenn Schwarz andere Aufgaben im Sinne hatte. Der werdende Sakralbaumeister skizzierte gewaltige Kirchenmassive, die sich in ihrer gestaffelten Aufgipfelung mit den Festspielhäusern für den Hellbrunner Park vergleichen lassen. Sogar ihr nervöser, flackernde Lichter suggerierender Strich erinnert an

Poelzig, allerdings auch an Dominikus Böhm. Auch die palmenförmig sich ausbreitende Innenraum-Stütze, wie sie Poelzig im Berliner Großen Schauspielhaus effektvoll verwendet hatte, findet sich bei seinem Meisterschüler wieder. Schwarz' „Säule in einem Raum“, datiert auf den 18. November 1923, also mitten in die Poelzig-Zeit, steigt wie ein farbiger Fontänenstrahl auf und fällt raumerzeugend an der Peripherie des Raumes nieder, wo sie eine Folge ähnlicher Stützen produziert. Sie könnte ohne weiteres im Vestibül eines Poelzig-Theaters stehen.[8]

Bei Poelzig gab es zwischen Sommer 1923 und Anfang 1924, zwischen galoppierender Inflation und Rückkehr zur Golddeckung der Währung, nicht viel zu tun. 1923 entstanden Bühnenbilder für *Don Giovanni* und *König Lear*. Die berühmte Kulissenstadt für den Golem-Film war schon Filmgeschichte. Dagegen wurde an die Szenerie des sehr viel weniger renommierten Streifens *Lebende Buddhas*, mit dem Paul Wegener als eigener Produzent viel Geld verlieren sollte, letzte Hand angelegt. Schwarz machte sich über das kolossale Opus lustig wie vermutlich auch Poelzig selbst: Der „Monumentalfilm von der blutigen Göttin Kurukulla und den neun schrecklichen Gottheiten, der im wilden Tibet spielt, ist jetzt zu Ende; Poelzigs Knirpse malen nur noch einige große Tempelfahnen.“[9] Von solchen inferioren Tätigkeiten war Dr. Ing. Rudolf Schwarz offenbar entbunden.

Doch auch in diesen Arbeiten Poelzigs sah Schwarz einen verborgenen Sinn. Die Film- und Bühnenbilder und auch die freien Ölgemälde Poelzigs stellten Nebenwege dar, „um das Große wenigstens als Kunde zu überliefern“. Selbst beiläufigen Aufträgen wie den (expressionistisch dekorierten) Verwaltungs- und Lagergebäuden für die Hannoveraner Firma Gebrüder Meyer suche er „etwas Göttliches beizutun“. Poelzig nimmt in dieser Perspektive die Züge eines Demiurgen an, dem seine große Schöpfung nicht gestattet war. „Weit waren wir damals von der erträumten großen Enthüllung der Herzen und dem Jubel der Formen und Farben.“[10] Poelzig trug die Botschaft weiter, auch wenn er unangemessene Objekte als ihr Medium benutzte.

Im Nachlaß von Rudolf Schwarz gibt es Spuren, die sein damaliges Interesse am Theater bestätigen. Ein Korrespondent aus dem Umkreis der katholischen *Quickborn*-Bewegung, in der Schwarz später viele seiner Bauherren fand, machte ihn 1925 auf Theaterbau-Pläne in Münster aufmerksam und regte an, persönliche Beziehungen spielen zu lassen, damit Schwarz (damals 27 Jahre alt!) zumindest ein Vorprojekt anfertigen könne.[11] Datiert auf den 30. Juli 1926 haben sich zwei Fotos von Modellen erhalten, deren eines mit „Bühnenbild“ beschriftet ist und ein gotisierendes, kirchenartiges Bauwerk zeigt.[12] Das zweite ist mit „Festspielhaus (Modell für Theater Ausstellung Magdeburg 1927)“ bezeichnet. Magdeburg veranstaltete in diesem Jahr eine große bedeutende Theaterausstellung, zu deren Fördererausschuß Poelzig gehörte. Poelzig selbst war mit vielen Exponaten beteiligt. Denkbar, aber nicht belegt ist, dass Schwarz auf seine Anregung hin Einreichungen für Magdeburg vorbereitet hat.[13] Diese Arbeiten und Kontakte können als Versuche eines jungen Architekten gelten, alle Chancen zur beruflichen Etablierung zu ergreifen.

Neben den beiden zeitüblichen Modellstudien hat der junge Schwarz dem Theater einige bisher unpublizierte Skizzen gewidmet, die in den Kontext seiner großartigen Grafik aus den mittzwanziger Jahren gehören.[14] Obwohl nur bleistiftgrau, stimmen sie den „Jubel der Formen und Farben“ an (Abb. 1-3). Schwarz skizziert auf der einen Seite des Blattes ein Theatergebäude, das sich aus zwei Quadern, einem liegenden und einem stehenden, zusammensetzt. Der eine, enorm lange dürfte Foyer und Zuschauerhaus enthalten, der andere den Bühnenturm. In den späteren zwanziger Jahren hat Schwarz oft mit solchen einfachen Geometrien gearbeitet, die „eine große Klarheit und Ersichtlichkeit“ versprachen.[15] Sie führten ihn schließlich zu dem Meisterwerk, das dieses Jahrzehnt abschloß, St. Fronleichnam in Aachen (1929-30). Die vollendet einfachen Bau- und Raumkörper sollten nichts von lastender Schwere an sich haben, aber festlich und leuchtend wirken. „Es ist an der Zeit [...] zu zeigen, daß es möglich ist, streng und doch nicht rational zu sein, abstrakt und doch nicht ohne Liebe, und daß es jenseits von allem ‚Technizismus‘ eine neue Form geben könnte, die hart und rein wäre, aber durchglüht und von echtem Geist.“[16]

Soweit die Skizze Rückschlüsse erlaubt, bauen sich Fassade und Innenwand in immer leichter werdender Materialität auf. Der Turm dagegen ist in schachbrettartig gegeneinander versetzten Rasterfeldern gegliedert. An den Eingängen sind konzentrische Stufenringe vorgesehen. Am Haupteingang an der Schmalseite ist die eine Hälfte dieses konzentrischen Ringkreises aus der wagrechten Standfläche gewissermaßen in die senkrechte Fassadenfläche hochgeklappt. Das ist eine Figur, die Lesern des Buches *Vom Bau der Kirche* wiederbegegnen wird (Abb. 4).

Schwarz entwickelt in diesem 1938 erstmals erschienenen Buch sieben „Pläne“ des Kirchenbaus, die er nicht als Rezepte, sondern als Urbilder, als „Samen von Dingen“[17] verstanden wissen will. Im Kapitel über den zweiten Plan, „Heiliger Aufbruch oder Der offene Ring“ benannt, wird gleichfalls ein Sektor des Runds „gleichsam gewendet. Es steht quer zur Erdoberfläche und zu ihrem Horizont und schneidet sie längs einer Kante. Das ist die ‚Schwelle‘ zwischen Diesseits und Jenseits.“[18] Beim Theaterprojekt setzt Schwarz die Saugkraft der konzentrischen Kreise ein, um Zuschauer ins Jenseits der Bühnenwelt zu ziehen.

Auf der anderen Rück- oder Vorderseite des Blattes befinden sich zwei Skizzen, die wohl eher als Bühnenszenen zu lesen sind denn als Innenräume des Zuschauerhauses. Bezeichnet sind sie mit „Der silberne Vorhof und das blaue Portal“ und „Der goldene Raum“. Wieder setzt Schwarz den Tiefensog der sich verkleinernden und zurücktretenden konzentrischen Kreise ein. Sie finden sich auch auf mehreren anderen Blättern, zum Beispiel auf fünf Aquarellen, die er 1923 unter dem Eindruck von Beethovens *Missa Solemnis* angefertigt hat.[19] Material- und Oberflächenwirkungen, Farbe und Reflexe sollten mit dezidiert zeitgenössischen Materialien erzielt werden. Schwarz notierte „Aluminiumblech & Glas, Stahlboden“ und „Mosaik & Glas“. Ähnlich sollten beim Entwurf einer

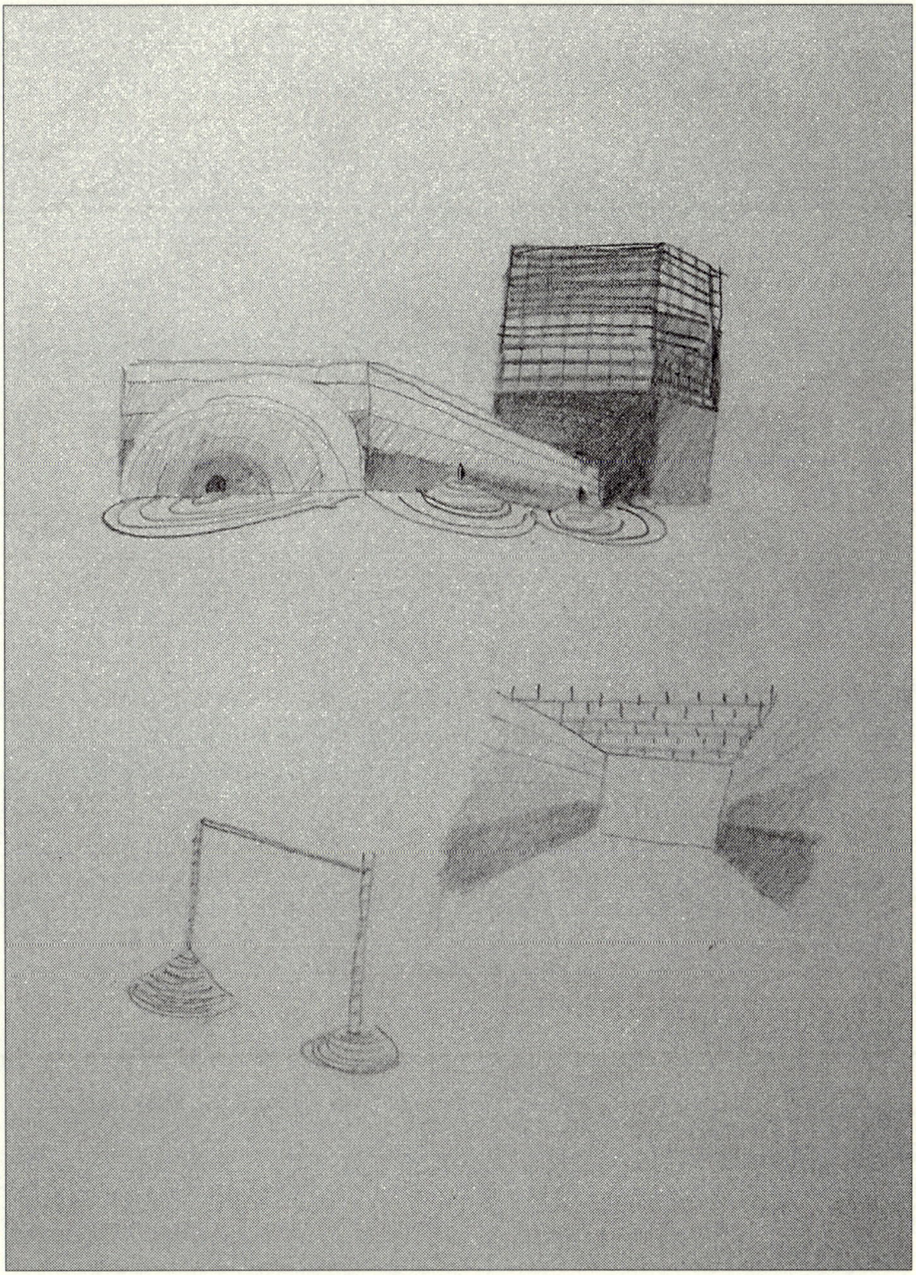

Abb. 1 Rudolf Schwarz. Theaterentwurf. Um 1925. Privatsammlung, Köln. Bisher unveröffentlicht.

Abb. 2 Rudolf Schwarz. Theaterentwurf. Um 1925. Privatsammlung, Köln. Bisher unveröffentlicht.

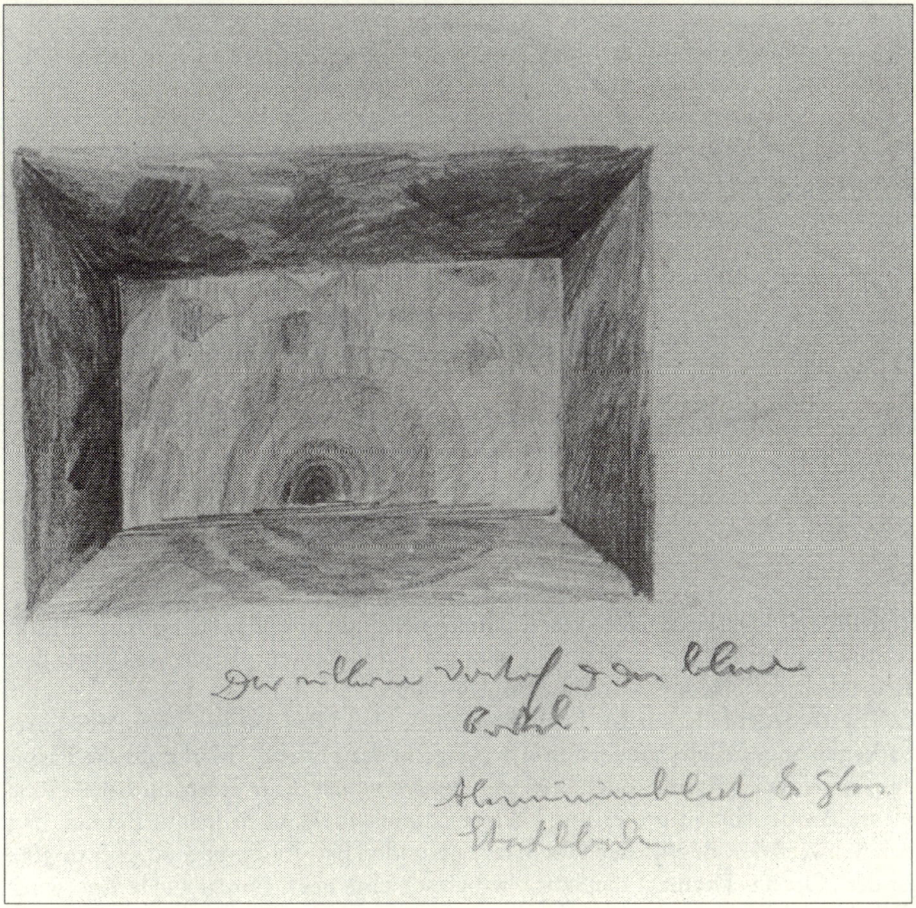

Abb. 3 Rudolf Schwarz. Theaterentwurf. Um 1925. Privatsammlung, Köln. Bisher unveröffentlicht.

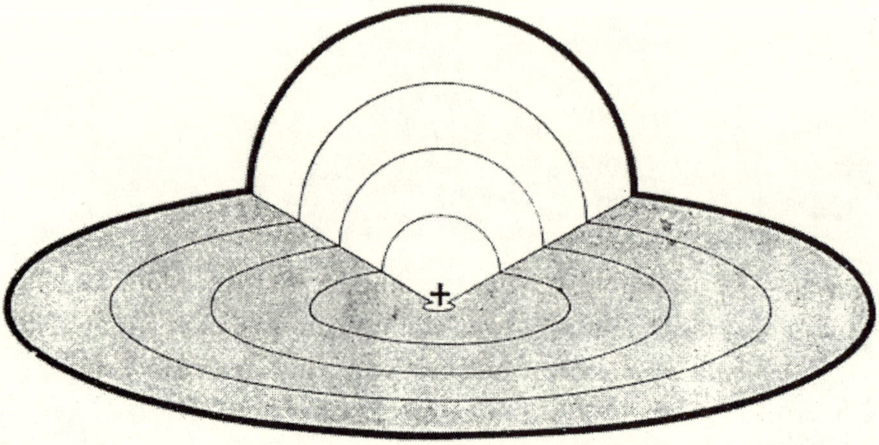

Abb. 4 Rudolf Schwarz. Der zweite Plan. Heiliger Aufbruch (Der offene Ring). In: Rudolf Schwarz. Vom Bau der Kirche. Würzburg, 1938.

kreisrunden Pfarrkirche aus diesen Jahren die Zylinder des sakralen Bauwerks in Stahlskelett errichtet, mit Majolika oder glasierten Zementplatten verkleidet und schließlich mit einem Goldreif bekrönt werden.

Theater jedenfalls war für Schwarz nicht in den Niederungen populärer Lustbarkeiten angesiedelt, sondern in der „Gegend der Hoheit". Man muß die Passagen in seinem späteren Buch *Von der Bebauung der Erde* lesen, um die Höhe dieses Anspruchs zu ermessen. Theater hat seinen Platz in jenem Bereich, für den Schwarz den Begriff der Hochstadt gefunden hat. In dieser Stadtphilosophie ist der „Ort des Dramas" die Stätte, wo Geschichte noch einmal wiederholt wird, ihre Antriebskräfte geklärt, Fehltritte und Irrtümer bereut werden. Im Theater erlernt „das Volk" „die Art Vorsehung und übt sich in ihr ein, daß ihm die neuen und ungetanen Dinge besser gelingen". Theater wird zu einem vorgezogenen Weltgericht: Das Volk steht vor „dem ewigen Herrn der Geschichte".[20] Das war ein Programm, das mit Äschylos und Sophokles, Shakespeare und Calderon zu erfüllen war, aber nicht mit aktuellen Dramatikern der zwanziger Jahre wie Bert Brecht, Georg Kaiser oder Pirandello geschweige denn mit Autoren der fünfziger Jahre wie Thornton Wilder, Arthur Miller oder Jean Anouilh. Kein Wunder, daß Schwarz für seine Theaterbau-Entwürfe Motive einsetzen konnte, die sich auch in seinen Sakralprojekten finden.

Der Zusammenhang zwischen Theaterarchitektur und Kirchenbau wird angesichts der Parallelen zwischen Liturgie und Bühnenhandlung noch plausibler. Schwarz war schon aufgrund seiner freundschaftlichen Beziehung zu dem Liturgiereformer Romano Guardini der liturgischen Reformbewegung eng verbunden, wenn er sich auch das Schlagwort von der Liturgie als Bauherrin nie zu eigen machte, sondern der Baukunst ihr eigenes selbständiges Recht vorbehielt. Guardini verstand Liturgie als Kunst gewordenes Leben, ein durch feste Regeln gesichertes Spiel vor Gott, als objektiviertes Ritual wiederholbar[21] – wie eine Theateraufführung. Die heilige Handlung der von Priester und Gemeinde gemeinsam gefeierten Messe war ein räumlicher Vorgang, dessen Verlauf an einen festen Ort, den Altar, gebunden war – wie eine Theateraufführung. Es galt, diesem geistlichen Spiel den Freiraum zu schaffen, in dem es sich entfalten konnte – wie eine Theateraufführung.

Schwarz hat auch selbst die Parallele zwischen Theater und Liturgie gezogen. Für die Meßfeier hat er eine Vision entwickelt, die am Drama orientiert war. Im Theater, vor allem in der Oper, verbreite die Handlung einen Klangraum um sich, und das Bühnenbild wechsele gemeinsam mit der Handlung. Vor allem die Verwandlungen auf offener Bühne mitten im Spiel hatten es ihm angetan. So wie moderne Theatertechnik Projektionen an den leeren Kuppelhorizont ermögliche, so könne man sich auch die Auflösung des festen Kirchenbaus in Lichträume vorstellen. „Anfangs wäre kein Raum da und schließlich bliebe keiner übrig, er entstände und versänke zugleich mit dem Vorgang.“ Der „Bau als Lichtspiel“ ist diese von den Möglichkeiten der Bühne inspirierte Passage überschrieben.[22]

In den Erläuterungsberichten für die beiden Theaterwettbewerbe der fünfziger Jahre, Mannheim und Düsseldorf, konnte Schwarz die Arkansprache seiner Bücher aus naheliegenden Gründen kaum benutzen. Die Aufgabe für den Architekten sei sehr prosaisch. Er müsse ein den verschiedenen Zwecken dienendes Spielhaus bauen, das auch für Problem- und Diskussionsstücke geeignet sei, die „dem improvisierten und feuilletonistischen Zustand unserer Zeit“ entsprächen. Dass die Sympathien dieses Architekten bei einem Theater lagen, das dem griechischen Theater näherstand, bei dem „grossen und objektiven Spiel“, daran liess er keinen Zweifel.[23] „Im Spiel erst kommen die großen Mächte des Weltalls und der menschlichen Seele zu ihrer Freiheit und hohen Wirklichkeit.“[24]

Von Poelzigs Theaterauffassung war diese Haltung, bei aller Verehrung des Jüngeren für den Älteren, weit entfernt. Zwar stand das Große Welttheater auch auf den Programmen des Theatermagiers Max Reinhardts, als Poelzig für ihn arbeitete. Das Berliner Große Schauspielhaus wurde mit der *Orestie* eröffnet, und die Opernliteratur, die im Hellbrunner Theaterhaus aufgeführt worden wäre, hätte dafür gesorgt, dass die Mythen der Weltliteratur in die Höhlenräume Poelzigs eingezogen wären, von Mozarts *Don Giovanni* zu Richard Strauß‘ antiken Stoffen.

Aber Poelzig war ein zu vitaler Charakter, um seine Spielstätten als quasi kultische Orte zu sehen. Er war impulsiv, lärmend, witzig, in vielen Künsten bewandert, auch in der Malerei und Bildhauerei, hätte auch gern selber Regie geführt. Er liebte okkulte Séancen und Horoskope, aber stand mit beiden Beinen auf dem Boden dieser Welt. Er schätzte es, mit starken Akzenten zu arbeiten, war laut auch in seiner Architektur. Poelzig modelte Volumen und Räume – Schwarz fügte sie aus stehenden Wänden. Poelzigs Architektur war oft weich, mit vibrierenden, lichtfangenden Oberflächen, wenn auch häufig monumental – die seines Schülers klar und hart. Massenwirksame Kitscheffekte waren Poelzigs Überwältigungsästhetik nicht fern. Wenn die Glühbirnen an den Rabitz-Stalaktiten seines Berliner Schauspielhauses zu Sternbildern geschaltet wurden, dürfte ein Ah! durch die Reihen der Dreitausend gegangen sein. Daß er in den späteren zwanziger Jahren Kinopaläste statt Theaterhäuser baute (und dreimal die Sets für Filme) und dabei alle Register der Inszenierungskunst schon in den Foyers und Sälen zog, lag seinem Temperament nahe. Schwarz hat nie ein Kino gebaut, und das war wohl nicht nur ein Zufall.

Die Unterschiede in Wesen und Arbeit haben Schwarz nicht gehindert, den verehrten Lehrer zu rühmen, zu Poelzigs Lebzeiten wie posthum. Er hat den Älteren zu einem tragischen Helden stilisiert, zu einem einsamen Meister, der nie zu Kreuze kroch, ein Genie, das zu groß für seine Zeit war. Bei Schwarz erscheint er wie ein zweiter Faust, Paracelsus, Palästrina. Oder Meister Gerhardus, der sich mit dem Teufel verbündete, um den Kölner Dom zu errichten. „Poelzig träumte den Traum von der Architektur als einer freien Kunst und dem Architekten als ihrem freien Meister, und das war eben nicht das, was an der Zeit war.“[25] Poelzig war zu einer Theaterfigur geworden, zum Helden eines Dramas, das Rudolf Schwarz erdichtet hat.

Anmerkungen:

1 Rudolf Schwarz an Friedrich Tamms, 23. 3. 1959, Typoskript, Archiv Schwarz, Köln.

2 Schwarz war ein engagierter Theatergänger, der am zweiten Standort seines Büros, in Frankfurt am Main, gern das Frankfurter oder Darmstädter Schauspiel besuchte. Mitteilung seiner Frau Maria Schwarz.

3 Rudolf Schwarz: Von der Bebauung der Erde, Heidelberg 1949, S. 153

4 In Mannheim erhielt nach einem zweiten Wettbewerb Gerhard Weber den Auftrag und orientierte sich bei der Ausführung an Mies van der Rohes Projekt. In Düsseldorf wurde Bernhard Pfaus kurvenreiche Bauskulptur realisiert, die mit einem von drei ersten Preisen ausgezeichnet worden war. Vgl. Gerhard Storck: Probleme des modernen Bauens und die Theaterarchitektur des 20. Jahrhunderts, Diss. Bonn 1971.

5 Rudolf Schwarz: Bemerkungen des Architekten. Das Bauwerk, Typoskript 1959, Archiv Schwarz, Köln S. 1

6 Rudolf Schwarz: „... was über alle Rechnung hinaus ist.“ Ansprache bei der Eröffnung der Poelzig-Ausstellung in Krefeld, in: Baukunst und Werkform, April 1951, S. 46

7 Bruno Taut: Zum neuen Theaterbau, in: Das Hohe Ufer, Jg. 1/8, 1919, S. 205

8 Abbildungen in: Wolfgang Pehnt: Rudolf Schwarz. Architekt einer anderen Moderne. Werkverzeichnis von Hilde Strohl, Ostfildern 1997, S. 26 f.

9 Rudolf Schwarz an seine Mutter Paula Schwarz, 13. 9. 1923, Archiv Schwarz, Köln.

10 Rudolf Schwarz: „...was über alle Rechnung hinaus ist.“, vgl. Anm. 6, S. 46

11 Ignaz (kein Nachname angegeben) an Rudolf Schwarz, 14. 1. 1925: „Gerade Münster ist der Ort, in dem unseren Bestrebungen das am meisten geneigte Ohr gegeben werden könnte und in dem ähnliche Bestrebungen auf allen Gebieten des Theaterwesens im Gange sind, die durch Niedekken-Gebhardt als Direktor, Schulze-Dornburg als Musikmann, Laban-Schüler als Bewegungsregisseur und durch die Zusammenarbeit mit Vilmar-Mönke-

berg [richtig: Vilma Mönckeberg] als Wortkünstler gekennzeichnet sind." Typoskript, Archiv Schwarz, Köln. Dort im Korrespondenzordner *Schildgenossen*. So hieß die auf Burg Rothenfels herausgegebene Zeitschrift der Quickborn-Bewegung.
Theaterbaupläne hatten in Münster bereits vor dem Ersten Weltkrieg bestanden und zu Bauentwürfen geführt (Akten in der Stadtregistratur Münster Fach 155). Unter der Intendanz von Hanns Niedecken-Gebhard, der sein Amt 1924 antrat, wurden die Baupläne reaktiviert. „Krieg und Nachkrieg haben bis jetzt die Ausführung verhindert, aber allmählich scheint der Plan wieder Gestalt zu gewinnen." (Almanach 1927 Theater der Stadt Münster, S. 54). Auskunft von Roswitha Link, Stadtarchiv der Stadt Münster.

12 Abgebildet in: Wolfgang Pehnt: Rudolf Schwarz, vgl. Anm. 8, S. 176

13 Mitteldeutsche Ausstellungsgesellschaft (Hg.): Deutsche Theater-Ausstellung. Amtlicher Katalog, Magdeburg 1927. Dieser Katalog, der die Abteilung Theater*architektur* nicht berücksichtigt, führt Schwarz nicht auf. Poelzig war in der Abteilung für Deutsche Bühnenkunst der Gegenwart mit Bühnenbildentwürfen für *Gilles und Jeanne*, *Don Giovanni*, *Hamlet* und *Die Räuber* vertreten, in der Abteilung Theaterarchitektur mit Entwürfen für das Salzburger Festspielhaus. Vgl. Mitteldeutsche Ausstellungsgesellschaft (Hg.): Die Deutsche Theater-Ausstellung Magdeburg 1927. Eine Schilderung ihrer Entstehung und ihres Verlaufes, Magdeburg 1928, S. 35

14 Privatbesitz, Köln.

15 Rudolf Schwarz: Die Soziale Frauenschule in Aachen, in: Die Form 1931/6, S. 2

16 Rudolf Schwarz: Entwurf einer kreisrunden Pfarrkirche, in: Die Schildgenossen 1928/8, S. 262 f.

17 Rudolf Schwarz: Kirchenbau. Welt vor der Schwelle, Heidelberg 1960, S. 151

18 Rudolf Schwarz: Vom Bau der Kirche, Heidelberg 1947[2], S. 51

19 Abbildungen in: Wolfgang Pehnt: Rudolf Schwarz, vgl. Anm. 8, S. 34 f.

20 Rudolf Schwarz: Von der Bebauung der Erde, vgl. Anm. 3, S. 153

21 Vgl. Romano Guardini: Vom Geist der Liturgie, Freiburg 1920[4-5]

22 Rudolf Schwarz: Vom Bau der Kirche, vgl. Anm. 18, S. 133

23 Erläuterungsbericht zu dem Vorschlag der Architekten Prof. Dr. Ing. Rudolf Schwarz, Dr. Ing. e.h. Willhelm Riphahn, Josef Bernard, Typoskript 1953, Archiv Schwarz, Köln.

24 Rudolf Schwarz: Bemerkungen des Architekten, vgl. Anm. 5, S. 1

25 Rudolf Schwarz: „...was über alle Rechnung hinaus ist." vgl. Anm. 6, S. 45

Jörg Sader

„Jede Tradition entgleitet unseren Händen ...“ Weimarer Diagnosen: Johannes Molzahn und Ernst Jünger

Je mehr wir sehen, desto mehr
müssen wir hinzudenken können.
Je mehr wir darzu denken, desto mehr
müssen wir zu sehen glauben.
Lessing

Le choix des sujets,
c'est l'homme?
Baudelaire

I.

Vage und flüchtig bleibt das ‚selbstinszenierte‘ Darstellungsglück der Figuren, die am Ende der 20er Jahre die Leinwände des an der Breslauer Akademie lehrenden Malers Johannes Molzahn ‚besetzen‘ und mit leichter Hand zu erregenden Tableaux selbstbewußter Sinnlichkeit verdichten. Verführerische Augenblicke sind dies in doppeltem Sinne – und sogleich von dunklen Metamorphosen bedrohte, die das Leichte, fast Schwerelose der sinnlichen Figuren mehr und mehr übermalen und bis 1938, dem Emigrationsjahr Molzahns, gänzlich tilgen. Die Formen, den Figuren von Mal zu Mal fremder, gröber, flacher, ihnen zusehends nach ihrem geschmeidigen Äußeren trachtend, verhärten sich ab 1932 zu scharfem, technoidem Kontur. Linkisch und taub verharren die Figuren jetzt, wie Gliederpuppen eines mechanischen theatrum mundi und verstört ob der Starre, die sich nicht abschütteln läßt. Etwas metallisch Kaltes scheint den Körpern Wärme und Puls entziehen, sie steigern zu wollen zur eisigen Höhe heroischer Idealität. Und hier – nicht erst angesichts des letzten Erscheinungsbildes, das ein Paradox vor Augen führt: nämlich technische, dem Tode geweihte ‚Kreaturen‘ –, ergibt sich eine merkwürdige Assoziation. Anders gesagt: Die typischen Elemente des Molzahnschen Figurenstils dieser Jahre, die sich der Betrachter zur zeitgeschichtlich plausiblen ‚Gestalt‘ zusammenzulegen sucht – stoisch starrer Gestus, archaisierende Physiognomie, technomorph-funktionelle Körperformen – lassen plötzlich, wie auf einem Palimpsest, eine andere Gestalt des Weimarer Ideenarsenals durchscheinen: es ist der Arbeiter, Ernst Jüngers Neuer Mensch und disziplinierter Untertan eines Weltimperiums, dessen Kommen der dem Maler unbekannte Schriftsteller den ‚Zeichen‘ der Zeit zu entnehmen glaubt. Der Betrachter reibt sich die Augen. Stimmt also Molzahn, wenn er den Figuren die dem Typus eingeschriebenen Kennzeichen verleiht, Jüngers futuristisch-totalitärer Utopie zu, begrüßt er am Ende ihre konstruierte Notwendigkeit – oder hat da lediglich die Lektüre den Blick des Betrachters getrübt?

Bestünden, wie vermutet, zwischen Molzahns visuell wahrnehmbaren Bildfindungen und Jüngers Sprache gewordener Wahrnehmungsphantasie[1] unaufgeklärte Korrespondenzen, dann müßten sich, folgert der Betrachter, dafür in beiden Medien ‚Beweise‘ finden lassen, Spuren, die es rechtfertigten, von Affinität oder gleicher Intention zu sprechen – etwa gemeinsame ‚Formtendenzen‘, die ästhetisch wahrnehmbar wären über die Kluft von Bild und Text hinweg. Daß die Bilder des 1892 in Duisburg geborenen Malers wie die metamorphotische Figur selbst – trotz der ungegenständlichen Formelemente ihrer mitunter subtilen Bildsyntaktik – doch in erster Linie an ein „wiedererkennendes Sehen“[2] appellieren, wirft die Frage nach ihrem vorausliegenden Modell[3] auf: existiert es als imaginäres im Geiste des Malers oder als ‚reales‘ wie im Falle der in Sprach-Bildern beschworenen ‚Gestalt‘, die Jüngers mißverständlichen, oft Empörung auslösenden Texten (z. B. *Der Arbeiter, Über den Schmerz*) entschlossen ‚entsteigt‘? Ihre ‚Bezüge‘ zur Empirie, dafür sollen ja auch Jüngers Bild-Bücher einstehen, werden von den neuen Medien Photographie und Film glaubhaft bestätigt.

Die Merkmale des sich ‚herausbildenden‘ Typus[4], die der verblüffte Betrachter auf Molzahns Bildern wiederzuerkennen vermeint, sind also alles andere als private, weltfremde, gar literarische Erfindungen, sondern Züge eines realen Menschentyps, der bereits in den Materialschlachten und Grabenkämpfen des Ersten Weltkriegs sichtbar war und nun auch den optischen Alltag der temporeichen Weimarer Jahre prägt. Das Bild, das Jünger von ihm zeichnet – grob, von „einfacherer, dümmerer Natur“[5] –, kommt dem provozierenden Setting eines neuen Barbaren gleich[6], das gängige Erwartungen bewußt ent–täuschen will: der neue Mensch bedarf physiognomischer Ausdrucksvielfalt nicht mehr[7], sein Antlitz spiegelt ja bereits die kommende, ‚einfachere‘, nachbürgerliche Welt. Offenbar gelingt diese „besondere [Wahrnehmungs-]Beute“ [A 131] nur per Vorentscheidung. Anders gesagt: die sichtbare Typisierung des Menschen nicht als das zu lesen, was sie ist: nämlich vor allem als Ausdruck einer unsichtbaren mentalen Zurichtung durch die Industrialisierungsprozesse selbst, scheint nur einer von ethisch-politischen Werten ‚ungetrübten‘, dem „heroischen Realismus“[8] verpflichteten Wahrnehmungsperspektive möglich zu sein [A 34], nur sie bemerkt am Einzelnen die „Verwandlung des Individuums in den Typus oder den Arbeiter“ [S 175]. Eine beglaubigende Schlüsselrolle spielen hierbei die in allen politischen Lagern Weimars als ästhetische Zeichen der Zeit erkannten Massenmedien Photographie und Film. Unter ihren weitreichenden Konsequenzen wiegt eine allerdings besonders schwer: die Menschen werden gezwungen, sich als Objekte wahrzunehmen, „sich selbst ins Gesicht“ zu sehen.[9] Jünger wird dies Anlaß zur Diagnose einer epochalen, durch die Technik selbst ausgelösten Wahrnehmungsrevolution, bei der den Menschen buchstäblich Hören und Sehen vergeht.

Sie hat ihren Ursprung, wie Brigitte Werneburg schreibt, auf den „vor allem als technisch geprägten Wahrnehmungsraum“[10] erfahrenen Schlachtfeldern des Weltkriegs: der hochtechnologischen Waffentechnik, wie sie dort zum Einsatz kam, konnte die subjektive Erfahrung der Kämpfenden nicht folgen, sie wurden zu Objekten der (eigenen) Technik (deren „instrumentaler Machtcharakter“, wie Jünger 1934 lakonisch feststellt, sich eben auch den Körper zu unterstellen suche

[S 191, 206]). Diese Erfahrung habe Jünger bewogen, die Technik nicht mehr als souverän verfügbares Werkzeug zu begreifen, sondern „als Medium einer spezifisch modernen Welterfahrung" zu deuten – als „Wahrnehmungstechnologie." Fasziniert von dieser völlig neuen, ausschließlich technisch vermittelten Qualität von Anschaulichkeit (einer „Erweiterung des Bewußtseins um die sprachlich nicht mehr faßbare Erfahrung eines neuen, ‚medialen Wahrnehmungsstils'"[11]), habe Jünger den Wahrnehmungsapparat der „prinzipiell katastrophischen Technik" anpassen wollen. Ihre medialen Überwältigungen begrüßt er als Auslöser eines Modus von Erfahrung, der ethisch-moralische Normen unterläuft, von Motiven der Aufklärung, der Bildung, des herkömmlichen Wissenserwerbs unberührt bleibt und insofern „Selbstwert"[12] erlangt: es ist die Wahrnehmungsform des Typus und seiner sich abzeichnenden Welt.

Jünger kann, wie man sieht, von den ‚Verheerungen' der Technik sprechen und sie zugleich rechtfertigen als Instrument einer unabwendbaren „Mobilisierung der Welt" durch den Arbeiter [A 183, 168][13], die technisch geprägt sein wird wie der kommende Lebensstil selbst [A 159]. Akzeptiere man ihre „eigentümlichen Mittel" (wozu Jünger unmißverständlich rät), dann werde man nicht nur „Subjekt der technischen Vorgänge", sondern gleichzeitig auch ihr „Objekt" [A 158 f.]. Der folgenschwere Bewußtseinswandel zieht den Erwerb ‚typischer' Eigenschaften nach sich – z. B. die Distanzierung von Empfindung und Schmerz, des sinnlichen Körpers selbst[14] –, und etabliert in letzter Konsequenz ein „zweites und kälteres Bewußtsein", dessen Auswirkungen im Medium der Photographie sichtbar werden:

> Wir arbeiten nicht nur [...] mit künstlichen Gliedern, sondern wir stehen auch mitten im Aufbau seltsamer Bereiche, in denen durch die Anwendung künstlicher Sinnesorgane ein hoher Grad der typischen Übereinstimmung geschaffen wird. Diese Tatsache aber steht mit der Vergegenständlichung unseres Weltbildes, und damit mit unserem Verhältnis zum Schmerz in engem Zusammenhang.
> Es ist hier zunächst anzuführen die im höchsten Maße revolutionäre Tatsache der Photographie. Die Lichtschrift ist eine Art der Feststellung, der in unserem Raume Urkundencharakter zugebilligt wird. Der Weltkrieg war der erste große Vorgang, der auf diese Weise aufgenommen wurde, und seither gibt es kein bedeutendes Ereignis, das nicht auch durch das künstliche Auge festgehalten wird. [...] [Es] durchdringt die Nebelbänke, den atmosphärischen Dunst und die Finsternis, ja den Widerstand der Materie selbst [...].
> Die Aufnahme steht außerhalb der Zone der Empfindsamkeit. Es haftet ihr ein teleskopischer Charakter an; man merkt sehr deutlich, daß der Vorgang von einem unempfindlichen und unverletzlichen Auge gesehen ist. Sie hält ebensowohl die Kugel im Fluge fest wie den Menschen im Augenblicke, in dem er von einer Explosion zerrissen wird. Dies aber ist die uns eigentümliche Weise, zu sehen; und die Photographie ist nichts anderes als ein Werkzeug dieser, unserer Eigenart [S 200 f.].

Ein Werkzeug, aber eben auch (wie unter anderen Vorzeichen für Benjamin, Heartfield oder die berühmte „Arbeiter-Illustrierte-Zeitung"[15]) eine „Waffe", der sich der Typus in allerdings „grausamer Weise“ und mit der Absicht „magischer Besitzergreifung“ bedient. Als „Form des bösen Blicks“ wird dieses entfesselte Sehen zum optischen „Angriffsakt“: erfolgreich unterlaufen die kalten Augen[16] des zweiten Bewußtseins jede nur mögliche Schmerzempfindung.

> Es wohnt uns ein seltsames und schwer zu beschreibendes Bestreben inne, dem lebendigen Vorgange irgendwie den Charakter des Präparats zu verleihen. [...] Und es erhebt sich die Frage, ob diesem zweiten Bewußtsein, das wir so unermüdlich an der Arbeit sehen, denn auch ein Zentrum gegeben ist, von dem aus sich die wachsende Versteinerung des Lebens in einem tieferen Sinne rechtfertigen läßt“ [S 202 f.].

Der keineswegs rhetorischen Frage weicht Jünger mit einem raunenden Zeitbefund aus („letzte [...] sehr merkwürdige Phase des Nihilismus“); es gebe zwar „neue Ordnungen“, doch keine entsprechenden Werte, lediglich „Glauben ohne Inhalte“, „Disziplin ohne Legitimation.“ Angesichts des „stellvertretenden Charakters der Ideen, Einrichtungen und Personen“ begreife man, heißt es 1934, warum die (den Menschen doch in Dienst nehmende, ihn elementar „bis in die tiefste biologisch-vitale Substanz“[17] verändernde) „Technik und das Ethos auf eine so wunderliche Weise gleichbedeutend geworden sind“ [S 212]. Jüngers Phantasma einer grundstürzenden, die bürgerlich-liberale Welt in den Abgrund reißenden Wendezeit[18] basiert also maßgeblich auf einer futuristisch absolut gesetzten Technik selbst, d. h. ihre (noch weitgehend unsichtbare) neue Ordnung soll die Irritationen der technologischen Moderne überbieten. Ob diese Ordnung von der „nicht gering“ zu schätzenden „Tugend der Ameisen“ bestimmt sein wird [S 212], läßt Jünger vielsagend offen. Immerhin wäre im Ameisenstaat das Individuum, der verhaßte Bürger überwunden.[19]

Von diesem nun soll sich der Typus abheben. Als Wahrnehmungs- und Seins-Gestalt[20], nicht als Repräsentanten einer politischen Klasse entworfen, verfügt er bereits über eine unverwechselbar eigene optisch-ästhetische Signatur, die sich u. a. den Zeitschriften, Wochenschauen und Filmen der 2oer und 3oer Jahre, den unfreiwillligen Kronzeugen der Jüngerschen Utopie, entnehmen läßt. Entgegen der eigenen Maxime, die Aufgabe bestehe „im Sehen, nicht aber in der Wertung“ [A 130], interpretiert Jünger diese Kennzeichen als optische Ankündigungen der kommenden Welt.

Das neue Gesicht, „heute in jeder illustrierten Zeitung zu finden“, besitze, da es „an Mannigfaltigkeit und damit an Individualität verloren“ habe [A 107], „eine echte Beziehung zur Photographie“ [S 207]. Der „Lichtstrahl“ suche, vermutet Jünger, nach Qualitäten wie „Schärfe, Bestimmtheit und gegenständlichem Charakter“ [A 124]; dem ‚Lichtbild‘ eigne also nicht Viel-, sondern Eindeutigkeit – wie dem neuen Gesicht selbst, das folglich Produkt des Mediums ist und nicht Ergebnis einer (demagogischen) Manipulation.[21] Jünger zufolge ist es „metallischer“ geworden, „galvanisiert“, es weise einen deutlichen Knochenbau und „angespannte“ Züge auf. „Der Blick ist ruhig und fixiert, geschult an der Betrachtung von Gegenständen, die in Zuständen hoher Geschwindigkeit zu erfassen sind“ [A 107]. Eine „gewisse Leere und Gleichförmigkeit“ sei zu bemerken, eine „maskenhafte Starre“, die auch dem Körper eigne; er lasse „planmäßige Durchbildung“ und „Training“ erkennen: „an den Anblick nackter, sehr gleichmäßig gezüchteter Körper“ habe man das Auge bereits gewöhnt [A 117].

Die Gesichtszüge, Gesten und Körpersilhouetten, die Jünger am Lichtbild be- und dem imaginären Typus einschreibt, ‚erkennt‘ der Betrachter an der Figur Molzahns wieder. Auch ihr ‚Gesicht‘ bildet (zumal ab 1932) nicht das „gute“ der „liberalen Welt“ ab („nervös, beweglich, veränderlich und geöffnet den verschiedenartigsten Einflüssen“), sondern das „seelenlose“ [S 207], „disziplinierte“ und „geschlossene“ [S 179]. Die visuelle Nähe zwischen enigmatischer Figur und medialer Gestalt ist umso erstaunlicher, als es sich bei den großformatigen Tafelbildern nicht um ‚vergegenständlichende‘ Abbilder, nicht um Photographien, nicht also um ‚Produkte‘ eines „technisches Verfahrens“ handelt (für Jünger gleichsam der „Filter“, dem die „private Sphäre“ nicht standhalte [S 202], und „durchlässig“ gewissermaßen „nur für eine ganz bestimmte Schicht der Wirklichkeit“[22]), sondern um autonome Bildfindungen (eines anderen Mediums): dem „optischen Gesetz“, das nach Jünger die Wirkung des photographischen Lichts bestimmt, unterliegen sie nicht. Ob sich allerdings der gelernte Photograph Molzahn daran aus freien Stücken orientiert, um sich, wie Jünger mit Blick auf die zeitgenössische, sich sachlicher Präzision zuwendender Kunst mutmaßt [A 124; S 201], „von hier aus mit neuartigen Mitteln auszurüsten“, kann der Betrachter, Jüngers Ideal der „Stahlskulpturen“[23] gegen das Molzahnsche der technoiden Figur haltend, nicht mehr ausschließen.

Auffällig sind die Titel der Bilder (u. a. *Das kleine Welttheater, Der Turm der Männer, Mit der Fahne, Geometer, Heroische Geste, Der große Frauenspiegel, Das große lyrisch-romantische Bild*, entstanden zwischen 1932 und 1935), die die Figur in anspielungsreiche (und dialogstiftende) Kontexte stellen, während ihre Form doch ‚zeittypisch‘ bleibt: archaisch, stählern muskulös, gepanzert mit schweren Brustplatten, mitunter (wie im Beispiel der *Ringer*) Helme und schützende Handschuhe tragend. Eben diese Amalgamierung organischer und technischer Formen bewirkt ihre Nähe zur Text-Gestalt – ihre (in Jüngers Terminologie) „organische Konstruktion.“[24] Der Begriff, für den *Arbeiter* zentral, steht für die „enge und widerspruchslose Verschmelzung des Menschen mit den Werkzeugen“ [A 178], einem elementaren und unauflösbaren Ineinander von [Arbeits-]Körper und technischem [Produktions-]Prozeß. Von dort könnte auch das Statuarische der Figur herrühren: stumm, ohne Sprache, ohne Bezug zur Mitwelt, scheint sie am Ende nur noch technische Skulptur zu sein, totes [Arbeits]-‚Gerät‘ in einer düsteren, künstlichen Welt, die der Betrachter, vielleicht vorschnell, als Jüngers stählerne „Arbeitsdemokratie“ entziffert [A 255]. Sind Molzahns Bilder also mahnende Gleichnisse einer sich absolut setzenden Instrumentalität, die das Organische, die humane Form längst der Technik geopfert hat? Vor solchen, von Ethik und humanem Menschenbild bestimmten, letztlich ‚sentimentalen‘ Rückschlüssen warnt Jünger mit einem ‚heroischen‘ Argument:

es gebe „keinen Maschinenmenschen; es gibt Maschinen und Menschen, – wohl aber besteht ein tiefer Zusammenhang zwischen der Gleichzeitigkeit neuer Mittel und eines neuen Menschentums.“ Erforderlich sei, „durch die stählernen und menschlichen Masken der Zeit hindurchzusehen, um die Gestalt, die Metaphysik, zu erraten, die sie bewegt“ [A 124]. Dem rhetorischen Rat hätte Molzahn umstandslos beigepflichtet. Während seine Bilder das Zentrum ihrer Szenarien verhüllen, die Macht, die die schicksalergebenen Figuren bewegt, werden seine Schriften in verblüffender Weise beredt.

II.

Obwohl gänzlich verschieden in Lebensführung und Profession, noch in der Bewerttung des Weltkriegs (in den Jünger freiwillig zieht), obwohl absolut gegensätzlich in sprachlicher Schärfe, Aggressivität und politischer Zielsetzung, eint „Sturm“-Künstler und Pour-le-Mérite-Träger ein apokalyptischer Blick auf die Zeit: beiden ist sie „Übergang“ und „Zwischenakt“ [A 57, 90], ein defizitäres Interregnum, das zu überwinden ist – mit dem Einzelnen oder gegen ihn.

Auch Molzahn spricht, nicht erst 1934 in Berlin, von Weltwende, von Wendezeit[25], auch er will einen Neuen Menschen, das vermerkt schon Kesslers Tagebuch. Doch welche Entwicklung nimmt diese Suche seit 1919, seit seinen Jahren in Weimar und Soest, seit der Niederschrift des *Manifests des absoluten Expressionismus*, einer kosmisch-mythischen Eloge auf die innige Bruderschaft aller Menschen, die Herwarth Walden fasziniert abdruckt?[26] Nach den Professuren in Magdeburg, wohin ihn Bruno Taut 1923 beruft, und der 1928 durch Oskar Moll vermittelten in Breslau ist Molzahn 1934 in Berlin. Mit ihm entläßt ein Jahr zuvor die (bereits 1932 per Notverordnung geschlossene) Breslauer Akademie, die bis dahin neben dem Bauhaus künstlerisch aufgeschlossenste der Weimarer Republik, ihren letzten kommissarischen Leiter in eine, von den Nationalsozialisten bereits bedrohte Freiheit eines freischaffenden Malers, der durch Verkäufe und Werbeaufträge der Industrie zu überleben sucht und bisherige Positionen für eine vorläufige Bilanz revidiert:

> Der Triumph der Technik / ist nicht der Triumph des Menschen; / vielmehr der der Materie / und des Umsatzwillens. / Wir sind Objekte der Vorgänge geworden. / Wir sind nicht Führer, – / sondern Geführte. / Sklaven der Materie, – / nicht die Herren. [...] Wir haben uns selber mechanisiert, automatisiert [...]“[27]

Die Klage lädt nicht etwa zur Maschinenstürmerei ein, sondern ist, wie sich zeigen läßt, ein (dem Rat Jüngers vergleichbarer[A 158]) Appell an den Zeitgenossen, seine Lebensform der Technik anzupassen, die „Tradition des Handwerks“ als Wertesystem aufzugeben [P 11]. Mit glühender Feder wirbt Molzahn in seinem Pamphlet *Pioniere, Pioniere* (in gewisser Weise die Summe seiner ästhetisch-pädagogischen und Reklame-Schriften bis 1934) für die keineswegs zufälligen „Industrialisierunsprozesse“ [P 12], macht aber zugleich in kulturkritischer Absicht der hochindustrialisierten, aber nihilistisch-utilitaristischen Gesellschaft (ohne zwischen Weimarer Republik und NS-Regime zu unterscheiden) ästhetische und ethische Rechnungen auf; Molzahns Ziel ist, die moderne Gesellschaft in ihren wahren Zustand zu überführen, den sie, das ist die These, bereits als Potenz in sich trägt. Daß vorerst die Menschen zu Objekten geworden sind, hält er, anders als Jünger, nicht für unabänderlich, im Gegenteil: die existentiellen Defizite sind überwindbar – wie die verdinglichende Technik selbst. Nicht durch romantische Rückkehr zu vortechnischen Zuständen, sondern durch drastischen Bewußtseinswandel, d. h. durch ‚aktive Akzeptanz' eines (näher zu erläuternden) kosmisch-biologischen Gesetzes und seines unbeeinflußbaren Vollzugs. Der beargwöhnten Technik fällt hierbei die katalysatorische Rolle einer Beschleunigerin der ‚historischen' Prozesse bis zu dem Punkt ihres Umschlags zu; trotz heftiger Kritik wird sie nicht preisgegeben, sondern kurzerhand naturalisiert wie die Geschichte selbst. Mit diesem Super-Modernismus, einer eigenwillig entdifferenzierenden Konstruktion, glaubt Molzahn der Sinnkrise einen obersten Wert gegenüberzustellen, aus dem sich die zivilisatorische ‚Zerrissenheit' der Moderne rechtfertigen, ja ‚beglaubigen' läßt[28], ein Heiliges gewissermaßen, das die moderne Kunst als sozialutopische Vision und neuen Mythos kommunizieren soll.

Daß Molzahn, der sich seit seinen „Sturm"-Ausstellungen im Jahre 1917 zu Recht der westlichen Avantgarde zugehörig fühlt, mehrfach Korrekturen an einmal gewonnenen ästhetisch-ethischen Positionen vornimmt, verdankt sich nicht zuletzt der sich überschlagenden Technologisierung selbst. Die expressionistisch-allegorischen (alles Technische ausblendenden) Darstellungen der (an der Ostfront erlebten) Kriegsgreuel weichen nach 1918 schnell solchen verspielt mechanistisch-technoider Formen. Die frühe, in Ansätzen bereits spekulative Technikphilie[29] der 2oer Jahre, die zehn Jahre später Unbehagen und nachhaltigen Zweifel auslösen wird, ist ja Ausdruck einer zeittypischen Aufbruchsstimmung[30] und zugleich Befreiungsschlag gegenüber dem Expressionismus der Zweiten Generation: der Maler, heißt es, müsse „wieder den Kontakt herstellen mit den wirklich produktiven Kräften [...] in Gewerbe und Industrie", der Ingenieur sei der „Künstler [...] unserer Zeit."[31] Seit den frühen 2oer Jahren ist Molzahn auch zunehmend erfolgreich als Werbegraphiker, der beispielsweise von den von Gropius erbauten Fagus-Werken attraktive Aufträge erhält und ab 1923 Werbegraphik und Lithographie an der Magdeburger Kunstgewerbeschule lehrt. Sein Interesse am Handwerklich-Gestalterischen der Form, der angewandten Kunst selbst, mag da herrühren; es erklärte jedenfalls den heroischen Feldzug gegen den (im Grunde ausgestandenen) Historismus, der ihm nicht nur Zeichen ästhetischer Regression ist, sondern für die Zerrissenheit des modernen Menschen schlechthin steht: die billigen Remakes der „mißverstandenen" Tradition verhinderten das absolut gegenwärtige Werk [P 12]. Willkürlich genug, reichen die Beispiele der ‚Feigenblätter', der schamhaften Verhüllung technischer Form, dann auch von der gotischen Fassade bis zum Radioapparat, der einem Nähkasten gleiche; Molzahn liest sie als Ausdruck einer „kümmerlichen historizistisch-mechanistischen Lebensauffassung“ [P 7] und diagnostiziert kurz: „lichtlose Triebe“, „Kulturreproduktion“, „Treibhauscharakter“ [P 39 f.].

Bereits 1926 fällt in einem Aufsatz zur *Stahlzeitlichen Theatergestalt*[32] das Wort von der „Scheinkultur“ und ihren „katastrophalen Rückwirkungen“ auf den Staat. 1932 wird Jünger von „musealer Tätigkeit“ und (die Produktivkraft schwächendem[33]) „historischem Fetischismus“ sprechen und angesichts des (gegenüber der neuen Anschaulichkeit der technischen Medien blinden) Kulturbetriebs die bekannte „Gepäckerleichterung“ dekretieren [A 197 f.].[34] Auch Molzahn nennt jetzt „dieses ganze Europa ein Museum“, das die „Vergangenheit fabelhaft verwaltet“ [P 8]. Sein Insistieren auf zeitgemäßen Formen ist allerdings mit seinem hochspekulativen Form-‚Begriff‘ kaum nachvollziehbar. Form ist, heißt es,

> die Antwort auf die Frage nach dem Lebenssinn, [...] die universale Macht, die den Mikrokosmos und den Makrokosmos, die jede unserer Handlungen [...] bestimmt. Form ist das Resultat des Wirkens der Naturkräfte; sie ist [...] [ihr] Ausgleich, die Grenzbestimmung [...]. Darum ist die Form nur biologisch zu erfassen und zu begreifen, niemals ästhetisch [P 17].

Molzahn konstruiert einen *per se* vernünftigen „Formwillen der Materie“, der die Kulturen der Erde entstehen ließ und sich ‚eigengesetzlich‘ vollzieht, d. h. auch gegen den Widerstand der Menschen. Er löse dann freilich Krisen und Erschütterungen aus [P 17, 36 f.], ein „wildwachsendes“ Werk z. B., das nur ‚Formsurrogate‘ hervorbringe, Stuck, Schein, Quantität – Waren eben. Der Bewußtseinswandel, den Molzahn anmahnt, die ‚geistige‘ Öffnung gegenüber den Zeiterscheinungen des modernen Lebens – allen voran das Ideal industrieller Fabrikation und ihre entsprechende Optimierung –, werde zur Übereinstimmung mit dem Wirken der Materie führen, Mensch und Werk wieder vereinigen.

Von den „Formkräften“ heißt es in einem mit *Biophysik der Form*[35] überschriebenen Text, sie seien „nichts anderes als Umsatzkräfte, der ‚Motor‘, der den Stoff belebt und ihm Wirkungen gibt.“ Der Gedanke bildet bereits 1928 das Zentrum eines viel beachteten, den Aufgaben moderner Werbung gewidmeten Aufsatzes. Umsatz sei „Umwandlung der passiven Energie der Fertigfabrikate in aktive Energie der Produktionserneuerung [...] der Lebenssinn überhaupt, die Dynamik des Daseins, der ewige Kreislauf, auch in den Naturvorgängen.“[36] (Auch Jüngers – polarisierender – Begriff der „totalen Mobilmachung“ will ja die „Verwandlung des Lebens in Energie [...] in Wirtschaft, Technik und Verkehr“ fassen [A 211].[37])

Der Umsatzgedanke wird schließlich zum ‚Motor‘ des synkretistischen Geschichtsmodells, das Molzahn entwirft und dafür (schwer wägbare) Anleihen bei vor allem lebensreformerisch inspirierten ‚Naturphilosophen‘ und Biologen wie Ernst Fuhrmann, Raoul H. Francé und Edgar Dacqué macht, auch bei Spengler[38] und einigen Künstlern der Avantgarde; andere wie etwa Nietzsche oder Rathenau bleiben ungenannt. Das hohe Lied auf strebendes Tätigsein, das Molzahn (mit Marx, den er liest) vollmundig anstimmt, macht im „alten Gott des Umsatzes aller Stoffe und Werte“ eben jene Kraft aus, die „in uns und in jeglicher Existenz wirksam und lebendig ist.“ Sie verwandle alles in Form, denn sie zwinge den Menschen, „Erze, Öle, Kohle der Erde abzugewinnen und umzuformen in Stahl, Eisen, Dampf und Elektrizität“ – nicht des bequemen Wohlstands wegen, sondern um

> die Erhaltung der Energie zu sichern und dafür zu sorgen, daß dieses große Wunder des Bios sich immer wieder verjüngt und erneut. Dieselben physikalischen, chemischen und mechanischen Gesetze, die diese Erde regieren, sind es, die auch unseren physischen und psychischen Körper erbaut haben und erhalten [P 7].

Dieses Erhaltungsgesetz, ein totaler Stoffwechsel, dem Pflanzen wie Lebewesen gleichermaßen unterstehen [P 12], bildet den transzendentalen Rahmen der ‚geschichtlichen‘ Abläufe; von „außerpersönlicher Realität“, sei es nur intuitiv – d.h. „außermenschlich“ – zu deuten: im Symbol, im Mythos, den die Kunst beginne, sichtbar zu machen [P 75 ff.]. So wird (in Molzahns vage-alltagssprachlicher Begrifflichkeit) aus der „Industrialisierung des Tages und der Arbeit“ ein geradezu apokalyptischer Weltprozeß, dem sich jeder einzufügen habe [P 14]. Als Manifestation des „uralten Sinns des Lebens“ ist es der

> große Rhythmus des Ein- und Ausatmens aller Materie [...] der auch unsere Physis beherrscht [...]. ‚Metamorphose der Materie‘ [...] die Weisheit unserer Ahnen [...] das Sakralwort in der Geschichte aller Zeiten. Der Sinn ist so alt wie diese Geschichte selbst; es wechseln nur die Formen. [...] die Umformung aller Stoffe und Werte [...] dargestellt in einem Prozeß, der nicht eher ruht, bis nicht der Ausgleich, die Harmonie hergestellt [...] jenes Optimat des Zustandes erreicht ist, der mit geringsten Mitteln größte Wirkungen schafft [P 12 f.].

Also gewissermaßen Abbau, Aufbau und Umsatz in Permanenz. Neue Formen entstehen, heißt es, durch Vergehen der alten, durch Zerfall des Bisherigen, wie alles neue Leben „auf den untergegangenen Leibern des Gelebten wächst“ [P 44] (Molzahns problematischster, möglicherweise der faschistoiden „Biosophie“ des Freundes Fuhrmann nachempfundener Satz[39]). Die Abbaustoffe bilden, als Basis des Neuen, schwache Traditionsbrüche innerhalb des ‚eigengesetzlichen‘ Kontinuums eines Umsatz tätigenden, Energie erhaltenden Großorganismus. Die Veränderungen der Atome und Kristalle, des organischen Lebens bis zu den als ‚Organismen‘ in der Geschichte auf- und abtretenden Gesellschaften – alles ist Ausdruck dieses Tuns und resultiert aus ihm als sichtbare Formqualität: Universum, Mensch, Geschichte; auch die Technik gilt als naturhafter, organischer Bestandteil dieses kosmisch-biologischen Lebensstroms und wird, mutmaßt Molzahn, durch Akzeptanz ihre entfremdende und inhumane Seite verlieren.

Sein visuelles Äquivalent hat dieser Großorganismus in den menschlichen Händen (auch für Jünger das „Werkzeug der Werkzeuge“ [A 229]), die ihrem Gesetz zufolge „niemals ruhen werden“ [P 38]. Einst sich selbst durch die Maschine entfremdet, streben sie nun ‚unbewußt‘ nach Übereinstimmung mit dem Formwillen der Materie: in ihnen ruhe die „Zukunft psychischen und kultischen Werdens“ – als Ethos und „Mythos der Zeit“ [P 78]. Molzahns total(itär)e Stoffwechsel-‚Metaphysik‘ bedarf offenbar – wie die Arbeitsdemokratie Jüngers – des freien und selbstbestimmten Menschen nicht, wohl aber seiner Arbeitskraft. Hier wie dort scheint der Einzelne lediglich Teil einer – mal durch Technik, mal durch Materie geformten – Masse zu sein, die ein höheres Prinzip lenkt. Statt Kritik zu werden, flüchtet der antikapitalistische Impuls in den Mythos und weist in beklemmender Weise auf aktuelle Debatten voraus: Raoul Francé, einer der Ideenlieferanten, spricht bereits von Biozentrik und Biotaylorismus.[40]

Anders aber als der *Arbeiter*, dessen Zeitkritik nahtlos in Utopie übergeht und den zu erwartenden Werkstättenstaat konkret zu bestimmen sucht, hält sich Molzahns Text hinsichtlich der künftigen Gesellschaftsform bedeckt: ihre Konturen sind (wie das Wirken des Erhaltungsgesetzes) nicht bestimmbar, allenfalls ‚intuitiv‘ zu erahnen – oder negativ aus der Diagnose des status quo zu gewinnen. Molzahn begreift ihn als Endphase eines korrumpierend-„zwecksetzenden“, kurz: „zivilisatorischen“ Prozesses [P 56], der die im Einzelnen ursprünglich gegebene Harmonie von „Psyche“ und „Physis“ zerstört habe, die Einheit „inneren“ und „äußeren Seins“.[41] Das Dilemma sucht Molzahn am Cliché des ‚übermütigen‘ Menschen der Weimarer Jahre zu demonstrieren: elegant, schnittig am Steuer seines Kraftwagens oder im Luftexpress sitzend, verbreite er viel „Gegenwärtigkeit“ und „Zeitschwung“, sein „inneres Sein“ („verlarvt, tot“) aber dämmere vor sich hin, träume vielleicht, „aber es ist nicht“ [P 22].

> All diese Attraktionen, die Deinen Abend besetzen [...], aber auch die Arbeit selbst ist ein Opiat, das Deine Kraft, Dein Denken paralysiert, – damit Dein Denken, die Gewaltsamkeit Deiner Energie, – diese Ueberkompensierungen Deiner Physis, – gewachsen an der Zivilisation, – an der mechanisch–materiellen Beanspruchung derselben, – damit diese Gewaltsamkeit gebrochen werde und das ueberzeitliche Wachsen nicht verwirre und störe.
> Wenn Du Deinem Uebermute die Hände nicht ‚falten‘ willst, so werden sie Dir ‚gefaltet‘ im Sport, Radio, Theater, aber auch in der Anspannung Deiner Tagesarbeit [P 22].

Allerdings steht dieser in den Fängen der Kulturindustrie so hoffnungslos Verblendete in langer Tradition: als Naturbeherrscher, Techniker, Erfinder gewissermaßen der ‚zivilisatorische‘ Mensch *par excellence* ist er, wie Molzahn schreibt, „zum Ringkampf gegen sich selbst angetreten, da er gegen die Natur antrat, deren Teil er ist“ [P 26]. Seine Leistungen – Schießpulver, Buchdruckerkunst, Dampfmaschine, drahtlose Telegraphie, die Bezwingung der Meere, der Luft – seien vor Gott nicht schöpferisch, sondern lediglich „ein Abschreiben von Naturfunktionen und Erkenntnissen, nichts mehr“ [P 2o]. Mit diesen „Machtmitteln“ habe eine Handvoll europäischer Völker die Weltherrschaft an sich gerissen, damit aber ihre Kulturen der Zivilisation geopfert, die eben nur die ‚Physis‘ entwickle, das technisch-materielle, äußere Sein [P 23]. Den Menschen müsse sie daher als zerstörerische Macht erscheinen, als babylonischer Turm, nicht als ‚geschichtsbildender‘ (vorerst noch verborgener) Prozeß einer umwälzenden Erneuerung und Harmonisierung der Lebenswelt.[42]

Noch aber greife der Mensch mit Formeln und „denkenden Händen" in den Kreislauf der Erde ein; noch, klagt Molzahn 1934, stehe das „wildgewachsene" Denken in striktem Gegensatz zur Natur: arbeitsteilige Wissenschaft, Spezialisierung statt Universalisierung, Empirie, blockierendes „Materialgedächtnis" [P 46][43] statt intuitiver Erkenntnis [P 59]. Die massiven Schuldzuweisungen werden paradoxerweise an die – zwischen modernster Technik und ‚antiquiertem' Bewußtsein zerrissenen – Opfer einer (in Anspielung auf Hegel inthronisierten) „List der Materie" gerichtet. Ihr seien die „Turmbauten der Zivilisation" zu verdanken, sie habe an Eitelkeit und Genuß, an Triebe, Willen und Individualismus appelliert und mit den Bedürfnissen die Sehnsüchte nach Luxus installiert [P 28]. Der folgenschwere (die zivilisatorische Epoche auslösende) Wechsel vom Hand-Werk-Zeug zu Werkzeug und Maschinenwerk, der die lebendige Erfahrung des Handwerkers durch ‚entseelende' Quantität ersetzte [P 39, 31], gehe ebenso auf ihr Konto wie der „barbarisierende" Kapitalismus selbst [P 32]. Indes hingen den „Turmbauten" noch (entwicklungs-, bewußtseinshemmende) Spuren vergangener Epochen an, d.h. den Bauten fehle der letzte Stein, der Schlußstein einer geglückten Moderne: eine neue soziale und wirtschaftliche Ordnung als Ende und ‚Aufhebung' der Zivilisation. Man befinde sich, glaubt Molzahn, an einer „Wende des Scheins zum Sein" [P 45, 79].

Für diesen Wechsel zu werben, seine innere Gesetzmäßigkeit zu veranschaulichen, ist nach Molzahns Überzeugung Aufgabe der modernen Kunst; sie ist nicht das, was die „Auslagen der Warenhäuser" zeigen [P 47], sondern „produktives Sein" und eine als „Lebensorganismus" ‚in uns' gespeicherte „Substanz" der Ahnen, die auf Verwirklichung drängt [P 45][44], sie erwachse aus der „religiösen Kraft der Völker", sei als „äußere Form inneren Seins" deren „optischer Ausdruck" [P 42]. Daß es Kunst in diesem Sinne im 20. Jahrhundert nicht gebe, allenfalls „Symptome [...] in einzelnen Künstlern" [P 76, 42], wie Molzahn klagt, verwundert angesichts seiner eindimensionalen Zivilisationskritik nicht. Allerdings will Molzahn (obwohl der „Hunger nach Religion" groß sei [P 85]) nicht christliche Glaubensinhalte revitalisieren, an einem Quasi-Religiösen aber anknüpfen, das zeigen das Ideal des Freskos, in dem er den „Endsinn" seiner Arbeit sieht[45], wie die Hinweise auf Giotto und die Kunst des 13. und 14. Jahrhunderts. Mit der Verweltlichung, Vermenschlichung, der naturalistischen Profanierung der christlichen Symbolik habe die Kunst über die Jahrhunderte nicht nur diese, sondern auch sich selbst entwertet und sich von ihrem Sinn, das „Dasein in seiner Ewigkeitsbedeutung" zu spiegeln, entfernt. Ihren ‚Niedergang' stoppe die Kunst im 19. Jahrhundert mit der Reflexion ihrer „Werkzeuge" und ihres „Werkcharakters" [P 70]. Impressionismus und Kubismus, vor allem die Kunst Cézannes, des „Umwerters" und Erzvaters der Moderne, werden zu „Übungsschulen optischer Disziplin." Die als Entkonventionalisierung der Wahrnehmung[46] zu verstehende ‚Mobilisierung' der „Kräfte des Auges" [P 69,71] fasziniert Maler und Werbefachmann gleichermaßen.

Nun zielt, wie Molzahn glaubt, das verborgene Wesen der Dinge, ihre in Rätseln und Symbolen tradierte Wahrheit [P 85], die die Kunst darstellen soll, vor allem auf das Auge, das eigenen „Gesetzen des Seins“ folge [P 84], mithin nicht nur eine „registrierende optische Linse“ sei, sondern ein „Lebensorgan.“ Es nähre den Organismus auf ‚unerklärliche Weise‘ [P 86] und nehme nur, wie es im Reklame-Aufsatz heißt, das „Wesentliche auf, das Lebensfördernde, die Sensation der Erscheinung“, das dem „lebendigen Orientierungstrieb unserer Psyche“ Dienende [ÖR 144]. Damit ist auch eine Werbestrategie benannt: die ‚Sensationen‘ sind nicht qua Intellektualität und Rationalität (den Formen „mechanisierten“ Geistes) herzustellen, sondern durch die sinnliche Evidenz optischer Mittel, z. B. einer Werbemarke: Sie schließt (analog dem „lebendigen Zeichen“, dem „symbolon“[47], das Molzahn aus den Bildern Cézannes herauszulesen glaubt [P 69]) den visuellen Kontakt zu den Manifestationen der Materie und ihrem Umsatzgesetz. Diese Einsichten in die Funktion des Auges führen auch hier zu einer ‚Gepäckerleichterung‘, wenn Reklame-Texte zugunsten „bildlicher Darstellung“ und Werbemarke auf äußerste verknappt, wo nicht gänzlich getilgt werden sollen – das werde die „Zukunft der Reklame und der Straße regieren“ [ÖR 144]. Zwei Jahre später hebt Molzahn das Foto als brückenschlagende optische Sensation „zwischen Arbeits- und Lebensharmonie“ hervor; es erzwinge

> die andauernde Assimilation des Auges und der Psyche. [...]eines Tages [...] werden wir nicht nur das Bild, auch den Geist dieser Zeitgestalt in uns aufgenommen haben[...]. Das Bild wird eine der wirksamsten Waffen gegen den Intellektualismus, gegen die Mechanisierung des Geistes. ‚Nicht mehr lesen! Sehen!‘[48]

Mit der Einschätzung der Zeit als „nicht literarisch, sondern optisch gerichteter“ [ÖR 144] knüpft Molzahn an die bereits europäisch geführte Debatte um das Medium ‚Photographie‘ an, zieht aber, anders als z. B. Benjamin und Jünger, ihre politische Nutzbarkeit nicht in Betracht.[49] Aus dem neuen Medium, bei Molzahn vor allem im Dienste der Stoffwechsel–Metaphysik, soll die Werbung mit dem „illustrierten Buch“ Konsequenzen ziehen.

> Das Buchkinema, in optisch folgerichtiger Entwicklung und aus dem Stoff heraus geformt. Die Bildgrößen entsprechend der Sinnbedeutung festgesetzt [...] diese neue Optik des Gegenwartsmenschen, eine Wirkung des unerhörten Tempos und der Orientierungsangst –, wird überall zu neuen Formäußerungen führen, die schnellste Orientierung möglich macht und mit der veränderten Physis und ihrer Psyche rechnet. Jede Tradition entgleitet unseren Händen. Ob gut oder nicht gut! [...] Wir werden dieses Wirken [der Naturgesetzlichkeit, d. V.] nicht aufhalten können, bis nicht die letzte Schraube der Werkarbeit, die letzte Lebensform, – die letzte Geste unserer Hand von diesem Geiste durchdrungen ist [NL 82].

Die lakonische Haltung gegenüber der Tradition erinnert an Jüngers Wort von der „neuen Primitivität“, die an der wachsenden Bedeutung des Bilderbuchs abzulesen sei: erfreulich oder nicht, man habe mit ihr zu rechnen [E 5]. Auch seine Bild-Bücher[50] wollen die im Entstehen begriffene Welt des Arbeiters per „unmittelbarer Anschauung“[51] vor Augen führen, die „kräftiger und einschneidender“ sei als „die Schärfe des Begriffs“ [E 5]. Gegen die Intention auf der Linken, das Foto durch Beschriftung revolutionär zu nutzen[52], betont Jünger dessen „reine Anschaulichkeit“: als Spiegel der „eigenartigen“ Zeitströmung sei ihre Wirkung ‚weltanschaulich‘ nicht zu begrenzen [E 7], die „überlegene Meisterung“ der photographischen oder filmischen Mittel lasse sich überdies an jedem beliebigen Stoff nachweisen; das beweise der „Panzerkreuzer Potemkin“, während Langs „Metropolis“ nur dort fessele, wo nicht „gleichzeitig noch eine soziale Weltanschauung“ entwickelt werde, die ermüdend sei [E 6].

Bleiben Molzahns Bild-Strategien, so wäre zu fragen, hinter dieser selbstreferentiellen Anschaulichkeit einer Welt ohne Symbolik und Transzendenz im herkömmlichen Sinne zurück? Offenbar soll das Foto nicht nur abbilden; es hat immer auch Verweischarakter, es symbolisiert das Wesen der Materie, ihre bewegenden Formkräfte – wie die Reklame selbst, die nach Molzahns Auffassung „ein an die Stellesetzen, ein Dafürstellen“ ist, eine spezifische „Repräsentation des [Wesens des] Betriebs, der Produktion“ [ÖR 141]. Die Verbindung zwischen Reklame und Malerei ist über das Symbol gegeben.

Kunst kann daher nicht „äußere Repräsentation“ [P 79 f.], nicht ein Abbilden des Sichtbaren sein, das als bloß Gegebenes noch keine „anschauliche Erkenntnis“ vermittelte: „Erst, wenn es als Produkt einer realisierten Arbeit des Auges wieder hervorgebracht wurde, gilt es als künstlerisch und sachlich gerechtfertigt.“[53] Molzahn rät ja, das gleichsam „unterernährte“ Auge das Gestalters zu ‚beanspruchen‘, es in seiner Empfindlichkeit „höher“ zu spannen [BF 137] und „keimfähig“ zu machen [P 71].[54] Das Auge, das im Ensemble aller Sinnesorgane aufnimmt, gleiche nicht dem wiedergebenden; d. h. weder Erlebnis und Gefühl noch artistisches Können (das nur zur „ästhetischen Perversion der Oberfläche“ führe [L II]) ‚machen‘ Kunst – sondern zuallererst das Auge selbst: es muß zum gestaltenden Blick werden, ein „planender Geist“ muß hinzutreten, der ‚frei und souverän‘ [BF 137] die Fülle der Sehdaten objektiviert und zu einem gestalteten Dasein innerhalb des Bildes entwickelt. In Molzahns ‚versachlichender‘ Pathetik ist das ein (der Werbestrategie verwandtes)

> Beherrschen von Suggestivmitteln, die Psyche des Beschauers zu erregen und zu fesseln und dadurch auf eine geheimnisvolle Weise Lebenssubstanzen freizumachen und zu mobilisieren. Kunst ist der Same Gottes, Kunst ist nicht = Inhalt = Stoff [...] Kunst ist = Gestaltung [...] Symbole für einen Stoff, für einen Vorgang [...] Zeichen [...] für das Auge [BF 137].

Den (modernen) Vorrang der Form (‚Mittel‘) leitet Molzahn aus der „menschlichen Optik“ ab: alle Elemente des Sichtbaren seien „physikalischer Natur“, das Auge selbst ein optisch-„physikalisches Funktionsphänomen“, dessen sinnliche Apperzeption eine „objektive Struktur“ aufweist – „eine Art Biophysik der Gestalt und der formenden Kräfte“ [BF 138]. Einmal in die objektiv-künstlerische Ordnung des Bildes überführt, erlangt diese Struktur „ewige Bedeutung“. Während dieses bildnerischen Gestaltens ist

> die Energie [...] ganz vom Werkzeug und der Hand auf das Auge überführt, das aufnimmt und die Spannungen – ich möchte sagen ‚Zündungen' – abliest, die mit jedem neuen Element, mit jeder im Entstehen begriffenen Linie [...] entstehen [...] [BF 137].

III.

Inmitten der eindringlich diagnostizieren ‚Zerrissenheit' der Zeit gibt sich Molzahn hinsichtlich eines „wieder wachsenden Sinns" [P 79] optimistisch: er werde an den neu entstehenden Formen in Kunst und Industrie bereits sichtbar. Molzahn nimmt die als „großen Lebensprozeß dieser Gegenwart" empfundenen, radikalen Veränderungen der (europäischen) Moderne zugleich als „gewaltiges Ringen um neue Formen auf allen Gebieten" wahr, das offenbar auf Überwindung und Harmonisierung der durch Technologisierung und Industrialisierung bewirkten Umbrüche und Verwerfungen drängt – per Formen und bildnerischem Ausdruck, die ihr gemäß sind, d. h. dem metaphysischen Prinzip einer ursächlich wirkenden Materie, aus der jegliche Entwicklung resultiert. Das modernistisch-romantische Konstrukt eines ‚biophysisch' verstandenen Form-Mythos, der über die Gestaltungen der Bildenden Kunst hinaus jegliche aktuelle Form zu Symbolträgern eines höheren Prinzips instrumentalisiert, versucht ja etwas für die Weimarer Republik durchaus Typisches – nämlich die aus den Fugen geraten(d)e Moderne zu begrenzen und zu zähmen.[55] Offenbar steht hinter Molzahns aufschlußreicher wie befremdender ‚Theorie' – wie noch hinter seiner ‚Aufgabe' als Künstler: die „[ästhetische] Synthese dieses [Form-]Prozesses" zu leisten, ihn „symbolisch" zu erfassen und „mythisch" zu deuten – auch das existentielle Bedürfnis, die ‚zerrissene', sich permanent (vor allem politisch) verändernde Gegenwart zu transzendieren; die Aufgabe, die sich der Künstler 1934 stellt, habe ja

> nichts zu tun [...] mit den Worten, die diese Zeit durchschwirren – eine Aufgabe jenseits politischer Materialität und Tendenz [...]. Nicht über politische Massenversammlungen – deren tief bewegter Zuschauer ich dennoch war – führt der Weg zum Verstehen; vielmehr über das Wissen um die Triebkräfte der Geschichte und der darin eingebundenen Massen [L II].

Seit Cézannes Figuren, die sich der „Einbeziehung in die Farbräume durch Erstarrung" verweigern, ist die Darstellung des konkreten Menschen als „Kunstfigur und metaphysischen Wesen" ein „ungelöstes", den Nachkommenden hinterlassenes Problem.[56] Molzahn nimmt das Erbe lediglich zur Hälfte an: als Symbolträgerin ‚außermenschlicher' Prozesse, als „verlorenes Sinnzeichen"[57] bleibt seine Figur der 3oer Jahre dem Schema von Figur und ‚kubistisch' strukturiertem Grund verhaftet, der sie allerdings seiner rhythmisierenden Bildsprache zu integrieren sucht. Molzahn hat derartigen Vermutungen mit einigen Erklärungen[58] selbst Vorschub geleistet und z. B. das Bild der *Ringer* mit dem ‚zivilisatorischen' Typus in Verbindung gebracht [P 26] bzw. das in den *Dioskuren* dargestellte mythische Prinzip der Zweiheit mit dem ominösen Ein- und Ausatmen der Materie

[P 85]. In der technoiden, biotechnischen Form der Figur ist offenbar auch ein Zugeständnis an den zeitgenössischen Betrachter zu sehen: als ein durch die technologische Moderne bereits ‚Geformter' soll er sich in der Figur wiedererkennen, um sich in einem zweiten Schritt den Angeboten der (allerdings häufig erst per Bildtitel ‚hergestellten') Symbolik zu öffnen.

Eines der Bilder stellt unter dem Titel *Heroische Perspektive* einen wankenden Torso dar: der Kopf ist unterhalb der Augen ‚weggeschnitten', die Beine oberhalb der Knie. Von den geometrischen und organischen Formen des Grundes hebt sich die Figur deutlich ab; gesichtslos hält sie in der linken Hand etwas, das einem Marschallsstab gleicht. Die ‚Symbolik' der wankenden Figur liegt, obwohl auch verstehbar als keimender Zweifel an ihrer Form, nahe. Den Torso malt Molzahn 1935 in Berlin. Im Herbst zuvor hätte er dort Jünger treffen können, der, durch Observierung und Hausdurchsuchung ähnlich drangsaliert wie er, zunächst in die Provinz ‚emigriert' und 1939 (wie Benn) in die Wehrmacht. 1938 emigriert Molzahn in die USA. Das Schicksal vieler avantgardistischer (oft apolitischer) Künstler bleibt ihm gleichwohl nicht erspart. Die Münchener NS-Schau „Entartete Kunst" stellt sechs seiner Ölbilder und einen Holzschnitt aus; sie sind zwischen 1921 und 193o entstanden und hängen neben Werken Baumeisters, Feinigers, Grosz', Kanndinskys, Lissitzkys und Schlemmers.[59]

Anmerkungen:

1 Manfred Schneider (Der Barbar. Endzeitstimmung und Kulturrecycling, München 1997, S. 216) nennt „die Jüngersche Prophetie ein einzigartiges Zeugnis von Theorie-Poesie."

2 Vgl. Bernhard Waldenfels: Ordnungen des Sichtbaren, in: Gottfried Boehm (Hg.): Was ist ein Bild?, München 1994, S. 234 ff.

3 Hans Platschek: Bilder als Fragezeichen. Versuche zur modernen Malerei, München 1962, S. 145

4 Ernst Jünger: Über den Schmerz, in: Blätter und Steine, Hamburg 1934, S. 200 [im folg. zit. als S]

5 Ernst Jünger: Der Arbeiter. Herrschaft und Gestalt, Hamburg ^{2}1932, S. 102 [im folg. zit. als A]

6 Vgl. Schneider: a. a. O., S. 217

7 Der Arbeiter lege „alle Züge bürgerlicher Individualität ab und reguliert sogar durch Mutation und Kosmetik das babylonische Durcheinander der physiognomischen und sexuellen Differenzen" (ebd., S. 222).

8 Vgl. dazu Gilbert Merlio: Der sogenannte ‚heroische Realismus' als Grundhaltung des Weimarer Neokonservatismus, in: Manfred Gangl/Gérard Raulet (Hg.): Intellektuellendiskurse in der Weimarer Republik. Zur politischen Kultur einer Gemengelage, Frankfurt/M./New York 1994, S. 271 ff.

9 Walter Benjamin: Das Kunstwerk im Zeitalter seiner technischen Reproduzierbarkeit, GS I. 2, Frankfurt/M. 1974, S. 506, Anm. 32

10 Brigitte Werneburg: Ernst Jünger, Walter Benjamin und die Photographie. Zur Entwicklung einer Medienästhetik in der Weimarer Republik, in: Hans-Harald Müller/Harro Segeberg (Hg.): Ernst Jünger im 20. Jahrhundert, München 1995, S. 43

11 Peter M. Spangenberg: Mediale Kopplung und Konstruktivität des Bewußtseins, in: Hans Ulrich Gumbrecht/K. Ludwig Pfeifer (Hg.): Paradoxien, Dissonanzen, Zusammenbrüche. Situationen offener Epistomologie, Frankfurt/M. 1991, S. 794; zit. nach Werneburg: a. a. O., S. 44

12 Ebd., S. 44. Auf die „großen Übereinstimmungen" zwischen Jüngers Hinweisen „auf die aggressiven Gewaltpotentiale im medientechnischen Umbau der Sinne und der Sinnesorgane selbst" und den Thesen Marshall McLuhans weist Harro Segeberg hin (Prosa der Apokalypse. Der Essay *Über den Schmerz* (1934) und der Roman *Auf den Marmorklippen* (1939), in: Müller/Segeberg: a. a. O., S. 98 und 103).

13 Vgl. Christian Graf v. Krockow: Die Entscheidung. Eine Untersuchung über Ernst Jünger, Carl Schmitt, Martin Heidegger, Frankfurt/M. 1990, S. 50: „Jüngers ‚Arbeiter' [ist] durch seine echten Einsichten ebenso bedeutend wie durch seine Schiefheiten symptomatisch." Vgl. auch der Verf.: „Im Bauche des Leviathan". Tagebuch und Maskerade. Anmerkungen zu Ernst Jüngers „Strahlungen", Würzburg 1996, S. 152 ff.

14 Vgl. Gert Mattenklott: Der übersinnliche Leib. Beiträge zur Metaphysik des Körpers, Reinbek 1983, S. 50 f.

15 Zum 10jährgen Bestehen der „AIZ" notiert Brecht 1931: „Die Photographie ist in den Händen der Bourgeoisie zu einer furchtbaren Waffe *gegen* die Wahrheit geworden. [...] Der Photographenapparat kann ebenso lügen wie die Schreibmaschine" (Ges. Werke, Frankfurt/M. 1967, Bd. 20, S. 43). Die auflagenstarke AIZ wandte sich gegen das „neusachliche Realfoto" und seine „nichtssagende Oberflächlichkeit" und druckte Fotos nur mit Text ab, ab 1929/30 auch die Fotomontagen John Heartfields, „der stets von einer Kombination aus Bild und Schlagworttext ausgeht, um nicht der Verführung der sogenannten ‚fotographischen Authentizität' auf den Leim zu gehen. Jede ‚mechanische' Wiedergabe der Realität empfand er [...] als Lüge. [...] Bloßes Fotographieren, das keine Montage, keinen Umbau, keine Deutung der vorgegebenen Realität vornimmt, [...] erschien Heartfield als ausgesprochen ‚reaktionär'" (Jost Hermand/Frank Trommler: Die Kultur der Weimarer Republik, München 1978, S. 426 f.). Auch Walter Benjamin stützt die Position Heartfields; wiederholt fordert er (mit Blick auf die Photographien Renger-Patzschs, mit dem Molzahn befreundet war) als „Direktiven" für den Betrachter moderner Photographie die Beschriftung der Fotos, die „als Zündschnur den kritischen Funken an das Bildgemenge heranführt" (GS III, Pariser Brief II, S. 505).

16 Vgl. Gert Mattenklott: a. a. O., S. 51 f.

17 Uwe-K. Ketelsen: „Nun werden nicht nur die historischen Strukturen gesprengt ...". Zu Ernst Jüngers *Die Totale Mobilmachung* (1930) und *Der Arbeiter* (1932), in: Müller/Segeberg:, a. a. O., S. 83 f.

18 Ebd. Thomas Koebner (Die Erwartung der Katastrophe. Zur Geschichtsprophetie des ‚neuen Konservatismus' (Oswald Spengler, Ernst Jünger), in: ders. (Hg.): Weimars Ende. Prognosen und Diagnosen in der deutschen Literatur und politischen Publizistik 1930-1933, Frankfurt/M. 1982, S. 349 und 358) erklärt diese „apokalyptische Obsession" mit einem „als zeittypisch erkannten Gefühl der Ohnmacht" und einer im Weltkrieg erfahrbar gewordenen „Urszene des verlorenen Postens." Die Katastrophenerwartung habe „existentiellen, keinen politischen Ursprung."

19 Vgl. dazu Paul Valérys bereits 1919 geäußerte Befürchtung: „Une certaine confusion règne encore, mais encore un peu de temps et tout s'éclaircira; nous verrons enfin apparaître le miracle d'une société animale, une parfaite et definitive fourmilière" (La crise de l'ésprit, in: Œuvres I, Paris 1957, S. 994).

20 Zum Begriff der Gestalt schreibt Schneider (a. a. O., S. 218 f.), auf Jüngers Essay „Typus, Name, Gestalt" (SW 13, Stuttgart 1981, S. 138) verweisend: Er verstehe „darunter eine verallgemeinerte Anschauung [...] ähnlich der Goetheschen Urpflanze. Die Verallgemeinerung

[...] ist eine Prozedur, die ,Sonderungen reduziert'. Die Gestalt führt ins Ungesonderte, an den Rand des Amorphen. In eine Welt der einfachen Namen und Benennungen."

21 Vgl. Werneburg: a. a. O., S. 55

22 Ernst Jünger: Einleitung zu Edmund Schultz (Hg.), Die veränderte Welt. Eine Bilderfibel unserer Zeit, Breslau 1933, S. 7 [im folg. zit. als E]

23 Werneburg: a. a. O., S. 54

24 Vgl. Paul Corazolla: Johannes Molzahn. Verfemung und Exil. Werke der Jahre 1933–1959 (Katalog zur gleichnamigen Ausstellung), Berlin 1984, S. 6: „Technische und organische Formen durchdringen sich, ohne daß die menschliche Gestalt selbst zur ,Maschine' degeneriert." Dagegen spricht Katharina Heinemann (Unter Propheten. Eine Analyse der kultur- und kunsttheoretischen Schrift „Pioniere, Pioniere" von Johannes Molzahn unter Berücksichtigung ihrer Konvergenzen mit den Schriften Oswald Spenglers, Ernst Fuhrmanns, Raoul H. Francés und Edgar Dacqués, München 1996 (Magisterarbeit), S. 68 ff.) von biotechnischen Robotern, Maschinenmenschen, von technisch-geometrischen Formen, technoiden Gestalten oder entindividualisierten, maschinenhaften Heroen. Herbert Schade (Johannes Molzahn. Einführung in das Werk und die Kunsttheorie des Malers, Zürich 1972, S. 66 f.) nennt sie „heroische Vitalmarionetten."

25 Johannes Molzahn: Gestaltungslehre, Magdeburg 1927, unveröffentl. Typoskript. © und Text-Documentation im Johannes Molzahn Centrum Kassel, dem für die freundliche Erlaubnis, aus den Schriften Molzahns zitieren zu dürfen, hier zu danken ist.

26 Johannes Molzahn: Das Manifest des absoluten Expressionismus, Der Sturm, 79. Ausstellung, 1919; wieder abgedruckt in: Schade, a. a. O., S. 124 ff.

27 Johannes Molzahn: Pioniere, Pioniere, ja, wir sind gespaltene, wir sind die ZWITTER DER EPOCHE, Berlin 1934, unveröffent. Typoskript, 87 S., S. 19 [im folg. zit. als P]; vgl. zu seiner Entstehung Heinemann: a. a. O.

28 Vgl. Manfred Frank: Der kommende Gott. Vorlesungen über die Neue Mythologie, Frankfurt/M. 1982, S. 11

29 Vgl. der Verf. und Hans Peter Reisse: Johannes Molzahn in Soest – ein Porträt der Wirklichkeiten, in: Avantgarden in Westfalen? Die Moderne in der Provinz 1902-1933 (Katalog zur gleichnamigen Ausstellung), Münster 1999, S. 69-78

30 Vgl. dazu u. a. Hanne Bergius: Im Laboratorium der mechanischen Fiktionen. Zur unterschiedlichen Bewertung von Mensch und Maschine um 192o, in: Tilmann Buddensieg/ Henning Rogge: Die nützlichen Künste (Katalog zur gleichnamigen Ausstellung), Berlin 1981, S. 287 ff.

31 Johannes Molzahn: Lebenslauf 1923, unveröffentl. Manuskript [im folg. zit. als L].

32 Johannes Molzahn: Auf dem Wege zur stahlzeitlichen Theatergestalt, in: Die Form. Zeitschrift für gestaltende Arbeit, Berlin 1926, Februarheft, S. 98-101 (mit Abbildungen der Raumbühne Friedrich Kieselers, Oskar Schlemmers Bühnenbild zum „Abtrünnigen Zaren", Robert Michels Polytechnischem Theater und einer Bühnenkonstruktion Wsewolod Meyerholds), S. 98 [im folg. zit. als ST].

33 Daß die Welt des Arbeiters reine Ordnung ist und sich weder technischen Produktionsweisen noch einer Produktionslogik verdankt, darauf verweist Ketelsen: a. a. O., S. 93

34 Vgl. dazu Segeberg: a. a. O., S. 101 ff.

35 Johannes Molzahn: Biophysik der Form. Katalog Staatliche Akademie für Kunst und Kunstgewerbe Breslau, Ausstellung der Studierenden Juni/Juli 193o, S. 3-8; zit. nach Schade: a. a. O., S. 136 [im folg. zit. als BF].

36 Johannes Molzahn: Ökonomie der Reklame-Mechane, in: Die Form, Berlin 1926, Aprilheft, S. 141-144 (mit Abbildungen von Plakaten und Werbemarken Molzahns), S. 141 [im folg. zit. als ÖR]

37 Auch Molzahn spricht von einer „Zeit, die die Mobilmachung aller Kräfte für den Aufbau fordert. Eine solche Zeit lasse der Idylle keinen Raum ..." (Lebenslauf 1923). Im Text wird später ‚Mobilmachung' durch ‚Mobilisierung' ersetzt.

38 Vgl. dazu die ausführliche Analyse Heinemanns: a. a. O. sowie Gert Mattenklotts Nachwort zu Ernst Fuhrmann: Was die Erde will. Eine Biosophie, München 1986. Die zum Teil beträchtlichen Unterschiede zwischen den Ansichten Fuhrmanns, Francés, Dacqués und Spenglers und denen Molzahns können hier aus Platzgründen nicht erörtert werden.

39 Das Verbindungsglied zwischen den Lebewesen, dem Kosmos sowie Ort der Werterhaltung sei der Boden, schreibt Heinemann (a. a. O., S. 34). Fuhrmann behaupte, „daß der Boden durch höher- und niederwertige Pflanzen [...] und durch primitivere oder intellektuell weiter entwickelte Menschen gedüngt werde. Das habe Einfluß auf die Wertigkeit der dort Geborenen und sich Ernährenden." Für Fuhrmann beweise z. B. der amerikanische, mit Rindern, Grizzlys und Indianern gedüngte Boden, „daß hohe, dichterische Begabungen in Amerika im 19. Jahrhundert kaum entstanden sind" (Was die Erde will, a. a. O., S. 152). Vgl. Mattenklott: a. a. O. S. 252 ff.

40 Vgl. Heinemann: a. a. O., S. 40 ff. und 47 ff.

41 Eine Figur, die bereits Nietzsche beschreibt: „ [...] der merkwürdige Gegensatz eines Inneren, dem kein Aeusseres, eines Aeusseren, dem kein Inneres entspricht, ein Gegensatz, den die alten Völker nicht kennen" (Unzeitgemässe Betrachtungen II, Sämtl. Werke, Kritische Studienausgabe, hg. v. Giorgio Colli/Mazzino Montinari, München 1980, Bd. I, S. 272).

42 Im Gegensatz zu Nietzsches skeptischen Endzeitgesängen im Zeichen des heraufkommenden Nihilismus scheint Molzahns optimistische Apokalypse eher dem Denken Marx' nachempfunden zu sein, das zwei „gegensätzliche Figuren" kenne: die unilineare Aufwärtsbewegung als Heilsgeschichte oder Fortschrittsdenken und den abrupten Umschlag. Ihre Verschränkung sei nur möglich, wenn für jede Figur unterschiedliche Inhalte von Defizienz und Fülle reserviert werden. Der vollen Entwicklung der Produktivkräfte und Produktionsbedingungen, den Voraussetzungen des ‚Reichs der Freiheit', stünden bei Marx Verfallssymptome größten Ausmaßes gegenüber. Das führe zur Abwertung der bisherigen Geschichte als ‚Vorgeschichte', zu einer ‚Inversion der Geschichte.' Apokalyptisches Denken hebe an „mit dem Ende der bisherigen Geschichte und endet mit dem Anfang der erhofften neuen Existenz" (Klaus Vondung: Die Apokalypse in Deutschland, München 1988, S. 301, 101, 344).

43 Es ließe sich an Walter Benjamins ‚positive' Barbaren denken: „Denn was ist das ganze Bildungsgut wert, wenn uns nicht eben Erfahrung mit ihm verbindet?" Die Armut an Erfahrung bringe den Barbaren dahin, „von vorn zu beginnen, von Neuem anzufangen, mit Wenigem auszukommen [...]" (Armut und Erfahrung, GS II. 1, S. 215). Nietzsche spricht von einem „Wissen, das im Uebermaasse ohne Hunger, ja wider das Bedürfnis aufgenommen wird"; es wirke „nicht mehr als umgestaltendes, nach aussen treibendes Motiv" (a. a. O., S. 272).

44 Dann wäre, um mit Benjamin zu reden, dem Künstler eine „schwache messianische Kraft mitgegeben, an welche die Vergangenheit Anspruch hat" (Über den Begriff der Geschichte, GS I. 2, S. 694].

45 Johannes Molzahn: Lebenslauf 1934, unveröffentl. Typoskript, Berlin, S. 7 [im folg. zit. als L II]

46 Vgl. Gottfried Boehm: Paul Cézanne und die Moderne, in: Cézanne und die Moderne. Katalog der gleichnamigen Ausstellung der Fondation Beyeler, Ostfildern-Ruit 1999, S. 15

47 Mit Blick auf Molzahns lebensphilosophisch inspirierte ‚Zivilisationstheorie' ließe sich der vage Symbol-Begriff schnell vitalistischen Strömungen zuordnen – als scharfer Gegensatz zu rational-begrifflicher Erkenntnis und geschichtlichem Denken. Als ‚ungebundenes Zeichen' (Dan Sperber) ist das Symbol nicht eindeutig kodiert, der ihm verliehene Sinn muß

geglaubt werden. Es verweist allerdings, da es für höhere geistige Zusammenhänge durchscheinend sein soll, auf Künftiges, sein Wert liegt in seinen „prognostischen Möglichkeiten" (Roman Jakobson/Krystyna Pomorska: Poesie und Grammatik. Dialoge, Frankfurt/M. 1982, S. 83). Daß Molzahn hier an Ästhetik und Wahrnehmung denken, sich auf die Tätigkeiten des Auges – réaliser und construire – bei Cézannes beziehen könnte, der den Weg vom Motiv zum Bild beschritt, mit Mitteln der Malerei reine Anschauung anstrebte, um das Wesen der Realität aus der Realität des Bildes zu entwickeln (vgl. Gottfried Boehm: Ein Paradies aus Malerei, in: Paul Cézanne. Die Badenden, Ausstellungskatalog, Zürich 1989, S. 11-27), bleibt freilich eine spekulative Annahme.

48 Johannes Molzahn: Nicht mehr lesen! Sehen! in: Das Kunstblatt, hg. von Paul Westheim, Berlin (März) 1928, 12. Jg., Sonderheft ‚Moderne Photographie', S. 79 [im folg. zit. als NL]

49 Vgl. Anm. 15

50 Z. B. gibt Jünger heraus: „Luftfahrt ist not!" (o. J.), „Das Antlitz des Weltkrieges. Fronterlebnisse deutscher Soldaten" (Berlin 1930). Vgl. dazu Anm. 22 sowie Werneburg: a. a. O., S. 46 ff.

51 Ohne allerdings die Möglichkeit seiner historischen Abnutzung bzw. die der Distanzierung per Foto zu sehen; vgl. Susan Sontag: Über Fotographie, Frankfurt/M. 1980, S. 26

52 Vgl. auch Anm. 15 sowie Susan Sontag (a. a. O., S. 106 f.): Die Moralisten verlangten, daß die Fotographie spreche; von der Bildunterschrift als „fehlender Stimme" werde erwartet, „daß sie für die Wahrheit spricht. Aber selbst eine völlig korrekte Bildunterschrift ist nicht mehr als eine unter vielen möglichen Interpretationen der Fotographie [...]."

53 Gottfried Boehm: Ein Paradies aus Malerei, a. a. O. S. 21

54 Ein deutlicher Hinweis auf Cézanne! Vgl. Maurice Merleau-Ponty: Le doute de Cézanne, in: Sens et Non-Sens, Paris 1948, S. 32: „Puis il ne bougeait plus et regardait, l'œil dilaté [...]. Il ‚germinait' avec le paysage."

55 Vgl. Hartmut Ruddies: Flottierende Versatzstücke und ideologische Austauscheffekte. Theologische Antworten auf die Ambivalenz der Moderne, in: Manfred Gangl/Gérard Raulet: a. a. O., S. 19-35

56 Eduard Beaucamp: Von der Mal-Orgie zur reinen Anschauung, FAZ 26. Januar 1982

57 Paul Vogt: Geschichte der deutschen Malerei im 2o. Jahrhundert, Köln 1976, S. 252

58 Vgl. dazu Theodor W. Adorno: Die Kunst und die Künste, GS 10. 1, Frankfurt/M. 1977, S. 436: „Der Verlust der Selbstverständlichkeit ihrer [der Künstler, d. V.] Gegenstände und Verfahrungsarten veranlaßt sie zu Reflexionen, deren sie nicht stets mächtig sind."

59 Vgl. Stephanie Barron: Degenerated Art. The Fate of the Avant-Garde in Nazi Germany (Katalog zur gleichnamigen Ausstellung), County Museum of Art, Los Angeles 1991, S. 60 und 303 f. Molzahns Bilder hingen, thematisch der abstrakten Malerei zugeordnet, an der Nordseite des Raums 5 unter dem Text: „Wahnsinn wird Methode."

Ulrich Hackenbruch

Das Geheimnis der Tillergirls
Siegfried Kracauers *Ornament der Masse*

Doch das Paradies ist verriegelt und der Cherub hinter uns;
wir müssen die Reise um die Welt machen und sehen,
ob es vielleicht von hinten irgendwo wieder offen ist.
Heinrich v. Kleist,
Über das Marionettentheater

Siegfried Kracauers Essay *Das Ornament der Masse* von 1927 zählt inhaltlich auf den ersten Blick zu den weniger präzisen Dokumenten der Weimarer Epoche. So wurde denn auch häufig lediglich der Titel herausgegriffen und als Schlagwort in Umlauf gebracht.[1] *Das Ornament der Masse* erschien erstmalig im Feuilleton der „Frankfurter Zeitung“, für das Kracauer als Journalist tätig war (Ausgaben vom 9. und 10. Juni).

1.

Zunächst beginnt alles ganz harmlos. Der Autor Siegfried Kracauer widmet sich einer Revue der „Tillergirls“, einer bekannten Tanzformation der 20er Jahre. Der Tanz ist eines der bevorzugten Themen der zeitgenössischen Essayistik, sie behandelt ihn zumeist im Kreis von Sport, Hygiene und neuem Körperbewußtsein. Bekannt sind in diesem Zusammenhang etwa die Artikel Rudolf Arnheims über die Tänzerin „Palucca“.[2] Manifest wird das Interesse am Körper auch in der Programmatik des Bauhauses, in der sowohl Tanztheater als auch Wohnhäuser mit obligatorischem Gymnastikzimmer vorgesehen sind.[3] In diesen Chor jedoch will der Autor des „Ornaments“ nicht einstimmen:

> Preislieder auf die Körperkultur werden heute [...] gesungen. Sie sind als Ideologien leicht zu durchschauen, mag immerhin der Begriff der Körperkultur zwei ihrem Sinne nach zusammengehörige Worte durchaus rechtmäßig miteinander verkoppeln. Die unbegrenzte Bedeutung, die dem Körperlichen beigemessen wird [...] erklärt sich allein aus der Bundesgenossenschaft, die das Körperbildungswesen, seinen Vorkämpfern teilweise unbewußt, mit dem Bestehenden unterhält. Die körperliche Ertüchtigung beschlagnahmt die Kräfte, Produktion und gedankenloser Konsum der ornamentalen Figuren lenken von der Veränderung der geltenden Ordnung ab. Der Vernunft wird der Zutritt erschwert [...].“[4]

Damit ist der erste Akkord gesetzt. Auch zeigt sich eine gewisse Humorlosigkeit. Gleichzeitig gibt Kracauer zu erkennen, mittels welcher Theorie er sich dem „Bestehenden“ nähern wird: Sein Instrument ist – zumindest in diesem Moment noch – unzweideutig das der marxistischen Kritik. Unter deren Perspektive wird die „Körperkultur" zum Element des „allgemeinen Verblendungszusammenhanges"[5], wird sie, zusammen mit Fabrikarbeit und Massenkonsum, zum unreflektierten Gehampel, das für die Aufrechterhaltung des herrschenden ökonomischen Interesses unterhalten werden muß. „Vernunft" im eigentlichen Sinne ist ihr weder gemäß, noch zueigen, sondern bleibt an ein Heilsversprechen gebunden, das noch seiner gesellschaftlichen Verwirklichung harrt.

In diesem Gesamtkomplex nun bilden die „Tillergirls" eine Avantgarde. In ihnen manifestiert sich laut Kracauer nicht bloß die Perpetuierung des „Bestehenden", sondern sie verweisen auf etwas Neues, verleihen der Massenkultur eine neue Qualität:

> Die Gebildeten [...] haben den Einzug der Tillergirls und der Stadionbilder übel vermerkt. Was die Menge unterhält, richten sie als Zerstreuung der Menge. Entgegen ihrer Meinung ist das ästhetische Wohlgefallen an den ornamentalen Massenbewegungen legitim.[6]

Damit leitet Kracauer zur zentralen These seines Essays über: Die Tanzformationen, das „Massenornament", sind nicht lediglich Verzierungen und Maskierungen des bestimmenden wirtschaftlich-rationellen Komplexes, sondern seine Verkörperung: „Das Massenornament ist der ästhetische Reflex der von dem herrschenden Wirtschaftssystem erstrebten Rationalität."[7]

Wie das? Die Erklärungen, mit denen diese These nachfolgend untermauert werden soll, klingen unschlüssig:

> Die in ihnen [den ornamentalen Massenbewegungen, U. H.] gegliederte Masse ist aus den Büros und Fabriken geholt; das Formprinzip, nach dem sie gemodelt wird, bestimmt sie auch in der Realität. [...] Sie ist nach rationalen Grundsätzen entworfen, aus denen das Taylor-System nur die letzte Folgerung zieht.[8]

Demnach hätte man es hier wie dort mit nichts anderem als einem Ballett der „Angestellten" zu tun, das sich, je nach seiner Umgebung, als schmückendes Beiwerk oder zur Fließbandarbeit gruppiert. Das „Ornament" der Tillergirls wäre dann wenig mehr als die virtuose Höchstleistung besagter Rationalität und Kracauers Qualifizierung dieser Erscheinung als ästhetische ein Zynismus.

Man kann sich des Eindruckes nicht erwehren, daß Kracauers nachfolgende Analyse mehr der Reinheit der Theorie, mit der sie operiert, als der Konsequenz der eigenen Überlegungen verpflichtet ist. Betrachtung und Analyse gelangen nicht allzu überzeugend zur Deckung. Wie eine Schlußfolgerung aus der Beobachtung vergleichbarer Phänomene aussehen kann, führt ein anderer zeitgenössischer Autor vor:

> Die Mobilmachung der Materie [...], wie sie als Technik erscheint, ist also in ihrer letzten und höchsten Stufe noch ebensowenig sichtbar geworden wie bei der ihr parallel laufenden Mobilmachung des Menschen durch dieselbe Gestalt. [...] Die Annäherung an diese Einheit drückt sich aus in der Verschmelzung des Unter-

schiedes zwischen organischer und mechanischer Welt; ihr Symbol ist die organische Konstruktion.[9]

Ernst Jüngers Essay über den *Arbeiter* (1932), dem dieses Zitat entnommen ist, nähert sich seinem Gegenstand zwar auf andere Weise, ist aber für einen Vergleich mit dem *Ornament der Masse* außerordentlich erhellend. Während bei Kracauer dunkel-orakelnd vom „Strom des organischen Lebens", der sich „von den schicksalhaft verbundenen Gruppen zu ihren Ornamenten" hinwälzt, die Rede ist[10], liefert Jüngers Text das notwendige Schlüsselwort: Im Paradox der „organischen Konstruktion" findet eben dieses „Ornament" den ihm gemäßen Ausdruck, hier heben sich die Gegensätze zwischen rationaler und natürlicher Sphäre auf:

> Es ist uns der Gedanke sehr fremd geworden, daß es Maße gibt, deren Hervorbringung ohne Anstrengung geschieht, weil jede Bewegung bereits Ausdruck und Repräsentation des Maßes ist [...].[11]

Allerdings geht Jünger dabei über die Vorstellung einer „unbewußten Oberflächenäußerung"[12] hinaus – die „organische Konstruktion" ist „Gestalt", ist willentlicher und nicht unbewußter Ausdruck. Gleichwohl ist sie insofern unbewußt, resp. „schicksalhaft", als sie, im Verständnis Jüngers, an eine bestimmte Kultursituation gebunden ist.

Dennoch implizieren sowohl die „Gestalt" des *Arbeiters* als auch *Das Ornament der Masse* eine Utopie, die im Falle Jüngers stärker, bei Kracauer zaghafter vorschattiert ist: Gemeint ist ein Entwurf, mit dem versucht wird, aus einer Kultursituation auszubrechen, deren Parameter und Begriffe als nicht mehr mit der Erfahrung übereinstimmend empfunden werden. Bei Kracauer ist dieser Versuch recht vorsichtig angedeutet und durch die angestrengte Instrumentierung romantisch-marxistischer Deutungsmuster verstellt.

Solches Zaudern gestattet sich Ernst Jünger nicht, er befiehlt sich stattdessen gleich zu Beginn eine „rücksichtslose Gepäckerleichterung", womit unmißverständlich der Abwurf von moralischem Ballast gemeint ist.[13] Indem nun Jünger den Gestus der von ihm skizzierten „Gestalt" als rhetorisches Stilmittel in den Text hineinnimmt, kann er sich erlauben, einer Logik des Extrems zu folgen, die ihn zu erstaunlichen Resultaten führt. Beachtenswert sind dabei weniger die „Gestalt" des *Arbeiters* und ihre Charakterisierung als vielmehr die Parameter ihrer Genese: Im Ergebnis wird ein Typus als „organische Konstruktion" erschaffen, ersteht also im Schöpfungsakt eine neue, künstliche Natur. Jüngers neuer Adam verdankt sich zwar noch insoweit seiner Zeitgenossenschaft, als er ursprünglich als deren Antithese entsteht. Späterhin aber, daran besteht kein Zweifel, liefert sie ihm höchstens noch den Humus.

2.

Zurück zum *Ornament der Masse* und seinem zentralen Begriff. Von der einfachen Etymologie des Wortes „Ornament" her, dem lateinischen „ornare", ist er nur unzureichend verständlich – mit „Schmuck" oder „Verzierung" im kunsthandwerklichen Sinne hat Kracauers Ornament nur insoweit zu tun, als es, wie oben dargestellt, in einigen Passagen des Essays als erotische Verschnörkelung[14] eines an sich unmenschlichen Systems verstanden wird. Ebenso ist in der Soziologie, demjenigen Genre, in dem sich das Essay bewegt, „Ornament" ohne Zweifel kein Fachterminus.

Erweitert man die Perspektive auf Gebiete, in denen Ornamentik, ähnlich wie bei Kracauer, mit philosophischen Inhalten verbunden wird, und hält man sich an die Etymologie des Begriffes, so wird man zuerst in der Theorie des Jugendstils fündig: Die Auffassung des Ornaments als „Kraft", als über bloße Verzierung einer anderen Sache hinausgehende Chiffre künstlerischer oder gar theologischer Umformung einer Kulturgesellschaft ist in dieser Epoche äußerst prominent.[15]

Die Entstehung des Kracauerschen Essays dagegen fällt in die späten zwanziger Jahre. In dieser Zeit ist der Jugendstil zwar noch als Kitschform anzutreffen. Eigentlicher Epochenbegriff aber ist der kunsthistorische der „Neuen Sachlichkeit". Diese nun wurde und wird, vor allem im Bereich der Architektur und Gebrauchskunst, häufig noch als Reaktion auf den Jugendstil, als Gegenpol zu dessen opulenter Verzierung interpretiert. Dies scheinen die Bauten etwa des Bauhauses zu belegen, deren Fassaden ganz offensichtlich frei von jeglichem Zierrat sind.

Gerade im Bereich der Architektur jedoch ist diese Gegensätzlichkeit weniger ausgeprägt, als es den Anschein hat. In vielen Bereichen handelt es sich vielmehr um einen Prozeß, bei dem das verzierende Ornament sich zur Gesamtheit einer ornamentalen Bauform entwickelt hat. Dies offenbart sich immer dann, wenn die funktionalistischen Bauten statt einer moralischen (im Sinne ihrer eigenen Theorie) einer ästhetischen Betrachtungsweise unterzogen werden. Dann wird zum Resultat einer „abstrakte(n) Form der Baukunst", daß „endlich auch den Menschen und allen organischen Lebewesen, Tieren und Bäumen, Sträuchern, besonders aber den Blumen" der „ganze [...] beseelte [...] Erscheinungsreichtum" zurückgegeben wird.[16] – Unter dieser Perspektive fügen sich Kuben und organische Formen in ein Gesamtensemble, dessen Betrachtung ein Wohlgefallen erzeugt, das genuin ästhetischer Art ist.

Jedoch ist auch das „Ornament" der Neuen Sachlichkeit ganz dezidiert Träger einer moralischen Botschaft, wenn nicht gar einer Utopie. Der in ihm sich ausdrückende „Wille zur Sauberkeit, Klarheit und Großzügigkeit" (Rudolf Arnheim über das Bauhaus in Dessau)[17] ist nicht nur ein architektonischer, sondern möchte, ebenso wie die Linie des Jugendstils, das Leben in seiner Gesamtheit umfassen. Hier nun kommt wieder die marxistische Kritik ins Spiel, die auch das architektonische „Ornament" als „Funktionen im Hohlraum" (Ernst Bloch)[18] dem kapitalistisch-industriellen Komplex zuordnet:

> Die Entseelung des Lebens, das zur Ware-Werden der Menschen und Dinge wird poliert, als sei es in Ordnung, ja, die Ordnung selbst. Hier ist neue Sachlichkeit die

> oberste, auch unkenntlichste Form der Zerstreuung; sie ist es als Ablenkung durch ‚ehrliche' Form.[19]

Ernst Bloch verkennt indessen nicht die ästhetizistische Tendenz des Funktionalismus. Er schreibt vom „schlechten Ornament, das mit der Schmucklosigkeit getrieben wird."[20] Trotz alledem kann auch der Architektur aus dieser Perspektive nur das Verdikt zuteilwerden, Ablenkung, Zerstreuung und Staffage zu sein.

3.

Neben dem Stadion, das dem Auftritt der Tillergirls die Kulisse bildet, beschäftigt sich Siegfried Kracauer auch mit anderen Orten. Seine „Passion für die 'niedere' Kultur[21] führt ihn in eine weitere, vermeintlich ephemere Lokalität, „Die Hotelhalle". Dieser Ort findet sich auch bei Ernst Jünger wieder und dient Kracauer als Titel und Gegenstand eines Essays, das Mitte der Zwanziger Jahre entstanden sein muß. Auch hier greift er ein Sujet auf, das in der Alltagskultur der Weimarer Epoche virulent ist und sich etwa in Trivialromanen wie *Menschen im Hotel* wiederfindet.[22]

Gleichzeitig eignet der Hotelhalle als Ort der Passage, der Fremde, des zeitlich befristeten Aufenthaltes und zufälligen Zusammenseins eine metaphorische Dimension, die Kracauer augenblicklich wahrnimmt:

> Die typischen Merkmale [...] der Hotelhalle zeigen an, daß sie als Kehrbild des Gotteshauses gemeint sei. Sie ist eine negative Kirche und kann in diese transformiert werden, wenn man nur die Bedingungen berücksichtigt, denen die verschiedenen Sphären unterstehen. Hier und dort stellt man sich zu Gaste ein."[23]

Die „Sphären", um die es geht, werden nachfolgend gegeneinander gesetzt: Das Gotteshaus ist Ort von „Gebet und Verehrung" sowie des Eingedenkens „der Unvollkommenheit des gemeinsamen Lebens"[24]. Demgegenüber zeigt sich in der Hotelhalle „das Beisammensein" „ohne Sinn", in ihr geschieht zwar „Ablösung vom Alltag", jedoch ohne daß die so entstandene „Lücke" mit Inhalt gefüllt würde. Kirchenbank gegen „Klubsessel", „Choral" gegen „Potpourris."[25] – Auch der Essay über die „Hotelhalle" thematisiert den Gegensatz zwischen Eigentlichkeit und ihrer diesseitigen Säkularisierung, erfährt ihn als Verlust des Ursprungs und setzt Natur ihrem künstlichen Zerrbild entgegen.

Anders jedoch als im *Ornament der Masse* durchdringen sich in der „Hotelhalle" beide Sphären wechselseitig. Die Hotelhalle wird, in der Darstellung Kracauers, nicht lediglich als Gegenbild der Kirche konstruiert, sondern als einziger, dem Menschen diesseitig verfügbarer und zumutbarer Aufenthaltsraum. Verfügbar deshalb, weil das „Gotteshaus" nur „Zeugnis" ist, aber keine dauerhafte Bleibe bieten kann. Zumutbar, weil das im Kirchenbau bezeugte „Geheimnis" „die Entstellung des oberen Grundes und damit die äußerste Abstraktion der das immanente Leben aufreißenden Gefahren" miteinschließt und mithin menschlich nicht zu verkraften wäre.[26] Möglich ist aber ein Kompromiß, den Kracauer in ein hübsches Gleichnis faßt:

> Auch die spannungslosen Figuren in der Hotelhalle repräsentieren die ganze Gesellschaft [...] Statt daß das Geheimnis die Menschen über sich hinausweist, schiebt es sich zwischen die Larven ein; statt daß es die Schalen des Menschlichen durchdringt, ist es der Schleier, der alles Menschliche umzieht [...] Die Hoteldirektion verschweigt daher den Gästen fürsorglich die realen Geschehnisse [...].“[27]

Das „Geheimnis“, von der „Direktion“ den Anwesenden noch vorenthalten, ist nicht in metaphysischer Ferne, sondern es ist anwesend, es ist präsent. Die Hotelhalle trägt seine Signatur. Es muß daher auch möglich sein, sie jederzeit wieder zu „transformieren“.

4.

An welcher Stelle nun lassen sich die Gedanken aus dem „Ornament der Masse“ mit denen dieses Essays verbinden, wie verschwistern sich die Tillergirls mit der Besatzung der „Hotelhalle“?

Beide Texte thematisieren ein Ungenügen, das angesichts einer bestimmten Kultursituation empfunden wird, die im wesentlichen der Verlust der Beziehung zu ihrem Ursprung kennzeichnet. Diese verlorengegangene Eigentlichkeit soll wiedergefunden und wiederhergestellt werden, wobei der Suchende vom Erfolg seines Unternehmens nicht vollständig überzeugt zu sein scheint. Einmal gebraucht er als Instrument die marxistische Theorie, ein anderes Mal bedient er sich einer messianischen Heilserwartung, wie sie die jüdische Tradition bereitstellt, und verbindet sie mit einer aktualisierten Fassung des platonischen Höhlengleichnisses.[28]

Der Schlüssel kann nur im Begriff des „Ornaments“ liegen, vielmehr in der Qualität seiner literarischen Verwendung: Das „Ornament der Masse“ ist nicht lediglich ein abwertendes Schlagwort, sondern wird von Kracauer als Metapher im durchaus literarischen Sinne gebraucht. Diese Metapher ist mit all denjenigen Konnotationen versehen, die die Epoche aus ihrer kunst- und kulturgeschichtlichen Situation heraus bereitstellt. Eine Lesart, die im „Massenornament“ lediglich den Vorboten der Stadionaufmärsche des Naziregimes und in den „Tillergirls“ deren Vorhut erblickt, würde der Vielschichtigkeit des Kracauerschen Begriffs nicht gerecht und wirkt im übrigen bei näherer Betrachtung recht grotesk. Auch kann es dem Autor Siegfried Kracauer zum Zeitpunkt der Arbeit an diesem Essay naturgemäß nur um die Analyse seines Gegenstandes aus zeitgenössischer Perspektive und nicht um eine Rückschau gehen.[29]

Begreift man dagegen das „Ornament der Masse“ als literarische Metapher, so erscheint in dieser Formel das Abbild einer bestimmten Kultursituation, die potentiell sowohl den Nazi als auch das folgenlose Amüsement, die Belanglosigkeit und, darüber hinaus, die Oberfläche und das Künstliche als Ort einer Utopie in sich birgt. Damit faßt Kracauers Metapher in einem Genrebild, das sie der Weimarer Alltagskultur selbst entnimmt, das Spektrum eben dieser gesamten Kultursituation und ihrer Möglichkeiten. Die „Tillergirls“ sind, in diesem Sinne, Verkörperung für etwas, das anders denn als Metapher (noch) nicht ausgedrückt werden kann, weil ihm zum Zeitpunkt der Beschreibung noch keine Wirklichkeit entspricht. Wohl aber deutet sich in dieser Figuration Zukünftiges an. Gewiß ist dabei jedoch nur, daß es sich um Zukünftiges als historisch noch Unverwirklichtes handelt. Der Ausprägung dieses noch zu Verwirklichenden, dies scheint Kracauers Essay zu belegen, kann sich der Beschreibende nur mit „Bilderrätseln" (Ernst Bloch)[30] nähern.

Unterdessen marschiert der „Arbeiter" Ernst Jüngers einer Zukunft entgegen, die seine Gestalt als Pervertierung politisch in ihren Dienst nimmt. Würde es gelingen, seinen Marsch zum Ballett werden zu lassen und die „Gepäckerleichterung" zur liberalen Geste, entschlüsselte sich die Utopie, das Geheimnis der Tillergirls: Die „organische Konstruktion" ist nicht notwendig eine martialische. Sie wäre auch als Tanz denkbar.

Anmerkungen:

1 Daran ist der Autor selbst nicht ganz unschuldig: Kracauers spätere Arbeit über den deutschen Film („Von Caligari zu Hitler") interpretiert den Film der Weimarer Epoche und andere Phänomene ihrer Alltagskultur nahezu ausschließlich als Vorgeschichte des deutschen Faschismus. Das Ornament der Masse läßt sich als Bild trefflich in diese Lesart einpassen. Vgl. Siegfried Kracauer: From Caligari to Hitler. A Psychological History of the German Film, Princeton 1947

2 Rudolf Arnheim: Palucca, in: Die Weltbühne (August 1927), in: ders.: Zwischenrufe, Kleine Aufsätze aus den Jahren 1926-1940, hg. von Ursula Madrasch-Groschopp, Leipzig/Weimar 1985, S. 31

3 Beispielhaft ist etwa der Entwurf von Hannes Meyer für ein Wohnhaus mit Gymnastikraum, Sprossenwand und Punchingball. Vgl. Deutsches Architektur-Museum (Hg.): Moderne Architektur in Deutschland 1900-1950. Expressionismus und Neue Sachlichkeit, hg. von Vittorio Magnago Lampugnani und Romana Schneider, Stuttgart 1994

4 Siegfried Kracauer: Das Ornament der Masse, in: ders.: Das Ornament der Masse. Essays, Frankfurt/M. 1963, S. 62

5 Vgl. Theodor W. Adorno: Kulturkritik und Gesellschaft, in: ders.: Prismen. Kulturkritik und Gesellschaft, Frankfurt/M. 1992, S. 7 ff.

6 A. a. O., S. 54, Hervorhebungen im Original

7 Ebd.

8 Ebd.

9 Ernst Jünger: Der Arbeiter. Herrschaft und Gestalt, Stuttgart 1982, S. 177

10 Ebd., S. 51

11 Ebd., S. 234

12 Ebd., S. 50

13 Vgl. insbes. Jüngers Vorwort zur Ausgabe von 1963, a. a. O., S. 7

14 Und auch das nur mit Einschränkungen, vgl. a. a. O., S. 52

15 Stellvertretend vgl. etwa Henry van de Velde: Was ich will, in: Jürg Mathes (Hg.): Theorie des literarischen Jugendstils, Stuttgart 1984, S. 106 ff.: „Neu ist an unserer Theorie [...], daß wir mit Bewußtsein aus ihren Grundsätzen schöpfen und erkennen, daß das Ornament kein eigenes Leben für sich hat, sondern von dem Gegenstande selbst, seinen Formen und Linien abhängt und von ihnen den organisch richtigen Platz erhält [...] Es ist ja einleuchtend, daß unser Geist und unsere Augen es als wohltuende Ruhe empfinden müssen, wenn

sie nicht mehr auf gewaltsam erkünstelten, sondern auf natürlichen, naturgemäßen Gegenständen [...] ruhen [...]. Darin wird für uns alle eine unaussprechliche Erleichterung liegen [...]".

16 Fritz Wichert: Zeitwende-Kunstwende, in: Das Neue Frankfurt, Nr. 1 (1926), in: Neues Bauen, S. 26. Der Autor schrieb als Direktor der Städelschen Kunstschule in Frankfurt/M.

17 Rudolf Arnheim: Das Bauhaus in Dessau, in: Die Weltbühne, Nr. 23 (1927), in: ders.: Zwischenrufe, a. a. O., S. 22

18 Vgl. Ernst Bloch: Erbschaft dieser Zeit, Frankfurt/M. 1973, S. 216 ff.

19 Ebd., S. 216

20 Ebd., S. 219

21 Zitiert nach Wolfgang Schivelbusch: Intellektuellendämmerung. Zur Lage der Frankfurter Intelligenz in den zwanziger Jahren, Frankfurt/M., S. 64

22 Jünger schreibt über die „seltsame Mischung von Barbarei und Humanität" in der Zwischenkriegsepoche und den „Anstrich der Sicherheit", der sich „in einer Reihe von Hotelfoyers erhalten hat". Vgl. Ernst Jünger: Über den Schmerz, in: ders.: Sämtliche Werke Bd. 7, Stuttgart 1989, S. 153. – Anders drückt es der Roman von Vicki Baum aus: „Wennse abreisen kommt ein Anderer und legt sich in ihr Bett. Schluß. Setzense sich so mal ein paar Stunden in die Halle und sehense genau hin: aber die Leute haben ja kein Gesicht! Sie sind nur Attrappen alle miteinander. Sie sind alle tot und wissen's gar nicht [...]" Vicki Baum: Menschen im Hotel, Berlin 1929, S. 36

23 Siegfried Kracauer: Die Hotelhalle, in: ders.: Das Ornament der Masse. Essays, a. a. O., S. 160 f. Hervorhebung im Original. „Die Hotelhalle" ist ein Kapitel des posthum veröffentlichten „philosophischen Traktates" „Der Detektivroman".

24 Ebd., S. 160

25 Ebd., S. 162 f.

26 Ebd., S. 170

27 Ebd., S. 169 f.

28 Zum Einfluß insbes. jüdischer Theologie auf Kracauer und andere vgl. Wolfgang Schivelbusch: Intellektuellendämmerung, a. a. O., S. 33 ff.

29 Der Essay stammt von 1927, s. o.

30 Ernst Bloch: Erbschaft dieser Zeit, a. a. O., S. 228: „Aus einem Guß gelingt auf diesem Boden nichts mehr, er gelingt erst auf dem nächsten oder auf den Landzungen, die der nächste ins Chaos hereinschickt. Doch ist der Guß geneigt, manche Konkursmasse in sich aufzunehmen, vor allem eben Bilderrätsel eines gesprungenen Bewußtseins, so wunderlich und neu ‚den Menschen' meinend."

Horst Dieter Schlosser

Von *Annunciaphon* bis *Zeitmaschine* Sprachliche Überschreitungen schon vertrauter Technik

Was dem Jubilar durch seine vielfältigen Bemühungen um die Deutung literarischer Texte eine Selbstverständlichkeit ist, wird in der sprachgeschichtlichen Betrachtung doch oft vernachlässigt: die imaginative Funktion der Sprache, die uns Situationen und Menschen vor Augen stellt, die wir nie selbst erlebt haben und meist auch nicht – außer durch Literatur – erleben werden. Der Sprachhistoriker, der eine Beziehung zwischen Zeichen und Bezeichnetem unter Einschluss der historischen Bedingungen der jeweiligen Äußerung herstellt, konzentriert sich dann allzu leicht auf den „sekundären Charakter" der Sprache, die angeblich nur nachvollziehe, was in der außersprachlichen Realität schon vor sich gegangen ist: Sprachwandel, insbesondere Begriffswandel, also als ein grundsätzlich „Nachhinkendes"?

I. Annäherungen an Neues durch Sprache: *Ampel*, *Musiktelegraph* und *Pferdestärke*

Wagen wir eine (immer noch nicht allzu häufige) Überschreitung traditioneller Textwissenschaft, den Blick auf die Technik als Gegenstand sprachlicher Gestaltung, dann fallen uns ohne Mühe Beispiele ein, in denen Neuwörter (Neologismen) tatsächlich hinter den technischen Veränderungen herhinkten. Etwa der Name für die Lichtzeichenanlage im Straßenverkehr namens *Ampel*, die ihre Benennung (übrigens auch ihr frühes Aussehen als Hängelampe über Straßenkreuzungen) dem vortechnischen Lichtspender *Ampel* verdankt, die aber heute etwas ganz anderes bedeutet, als es etwa Goethes „Hochzeitslied" vorstellte, da dort die Zwerge mit *Ampelen Licht* unter dem Bett des ritterlichen Heimkehrers hervorkommen, um ihr Hochzeitsfest zu feiern.

Dieses dem schon Vertrauten verhaftete Benennungsverfahren darf nicht kritisiert werden. Es folgt einem lernpsychologisch gestützten Grundsatz, wonach etwas völlig Neues am erfolgreichsten dann adaptiert wird, wenn es sich wenigstens in Teilen in vorhandene Erfahrungen und Denkstrukturen einpassen lässt, wobei diese Transferleistung eben vorrangig von der Sprache erbracht wird, weswegen die Metaphorisierung von Gemeinsprachlichem ein besonders beliebtes

Mittel bei der Bildung von Fachtermini ist.[1] Ein besonders anschauliches Beispiel lieferte *Die Gartenlaube*, als sie im Jahre 1863 (H. 51) die revolutionär neue Erfindung des Reis'schen Telefons in einem Bericht unter der Überschrift „Der Musiktelegraph" vorstellte, obwohl die Übertragung von Musik damals (wie heute) wahrlich nicht im Vordergrund der Telefonie stand; das Bestimmungswort *Musik-* aber sollte und konnte deutlich machen, dass diese neuartige „Telegraphie" Töne und nicht mehr nur optische Zeichen übermitteln könne.

Dass wir heute noch die Motorleistung – trotz offizieller *Kilowatt*-Messung – gemeinhin in *PS*, d.h. in *Pferdestärken*, angeben, geht natürlich auch auf die Zeiten zurück, da man sich eine schnelle Fortbewegung nur mit Hilfe von Pferden vorstellen konnte, wie ja auch noch etliche Fachtermini im Kfz-Bau der Pferdekutschentechnik entstammen, vom *Chassis* über das *Coupé*, den *Fond* bis hin zur *Karosserie*.

Luft- und Weltraumfahrt als Schiffs- und Bahnreise

Technischen Innovationen hinkten und hinken auch viele andere Bezeichnungen hinterher, die aber zur Zeit ihrer Einführung etwa das immer noch bestaunenswerte Überschreiten menschlicher Erdgebundenheit durch Fahrten in die Luft und in den Weltraum bildlich näherbringen sollten, insbesondere das (für Werbezwecke oder Schwerlasttransporte wiederentdeckte) *Luftschiff*, das sein „maritimes" Grundwort *Schiff* ebenfalls einer metaphorischen Umdeutung verdankt, da man sich lange Zeit das *Fliegen* (vgl. *Flug-zeug/Flieger*) nur als Fähigkeit von Vögeln vorstellen konnte – eine Fähigkeit, die auch von unseren Hightech-Maschinen nur partiell nachgeahmt wird. Also ließ man die lenkbaren Luftverkehrsgeräte sprachlich wie ein *Schiff* durch die Luft, oder wie es noch plastischer hieß: durch das *Luftmeer* „fahren", was der seinerzeitigen Vorstellungskraft näherlag als ein der neuen Technik „angemessenerer" Neologismus.[2]

Dass dies auch über genauere Einsichten in die naturwissenschaftlichen und technischen Zusammenhänge hinaus sprachlich wirksam blieb, bewies etwa noch die Metapher *Stahlschiff* für eine Weltraumrakete bei Hans Dominik im Jahr 1940 (im Roman *Treibstoff SR*). Vermittelt wurde diese Ad-hoc-Bildung freilich durch das schon spätesten 1897 von Kurd Laßwitz im Roman *Auf zwei Planeten*[3] imaginierte *Raumschiff*, das erst in den letzten Jahren allmählich von neueren Termini für Weltraumfahrzeuge verdrängt wurde. Bezeichnenderweise drängten sich aber auch dabei wieder einzelne Termini vor, deren „eigentliche", noch nicht durch Metaphorisierung veränderte Bedeutung auf vorindustrielle Zustände verweist, die auch der technische Laie noch leicht durchschaut, z. B. die *Raum-fähre* (eine Lehnübersetzung von engl. *space shuttle*), die ebenfalls noch ein Wasserfahrzeug assoziieren lässt. Mit einer nachwirkenden Ost-West-Wortdifferenz werden die Reisenden in diesen Raumfahrzeugen immer noch „Schiffer/Seemann" genannt, allerdings in lateinischer Form: Sie heißen im Westen *Astro-nauten* (lat. *nauta* „Schiffer/Seemann", *astra* „Sterne"; also eigentlich „Schiffsreisende zu den Sternen"), östlich dagegen, in Form eines griechisch-lateinischen Hybrids, *Kosmo-nauten* (griech. *kósmos* „Kosmos/Weltall“, also „Schiffsreisende im Weltall“).[4] Für die noch in Erdnähe verkehrenden Fluggeräte hatte man noch in der zweiten Hälfte des 20. Jahrhunderts *Flug-häfen*, deren angloamerikanischer Ersatz gleichsam immer noch Luft und Wasser (Hafen) in Verbindung bringt: *air-port*.

Kurd Laßwitz ist es übrigens auch, der in *Auf zwei Planeten* den bereits vertrauten Umgang seiner Leserschaft mit Eisenbahnen am Ende des 19. Jahrhunderts nutzt, um ihnen die noch fantastischen Möglichkeiten eines Weltraumverkehrs näherzubringen. Zwischen Erde und Mars siedelt er einen *Bahnhof* für Luftschiffe an, den *Marsbahnhof*, eine Nomination, die sich partiell bis in die jüngste Zeit gehalten hat, etwa wenn das sowjetische/russische Zentrum der Raumfahrt Baikonur/Kasachstan immer wieder *Weltraumbahnhof* genannt wird. Und selbst die von Laßwitz schon 1897 so genannte *Raumstation*, die noch heute terminologisch gilt (für die 2001 aufgegebene sowjetische/russische *Mir* wie auch für die seit 2000 im Aufbau befindliche *International Space Station, ISS*), konnte sich ihr Verständnis mit den zeitgenössischen Erfahrungen mit Bahn-*stationen* sichern. Bevor der angloamerikanische *Terminal* sich auch in Deutschland durchsetzte, gab es auf deutschen Flughäfen *Flug-steige* (vgl. *Bahn-steig*).

II. Technische Zukunftsentwürfe mittels Sprache

Aber schon lange, bevor es einen zwingenden Anlass gab, Neuartiges wie Luftschiff oder Telefon so zu benennen, dass auch die Laien sich ein „Bild“ machen konnten, das nicht völlig aus ihrem bisherigen Weltbild herausfiele, gab es intensive Träume und Vorstellungen von der Überwindung natürlicher Grenzen in Raum und Zeit, ohne welche die tatsächlichen Innovationen nie zustandegekommen wären. Und diese Träume und Vorstellungen hatten ihr Fundament in der Sprache, wie etwa der Ikarus-Mythos vom Fliegen oder Legenden von Himmelsflügen und Tauchfahrten um Alexander den Großen beweisen. Erfolgreiche technische Innovationen sind ohne langfristig gültige kommunikativ und sprachlich verankerte Leitbilder überhaupt nicht denkbar. Dass eine historisch orientierte Sprachwissenschaft zu diesem Forschungsgebiet, das üblicherweise den Sozialwissenschaften i. e. S. zugerechnet wird, einiges beizutragen hat, ja sogar erst die Wirksamkeit bestimmter Leitbilder auf Grund ihres sprachlichen Zuschnitts genauer erklären lässt, kann hier nur angedeutet werden.[5]

Als Prüfstein für die These, dass langfristig gültige Leitbilder technische Entwicklungen nicht nur begleiten, sondern entscheidend fördern, können Zukunftsentwürfe gelten, die besonders intensiv in der Science-fiction-Literatur vorgetragen werden. Dabei kommt es nicht so sehr darauf an, dass der einzelne Autor selbst über eine hohe technische Kompetenz verfügt, wie dies etwa beim „Vater der Science fiction“ Jules Verne und etlichen anderen der Fall war. Auch der technisch weniger Versierte kann mit seinen Texten dazu beitragen, bestimmte Leitbilder zu fördern, latente Bedürfnisstrukturen und damit die Disposition der Gesellschaft für deren Realisierung zu verstärken und auf Dauer die

Bereitschaft zu erhöhen, dafür auch enorme Finanzmittel aufzubringen. Ein besonders deutliches Beispiel ist vor allem die Raumfahrt, die einem Urwunsch der Menschheit entspricht, die Begrenztheiten der Erde zu verlassen. Sogar ein so naiver und jede technische Sachkenntnis missachtender Kinderbuchtext wie *Peterchens Mondfahrt* von Gerdt von Bassewitz (1915)[6] trug das Seine dazu bei, die Vision von der Weltraumfahrt bei Laien wachzuhalten.

Dennoch soll hier mehr das sprachliche Material interessieren, das in frühen Science-fiction-Texten verwendet wurde, um noch nicht Realisiertes zu charakterisieren. Im Abstand von teilweise mehr als einem Jahrhundert müsste sich gerade an früher Science-fiction-Literatur überprüfen lassen, wie leistungsfähig die Sprache war (und weiterhin sein kann), Dinge zu imaginieren, die noch weit jenseits allgemeiner Vorstellung liegen soll(t)en.

Natürlich darf nicht damit gerechnet werden, dass jeder Science-fiction-Autor seine zeitgenössischen Kenntnisse und Erfahrungen fundamental zu überschreiten vermag. Am deutlichsten wird die (im doppelten Wortsinn!) Beschränktheit der Vorstellungskraft dort, wo deutsche Science-fiction-Autoren zwischen 1871 und 1914 auch noch eine ferne Zukunft fest in deutscher Hand, und zwar möglichst in der eines deutschen Kaisers sehen.[7] Aber auch die Vorstellung nicht weniger Autoren, mit Außerirdischen könne man sich bequem auf Deutsch verständigen, lässt einen heute schmunzeln. Dass die am Ende des 19. Jahrhunderts allgemein faszinierenden Möglichkeiten, Elektrizität über Beleuchtungszwecke hinaus zu nutzen und für jedweden technischen Fortschritt einzusetzen, lässt viele zeitgenössische Science-Fiction-Texte nicht gerade als besonders prophetisch erscheinen; schließlich hatte zu jener Zeit die Elektrifizierung der Haushalte bereits eingesetzt, und es bedurfte nur geringer Phantasie, die Anwendungsmöglichkeiten dieser Energiequelle über elektrische Herde, Bügeleisen oder Waschmaschinen hinaus gedanklich zu erweitern. Zu mehr als der Vorstellung von einem Toaster, der die gerösteten Scheiben auch noch anreicht, reichte es bei manchem Autor eben nicht. Aber es ist auch mit dem schon erörterten Grundsatz zu rechnen, dass sich die Benennung von Neuem sprachlich Tradiertes zunutze machen muss, um die Gesellschaft kognitiv nicht zu überfordern.

Einige Beispiele zeigen indes, dass selbst unter diesen einschränkenden Bedingungen Visionen zustandekommen konnten, deren Erfüllung man inzwischen gut überprüfen kann. Dem einzelnen Text, dem die Beispiele entnommen werden, kann man – das sei hier ausdrücklich gesagt – durch eine derart isolierende Betrachtung natürlich nicht gerecht werden. Dass sich Science-fiction-Texte in mindestens gleicher Weise, wie sie sich Technikvisionen zuwenden, auch sozialen Zukunftsentwürfen widmen, ja oft die Technikfantasien gleichsam nur als eine Art Projektionsfläche für Gesellschaftsutopien behandeln, kann hier nur angedeutet werden.[8] Der Zusammenhang von technischer Entwicklung und gesellschaftlichen Bedingungen soll am Ende dieser Ausführungen wenigstens kurz beleuchtet werden. – Dankbar sei erwähnt, dass zahlreiche Anregungen Arbeiten entstammen, die im Wintersemester 2000/01 in meinem Seminar „Sprache in

Science Fiction und anderen technischen Visionen" entstanden sind; gern nenne ich auch einzelne Verfasser namentlich.

Das Nachtfernrohr (1864/1874)

Eine „Erfindung", die noch zwischen Vertrautem und zumindest den Laien überraschender Innovation lag, machte Jules Verne, als er 1864 in seinem Roman *Voyage au centre de la terre* (in deutscher Übersetzung: *Reise nach dem Mittelpunkt der Erde*, 1874) der Expedition ins Erdinnere neben allerlei längst Bekanntem wie *Manometer* oder *Inklinations- und Deklinationskompassen* auch ein *Nachtfernrohr* mitgab. Der Gebrauch von Fernrohren war zwar längst bekannt, aber Militärs wie Jäger hätten sich gefreut, wenn es schon im 19. Jahrhundert „Nachtsichtgeräte" gegeben hätte, wie sie heute, mit verschiedener Technik, breite Verwendung finden.

Wenn nicht noch Zeugnisse auftauchen, die beweisen, dass Verne, der in seinen Romanen keineswegs nur fantasiert hat, sondern grundsätzlich auf der Höhe des wissenschaftlichen und technischen Fortschritts stand, auch in diesem Fall eine realistische Möglichkeit aufgegriffen hätte[9], bleibt das *Nachtfernrohr* tatsächlich ein deutlicher Beleg für eine rein sprachliche Imagination, die sich aus der Verbindung eines schon eingeführten Geräts, das – erstaunlich genug – räumliche Distanzen optisch verkürzen kann, mit dem Wunsch ergab, diese Fähigkeit unter erschwerenden optischen Bedingungen, bei Dunkelheit, zu erweitern. Technikgeschichtlich gilt erst 1930 als das Geburtsjahr für ein *Nachtfernrohr*, das in späteren Verne-Übersetzungen auch *Nachtfernglas* (1996) oder kurz *Nachtglas* (1966) genannt werden konnte.

Telefonische „Stellvertretung" durch ein Annunciaphon (1912)

Heutzutage sind uns die Möglichkeiten, mit weit entfernten Partnern mittels Technik zu kommunizieren, schon so selbstverständlich, dass nur eine (lediglich auf den ersten Blick trivial erscheinende) Definition des Telefonierens wie die von Marcel Proust, wonach es sich dabei um die „plötzliche Anwesenheit eigentlich Abwesender"[10] handele, die Nichtselbstverständlichkeit dieser Technik noch einmal vor Augen stellen kann. Inzwischen ist aber die permanente Erreichbarkeit durch Telefonie – außer bei Handy-Fans – vielen Zeitgenossen auch schon zur Last geworden. Ursprünglich erfunden, um auch bei Abwesenheit eine Nachricht erhalten zu können, wird der *Anrufbeantworter* vielfach schon eingesetzt, um nicht sofort zum Telefonhörer greifen zu müssen. Viele, die ihre manchmal wirklich dringende Nachricht nur auf ein Band sprechen können, ärgern sich natürlich nicht wenig über den euphemistischen Charakter des technischen Terminus; denn das Gerät *beantwortet* ja einen Anruf – von mehr oder weniger intelligenten Sprüchen einmal abgesehen – nicht im wirklichen Sinn, sondern speichert ihn nur. Da war denn ein noch in den siebziger Jahren geläufiger Terminus, der *Alibicord*, eine ehrlichere Bezeichnung; denn der Anzurufende war *alibi*, zu deutsch „andernorts" (oder wollte – frech formuliert – ein „Alibi" für seine Unwilligkeit, unmittelbar zu antworten, vortäuschen) und hatte einen *Recorder* (hier gekürzt zu *–cord*) eingeschaltet.

Die Idee für eine solche technische Installation ist allerdings sehr viel älter, zwar jünger als die erste Verbreitung von Telefonen, älter aber als die dafür notwendigen technischen Aufzeichnungsmöglichkeiten; es sei denn, man stelle sich eine höchst komplizierte Apparatur mit Edison-Walzen oder Wachsschallplatten vor. Jedenfalls führt der Science-fiction-Autor Fritz Holten (Pseudonym für Johannes Kaltenboeck) in seinem Roman *Das Aeromobil* bereits 1912 Idee und Namen eines Anrufbeantworters ein, das *Annuncia-phon*, ein lateinisch-griechisches Kunstwort, das wörtlich übersetzt heißen könnte „Ankündigungston/-stimme", natürlich dem Terminus *Tele-phon* nachgebildet. Dabei konnte Holten durch das damals schon eingeführte *Telephon* eine bereits bekannte Umdeutung nutzen und damit seine Vision leichter vermitteln: *-phon* (aus altgriech. *phoné*) als Bezeichnung für einen technisch übermittelten Ton.[11]

Nach Holten handelt es sich beim *Annunciaphon* um eine „phonographische Vorrichtung, die in Abwesenheit des Angerufenen eine vorher schon in ihr niedergelegte automatische Antwort zu erteilen im Stande ist und dies durch ein sichtbares Zeichen den Anrufenden erkennen läßt."[12] Die Vorstellungskraft Holtens geht so weit, dass er auch technische Raffinessen späterer Zeiten vorherzusagen weiß, etwa wenn er beschreibt:

> In Abwesenheit kann der Besitzer des Annunciaphons sich aus seinem Haus entfernen,[13] und kann mittels des Annunciaphons zum Beispiel hinterlassen, daß er erst um diese oder jene Zeit wieder zu sprechen sei.

Ein kleines Zusatzgerät kann überdies festhalten, woher ein Anruf erfolgt war, und den Angerufenen in die Lage versetzen, die nicht zustande gekommene Verbindung jederzeit nachträglich herzustellen.

Die Lichttelegraphie (1897)

Telegrafie war anfangs ein Übertragungssystem, bei dem optische Zeichen von einem Sender über mehrere Zwischenstationen physisch zu einem Empfänger gelangten. Dieses Systems hatte sich schon Napoleon zur Übermittlung militärischer Nachrichten bedient; aber auch für wirtschaftliche Zwecke wurde es genutzt, etwa zur frühzeitigen Ankündigung von Handelsschiffen zwischen Cuxhaven und Hamburg. Die Nachteile lagen auf der Hand: Man war auf gute Sichtverhältnisse und auf die Zuverlässigkeit der Zwischenstationen angewiesen. Der Einsatz der Elektrizität ermöglichte in einer weiteren Phase der Entwicklung eine direkte Verbindung zwischen Sender und Empfänger, wobei Nachrichten, v. a. in Morsezeichen „transkribiert", mittels elektrischer Impulse ausgetauscht wurden.

Dies war der technische Stand, als Kurd Laßwitz in dem schon erwähnten Roman *Auf zwei Planeten* (1887) die Marsbewohner (bei ihm *Martier* genannt) miteinander durch *Lichttelegraphie* kommunizieren ließ. Damit könnte eine verbesserte Stufe der optischen Telegrafie gemeint sein, wie sie Meyers Konversations-Lexikon von 1894-97[14] beschreibt, wonach zu Laßwitz' Zeit etwa die Zeichen des Morsealphabets durch kurze und lange Lichtblitze dargestellt werden konnten, die beim *Empfänger* fotomechanisch aufgezeichnet und damit unmittelbar ablesbar wurden. Doch eine der drei Bezeichnungsvarianten, die Laßwitz in seinem Roman verwendet, nämlich *Lichtfernsprecher* (neben *Lichttelegraph* und *Phototelegraph*), legt eine ganz andere Vermutung nahe, da der *Fernsprecher* (bzw. das *Telephon*) zu Laßwitz' Zeit bereits eine über den einfachen Austausch von physischen Signalen weit hinausreichende Technik bezeichnete. Ich halte es daher für möglich, dass dem Autor, der über die konkrete Ausgestaltung seiner *Lichttelegraphie* leider keine weitere Auskunft gibt, hier bereits zumindest die Idee der erst sehr viel späteren „Lichtleitung" vorschwebte, also jene Technik, durch die für verschiedene Zwecke, nicht zuletzt aber für die Übermittlung von Nachrichten, Lichtwellen durch Glasfasern geleitet werden.

So unsicher diese Vermutung auch bleiben muss: allein die Nomination der fiktiven Technik der *Martier* mit dem Bestimmungswort *Licht-* im Kontext einer Beschreibung, die immer wieder die Technik auf dem Mars als der Technik auf der Erde weit überlegen darstellt, eröffnete eine technische Vision, mit Hilfe des Lichts eine noch schnellere und sicherere Nachrichtenübermittlung erzielen zu können, als dies mit dem zu Laßwitz' Zeit schon bekannten *Heliographen* möglich war. Auch die spätere Lichtwellenleitung ist nicht vom Himmel gefallen, sondern das Ergebnis einer längeren technischen Entwicklung, die sich eben nicht nur aus „zufälligen" Entdeckungen, sondern auch als Konkretion eines sprachlich gestützten Leitbilds einstellte.

Umwandlung von optischen in akustische Signale (1887)

Laßwitz ist es auch, der allein durch sprachliche Imagination eine technische Entwicklung vorwegnimmt, die erst in den letzten Jahrzehnten durch eine Fülle konkreter Erfindungen allgemeine Verbreitung gefunden hat: die Umwandlung von Signalen von einem physikalischen Zustand in einen anderen. Die Grundidee hatte zwar schon im 19. Jahrhundert konkrete Gestalt angenommen; die mit elektrischen Impulsen arbeitende Telefonie und Telegrafie sind die klassischen Vorgänger. Die Lichtschrankentechnik etwa, die u. a. in der Form von sogenannten Bewegungsmeldern längst allgemein vertraut ist, stellt eine neuere, wenn auch noch reichlich grobe Anwendungsform dar. Der aktuelle Schwerpunkt der Weiterentwicklung liegt – wenn ich es recht sehe – auf der Umwandlung hochdifferenzierter akustischer Signale in nichtakustische, etwa in Spracherkennungssystemen. Zu den aktuell konkreten Projekten gehört auch die Entwicklung von Geräten, die sich mittels Sprache bedienen lassen.

Laßwitz unterstellt den Marsbewohnern allerdings eine Entwicklung, die zunächst einer gegenteiligen Umwandlung, der von optischen in akustische Signale, gewidmet ist. Er nennt das entsprechende Gerät den *Selbstsprecher.* Darunter versteht er ein *Grammophon*, das einen Text hörbar machen kann, wenn man seine

Buchstaben berührt. Es handelt sich also um eine Art Lesegerät, dessen Prinzip in vielfacher Weise längst Wirklichkeit geworden ist. Sogar die Suchmaschinen der EDV „tasten", wenn auch nicht mehr physisch, einen Text ab, und es ist inzwischen kein technisches Problem mehr, die so gewonnenen optischen Informationen auch hörbar zu machen.

Dass sich Laßwitz auch schon über den mit seinen zahlreichen technischen Innovationen verbundenen Energieverbrauch Gedanken macht (womit er dem schon zu seiner Zeit sorglosen Umgang mit Energie auf der Erde einen halbwegs kritischen Spiegel vorhält), soll noch besprochen werden.

Die Kreditkarte (1887)

Wie die uns allen vertraute Kreditkarte kam auch schon ihr früher, allerdings nur sprachlich imaginierter Vorläufer aus den USA. Es war der äußerst erfolgreiche amerikanische Science-fiction-Autor Edward Bellamy, der 1887 in seinem Roman *Looking Backward 2000-1887*[15] eine Gesellschaftsordnung entwarf, in der ganz im Gegensatz zur realen kapitalistischen Entwicklung der Vereinigten Staaten der Grundsatz sozialistischer Gleichheit auch und nicht zuletzt im Ökonomischen gelten sollte. Jedem Bürger dieser utopischen Gesellschaft sollten die gleichen Möglichkeiten des Lebensunterhalts offenstehen. Und damit alle einen gleichen Zugang zu den Bedarfsgütern hätten, sollte in dieser neuen Gesellschaft eine *credit card* gelten, mit Hilfe derer man einkaufen können sollte. Deren Zahlungswert war freilich begrenzt (wie im Prinzip auch die heutige Kreditkarte nur so lange geldwert ist, solange sie „gedeckt" ist). „Kontoüberziehungen" waren bei dem von Bellamy vorgestellten Zahlungsmittel freilich überhaupt nicht möglich; denn diese *credit card* hatte noch nicht die heutige Form, der man äußerlich nicht ansehen kann, wieviel sie noch wert ist. Und auch die Möglichkeit elektronischer Ladung und Entladung war Bellamy verständlicherweise noch fremd. Vielmehr sollte es sich dabei um eine Pappkarte handeln, von der bei Einkäufen ähnlich wie bei Lebensmittelkarten, die noch aus Zeiten der Warenbewirtschaftung in Kriegs- und Nachkriegszeiten in unseliger Erinnerung sind, jeweils einzelne Teile abgeschnitten wurden, bis ihr Wert, auch äußerlich erkennbar, aufgezehrt war.

Die Idee eines bargeldlosen Zahlungsverkehrs aber war geboren und mit ihr eine Benennung, die uns heute völlig selbstverständlich geworden ist, obwohl die Vorstellung Bellamys von einer sinnlich wahrnehmbaren Entwertung der Kreditkarte mittels Ausschneiden durch die Einführung der Elektronik obsolet geworden ist. Die Sprache war hierbei der Sachentwicklung eindeutig voraus, und es trug wohl zum Überleben des Terminus *Kreditkarte* bei, dass Bellamys Roman eine rege Rezeption erfuhr, wie sich allein aus vier deutschen „Fortsetzungen" zwischen 1891 und 1893 ersehen lässt, in denen ebenfalls Idee und Begriff der *Kreditkarte* eine Rolle spielten: bei Ph. Laicus, *Etwas Später! Fortsetzung von Bellamy's Rückblick aus dem Jahre 2000* (Mainz 1891), bei E. Müller, *Ein Rückblick aus dem Jahre 2037 auf das Jahr 2000. Aus den Erinnerungen des Herrn*

Julian West (Berlin 1891), bei R. Michaelis, *Ein Blick in die Zukunft. (Antwort auf Bellamy)* (Leipzig 1891) und bei A. Reichardt, *Das Bellamy-Zeitalter 2001-2010* (Berlin 1893).

Eine Vision des Internet (1863)

Bereits 1863 hat Jules Verne in einem erst sehr spät, posthum veröffentlichten Roman, *Paris im 20. Jahrhundert*[16], die Idee eines „telegraphischen Netzes" prognostiziert, mit Hilfe dessen Schriftstücke in Sekundenschnelle übermittelt werden können. Da Verne auch von „photographischer Telegraphie" spricht und für den Einsatz dieser Technik mit einer immensen Steigerung des Papierverbrauchs rechnet, scheint er noch nicht über die später tatsächlich eingeführte Telefax-Technik hinausgedacht zu haben.[17] Hier mag man noch eine gewisse gedankliche Einschränkung erkennen, da das Telefax-Verfahren bis heute noch Übermittlungszeiten weit über ein Sekundenmaß hinaus benötigt. Aber die Vision, dass es ein Kommunikationsnetz geben werde, das eben doch weltumspannend sein und einen Datenaustausch in allerkürzester Zeit ermöglichen könne, folgt einem Traum von menschlicher Allgegenwart, der im Internet eine erste Verwirklichung erfahren hat. 1863 aber sah Verne diese Zukunft so:

> Das telegraphische Netz überzog also die gesamte Erdoberfläche sowie den Meeresgrund; Amerika war keine Sekunde von Europa entfernt, und in einem feierlichen Versuch, der 1903 in London durchgeführt worden war, korrespondierten zwei Experimentatoren miteinander, nachdem sie ihre Nachricht rund um die Erdkugel gesandt hatten.[18]

Gewinnung von Solarenergie (1897)

Was uns heute als Folge einer umfassenden Technisierung aller Lebensbereiche zunehmend beschäftigt (oder beschäftigen sollte), war in der industriellen Aufbruchstimmung des 19. Jahrhunderts so gut wie noch kein Thema: der steigende Energieverbrauch und seine ökologischen Folgen. Bis weit ins 20. Jahrhundert warben Industrieunternehmen mit Ansichten ihrer Anlagen, die von zahlreichen stark qualmenden Fabrikschloten überragt wurden. Gerade die Elektrizität, die Ende des 19. Jahrhunderts über Beleuchtungszwecke hinaus weiteste Anwendung fand und Science-fiction-Autoren zu zahlreichen fantastischen Zukunftsentwürfen animierte, konnte den Eindruck erwecken, besonders umweltschonend zu sein, weil die Nutzungsorte meist weit vom Entstehungsort dieser Energie, den überwiegend mit Kohle betriebenen Kraftwerken, entfernt waren. Elektrizität war also eine scheinbar grenzenlos verfügbare „saubere" Energie. Darum finden sich – gewiss nicht zufällig – in etlichen Science-fiction-Texten Elektrifizierungsbereiche, die von fern betrachtet wie Vorentwürfe zum „Intelligent Home" wirken, also zu einem im Endstadium vernetzten System elektrischer Haushaltsautomaten.[19]

Es könnte also geradezu als ein Verdienst wiederum von frühen Science-fiction-Autoren angesehen werden, gegen die allgemeine Illusion den problematischen Verbrauch natürlicher Ressourcen für die Produktion elektrischen Stroms zumindest ansatzweise thematisiert zu haben. Die zeitgenössische Wirkung solcher Reflexionen war allerdings allein dadurch begrenzt, dass die Szenarien, in denen mögliche Alternativen durchgespielt wurden, weit außerhalb durchschnittlicher Vorstellungskraft lagen, also exotischen Charakter hatten.

Das galt auch für den hier immer wieder herangezogenen Roman *Auf zwei Planeten* von Kurd Laßwitz, dessen erstaunlich weitsichtige Perspektiven offenbar nur auf dem Mars möglich erschienen. Immerhin könnte der folgende Dialog zwischen einem *Martier* und einem Besucher von der Erde noch heute in einer Diskussion über alternative Energiequellen Bestand haben:

> „Woher kommen diese Nebel über Ihren großen Städten?" fragte einer der Martier. „Hauptsächlich von der Verbrennung der Kohle", erwiderte Grunthe. „Aber warum nehmen Sie die Energie nicht direkt von der Sonnenstrahlung? Sie leben ja vom Kapital statt von den Zinsen."[20]

Dieser weisen Einsicht entsprechend haben die Martier auf ihrem Planeten große Flächen angelegt, auf denen die Sonnenenergie gesammelt wird, um ihre überaus zahlreichen Automaten, von automatischen Türen bis zu Büchern, die sich selbst umblättern können, mit Energie zu versorgen. 1887 lässt also ein Autor Außerirdische vorexerzieren, was die Erdenbewohner erst in der zweiten Hälfte des 20. Jahrhunderts mühsam zu entwickeln beginnen: die Gewinnung von Solarenergie mit Hilfe von „Sonnenkollektoren".

Der Treibhauseffekt und seine Bewältigung (1910)

Dass Eingriffe in die Natur schwerwiegende Folgen für die Menschheit haben können, ist selbst in der grundsätzlich so technikbegeisterten frühen Science-Fiction-Literatur durchaus thematisiert worden. In Hans Ludwig Roseggers Roman *Der Golfstrom* von 1913 wird die jede Realistik übersteigende Umlenkung des Golfstroms sogar zu einem kriegerischen Mittel im Kampf um eine globale Hegemonie zwischen Amerika und Europa, den der schriftstellernde Sohn des bekannten Peter Rosegger für die Jahre zwischen 1930 und 1980 vorhersagen möchte.

Die Fließrichtung des Golfstroms wird von den Amerikanern durch Abtragung der Halbinsel Florida und Beseitigung von Sandbänken und unterseeischen Felsen vor Neufundland geändert, was den Europäern, deren militärische Intervention gegen diese Maßnahmen scheitert, eine verheerende Eiszeit, Amerika aber eine klimatische und wirtschaftliche Blütezeit beschert. Als sich nach einigen Jahrzehnten auch für Amerika negative Folgen einstellen, will man dort die alte Golfströmung durch Wiederaufbau von Florida zurückgewinnen. Die Europäer wollen dies in einem neuen Krieg, in dem sie Amerika tatsächlich besiegen, verhindern, müssen sich aber mit dem Fortbestehen der Eiszeit abfinden.

Solche monströsen Visionen sind von den ungewollten Folgen der tatsächlichen Technisierung natürlich weit entfernt; sie können ihr Publikum bestenfalls ein unterhaltsames Gruseln lehren, nicht aber kritische Reflexionen über den Sinn oder Unsinn mancher technischer Umwälzung anstoßen. Aus heutiger Sicht muss es geradezu befremdlich erscheinen, dass selbst nach dem verheerenden Einsatz von Atombomben im August 1945 die Folgen atomarer Kriegführung in der Science-fiction-Literatur – wie übrigens auch im allgemeinen Bewusstsein der Nachkriegszeit – noch eine ganze Weile regelrecht verharmlost werden. Klassisches Beispiel solcher Verharmlosung ist Ray Bradburys Roman *Fahrenheit 451* von 1953, der zwar mit einem vernichtenden Atomschlag endet, zugleich aber den außerhalb des Trümmerfelds Überlebenden die Hoffnung auf eine glücklichere Zukunft lässt.

Immerhin gibt es einen Science-Fiction-Roman, der bereits 1910 aktuelle Diskussionen über den sogenannten Treibhauseffekt infolge eines starken Anstiegs des Kohlendioxidgehalts in der Atmosphäre vorwegnimmt: Albert Daibers Roman *Vom Mars zur Erde*. Bereits 1901 hatte der Chemiker Swante Arrhenius in seinem „Lehrbuch der Elektrochemie" seine 1887 entwickelte „elektrolytische Dissoziationstheorie" zusammengefasst, wofür er 1903 den Chemie-Nobelpreis erhielt. Arrhenius hatte bereits darauf hingewiesen, dass der Verbrauch fossiler Brennstoffe große Mengen von Kohlendioxid in die Atmosphäre entlässt und dort eine isolierende Schicht bildet, unter der die Sonnenwärme für eine globale Erwärmung sorgt, die das organische Leben auf Dauer vernichten muss.[21] Den Begriff „Treibhauseffekt" verwenden zwar weder Arrhenius noch Daiber, von dem man nicht sicher weiß, ob er die Forschungen von Arrhenius kannte; beide aber beschreiben auf je eigene Weise das bedrohliche Szenario der Erwärmung eines Planeten im Gefolge eines gestiegenen Kohlendioxidgehalts der Atmosphäre.

Daiber allerdings verlegt den negativen Prozess auf den Mars, der bei ihm (wie bei Laßwitz) von intelligenten Lebewesen, den *Marsiten*, bewohnt ist. Als diese bemerken, dass das Eis an den Polkappen schmilzt und das von Daiber in den Marskanälen unterstellte Wasser zu verdunsten droht, unternehmen sie große Anstrengungen, diese auf Dauer alles Leben tötende Entwicklung aufzuhalten. Bezeichnend für die Technikgläubigkeit Daibers wie der meisten frühen Science-fiction-Autoren ist, dass die durch Technikanwendung entstandenen Probleme durch neue Technikanwendungen bewältigt werden können: Die *Marsiten* setzen etwa einen riesigen Schaufelradbagger ein, um in den Marskanälen neue Wasserrinnen zu schaffen, die sie mit Asbest abdecken, um eine weitere Verdunstung zu verhindern. Bei aller gegenwärtig immer wieder lautstark berufenen (aber in praxi nie ernstgenommenen!) Technikskepsis ist die Bewältigung von negativen Technikfolgen durch eine jeweils neue Technik längst zum zivilisatorischen Prinzip geworden.

Die eindeutig didaktische Intention von Daibers literarischer Erfindung arbeitet nicht zufällig mit der in der Science Fiction häufigen Annahme, dass Außerirdische den Menschen auf der Erde zumindest an Intelligenz und gelegentlich auch an Weisheit überlegen seien[22]. Daraus ließe sich im Fall einer durch Technik verursachten Lebensbedrohung eine ernsthafte Kritik am sorglosen Umgang der Erdbewohner mit Technik durchaus ableiten – wenn, ja wenn der Ort der Erfahrung wie bei Daiber nicht so fantastisch weit entrückt wäre und dadurch mögliche, zumindest theoretische Folgerungen für die irdischen Verhältnisse im wahrsten Sinn des Wortes nicht so weit hergeholt erscheinen müssten. – Immerhin: Daiber hat lange vor einer breit geführten Diskussion um den Klimaschutz eine sehr konkrete ökologische Vision entworfen, die an Brisanz bis heute nichts eingebüßt hat, vielmehr – trotz aller ökonomisch bedingter Verdrängungsversuche (etwa im aktuellen Schachern einzelner Industrienationen um „Verschmutzungsrechte") – ihre Bedeutung für die Zukunft der Menschheit behalten hat.

III. Leitbilder und technische Innovation

Damit aber wären wir an dem Punkt angelangt, an dem die zunächst an einzelnen technischen Zukunftsentwürfen nachgewiesene Möglichkeit, mittels Sprache das Gewohnte zu überschreiten und das Bewusstsein für neue technische Möglichkeiten zu öffnen, unbedingt in eine wenigstens kurze Betrachtung der Visionen münden sollte, in denen Technik nur eine Komponente, häufig sogar nur Reflex gesellschaftlicher Erfahrungen, Bedürfnisse und Zielvorstellungen ist.

Zwar reicht hier nicht der Raum, auch nur für die wenigen angeführten Science-fiction-Texte die gesellschaftlichen Bedingungen zu klären, von denen die technischen Imaginationen letztlich abhängen, aber die eine oder andere Grundlinie kann doch angegeben werden. Die Verlagerung der Geschehnisse auf einen anderen Planeten oder in eine ferne Zukunft lässt mit einiger Sicherheit auf negativ empfundene Beschränkungen der jeweiligen Gegenwart eines Autors schließen. Die zur Anwendung kommende Technik kann dabei ein Fluchtmittel sein, mit Hilfe dessen man sich von der einengenden Realität lösen kann; aber mindestens so wichtig ist ihre Funktion, einen gesellschaftlichen Idealzustand zu erreichen oder zumindest in einer fernen Welt aufzusuchen. Der dabei imaginierte Idealzustand wird dann nicht selten der vorhandenen Realität als kritischer Spiegel vorgehalten.

Auch die kühnsten Visionen nehmen aktuelle Erfahrungen zum Ausgangspunkt und versetzen erst in einem zweiten Schritt das Lesepublikum in noch unvertraute Sphären; was im kleinen, bei der Bildung von Neologismen gilt (die meisten neuen Wortbildungen haben mindestens einen Bestandteil, der im Sprachschatz schon verankert war), gilt auch im großen für den gesamten Gang einer Erzählung. Ob die am Ende des 19. Jahrhunderts längst stattfindenden Flugversuche mit Ballons, Luftschiffen und anderen Fluggeräten wie in Holtens *Das Aeromobil* zu Experimenten mit einem Antigravitationsantrieb führen, ob Laßwitz zunächst eine zu seiner Zeit tatsächlich geplante Polarexpedition aufbrechen und dann am Nordpol auf Außerirdische treffen lässt oder ob der Held in Grunerts *Feinde im Weltall* in einem realen Elektrizitätswerk arbeitet, wo er an einem real vorstellbaren Funkgerät plötzlich eine Nachricht aus dem All empfängt: – stets erscheint das Fantastische oder Utopische als Erweiterung zeitgenössischer Realerfahrungen. Selbst die fantastischste Erfindung jener Zeit, H. G. Wells' *Zeitmaschine* (im gleichnamigen Roman von 1895) wird in einer Situation vorgestellt, die für technisch interessierte Laien damals fast üblich war: Die „Donnerstagsgesellschaft", in der der Ich-Erzähler, der Zeitreisende, seine Erfindung vorstellt, ist einer jener zahllosen Zirkel, in denen die neuesten technischen Leistungen mit großem Enthusiasmus diskutiert wurden; man denke auch an die Ausgangsszene von J. Vernes *Reise um die Welt in achtzig Tagen*.

In diesen Realerfahrungen aber schlummern gleichsam die Leitbilder weiterer Entwicklung, wie sie selbst ja auch meist bereits Wirklichkeit gewordenen Leitbildern entsprechen. Erfolgreiche technische Innovationen aber sind – wie bereits oben formuliert – ohne langfristig gültige Leitbilder überhaupt nicht denkbar. Leitbilder aber sind stets sprachlich vermittelte Ideen. Und es gibt keine der in Science fiction imaginierten Innovationen, die sich nicht auf langfristig gehegte und ausgesprochene Wünsche und Bedürfnisse zurückführen ließe. Selbst die wieder aktuell gewordenen Imaginationen einer industriellen Menschenzüchtung in A. Huxleys *Schöne neue Welt* lassen sich auf Mythen wie die des Homunculus zurückführen, und sie werden in der Gentechnik trotz aller Warnungen unvermeidbar weiteren Realisierungen zugeführt werden.[23]

Das Hauptmotiv allen technischen Fortschritts aber ist das der Befreiung des Menschen von räumlichen und zeitlichen Beschränkungen. Und auch wenn die *Zeitmaschine*, wie sie Wells sich vorgestellt hat, noch lange auf sich warten lässt: – ihre „Komponenten" sind schon längst erfunden und im Gebrauch; denn jedes technische Gerät ist bereits eine „Zeitsparmaschine"[24], die unser Leben in Minuten und Sekunden um eine Zukunft erweitert, die Menschen ohne Technik nicht haben konnten, weil sie sich viel länger mit einzelnen Arbeitsleistungen plagen mussten, die ihnen die Zeit für anderes, weitere Arbeiten wie Freizeit, nahm. Dass die von Wells mit seiner Maschine erreichte Zukunft des Jahres 802.701 nicht eben die schönsten Aussichten für die Zukunft der Menschen bereithält, sondern nur noch zwei Arten menschlicher Degeneration, die *Eloi* und die *Morlocken*, kennt, wird uns ebensowenig schrecken, wie es das damalige Publikum wirklich schreckte; denn schließlich haben wir bis zu diesem Endzustand noch über 800.000 Jahre Zeit! Leider aber verdrängen wir auch Technikfolgen, die sich sehr viel schneller einstellen könnten.

Anmerkungen

1 Vgl. etwa H. D. Schlosser: Technikmetaphern und Technikbewertung, in: A. Satzger (Hg.): Sprache und Technik, Frankfurt/M. 1999, S. 65-72.

2 Auch für die Technik wie das Personal des heutigen Luftverkehrs gelten im Deutschen (freilich im Rückzug vor dem allmächtigen „Airline-Englisch") noch etliche Entlehnungen aus der christlichen Seefahrt wie *Bug, Heck*, (*Höhen-/Seiten-*)*Ruder*, (*Flug-*)*Kapitän* oder *Steward/ess*.

3 Seiner (in der Science Fiction nicht immer unbezweifelbaren) literarischen Qualität wegen wurde dieser Roman 1998 noch einmal aufgelegt; auch gibt es nicht zufällig einen „Kurd-Laßwitz-Preis“ für qualitätvolle Science-fiction-Texte.

4 Diese Ost-West-Wortdifferenz wird auch heute noch gepflegt, wenn Medienberichte über gemeinsame Unternehmungen von westlichen und russischen Raumfahrern in ein und demselben Fahrzeug zwischen *Astronauten* und *Kosmonauten* unterscheiden!

5 Vgl. u. a. A. Bockholt u. a.: ISDN – Eine Technik auf den Weg zur Allgegenwart, Frankfurt/M. 1993.

6 Die naive Vorstellung, sich auf artilleristische Weise auf den Mond schießen zu lassen, hatte allerdings einen klassischen Vorläufer: in Jules Vernes Roman „De la terre à la lune“ 1865 (dt. „Von der Erde zum Mond“ 1874).

7 Vgl. etwa Georg Ermann: Deutschland im Jahre 2000, Kiel/Leipzig 1891.

8 Stellvertretend für die zahlreiche Spezialliteratur zur Science Fiction seien genannt: H. J. Alpers u. a.: Lexikon der Science Fiction Literatur, München 1999; Th. Ballmer: Sprache in Science Fiction, in: K. Ermert (Hg.): Neugier oder Flucht? Zu Poetik, Ideologie und Wirkung der Science Fiction, Stuttgart 1980; H. E. Friedrich: Science fiction in der deutschsprachigen Literatur. Ein Referat zur Forschung bis 1993, Tübingen 1995; R. Innerhofer: Deutsche Science-Fiction 1870-1914, Wien 1996; D. Wuckel: Science Fiction. Eine illustrierte Literaturgeschichte, Leipzig 1986.

9 Eine wesentliche Grundlage für die Infrarottechnik hatte immerhin bereits 1800 F. W. Herschel mit der Entdeckung des ultraroten Teils des Sonnenspektrums gelegt.

10 Zitiert nach Bockholt u. a. (wie Anm. 5): S. 1.

11 Vgl. spätere Termini wie *Mikro-phon* oder *Magneto-phon*.

12 Das Aeromobil, S. 16 f.

13 Die Unlogik dieses Satzes steht hier natürlich nicht zur Debatte!

14 Bd. 16, S. 736. – Wertvolle Hinweise zu Laßwitz und zu diesem Thema verdanke ich einer Seminararbeit von Verena Bertram (WS 2000/01).

15 Dt. Übersetzung: Ein Rückblick aus dem Jahre 2000 auf 1887 (Leipzig 1890) von Georg von Gizycki.

16 Frz. Originalausgabe 1994 („Paris au XXe siècle“); dt. Wien 1996 (zitiert wird hier die dtv-Taschenbuchausgabe, München 1998).

17 Die oben besprochene *Lichttelegraphie* bei Laßwitz kann von dem damals unbekannten Verne-Text natürlich nicht angeregt worden sein.

18 Paris im 20. Jahrhundert, a. a. O., S. 49.

19 Vgl. H. D. Schlosser u. a.: Hightech im Haushalt. Leitbilder und Sprache der Werbung für Haushaltstechnik, Frankfurt/M. 1996; W. Glatzer u. a.: Revolution in der Haushaltstechnologie. Die Entstehung des Intelligent Home, Frankfurt/M./New York 1998.

20 Auf zwei Planeten, S. 223.

21 Vgl. J. E. Brandenburg/M. Rix Paxson: Wie der Erde die Luft ausgeht. Das Ende unseres blauen Planeten, München 1999, S. 262f. – Wichtige Hinweise verdanke ich einer Seminararbeit von H. C. Mager (WS 2000/01).

22 Vgl. – auch aus der Frühzeit der Science Fiction – etwa Kurd Laßwitz‘ *Zwei Planeten* von 1887 oder Carl Grunerts *Feinde im Weltall* von 1907; vgl. H. Abret/L. Boia: Das Jahrhundert der Marsianer, München 1984.

23 Vgl. demnächst Verf.: Mehrlingsreduktion durch Fetozid. Die schöne neue Welt in der Sprache der Medizin (i. Dr.).

24 Eine in der Seminardiskussion von Wells‘ Roman von Frau Nina Altschiller treffend gefundene Formulierung.

Patrick Primavesi

Schauplatz und Passage
Theatrale Räume im Denken Walter Benjamins

Die Moderne in einer Urgeschichte des 19. Jahrhunderts zu begründen und durch die Kritik gängiger Vorstellungen von geschichtlichem Fortschritt ein utopisches Kalkül zu entwickeln, war das erklärte Interesse von Benjamins Studien zu den Pariser Passagen. Die von 1927 bis 1940 entstandenen Aufzeichnungen und Exzerpte erweisen die Entwicklung des großstädtischen Lebens als Manifestation ökonomischer Verhältnisse, als Ausdruck von Industrialisierung, Reproduktionstechnik und Warenfetischismus und als Veränderung aller Wahrnehmungsweisen früherer Epochen. Dabei ist Benjamins Schreibweise vor allem Montage und Kommentar, ausgehend vom einzelnen, bruchstückhaften Zitat, das als Signal noch nicht oder schon nicht mehr bewußter Umwälzungsprozesse lesbar wird. Dem entspricht die neue Geschichtstheorie Benjamins, die im Konflikt zwischen Messianismus und dialektischem Materialismus zu den Thesen *Über den Begriff der Geschichte* geführt hat. Auch die *Berliner Kindheit um 1900*, die Arbeiten über Charles Baudelaire und der Essay *Das Kunstwerk im Zeitalter seiner technischen Reproduzierbarkeit* gingen aus dem Passagen-Projekt hervor, markieren dessen Tragweite. Aufgrund seines Fragmentcharakters und der stark differierenden konzeptionellen Ansätze erfordert und ermöglicht das Konvolut Leseweisen, die eine systematische Interpretation der Epoche hintanstellen zugunsten einer Sondierung des Details. Mit Blick darauf wird im folgenden eine Konstellation untersucht, die in den erhaltenen Texten nur wenige explizite Formulierungen gefunden hat, dabei aber grundsätzliche Zusammenhänge erschliessen kann: die Beziehung zwischen Passage und Theater. Auch dieser Aspekt ist als Bestandteil einer Konstruktion anzusehen, deren Spannung weit über den Kontext der Pariser Passagen hinausreicht. Die von Benjamin als eine „strikt ursprüngliche" Verbindung angesehene Beziehung von Theater und Passage führt jedenfalls in beide Richtungen: Während die Passage als Spielort veränderter sozialer Verhältnisse, als „Szene der modernité" zu denken ist, wird im modernen Theater die Schwelle von Innen und Außen thematisiert und an neuen Raumordnungen ebenso wie an Formen der symbolischen Überschreitung gearbeitet.[1]

Raumerfahrungen und -entwürfe spielen in Benjamins Schriften eine wichtige Rolle: als Gegenstand kunstgeschichtlicher und soziologischer Forschung wie als Ausgangspunkt einer poetischen Reflexion von Kindheit und Geschichte. Und sie sind Ausdruck eines Denkens in Kontrasten und Extremen, dem das Sich-Verirren in fremden Städten ebenso aufschlußreich werden konnte wie die von Drogen bewirkte halluzinative Veränderung der räumlichen Wahrnehmung. Daß die Bedeutung von Räumen und Raumerfahrungen sich kaum unmittelbar erschließt, sondern der wiederholten, mit verschiedenen Perspektiven jeweils neu ansetzenden Deutung aufgegeben bleibt, zeigt sich gerade in der Analyse der Passage als einer transitorischen Form, einem Zwischen-Raum. In ihm herrscht ähnlich wie im Theater eine wechselseitige Abhängigkeit von Blick und Szene, Beschauer und Bühne, die Benjamin unter dem Begriff des *Schauplatzes* reflektiert hat. Seine Texte erhellen oftmals an den Spielorten historischer Theaterformen die Beziehung von Kult und Raum als einen so diskontinuierlichen wie unumkehrbaren Prozeß der Säkularisation. Und wo Benjamin öffentliche Räume deutet, beschreibt er die zeitliche und soziale Bedingtheit ihrer Wahrnehmung als ein performatives, szenisches Geschehen. Von diesem Wechselverhältnis geht im folgenden die These aus, daß Benjamins fortwährende Beschäftigung mit Fragen des Theaters das Passagen-Projekt inspiriert hat. Daß die Beziehung zwischen Theater und Passage bei Benjamin eine Vorgeschichte hat, die bis auf die Renaissance zurückreicht, zeigt einer seiner frühesten Texte, das Tagebuch *Meine Reise in Italien Pfingsten 1912*. Frappierend an den Aufzeichnungen ist eben ihre Nähe zur Passagen-Arbeit, durch die Art, wie hier eine Erfahrung geschildert wird. So hätte Benjamin in seinen von dialektischem Materialismus und epischem Theater geprägten Studien zur Passage die Bedeutung des Renaissancetheaters von Vicenza wohl kaum präziser darstellen können:

> Wir gehen auf das Teatro Olimpico, eine[n] Rundbau dem Museo schräg gegenüber zu, wo ein Müßiggänger uns empfängt und für sein Trinkgeld den Pförtner herausklingelt. Palladio hat ein Theater für klassische Aufführungen gebaut und jedes Jahr einmal wird der Raum auch zu diesem Zwecke benutzt. Von rechts, von der Bühnenseite betritt man einen hohen ungefähr halbrunden Saal, den wir durch Reparaturen verdunkelt fanden. Die Zuschauerreihen, hohe hölzerne Stufen steigen in 13 Reihen steil amphitheatralisch an. Ein Einschnitt und darauf eine sehr breite Rampe trennen sie von der Bühne, die nur von einem kleinen Teil der Plätze ganz überschaut wird. Am Ende der Rampe erhebt sich ein Torbogen in palladianischer Architektur, hinter dem sich der sehr weite Prospekt einer Straße zeigt. Eine außerordentliche starke perspektivische Illusion ist durch ein allmähliches Ansteigen des Bühnenbodens erreicht worden. Zwei kleinere Logenöffnungen zu beiden Seiten öffnen entsprechende kleinere Ansichten. Das Theater ist in der Geschlossenheit des Raumes schön, bedeutend aber wird es, indem augenscheinlich die Möglichkeit gegeben ist, den Übergang von der Straße in das Haus auf offener Scene zu geben, indem der Schauspieler aus dem Straßenprospekt vor die sehr ausgedehnte Tor-Architektur, die als Zimmerwand betrachtet werden kann, sich begibt. Damit ist eine neue Möglichkeit für die Aufführung, ja für das Drama gegeben.[2]

Schon die detaillierte Beschreibung der Annäherung an das Theater hat den Charakter einer Szene, bei der auch der Müßiggänger nicht fehlen darf – wie er später in der Passagen-Arbeit eine der Hauptpersonen abgeben wird. Entscheidend ist jedoch Benjamins Hervorhebung der Möglichkeit, „den Übergang von der Straße in das Haus auf offener Scene zu geben", als einer neuen Möglichkeit für die Aufführung und für das Drama überhaupt. Der Gedanke, in der architektonischen Struktur des Übergangs zwischen Außen- und Innenraum eine eigene theatrale Qualität der Überschreitung zu entdecken, reicht jedenfalls weit über das Theater der Renaissance und die in Vicenza verwirklichten ‚klassischen Aufführungen' hinaus. Er überspringt die für die europäische Theatergeschichte maßgebliche Fixierung auf den illusionär begrenzten Innenraum der Guckkastenbühne und antizipiert eine moderne Auffassung des szenischen Raumes, mit der die Trennung von Innnen und Außen weitgehend aufgehoben wird.

Natürlich steht Benjamins Reisebericht in einem literarischen Kontext. Anläßlich des Amphitheaters von Verona erwähnt er beiläufig einen Arkadenumbau, der zu Goethes Zeiten noch gestanden hätte. Ein Brief an Herbert Belmore wird noch deutlicher mit der Auskunft: „Eine italienische Reise wächst langsam".[3] Insofern ist von Goethes berühmter Schilderung des Teatro Olimpico von 1786 als einem Vorbild und Material von Benjamins Text auszugehen. Goethe hat bekanntlich dieses Theater „unaussprechlich schön" gefunden, bezweifelte aber seine Funktionalität: „gegen die unsrigen kömmt mir's vor wie ein vornehmes, reiches, wohlgebildetes Kind, gegen einen klugen Weltmenschen, der, weder so vornehm, noch so reich, noch wohlgebildet, besser weiß, was er mit seinen Mitteln bewirken kann."[4] Dieses Urteil Goethes wird in Benjamins Bericht ein Stück weit korrigiert, gerade im Verzicht auf die vermeintlich gewisse Position des klugen, ökonomisch denkenden *Weltmenschen*, der auch in der Betrachtung der prächtigen Werke früherer Epochen seine eigene Kultur als Maßstab aller Dinge bestätigt sieht. Benjamin folgert aus der mit Goethe geteilten Erfahrung der Schönheit dieses Theaters etwas anderes, das ihm hochbedeutend scheint und eine womöglich noch gar nicht eingelöste Dimension von Theater bezeichnet. Diese Entdeckung tritt um so stärker hervor, als sie zur Würde des Ortes in krassem Gegensatz zu stehen scheint. Schon der *Weg zum Theater* konfrontiert den Leser mit einer Gegenwart, die nüchtern ihren Preis einfordert, durch den Müßiggänger. Mit dieser eher kulturkritischen als historischen Perspektive lassen sich Benjamins Beobachtungen zum Raum des Theaters durch sein gesamtes Werk weiter verfolgen, bis hin zur Auseinandersetzung mit Brechts epischem Theater und den Pariser Passagen. Nicht von ungefähr weicht Benjamins Beurteilung des Teatro Olimpico gerade im Hinblick auf seine Funktionalität von der Meinung Goethes ab. Festzuhalten bleibt dafür zunächst, daß sich die Auffassung, das Olimpico sei als Theater eigentlich ungeeignet, zumindest in kunstgeschichtlicher Perspektive behauptet hat:

> Tatsächlich mangelt es dem Olympischen Theater an der Grundvoraussetzung des modernen Theaterbetriebs, an der Veränderbarkeit der Bühne, deren Aktivierung

> durch die Stückvorgabe, durch den Gestaltungswillen des Regisseurs und des Bühnenbildners. Das Teatro Olimpico des Andrea Palladio hingegen ist Schmuck und Ornament, gelehrtes Programm und feierlicher Akt, nicht eigentlich aber praktikable Bühne.[5]

Mit dieser Einschätzung hat Andreas Beyer von Goethe ausgehend die „Unbespielbarkeit" des Olimpico konstatiert und seinen eigentlichen Zweck darin beschrieben, den „Sitz der zu göttlichem, immerwährendem Ruhm emporgestiegenen Vicentiner Humanisten" abzugeben. Im Gegensatz zur theatergemäßen Veränderung sei hier das Gegenteil, *Unveränderbarkeit* zum Prinzip gemacht worden, für die Repräsentation akademischen Ruhmes.[6] Diese Beobachtung und ihre Konsequenz, daß dieses Theater „von allein spielt", und zwar vor allem „sich selbst", hat gewiß vieles für sich. Die von Benjamin aufgeworfene Frage nach einer Vorbildfunktion dieser Bühne ist damit aber noch längst nicht entschieden. Im übrigen ist die zur Begründung der Diagnose „Unbespielbarkeit" angenommene Regel, daß Veränderbarkeit der Bühne „Grundvoraussetzung des modernen Theaterbetriebs" sei, in dieser allgemeinen Form kaum zu halten. Gab es doch spätestens im 20. Jahrhundert immer wieder die Tendenz, auf vorhandene Räume zurückzugreifen, den Widerstand einer bestehenden Architektur – vielfach auch von nicht als Theater konzipierten Räumen – auszunutzen und in die Ästhetik der jeweiligen Inszenierung mit einzubeziehen.[7] Aus dieser Sicht kann es gar kein „unbespielbar" geben, genausowenig wie ein ‚unspielbar' mit Bezug auf Texte, die vorübergehend für bloße ‚Lesedramen' gehalten worden sind. Dasjenige, was sich den eben mal konventionellen Auffassungen von Spiel widersetzt, ist nicht selten das, worauf es ankommt, was eine szenische Phantasie freisetzen kann, die über die gewohnten Bahnen hinausgeht. Auf diesen Weg aber, Theater grundsätzlich über das Bestehende hinaus als Möglichkeit und als Möglichkeitsraum zu denken, verweist Benjamins Überlegung zur eigentlichen Funktionalität der Bühnenfassade im Teatro Olimpico. Sein Text führt von einer Szene der Betrachtung durch den Besucher zum Auftritt eines gedachten Schauspielers, der „[...] aus dem Straßenprospekt vor die sehr ausgedehnte Tor-Architektur, die als Zimmerwand betrachtet werden kann, sich begibt." (VI, 277)

Zu den Konventionen des antiken Theaters gehörte es, daß hinter den Türöffnungen der Fassade der Innenraum angenommen wurde, das Innere des Hauses, in dem sich von den großen Katastrophen der königlichen Familien dasjenige abspielte, was den Blicken der Zuschauer verborgen sein sollte. Solche Vorgänge, also etwa die Ermordung von Agamemnon oder die Selbstblendung des Ödipus, konnten um so wirkungsvoller in ihrem Ergebnis vorgeführt werden, indem die versehrten Körper aus dem Dunkel des Palastes heraus ans Tageslicht kamen. Im Theater von Vicenza ist diese traditionelle Ordnung von Innen- und Außenraum umgekehrt: Gespielt wird nicht mehr unter freiem Himmel, sondern in einem Gebäude, das Zuschauerraum und Bühne umfaßt. Die Öffnungen in der Palastfront geben den Blick frei auf drei (mit den Abzweigungen vom mittleren Prospekt: fünf) perspektivisch angeordnete, beleuchtete Straßenfluchten. So erscheint die Palastfassade als Durchgang zum hinter der Szene anzunehmenden, städtischen Außenraum. Sie kann aber auch, wie Benjamin hervorhebt, als Zimmerwand betrachtet werden, die innerhalb des Theatergebäudes die aus Zuschauerraum und Bühne bestehende Einheit von der hinteren, ‚äußeren' Szenerie der Straße trennt.

Stich von Scamozzi, Ansicht der Frontseite des ‚Teatro Olimpico'[8]

'Teatro Olimpico', seitlicher Blick in die Hinterbühne[9]

Bei der Einrichtung des Gebäudes für die Eröffnungsinszenierung einer Übersetzung von Sophokles' Tragödie *König Ödipus* 1585 diente die ganze Konstruktion von Proszenium, Seitengängen und Hinterbühne – in Abänderung der ursprünglichen Pläne Palladios – der dauerhaften Wiedergabe der griechischen Stadt

Theben, zu deren sieben Toren jeweils eine der Straßen führen sollte. Diese auf den Inszenator Angelo Ingegneri zurückgehende Situierung des Theaters im Palast und innerhalb einer Stadtanlage verschränkt bereits die Funktion von Innen- und Außenraum: Die Straßen, die der Betrachter durch die Tore der Fassade sieht, liegen selbst noch innerhalb der gedachten Stadtmauern. Der Betrachter aber ist im Inneren des Palastes aus dieser Stadt ausgeschlossen, ähnlich wie in einer *Krypta*, die als Raum im umgebenden Raum der Kirche das Allerheiligste umschließt und entzieht. Wer aus diesem Innenraum herausschaut, ist Innen und Außen zugleich. So kann im Teatro Olimpico die Bewegung aus dem hinteren, engen Prospektraum in den vorderen, weiten Bereich der Proszeniumsbühne als ein *Heraustreten* wahrgenommen werden und zugleich als *Hereintreten* aus dem vorgestellten Außenraum der Straße in den Zuschauerraum, das heißt: in den Palast. Indem Benjamin auf diesen Effekt als eine Möglichkeit zukünftiger Theaterformen verweist, denkt er die Bühne des Teatro Olimpico – auch ohne sie explizit so zu nennen – als Schwelle. Ihre eigene Magie hat die Schwelle unabhängig von einem Richtungssinn; im Moment ihrer Berührung ist der Unterschied von Innen und Außen aufgehoben. In diese Richtung weisen auch frühe Notizen zu den Passagen: „bei diesen seltsamen Mischgebilden von Haus und Straße ist jedes Tor Eingang und Ausgang zugleich" (V, 1041). Daß die Tore als Schwelle zu verstehen sind, und nicht etwa als Grenze, hat Benjamin dann mit dem Stichwort „Traumhaus" genauer erörtert: „Schwelle ist eine Zone. Wandel, Übergang, Fluten liegen im Worte ‚schwellen' und diese Bedeutung hat die Etymologie nicht zu übersehen. Andererseits ist notwendig, den unmittelbaren tektonischen und zeremonialen Zusammenhang festzustellen, der das Wort zu seiner Bedeutung gebracht. ■ Traumhaus ■" (V, 618)[10] Das Gespür für den Zusammenhang von Tektonik und Zeremoniell, mit dem Benjamin lange vor dieser expliziten Schwellenkunde seine Beobachtungen zur Bühne des Teatro Olimpico als einem fließenden Übergang von Haus und Straße formulieren konnte, läßt die frühen Reiseeindrücke zugleich als eine *Bahnung* für seine späteren Reflexionen über die Bedeutung von Raumordnungen im Theater erscheinen. Dafür ist aber noch ein weiteres Moment wichtig, die von Vicenza ausgehende Erfahrung des Heraustretens „aus dem Theater", die Benjamin in jeder Hinsicht als *Ernüchterung* beschrieben hat:

> Als wir aus dem Theater heraustraten, standen wir Schutzlose im stärksten Regen, und trotzdem wir unentwegt die alten Gebäude der Stadt aufsuchten – den Strohhut nahm ich unter den Arm, war die Betrachtung in der klebrigen Nässe und der Umschau nach Zufluchtsorten gestört. Zwar sind mir noch Straßenbilder, aber nicht mehr Paläste in ihren architektonischen Einzelheiten im Gedächtnis geblieben. Peinlich war die erfolglose Suche nach einer berühmt-häßlichen Jesuitenkirche. (VI, 277)

Gerade die Störung des Kunsterlebnisses reflektiert die Position des Betrachters. Zur Erfahrung wird der Raum des Theaters, indem die Illusion einer geschlossenen Sphäre der Kunst aufbricht, der Banalität des Reisealltags weichen muß. Mit dem Heraustreten aus dem Theater wird dessen Funktion als Schwelle um so deutlicher markiert, und in der Erinnerung bleiben eher die *Straßenbilder* als die Architektur der Paläste oder Kirchen. Daß Benjamin das theatrale ,Bild der Straße' im Gedächtnis behielt, zeigt eine Bemerkung zur Charakterisierung seines Aphorismenbandes *Einbahnstraße:* „eine Straße, die einen Prospekt von so jäher Tiefe – das Wort nicht metaphorisch zu verstehen! – erschließen soll, wie etwa in Vicenza das berühmte Bühnenbild Palladios: Die Straße."[11]

Mit dem Theater hat Benjamin sich gerade unter dem Aspekt des Raumes häufig auseinandergesetzt, auch seine Arbeiten zum Verhältnis von antikem und modernem Drama, Tragödie und Trauerspiel kreisen um diesen Punkt.[12] Dabei geht es immer wieder um die von Mißverständnissen und Fehldeutungen geleitete Anknüpfung von Renaissance und Barock an die griechische Antike. Am Anfang von Benjamins Reflexionen zu diesem Themenkreis steht schon in den Reisenotizen ein allegorisches Moment. Was sich vor den Überresten eines antiken Theaters aufdrängt, ist die Betrachtung des Theaters als einer *Verfallserscheinung*. Mit dieser Perspektive hat Benjamin im Frühsommer 1912 zunächst das Teatro Romano in Verona besichtigt und beschrieben:

> Das Teatro Romano ist von der Straße aus eine abgezäunte Bau- oder Trümmerfläche. In der Verwalterbude wie gewöhnlich ein kleines Museum von Funden auf dem Platze. An dem Theater selbst ist das eigenartigste sein Verfall. Deutlich bemerkt man, wie ein Teil der verfallenden Mauer nach dem anderen in die Häuser, die hier gebaut wurden, als Mauerwand eingefügt wurde. Einige Bühnenpfeiler sind, glaube ich, noch erhalten, die Marmorstufen in Resten. Der gesamte Anblick ist ganz ungegliedert, die vollkommene Trümmerstätte. (VI, 275)

Die verfallende Architektur wird in dieser Beschreibung kenntlich als Ausdruck von Geschichte. Die Umfunktionierung antiker Gebäudeteile in italienischen Städten läßt sich – spätestens seit Freuds Romdeutung – als eine Art Traumarbeit ansehen, als Metapher für die Prozeßhaftigkeit des Unbewußten und die Gleichzeitigkeit aller in ihm enthaltenen Schichten. Die neue städtische Ordnung bleibt durchsichtig auf die Verwertung eines alten Materials, dessen ursprünglicher Ort aber gerade durch den Verlust und die Lücken in der einstigen Ordnung eine neue Vollkommenheit erreicht, als Trümmerstätte. So ist auch die Ruine des Teatro Romano preisgegeben einer quasi allegorischen Lektüre, die sie als Zeichen des unaufhaltsamen Verfalls nicht nur der antiken Kultur zu deuten hat. Dieser Verfall kann doppelsinnig das Theater überhaupt, als Kunstform und Institution betreffen: „An dem Theater selbst ist das eigenartigste sein Verfall." Indem sie auf diese Formel zusteuert, behält Benjamins Auffassung des alten Theaters als eines Materials für den Häuserbau etwas Befremdliches. Die Steine sind zu Akteuren geworden, haben ihre Rolle gewechselt, spielen jetzt Haus wie sie vorher Theater gespielt haben. Indem das Theater verfällt, wird es zur vollkommenen Trümmerstätte, seine Steine aber sind plötzlich wieder bewohnbar, integriert in die Fundamente und Gehäuse des alltäglichen Lebens.

Eigenartig ist jener Verfall, weil er nicht als endgültige Zerstörung stattfindet, sondern als schleichender Umbau, als Transformation von Altem in Neues. Dieses Neue ist noch kaum zu bestimmen, der Anblick ist „ganz ungegliedert". Indem aber das Theater eingewandert ist in die städtische Architektur, hat es ihr zumindest für den Blick des forschenden Betrachters etwas von seiner einstigen Bedeutung mitgeteilt. Noch oder vielleicht gerade im Verfall zeigt sich die Möglichkeit des Theaters, symbolische Ordnungen aufs Spiel zu setzen, Geschichte darzustellen, ohne sie bloß abzubilden. Auch in dieser Richtung ist Benjamins Beschreibung seiner frühen Italienreise grundlegend. So wird das Theater in seinen Texten immer wieder als ein von historischen Veränderungen wie von der Energie aktueller szenischer Aktionen aufgeladener Raum erscheinen. Der Raum des Theaters ist als Schauplatz zugleich Passage, Durchgangsort für den Wechsel von Positionen, Zuständen und Haltungen. Was hier geschieht, ist in mehr als einer Weise sichtbar, und der Betrachter wird selbst zu einem Teil des Geschehens, sein Blick kann in verschiedenster Form reflektiert, vorgeführt und in Frage gestellt werden. Mit der gezielten Verschränkung von Sehen und Gesehenwerden, als Schauplatz eben, ist das Theater immer schon Versuchsanordnung für Wahrnehmungs- und Reaktionsweisen. So lassen sich die Raumverhältnisse verschiedener Theaterepochen und Kulturen bei allen Unterschieden als Bearbeitungen des gleichen Problems ansehen. Dabei geht es aber nicht nur darum, die Situation einer geteilten, mehrfachen Sichtbarkeit zu organisieren und dem Spiel einen Rahmen zu geben, der es vom alltäglichen Geschehen abhebt. Ob es sich um ein einfaches, von Zuschauern umstandenes Spielfeld im Freien oder um die komplexe architektonische Ordnung eines Logentheaters handelt – die symbolischen Markierungen, die den Ort des Spiels abgrenzen, sind immer noch durchlässig für das Ereignis, das diese Grenze aufhebt und damit einen gemeinsamen Raum entstehen läßt. Nicht erst im Theater des 18. Jahrhunderts mit seinem schauspieltechnischen Ideal einer vierten Wand zwischen Bühne und Zuschauerraum ist der Blick des Betrachters zum Spielelement geworden. Schon in der Renaissance, mit dem Versuch einer Rekonstruktion und Weiterentwicklung antiker Theaterformen, wurde der Prozeß des Sehend-Gesehenwerdens reflektiert, wobei die architektonische Fixierung von Blickachsen und Idealperspektiven durch die Öffnungen der monumentalen Bühnenfassade das szenische Geschehen zur Nebensache gemacht hat. Wenn damit die Repräsentation des städtischen Bürgertums zur wichtigsten Aufgabe des Theaters avancierte, verdeutlicht das nicht nur das Wechselverhältnis von gebauter Struktur und funktionaler Bestimmung. Daß der Theaterraum als Monument akademischer Rekonstruktionsleistungen dem Prinzip der Repräsentation unterworfen werden soll, läßt seine symbolische Logik um so brüchiger erscheinen. Keine noch so eindeutige Zuschreibung der Baulichkeiten kann ihrer spielhaften Umdeutung durch allegorische Lesarten standhalten, die spätere Epochen an ihr vornehmen. Solche Deutungen können aber – darauf zielt auch die geschichtsphilosophische Methodik des Passagen-Projekts – eine noch verborgene, unbewußte Seite der Phänomene freisetzen. Diese Dialektik hat Benjamin gerade an der Geschichte theatraler Räume entfaltet, besonders am agonalen Raum der griechischen Tragödie, am Schauplatz des barocken Trauerspiels und schließlich am Podium des epischen Theaters.

Die Theorie der Tragödie, die Benjamin zusammen mit Florens Christian Rang entwickelt und dann im Trauerspielbuch[13] ausgeführt hat, deutet das antike griechische Theater als ersten Schritt zur Befreiung vom Mythos als einem göttlich verhängten Schicksal. Im Agon sei dem zum Opfer Verurteilten ermöglicht worden, durch den Einsatz von Körper und Sprache, durch das Wettreden als einer symbolischen Form des Wettlaufens, dem Bannkreis der Opferung zu entfliehen. Indem die szenische Wechselrede im Angesicht des Chores auf den agonalen Lauf durch die Orchestra zurückgeführt wird, erscheint die Idee einer Befreiung aus dem Zirkel der mythischen Rechtsformen als Grundlage einer szenischen Struktur. Der Theaterraum wäre als Ergebnis dieses Laufes zu verstehen, der den Kreis des Opferrituals aufgebrochen und um die Auftritts- und Abgangsmöglichkeiten der Skene erweitert hätte. So kann die Tragödie als symbolische Durchquerung gelten, die den mythischen Ort transformiert in einen politischen Raum. Entscheidend für Benjamins Deutung des Tragödienraumes aus dem Prozeß einer Gerichtsverhandlung ist jedoch, daß dieser Prozeß immer noch an das Leiden des tragischen Helden gebunden ist, an das Ausbleiben des rettenden Wortes, an den stummen Schrei, eine Zäsur zwischen Wort und Handlung, Logos und Körper.[14]

Während Benjamin das antike Theater der Tragödie gerade aufgrund seiner Raumordnung als einen politisch wirksamen Vollzug im Kosmos gelten ließ, sah er die Bühne des barocken Trauerspiels haltlos zerstreut: „[...] nicht streng fixierbar, eigentlicher Ort, sondern dialektisch zerrissen auch sie. Gebunden an den Hofstaat bleibt sie Wanderbühne; uneigentlich vertreten ihre Bretter die Erde als erschaffnen Schauplatz der Geschichte; sie zieht mit ihrem Hof von Stadt zu Stadt." (I, 298) Am Trauerspiel hat Benjamin dementsprechend gerade das Scheitern des Versuches analysiert, eine einheitsstiftende Bühnenform zu bilden. In dem Maße, wie das barocke Theater die gesamte Natur der Schöpfung in sich reproduzieren wollte, im Hof als dem „innersten Schauplatz" Geschichte neu zu erschaffen suchte, mußte es sich als Spiegel kreatürlichen Verfalls erweisen. Zumindest im deutschen Barockdrama ist die zentrale Figur des Fürsten gezeichnet von jener Zerrissenheit zwischen Tyrann und Märtyrer, Reflexion und Ohnmacht gegenüber den Affekten. Anders als bei Calderón und Shakespeare, deren Dramen schließlich einen Rest von Transzendenz als plötzliche Rettung und Erlösung darstellen oder zumindest andeuten können, bleibt das deutsche Trauerspiel beherrscht von den Insignien der Melancholie. Seine Ordnung ist Benjamin zufolge eine flüchtige, willkürliche, choreographische und musikalische, mit der das Theater zum Modell einer unerlösten, der Hoffnung auf Transzendenz beraubten Welt wird. Der Wechsel vom öffentlichen Schauplatz zur abgeschlossenen Raumsituation der Hoftheater setzt die von der Renaissance eröffnete Tendenz fort, das Theater als Repräsentation weltlicher Ordnungen zu verstehen, deren Bedarf an symbolischer Überhöhung aber um so stärker ihre Partikularität, Austauschbarkeit und Vergänglichkeit erweist.

Daß auch die Ortlosigkeit des modernen Theaters über den theatergeschichtlichen Horizont hinausreicht, daß sie eng zusammenhängt mit der Krise des bürgerlichen Individuums, hat Benjamin schließlich in seinen Texten zum Theater Brechts reflektiert. Eine entscheidende Neuerung des epischen Theaters ist neben seiner historisierenden, selbstreferentiellen Spielweise die Verwendung des Podiums als neuer Bühnenform: „Seinem Publikum stellt diese Bühne nicht mehr ‚die Bretter, die die Welt bedeuten' (also einen Bannraum), sondern einen günstig gelegenen Ausstellungsraum dar." (II, 520) Wie schon Benjamins Auffassung von Trauerspiel und Tragödie zeigen kann, sah er den Übergang von einer mythischen, kulthaften Besetzung des Raumes zu ästhetischen und, damit verbunden, pädagogischen und politischen Funktionalisierungen keineswegs als ein chronologisches Fortschreiten, sondern als fortwährenden Konflikt von Tendenzen. Aufschlußreich dafür ist seine Auseinandersetzung mit Nietzsches These vom Chor als dem Abgrund, aus dem die Visionen aufsteigen, und der selbst eine Vision des Volkes verkörpert. Diese Vorstellung einer Ur-Gemeinschaft von Chor und (Zuschauer-)Volk wird von Benjamin in der Tragödientheorie des Trauerspielbuchs zurückgewiesen. Was er Nietzsches Idee des Tragödienkultraumes entgegensetzt, ist eben die Funktion der Orchestra als des (Dreiviertel-)Kreises, in dem der tragische Agon stattfindet – nicht als Rausch der Vereinigung, sondern als Prozeß einer ersten Distanzierung.

Benjamins Auffassung des modernen epischen Theaters als einer den mythischen Abgrund überwindenden Ausstellung ist ein Stück weit schon in seiner Idee des Trauerspiels angelegt, das „vom Beschauer aus zu verstehen" sei, als Spiel vor Traurigen. „Er erfährt, wie auf der Bühne, einem zum Kosmos ganz beziehungslosen Innenraume des Gefühls, Situationen ihm eindringlich vorgestellt werden." (I, 298f.) Nicht um Einfühlung, sondern um die Vorstellung theatralischer Situationen war es dem barocken Drama zu tun. Ganz anders das bürgerliche Theater, das mit der vierten Wand die Abtrennung zwischen Bühne und Zuschauerraum perfektioniert hat. Indem an die Stelle der mythischen Bedrohung im Zeitalter der Aufklärung der Bann des voyeuristischen Blicks getreten ist, kommt der Abtrennung der Guckkastenbühne die Funktion zu, die aggressive und libidinöse Besetzung des Schauobjekts in geordnete Bahnen zu lenken. Der Betrachter bleibt außen vor, kann in Ruhe die Spielenden beobachten, die so tun sollen, als gäbe es keine Zuschauer. Das Subjekt fühlt sich keinem anderen Blick mehr unterworfen als dem der ‚intimen' bürgerlichen Öffentlichkeit, die für diese Selbst-Bespiegelung auf den Bann der Einfühlung angewiesen bleibt.[15] Ausgehend von dieser Tendenz, den Abstand gleichsam magisch, durch völlige Identifikation zu überwinden, sah Benjamin den Abgrund zwischen Zuschauern und Bühne als Metapher auch für das bürgerliche Theater und die Oper. Nietzsches Idee dieses mythischen Abgrunds kehrt ja wieder in Wagners

Versuch, mit einem ‚unsichtbaren Orchester' den Apparat ganz in Atmosphäre aufzulösen.[16] Gegen jede derartige, heimliche Besetzung des Abgrunds richtet sich Benjamins Beschreibung des epischen Theaters. An die Stelle der antiken Orchestra ist bei Brecht ein Ausstellungsraum getreten, in dem etwas Dar- oder Vorgestelltes als solches kenntlich bleibt, vom Akt des Zeigens abgesetzt wird:

> Worum es dem epischen Theater zu tun ist, läßt sich vom Begriff der Bühne her leichter definieren als vom Begriff eines neuen Dramas her. Das epische Theater trägt einem Umstand Rechnung, den man zu wenig beachtet hat. Er kann als die Verschüttung der Orchestra bezeichnet werden. Der Abgrund, der die Spieler vom Publikum wie die Toten von den Lebendigen scheidet, der Abgrund, dessen Schweigen im Schauspiel die Erhabenheit, dessen Klingen in der Oper den Rausch steigert, dieser Abgrund, der unter allen Elementen der Bühne die Spuren ihres sakralen Ursprungs am unverwischbarsten trägt, hat an Bedeutung immer mehr eingebüßt. Noch liegt die Bühne erhöht. Aber sie steigt nicht mehr aus einer unermeßlichen Tiefe auf: sie ist Podium geworden. Lehrstück und episches Theater sind ein Versuch, auf diesem Podium sich einzurichten. (II, 539)

Das epische Theater trifft also auf einen „Umstand", den es nicht erstmalig herbeiführt, wohl aber ausstellen kann. Der Abgrund ist auch keineswegs endgültig funktionslos geworden, er hat seine Funktion nur „immer mehr eingebüßt". Diese Formulierungen sehen das epische Theater im Kontext theatergeschichtlicher Prozesse. So geht es Benjamin wie für Tragödie und Trauerspiel auch für das traditionelle ‚dramatische' und das epische Theater nicht um eine schematische Trennung, sondern um die Frage nach dem produktiven Fortleben einzelner Elemente unter anderen kulturellen und politischen Bedingungen. Mit dem Begriff des Podiums weisen seine Überlegungen zum epischen Theater voraus auf ein Theater jenseits der Inszenierung dramatischer Werke, zwischen dem von Brecht geforderten „Rauchtheater" (wo das Publikum ähnlich wie im Film zum „zerstreuten Examinator" werden sollte) und einer Praxis des Lehrstücks, das vor allem an einer gestischen Erziehung der Aufführenden arbeitet, „die Auswechslung des Publikums mit den Akteuren, der Akteure mit dem Publikum vereinfacht und nahelegt" (II, 536). Solche Formen hätten sich bewußt einzurichten auf dem Podium, über dem verschütteten Tanzplatz. Benjamins Interesse für die Geste dieses „Sich-Einrichtens" zur Überwindung des alten Kult- bzw. Illusionsraumes hat seither an Aktualität eher noch gewonnen. Die Überschreitung der kultischen Funktion bleibt eine immer wieder neu zu leistende und zu reflektierende Aufgabe (post-)moderner Theaterarbeit.[17]

Auch mit dem epischen Theater und dem Lehrstück verbindet sich die Frage nach einer Aufführungsform, die auf offener Szene zwischen Straße und Haus zu wechseln in der Lage wäre. Das Podium des epischen Theaters überschreitet die antike Orchestra, indem es die kultische Funktion der Schwelle in eine politische überführt. Damit ist zugleich das Extrem bezeichnet, demgegenüber die Passage wie das ihr gleichzeitige bürgerliche Theater immer noch als Ort einer scheinhaften, jedenfalls nicht diskursiven Öffentlichkeit erscheinen muß. Im

Laufe seiner Arbeit am Passagen-Projekt, die ja parallel zur Auseinandersetzung mit dem epischen Theater verlief, hat Benjamin aber Lesarten entwickelt, die der Passage ein politisches Moment einschreiben.[18] So ist die Passage nicht nur als Traumhaus und Körperhöhle eines kollektiven Unbewußten bedeutsam. Wie es in Benjamins Texten über die Dichtung Baudelaires ausformuliert ist, ging es ihm um eine Theorie der Wahrnehmung, die an Phänomenen wie Blick und Spiegelung, Chock und Zerstreuung, Übergang und Verwandlung die Situation des modernen Menschen als eine der Selbstentfremdung analysiert. Dialektisch und (trotz der Differenzen in Bezug auf seine Baudelairedeutung) von Brecht inspiriert, hat Benjamin dann die Frage nach einer möglichen Produktivität dieser Selbstentfremdung aufgeworfen.[19] Darin aber liegt auch das Potential, das eine weitere Bearbeitung der Beziehung zwischen Theater und Passage wohl reflektiert hätte. Wie das Theater eröffnet die Passage als Gebäude, Raumerfahrung und körperliche Bewegung eine Überschreitung symbolischer Grenzen, und dadurch entzieht sie sich einer eindeutigen epochalen und ideologischen Zuordnung. Die Passage ist für Benjamin ebenso Überrest einer untergehenden Kultur wie Vorzeichen des Neuen. Diese Spannung prägt seine Texte, wo poetische Impressionen und dialektisches Kalkül aufeinanderprallen. Trotz aller späteren Einschränkungen bleibt die dichterische Inspiration, die Benjamin aus Texten von Aragon und Baudelaire gewinnen konnte, für seine Einsichten in die phantasmagorische Struktur der Passagen grundlegend. Bereits im ersten Prosaentwurf wird die Passage definiert als eine „Straße, die sich durch Häuser zieht. Bahn von einem Gespenste durch Häusermauern." (V, 993) Die Entwicklungen, von denen die Passage zeugt, sind un-heimlich. Sie durchkreuzen die vermeintlich sicheren Grenzen des bürgerlichen Lebens, lassen Öffentliches und Privates ineinander umschlagen. Als transitorische Form und „Spur" ist die Passage Schauplatz. In ihr stellt sich der Mensch zur Schau, in seinen der Ware am stärksten angenäherten Rollen Flaneur und Hure. Die Funktion als Schauplatz bestimmt auch die ausdrücklichen Formulierungen Benjamins zur Beziehung von Passage und Theater. Im Konvolut der ‚Ersten Notizen' (um 1927) findet sich ein Abschnitt, der die Frage anreißt und aufschiebt:

> In der ersten Hälfte des vorigen Jahrhunderts wurden auch die Theater mit Vorliebe in die Passagen verlegt. [...] Noch heute findet man in der Passage Choiseul die Bouffes Parisiennes und wenn die übrigen Szenen ihren Platz haben räumen müssen, eröffnen die kleinen blanken Kabinette der Billetagenturen (etwas) wie einen Geheimgang in alle Theater. Aber das kann keine Darstellung davon geben, wie strikt ursprünglich die Verbindung von Passage und von Theater gewesen ist. (V, 997)

Wenn die einstmals in den Passagen gelegenen Theaterräume, auch die Bühnen für Revue und Kabarett, verschwunden sind, so bleiben immerhin die Kartenverkaufsstellen als Zugangsmöglichkeit, als „Geheimgang in alle Theater". Doch diese Perspektive reicht Benjamin nicht aus, eine eigentliche, dahinterliegende Geschichte zu erfassen, die ja den Ursprung der Beziehung von Theater und Passage darzustellen hätte. Die Darstellung – das Wort verweist selbst auf die Szene – ist gerade nicht durch den „Geheimgang" zu geben, das Problem bleibt einer späteren Bearbeitung aufgegeben. Noch im gleichen Text erinnert Benjamin an die Gepflogenheit, „Luxusmagazine nach den erfolgreichsten Vaudevilles der Saison zu benennen", so daß die Galerien vielfach als „Attrappe eines Theaters" erschienen. Auch dieser Aspekt einer im Schein der Neuheit inszenierten Warenwelt spielt auf die Funktion des Schauplatzes an, ohne jedoch die Ursprünglichkeit der Verbindung von Passage und Theater dingfest zu machen. Und ähnlich vorläufig bleibt eine Notiz, die zwar den „Parallelismus zwischen dieser [der Passagen-]Arbeit und dem Trauerspielbuch" betont, dann aber nur auf die gemeinsame Thematik einer „Theologie der Hölle" verweist, die Motive Allegorie und Reklame zusammenstellt wie auch die „Typen: Märtyrer, Tyrann – Hure, Spekulant" (V, 1023). In der Beziehung zwischen diesen Werken und den damit verbundenen Themenkreisen zeichnet sich immerhin der Einsatz ab, der mit der Verbindung von Theater und Passage für Benjamin auf dem Spiel stand. In Briefen hat er Anfang der Dreißiger Jahre die Passagen-Arbeit selbst als Schauplatz auf der „eigentlichen Trümmer- oder Katastrophenstätte" seiner Produktion charakterisiert, als „théâtre de tous mes combats et de toutes mes idées".[20]

Zu den Denkbildern, in denen Benjamin die Verbindung von Passage und Theater reflektiert hat, zählt schließlich die *Fensterlosigkeit des Wahren*. In den frühen Notizen heißt es dazu, ausgehend vom Interesse am Panorama als der ins Haus oder Gehäuse zurückgezogenen wahren Stadt:

> Was im fensterlosen Hause steht, ist das Wahre. So ein fensterloses Haus ist das Theater. Daher die ewige Lust an ihm; daher die Lust auch an den fensterlosen Rotunden, den Panoramen. Im Theater nach Beginn der Vorstellung bleiben die Türen geschlossen. Passanten in den Passagen sind gewissermaßen Bewohner eines Panoramas. Die Fenster dieses Hauses gehen auf sie hinaus. Sie werden aus den Fenstern heraus betrachtet, können aber nicht selber hineinsehen. (V, 1008)

An die Stelle des offenen Schauplatzes tritt der Schauraum, der seine Abschliessung mit um so größerem Aufwand an Scheinfenstern kompensiert. Etwas abgewandelt ist diese Monadologie des Schauraumes im Konvolut Q, *Panorama*: „Übrigens ist auch die Passage ein fensterloses Haus. Die Fenster, die auf sie herabschauen sind wie Logen, aus denen man in sie hineinsehen, nicht aber aus ihr heraussehen kann. (Das Wahre hat keine Fenster; das Wahre sieht nirgends zum Universum heraus.)" (V, 661) Es geht um einen Blick, der nicht mehr den Raum transzendiert, sondern in ihm wandert. Das Spiel mit der Äquivokation des Wahren, das keine Fenster hat, und der Ware, die in den Passagen ausliegt und als welche der von allen Seiten betrachtete oder sich betrachtet wähnende Flaneur geblendet ist, rückt Theater und Passage zusammen. Beide sind „fensterlose Häuser". Wie im Illusionstheater gibt es durch die Fenster in den Passagen keinen Blick nach draußen, sondern eine Spiegelung. In der Passage ist ähnlich wie im Theater alles nach dem Muster eines großzügigen Innenraumes eingerichtet, der den Blick in einem Labyrinth von Durchgängen gefangen hält. Die Illusion des heimlichen Betrachtens, das jedoch einem potentiell unendlichen Blickraum ausgesetzt ist, verbindet die Räume der Warenauslage mit dem des Guckkastens. Dabei arbeitet die illusionäre Macht der Staffage wie das verheißungsvolle Schimmern der Warenauslage in Vitrinen und Schaufenstern mit dem voyeuristischen Begehren des Zuschauers, der sich ungestört der Dinge und Ansichten zu vergewissern sucht, auch wenn er weiß, daß er jederzeit selbst zum Teil der Szene werden kann. Gerade in der Inszenierung der Passage als eines einzigen belebten „Schaufensters“ vollzieht sich, was Benjamin Einfühlung in die Ware genannt hat.

Galerie Vivienne, Paris[21]

Die ‚Galerie des Varietés' in der ‚Passage des Panoramas'[22]

In den Passagen herrscht die künstliche, gedämpfte Atmosphäre eines Gewächshauses, wo abgezogen vom zunehmenden Straßenverkehr städtisches Leben gezüchtet wird. Der innere Raum ist eingeschlossen durch Fassaden, mit denen Außenwände sich zu Innenwänden verkehren. So hat Benjamin im Exposé *Paris, die Hauptstadt des XIX. Jahrhunderts* die Passagen explizit als Übergangsräume beschrieben, die „sowohl Haus sind wie Straße" (V, 59). Diese Traumwelt ist durch und durch konstruiert und inszeniert, was auch die Verse aus dem Theater-Katechismus von Franz Böhle unterstreichen, die dem Abschnitt „Haussmann oder die Barrikaden" als Motto vorangestellt sind: „Das Blüthenreich der Dekorationen, / Der Reiz der Landschaft, der Architektur / Und aller Szenerie-Effekt beruhen / Auf dem Gesetz der Perspektive nur." Wie Benjamin hervorhebt, waren Haussmanns Ideal von Urbanität Perspektiven, „Durchblicke durch lange Straßenfluchten" (V, 56). Auf den ersten Blick folgen die Passagen diesem Prinzip, vielfach in Anlehnung an die Renaissance und den Baustil Palladios: Ihre monumentalen Zugänge sind Triumphbögen. Dahinter jedoch eröffnen sie eine Vielzahl verwirrender Perspektiven und Spiegelungen. „Wie Spiegel den freien Raum, die Straße, in das Café hineinnehmen, auch das gehört zur Verschränkung der Räume – dem Schauspiel, dem der Flaneur unentrinnbar verfallen ist." (V, 666) Die Perspektive dient nicht der Orientierung, sondern wie im Illusionstheater der Verblüffung des Betrachters, mit der von Benjamin als Zweideutigkeit des Raumes beschriebenen Verwandlungsfähigkeit:

> Zweideutigkeit der Passagen als eine Zweideutigkeit des *Raumes*. Zu diesem Phänomen dürfte der Zugang am ehesten von der vielfältigen Verwendung der Figuren in Wachsfigurenkabinetten herzustellen sein. [...] Hier könnte so gut die Kaiserkrönung von Karl dem Großen wie die Ermordung Heinrichs IV, der Tod der Söhne Richards im Tower und die ... sich ereignet haben. Darum sind hier die Wachsfigurenkabinette. Diese optische Fürstengalerie ist ihr Hauptkapital. Sie ist Ludwig XI der Thronsaal, York der Tower, ist Abd el Krim die Wüste und Nero Rom. (V, 1050)

Die Passage ist als Schauplatz Spielort und Prozeß eines quasi-rituellen Geschehens der Wandlung im Zeichen der Ware. So wird sie für Benjamin zur Hohlform und Matrix von Modernität insgesamt und speziell zum Initiationsraum des Flaneurs. Ihm ist die Passage das Tor, „das den verwandelt, der unter seiner Wölbung hindurchschreitet" (V, 139). Benjamins mehrfache Erwähnung des Begriffs „Rites de passage" (besonders der Abschnitt zu Schwelle und Zone: V, 661) läßt vermuten, daß er das gleichnamige für die Verbindung soziologischer und anthropologischer Forschung bahnbrechende Werk Arnold van Genneps kannte, das erstmals 1909 erschienen war. Van Gennep beschreibt räumliche Übergänge wie Tür, Schwelle und Tor als „Modell" für alle anderen von ihm behandelten ‚Passagen' und hebt die Ambivalenz der jeweiligen Markierung hervor: „Das Tor, das das Verbot des Eintritts symbolisiert, wird zum Tor in der Wallmauer, zum Tor in der Umgrenzung eines Stadtteils, zur Tür eines Hauses. Doch hat nicht allein die Bodenschwelle sakralen Charakter, auch die Überschwelle und der Tragbalken sind heilig. [...] Den Riten bei Betreten eines Hauses, Tempels usw. entsprechen die Riten bei Verlassen eines Gebäudes. Sie sind ihrer Form nach entweder identisch oder invers."[23] Entscheidend für die Möglichkeit der Überschreitung und Verwandlung in den Pariser Passagen ist der Moment, in dem der Betrachter erfährt, wie er zum Objekt anderer, ihm anonymer Blicke wird. Diese Erfahrung gipfelt in der Ungewißheit, ob man bei bestimmten Durchgängen in ein Theater gelangt oder unversehens auf der Straße landet (V, 666). Die Passage behält etwas von der Öffentlichkeit der Straße. Straßen aber sind, wie Benjamin hervorhebt, „die Wohnung des Kollektivs. Das Kollektivum ist ein ewig waches, ewig bewegtes Wesen, das zwischen Häuserwänden soviel erlebt, erfährt, erkennt und ersinnt wie Individuen im Schutze ihrer vier Wände." So bedeutet die Passage unter den Straßen dasjenige, was in der Wohnung der Salon ist: „Mehr als an jeder andern Stelle gibt die Straße sich in ihr als das möblierte, ausgewohnte Interieur der Massen zu erkennen." (V, 1052) Die Passage setzt den Flaneur als Akteur vor unsichtbarem Publikum mehr oder weniger schockhaft einer Verwandlung der Szene aus, zwischen Fiktion und Wirklichkeit, Innen und Außen, Haus und Straße.[24]

Was Theater und Passage „strikt ursprünglich" verbindet, ist die Möglichkeit der Unterbrechung, mit der das Kontinuum des Raumes und der Illusion aufbrechen, die Bedeutung der Szene umschlagen kann. Die Passage wird zum theatralen Podium, sobald der Blick des Passanten dem Bann der Waren und des eigenen Spiegelbilds entkommt oder entrissen wird und auf das Verhalten von seinesgleichen stößt. In ähnlichem Sinne hat Brecht die *Straßenszene* als ein Modell des epischen Theaters geschildert.[25] Wie Benjamins Reiseerinnerung zeigt, läßt sich bereits die Möglichkeit des Übergangs zwischen Haus und Straße auf offener Szene als ein Potential auffassen, das die Geschlossenheit der Repräsentation aufbricht, zumindest: bewußt macht. Insofern könnte man das Teatro Olimpico zu den ersten Passagen zählen, die Benjamin beschrieben hat. Im Spiel mit der Schwelle von Innen und Außen liegt bereits eine Voraussetzung moderner Theaterformen, die auf die Illusion des Guckkastens verzichten und das Publikum durch die Störung von Wahrnehmungsmustern aktivieren, nicht zuletzt durch die Bespielung städtischer Räume. Die bei Baudelaire literarisch reflektierte Entfremdung des Flaneurs auf dem Schauplatz der Straße kann in die Inszenierung der Großstadt als Ereignis einer geteilten, gespaltenen Öffentlichkeit überführt werden. Politisch sind solche Veranstaltungen gerade nicht, indem sie ‚die Masse' dem Bann einer spektakulären Selbstinszenierung unterwerfen, sondern indem sie eher minoritäre Haltungen und Sichtweisen künstlerisch zur Diskussion stellen. „Strikt ursprünglich" und damit Teil der von Benjamin intendierten Urgeschichte des 19. Jahrhunderts ist die Verbindung von Theater und Passage, weil mit ihr die Veränderungen des öffentlichen Schauplatzes zum Ausdruck kommen, „auf offener Szene". Deshalb weist sie zugleich voraus auf das Theater des 21. Jahrhunderts. Das im Passagen-Projekt analysierte Prinzip der „Durchdringung" – von Innen und Außen, Haus und Straße ebenso wie von Museum und Bahnhof, Kirche und Kaufhaus, Parlament und Wachsfigurenkabinett – kann gerade unter dem Druck einer allgegenwärtigen Medienöffentlichkeit durch die Neuinszenierung solcher Schauplätze bewußt gemacht werden oder auch im Theater selbst, durch die Arbeit an veränderten Haltungen und Wahrnehmungsweisen.

Anmerkungen:

1 Der vorliegende Text ist die erweiterte Fassung eines Vortrags, den ich im Rahmen einer Tagung zum Thema Benjamin und Brecht gehalten habe (Frankfurter Kolloquium Kritische Theorie, November 1998).

2 Die Schriften Benjamins werden zitiert nach: Gesammelte Schriften, hg. von Rolf Tiedemann und Hermann Schweppenhäuser, Frankfurt/M. 1972 ff. (mit Band- und Seitenzahl im Text, hier: VI, 276 f.)

3 Benjamin: Gesammelte Briefe, hg. von Christoph Gödde und Henri Lonitz, 1995 ff., Band 1, S. 56.

4 Goethe: Italienische Reise (1818), zitiert nach Andreas Beyer (Hg.): Andrea Palladio. Teatro Olimpico, Frankfurt/M. 1987, S. 9

5 Ebd., S. 9 f.

6 Ebd., S. 61.

7 Daß wie viele andere historische Theatergebäude auch das Olimpico (seit 1847) zum Ort einer bis heute reichenden Festspieltradition werden konnte, ist nicht bloß als Entfernung von seiner „eigentlichen Bestimmung" der Verherrlichung der Akademie abzutun, wozu Beyer tendiert (a. a. O., S. 66 f.).

8 Vgl. Beyer: Teatro Olimpico, a. a. O., S. 52

9 Foto Hans Joachim Heyer. Vgl. den von Siegfried Albrecht u. a. hg. Band Teatro: Eine Reise zu den oberitalienischen Theatern des 16.-19. Jahrhunderts, Marburg 1991, S. 59

10 Winfried Menninghaus beschreibt es in diesem Zusammenhang als eine „Konsequenz von Benjamins ‚mediumistischer' Philosophie, daß die Gestalten des Zwischen eine besondere Aufwertung erfahren, aus bloßen Vermittlungsgliedern zu Produzenten des Vermittelten avancieren". Vgl. Menninghaus: Schwellenkunde. Walter Benjamins Passage des Mythos, Frankfurt/M. 1986, S. 55 f.

11 Brief an Gershom Scholem vom 18. 9. 1926, in: Gesammelte Briefe, a. a. O., Bd. 3, S. 197

12 Zu diesem Themenkreis vgl. insgesamt vom Verfasser: Kommentar, Übersetzung, Theater in Walter Benjamins frühen Schriften, Frankfurt/M. 1998.

13 Das von Benjamin als Habilitationsschrift geplante, schließlich aber abgelehnte Buch mit dem Titel *Ursprung des deutschen Trauerspiels* entstand 1923 bis 1925, erstmals veröffentlicht wurde es 1928.

14 Vgl. das Kapitel zum Theateragon in: d. Verf.: Kommentar, Übersetzung, Theater, a. a. O., S. 254-270

15 Zur Bedeutung des Theaters bei der „sozialen Konstitution des Innen" als einem wesentlichen Moment bürgerlicher Kultur siehe Rainer Ruppert: Labor der Seele und der Emotionen. Funktionen des Theaters im 18. und frühen 19. Jahrhundert, Berlin 1995, S. 96 f.

16 In der programmatischen Schrift *Das Bühnenfestspielhaus in Bayreuth* sieht Wagner die Funktion des „mystischen Abgrunds" gerade darin, Bühne und Zuschauerraum magisch zu verbinden, den Betrachter in einen „begeisterten Zustand des Hellsehens" zu versetzen. Vgl. Richard Wagner: Gesammelte Schriften und Dichtungen, 1883 (Nachdruck 1976), Bd. IX, S. 337 f.

17 Daß auch das Theater Brechts nicht auf ein Programm der bloßen ‚Durchrationalisierung' zu reduzieren ist, zeigt ein einschlägiger Abschnitt aus dem *Kleinen Organon*: „Wenn man sagt, das Theater sei aus dem Kultischen gekommen, so sagt man nur, daß es durch den Auszug Theater wurde; aus den Mysterien nahm es wohl nicht den kultischen Auftrag mit, sondern das Vergnügen daran, pur und simpel." (Kleines Organon zum Theater, in: Werke. Große Kommentierte Berliner und Frankfurter Ausgabe, Frankfurt/M. 1988 ff., Bd. 23, S. 67) Das Theater entledigt sich des kultischen Auftrags, behält aber gerade in seinem „simp-

len" und „puren" Vergnügen Reste des Kults bei, ein Vergnügen „daran". Insofern betrifft die Entmystifizierung nicht nur den Kult, sondern auch den rationalen Aufklärungs- und Wirkungsanspruch des Theaters. Als Überschreitung ist der „Auszug" aus dem Kult jedenfalls weder restlos noch endgültig.

18 Eine Verschiebung von Benjamins Interessen in dieser Richtung führte vom französischen Surrealismus und Aragons Roman *Le Paysan de Paris* zu Siegfried Giedions Buch: Bauen in Frankreich – Bauen in Eisen – Bauen in Eisenbeton, Berlin 1928. Für die einzelnen Stadien des Projekts vgl. den Artikel *Passagen* von Heinz Brüggemann in: Michael Opitz und Erdmut Wizisla (Hg.): Benjamins Begriffe, Frankfurt/M. 2000, Bd. 2, S. 573-618, hier: 590 ff., sowie die ausführliche Studie von Susan Buck-Morss: Dialektik des Sehens. Walter Benjamin und das Passagen-Werk, Frankfurt/M. 1993, S. 67 ff.

19 In einem Brief an Adorno und mit Bezug auf dessen Warnungen vor einem möglichen Einfluß Brechts auf die Passagen-Arbeit hat Benjamin im Mai 1935 die Entwicklung des Projekts skizziert und gerade die Überwindung einer anfänglichen „rhapsodischen Naivität" hervorgehoben. „Es folgte die einschneidende Begegnung mit Brecht und damit der Höhepunkt aller Aporien für diese Arbeit [...]" (V, 1116f.). Der anschließende Hinweis, daß ein Klärungsprozeß zumindest „Direktiven" von Brecht ausgeschlossen habe, bezeugt die Spannung der verschiedenen Tendenzen, die Benjamins Arbeit (in finanzieller Abhängigkeit von Adorno und Horkheimer bzw. dem exilierten Institut für Sozialforschung) damals geprägt hat.

20 Vgl. die Briefe an Scholem vom 20. 1. 1930, vom Mai 1932 und vom 20. 5. 1935, wo nochmals die Analogien der Passagen-Arbeit zum Barockbuch betont werden (V, 1094 ff. und 1112 f.).

21 Graphik aus dem Bestand der Bibliotheque Nationale, Estampes, vgl. den Band von Bertrand Lemoine: Les Passages Couverts en France, Paris 1989, S. 188

22 Photo aus dem Bestand des Institut Français d'Architecture, vgl. Lemoine: Les Passages Couverts en France, a. a. O., S. 151

23 Arnold van Gennep: Übergangsriten (Les rites de passage), Frankfurt/M. 1999, S. 25, 28 f. und 32

24 Zu den Akzentverschiebungen im Lauf der Arbeit am Passagen-Projekt zählt, daß Benjamin orientiert an der Großstadt-Lyrik Baudelaires zunehmend die Straße als Schauplatz für den Flaneur beschrieben hat, der damit physisch einer Gewalt der Menge ausgesetzt ist, die in den Passagen allenfalls geträumt war. Vgl. auch Burkhardt Lindner: „Die Passage gewinnt [...] in den Phantasien der Sozialutopie ihre Physiognomie, während der Flaneur auf die Straße geschickt wird." Lindner: Das ‚Passagen-Werk', die ‚Berliner Kindheit' und die Archäologie des ‚Jüngstvergangenen', in: Norbert Bolz und Bernd Witte (Hg.): Passagen. Walter Benjamins Urgeschichte des XIX. Jahrhunderts, München 1984, S. 27-48, hier: 36.

25 „Völlig entscheidend ist es, daß ein Hauptmerkmal des gewöhnlichen Theaters in unserer *Straßenszene* ausfällt: die Bereitung der Illusion. Die Vorführung des Straßendemonstranten hat den Charakter der Wiederholung. Das Ereignis hat stattgefunden, hier findet die Wiederholung statt. Folgt die *Theaterszene* hierin der *Straßenszene*, dann verbirgt das Theater nicht mehr, daß es Theater ist, so wie die Demonstration an der Straßenecke nicht verbirgt, daß sie Demonstration (und nicht vorgibt, daß sie Ereignis) ist." Brecht: Werke, a. a. O., Bd. 22, S. 372.

Cynthia Walk

The debate about stage tradition in Weimar cinema: Murnau's *Herr Tartüff*

I.

At its 1926 premiere *Herr Tartüff*[1] was received as a classic art film by all contemporary reviewers, however divided they were over the merits of a cinema tied to theatrical tradition. Yet in an interview the following year, the film director who had trained and performed for years in the theater of Max Reinhardt[2] repudiated those ties:

> Die Macht der Bühnentradition ist immer noch zu stark spürbar. Ich selbst habe alles vergessen müssen, was ich auf der Bühne gelernt habe, wir haben alles über Bord werfen müssen, was in unseren Ausdrucksmitteln ans Theater erinnerte.[3]

Here Murnau invokes the oppressive „power of stage tradition" in the cinema that he now claims to reject, not just for himself (*ich*) but programmatically for all German filmmakers (*wir*).

The debt of Weimar cinema to Expressionist stage practice and especially to the theater of Max Reinhardt has been a subject of research since the pioneering study by Eisner, though much more needs to be done.[4] *Herr Tartüff* is a „Klassikerverfilmung" like others of the Weimar era (*Othello*, *Faust*, *Luise Millerin* etc.). However free in each case the adaptation might be, the title aligns the film text with a specific literary antecedent, foregrounding its own borrowed status as a classic from the theater. Molière, Shakespeare, Goethe and Schiller: this genre represents prestige art cinema par excellence, the formula cultivated by the German film industry after World War One in its effort to secure a place in the world market and expand its middle-class audience at home and abroad.

Murnau's 1927 interview points to a corollary often neglected in the criticism. It is the struggle against the pervasive influence of the theater and, as the debt became a burden, the effort to break free cinema's long-standing dependence on the established institution and its representational strategies. The increasingly conflicted relationship with the theater in the 1920s is an index of change and of shifting paradigms in the self-definition of Weimar cinema as it realigns itself with respect to the public sphere of modern mass media. This is evident in certain key films of the period, reflexive texts that begin to interrogate themselves and question the alliance with classical theater. Reflexivity has become a central topic of interest in Weimar film studies. As Elsaesser defined the issue in 1984: „The German cinema of the 1920s seems to [...] partake massively of the ‚Edisonian' imaginary, something of which there is virtually no indication in available accounts."[5] Since then *Caligari* has been widely read as an allegory of the filmmaker, and many other films of the silent era in Germany have been shown to allude more or less implicitly to the cinematic apparatus and the production process.[6] Like these, *Herr Tartüff* is a work of self-reference; indeed such reflexivity is explicit in Murnau's film-about-a-film, inviting analysis of its discourse on cinema. Even so, this „Kunstfilm" may seem an unlikely choice to test the implications of the argument here. As a Molière adaptation, it has always been regarded as an unqualified affirmation of Weimar cinema's ties to the traditional arts.

II.

The Berlin premiere of *Herr Tartüff* on January 25, 1926 took place at the Gloria-Palast theater for the opening of this newly renovated picture palace. Like the UFA-Palast am Zoo, the Gloria-Palast was a large first-run movie theater built in an ornate architectural style. The baroque interior, transporting the castles and churches of Southern Germany to the streets of Berlin, invoked the aura of tradition and the dignity of high culture. Photographs show the design emphasis on decorative detail: a spacious foyer with mirrors and columns set into the wall, crystal chandeliers and period furniture, a double staircase laid in marble with a curved ironwork balustrade leading through high paneled doors into an auditorium lined with parquetry and gilt ornamental detail around a proscenium frame enclosing the stage in front. Posters announcing the opening describe it as „Das eleganteste Uraufführungstheater Deutschlands im Centrum des Berliner Westens / Das Lichtspieltheater der guten Gesellschaft bringt die Uraufführungen der besten Filme im vornehmsten Rahmen."[7]

The atmospheric setting is certainly consistent with UFA's promotion of cinema as art for the educated and propertied middle class. No expense was spared for the exhibition of *Herr Tartüff*. An orchestra of 70 musicians played an original score under the direction of the composer, Giuseppe Becce. For the occasion an afternoon tea was introduced in the lobby of the new theater and, at each of the three daily performances, a number of specially commissioned porcelain statues in the likeness of the leading characters in the film were given away to the audience.

Contemporary critical response to *Herr Tartüff*, if divided over its merits, regarded it as a conventional „Kunstfilm". A sympathetic reviewer writes: „Um es vorwegzunehmen: Es ist kein Reisser, kein Schlager, kein Geschäftsfilm, wohl aber ein Kunstwerk, ganz eigenartig geformt."[8] Premiere critics in the trade journals on the whole celebrate the cinema's assimilation to high culture while deploring Murnau's liberties with Molière, especially in adding the modern frame.

Breach of fidelity tends to be an issue and usually a problem for these critics, who implicitly privilege the classic source play. One even admits this in an aside and with some misgivings:

> Nebenbei bemerkt: würde es sich nicht um *Tartüff* handeln, sondern um einen Film wie *Der Dieb in der Cincinnati-Bank*, so würde man ihn gar nicht kritisieren dürfen, so vorzüglich ist er. Aber als *Tartüff* –, ja, da darf mehr als ein Einwand gestattet werden.[9]

Less sympathetic reviewers like the film critic for the *Weltbühne* pan Murnau's new movie as a „big flop."[10] Kracauer deplores the thespian objectives of the film industry which it exemplifies: „Der Gloria-Palast gibt sich als Barock-Theater [...] Das Kino hat sich eine vom Theater unabhängige Geltung erworben; die führenden Lichtspielhäuser sehnen sich wieder nach dem Theater zurück."[11] He goes on to condemn UFA exhibition practice with its elaborate picture palaces and by implication the movies that play there as a reactionary gesture, an attempt to restore an idealist culture that has lost its legitimacy.

The reception of *Herr Tartüff* at this historical juncture highlights an acute controversy over the „Kunstfilm". Murnau's film entered the market during a critical period for the German film industry. A financial crisis issuing in the Parufamet contract was concluded just a few days after the premiere. In return for a bail-out loan, the arrangement gave Hollywood films priority in Germany and restricted German films to a limited market abroad. The negotiations, heavily criticized by the press in terms of military conquest and defeat, left Germany at a clear disadvantage. In this climate certain issues gained urgency, like the national profile of German cinema vis-à-vis commercial American films and, after *Potemkin* stunned Berlin later that Spring, the Soviet avant garde. The positions pro and con amount to a referendum on the direction of the German film industry since 1907, when institutional changes precipitated the trend toward literarisation. At stake for those who oppose it (generally industry outsiders, Weimar intellectuals on the Left) is the affirmative tendency of a literary art cinema that underwrites the norms of traditional bourgeois idealist aesthetics or, according to Kracauer, the viability of cinema as a medium more or less independent of the theater.

Film critics and historians still discuss Murnau's film as an affirmative „Kunstfilm" that celebrates high-culture theater. Rather like the architectural setting of the premiere, *Herr Tartüff* emerges as a rococo fantasy, a quaint anachronism in the age of modern mass culture – a view that overlooks the way in which this reflexive text critiques its own practice.

III.

Most commentaries focus on discrepancies between the central story of *Herr Tartüff* and the frame that surrounds it in Murnau's film. The departure from historical precedent offended some contemporary reviewers to near incoherence:

> Vor allem eins, was mich (man muss angesichts eines solchen Werkes durchaus persönlich urteilen!) am Genuss behindert: da ist eine Rahmenerzählung [...] nein, Herr Murnau, das ist ein Unding. Es ist – im Sinne einer grossen, historisch feststehenden Handlung nämlich der vom *Tartüff* im Geiste Molières, einer literarhistorischen Tatsache – ungereimt, ist Unsinn, ist an den Haaren herbeigezogen, ist gewollt, ist gemacht, ist ... [12]

The tone and intensity of the criticism are startling, occasionally including polemics against a director who presumed to violate the integrity of Molière and meddle with the canon. Objections to the frame most commonly articulated in the reviews are that it is unnecessary, contrived, and meaningless.[13] Those who concede some meaning nonetheless tend to find it irritatingly moralistic, noting that „die Kunst hat mit dem gehobenen Schulmeisterfinger kaum etwas zu tun."[14] As a clumsy effort to update and modernize Molière for the contemporary audience, the frame and central story are seen as an eclectic combination of different historical periods and contrasting camera styles.[15] Even Eisner, always outspoken but normally more judicious, later dismissed the frame as „ridiculous [...] utterly pointless."[16] So the frame narrative, prologue and epilogue comprising the „modern sequences" of *Herr Tartüff*, has met with universal consternation and disapproval. A reappraisal reveals something else.

The frame defines a new perspective on the play. It places the historical Molière in a context that is distinctly reflexive and contemporary. Far from pointless, it introduces a discourse on cinema in three areas: (a) a personification of the Weimar filmmaker in the character of the grandson; (b) the function of the „Wanderkino" as social history of the cinema and its audience; and (c) a critique of the theater as dangerous for its usurping power over film. Together they contest the role of theater in the „Kunstfilm".

(a)

The frame introduces a fictional narrator who presents *Herr Tartüff* as a film in his „Wanderkino" repertory. This narrator, who presides over all transitions, is the pivotal figure here. A stage actor who masquerades as a film exhibitor, the „grandson" functions not only as narrator but also as an authorial surrogate, standing in for the director as Murnau's delegate in the fiction. A closer look at the grandson reveals in Murnau's self-portrait an allegory of the Weimar filmmaker in terms of what had become a central dilemma of his work.

The prologue begins with the theater. By profession, we are told, the grandson is an actor. The visuals underscore this bringing him on with a quintessentially theatrical gesture: entrance and exit (the first of many that structure the whole film) at the door of his grandfather's house. As frontal compositions on opposite sides of the threshold, the two complementary scenes, when the grandson first appears and is rejected, are theatrical in composition. In both the grandson walks out-of-depth through the door as if to the edge of the proscenium arch stage and doffs his hat to the implied spectators out front. The second time he addresses that audience directly as „Ihr Zeugen", spectators present as witness to the events. Frontality is usually associated with the theater, and film history linked early cinema of the primitive era to the theater in its mode of representation. Even there, however, where frontal composition was the norm and audience address through winks, gestures, and the look at the camera was fairly common, *ad spectatores* commentary was rare. This, it seems, remained the prerogative of the live theater. In *Herr Tartüff* the grandson's words to the audience – added by Murnau to Carl Mayer's script – appear as extensive dialogue titles, the longest ones in the film. In this way his primary identity as a stage actor is established and corroborated by the overdetermined theatricality of his entrance.

The prologue ends with the grandson in the role of a Doppelgänger in an ambiguous relationship between theater and cinema. When the grandson returns (entering the screen from the direction he left it before in a long shot of the same set that establishes spatial continuity with the earlier scene), he is in masquerade. The actor now appears in the disguise of a travelling showman. The transformation itself is portrayed in a brief interim scene whose composition deserves attention. A single shot shows the actor putting on his mask before a mirror. The screen is divided between the figure (foreground right) facing his reflection (background left). The mirror motif recurs later in the prologue when the housekeeper puts on a false smile in her mirror, a gesture that betrays her duplicity. This represents an inflection of the Doppelgänger popular throughout early German cinema that is especially appropriate for a story about hypocrisy. But the use of this motif in similar compositions for such apparently dissimilar characters is surprising. The textual parallels in the frame narrative closely correlate the grandson with the housekeeper.

The mirror scene implicates the grandson as Doppelgänger in a way that is far more compromising than he intends. In this case the framing of the shot is revealing. A strong diagonal line separating the figure and his reflection creates two planes of action. While foreground is normally privileged over background, here the foreground figure, seen only partially and from behind weaving in and out of view along the bottom edges of the frame, subordinates itself to the stable background reflection at the top. As a result the background, the imaginary space of the alter ego in the mirror, is dominant. His confident smile suggests that the grandson thinks he is in control, devising a ruse to rescue the old man from the clutches of the unscrupulous housekeeper. Using his resources as an actor, he will put on a mask to unmask the hypocrite. But the divided screen signals trouble: unresolved tensions that point to conflict, not only with others but also within himself between the competing identities of actor and showman. That conflict is reproduced in the contradictory image presented by the showman's mask worn over the actor's street clothes. In effect there are multiple divisions within the frame that construct the double. The ascendancy of the reflection over the figure suggests that the question of identity here is bound up with issues of power and control, dominance and submission. The Doppelgänger in the mirror raises disturbing questions about the grandson by inviting a psychoanalytically inflected reading of instability, repression, and things beneath the cheerfully confident smile that escape rational control. Perhaps he abhors the housekeeper so much because she resembles the other hypocrite he has repressed, the one inside.

(b)

Many Weimar films with a historical setting invoke the venues and exhibition practices of early cinema. The fairground tent in *Caligari* anticipates the showman's wagon in *Herr Tartüff*. The „Wanderkino" of the frame narrative also functions as a figure for the institution of cinema and its history in Germany, above all perhaps for its social history in which the „Kunstfilm", especially adaptations of the classical theater repertory, played a vital but transitory role. As discussed the travelling showman is a disguise the grandson adopts, a secondary identity defined by the needs of his primary identity as an actor. He appropriates the „Wanderkino", taking it from the street into the middle-class drawing room where it becomes an instrument of moral instruction; having served his purpose there, the grandson returns it to the street relinquishing control to the marketplace.

The frame narrative in *Herr Tartüff* moves cinema in and out of the street, for a while raising it spatially and culturally into the sphere of the bourgeoisie. The fortunes of the „Wanderkino" display the social history of the institution with respect to its audience and the shifting alignments between 1895 and 1925. From its proletarian origins, cinema is temporarily elevated as art for the middle class in the „Kunstfilm", only to return to the street where it is reclaimed as a popular medium for the masses. This movement of the „Wanderkino" signifies a critical intervention in the „Kinodebatte". Rather than privileging the „Kunstfilm", it locates cinema between the traditional arts and mass cultural practice. Tracing a progression from one to the other, it acknowledges fundamental change in the public sphere that has made the „Kunstfilm" a thing of the past. Once promoted as a validation strategy of the film industry in search of an audience in the middle class, that genre has been overtaken by a market focussed again on the popular entertainment forms of mass culture

Through anachronism a development that spans three decades and most urgently concerns the Weimar present is condensed and displaced into the era of early cinema safely distanced in the past. This historicizing gesture, both nostalgic and ironic, represents a self-parody. After all like its vehicle, promoted in the showman's inflated rhetoric as „das grandiose Wanderkino", the industry strategy of a „Kunstfilm" tied to classical theater has become obsolete.

(c)

The attack on theater in *Herr Tartüff* has several dimensions beginning with the prologue's confrontation scene where the grandson is slandered, disinherited and expelled from the family home because he is an actor and his association with the theater is considered shameful.[17] The grandson has just returned, evidently after a long absence, and finds to his surprise that he is unwelcome. The old man prompted by the housekeeper turns him back at the door. „Hinaus!" he cries angrily, three times like a biblical curse, banishing the grandson he has also just disinherited. The intensity of the moment is marked by turbulence in the editing. A highly fragmented découpage, the scene has an unusually large number of camera breaks. The dissection is composed of eleven shots (and five dialogue titles), as the camera shifts to different positions around the characters, moving freely across the 180 degree line. Close-ups of faces and hands alternate with the master shot of the group, in which a curious lighting effect underscores the main point. A dark shadow line across the chest of the grandson literally cuts him off and bars him from entering the brightly illuminated area at the center of the frame, isolating him from the other figures. The expressive play of shadow and light here tells the story of his exile.[18] The grandfather's criticism of the actor's life as „locker und sittenlos" (libertine and unprincipled) belongs to a long tradition of anti-theatrical prejudice.[19] A moral judgment with practical consequences, this becomes the pretext on which he is persuaded to disinherit his grandson. The bourgeois' fanatical repudiation of the theater is matched only by his utter rejection of the cinema: „Ein Kino, ein Kino – das ist ja ein Unsinn!" Theater may be unprincipled, but cinema is unredeemed nonsense. The charges bear on controversies surrounding both media. In this respect *Herr Tartüff* analogizes and vindicates theater and film as the more or less innocent objects of a public debate governed by ignorance, bigotry, and intolerance.

There is also the more problematic relationship between the media in the figure of the grandson where the two converge. An actor by profession, he only borrows the mask of a filmmaker. In this sense with an identity that is inauthentic in a masquerade authorized by the theater, the Weimar filmmaker *is* a Doppelgänger and hypocrite. Beyond simple bigotry and bourgeois intolerance, the grandfather's reproach comes back to haunt him. It motivates a disruptive psychoanalytic scenario that deflects the comedy into what more closely resembles a horror film. The reproach triggers the grandson's own, albeit somewhat different repressed anxieties about the theater as „bad object" linked to his double or split identity as stage actor-filmmaker. What he sees enacted in the relationship between housekeeper and grandfather, and what he in turn projects onto the character of Tartuffe, is a representation of his personal dilemma: fear of the intruder or the specter of domination by the Other (theater) that must be eliminated. To paraphrase Robin Wood's classic essay on the horror film, what the grandson cannot accept in himself, he projects outwards onto the Other where it can be disowned.[20]

The twin notions of repression and the Other afford access to a symptomatic interpretation of *Herr Tartüff* as a horror film scenario. The story of Tartuffe the hypocrite is screened as a film-within-the-film by the grandson. Through the mechanism of psychological and filmic projection the title character functions not only as an object lesson for the film audience, but also as a displaced self-image of the film exhibitor himself. Among other things, then, Tartuffe – at times a terrifying villain more like Nosferatu the vampire than a figure in a comedy – functions as his Other, the monster. For the grandson as Weimar filmmaker, this distorted image signals the return of the repressed in Wood's psychoanalytic formula for the horror film.

Tartuffe's hypocrisy is mostly linked with his appetite for the forbidden worldly delights of money, food, and sex portrayed as excessive and grotesque, not to mention blasphemous for a putative saint and religious ascetic. The monstrous quality of the character, however, comes from something else. It is his unbridled lust for power that makes him terrifying. The critique of power linked with this figure openly proclaims itself in the German title of Murnau's film. As „Herr" Tartüff the guest becomes the real master of the house. He literally replaces Orgon in his room and tries to steal his wife and his fortune as well. These gestures of appropriation mark the intruder as a dangerous, even criminal rival. In terms of formal specificity, the threat this character poses is expressed in his dominance over the screen space. A recurring figure in the text shows Tartuffe at the door of „his" room at the top of the stairs. Elsewhere the sheer height and bulk of Emil Jannings overwhelms multiple-character compositions with other actors. And when there is movement, Tartuffe typically backs the characters he confronts into depth or even, in one dramatic example, down to the bottom of the frame and off screen in power moves reminiscent of Nosferatu. The horror scenario functions as a cinematic parable in which Tartuffe the hypocrite is aligned with the duplicity of the Doppelgänger to reveal the dilemma of the Weimar filmmaker. Torn between the competing claims of different media, he must negotiate theater's „monstrous" power over film. This is the legacy of early cinema history, the true burden of the grandson's disputed inheritance.

Two things are conflated here in the attack on theater, the old anti-theatrical prejudice and the historically specific dilemma of the Weimar filmmaker. As we have seen, Murnau is personally implicated on both counts. The stakes are high. To vindicate himself, Murnau via his fictional character, grandson-Weimar filmmaker, must escape these ties to the theater.

IV.

The grandson's appropriation of the „Wanderkino", like Tartuffe's attempt to seize control of the house and fortune of Orgon, recalls a similar power play in media history: the attempt by educated and propertied middle-class interests to gentrify the film industry. It was a take-over initiated by the theater establishment in which the film industry acquiesced.[21] On the defensive since the early 20th century, theater tried to meet the challenge of the new mass medium in several ways. First, it rejected the cinema as non-art in the early polemics of the „Kinodebatte" which dominated trade journals for years, ca. 1907-1912. When that strategy failed, it sought to appropriate the cinema for its own interests and repertory, notably in the „Autorenfilm" of 1913. It is this trend toward literarisation, which underlies the „Kunstfilm" genre and the enduring hegemony of theater over film in German art cinema generally, that is problematized and indeed demonized in *Herr Tartüff*. In the epilogue at the end of the frame narrative, the villain is unmasked and expelled with the telling words: „Deine Rolle ist ausgespielt!" (Your role is over!) So it would seem that Murnau's answer to the intrusive power of theater, consistent with the horror scenario he develops, is a kind of exorcism of the Tartuffian monster. Yet the apparent finality of this gesture is undercut by the closing titles that leave matters open to question.[22]

Notes

1 Criticism typically refers to Murnau's film as *Tartuffe* and neglects the complete German title. As discussed below, *Herr Tartüff* is preferred here because it signifies the distinctive features of Murnau's film vis-à-vis Molière's play.

2 Like many whose talent created and shaped Weimar cinema, Murnau's career actually began in the theater. At Max Reinhardt's newly founded theater school in Berlin, he trained as an actor and director for several years until the war intervened. During this time, between April 1912 and November 1914, Murnau appeared at the Deutsches Theater in no less than 16 productions directed by Reinhardt, primarily in plays from the classical repertory. He played Shakespeare and Goethe, participated in historic productions of *Hamlet*, *Midsummer Night's Dream*, *Faust I & II*, and was a member of the Reinhardt ensemble at its height, a young and eager disciple of the master.

3 Interview with Murnau in *Cinéa-ciné* on April 1, 1927 as quoted in Eric Rohmer: Murnaus Faustfilm, trans. Frieda Grafe and Enno Patalas, Munich 1980, p. 76. See also Fred Gehler and Ullrich Kasten: Friedrich Wilhelm Murnau, Berlin 1990, p. 145, 153.

4 Lotte H. Eisner: The Haunted Screen: Expressionism in the German Cinema and the Influence of Max Reinhardt, Berkeley and Los Angeles 1969; Anton Kaes, ed.: Kino-Debatte. Texte zum Verhältnis von Literatur und Film 1909-1929, Tübingen 1978, p. 28; Barry Salt: From German stage to German screen. Before Caligari. German Cinema 1895-1920, ed. Paolo Cherchi Usai Pordenone 1990, p. 402-23.

5 Thomas Elsaesser: Film History and Visual Pleasure: Weimar Cinema. Cinema Histories/ Cinema Practices, ed. Patricia Mellencamp and Philip Rosen, Frederick, Md. 1984, p. 77. See also Robert Stam: Reflexivity in Film and Literature: From Don Quixote to Jean-Luc Godard, Ann Arbor 1985.

6 Among others, see Ilone Brennicke and Joe Hembus: Klassiker des deutschen Stummfilms 1910-1930, Munich 1983, on *Wachsfigurenkabinett*, *Golem*, *Sumurun*, *Dr. Mabuse* and *Schatten*, p. 16.

7 Rolf-Peter Baacke: Lichtspielhausarchitektur in Deutschland, Berlin 1982, p. 36. See photographs of the Gloria-Palast p. 91-93.

8 Anon., Der Kinematograph, 31 Jan. 1926.

9 Anon., Die Filmwoche, 10 Feb. 1926.

10 „*Manon Lescaut*, die grosse deutsche Premiere des Februar, ist nach *Tartüff* der zweite grosse Versager." Axel Eggebrecht: Filmkunst und Filmgeschäft, in: Die Weltbühne 22:9 (2 March 1926) p. 349.

11 „Kult der Zerstreuung", first published in the Frankfurter Zeitung, 4 March 1926. Reprinted in: Das Ornament der Masse, Frankfurt/M. 1977, p. 311-17.

12 Die Filmwoche.

13 „[I]ch kann mir eben zu dieser Rahmengeschichte kein Herz fassen [...] sie ist so ganz und gar *bedeutungslos* im Milieu und in der Handlung: sie ist trivial-hausbacken. Es hat vielleicht wenig Wert, darauf noch näher einzugehen, die Sache liegt auf der Hand." Review of *Herr Tartüff* by Erdmann, Reichsfilmblatt, 6 Feb. 1926.

14 Reichsfilmblatt.

15 Beyond these discrepancies in period and style, Elsaesser has recently argued a break in logic. Referencing Willy Haas (Film-Kurier, 26 Jan. 1926), he faults the frame for weak parallels with the Molière plot and then lapses into metaphor: „Perhaps the dowdy moral of the wrapping, so to speak, helps to give the diamond inside the extra sparkle." Thomas Elsaesser: Weimar Cinema and After. Germany's Historical Imaginary, London/New York 2000, p. 240-41.

16 Eisner: Haunted Screen, p. 269.

17 This recalls Murnau's own experience when he first appeared onstage in Berlin under an assumed name. It seems that „Murnau" originally served as a pseudonym to hide a connection to the theater which his middle-class family found frivolous, if not disreputable. Indeed his father's reaction, like that of the old man in *Herr Tartüff*, was to cut the purse strings: „No, not another penny. I paid for him to become a professor, not a starving actor." Recollection of Murnau's brother, Robert Plumpe, quoted in Lotte H. Eisner: Murnau, Berkeley 1964, p. 17. Murnau's annotations in the shooting script of *Herr Tartüff* imply a special investment in this figure („The grandson's whole person should give an impression of harmony and charm, even down to the way he knocks at the gate" Eisner: Murnau, p. 36). There is a kind of excess in this description, both in the terms chosen and the endorsement of his very being, that suggests Murnau's sympathy for, if not his identification with the character.

18 The grandfather's reproach is the mechanism that drives the text and organizes the structure of the narrative. Murnau evidently renamed the nephew of Mayer's script *Enkel*, binding him into a more intimate filial relationship with the old man. It is the rupture of this primary family bond in the confrontation scene that initiates the intrigue in the prologue and its movement towards resolution in the final frame of the epilogue in an embrace, the gesture with which comedy traditionally ends. From expulsion to reconciliation, these two scenes in the frame provide a sense of narrative progression and closure.

19 What Jonas Barish calls the anti-theatrical prejudice is at least as old as Plato. St. Augustine, Rousseau, and Nietzsche, among other lesser philosophers and moralists, all criticized the theater in the name of conservative ethical values (order, stability, constancy, integrity). The Church Fathers also regarded the theater as a false temple and any traffic with it, whether as participant or spectator, a sign of moral decay. The Puritans in 17th-century England enacted legal sanctions that even led to the dissolution of the stage in 1642. Their attack on acting is of particular interest. Acting, charges William Prynne in „Histrio-mastix" (1633), is based on hypocrisy: „[W]hat else is an hypocrite, in his true etimologie, but a stage-player, or one who acts anothers part [...] And hence is it, that not onely divers moderne English and Latine Writers, but likewise sundry Fathers here quoted in the Margent, stile Stage-players hypocrites; Hypocrites, Stage-players, as being one and the same in substance." Jonas Barish: The Anti-theatrical Prejudice, Berkeley 1981, p. 91-92. This quotation is instructive because it states so clearly the equation that underlies *Herr Tartüff*, showing that the film adaptation develops what is really an ancient prejudice implicit in Moliere's play (1669), a product of the same historical era.

20 „Closely linked to the concept of repression – indeed truly inseparable from it – is another concept [...] on which psychoanalysis throws much light, the concept of 'the Other' [...] The concept of Otherness can be theorized in many ways and on many levels. Its psychoanalytic significance resides in the fact that it functions not simply as something external to the culture or to the self, but also as what is repressed (but never destroyed) in the self and projected outwards in order to be hated and disowned." Robin Wood: An Introduction to the American Horror Film. Movies and Methods II, ed. Bill Nichols, Berkeley 1985, p. 198-99.

21 Among others, Heide Schlüpmann has written about this extensively in: Unheimlichkeit des Blicks. Das Drama des frühen deutschen Kinos, Basel/ Frankfurt/M. 1990.

22 „Lieber Grossvater, gegen Heuchler sind wir alle nicht gefeit! [...] Und deshalb Du [...] weisst Du denn – wer neben Dir sitzt?" (Dear Grandfather, no one is immune to hypocrites [...] So do you know who is sitting next to you?)

Bond Johnson

Borges and the Power of Telling
Why He Told and What He Found the Tale Could Do

One autumn evening in the early seventies of the last century, the young writer drove south by the sea from the city of Los Angeles to hear the great blind teller of tales, Jorge Luis Borges, speak of his life and works at a college close to the border. Time and cares of the day, of the labyrinthine university where the writer taught, fell away as he drove. His black dog in the back seat nestled his head between the writer's left shoulder and the window of the small yellow convertible. Overhead the late fall constellations kept them both company.

Recently the writer had read in *The New Yorker* a tale of the teller he so admired, *The Gospel According to Mark*.[1] The work had etched itself on his soul. Now, tonight, perhaps he would uncover why. Certainly, in part, it was the mastery of Borges in his precise and perfect choice of detail, in his overall vision, surely intensified by his failing sight, that made this retelling of the crucifixion story so chilling. As he reached the end of his drive the writer had not yet found the secret of the story's power.

*

It seemed to the writer in retrospect that there was no transition from the journey south to being in the presence of the master of the tale. He must have parked, closed the convertible, told his dog to guard the car, asked the way to the building and found the room. But in memory he was driving the car, then seated in a kind of lounge, where a gentle gray-haired man was also seated, on the same level as the audience, speaking softly in response to questions clarified and sometimes translated by an assistant who sat next to him. He spoke in accented but exquisite English, staring in front of himself with deep set eyes that seemed only to see inward.

He spoke of the south, of the Argentine south, of the pampa, of gauchos. „They mount their horses from the right or the left. That is what there is to say about the gauchos." Then someone asked him how he came to write his stories. The response was riveting. Always the young writer remembered it thus, though it differed in one detail from the account published in *An Autobiographical Essay*.[2] As a young writer on Christmas Eve of 1938 he had been running up a staircase in a building in Buenos Aires when a freshly painted open casement window grazed his forehead. The resulting wound did not seem grave; yet soon a fever came, and for a month he lay between life and death, even for a time losing the power of speech. As he began to recover his ability to talk he still feared he would not be able to write.

„I did not want to write a poem", he told his listeners that night, „because I thought, 'If I cannot write a poem, I can no longer imagine living.' So I decided to begin with a story." In the printed version of the crisis, and the turn toward fiction, Borges wrote: „I thought that if I tried to write a review now and failed, I'd be all through intellectually but that if I tried something I had never really done before, and failed at that, it wouldn't be so bad, and might even prepare me for the final revelation. I decided I would try to write a story." (*The Aleph*, p. 243). To the young writer it seemed that in telling, in the spoken version, he told a purer truth, one that explained why the tales of Borges since his illness gained increasingly in intensity and power. Each tale seemed to embody some essential mystery of existence, permeated with irony and thus ineffable, truer than truth.

When *The Gospel According to Mark* appeared in English in *Doctor Brodie's Report* the importance of the story to Borges was evident. It opened the collection. In the Spanish version, the first work in the series was *La Intrusa*, *The Intruder*. It told the story of two brothers who loved the same woman, tried sharing her, sold her to a bordello and then bought her back. Ultimately the brother named Christian – the irony is explicit – kills the woman. Both brothers bury her, and they become even closer. „They threw their arms around each other, on the verge of tears. One more link bound them now – the woman they had cruelly sacrificed and their common need to forget her."[3]

In the afterword written specifically for the first English edition of *Doctor Brodie's Report*, Borges tells us that *The Intruder* was the first written of these new stories, and that it had haunted him for some thirty years before he set it down. (p. 101) Since the collection was completed in 1970, the inception of the story would have been in approximately 1940, the period just after his accident and illness at the end of 1938 and through the beginning months of 1939. The author's choice to put *La Intrusa* at the opening of his new collection marks that collection as having had its roots in the period in which Borges turned to the tale as a major form of expression.

In his preface to *Doctor Brodie's Report*, Borges speaks of himself as „a man on the borders of old age who knows his craft," and tells us that he has done his best „to write straightforward stories," inspired to do so by several early brief tales of Kipling, which, he tells us, are „laconic masterpieces". (p. 11) He is of course misleading in claiming that he has written merely straightforward stories: each tale seems to touch some profound truth about human existence which could only be embodied in that specific tale, and therefore returns to the most elemental form of myth, the tale told by the inspired poet whom tradition has made blind and called Homer.

In the preface, Borges also refers to the tale which had so struck the young writer when he read it in *The New Yorker*. „I owe to a dream of Hugo Rodríguez Moroni the general outline of the story – perhaps the best of this collection – called 'The Gospel According to Mark'." (*Doctor Brodie's Report*, p. 12) With characteristic modesty he continues: „I fear having spoiled it with the changes that my fancy or my reason judged fitting." Surely knowing he has succeeded brilliantly in the tale, he concludes: „But after all, writing is nothing more than a guided dream." (p. 13) We are now at the very basis of myth, the subconscious as it manifests itself in dream, with links to a universal symbology. This accounts for the haunting quality in these tales that claim to be so straightforward and, as Borges specifies in his preface, „realistic." (p. 17)

Indeed, the first thing he tells us in *The Gospel According to Mark*, is that the events he is recounting „took place at La Colorada ranch [...] during the last days of March, 1928." (*Doctor Brodie's Report*, p. 15) Thus we enter a world that seems reassuringly real despite the biblical title of the story. „I have set my stories some distance off in time and in space," Borges tells us in his preface. „The imagination, in this way, can operate with greater freedom." (p. 14) Already, though, the date of the events recalls the approximate period of the yearly celebration of the crucifixion and resurrection of Christ. We learn further on in the first paragraph that Baltazar Espinosa, our protagonist, possesses „an almost unlimited kindness and a capacity for public speaking that had earned him several prizes at the English school in Ramos Mejías." (p. 15) We are told that he is thirty-three, and that, true to a promise he made his mother, he says the Lord's Prayer and makes the sign of the cross every night. As offhanded as the echoes of the life of Christ are, they are unmistakable.

A particular ambiance surrounds the central figure of the tale from the moment his name is mentioned. His first name, Baltazar, recalls the name of one of the three kings or wise men, who visited Jesus just after his birth. Espinosa in Spanish means „thorny," recalling the crown of thorns placed on Christ's head. The two names together thus encompass the entire life of Christ, though in an inconspicuous and understated manner. Baltazar's last name also seems to make a reference, wholly in keeping with the erudition of Borges, to the Dutch philosopher Spinoza, for whom everything in the universe was a part of God. With great economy of resources, Borges has indicated an awesome destiny which lies within the nature of his seemingly mundane principal character.

Baltazar Espinosa accepts the invitation of his cousin Daniel to spend the summer months at his ranch, La Colorada. His cousin's name recalls the biblical Daniel who was rescued by God from the lions, as the Daniel of the story will be spared the fate awaiting Espinosa at the hands of Daniel's servants. Even the name of the ranch, La Colorada, is significant, meaning „red" and tinting the story with the color of the blood that will be spilled at its culmination. The deliberateness of this effect is clear when we compare the English version of the story with its Spanish counterpart, in which the ranch is called Los Alamos, in reference to poplar trees. Their cool silvery green has been replaced with the hotter and more ominous pure color name for red. Yet all this still seems random as does Baltazar's acceptance of the invitation almost out of inertia, „yes" being easier for him to say than „no."

The foreman of the ranch, his rough son and a daughter of uncertain parentage introduce an ominous note into the narrative. They are barely articulate, a sort of unholy trinity, which is echoed in their name. „Los Gutres eran tres," Borges tells us in the Spanish version, „The Gutres were three."[4] They are of obscure Scottish origin, and their name in English, which we are given subsequently, is the Guthries, which again contains a reference to the Trinity, and even indicates „the good three". In this case the reference is clearly ironic, as the Gutres will be the agents of Baltazar Espinosa's death.

It is only in retrospect, at the conclusion of the tale, that we go back and reflect on these religious references in the early part of the story, though Borges' title *The Gospel According to Mark* alerts us to the content of the tale at the outset. As the story develops, a flood comes, once again echoing a biblical event. La Colorada is cut off from civilization, and Espinosa, to pass the time, begins to read to the Gutres.

What Espinosa chooses to read is, in fact, the Gospel According to St. Mark. He has found an English bible that contains in the pages at the back the history of the Guthries, who were natives of Inverness and who intermarried with Indians. The chronicle ends in the 1870's when they no longer know how to write. Espinosa begins translating the Gospel from English to Spanish after the evening meal, both as an exercise in translation and also to see if the Gutres can comprehend. To his surprise, they are enthralled. It occurs to Espinosa „that the generation of men, throughout recorded time, have always told and retold two stories – that of a lost ship which searches the Mediterranean seas for a dearly loved island, and that of a god who is crucified on Golgotha." (*Doctor Brodie's Report*, p. 19) Here we are explicitly introduced to the power of the tale, and it is this which is perhaps the central theme of *The Gospel According to Mark*. What Borges illustrates in his narrative is the independent life of a story, and its ability to shape a devastating reality.

We encounter a similar idea in another story in *Doctor Brodie's Report*, *The Meeting*. (p. 58 - 65) The narrator relays the account of a duel, ensuing from an argument over a poker game. The two protagonists choose weapons from a collector's case of antique knives and swords. Though the two fighters have no skills with such weapons, even to the point that their hands tremble when they first take them up, they begin to battle with great mastery. One man kills the other, as if in a dream, the narrator tells us. At the conclusion of the story we are told that „the knives – not their tools, the men – knew how to fight. And that night they fought well." (*Doctor Brodie's Report*, p. 65) Here it is the objects that live and that create a reality. In the opening story in *Doctor Brodie's Report* it is a tale that gains this force.

In *The Gospel According to Mark*, Espinosa's reading of the gospel begins to create its own reality. He has grown a beard, and remembering his elocution lessons, he now stands when he comes to the parables in his reading, beginning, though he does not realize it, to resemble Christ in the eyes of the Gutres. A pet lamb belonging to the girl injures itself on barbed wire, and Espinosa cures it with a pill, performing, in the eyes of the Gutres, a miracle. The Gutres begin to obey every request of Espinosa immediately. They follow him from room to room as if lost without him. As he reads each evening, they secretly steal the crumbs he drops on the table. When he finishes reading the Gospel According to St. Mark, he wants to read another of the Gospels, but the Gutres want him to repeat the one he has just read. The telling has begun to assume a life of its own. Espinosa sleeps, dreaming of the biblical flood, and wakes to the sound of hammering, which his dream has associated with the building of the Ark. The Gutres tell him that the roof of the tool shed has been damaged, and they are repairing it.

At this point in the plot, all the seemingly coincidental religious references begin to converge into inevitability. Thursday night – the night corresponding to the evening of the last supper – the girl comes silently to Espinosa's bed to give herself to him in a kind of communion that also echoes the kiss of betrayal. The following day, Friday, recalling Good Friday, on which the crucifixion of Christ is commemorated, the father asks „if Christ had let himself be killed so as to save all other men on earth.“(*Doctor Brodie's Report*, p. 21) Espinosa, not so much out of conviction as out of commitment to what he has read, answers „yes.“ He also answers „yes“ when asked if the Roman soldiers who hammered in the nails were saved too.

„He sleeps, and rising from his nap, he walks out to the gallery.

The three had been following him. Bowing their knees to the stone pavement, they asked his blessing. Then they mocked at him, spat on him, and shoved him towards the back part of the house. The girl wept. Espinosa understood what awaited him on the other side of the door. When they opened it, he saw a patch of sky. A bird sang out. A goldfinch, he thought. The shed was without a roof; they had pulled down the beams to make the cross.“ (*Doctor Brodie's Report*, p. 21-22) With breathtaking swiftness, and with terrifying irony, the story of the crucified god has taken over. Baltazar Espinosa remains completely human, recognizing the song of a goldfinch as he realizes his fate. He will die a victim of what he chose to read.

Yet there is no sign of resistance on the part of Espinosa. In a brilliant brief piece called *Borges and Myself* the author summarizes an essential tenet of the philosophy of Spinoza. „Spinoza held that all things try to keep on being themselves: a stone wants to be a stone, and the tiger, a tiger.“ (*The Aleph*, p. 152) In the progression of the narrative, Espinosa seems to be realizing an essential part of his nature, which in its kindness and passivity, underlined by the physical details of his being thirty-three – the age Christ was when he was crucified – of his beard, of his standing to recite the parables, does indeed appear Christ-like. So the account of the crucifixion in the Gospel According to St. Mark that takes over his life, and the actions of the Gutres in worshiping him and nailing him to the cross, both serve to bring myth alive in the realization of the inner nature of Baltazar Espinosa.

What is renewed, however, is not the resurrection; it is the horror of the killing of a good and innocent man who only wished to be kind and bring comfort to the world. There is a terrible violence in the nailing to a cross of a man who was the „Lamb of God, which taketh away the sins of the world.“ (John I: 29) Espinosa's healing of the pet lamb makes reference to his connection to the Lamb of God and his impending death stands in dreadful contrast to the life of the animal he saved. The Gutres too have realized a part of their essential nature. „They lacked any religious faith,“ we are told earlier, „but there survived in their blood like faint tracks, the rigid fanaticism of the Calvinist and the superstitions of the pampa Indian.“ (*Doctor Brodie's Report,* p. 19) With their embracing of the Christian story in the Gospel According to St. Mark, with the renewal of the faith of their ancestors has come not ultimate goodness, but lisence for cruelty and killing.

Above these separate destinies of Espinosa and of the Gutres family which become inextricably intertwined, there is a propelling force which finally becomes clear in the last paragraph of the tale. The story of the god who was crucified on Golgotha asserts itself, and demands to be lived out again. Ultimately, the central theme of *The Gospel According to Mark* emerges as the power of telling and of the tale. The disparate elements of the story exist in the natures of the characters. What causes them to coalesce, however, is Espinosa's reading of the biblical account of the life of Christ, and specifically of his crucifixion. Had Espinosa not read of this to the Gutres, the random religious coincidences would have remained random.

The power of the tale swept up the characters who listened to it, so that the Gutres saw Christ in Espinosa, and saw their only hope for redemption in crucifying him. Even Espinosa himself accepts the compelling force of the narrative: he shows no sign of struggling against his own crucifixion. He understands what awaits him, and in understanding, he accepts. At the end of *The Meeting*, when we learn that the knives, not the men, have fought; that the meeting has been of things, not of people, we are reminded: „Things last longer than people; who knows whether these knives will meet again, who knows whether the story ends here.“(*Doctor Brodie's Report*, p. 65) That is the chilling afterthought of *The Gospel According to Mark*: if this is one of the stories that has been told and retold and if it has the power to realize itself in different ages, then the story is indeed not finished with us. We now can comprehend the placement of this story at the beginning of the collection. It embodies the vital, and sometimes deadly, power of the tale. It was, finally, this sense of the power of the tale to effect a personal destiny which had so affected the young writer when he first read *The Gospel According to Mark*.

Surely too Borges knew this force he had mastered. When he turned to the writing of a tale after his severe illness and his fear that he could not write again, he reclaimed his ability to create. In telling, he found his truest voice. As he continued to mine this vein, he discovered an ancient richness. The tale opened the door to an earlier world, alive with a fierce and terrifying magic, a door on the other side of which might lie one's own death and rebirth.

All of these unsettling reflections disturbed the young writer, but he was inspired by the craft of Borges' telling. The blind writer who began writing tales when he was afraid he could no longer write a poem, had instilled into his prose the intensity and economy of poetry, had made it capable of presenting truths so complex they could be told no other way. In a few brief pages, as condensed in content as a spoken narrative, his tales held all the dread and magnificence of life.

*

When the writer thought of the uncertainty of his own future, sure to contain great loss and sadness, he was comforted by the vision of the blind master. He knew that even before life unveiled what was to come, there was a spirit that understood, and that this understanding would help him to order and accept the inevitable.

In the after glow of the evening's encounter, the writer drove north. His dog in the back seat rested his head between the window and the writer's shoulder. Orion in the winter sky rode beside them above the ocean with the Big Dog to his left.

„There we are," said the writer, „you and I, Doc, together before we met, together in the stars forever. One day I'll tell the story of this night."

He didn't know then that it would be told some thirty years later at the first Eastertide of the new century and the new millennium, that it would be told after many dark passages, that it would be told for a friend on the occasion of his sixtieth birthday, after all they had both been through, in celebration of redemptions that sometimes come in spite of it all.

Notes

1 The New Yorker, October 23, 1971, pp. 40 - 42.

2 Jorge Luis Borges translated by Norman Thomas di Giovanni: The Aleph and Other Stories, New York 1970, pp. 242 - 243. Hereafter cited in the text as The Aleph.

3 Jorge Luis Borges translated by Norman Thomas di Giovanni: Doctor Brodie's Report, London 1976, p. 57. Hereafter cited in the text as Doctor Brodie's Report.

4 Jorge Luis Borges: Prosa Completa 4, Barcelona, 1985, p. 70.

Anette Wörner

Wege zu einem Gedicht
Dieter Leisegangs poetischer Blick auf Alberto Giacometti

I.

Im Januar 1966 beginnt der Lyriker Dieter Leisegang in Davos mit der Niederschrift des Gedichts *Giacometti.*[1] Kurz zuvor wurde, nur wenige Kilometer entfernt, im schweizerischen Ort Borgonovo im Kanton Graubünden der Maler und Bildhauer Alberto Giacometti unter großer Anteilnahme prominenter Freunde begraben. Der Tod des Bildhauers wird dem Lyriker Anlaß für ein Gedicht, das dem Werk und der Person Giacomettis nachschreibt, das, einfühlsam und intensiv, das Wesen der Figuren in das Medium der Lyrik überführt und ihnen auf poetischem Feld Korrespondenzen eröffnet.

Das Gedicht, in Davos als Prosafassung[2] begonnen, später in lyrische Form umgewandelt und als Langgedicht veröffentlicht, versucht eine Beschreibung des Werks Giacomettis, wobei es vor allem die dünnen, überlängten, späten Figuren des Bildhauers als Synonyme einer fragilen Ich-Konstruktion interpretiert. Zunächst deskriptiv, später kommentierend, mit wechselndem Blick auf Bildhauer und lyrisches Ich, stellt es dar, wie der Mensch als rettungslos auf sich selbst zurückgeworfenes Wesen unter den Händen des Bildhauers Gestalt annimmt. Doch das Gedicht tut mehr. Und es ist zugleich mehr als eine Hommage an einen verehrten Künstler, mit dessen Werk der Dichter Leisegang Parallelen zum eigenen Werk assoziiert: „Gehende, dacht' ich, mit wesentlich mehr zwischen den Beinen als Raum", schreibt Leisegang, „dies pure Etwas an Belanglosigkeit [...]". Figuren wie *Der Wald* (1950), *Mann, einen Platz überquerend* (1949) oder die Variationen schreitender Menschen entstehen vor dem geistigen Auge des Lesers, besonders wenn es heißt: „Schreitende / in sich hineinschreitend, als gäbe es draußen gar keine Welt zu durchmessen [...]". Den tiefen Schwerpunkt der Skulpturen würdigt das Gedicht als Ausdruck von Stagnation und einem Rest menschlicher Erdverbundenheit inmitten einer Welt, die den Menschen der Isolation preisgegeben hat: „Daneben die schweren Füße des Stehns, was / wiegt, alles nach unten gesunken (wohin es gehört) und / lassen überhaupt an Gebundenheit denken. [...] als Stehen etwa / die ganze Gravitation im Fuß, jene (da sie in sich kein / Außer, kein Visavis haben) Zwischen-Objekte [...]". Mit diesen

„Zwischen-Objekten“ mit rissiger Oberfläche, an deren „zerschundenen Körpern sich die Zeit, das verzehrende Schauspiel des Vergänglichen [ereignet]“[3], parallelisiert Leisegang sein lyrisches Ich: „So lebe ich bei versunkenem Zwischen / und kenne kein Gestern, kein Heute, kein Morgen [...]“. Und so habe schließlich der verwitternde Mensch in den Figuren Giacomettis Gestalt angenommen: „Verwittrung alles, aufgehalten zu / Augenblicken (die Tage, die Worte ins Stehen gebracht [...]“ und dem „Fluß der Dinge“ schließlich überantwortet.

Die melancholisch-düsterere Grundstimmung kennzeichnet Leisegang als einen den Strömungen der Zeit trotzenden Lyriker, dessen Werk dem Menschen nur noch den Platz des an die Zeit rettungslos Ausgelieferten einräumt. Autoren, auf die sein Werk Bezug nimmt, finden im zeitgenössischen Literaturkanon kaum Widerhall, vielmehr wählt er seine Referenzautoren nach Maßgabe einer subjektiv empfundenen geistigen Verwandtschaft: In einem Gedicht auf Wladimir Majakowski spricht er von der existentiellen Bedeutung des Selbstmords; ein Gedicht auf Günther Eich thematisiert die Vergeblichkeit der Kunst in einer Zeit, die der Kunst nicht einmal mehr die Funktion des Dekors einräumt; das Langgedicht *Hoffmann am Fenster* spielt direkt auf eine Erzählung E.T.A. Hoffmanns an, in der es wesentlich um die Rolle des Künstlers als reflektierenden Beobachter des Lebens geht. Gegen sie schreibt Leisegang nicht an; sie dienen ihm als Kronzeugen oder Mittel der Selbstvergewisserung im Hinblick auf seinen persönlichen Erfahrungshorizont und sein ästhetisches Programm.

In die Gedichte Leisegangs fließen zeitgenössische Strömungen – etwa die der späten 60er Jahre – allenfalls als Hintergrund ein, von dem sich sein eigenes Werk bewußt abgrenzt und abgrenzen will. Sein vielleicht schönstes Langgedicht zeigt diese Haltung auf geradezu programmatische Weise: „Gerade weil / heute alles nach außen geht, das Private verfemt ist / als Chinoiserie, und die Lösung unserer Probleme / abhängen soll nicht von „Kunst und nochmals Kunst“ / sondern von Politik, Haltung, Gewissen, haben / wir unseren Frieden innen errichtet [...]“ Und später: „[...] aus zwei Mündern / trägt unser Monolog sich vor, eine Rede, die für / keine Partei wirbt, auch nicht für die unsre.“[4]

Nicht von ungefähr ist es also Alberto Giacometti, den viele Kunsthistoriker vorschnell als Illustrator der Sartreschen Existenzphilosophie gedeutet haben, der Leisegang zum fernen Impulsgeber eines Gedichtes wird: Beide Künstler teilen die Ansicht, daß die Wahrnehmung sowohl für die Schöpfungen der Kunst als auch für deren Rezeption von ausschlaggebender Bedeutung ist. Und beide beziehen diese Bedeutung in ihr eigenes Werk ein, in beiden Fällen symbolisiert durch die Metapher des „Blicks“.

Dieter Leisegang, 1942 geboren, lernt die späten Kriegsjahre und die Nachkriegszeit als bedrohliche Einschränkung der eigenen Existenz kennen. Not und Mangel gehören zur alltäglichen Erfahrung; mitunter müssen Bücher verbrannt werden, um fehlende Kohle zu ersetzen. Solche biographischen Hinweise dürfen wir den Gedichten zunächst glauben: „Im kalten Winter siebenundvierzig auf achtundvierzig / Verbrannte mein Vater / (Kohlen und Holz gab es nicht) / Unter Zeitschriften, Kalendern und Büchern auch / Wallenstein [...]", schreibt Leisegang in dem Gedicht *Wallenstein 1947*.[5] Geprägt von den Eindrücken der Nachkriegszeit, findet Leisegang früh zu seinen Themen, die in modifizierter Form auch die Themen Giacomettis sind: Vergänglichkeit, Vergeblichkeit des Daseins, Todessehnsucht. Schon als Siebzehnjähriger schreibt er in ein Schulheft: „Unsere Erfahrung ist das Unglück. / Unsere Träume sind seltsam angstvoll / Und sehnsüchtig heiß / Wir ermangeln der Liebe...".[6] Im gleichen Alter begeht er einen ersten Selbstmordversuch; noch bleibt es beim Versuch.

Nach dem Abitur weitet Leisegang seine lyrischen Versuche aus und veröffentlicht 1964 seinen ersten Lyrikband *Brüche*. Die „klassische Moderne, der Leisegangs Werk in seinen besten Teilen immer angehört"[7], grundiert seine Themen und Motive von Beginn an. Auch die für ihn typische Form des lakonischen Kurzgedichts ist in seinem ersten Band bereits voll ausgebildet. Der 1966 erschienene Band *Hoffmann am Fenster*, der neben *Giacometti* neun weitere Langgedichte enthält, bildet in seinem Werk eher die Ausnahme; in späteren Bänden kehrt er zu kurzen Gedichten und Aphorismen zurück. Obgleich Leisegang viel publiziert hat, wirkt seine Veröffentlichungspraxis eher unscheinbar. Seine Lyrikbände und die Lyrik-Reihe *Das Neueste Gedicht*, deren Herausgeber er lange Zeit war, sind ausschließlich in kleinen Verlagen (bei Heiderhoff und Bläschke) erschienen, was manchen Interpreten zu der Annahme veranlaßt hat, Leisegang suche sich durch die ‚Flucht in die Öffentlichkeit' gleichsam in ihr zu verstecken.

Spätestens während seines Studiums der Philosophie und Germanistik kommt Leisegang mit Sartre und Camus in Berührung; in einem Aufsatz aus dem Jahr 1970 nennt er Sartre einen „Humanisten", der „diesem zerbrechlichen, verdorrten Menschen noch eine Chance, in seine Freiheit zu gelangen, [gibt]", während der Bildhauer Giacometti in der menschlichen Existenz nur „die Ausweglosigkeit, das Absterben und Erkalten" sehe.[8]

Zum Aufenthalt in Davos, dem Entstehungsort des Giacometti-Gedichtes, wird Leisegang durch eine Lungenerkrankung gezwungen, doch bricht er die Behandlung dort vorzeitig ab: Die Situation im Sanatorium muß er als schockierend und beklemmend erlebt haben.[9] Als Leisegang an diesem verhaßten Ort vom Tod des Bildhauers erfährt, hatte er bereits eine, wahrscheinlich sogar zwei große Ausstellungen mit Werken Giacomettis besucht; zum einen die umfangreiche Sammlung G. David Thompsons, die die Galerie Beyeler 1963 in Basel zeigt, zum anderen – vermutlich – die große Werkschau des Kunsthauses Zürich 1962. Es sind insbesondere die mageren, reduzierten Figuren, zu denen Giacometti erst nach einer langen Phase des Suchens und Experimentierens gefunden hat, die Leisegangs Aufmerksamkeit auf sich ziehen. Sein Gedicht rekurriert weder auf das malerische Werk, noch auf die frühen surrealistischen Arbeiten Giacomettis noch auf seine Miniaturfiguren, von denen nur wenige erhalten sind, da die meisten im Entstehungsprozeß zu Staub zerfielen.

II.

Doch was zeigen diese Figuren? – Am einfachsten läßt sich beschreiben, was sie genau nicht zeigen: Gebärden, Szenen, Handlungen, Aktion – all das findet nicht statt. Die Figuren sind in ihrer Erscheinung reduziert auf die bloße Existenz. Selbst die Gebärde haftet ihnen nicht mehr an, sie sind Gebärde geworden:

> Die summarische Darstellung der Bewegung macht die ‚Schreitenden Männer' zu Hieroglyphen des Gehens. Auch das Gehen gehört für Giacometti nicht zu den Gebärden. Es ist eine Bewegung und Dehnung des ganzen Körpers und daher nicht als Geste von ihm zu lösen.[10]

Die Figuren bedeuten nur sich selbst; sie sind Ausdruck absoluter Gegenwart ohne Verweis auf zeitliche Prozesse. Sie erzählen nicht. In der Geste des Schreitens scheinen die Figuren ruhig, nahezu erstarrt, doch brechen sie sich zugleich an ihrer unkonturierten, zerfurchten Oberfläche, die einen krassen Gegensatz zur Gesamtwirkung der Figur provoziert. Die Oberflächengestaltung der Figuren hat in zahlreichen Aufsätzen zu den unterschiedlichsten Beschreibungen und Interpretationen geführt. Von „aufgerauhten, zerfurchten Oberflächen“[11], von „pockennarbige[n] Häute[n] wie sie Aussätzige haben“[12] oder von „Formen und ihre auf den Lichteinfall reagierende Oberflächenstruktur“[13] ist die Rede. Allein die Deskription hilft nicht weiter. Gottfried Boehm sieht in der unebenen Außenhaut der Figuren ein Indiz für Giacomettis tief verwurzelten Formzweifel, den der Künstler selbst in einem Brief an Pierre Matisse bestätigt:

> Unmöglich, eine Figur in ihrer Gesamtheit zu erfassen (wir saßen viel zu nah am Modell, und wenn man von einem Detail ausging, von einer Ferse oder von der Nase, war alle Hoffnung vergeblich, jemals zu einem Ganzen zu kommen). [...] Die Form löste sich auf, es waren nur noch Punkte da, die sich vor einer tiefen, schwarzen Leere bewegten, der Abstand von einem Nasenflügel zum anderen glich der Sahara, keine Grenzen, nichts ließ sich festhalten, alles entglitt einem.[14]

Diesen tiefgreifenden Formzweifel vergleicht Boehm mit dem Sprachzweifel, dem Hugo von Hofmannsthal in seinem *Chandos-Brief* ja immerhin noch sprachlichen Ausdruck verleiht. Analog zur Situation von Hofmannsthals versagen sich auch Giacometti alle künstlerischen Mittel, um zur Darstellung zu gelangen; genauer: die Mittel sind vorhanden, doch erweisen sie sich angesichts eines Menschenbildes, das weder stabile Werte kennt, noch sich auf Traditionen berufen kann, als fragwürdig und unzulänglich. Giacometti sah sich vor das Problem gestellt, mit der Erfahrung einer Welt, deren Fundamente man sich nicht mehr vergewissern konnte, menschliche Skulpturen zu schaffen, die durch das Material hindurch ihre Immaterialität sichtbar werden lassen – ein Widerspruch, der mehr als ein Infragestellen des Gegenstandes, sondern, was viel schwerer wiegt, das Mißtrauen gegenüber der Form einschließt. Nach Jahren des Experimentierens ohne nennenswerte Resultate entsteht 1942/43 die Figur *Frau auf dem Wagen* – eine senkrecht stehende dünne Figur mit rauher Oberfläche. Sie ist ein frühes (erhaltenes) Beispiel für die gelungene Reduktion des bildhauerischen

Werkes um ein entscheidendes Merkmal: „Die Ungestalt der plastischen Oberfläche verweist nicht auf die analoge Gestaltlosigkeit des sog. modernen Menschen – auch nicht der Existenzen der Nachkriegszeit. Sie symbolisiert nicht und sie bezeichnet nicht.“[15] Und nichts – könnte man ergänzen. Sie hat alle Funktionen des Abbildens oder Bezeichnens abgestreift, ist nur noch da. Tatsächlich aber beobachtet Boehm an der Oberfläche der Figuren „Sequenzen“ plastischer Spuren, die in ihrem jeweiligen Verbund „Anleitungen“ zu ihrer sinnlichen Erkundung enthalten, ein sogenanntes Wahrnehmungsschema herausbilden. Die Figur fordert den Betrachter heraus, sich von ihr während des Akts des Betrachtens leiten zu lassen, denn: alle bekannten Kriterien, die das konventionelle Betrachten „klassischer“ Figuren steuern, laufen hier ins Leere. „Der Rückgang hinter die Form, deren Unauflöslichkeit traditioneller Skulptur eine zweifelsfreie Voraussetzung gewesen war, gelangt zum Sachverhalt jenes Schemas einer Form, das einen Bereich der Wahrnehmung (dieser bestimmten Figur) eröffnet, ohne schon selbst das Gemeinte zu sein.“[16] Hier löst Boehm auf, was Sartre 1948 auf literarisch-poetische Weise beschrieben hat: „[...] diese Körper haben nur soviel Materie, als es bedarf um zu verheißen.“[17] Eben dieses verheißungsvolle, unerschöpfliche Moment, das sich selbst mit dem verdichtenden Wahrnehmungsprozeß nicht abschleift, das „Geradenoch“ der Figuren Giacomettis, ‚nötigt‘ dem Betrachter im Prozess seiner Wahrnehmung eigenes kreatives Potential ab. Indem er die Figur ansieht und erforscht, macht er sich zu ihrem „Mitschöpfer“. Max Bense hat dieses Erscheinungshafte der Figuren sehr treffend als einen Zustand zwischen „apparition“ und „disparition“ bezeichnet.[18] Giacometti begegnet also dem Problem, daß Figuren ohne Material nicht darstellbar sind, indem er die größtmögliche Annäherung an die Immaterialität wählt: Er löst den Gegenstand aus seiner Gebundenheit an das Material und erreicht dadurch, was Sartre „absolute Distanz“ genannt hat: „Diese Plastiken lassen sich nur aus respektvoller Entfernung betrachten. Trotzdem ist alles da: die Weiße, die Rundung, die elastische Weichheit einer schönen vollen Brust. Alles, außer dem Stoff.“[19]

Das Erscheinen der Figuren Giacomettis als Augenblickskonstellationen ausserhalb jeglichen Kontextes resultiert aus einer zweifelhaft gewordenen Realitätswahrnehmung. Realität unterliegt nicht mehr notwendig einer Chronologie, einem ordnenden, logischen und absehbaren Zeitverlauf. Anfang, Mitte und Ende sind keine gewissen, schon gar keine zuverlässigen Konstanten mehr. Die Ablösung einer logisch-kontinuierlichen Welterfahrung durch die fragmentierte Wahrnehmung von Wirklichkeit, die folglich zum Bruch mit dem ehemals verbindlichen Zeit-, Raum- und Geschichtskontinuum führt, hat sich schon lange vor Giacometti etabliert und ist auch in anderen Disziplinen spürbar. Gertrude Stein etwa diagnostiziert 1934/35 einen Bruch in der Kontinuität narrativer Prosa.[20] Die Wurzeln dieser Wahrnehmungsphänomene reichen zurück zum Beginn der Moderne in die Mitte des 19. Jahrhunderts. Die Gründe sind vielfältig und eng verzahnt mit dem technischen Fortschritt: Die wachsende Industrialisierung, die Entstehung des „Molochs“ Großstadt, beschleunigte Kommunikationswege, die zunehmende Mobilisierung auch des zivilen Menschen; kurz: die Gestaltung der Realität durch technische Innovationen, die den geltenden Zeit- und Raumbegriff revolutionieren und ihn schließlich vom menschlichen Maß ablösen. Ihren vorläufigen Höhepunkt findet dieser Prozeß im Ersten Weltkrieg, mit dem Zweiten wird er nochmals brutal überboten. Auf eine knappe Formel gebracht: Welt wird nicht mehr erfahren, sondern erlebt.

Von der Abwesenheit, der Armut an Erfahrung im Sinne eines vom Menschen nachvollziehbaren Ablaufs von Geschehnissen spricht 1933 Walter Benjamin mit Blick auf den Ersten Weltkrieg:

> Eine Generation, die noch mit der Pferdebahn zur Schule gefahren war, stand unter freiem Himmel in einer Landschaft, in der nichts unverändert geblieben war als die Wolken, und in der Mitte, in einem Kraftfeld zerstörender Ströme und Explosionen, der winzige gebrechliche Menschenkörper.[21]

Um wieviel winziger und gebrechlicher muß dieser Menschenkörper erst in der „Stunde Null“ 1945 gewesen sein.

Auf die historisch-technischen Veränderungen reagiert die Kunst der Moderne mit einer – bedingten – Abkehr von der Tradition:

> Kunst, Literatur und Musik der Moderne lassen sich zu einem guten Teil als Anatomien traditioneller Kunst begreifen. Sie steigern die jeder Kunst immanente Selbstreflexivität bis zu einem Grade, von dem an die Kunstverfahren sich in immer neuer Weise der Wahrnehmung aufdrängen, sich in der Wahrnehmung als Gegenstände thematisieren, statt sich als Medien in einen Darstellungs- oder Zeichenbezug zurückzuziehen. Die Künste der Moderne beziehen ihre Produktivität aus einer stets neu ansetzenden Reflexion auf das, was in traditioneller Kunst unbefragte Voraussetzung, bloßes Hilfsmittel oder verbrauchbarer Nebeneffekt war. Sie reagieren auf eine epochale Situation, die dadurch gekennzeichnet ist, daß keinerlei akzeptierte Garantien, Normen oder Vorbilder mehr in Anspruch genommen werden können.[22]

Die angesprochene „Selbstreflexivität des Kunstwerks“ macht das „Medium“ zum „Gegenstand“ und läßt sich damit als Kompensation der Selbstvergewisserung deuten, die den traditionellen Gegenständen nicht mehr abzugewinnen ist. Giacomettis Themen- und Formzweifel gehört dieser Kunstauffassung an. Deutlich wird dies an einem Text, in dem er Erlebnissplitter ohne Chronologie und Logik nachzeichnet. In *Der Traum, das Sphinx und der Tod von T.* spielen sich eine Fülle ungeordneter Erlebnisse, die auf unerkannte Weise miteinander in Beziehung stehen, vor dem Hintergrund eines völlig zerrissenen Zeitbegriffs ab; beim Versuch, sie zu ordnen, fehlen zunächst die Mittel der Darstellung:

> Es gab einen Widerspruch zwischen der gefühlsmäßigen Beschreibung dessen, was mein Grauen ausgelöst hatte, und der Wiedergabe der einzelnen Ereignisse in ihrer Abfolge. Ich stand vor einem Gewirr von Zeiten, Geschehnissen, Orten und Gefühlen. Ich versuchte, eine Lösung zu finden. [...] Im Café am Boulevard Barbès-Rochechouart sitzend, dachte ich über all dies nach und versuchte, es in Worte zu

> fassen. Plötzlich hatte ich das Gefühl, daß alle Ereignisse gleichzeitig um mich herum existierten. Die Zeit wurde horizontal und kreisförmig, war zugleich räumlich, und so versuchte ich, diesen Raum zu zeichnen.[23]

Aus solch gravierendem Mißtrauen gegenüber Inhalten und Formen der (bildnerischen) Kunst eine neue Ästhetik erwachsen zu lassen, ist das Ergebnis einer jahrelangen, ausdauernden Suche und der Erfolg von Giacomettis Unnachgiebigkeit und Beharrlichkeit gegenüber seinem Werk. Bemerkenswert bleibt, daß er trotz der scheinbar unlösbaren Aufgabe, den Menschen noch zum Gegenstand von Kunst zu machen, an seiner Darstellung festhielt.

III.

Anders als Giacometti wächst Dieter Leisegang im nüchternen Klima der zweiten Nachkriegszeit auf. Die Erfahrung einer (auch sozialen) „Landschaft, in der nichts unverändert geblieben war als die Wolken", muß in Anbetracht der Zerstörungsdimensionen des Zweiten Weltkriegs für diese Nachkriegszeit in noch viel höherem Maße gelten als nach 1918. Wenn, wie oben erwähnt, Leisegangs Werk der klassischen Moderne verpflichtet ist, dann gilt dies besonders und mit aller Konsequenz im Hinblick auf seine Situation als „Erbe" einer Zeit, der das Vertrauen in feste Werte abhanden gekommen ist. Zeit- und Raumgewißheiten sind unwiderruflich weggebrochen, selbst dem Menschen im Sinne einer (gerade noch) lebendigen Instanz, dem Giacomettis Darstellungskunst galt, widmet Leisegangs Werk keinen Raum mehr. Was bleibt, könnte man fragen, der Kunst an Gegenständen noch erhalten? Leisegangs Lyrik blendet alles aus, was jenseits seines persönlichen Erfahrungshorizonts liegt. In seiner Lyrik ist vorweggenommen, was später die Gedichte der „Neuen Innerlichkeit" kennzeichnet – die konsequente, subjektive Rückbesinnung auf innere Vorgänge. Leisegang wendet sich von äußeren Gegenständen ab, verjüngt seinen Blick auf das „Ich" und steigert damit die „Selbstreflexivität des Kunstwerks" – die der modernen Kunst insgesamt als *Gegenstand* eignet und die Giacometti mittels der in die Figuren integrierten Distanz verwirklicht – bis hin zum minutiös nachgezeichneten Entstehungsprozeß einzelner Werke: „Heute früh, Samstag, den elften April / Störte mich, wie jeden Morgen zwischen März und Oktober / Eine Clique durcheinanderschreiender Vögel / Von meiner Arbeit auf ..."[24] lautet der Anfang des Gedichts *Friedlicher ganz alltäglicher Morgen*. Leisegang überführt die „Selbstreflexivität des Kunstwerks" in die Selbstreflexion des Ich. Der überwiegende Teil seiner Gedichte ist datiert, häufig sind die Entstehungsorte genannt. Im Gegensatz zu vielen seiner Zeitgenossen spielt Leisegangs Lyrik mit dem ‚Offenbarungseid' einer Kunst, der sozusagen die Gegenstände ausgegangen sind. Einer auf politische oder ideologische Vereinnahmung ausgerichteten Kunst etwa erteilt er klare Absagen: Auf die Anfrage des Peter Hammer Verlags, ein Gedicht zum Thema „Frieden" für eine Anthologie beizusteuern, reagiert er in einem unbetitelten Gedicht: „im / Krankenhaus seh ich es gerade, daß der

Einzelne / Wichtig ist, viel wichtiger als die große Idee / Der Freiheit, des Friedens, der Gerechtigkeit."[25] – Das Gedicht bleibt er schuldig.

Daß die Selbstreflexion, zum Gegenstand der Lyrik gemacht, nicht bruchlos verlorengegangene Bezüge zur Welt ersetzen kann, sondern, als Folge permanenter Selbstbeobachtung, zur Unvereinbarkeit von Ich und Welt führt, zeigen bereits Leisegangs frühe Gedichte. Der Rekurs auf das Ich läßt dessen Fragwürdigkeit nur umso deutlicher erscheinen, je mehr sein Bezug zum Leben zweifelhaft geworden ist:

Imbißstube

Aber neulich in einer Imbißstube –
(mitten im Tour de France-Rummel)
entdeckte ich an einer Bierlache mein Gesicht.

Ich habe es – sozusagen unverzüglich –
auf dem nächsten Fundbüro abgegeben.

Dieses Gedicht[26] hat Leisegang in seinem ersten Lyrikband 1964, also im Alter von zweiundzwanzig Jahren veröffentlicht. Nicht nur die äußere Welt bleibt vage („mitten im Tour de France-Rummel"), sondern das eigene Gesicht, mit dem der Finder nichts mehr anzufangen weiß, bleibt ihm fremd. Mit außerordentlicher Intensität hat Leisegang den Zweifel am Ich facettenreich zum Gegenstand seiner Gedichte gemacht und dabei immer wieder das selbstreflexive Moment thematisiert. Ganz ausdrücklich geschieht dies in seinem Gedicht

Gleichnis

Er geht in die Berge
Den Panther zu jagen -

Ich schaue ihm nach:
Immer ist mir
Ein Blick im Wege

Dies frühe Gedicht aus dem Jahr 1961[27] offenbart die Kluft, die der reflektierende Blick zwischen Beobachter und Geschehen reißt. Was bleibt, ist untätiges Verharren, aus dem heraus die Distanz zwischen Ich und Welt nur noch konstatiert, aber nicht mehr überwunden werden kann. Im Gegensatz zu Giacometti, der den Blick einer anonymen Allgemeinheit – den Blick des Betrachters – bei der Gestaltung seiner Werke antizipiert und den Figuren damit einen Teil des Rezeptionsprozesses bereits einschreibt, bleibt der Rezipient in Leisegangs Gedicht scheinbar unberücksichtigt; an seine Stelle tritt das Ich. Dessen (reflektierender) Blick verfestigt sich in Leisegangs Werk zur Blockade, anstatt Brücke zur Welt zu werden. Darüber hinaus fungiert dieser Blick als Mittel, der das beobachtete Objekt, das Ich, in die Nähe der tatsächlichen Objekte rückt, es ihnen gleichsam eingliedert, um mit ihnen eins zu werden. Von der Sehnsucht, ein „Ding unter Dingen" zu sein, spricht schließlich das Gedicht

Glücklich und endlich

Nachts auf dem Balkon sitzend
Die Füße überm Geländer
Mit Zigarettenrauchen beschäftigt
Dem Klingeln der Straßenbahn

Und der Leuchtreklame
Des Reisebüros gegenüber -
So eingebettet in lauter Erfahrungen
Ganz unaufdringlicher Art

Aufgehoben zu sein
Ohne Mitte, ichlos, vorbei
Nur so dahinfließen
Ein Ding unter Dingen

Diese Sehnsucht ist nicht neu, für Leisegang aber bezeichnend. Das Gedicht verweist auf einen Zustand, in dem die elementaren Konstanten der Ich-Konstitution – Zeit- und Raumbedingungen – zugunsten eines undefinierten, formlosen Daseins aufgehoben sind. Eine handschriftliche Randnotiz Leisegangs auf der Korrekturfahne dieses Gedichts belegt sein Dilemma, sich durch den reflektierenden Blick von der Möglichkeit, am Leben unmittelbar teilhaben zu können, selbst ausgegrenzt zu haben. Neben die letzte Strophe schreibt er: „Geborgenheit stellt sich nur noch mit dem Verzicht auf Reflexion ein. Mit der Endlichkeit des Leibes."[28]

Parallel dazu liest man von den Figuren Giacomettis, sie „entziehen sich in eine unproportionierte, unheimliche Überlänge, werden fern und scheinen sich mit ihren krustigen, kräuselnden Oberflächen in den Raum aufzulösen."[29] Doch indem sie sich in ihn aufzulösen scheinen, machen sie diesen Raum gerade erst sichtbar. Die Figur hat, wie das Gedicht bei Leisegang, ihre ausschlaggebende Funktion darin, sich der Welt zu vergewissern. Sie unternimmt noch den Versuch, die Defizite an authentisch unmittelbarer Welt-Erfahrung zu korrigieren – als letzte Instanz vitaler Teilnahme am Leben.

Von einer der dünnen Figuren Giacomettis heißt es bei John Berger: „Alle anderen Möglichkeiten und Funktionen sind abgestreift. Ihre ganze Wirklichkeit ist auf die Tatsache reduziert, daß sie gesehen wird."[30] Diese Dimension durchzieht Leisegangs gesamtes Werk. Das „Geradenoch" des Menschen in den Figuren Giacomettis ist bei ihm ein „Geradenoch" des Ich, das in der Kunst allein sich noch entwerfen kann. Leisegang weiß um dieses Moment der Selbstvergewisserung durch die Kunst. In dem Gedicht auf Giacometti schreibt er: „Daneben die schweren Füße des Stehns, was / wiegt, alles nach unten gesunken (wohin es gehört) und / lassen überhaupt an Gebundenheit denken. Demgegenüber, aus / ihnen emporgewachsen, ein Hochhinaus, stummes Aufzeigen / dem auch noch, wie nebenbei, ein wenig Körper anhaftet: um / sichtbar zu sein, sicherlich."

Anmerkungen

1 Dieter Leisegang: Giacometti, in: ders.: Hoffmann am Fenster, Frankfurt/M. 1968, S. 37f.
2 Die Prosafassung ist im Nachlaß im Deutschen Literaturarchiv Marbach am Neckar erhalten. In ihr ist die Gliederung des Langgedichtes bereits angelegt, doch bezeugt sie auch Überarbeitungen und Ergänzungen stilistischer, inhaltlicher und lexikalischer Art. Sie rechtfertigt die Annahme, daß Leisegang unter dem Eindruck der Geschehnisse seine Reflexionen zunächst festzuhalten suchte, um sie später zu präzisieren und zu korrigieren.
3 Werner Hoffmann: Die Plastik des 20. Jahrhunderts, Frankfurt/M. 1958, S. 141
4 Dieter Leisegang: Coca-Cola, in: ders: Lauter letzte Worte. Gedichte und Miniaturen, hg. v. Karl Corino, Frankfurt/M. 1980, S. 39
5 Dieter Leisegang: Unordentliche Gegend, Frankfurt/M. 1971, S. 78
6 Unveröffentlichtes Manuskript in Form eines Schulheftes mit der Aufschrift: „Gewidmet den zahllosen Blättern die schon im Sommer fallen". Kopie im Nachlaß, Deutsches Literaturarchiv Marbach am Neckar.
7 Karl Corino: Das rettungslose Ich. Nachwort zu: Dieter Leisegang: Lauter letzte Worte, a. a. O., S. 202
8 Dieter Leisegang: Agression als Heilslehre, in: Der Literat 12/70, Frankfurt/M. 1970
9 Die gefängnishafte Wirkung des Davoser Sanatoriums dokumentiert Leisegang sehr eindringlich in seinem – unveröffentlichten – „Davoser Tagebuch". Im Nachlaß, Marbach am Neckar.
10 Angela Lammert: Der narrative Raum, in: Raum und Körper in den Künsten der Nachkriegszeit, hg. von der Akademie der Künste, Amsterdam/Dresden 1998, S. 89
11 Alfons Grieder: Existentialistische Skulptur? Betrachtung zu Richiers und Giacomettis Werk, in: Raum und Körper in den Künsten der Nachkriegszeit, a. a. O., S. 156
12 Max Bense: Eine Replik, in: Louis Aragon mit anderen: Wege zu Giacometti, München 1987, S. 257
13 Christian Zervos: Einige Anmerkungen zu Giacomettis Skulpturen, in: Alberto Giacometti. Werke und Schriften. Katalog der gleichnamigen Ausstellung in Frankfurt/M. 1999, Zürich 1998, S. 254
14 Alberto Giacometti: Brief an Pierre Matisse [1948], in: Gestern, Flugsand, Zürich 1999, S. 66
15 Gottfried Boehm: Das Problem der Form bei Alberto Giacometti, in: Louis Aragon mit anderen: Wege zu Giacometti, a. a. O., S. 45
16 ebd., S. 49
17 Jean Paul Sartre: Die Suche nach dem Absoluten, in: Alberto Giacometti. Werke und Schriften, a. a. O., S. 261
18 Max Bense: Eine Replik, in: Louis Aragon mit anderen: Wege zu Giacometti, a. a. O., S. 256/257
19 Ebd., S. 261
20 „Erzählung ist das Erzählen von allem möglichen gewesen denn immer hat es ein Gefühl gegeben daß etwas einer anderen Sache folgte daß es im Geschehen eine Abfolge gab. [...] die meiste Literatur ist eine wirklich erzählende Literatur gewesen ein Erzählen der Geschichte von etwas in der Art wie diese Sache vor sich gegangen ist und jetzt ist alles nicht diese Sache ein Gefühl daß irgend etwas fortschreitend vor sich geht gibt es gegenwärtig nicht, Bewegung erfolgt in jeder Richtung ..." Gertrude Stein: Erzählen. Vier Vorträge, Frankfurt/M. 1970, S. 41
21 Walter Benjamin: Erfahrung und Armut. Gesammelte Schriften Bd. II.1, Frankfurt/M. 1977, S. 214
22 Eckhard Lobsien: Das literarische Feld. Phänomenologie der Literaturwissenschaft, München 1988, S. 11/12

23 Alberto Giacometti: Der Traum, das Sphinx und der Tod von T., in: Gestern, Flugsand, a. a. O., S. 56/58
24 Dieter Leisegang: Aus privaten Gründen. Gedichte und Aphorismen, Frankfurt/M. 1973, S. 94
25 Dieter Leisegang: Lauter letzte Worte, a. a. O., S. 45
26 Dieter Leisegang: Brüche, Darmstadt 1964, o. S.
27 Dieter Leisegang: Intérieurs, Frankfurt/M. 1966, S. 3
28 Dieter Leisegang: Randnotiz auf der Korrekturfahne von *Glücklich und endlich*. Im Nachlaß, Marbach am Neckar.
29 Willibald Sauerländer: Asche zu Asche, Staub zu Staub. Süddeutsche Zeitung vom 25.5.2001
30 John Berger: Das Leben der Bilder oder die Kunst des Sehens, Berlin 1981, S. 127

Günther Erken

Don Juan auf der deutschen Bühne
Notizen zum Stand einer Mythen-Rezeption

I.

Anfang der 90er Jahre, genauer: 1989-94, hatte er Konjunktur in der Komparatistik und auf dem Buchmarkt. Don Juan schien vielfach zu interessieren, und Monographien, Anthologien wie Bibliographien übertrumpften sich im Nachweis von immer neuen, bisher unentdeckten Versionen. Mehr als 1003 traten zutage und wurden typologisch geordnet, unzählbare Beispiele der Trivialkultur animierten die mentalitätsgeschichtliche Neugier.[1] Bei manchen dieser Publikationen waren die Übergänge zur Bibliographie raisonnée fließend. Der Ehrgeiz, ein breites Rezeptionsspektrum zu erfassen, regte sich schon 1887 bei Karl Engel.[2] Seine Literaturliste umfaßte 163 Schriften. Leo Weinstein verzeichnete 1959 bereits 490 literarische Don Juan-Versionen.[3] Oscar Mandel breitete sein Material 1963 auf 729 Seiten aus.[4] Armand E. Singer, bereits 1954 und 1965 mit Don Juan-Bibliographien hervorgetreten, kam 1993 auf 3081 Einträge.[5] Den letzten Rekordstand bot José Manuel Losada 1997.[6]

Die deutsche Rezeption wurde zum Modellfall, weil sie offenbar ähnlich verlief wie in anderen europäischen Ländern. Dabei gab es die erste Überraschung: Die früheste Ausprägung der vor allem „theatralischen Existenz"[7] Don Juans, also das Drama, das alle wesentlichen Motive des Stoffs schon so großartig ins Spiel bringt und für das Weiterleben des Mythos nicht nur wichtig sondern entscheidend war, Tirso de Molinas *El Burlador de Sevilla y Convidado de Piedra*, es spielt in der aktuellen Rezeption kaum eine Rolle. Der Grund ist sicher nicht, daß Verfasserschaft und Datierung (um 1620/30) nicht zweifelsfrei sind. Denn eine umfassende Quellenkritik und Neuzuweisung (1987) an den kaum bekannten Theatermann Andrés de Claramonte wurde von der internationalen Forschung nicht beachtet.[8] Man blieb lieber bei Tirso de Molina, dessen Komödie *Don Gil de las Calzas Verdes* ein beliebtes Repertoirestück ist. Trotz alledem, der „originale" *Don Juan* fehlte auf der deutschen Bühne, obwohl er längst übersetzt und bei Reclam zu haben ist. Und ähnlich steht es auch in anderen Ländern.

Ein theaterwissenschaftliches Symposion der Madrider Universidad Complutense, das 1990 im Escorial stattfand, zeigte weitaus mehr Interesse für die populäre, mit Juans Reue und christlicher Erlösung endende Version des José Zorrilla y Moral als für Tirso. Don Juan, das ist für die meisten Spanier selbstverständlich jener *Don Juan Tenorio*, der dort seit 1844 am Allerseelentag über die Bretter geht. In England wagte die Royal Shakespeare Company 1990, spät genug, im Swan Theatre in Stratford-upon-Avon eine Inszenierung, die nicht bloß frei mit den überlieferten Motiven spielte, wie zehn Jahre zuvor eine *Don Juan*-Produktion der bekannten Citizens' Company Glasgow nach einer Vorlage ihres Dramaturgen Robert David MacDonald, sondern auf Tirso zurückgriff, wenn auch in einer Bearbeitung durch Nick Dear mit dem Titel *The Last Days of Don Juan*. Sie bleibt in Personal und Handlung relativ nahe am Original und erlaubt sich nur die offenbar feministisch gemeinte Änderung, aus Juans Diener Catalinón eine Catalina zu machen. Der große Erfolg des Stücks setzte sich in London im Pit des Barbican Centers fort. Die Presse stellte es mehrfach in die Nähe Shakespeares, was besonders in England ein nicht zu übertreffendes Gütesiegel bedeutet, so sehr es auch als Vergleichsmaß befremdet und zeigt, wie wenig vertraut man mit dieser Wurzel der Stofftradition war.

Auch in Frankreich, wo Don Juan natürlich der Molières ist, kennt man Tirso kaum. 1992 wurde *L'Abuseur de Seville* von der Truppe des Théâtre de L'Epée de Bois, nach einer Gastsaison in Grenoble, in der Cartoucherie bei Paris gespielt, wöchentlich dreimal französisch und einmal vom selben Ensemble spanisch, wie um ihn recht behutsam einzuführen. Im deutschsprachigen Theater gab es bis vor kurzem keinen Aufführungsbeleg. Erst 1995 sind am Augsburger Stadttheater *Die letzten Tage des Don Juan* nachgeholt worden, in Dears Fassung, mit dem weiblichen Diener. Und im April 2001 schließlich auch *Don Juan – Der Verführer von Sevilla und der steinerne Gast*, relativ unbeachtet an der Landesbühne Niedersachsen-Nord in Wilhelmshaven.

Das fast völlige Fehlen von Tirsos „Ur-Version" im deutschen Theaterrepertoire lenkt den Blick auf andere Lücken. Nicht gespielt wurden bei uns zumindest seit vier bis fünf Jahrzehnten auch die Don Juan-Dramen von Thomas Shadwell, Carlo Goldoni, Antonio de Zamora, José Zorilla, Edmond Rostand und Michel de Ghelderode, also immerhin einigermaßen namhaften Literaten. Dergleichen ist aber auch nicht zu erwarten. Ein Bühnen-Repertoire ist ein schmaleres Rezeptionsfeld als das literarische Gedächtnis. Dafür ist ein Werk auf dem Spielplan „lebendiger" als ein sonstwie veröffentlichtes und in Bibliotheken aufbewahrtes. Selbst eine nur quantitative Spielplanforschung kann der literaturwissenschaftlichen Rezeptionsforschung unverzichtbare Dienste leisten: sie gibt ihr pars pro toto eine einheitliche konkrete Basis; die Aufführungsgeschichte ist ein differenziert meßbarer Teil des „literarischen Lebens". Dank der seit 1956 vom Deutschen Bühnenverein herausgegebenen und inzwischen recht aussagefähigen Werkstatistik für das deutschsprachige Theater sind Befunde möglich, die den Sammeleifer des Komparatisten wie sein spekulatives Interesse befriedigen können. Um die Statistik ergiebig zu nutzen, muß man allerdings manchmal auch schätzen und hochrechnen und andere Quellen hinzuziehen, weil sich Systematik und Erfassungsbereiche geändert haben.[9]

Ein erster, allgemeiner Befund: das attraktive Don Juan-Thema spielt im deutschen Theaterspielplan des letzten halben Jahrhunderts nur eine kleine Rolle. Es sind überhaupt nur sieben Werke, die einigermaßen kontinuierlich auf der Bühne erscheinen. Niemand wird sich wundern, daß hiervon Mozart/da Pontes *Don Giovanni* statistisch mit weitem Abstand an der Spitze steht. Die Oper wurde doppelt so oft gespielt wie alle Don Juan-Schauspiele zusammen. Auch Molières *Dom Juan* findet sich so gut wie in jeder Spielzeit im Programm meist mehr als einer Bühne. Einige Lücken gibt es dann schon in der Aufführungsserie von Max Frischs *Don Juan oder Die Liebe zur Geometrie*, aber die Komödie ist dennoch ein festes Repertoire-Stück geworden, das sich seit der Uraufführung 1953 allmählich durchgesetzt hat und von späteren Max-Frisch-Erfolgen wie *Biedermann und die Brandstifter, Andorra* und *Biografie: Ein Spiel* nicht mehr verdrängt worden ist. Ein starker Einbruch in den 80er Jahren wurde in den 90ern aufgefangen. Um die statistische Größenordnung zu zeigen: es wurde bisher an über 50 deutschsprachigen Theatern inszeniert; dabei gab es über 1000 Aufführungen. (Für Molière gilt etwa das Doppelte).

Ödön von Horvaths 1935 geschriebenes, aber wie viele Werke dieses Dramatikers erst nach dem Krieg postum (1952) uraufgeführtes Schauspiel *Don Juan kommt aus dem Krieg* ist erst im Gefolge der „Renaissance" seiner Volksstücke Mitte der 60er Jahre etwas häufiger auf die deutschen Bühnen gekommen. Mit seinen 35 Frauenrollen – die der Autor aber, Kleinstrollen abgerechnet, 9 Grundtypen zuordnet und demgemäß besetzt haben will – stellt es ein Ensemble vor Probleme. Es taucht jedoch noch so regelmäßig in den Spielplänen auf, daß ihm eine feste Repertoire-Position vorauszusagen ist. Dasselbe muß für die „pièce grinçante" *Ornifle ou le courant d'air* von Jean Anouilh bezweifelt werden; 1955 uraufgeführt, hatte sie 1964-75 ihre beste Zeit im deutschen Theater; seitdem geht die Zahl der Neuinszenierungen zurück, während die Aufführungszahlen höher blieben als die von Horváth und meist sogar die von Frisch, ein Anzeichen, daß das Stück vom Repertoiretheater in den en-suite-Spielbetrieb, also in die Privattheater und Tourneeunternehmen wechselt. Dies wiederum gilt auch für Bernard Shaws Komödie *Man and Superman* (1905 uraufgeführt), das seit 1976 nur noch gelegentlich inszeniert wird; oft spielt man dann auch nicht das ganze Stück, sondern nur das Traumspiel aus dem III. Akt *Don Juan in der Hölle*. Die Konversationskomödie, auch und gerade die anspruchsvolle, muß wohl als ein Genre taxiert werden, das im deutschen Stadt- und Staatstheater derzeit nicht viele Chancen hat. Anouilh und Shaw haben zudem in den 50er und 60er Jahren den deutschen Spielplan so sehr dominiert, daß die Spielfrequenz auch einmal nachlassen mußte. Das Frappante an der Statistik ist eigentlich, daß *Der Herr Ornifle oder Der erzürnte Himmel* und *Mensch und Übermensch* überhaupt noch in ihr vorkommen.

Noch etwas seltener, aber immerhin in den letzten 45 Jahren noch an etwa 16 Theatern mit insgesamt etwa 300 Vorstellungen, begegnen wir einem sehr deutschen Klassiker, der Tragödie *Don Juan und Faust* von Christian Dietrich Grabbe. 1829 uraufgeführt und, nach einer Phase der Vergessenheit, seit den 70er Jahren des 19. Jahrhundert immer wieder, seit 1966 sporadischer gespielt, ist sie also nach Molières Komödie und Mozarts Oper am längsten im deutschen Bühnenrepertoire. Die Regisseure scheinen die Germanisten beschämen zu wollen, wenn sie sie von Zeit zu Zeit ausgraben, oder paßt sie nur gut in einen Faust-Zyklus? Ein achtes Werk drängt sich noch auf, obwohl es nur die Bearbeitung des bereits registrierten *Dom Juan* des Molière ist, im Grunde aber eine Verschärfung, die in den Versuch einer Widerlegung umschlägt, nämlich die von Bertolt Brecht. Sie wurde seit der ersten Aufführung 1952 ungefähr so oft gespielt wie Grabbes Stück.

Das ist der Kanon der Don Juan-Werke, die im deutschen Theater noch „leben", die Hälfte erst seit den frühen 50er Jahren. Natürlich geriet neben ihnen noch das eine oder andere auf eine Bühne, doch bildete sich dadurch keine Aufführungstradition. Es blieb bei Einzelinitiativen. Im Musik- und Tanztheater ist dies generell so; Mozarts *Don Giovanni* ist ein Solitär, daneben gibt es nur Akzidentelles, etwa den *Don Giovanni* von Giuseppe Gazzaniga und Giovanni Bertati, also Mozart/da Pontes Vorlage und Konkurrenzwerk, das 1979 in Heidelberg, 1991 in Graz, 1997 auf der Studiobühne des Zürcher Opernhauses und 2001 von der Hamburger Kammeroper zu einem längst entschiedenen Vergleich angeboten wurde. Daneben fand sich noch *Der steinerne Gast* von Alexander S. Dargomyshski (1872, postum) nach Puschkin im Opernspielplan, 1988 in Ostberlin (Regie: Harry Kupfer) und 1991 in Salzburg. Die Opernpädagogik der 90er Jahre erfand auch die Darbietungsform der „Oper am Klavier", dabei begleitete in Köln 1991 *Don Juans letztes Abenteuer* von Paul Graener (1914) und in Düsseldorf/Duisburg 1996 *Il convitato di pietra* von Giacomo Tritto (1783) jeweils eine *Don Giovanni*-Neuinszenierung. Eine Operette *Don Juans Höllenfahrt* von Conny Odd wurde 1990 in Nordhausen aufgeführt.

Das bekannteste und gelegentlich auch auf der Bühne erscheinende Don Juan-Ballett ist das von Gluck/Angiolini. Da seine Fabel jedoch kaum zu rekonstruieren ist, nimmt es in der Rezeptionsgeschichte eine undeutliche Stellung ein. An Balletten über den Stoff ist ansonsten kein Mangel, er scheint choreographisch dankbar zu sein und hat Maurice Béjart, John Neumeier, das Berliner Tanztheater Skoronel oder auch Werner Egk (*Joan von Zarissa*) zu Tanzwerken geführt, die den Bannkreis und die Motivvorgaben des *Don Giovanni* überschreiten. Bei der begrenzten Semantik des Tanztheaters sind „Versionen" im Sinne von Neudeutungen des Don Juan-Mythos allerdings kaum vorstellbar.

II.

Interessanter ist es, die Ränder des Repertoires im Schaupiel abzutasten. Im deutschen Sprechtheater gab es 1990 eine merkwürdige folgenlose Uraufführung. Das Landestheater Tübingen beherzigte eine Empfehlung der Zeitschrift *Theater heute*, die im Oktober 1988 in ihrer Serien-Rubrik *Stücke zu entdecken* das dramatische Gedicht *Don Juan* von Nikolaus Lenau vorgestellt hatte. Im Februar 1990 erlebte es nach 146 Jahren seine erste Bühnenrealisation in Tübingen. Eine szenische Lesung am Wiener Burgtheater war wenige Wochen vorhergegangen und bewies das neue Interesse an dem Dichter, zumal diese Lesung die Uraufführung eines Stückes über ihn begleitete. Was eine Ausgrabung wie diese so lange verhindert und dann ermöglicht hat, läßt sich vielleicht folgendermaßen begreifen: Lenau ist vor allem als Lyriker berühmt und um die Jahrhundertwende sogar modisch geworden. Wegen der äußeren Form der paarweise gereimten jambischen Verse ist sein Nachlaßwerk deshalb oft als lyrischer Zyklus mißverstanden worden. Die postumen Herausgeber wiederum reihten es unter die Versepen ein. Tatsächlich ist es auch einem Epos ähnlich wegen seiner Episoden-Reihung, die auf den Einfluß Tirso de Molinas zurückzuführen ist. Lenau war in Deutschland ja einer der ersten, die diesen Autor wieder extensiver zur Kenntnis nahmen. Er hat jedoch ein Drama geschrieben, aber damit das Theater seiner Zeit ignoriert, ein Theater, das an alten Konflikt-Schemata und pragmatischen Konfrontationen festhielt. Lenaus Titelfigur bleibt ohne ernstzunehmenden Gegenspieler, er stirbt an Lebensüberdruß und läßt sich in einem Duell, das er schon gewonnen hat, aus „Langeweile" und „Ekel" töten, begeht also faktisch Selbstmord. Dies ist die seelische Disposition von Büchner-Helden wie Danton oder Leonce, die ja auch erst mit zwei bis drei Generationen Verspätung die unsensiblen Bretter der Bühne betraten. Komplizierend kommt hinzu, daß es umstritten ist, ob und inwieweit Lenaus *Don Juan* ein Fragment ist.

Kein Problem, sagen die Regisseure heute, wir haben das epische Theater erlebt, wir haben nicht nur Büchners Figuren auf die Bühne gebracht sondern auch die Becketts; alle guten Theaterstücke sind ja undramatisch, wir lieben besonders die inaktiven Helden, mit oder ohne Gegenspieler, und Fragmente sind unsere Spezialität, seit wir Heiner Müller spielen oder andere Postdramatiker, die ihre Werke bewußt fragmentarisieren. – Warum, bleibt zu fragen, blieb das Experiment von Tübingen dann folgenlos? Weil es nur die Künste der szenischen Bildfindung, der Choreographie, der Musik und der Rezitation ins Spiel setzen konnte, nicht jedoch die zentralen Mittel der Schauspieler, der Menschengestaltung durch Rollendarstellung. Lenau hat keine Rollen geschrieben, sein Don Juan zeigt sich nicht im Wechsel von Situationen als präsente Figur sondern spricht vor wechselnder Szenerie seine Stimmungen aus. Was Lenaus Lesedrama auf die Bühne bringen, doch nicht darauf erhalten konnte, war lediglich eine thematische Affinität.

Kein größerer Kontrast ist denkbar als der zu einem anderen Sichverfehlen am Bruchrand des Don Juan-Repertoires, zu Carl Sternheims zweiteiligem *Don Juan*, an dem er von 1905 bis 1909 arbeitete, der Abschluß seines Frühwerks, bevor er mit der *Hose*, dem ersten Stück aus seinem Zyklus vom *Bürgerlichen Heldenleben*, zu seinem eigenen (Komödien-)Stil fand. In *Don Juan* schildert er noch ein tragisch-bombastisches Heldenleben, indem er Don Juan Tenorio mit Don Juan d'Austria verschmilzt. Das hypertrophe Werk zeigt in jeder seiner vielen Szenen, wie der ehrgeizige Autor danach drängt, sich der Bühne zu bemächtigen und dabei *Hamlet* auf *Faust II* und *Don Giovanni* auf *Don Carlos* türmt, ein Muster eklektizistischer Überanstrengung. Gleich beim ersten Auftritt muß der Held seine Kraft demonstrieren; er springt auf ein reiterloses Pferd, das in wildem Galopp auf die Szene stürmt, und zähmt es. Später erschlägt er einen Tiger mit bloßen Händen. Dazu Volksaufläufe, Schlachten, Prozessionen, Feldlager, Schiffs- und Kirchenszenen, der Escorial, Theater auf dem Theater ... 1912 wurde die Tragödie mit hoher Besetzung (Alexander Moissi, Paul Wegener) am besten deutschen Theater, Max Reinhardts Deutschem Theater, in Berlin uraufgeführt und fiel in einem ungeheuren Skandal durch. Das Publikum, das *Die Hose* zum Erfolg gemacht hatte, empörte oder amüsierte sich über allzuviel Theater.

Zwei Unglücksfälle aus den 60er Jahren zeigen wieder andere Aspekte der Dreiecksbeziehung Don Juan – Drama – Theater. Henry de Montherlants *Don Juan* von 1958 wurde 1962 in Heidelberg erstaufgeführt und bekam so miserable Kritiken, daß sich kein deutsches Theater mehr dafür erwärmen und das Stück nachspielen mochte. Lediglich eine Szene im III. Akt kam bei Publikum und Presse an, in der der Autor drei Gelehrte auftreten läßt, die über das Don Juan-Problem debattieren und wegen ihrer akademisch theologischen, ästhetischen und psychoanalytischen Deutungen vom lebenden Objekt ihrer Raisonnements verspottet werden. Montherlant schrieb sein Stück, wie er in den Anmerkungen dazu versicherte, nicht nur in Opposition zu diesen Meinungen, sondern aus Überdruß an der überreichlichen Literatur über Don Juan, aus Mythos-Allergie. Daß also die Szene wirken konnte, in der er die Don Juan-Forschung auf der Bühne karikiert, verdankt er wohl einem allgemeineren Trend zur Entmythisierung auch in Deutschland. Daß das Stück aber durchfiel, auch in Frankreich, lag wohl daran, daß zu wenig vom Mythos übrigblieb.

Fritz Hochwälder verfuhr bei seinem Zweipersonenstück *1003* umgekehrt. Er montierte in den Dialog eines ratlosen Schriftstellers mit seinem Alter Ego ein paar Don Juan- und Faust-Motive, die dem Schreib- und Existenz-Problem aber keine mythische Dimension geben, weil das Kriminalstück, das zugleich ein Traumspiel ist, es bei Anspielungen beläßt: auf Vielweiberei, Sexorgien, ein unschuldiges Mädchen vom Lande, einen alten Offizier namens von Stein und die Erkennungszahl 1003. Die Motive können sich in dem fremden Ambiente des Kolportagestoffs nicht entfalten, sie bleiben appliziert, rein dekorativ; Hochwälder hat vom Mythos nicht profitiert. Das Stück, das 1964 im Wiener Theater in der Josefstadt in prominenter Besetzung uraufgeführt wurde, kam sechs Jahre später noch einmal in Saarbrücken heraus, wurde aber nach sechs Vorstellungen abgesetzt.

Wieder ein extremer Kontrast und ein Beispiel, das verhindern soll, daß sich zu früh eine Meinung verfestigt: Barbara Honigmann hat 1981 ein Dramolett

Don Juan geschrieben, das 1984, als sie von Ostberlin nach Westdeutschland und bald weiter nach Straßburg ging, am Frankfurter Theater am Turm uraufgeführt wurde, zusammen mit ihrem märchenhaften Stück *Der Schneider von Ulm*. Es ist im Bühnenmanuskript ein Text von 11 Seiten mit 12 kurzen Szenen, acht davon Dialoge nur zwischen Don Juan und Leporello; dann tritt ein Fremder, ein bloßer Informant, hinzu, schließlich noch Doña Anna. Das Stück ist nicht abendfüllend und wird auf dem Theater nur eine marginale Rolle spielen. Aber es ist sehr anrührend und eigenständig in der Verbindung des Mythos von Don Juan mit dem von Ahasver. An diesem Beispiel mag man sehen, daß das Theater auch nicht das ideale Organ für die Rezeption eines Textes von hoher Theatralität ist und daß die bloße Präsenz oder Nicht-Präsenz eines Stückes im Bühnenrepertoire noch kein Urteil über dieses erlaubt. 1996 erinnerte man sich am Stadttheater Kiel der Qualitäten des Dramoletts und führte es, zusammen mit einem Tabori-Text, in 11 Vorstellungen im Orchesterprobenraum des Opernhauses auf.

Eine seltsame Uraufführung, die indirekt auch vom Don Juan-Boom Anfang der 90er Jahre zeugt, war die von Sören Kierkegaards *Tagebuch des Verführers* aus *Entweder-Oder* in dem kleinen, rührigen Schloßtheater Moers 1992. 42 Vorstellungen belegen den Erfolg. Auch als Uraufführung deklariert war 1995 die Darbietung einer Bearbeitung der Tragödie *Der steinerne Gast* von Alexander Puschkin durch ein Klagenfurter Ensemble.

Ein neuer Aspekt ist schließlich, daß Sommerfestspiele im Freien in Don Juan ein brauchbares Sujet gefunden haben. Hier geht es vor allem um den bunten Stoff, die theatralischen Abenteuer. Mit solchen robusten Qualitäten kommen auch Tirso de Molina oder Dumas wieder zur Geltung, und alles was die Tradition an Attraktionen aufgehäuft hat. Die Bregenzer Festspiele präsentierten 1999 eine Neufassung von Oskar Zemme mit dem Titel *Don Juan in Nöten* in 8 Vorstellungen auf dem Martinsplatz. Peter-Paul Zahl studierte seine originelle, motiv- und rollenreiche Komödie *Don Juan oder Der Retter der Frauen* 1998 mit einem Amateurensemble der Heidenheimer Volksschauspiele im dortigen Naturtheater ein.[10] Für den Rezeptionshistoriker ist sie eine Fundgrube, ein ganzer Flohmarkt. Zahl folgt der Handlung Tirsos, durchwirkt sie aber so sehr mit zusätzlichen Erfindungen und Varianten aus der Molière- und Mozart-Tradition bis hin zu Max Frisch, daß aus dem Burlador – dem neuen Titel gemäß – ein Messias der irdischen Liebe wird, der über alle Feinde triumphiert; von seinen Jüngern zum Ideologen der Lust stilisiert, ist er ein Glücksbringer noch für die Folgegeneration. – Die Schloßparkfestspiele der Uckermärkischen Bühnen Schwedt/Oder setzten 2000 mit Alexandre Dumas' *Don Juan de Maraña* (1836) ein Stück der in Deutschland so gut wie unbekannten Miguel de Mañara-Stofftradition aufs Programm.[11] Und 2001 zieht nun sogar Molières Klassiker ins offene Freie, in die Stiftsruine der Bad Hersfelder Festspiele.

III.

Nach dem kursorischen Überblick über die im deutschen Theater verbliebenen Reste des Don Juan-Mythos ein Wort zu ihrer Einschätzung: Das Theater ist nicht nur ein Ort der Vergegenwärtigung und Verlebendigung sondern auch eine Art Museum, es hält alte wie neue Werke bereit. Für einen deutschen Theatermann hat dieser Vergleich keinen Schrecken mehr, seit Ausstellungen einen solchen Zulauf bekommen haben wie in den letzten drei Jahrzehnten. (Nur das Adjektiv „museal" ist noch zu fürchten). Ein Museum bringt die Werke auch zur Korrespondenz miteinander, es entstehen Spannungen und Wechselwirkungen zwischen ihnen, die Epochen antworten einander. Dieses Convivium meinen wir, wenn wir die Bezeichnung „Repertoire" als Wertbegriff verwenden.

Im deutschen Theaterrepertoire steht Mozarts *Don Giovanni* für das „Urbild" des mythischen Komplexes, er „ersetzt" Tirsos *Burlador* und ist zugleich die dominierende Bezugsinstanz für Grabbe, Shaw und sogar Brecht, der Molière auch nach da Ponte bearbeitete. Diese Orientierung gilt sogar über den Theaterbereich hinaus, der hier nur ein Symptom einer allgemeinen Wirkung ist. Mozarts Oper bestimmt weitestgehend unsere Vorstellungen von Don Juan. Sie ist somit aber auch die unentbehrliche Folie, Basis und Reibungsfläche – in Theater wie Literatur – für die Variationen, Parodien, Umdeutungen, ja Negierungen durch die späteren Epochen. Ohne die ständige Stabilisierung des Mythos im Repertoire wären die Umdeutungen im selben Repertoire weniger auffällig und wirksam. Das ergänzte, veränderte, auf den Kopf oder sogar infrage gestellte alte Bild bleibt als tradiertes ein Ferment des neuen, das sich an seine Stelle setzen will. Die immer disparateren Versionen des 19. und 20. Jahrhunderts treten aber nicht nur zu den homogeneren des 17. und 18. in Beziehung, sondern auch zueinander. Nach 380 Jahren Mythenverarbeitung spielt die lineare Diachronie keine große Rolle mehr, und im intertextuellen Netzwerk des Spielplans sind die zeitlichen Unterschiede ohnehin aufgehoben; die Zeit erscheint verräumlicht.

Die hier in Erinnerung gerufenen Zusammenhänge legen eine andere Unterscheidung als die zwischen einem „alten" Mythos und seinen „modernen" Bearbeitungen nahe. Die Entgegensetzung zumal mag sich in unser historisches Denken eingeschlichen haben, weil das meiststrapazierte Modell, die Rezeption antiker Mythen, durch die großen zeitlichen Abstände ihrer Phasen eine Polarisierung dieser Art begünstigt. Die neuere Philosophie der Mythenrezeption hat jedoch deutlich gemacht, daß eine „Urgestalt" des Mythos rein hypothetisch, ohne Evidenz bleiben muß, weil er uns „immer schon in Rezeption übergegangen" begegnet.[12] Mythenforschung hat es also nicht mit der Wirkungsgeschichte eines archaischen „Vorrats" zu tun sondern mit Rezeptionen, die dialektisch als „Ineinandergreifen der formal entgegengesetzten Tendenzen von Konstanz und Variation" zu verstehen sind.[13] Das Hauptinteresse gilt dabei der Variation, dem „kühnen Zugriff", der das Überlieferte wieder bedeutsam macht und aus neuen Konfigurationen anreichert. Hinter diesem Akt steht letztlich das Bestreben, das mythische Potential völlig auszuschöpfen, es zu erschöpfen und den Mythos „zu Ende zu bringen".[14]

Für die Rezeptionsgeschichte ist aus alledem zu beherzigen, daß die Nutzung, Adaption und Neufunktionalisierung des tradierten Mythos von Anfang an zu seinem Begriff gehört und jegliche Kritik und Substanzveränderung im mythologischen Rahmen verbleibt. Erst die extremste Variation, die die Spannung zum konstanten Kern auflöst und somit in die Demontage und Annullierung umschlägt, berechtigt zu einer kategorialen Unterscheidung. Die Phänomene dieser Entmythisierung zeigen sich meist als Banalisierung, Ermüdung des Interesses, Außerachtlassen von zentralen Motiven.

Welche Motive sind das im Falle des Don Juan-Mythos? Seine Grundelemente in ein überschaubares Schema zu fassen, ist schon oft versucht worden. Dabei wurde explizit nur Tirsos Version herangezogen, was angesichts des oben Dargelegten problematisch wäre, wenn de facto nicht doch die gesamte dramatische Rezeption die Auswahl und Hierarchisierung der Aspekte mitbestimmt hätte.[15] Meist geht man vom Typus der Figur aus und benennt zunächst die Kennzeichen, die sie mit anderen mythischen Helden teilt: Größe, Faszination, bis ins Dämonische reichende Wirkung. Spezieller ist, daß Don Juan einer privilegierten Gesellschaftsschicht angehört und viele äußere Mittel zur Verfügung hat. In der Konfiguration ist er isoliert. Sein Diener vermittelt ihm Kontakte, bindet ihn aber nirgendwo ein.

Die weitere, individuellere Charakteristik geht, damit sie nicht als Psychogramm mißverstanden wird, von seinen Taten aus und vereinfacht sich zwecks rascher Verständigung zur bloßen Aufzählung. Erstens: Don Juan ist ein Frauenverführer von großer erotischer Potenz, der nicht nur eine, sondern viele/alle Frauen begehrt, vor allem die „verbotenen", bei denen er den größten Widerstand erwarten muß und Gewalt auszuüben bereit ist. Seine Abenteuerserie setzt sich aus einer Vielzahl von Episoden zusammen, die weitgehend anonym und bindungslos bleiben. Er kennt kein Du, wie Max Frisch sagt.

Zweitens: Er hat eine deutliche Affinität zum Theater. Schon bei seinem historisch ersten Auftritt ist er maskiert und spielt die Rolle eines anderen. Verkleidung, Manteltausch und Rollentausch, Lüge und Täuschung gehören zu seinem „burlar"; er „inszeniert" seine Abenteuer. Die Übersetzungen von Tirsos Typenbezeichnung „Burlador" legen ihm eine Unzahl solcher Haupteigenschaften bei: Spötter, Spieler, Frevler, Narr, Joker, Trickster, Playboy, Rogue. Das anfangs erwähnte Stück von R. D. MacDonald teilt die Figur demgemäß in vier Rollen auf und gesellt dem „eigentlichen" Don Juan drei Namensvetter als „gambler", „gigolo" und „actor" bei.

Die Spannweite dieser Vorverurteilungen weist schon darauf hin, daß seine Haltung und seine Taten – drittens – mehrere gesellschaftliche Tabus und christliche Gebote verletzen, besonders die Ehre und eine antisinnlich konzipierte Sittlichkeit. In dieser Sache bekommt der Burlador nun einen Partner bzw. Gegenspieler aus einem älteren mythischen Bereich, den Steinernen Gast. Der Konflikt mit ihm verläuft über die typischen Stufen des Duells mit der unabsichtlichen Tötung des Komturs, der frivolen, blasphemischen Einladung des durch die Grabstatue theatralisch vertretenen Toten zum Gastmahl, dessen überraschende Erscheinung und dessen Strafgericht im Namen einer metaphysischen Macht.

Wo das Übernatürliche so entscheidend ins Spiel kommt und die Vergeltung vollstreckt, zeigt sich – viertens – noch ein konstitutiver aber oft verdeckter Zug des Typus: Don Juan ist ein Libertin in vielfachem Sinn, nicht nur aus Trieb und Eigennutz im Sexuellen sondern prinzipieller auch im Geistigen. Der Freidenker sagt sich von allen irdischen und überirdischen Ordnungen los, leugnet sie. So ignoriert er auch die wiederholten Warnungen vor dem Ende, die verbalen wie die theatralischen, bei denen das „Wunderbare" effektvoll mitspielt: das Gespenst bei Molière, die gespenstische Prozession der verführten Frauen bei Gluck, das barocke schauerliche Mahl mit Vipern, Skorpionen, Galle und Essig bei Tirso. Die letzte Warnung und Aufforderung zur Umkehr spricht der steinerne Komtur aus. Sein „Gib mir die Hand!" ist, wo Juan es befolgt, nach mythologischem Brauch die Peripetie zur Höllenfahrt.

Einige Charakteristika ergänzen diese Kernmotivik: die Profilierung des Dieners zum Kritiker und zugleich Nachahmer Don Juans, das Register, voll ausgebildet erst bei Mozart, dann aber stets beliebt als Markenzeichen des Stoffs, das Zusammenlaufen der Opfer und Verfolger Don Juans nach seiner fast immer nur angedeuteten Höllenfahrt, bei Tirso vor dem König, bei Mozart am Ort des Spektakels selbst. Bei Molière bleibt Sganarelle allein zurück; Brecht ergänzt die Szene um den Auftritt von 14 weiteren Personen. Auch Lenau und Frisch versammeln die verflossenen Geliebten beim Abschiedscoup des Verführers. Solche Außenaspekte zeigen, wo Komik ansetzen kann ohne den Mythos zu zersetzen. Natürlich hat der Stoff auch ein ausgeprägtes Symbolsystem mit „Glut" der Liebe, „Eiseskälte" des Todes, „Feuer" der Hölle, „Licht" des Himmels ...

Das ist das stark abstrahierte Schema der Motive, die in der Dramatik wie auf der Bühne weiterentwickelt und gleichzeitig problematisiert werden. Dabei gibt die literarische Rezeptionsgeschichte der Inszenierungsgeschichte den Modus vor. Dem Theater, sofern es Museum ist, kommt allerdings zusätzlich die Aufgabe der bloßen Bewahrung zu. Auch das ist eine Leistung, nämlich ein ständiger Kampf gegen alle Arten von Erosion. Aber wie ein gutes Museum seine Schätze nicht verschließt und mumifiziert, sondern ausstellt, ins Gespräch bringt und zum Erlebnis macht, so tradiert das Theater durch den Gebrauch, den es von seinem Repertoire macht, durch dessen Vergegenwärtigung für die eigene Zeit. Die Inszenierungsgeschichte verdient mit demselben Maß gemessen zu werden wie die literarische Arbeit am Mythos, sie ist keine chaotische Folge von Mißdeutungen und Verstümmelungen, aber auch keine simple Progression zu immer tieferen Einsichten und besseren Umsetzungen. Auch sie bedarf des kühnen Zugriffs ebenso wie des Willens zur Erkundung der gespielten Werke.

IV.

Im Falle von Mozarts *Don Giovanni* begann die Theaterrezeption jedoch mit Produktionen, die uns heute ziemlich trivial vorkommen. Das liegt daran, daß sich in jenen Jahrzehnten die Gattungen des Theaters rascher und stärker wandelten als heute. Mit ihrem „dramma giocoso" hatten da Ponte und Mozart ihrer Zeit eine besonders delikate Balance der Genreformen zugemutet. Prag und Wien verfuhren denn auch 1787 und 1788 recht verschieden damit. Mit der Gattungsdifferenzierung vollzog sich alsbald eine Polarisierung der Sparten und ein Wechsel in der Dominanz von Drama oder Musik. Wurden noch im 18. Jahrhundert viele Operntexte mehrfach vertont, wie die von Metastasio, war also das Libretto das Primäre und die Komposition das Akzidentelle, so kehrte sich das Verhältnis im 19. Jahrhundert um. Es begann die Heiligsprechung der Musik. Sie ist bis heute sakrosankt im Musiktheater, das sich auch als Apparat und Betrieb vom Schauspiel getrennt hat. (Der Trend zur Originalsprache mit Übertiteln ist keine Wende sondern die Besiegelung; er will den Gesang noch mehr abheben von den Sanktionen des Wortverständnisses und extrapoliert den Text vollends aus der Ästhetik der Oper.)

Don Giovanni kam in Deutschland erst einmal als Schauspiel mit Musik auf die Bühne. Die Schauspieler konnten auch singen, und die Secco-Rezitative wurden gesprochen. Mozarts italienische Oper wurde zum deutschen „Singspiel" und meist zur bloßen „Posse mit Gesang". Das Libretto war in der Regel stark bearbeitet, Teile von Molières *Dom Juan* tauchten darin auf, Giovanni ermordete Ottavio, ein Eremit erschien und bewirkte Einkehr, die sogenannte „Champagner-Arie", musikalischer Inbegriff von Don Juans Existenz, wurde von Leporello gesungen. Zwanzig Jahre später begann sich die literarische Deutung, vor allem E.T.A. Hoffmanns, durchzusetzen, und *Don Giovanni* wurde zum großen romantischen Drama mit Musik. In der 2. Hälfte des 19. Jahrhunderts wandelte sich das Werk auf der Bühne zum Musikdrama im Sinne Wagners und erhielt eine Ausstattung nach dem Geschmack des Historismus. Erst im 20. Jahrhundert näherte sich die Oper der Erscheinungsform, die wir heute für Mozart und da Ponte adäquat halten.

Ein seltsames Paradox tritt hier zutage. *Don Giovanni* ist im Musiktheater der letzten 50 Jahre zur „Oper aller Opern" geworden, an der sich alle großen Regisseure versucht haben: Schuh, Rennert, Felsenstein, Noelte, Friedrich, Strehler, Sellars, Chéreau, Bondy, Wernicke, Freyer, um nur wenige zu nennen. Alle aber bekennen, daß das Werk ungewöhnlich schwer zu inszenieren sei. Walter Felsenstein, der es 1966 zur Wiedereröffnung der Ostberliner Komischen Oper herausbrachte, formulierte in der vorausgehenden Pressekonferenz pointiert: „Ich halte das Werk für unspielbar. Unsere Aufführung wird das beweisen". Worin liegt die Schwierigkeit? Wohl in der Belastung durch eine doppelte Erwartung: *Don Giovanni*-Inszenierungen sind offenbar prädestiniert, die mythischen Qualitäten der Titelfigur und der Vorgänge zu bewahren und zur Geltung zu bringen, weil keine andere Version dies auch nur annähernd leisten kann. Warum? Weil die Musik, wie es bekanntlich Kierkegaard am Beispiel Mozarts dargelegt hat, das ideale Medium ist, in dem sich die sinnlich-erotische Genialität auszudrücken vermag. Da die Musik in der Oper schon die halbe Regie ist, unterstützt sie also den Regisseur bei der Aufgabe, Don Juans Faszination glaubhaft zu machen. Er kann Mozart vertrauen, nicht nur darin, sondern überhaupt bei der theatralischen Bewältigung des Mythos, des Themas von Liebe und Tod.

Diese Überzeugung hat dazu geführt, daß man von einer Inszenierung des *Don Giovanni* nur noch Zurückhaltung, Weglassen, ja fast die Selbstannullierung fordert, also ihre Tugenden nur negativ formuliert: nicht überladen mit Dekor und Einfällen, nicht zu konkret, nicht historisch zu genau, nicht psychologisierend. Das alles sind Warnrufe, den musikalisch-mythischen Charakter der Oper nicht zu zerstören. Positiviert man sie, so ergibt sich als Forderung, die magischen und symbolischen Vorgänge und Signale herauszuarbeiten. Götz Friedrich hat gegen die Lehrmeinung des „realistischen Musiktheaters“, dem er entstammt, betont, wie irrelevant die eindeutige Fixierung von Schauplätzen und Aktionen bei *Don Giovanni* ist. Der I. Akt habe zwar eine Handlungsdramaturgie, aber der II. eine „unterschwellige Bewußtseinsdramaturgie“, der ein Milieu-Realismus nicht beikomme. Viele Bühnenbildner haben dieser Einsicht entsprochen, indem sie den Bühnenrahmen verdoppelt und in der Guckkastenbühne ein Gehäuse installiert haben, das der historischen Kulissenbühne, meist dem Théâtre italien, ähnlich sieht und auch so funktioniert. Die Bühne zitiert also eine ältere Bühnenform und deklariert sich dadurch demonstrativ als Theater. Das mag eine Anleihe aus Frankreich oder Italien sein, etwa beeinflußt durch die Art, wie man in der Comédie Française traditionell die französischen Klassiker ausstattet, oder durch die Bühne, die der Maler, Szenograph und Architekt A. M. Cassandre 1949 für den *Don Giovanni* in Aix-en-Provence gebaut und bis 1967 bei wechselnden Regisseuren durchgesetzt hat, oder durch Räume, die Luciano Damiano und später Ezio Frigerio für Giorgio Strehler geschaffen haben.

Andere Bühnenbildner konzentrierten sich auf wenige szenische Zeichen von suggestiver Symbolkraft. Ein Beispiel. Markantester optischer Akzent ist ein riesiges Tor in der Mitte des hinteren Bühnenabschlusses. Es wird nur dreimal benutzt: am Anfang, wenn der Komtur seiner Tochter mit dem Degen zuhilfe eilt, im ersten Finale, wenn die drei Masken auf Giovannis Fest erscheinen, und im zweiten Finale, wenn der Steinerne Gast kommt. Natürlich ist es auch Sache der Personenführung und Lichtgestaltung, daß der dramaturgisch-pragmatische Zusammenhang dieser drei Auftritte auf einen höheren schicksalhaften Nexus verweist und das Tor gleichsam zum metaphysischen Einfallstor wird, hinter dem die Sterne funkeln. Illustrative Mittel erreichen das nicht, hier ist die ganze Kunst des Regisseurs gefragt.

Auch bei der Darstellung der Titelfigur. Don Giovannis Magie kann nicht von ihm selbst erspielt, sie muß durch die Reaktionen der anderen behauptet werden. So macht es ja auch die Musik Mozarts, die das Erotische nicht verdinglicht, etwa zur Leitmotivik oder zu einem speziellen Stil, sondern es in der Beziehung zwischen den singenden Figuren gestaltet, im Miteinander und Reflex. Dabei kann der Regisseur große räumliche Distanzen wagen. Was er dagegen vermeiden muß, ist die Umarmung und die sexuelle Berührung. Don Giovanni bannt und wird angezogen durch Blicke. Die Begegnung ist die eigentliche erotische Pantomime.[16]

Um wenigstens einmal zu belegen, wie das Außerordentliche und Übernatürliche mit den Mitteln des Theaters sichtbar gemacht werden konnte, sei kurz von zwei Szenen in Felsensteins Inszenierung berichtet. Die „Champagner-Arie" wurde als Einzelszene durch die Lichtregie aus dem Handlungskontinuum des langen 2. Bildes herausgenommen; Giovanni erscheint im Spotlight und vervielfältigt sich, das heißt, er wird durch mehrere Doubles in erotischen Tableaux vivantes gezeigt, die wie Visionen einer Erwartung oder Erinnerungsbilder an verschiedenen Stellen der dunklen Bühne aufblitzen, im gleichen rasenden Rhythmus wie das Presto der Arie. Der Schlußauftritt des Komturs beginnt mit einem grellen Lichteinfall aus der vordersten Gasse, der Steinerne Gast wirft seinen langen Schatten quer über die Bühne, dunkle Vorhänge wehen mit. Ein kurzer Blackout verändert das Zeitmaß, plötzlich steht die Statue – während des Dunkels aus der Versenkung hochgefahren – im Spotlight in der Bühnenmitte. Rote Glut züngelt an ihrem Sockel hoch und füllt den Raum. Am Ende der Szene wieder Blackout und Zeitsprung, dann fahles Gegenlicht. Giovanni und Komtur sind verschwunden, der Tisch ist zerbrochen und verkohlt, die Kronleuchter schwanken, die Kleider des Don liegen herum. Die Personen des Schlußsextetts gruppieren sich im Halbkreis um diesen seinen Erdenrest, wie es schon am Ende des ersten Sextetts (Nr. 19) geschehen war, als Leporello seine Giovanni-Verkleidung abgeworfen und sich davongemacht hatte. Selbst die Hülle des Idols übt noch ihren Zauber aus. Übernatürliche und magische Vorgänge werden in diesem Konzept nicht „vorgetäuscht" sondern nur wichtig genommen, so wichtig wie das Theater. Und so können die Figuren beim Schlußfugato auch an die Rampe treten, das Publikum im heller werdenden Zuschauerraum ansehen und ansprechen („o buona gente") und beginnen sich abzuschminken.

Man hat solcher „remythisierenden" Inszenierungsweise pauschal vorgeworfen, sie vernachlässige oder verhindere die soziale Präzisierung und damit eine gesellschaftliche Einsicht. *Don Giovanni*, wie da Ponte ihn ins Spiel gesetzt und Mozart ihn komponiert hat, ist aber – anders als der *Don Juan* Tirsos oder Molières – sozial inkommensurabel. Er durchkreuzt und neutralisiert alle sozialen Gegensätze um sich herum. Eine sozialhistorische Durchrationalisierung der Oper müßte zugleich alle Figuren psychologisieren, mit genauen Motivationen, nicht nur Emotionen versehen und damit poetologisch gleichmachen. Sie wären dann alle gleichermaßen „von Fleisch und Blut", und das schmälert ihren Reiz und ihre mythologische Latenz. Ist es doch längst Bühnenbrauch, in der Rollendarstellung auch theatralische Traditionen durchscheinen zu lassen. So verleugnet Leporello nicht, daß er von Arlecchino abstammt; seine Lazzi, sein Hunger und seine Angst, sein banales Verstehen des Numinosen, sein dauerndes kommentierendes Buffo-Parlando, sein Nachahmen und Übertreiben – all das ordnet ihn einem Traditionstyp zu, und das ist farbiger und wirksamer als wenn man darauf insistiert, daß er bei seiner Bühnengeburt noch zwei Jahre bis zur Französischen Revolution hatte.

Anna und Ottavio stammen aus der opera seria, sind als Paar konzipiert und vertreten eine musikalisch konträre Gefühlswelt zu der aller anderen, Zerlina und Masetto sind Genrefiguren, Elvira wiederum ist in *Don Giovanni* eine dramaturgische Figur älterer Herkunft, aktiv und allgegenwärtig. Im Komtur vereinigen sich schon immer quasi zwei Figuren, der Vater und der Sachwalter des Himmels, er ist halb Aristokrat, halb Allegorie. Don Giovanni aber kann auch nicht aus solchen Bühnentypologien abgeleitet werden, er ist ohne Provenienz, nur mit sich selbst bzw. Don Juan vergleichbar, darin besteht ja eben seine mythische Qualität. Das möge nicht als Heroisierung aufgefaßt werden. Es bereitet nur einen Einspruch gegen eine immer beliebter werdende peiorisierende Regiegesinnung vor, die sich gerne auch darauf beruft, daß ihm bei da Ponte offenbar kein Abenteuer mehr gelingt. Er scheitert ja bei Donna Anna und kommt nur mit einem ungewollten Totschlag aus der Affäre heraus. Er will eine Verlassene trösten und trifft in ihr Donna Elvira, die er am wenigsten zu treffen wünscht. Er scheint Zerlina zu erobern, doch Elvira, Masetto und schließlich Zerlina selbst machen den Erfolg zunichte. Ob er bei Elviras Zofe Glück hat, bleibt offen, denn die Bauern kommen dazwischen. Wird er nicht auch dadurch ironisiert, daß er sich das Verhängnis zweimal selbst zu Gast lädt, erst die Masken, dann die Statue?

Aber von Ironie betroffen ist nicht er allein. Anna sucht ausgerechnet bei ihm Hilfe, den Vatermord zu rächen, Elvira wird Leporellos Register-Trost überlassen und fällt im II. Akt auf den falschen Geliebten herein. Und schließlich verfehlt das ganze Sextett den Sünder, weil es nur Leporello ist und auch der noch entwischt. Lassen sich solche Ironien nicht positiv dem Meister des Spiels anrechnen, zeigt er nicht noch übergenug seine Dominanz? Schließlich hat er im Duell gesiegt, Elvira mit Leporello aufgehalten, Masetto wegdirigiert, Zerlina halbwegs verführt, Elvira getäuscht, Masetto verprügelt, Leporello durchschaut und dem Steinernen Gast imponierend Paroli geboten. Siegt nicht sein Lebenstrieb auf ganzer Linie, von „seiner“ Musik ganz zu schweigen?

Solches Aufrechnen von Erfolgen und Niederlagen ist müßig. Es übersieht auch die subtile, alle Perspektiven verändernde Ironie des Presto-Fugato am Schluß der Oper, sowohl die textliche als auch die musikalische, wenn als Fazit eines so ungeheuren Lebens und Sterbens wie des gezeigten nur die „antichissima canzon“ eines moralischen Einmaleins ausgegeben wird, die Musik aber in übermütigen Jubel, fast ein utopisches Delirium ausbricht. Um so weniger ist es dann aber auch gerechtfertigt, aus Don Giovannis angeblichem Scheitern das Inszenierungskonzept eines kläglichen, nicht tragischen Endspiels abzuleiten, wie es seit mehr als einem Vierteljahrhundert immer häufiger geschieht. Ein ramponierter Frauenbelästiger soll Don Giovanni sein, ohne Glück, Mut und Stolz, ein grotesker Gockel, ein kaputter, womöglich syphilitischer Szene-Typ, oder auch nur „ein Mensch wie wir alle", weil wir alle ja Hysteriker, Papagalli oder Mafiosi sind. Das sind Ausgeburten einer gegenwärtigen Rezeptionsideologie, die eine Aktualisierung des Mythos nur als „Staub-Wegblasen" und Angleichung an eine kleinbürgerliche Erlebniswelt versteht, vornehmlich als Kostüm- und Milieufrage, wobei dann Kinomythen die heutige Wirklichkeit ersetzen. Statt die Oper zu analysieren, begnügt man sich mit „psychologischen" Anmutungen über ihre Figuren und irrelevanten Entscheidungen, wie sympathisch oder unsympathisch sie seien. Das Wunderbare wird banalisiert oder verlacht, das Mythologische zu „entdämonisieren" gilt als Pflicht. Aber Kinomythen sind keine Mythen, hier ist nur eine Bezeichnung verrutscht. Da Pontes Dramaturgie und vor allem Mozarts Komposition wird funktionslos, wenn es auf der Bühne nur noch um Sex und Drogen als „heutige Äquivalente" geht.

Dies ist kein Plädoyer für „Werktreue" in Sachen Mythos, und auch der großartige *Don Giovanni* des Peter Sellars ist nicht gemeint, nur die geistlosen und kleinmütigen Mißverständnisse seiner Nachahmer. Es hat etwas von Misanthropie, wenn nicht nur Don Giovanni sondern alle Figuren in dieser Weise demontiert werden: auch Elvira ist hysterisch, Zerlina raffiniert, und der arme Ottavio, den schon der romantische Bürgerhaß zum Philister und Kümmerling gestempelt hatte, wird vollends zum komischen Trottel. Den Steinernen Gast nimmt man als Popanz und Kinderschreck, wenn er nicht ohnehin Masetto im Statuenkostüm ist, der Donna Anna verzeiht man vielleicht eine geile Schwäche, solidarisch ist man aber nur mit Leporello, dem Menschen wie du und ich. Gewiß haben sich hier Tendenzen zur Auflösung des Mythos, wie sie durch Horváth, Brecht und Frisch im Schauspiel-Repertoire wirksam sind, in der Opernregie fortgesetzt und zugespitzt.

V.

Deshalb zuletzt zu diesen. Auch hier ist mit der Leporello-Perspektive nicht gemeint, daß die Personen heutig reden und gekleidet sind. Das allein relativiert den Mythos nicht sondern repetiert ihn mehr oder weniger mechanisch. Ein Beispiel dafür liefert der kürzlich verstorbene Peter Brasch (Bruder des bekannteren Thomas Brasch), der 1981 als 26-Jähriger in der DDR sein erstes Stück, die Farce *Juan* schrieb. Zwei Drittel des Stücks folgen ausschließlich dem Handlungsgerüst des *Don Giovanni*, nur werden alle Situationen mit kabarettistischem Witz in den gegenwärtigen/damaligen Alltag übertragen. Juan hat kein Schloß, sondern wohnt im Hotel, sein „Assistent" heißt jetzt Repsack (ein rückwärts buchstabierter Kasper), das Register ist seine Büroarbeit, er feilscht mit dem „Chef" um tarifliche Lohnerhöhung und „Schmutzzulage", man zahlt in Mark ... etc. Satirische Volten erhält der Spaß, wenn der Kommandant sich unbeirrbar mit dem Staat identifiziert. Die mit anarchischer Sprachphantasie ausgestattete Elvira und der nur in Reimversen sprechende Oktav treiben das Spiel mehr und mehr in die Groteske. Beim Rollentausch Juan – Assistent wird die Vorlage jedoch verlassen, und zwar so radikal, daß die Kontrafaktur nachträglich einen neuen Sinn erhält. Juan hat mit seinen Kleidern auch sein altes Wesen ausgezogen und erkennt nun in seiner Umgebung alle Zerrbilder des Donjuanismus. Er flüchtet sich auf den Friedhof, wirft den noch immer Staatsmoral verkündenden Kommandanten aus seinem Grab und findet in dessen Sarg eine ungewisse zynische Ruhe. Erst mit diesen Veränderungen im letzten Drittel wird das Stück zur neuen Mythos-Version. Umgekehrt bei Max Frisch, er vermeidet gerade die äusserliche Assimilation an die Gegenwart und schreibt vor: „Ort: Ein theatralisches Sevilla. Zeit: Eine Zeit guter Kostüme.“ Doch seine motivisch-thematische Aktualisierung ist die effektivste.

Wenn man dabei bleibt, daß Mythen von jeder Generation neu begriffen und gestaltet werden können, so spielen Dinge wie die Kostümierung, der Jargon oder die Währung keine Rolle. Das berührt sie nicht, denn Zeitunabhängigkeit gehört ebenfalls zu ihrer Definition. Demontage meint vielmehr, daß die oben schematisch aufgezählten Merkmale des Mythos in Zweifel gezogen und nicht mehr akzeptiert werden, daß sie eliminiert oder verändert werden. Das geschieht besonders radikal bei der Auffassung des Typus' Don Juan. Fast alle tradierten Kennzeichen sind ihm seit der Romantik genommen worden, konstant geblieben ist nur seine Isolation.

Am auffälligsten ist die Tatsache, daß er schon früh kein faktischer und extensiver Verführer mehr ist. Jedenfalls erscheint er nicht mehr als solcher auf der Bühne, wenn auch noch viel darüber geredet werden mag. Im Grunde beginnt dieser Verlust an siegreich absolvierten Liebesabenteuern schon bei Molière. Man erklärt das oft mit der Intellektualisierung Don Juans bei ihm. Maßgeblicher ist das dramaturgische Problem: bieten die herrschenden Konventionen des Theaters und der Poetik dem Autor genügend Spielraum, um seinen Helden in erotischen Situationen sich darstellen zu lassen? Oder muß Don Juan alles selber erzählen, wie sehr er die Frauen begehrt und wie sie ihm erliegen? Bei Grabbe und Lenau wirkt der Weiberheld als Maulheld, weil seine Dichter ihm keine andere Chance einräumen. Andererseits ist Don Juan nie ganz unreflektiert. Auch bei Tirso de Molina macht er sich seine Leidenschaften und Taten bewußt, bekennt sich zu ihnen und genießt das Reden darüber. Er hat sogar vier Monologe, nur einen weniger als Hamlet. Und auch *Don Giovanni* hat seine „Champagner-Arie“ und verteidigt mehrfach sein Lebenskonzept gegenüber Leporello, Elvira und uns. Was bei Molière seine Intellektualisierung genannt wird, lähmt ihn nicht, macht ihn nur rhetorisch versierter. Aber es deutet an, daß der Erotik-Spezialist auch Rationalist wurde, der Gott nicht lästert sondern leugnet und nur daran glaubt, daß zwei und zwei vier ist.

Bei Frisch wird daraus seine Liebe zur Geometrie. Aber als Alternative zur Frauenliebe – hierin liegt der Traditionsbruch. Frischs Don Juan spielt im Bordell Schach und sehnt sich – was leider nicht theatralisch ist – nach dem Studium einer tatsächlichen, geordneten und erkennbaren Welt, symbolisiert in der Klarheit geometrischer Formen. Frauen lenken ihn davon nur ab und sind ihm lästig.

Auch Shaws John Tanner alias Juan Tenorio verficht Verstand und Vernunft, und das macht ihn zum Weiberfeind. Überholt sind die Theorien vom „élan vital“ und von der „life force“, als deren Organe die Frauen hingestellt werden, aber interessant und unterhaltsam bleiben die psychologischen Einsichten und dramaturgischen Tricks, mit denen Shaw seine These stützt, Don Juan sei wie alle Männer ein Opfer der Frauen. Auch hier ist ein Definitionsmoment des Typus' ins Gegenteil verkehrt. John wird von Ann geheiratet. Ein doppeltes Opfer ist schließlich auch Frischs Protagonist. Der Ruf seiner widerwillig abgewickelten Affären macht immer mehr Frauen mobil und zwingt ihn, die Rolle eines Don Juan weiterzuspielen. Die Frau, die ihn am zähesten liebte, fängt ihn am Ende ein. Bei Horváth nicht viel anders. Don Juan kommt aus dem 1. Weltkrieg und will kein Verführer mehr sein, aber seine müde und hilflose Abstinenz bleibt verführerisch, er entrinnt den Frauen nicht, ein „Opfer seiner Wirkung“, wie Horváth sagt.

Ein neues Motiv allerdings erweist sich als noch gefährlicher für die Konsistenz des Mythos: wirkliche Liebe. Horváths Juan erkennt, daß er seine verlassene Verlobte wohl geliebt haben muß, jede Frau erinnert ihn an sie. So sucht er letztlich nur sie auf seinem unfreiwilligen Eroberungszug. Er findet sie – oder vielmehr: ihr Grab. Seine Sehnsucht nach der Vollkommenheit der Liebe war eine Sehnsucht nach dem Tod. – Es gehört zur großen Kunst des Ironikers Shaw, daß sein universales Gelächter auch reziprok wirken kann: die Schlußszene von *Man and Superman*, in der John Tanner ins Ehejoch und verhaßte Glück gezwungen wird, ist wohl die schönste Liebesszene der Don Juan-Literatur, oder – genauer – eben nicht mehr der Don Juan-Literatur, denn hier verabschiedet sich John endgültig von Juan. Ist es bei Max Frisch so viel anders? Auch Frischs Ironie hat neben der ätzenden eine humane Kraft. Juan und Miranda werden ein Kind haben. Ende des Mythos.

Die Verkehrung eines anderen Aspekts des Typus' scheint eine französische Spezialität zu sein: der alte oder auch der kranke Don Juan. Er begegnet uns in Anouilhs *Ornifle*, hat aber schon Vorläufer bei Balzac, Henri Bataille und in anderen französischen Versionen, und kommt bei Montherlant wieder. Interessant ist nun, daß dieser Zug auch in der deutschen Inszenierungsgeschichte der Molière-Komödie zum Tragen kommt. Dom Juan ist öfters älter als seine Kollegen in anderen Stücken, und er ist vor allem körperlich unansehnlich, dürr oder dicklich, dekadent, vermutlich impotent. Das dürfte eine indirekte Folge der Brecht-Bearbeitung sein, die dem Typus mit der Klassenfrage zuleibe rückt und ihn am entschiedensten entmythisiert. Das gern zitierte Brecht-Wort von der „sexuellen Großmacht“ Don Juan ist ironisch zu verstehen, denn das Sexuelle fehlt und die Macht ist auch nur ein adliger Papiertiger. Brecht wollte das Parasitäre dieser Existenz zeigen und nahm ihr jede Größe.

Mit all diesen Veränderungen des traditionellen Figurentypus' wandelten sich oder entfielen auch wesentliche Handlungsmotive. Die Säkularisierung des Stoffs machte den Steinernen Gast und die Höllenfahrt überflüssig oder zum bloßen Theatercoup, die gesellschaftliche Überlebtheit der alten Ehre-Problematik erübrigte auch den fechtenden Komtur. Allerdings gibt es reizvolle Relikte und Varianten: bei Shaw die Kontroverse zwischen John Tanner und dem viktorianischen Stellvertreter des Komturs, bei Anouilh das Gewitter, das schon Goldoni als Ersatz diente, als symbolischer Luftzug, *courant d'air*, des *erzürnten Himmels* und Ornifles Herzattacken als Warnungen vor dem Ende, die von den beiden Molièreschen Ärzten so köstlich falsch diagnostiziert werden. Sterben muß Don Juan nicht nur bei Anouilh. Bei Horváth läßt er sich bewußt einschneien am Grab der Verlobten. Auch er hatte schon seine Herzanfälle. Bei Shaw ist er zumindest im Traum gestorben, und bei Frisch ist er zeitlebens von der Welt geschieden.

Im Prozeß einer jeden Mythenrezeption tritt früher oder später die Selbstreflexion ein. Die Überlieferung macht sich selbst zum Gegenstand, der Mythos erscheint nicht nur in neuer Fassung oder Deformation, sondern zugleich innerhalb dieser als Zitat oder Parodie. Großteils unfreiwillig geschah das schon bei Grabbe, der, um Goethe und Mozart miteins zu übertrumpfen, den Don Juan- und den Faust-Mythos in einem Werk zusammenzwang, ohne sie letztlich miteinander verbinden zu können. Eine Uraufführungskritik faßte diesen Tatbestand ins Bild: „Hier wagt es der Dichter, die Dioskuren der Männlichkeit wie zwei nemäische Löwen zusammenzusperren und einen am andern zum Herkules werden zu lassen. Es ist eine uralte goldne Sitte der Gärtner, die Bäume nicht zu nahe an einander zu pflanzen, und der Poeten, die Bühne immer einem großen Helden allein zu überlassen."[17] Zitat und Parodie bleiben beide Komplexe, weil Grabbe, um ihre Konfrontation zu rechtfertigen, sie leicht identifizierbar halten mußte und deshalb die Vorbilder eher knapp wiederholte als weiterentwickelte, also die verkürzte Konvention gab, nicht das neue Bild. Shaw ging da überlegter zu Werke, als er den Don Giovanni gleichsam zweimal, in doppelter Brechung, in seine Komödie montierte. Bei Frisch schließlich sind Zitat und Parodie die Essenz der Komödie, nahezu mit ihr identisch. Leporello verabschiedet sich mit den französischen Schlußworten seines Molièreschen Kollegen Sganarelle. Don Juan begegnet seinem Mythos als der einzigen vorgezeichneten Realität. Er wehrt sich gegen die traditionelle Rolle, parodiert sie und muß doch am Mythos weiterdichten und die Legende vom Steinernen Gast kreieren, um sich die kleine Chance einer Eigenexistenz zu erhalten. „Alles Theater" versichert er immer wieder bei der Inszenierung seiner eigenen Höllenfahrt, aber man nimmt sie für wahr und bringt seine Geschichte aufs Theater. Don Juan liest Tirso de Molina, das ist ein Fazit von großem, aber schwer wiederholbarem Reiz. Mythendemontage und Mythenerneuerung sind eins.

Die Frage nach dem aktuellen Stand der theatralen Don Juan-Rezeption bleibt weitgehend offen. Das zeitkritische Theater, in dem viele kritische Versionen an der Grenze zur Demontage wurzeln, hat seit den späten 70er Jahren seine Feindbilder mehr und mehr verloren. Es schlägt keine Schlachten mehr, sondern wiederholt nur noch die alten Siege. Vielleicht ist das ein Grund, warum es sich nicht mehr am Mythos abarbeitet, sondern ihn zuende bringt, obwohl es seine Stücke weiter spielt. Die literarische Rezeption hat nach Meinung einiger Forscher schon längst ihre Bedeutsamkeit verloren. Über den Zeitpunkt ist man sich nicht einig, und empirisch zu erweisen ist er nicht. Ein anderer mythischer „Held" könnte Don Juan ablösen: Blaubart.[18]

Anmerkungen

1 Hiltrud Gnüg: Don Juan. Eine Einführung, München/Zürich 1989. Neuauflage, kaum verändert, unter dem Titel: Don Juan. Ein Mythos der Neuzeit, Bielefeld 1993; Hans J. Jacobs: Don Juan – heute. Die Don-Juan-Figur im Drama des zwanzigsten Jahrhunderts. Mythos und Konfiguration, Rheinbach-Merzbach 1989; Franz Rauhut: 1003. Variationen des Don-Juan-Stoffes von 1630 bis 1934, Konstanz 1990; Kurt-Jürgen Heering (Hg.): Don Juan. Ein Lesebuch, München 1990; J. W. Smeed: Don Juan. Variations on a Theme, London/New York 1990; Friedrich Dieckmann: Die Geschichte Don Giovannis. Werdegang eines erotischen Anarchisten, Frankfurt/M./Leipzig 1991; Beatrix Müller-Kampel: Dämon, Schwärmer, Biedermann. Don Juan in der deutschen Literatur bis 1918, Berlin 1993 (mehrere Vorveröffentlichungen); Peter Csobádi (Hg.): Europäische Mythen der Neuzeit: Faust und Don Juan, 2 Bde., Anif/Salzburg 1993; Helmut Kreuzer (Hg.): Don Juan und Femme fatale, München 1994, darin u. a. Günter Helmes: Was geht mit mir vor? Wo bin ich? Was will ich? Eine Typologie deutschsprachiger Don-Juan-Texte zwischen Lenau und Frisch, S. 59-97; Volker Roloff: Mythen-Montage und intertextuelles Spiel im Theater von Anouilh und Frisch, S.165-182; Don Juan. Fünfzig deutschsprachige Variationen eines europäischen Mythos, hg. und mit einem Anhang versehen v. Günter Helmes und Petra Henecke, Paderborn 1994

2 Karl Engel: Die Don Juan-Sage auf der Bühne. Dresden/Leipzig 1887.

3 Leo Weinstein: The Metamorphoses of Don Juan, Stanford/Calif. 1959.

4 Oscar Mandel: The Theatre of Don Juan. A Collection of Plays and Views 1630-1963, Lincoln/Nebraska 1963.

5 Armand E. Singer: The Don Juan Theme. An Annotated Bibliography of Versions, Analogues, Uses and Adaptations, Morgantown/W. Virginia, 1993.

6 José Manuel Losada: Bibliography of the Myth of Don Juan in Literary History, Lewiston /Queenston/Lampeter 1997; verzeichnet in den 6 Hauptsprachen über 1000 literarische Versionen, dazu ca. 150 Übersetzungen und eine Aauswahl von rund 1700 kritischen Schriften zum Don-Juan-Mythos in der Literatur.

7 Hiltrud Gnüg: Don Juans theatralische Existenz. Typ und Gattung, München 1974.

8 Alfredo Rodríguez López-Vázquez: Andrés de Claramonte y *El burlador de Sevilla*, Kassel 1987 (= Teatro del Siglo de Oro; Estudios de literatura 3) und der Apparat seiner Kritischen Ausgabe (1987 in der selben Reihe; Ediciones criticas 12).

9 Von 1956 bis 1981 finden sich die jährlichen Zusammenstellungen im Dezemberheft der Zeitschrift *Die Deutsche Bühne* des Deutschen Bühnenvereins Köln (zunächst inklusive DDR, seit der Spielzeit 1966/67 ohne DDR), dann wurden sie selbständig veröffentlicht: neunmal als Hefte *Was spielten die Theater*, Köln 1982-1990, seit der Spielzeit 1990/91 wesentlich erweitert unter dem Titel *Wer spielte was? Werkstatistik*, 1992 ff.

10 Textbuch und zugleich Programmheft im Trotzdem-Verlag, Grafenau/Württ.

11 Zu dieser Tradition knapp und bündig Beatrix Müller-Kampel (s. Anm.1), S. 239-241

12 Hans Blumenberg: Wirklichkeitsbegriff und Wirkungspotential des Mythos, in: Terror und Spiel. Probleme der Mythenrezeption, hg. v. Manfred Fuhrmann, München 1971 (= Poetik und Hermeneutik IV), S. 11-66, hier S. 28; ähnlich S. 18. Dieselbe Wendung in der reichen

Entfaltung dieses Grundsatzartikels in Blumenbergs Buch: Arbeit am Mythos, Frankfurt/M. 1979, Sonderausgabe 1996, S. 299

13 Blumenberg 1971, S. 26; ähnlich S. 21; Blumenberg 1979, S. 40, 165 f.

14 Blumenberg 1971, S. 66; Blumenberg 1979, Zweiter Teil, Kap. IV, und Fünfter Teil, Kap. III

15 Neben der Einführung von Hiltrud Gnüg (s. Anm.1) hilft hier vor allem auch ein Einleitungskapitel von Nicholas G. Round, das schon im Titel drei Punkte hervorhebt: Sex, Lies and Dinner with the Dead, in: Andrew Ginger, John Hobbs, Huw Lewis (eds.): Selected Interdisciplinary Essays on the Representation of the Don Juan Archetype in Myth and Culture, Lewiston/Queenston/Lampeter 2000, p. 9–34.

16 Der Hofmannsthal-Kenner Leonhard M. Fiedler weiß, warum die Ansichten eines Dramaturgen lebenslang von dem kurzen Prosatext *Die Wege und die Begegnungen*, auf den hier zitathaft angespielt wird, zehren können.

17 Zitiert bei Michael Vogt: Literaturrezeption und historische Krisenerfahrung. Die Rezeption der Dramen Chr. D. Grabbes 1827-1945, Frankfurt/M./Bern 1982, S. 42

18 Jürgen Wertheimer: Don Juan und Blaubart. Erotische Serientäter in der Literatur, München 1999. – Das Festival von Aix-en-Provence begann 1998 seine neue Ära mit den beiden Eigeninszenierungen von *Don Giovanni* und *Herzog Blaubarts Burg*.

Tilbert Dídac Stegmann

Überschreitungen in und aus Gedichten von Joan Brossa (1919-1998)

Joan Brossa ist der bedeutendste katalanische Avantgardedichter der zweiten Hälfte des 20. Jahrhunderts und zwar ziemlich genau dieser so umschriebenen 50 Jahre: von seiner Mitgründung der Zeitschrift *Dau al Set* im Jahre 1948 bis zu seinem Tode 1998, mitten in einer rastlosen Schaffensperiode.

Dau al Set, diese erste avantgardistische Zeitschrift auf der Iberischen Halbinsel nach dem Desaster, das Francos Machtübernahme für die politische und kulturelle Situation bedeutete, mit dem auf den Surrealismus anspielenden Titel (*Würfel mit sieben Augen*),[1] gründete (und schrieb) Brossa zusammen mit Joan Ponç, Antoni Tàpies u. a. – nach einer Vorläufergründung *(Algol*, 1947). 1948 traten so die ersten Zeugnisse eines dichterischen Werks ans Licht,[2] das jetzt mehr als 110 Gedichtbände[3] umfasst – sowie 323 Stücke „szenischer Poesie“, wie Brossa sie nennt, also Theaterstücke, Minidramen und selbständige Szenen, die Brossa zwischen 1944 und 1978 schrieb.

Brossa ist ein Autor der Überschreitungen und zwar in einem ausgesprochen facettenreichen Sinne. Er geht dabei auf seine Weise weit über das hinaus, was Wagners Konzept vom Gesamtkunstwerk beinhaltete – den Brossa übrigens sehr hoch schätzte.[4] Für Brossa greift Dichten weit über die Grenzen literarischen Tuns hinaus. Dichten ist für ihn etwas, das alle dem Menschen möglichen ludischen und ästhetischen Tätigkeiten umfasst. Dies lässt sich konkret in seinem Werk ablesen:

Als erstes ist hier die Entwicklungslinie zu nennen, die ihn vom konventionell sprachlich aufgezeichneten Gedicht zunächst zum visuellen Gedicht führt (und zwar sowohl zu einer Nutzung der Typografie in der lettristischen Tradition, als auch unter Einbezug von Bildelementen) und die ihn dann weiterführt zur „poesia objecte“, zur Objektpoesie, die vom „objet trouvé“ über die Kleinskulptur zur Installation, zur Großskulptur und sogar zur Landschaftsgestaltung führt. Dieser Weg aus der Privatheit der (Gedicht-)Buchseite in die Öffentlichkeit der Galerien und Museen ist es, die Brossa im letzten Jahrzehnt seines Lebens plötzlich berühmt gemacht hatte. Ein Beispiel dafür ist, dass er 1997 mit der künstlerischen Ausgestaltung der PLAZA, des öffentlichen Eingangsgeschosses des höchsten Bürobaus Europas, der Commerzbank in Frankfurt,[5] beauftragt wurde – allerdings nicht direkt von der Commerzbank, die denn doch nicht von sich aus auf Brossa gekommen wäre, sondern von der Barceloniner Architektengruppe AAAA, die die öffentlichen Räume von Norman Fosters Commerzbau zu designen und zu möblieren hatte und sich dazu als I-Tüpfel Joan Brossa holte. Brossa setzte in den Lichthof neben den immensen Turm keinen I-Tüpfel, sondern seinen berühmtesten Buchstaben, das weiße A, 5 m hoch, und zwar doppelt und über Kreuz ineinandergestülpt. An das andere Ende des öffentlichen (Restaurant-)Bereiches des Baus setzte er ein fast ebenso großes Z vor die Glastüren. Dieser PLAZA genannte Bereich nimmt im Inneren seines Namens das brossasche A bis Z wieder auf.

Auf dem Weg zwischen A und Z hängt von der Decke eine Weltkugel, aus der ein halbes Dutzend Schuhe, die auf verschiedene Besitzer verweisen, wie im rotierenden Rundlauf herausstecken: der einfache, abgelatschte Straßenschuh ist dabei Brossas authentisch eigener Schuh, also der unprätentiöse Schuh des Dichters, der, um das Busticket einzusparen, zu Fuß gehen musste.

Im gleichen Jahr 1997 war es auch, dass Brossa die Anerkennung zuteil wurde, sein Land mit einer Ausstellung auf der 47. Biennale von Venedig zu vertreten.

Die Entwicklung vom Gedicht über das visuelle Poem zum Objektgedicht ist dabei nicht eine nur als chronologische Reihenfolge zu verstehende Spannweite, denn schon 1941 schreibt er unter dem Titel *Poemes experimentals* hypnagogische Kalligramme.[6] Und von 1943 stammt sein erstes „objet trouvé“: *Escorça* (Rinde). Immerhin aber bekommt Brossa erst in den 80er und 90er Jahren die Gelegenheit, seine Objektgedichte im Großformat in den öffentlichen Raum zu setzen. Das berühmteste frühe Beispiel ist hier sicherlich das in der Parkanlage am Velodrom in der Vall d'Hebron in Horta, einem nördlichen Stadtteil von Barcelona, aufgestellte *Poema transitable en tres temps* (In drei Zeiten begehbares Gedicht) von 1984, das er im gleichen Jahr in einer strenggebauten Sestine[7] beschreibt: Man tritt durch ein 16 m hohes A auf einen roten Weg zwischen Grünflächen, auf denen Satzzeichen – auch Frage- und Ausrufezeichen – verstreut liegen, bis man am Ende auf ein halb zerfallenes A trifft, mit Bruchteilen, die am Boden liegen. Die Sestine sagt, das erste A sei „wie der erste Teil eines Buches, in dem die Zeichen nichts weiter als Zeichen sind“, der rote Weg sei „der Verlauf des Buches“. Dieser „Text“ sei „umgeben von Bäumen“ und „die Bäume können mehr sagen als die Buchstaben“. Und „der letzte Buchstabe aus Stein erinnert uns an das Schicksal, in Stücke zerfallen“. In der Abbildung dieses Environments im Ausstellungskatalog der Brossa-Retrospektive vom Februar/Mai 2001[8] schreitet Brossa selbst über diesen Text und überschreitet (nicht nur damit) die Grenzen zwischen der verbalen und der räumlichen Realität seines Gedichts.[9]

Als weitere für Brossa charakteristische Beispiele auf der Linie zwischen Gedicht und Objektgedicht führe ich drei visuelle Gedichte an:

einmal ein *Poema visual* von 1970, das (in Anspielung auf das Schild, das in Spanien an Hochspannungsmasten durch einen Totenschädel und darunter zwei überkreuzte Armknochen auf die Gefahr hinweist) eine Briefmarke mit dem haarlosen Konterfei Francos über ein großes, horizontal gekipptes X setzt;[10]

zum zweiten die auch in meiner Anthologie von katalanischen Gedichten des 20. Jahrhunderts abgebildete *Elegia al Che* von 1967, eine (auch als Poster erschienene) Elegie, für die Brossa alle Großbuchstaben des Alphabets von A bis Z in 5 Reihen aufführt, jedoch für das C, das E und das H eine Lücke lässt – als Verweis auf das „Verschwinden" Che Guevaras aus der Welt;[11]

zum dritten das *Poema*[12], das in der erwähnten Anthologie als gemeinsam von Brossa und Tàpies signierte Lithographie wiedergegeben ist.[13] Tàpies deutet hier mit gelben Pinselstrichen das kartographische Dreieck des katalanischen Territoriums und mit vier darauf gesetzten roten parallelen Fingerstrichen die katalanische Flagge an und Brossa setzt darunter die Großbuchstaben P O E M A, die den Lauf einer Pistole bilden, von der nur Griff, Hahn und Abzug zu sehen sind; also nicht: Mein Gedicht ist mein Messer,[14] sondern: mein Gedicht ist meine einzige Waffe – was ich „abschieße", sind Gedichte – nur so kann ich mein Land verteidigen.

An diesen drei visuellen Gedichten können wir verschiedene Wege der Überschreitungen ablesen: im ersten Fall springt Brossa vom Hochspannungswarnschild, das selbst schon Schädel und Knochen als Zeichen des Todes nutzt, allerdings in einem konkret lebensweltlichen Zusammenhang, zu einer gemischt lettristischen (das liegende X) und bildlichen Assoziation (der Kopf des Staatschefs und Diktators, jedoch ebenfalls bereits vermittelt über den Gegenstand Briefmarke) und evoziert damit eine politische Ablehnung und radikale Kritik, die eine reiche emotionale Ladung trägt – der Diktator als Totenschädel,[15] als verantwortlich für die unzähligen von ihm unterschriebenen Todesurteile und als Warnzeichen,[16] dass man, bei unerlaubtem Kontakt, zu Tode kommen kann, ja als Warnung mit diesem irgendwie in Berührung zu kommen, als Aufforderung, ihn zu meiden wie die Pest. Warnschild und Briefmarke werden zu einem (verfremdeten) typografischen Element in Beziehung gesetzt und werden damit gezwungen, die Grenze zwischen Lebenswelt und literarischer Aussage zu überschreiten.

Im zweiten Fall muss die typografische Welt des Alphabets die Funktion der Lebenswelt übernehmen, aus der ein Mensch, dessen Namensbuchstaben fehlen, geschieden ist. Die Welt des Papiers und des Drucks wird konkret gezwungen, durch drei Drucklücken – im Grunde nonverbal[17] – den Tod von Che anzuzeigen.

Im dritten Fall wird ein Teil eines Geräts, einer Pistole, durch Buchstaben ersetzt und damit die Grenze zwischen einem (abgebildeten) Gegenstand und einem geschriebenen Wort überschritten und aufgelöst. Das so entstandene Bedeutungskonglomerat steht dann in Bezug auf das von Tàpies piktorisch (symbolisch und kartographisch) evozierte Katalonien und vermittelt eine komplexe „Botschaft" (siehe oben).

Es ist ohne einen ausführlichen Bildteil[18] hier nicht der Ort, die immer erneut faszinierende Welt der brossaschen visuellen Poesie und insbesondere der Objektgedichte, die in den Katalogen der seit der ersten großen Retrospektive 1986 in der Fundació Joan Miró[19] folgenden Ausstellungen der 90er Jahre (unter anderem auch eine Ausstellung mit 100 Objekten und Installationen im Fridericianum in Kassel vom 12. Juli bis 13. September 1998)[20] abgebildet sind,[21] genauer ins Auge zu fassen.

Schon die reinen „Text"-Gedichte zeigen uns eine Fülle von raffinierten Überschreitungen, die uns immer wieder aus unseren Wahrnehmungsgewohnheiten herauswerfen. Dies ist besonders in den im Band *Poemes de seny i cabell*[22] zusammengefassten Gedichtbänden von 1957 bis 1963 der Fall. So hatte ich auch in früheren Untersuchungen zu Brossa[23] schon Gedichte aus dieser Epoche behandelt[24], die überraschende Überschreitungen zeigen, und dies in Verbindung mit dem Phänomen der Kreativität gebracht.

Eine Reihe weiterer Gedichte zeigen uns ebenfalls Entwicklungslinien, die in andere Richtungen gehen, als die anfangs zur visuellen Poesie und zu den Objektgedichten aufgewiesenen.

Poema	*Gedicht*
És cert	Es ist wahr,
que no tinc diners	dass ich kein Geld habe,
i és patent que la major part de	und deutlich, dass die Mehrzahl
monedes són de xocolata;	der Münzen aus Schokolade sind;
però si agafeu aquest full,	aber wenn ihr dieses Blatt nehmt
el doblegueu pel llarg	und es der Länge nach faltet
en dos rectangles,	auf zwei Rechtecke,
després en quatre,	dann auf vier,
feu llavors un plec	und nun die Papiere
oblic amb els quatre	diagonal nach außen biegt,
papers i el separeu	jeweils doppelt, und sie
en dos gruixos	auseinanderzieht,
obtindreu	dann bekommt ihr
un ocell que mourà	einen Vogel, der seine
les ales.	Flügel bewegt.
A Pepa	Für Pepa

Dieses Gedicht von 1963, das ich auch in meine Anthologie[25] von 1987 aufgenommen hatte, präsentiert uns zunächst ein Ich, das – alles andere als lyrisch – mitteilt, dass es mittellos ist und die Münzen, mit denen es zu tun hat, Schokoladentaler sind. Der Dichter – durchaus Brossa selbst, von dessen durchgewetztem, in Frankfurt hängenden Schuh schon die Rede war (er konnte sich, wie oben erwähnt, keinen Busfahrschein leisten) – findet sich offenbar humorvoll mit seiner Situation ab: mit der Freude eines Kindes, dem Schokoladengeld mehr gilt als richtiges. Immerhin bleibt der entschuldigende Gestus der einräumenden

Satzkonstruktion deutlich: „És cert que“, ja sogar „i és patent que“ (etwa: ich kann nicht verhehlen, dass). (Das Gedicht ist Pepa Llopis, seiner Lebensgefährtin, gewidmet, die ihm lange Jahre durch ihre berufliche Arbeit ein Auskommen ermöglicht hat.)

Doch von diesem nur noch ironisch auf die Befindlichkeit eines traditionellen lyrischen Ichs Bezug nehmenden Anfang springt das Gedicht ab Zeile 5 überraschend heraus – mit Hilfe der durch die Schokoladenmünzen schon angedeuteten Kinderwelt. Der Dichter rettet sich mit einem Vogel aus der pekuniären Misere, den er aus dem Blatt Papier faltet, auf dem das Gedicht steht. Er schenkt der Adressatin des Gedichts (und uns Lesern) einen Papiervogel, der uns in die Phantasiewelt der Kinderspiele entführt.[26] Brossas enger Bezug zu seinem katalanischen Künstlerfreund Joan Miró, den er seit 1941 kannte und mit dem er eine Reihe Künstlerbücher konzipierte, wird deutlich. Für Brossa ist die Welt des kindlichen und populären Spiels, die Welt des Zirkus und der Zauberei ein immer wiederkehrender Bezugspunkt seiner Dichtung. Im vorliegenden Fall verbindet sich die Zusammenführung von Gedichtwelt und Kinderwelt, von Literatur und Spiel, mit einer Überschreitung, die vollkommen überraschend auf den Leser wirkt, der erstmalig mit Brossagedichten in Berührung kommt: die verbale und damit in gewissem Sinne nur virtuelle Existenz eines Gedichts wird plötzlich auf seinen papierenen Träger materialisiert und objektiviert. Das im Werden befindliche Gedicht bietet eine Gebrauchsanweisung zum Falten eines Papiervogels und sich selbst, mit einem durchaus surrealistischen Effekt, als Material dafür an.[27]

Das gleiche Experiment macht Brossa im *Sonet de paper* (*Sonett aus Papier*)[28] von 1961-63, das, in strengster Erfüllung der Sonettform, sich selbst zum Falten anbietet und den Leser anleitet, bis schließlich die Verse ihre Flügel in unserer Phantasie („pel teu univers“) schlagen, also gewissermaßen in uns nach-‚schwingen‘. Brossa hat übrigens eine ganze Reihe von Gedichtbüchern mit einer großen Zahl von Sonetten geschrieben.[29] Er hat auch Oden verfasst und sich insbesondere während eines ganzen Jahrzehnts einer der „schwierigsten“ aller Gedichtformen, der Sestine, zugewandt. Sie sind in dem Band *Viatge per la sextina* (1976-1986)[30] gesammelt. Auch in den formal so gebundenen Formen des Sonetts und der Sestine erweist sich Brossas Avantgardismus. Es ist sicherlich sinnvoll, auf diese Seite von Brossas Werk hinzuweisen, da ich im vorliegenden Beitrag nur eine ganz partielle Auswahl aus der schier erdrückenden Menge an Gedichten, die von Brossa publiziert sind, vorstelle. Immerhin soll aber außer der eingangs erwähnten Sestine zu dem *In drei Zeiten begehbaren Gedicht* am Velodrom von Horta ein weiteres dieser formal gebundenen Gedichte, wahrscheinlich das berühmteste, nicht unerwähnt bleiben, *die Oda sextina a uns catalans intrèpids, perquè la diguin al cim de l'Everest* (*Ode-Sestine für einige unerschrockene Katalanen, die sie auf dem Gipfel des Everest rezitieren sollen*), die auch in einer vorzüglichen Übersetzung auf deutsch vorliegt.[31] Es handelt sich um die Sestine, die am 28. August 1985, bei der katalanischen Erstbesteigung des Everest von Oscar Cadiach auf 8848 m Höhe verlesen und niedergelegt wurde. Der von Dante bewunderte Okzitane Arnaut Daniel hätte es sich sicher nicht träumen lassen, dass die von ihm begründete Gedichtform buchstäblich eine derartige Höhe erreichen würde. Wahrscheinlich kann man Brossas Sestine topographisch als das höchste Gedicht der Welt ansehen und das dort niedergelegte Gedichtblatt zugleich als ein Objektgedicht in brossaschem Sinne klassifizieren, das natürlich seinen „Sokkel" als „objet trouvé" mit vereinnahmt: nichts weniger als den Everest! Land-art mit den bescheidenen Mitteln des Dichters – Papier und Bleistift –, des Dichters, der im 2. Vers der 3. Strophe sagt: „El poeta us segueix el pas".[32] Die Wertschätzung, die man Brossa in seinem Land entgegenbrachte, seine populären Bande, aber auch die Bedeutung, die die Katalanen einem Stück Literatur in ihrer Sprache zumessen können, lassen sich aus diesem außergewöhnlichen Happening ablesen.[33]

Wir haben in den letzten Beispielen die überraschenden Übertritte aus dem Gedicht in seine Materialität kennengelernt, die uns Brossa ansinnt.

In einem Gedicht ohne Titel[34] überschreitet der Dichter in anderer Weise die Grenze zwischen Gedicht und Rezipient:

Tot i sentir tanta alegria, de sobte	Obwohl ich mich so froh fühle,
em ve algun pensament i,	kommt mir plötzlich ein Gedanke:
abandonant-m'hi,	ich gebe mich ihm hin
em poso trist, tant, que el lector	und werde traurig, so sehr, dass der Leser
se n'adona i es queda parat; i jo,	es merkt und stutzt; und ich, strenge
esforçant-me per dir més, esmento	mich an, etwas mehr zu sagen, erwähne
alguna raó i agafo una canya:	irgendeinen Grund und greife zu einem
és la canya amb què jugava,	Bambusstock: es ist der Stock, mit dem
de petit, com si fos un cavall,	ich spielte, als ich klein war, wie mit einem
posant-me-la entre les cames	Steckenpferd, ich nahm ihn zwischen die
per córrer d'una banda	Beine, und rannte damit
a l'altra.	hin und her.

(Nebenbei sei darauf hingewiesen, dass sich Brossa, wie so oft, als Meister des Enjambements zeigt. Er arbeitet also schon bei der Versgliederung mit dem gleichen Überraschungssprung, der insgesamt seine vielfältigen Überschreitungen auszeichnet.)

Der Rückgriff auf die Kindheit bedarf hier keines Kommentars, wohl aber die Kommunikationssituation mit dem Leser: offenbar erst nach einem stärkeren Grad der Traurigkeit („tant que") „merkt" der Leser etwas und stutzt; der Dichter sucht nach irgendeiner verbalen Erklärung, doch dann greift er zu einem Objekt, das mit seiner emotionalen Bedeutungsaura mehr sagen kann als Worte. Brossa verhält sich seinem Leser gegenüber wie im realen Leben. Er tritt damit aus dem Gedicht in die Gegenwart des Lesenden bzw. holt ihn in das Gedicht hinein: die etablierte Grenze zwischen literarischem Ort und Lebenswelt wird schillernd in die Schwebe gebracht.

Die surrealistischen Effekte dieser Überschreitungen sieht Brossa im Zusammenhang mit der Welt des Zauberns: der Dichter holt sein Gedicht im Grunde wie ein Zauberer aus dem Hut. Hier eine Anleitung dazu:[35]

Agafa un cap, fes	Nimm ein Seil, forme
una anella i hi passes el cordill,	einen Ring und führe es hindurch,
li dónes una volta per formar	winde es einmal herum um ein
un trau,	Loch zu bilden,
l'estires i el passes per darrera;	zieh es zu und führe es hinten herum;
el tornes a passar pel trau	führe es noch einmal durch das Loch
i el poema queda recolzat	und das Gedicht liegt jetzt
damunt el nus.	auf dem Knoten.

Dichten ist – wie es Joan Brossa bei den Katalanischen Wochen in Berlin 1978 selbst vorführte[36] – Zaubern, jedenfalls für einen Postsurrealisten, als den man Brossa in vieler Hinsicht einordnen kann. Er hat in seinem ganzen Leben viel für die Rehabilitierung der Magie als Brückenkunst zwischen Volksunterhaltung und Avantgardekunst getan. Während Salvador Dalí, der ja nur 15 Jahre älter war[37] als Brossa, sich sozusagen nicht hinter die Karten gucken lassen wollte, setzt Brossa bewusst auf das Zusammenbinden von Volkskunst und Avantgarde. Eine ganze Generation katalanischer Künstler und Magier ist durch Brossa beeinflusst worden. Wie überhaupt Brossas Einordnung aller Gattungen unter dem Oberbegriff des poetischen Tuns – Gedicht und Skulptur, Installation und Happening, Verwandlungskunst und Magie, Taschenspielerei und Zirkus, Theater und Film, Pantomime, Ballett, Konzert und Oper, Spiele und Spielanweisungen, Collage und Reklame, Sachbeschreibungen und Alltagstexte als ready mades – einen unübersehbaren (und dennoch oft übersehenen) Einfluss auf das Kulturverständnis im Katalonien der letzten drei Jahrzehnte gehabt hat. Nur zwei Beispiele: das Museu dels Joguets (Spielzeugmuseum), das nach dem Dalí-Museum meistbesuchte Museum von Figueres, und die musikalischen Aktionen, Happenings und Avantgardeopern von Carles Santos sind direktem Einfluss Brossas zu verdanken. Speziell in Bezug auf dieses vielseitige Aufbrechen der Begrenzungen der literarischen Gattung Gedicht – eine Grundkonstante in Brossas Werk – habe ich eingangs Brossa als den Autor der Überschreitungen bezeichnet.

Ein Beispiel für die Überschreitung der Gattungsgrenzen zwischen Gedicht und Theater ist Brossas schon erwähnte *Poesia escènica*, die in einer Gesamtausgabe in 6 Bänden 1973 bis 1983 erschien. Seit 1979 schrieb Brossa nicht mehr für das Theater, nahm aber regen Anteil an den sich mehrenden Aufführungen und Uraufführungen seines reichen szenischen Schaffens. Auch seine Gedichte bieten immer wieder Ausgriffe in die Theaterwelt:[38]

Pantomima	*Pantomime*
Pierrot	Pierrot
encarrega a Arlequí	beauftragt Harlequin
- vestit de vermell amb un barret	- rot angezogen und mit einem
negre - que doni a Colombina	schwarzen Hut - er soll Colombina
una poesia d'amor.	ein Liebesgedicht übergeben.
Arlequí	Harlequin
se n'oblida i, a la noia,	vergisst es und bittet
li demana menjar.	das Mädchen um Essen.
Pierrot vol saber el resultat	Pierrot will das Resultat
de l'encàrrec, i Arlequí	des Botengangs wissen und Harlequin
li ensenya el menjar embolicat	zeigt ihm das Essen, eingewickelt
amb el paper on hi ha escrita	in das Papier, auf dem
la poesia d'amor.	das Liebesgedicht steht.
Un pati	Ein Innenhof
guarnit amb fanalets	dekoriert mit venezianischen
venecians.	Laternen.

Das Gedicht schlägt eine Brücke zur Commedia dell'Arte, indem es eine Pantomime beschreibt, in der Brossas drei Lieblingsfiguren,[39] Pierrot, Colombina und Arlequí, agieren. Das an Colombina zu übergebende Liebesgedicht ist bereits in seiner Objekthaftigkeit als Blatt Papier gedacht, wie sie in den ersten oben behandelten Gedichten überhaupt erst hergestellt werden musste. Doch Harlekins Vergesslichkeit verwandelt dieses Gedichtblatt in ein fundamental weiter verfremdetes Objekt, in Einwickelpapier für Essen: das Gedicht wird radikal von seinem hohen literarischen Podium in den Alltag herabgeholt – ohne dass damit jedoch die komödiantische und kindliche Phantasiewelt aufgehoben würde: zu der ganzen Pantomime und zu dem Gedicht leuchten – durch eine Leerzeile abgesetzt – venezianische Laternen. Es gelingt Brossa um die Entzauberung des Liebesgedichts, die wir Harlekin gerne verzeihen, wieder einen Zauber der komplexen Überschreitungen zu legen.

Unübersehbar spricht aus den Überschreitungen in den Gedichten Brossas das Unbehagen am traditionellen Gedichtinhalt – ein Unbehagen, wenn nicht eine Revolte, die die Avantgarde generell kennzeichnet:[40]

La resplendor	Der Abenddämmerung
del crepuscle il.lumina	Widerschein erleuchtet
muntanyes i valls,	Berge und Täler
presentant a la nostra	und bietet unserem
vista un espectacle	Blick ein Schauspiel
fantàstic.	ohnegleichen.
Prefereixo	Ich ziehe vor,
no citar el meu	meinen Namen nicht
nom. Molts	zu nennen. Viele

poetes podrien haver escrit aquestes paraules.	Dichter hätten diese Worte schreiben können.
Jo us dono una flauta. Veureu que sona i al mateix temps se us omple la cara de farina.	Ich geb euch eine Flöte. Ihr seht: sie tönt und zugleich staubt euer ganzes Gesicht mit Mehl voll.

Brossa misstraut den Evokationen romantischer Verse und setzt dagegen die Überraschung eines kindlichen Spaßes.

Es handelt sich aber nicht nur um das Misstrauen gegenüber der Tradition, sondern ganz grundsätzlich um das Wissen um die Grenzen von Sprache:[41]

No, no. Aquest poema vol traspassar els límits del llenguatge.	Nein, nein. Dieses Gedicht will die Grenzen der Sprache überwinden.

Sich dem Wort zu verweigern ist einer der Wege, die Brossa zum Objektgedicht geführt haben. Das folgende Gedicht konstatiert, wie sehr die Natur der Sprache überlegen ist:[42]

Mira: són els ocells que salten de branca en branca.	Schau: es sind die Vögel, die von Zweig zu Zweig hüpfen.
Vet aquí el límit de l'expressió literària.	Seht hier die Grenze aller Literatur.

Brossa meint hier offenbar die Grenzen aller Nur-Literatur. Er hat sich in einem Prozess selbstreferentiellen Dichtens von diesen Grenzen durch deren Überschreiten freigemacht – ein genuin avantgardistisches Programm – und ein genuin kreatives Programm. Artur Koestler hatte in seinem Buch *The Creative Act* (1964) Kreativität als „Bisoziation" von Denksystemen, als „das plötzliche Ineinandergreifen von zwei vorher beziehungslosen Fertigkeiten"[43] definiert: „The creative act consists in combining previously unrelated structures in such a way that you get more out of the emergent whole than you have put in it." Und: „The creative act [...] combines, reshuffles, and relates already existing but hitherto separate ideas, facts, frames of perception, associative contexts."[44] In einer schon angesprochenen früheren Untersuchung zu Brossa habe ich die Tragfähigkeit von Koestlers Definition überprüft und gezeigt, wie sehr sie gerade Brossas kreatives Verfahren, seinen „sudden leap of the creative act",[45] trifft.

Ein Gedicht von Brossa setzt gewissermaßen den Leser frei für die kreative Partizipation am kommunikativen Akt zwischen dem Dichter und ihm:[46]

Viatge	*Reise*
El poema es posa en moviment	Das Gedicht setzt sich in Bewegung
i us fica per la boca d'una foradada.	und führt euch in den Eingang eines Tunnels.
Dilluns dimarts dimecres dijous divendres dissabte	Montag Dienstag Mittwoch Donnerstag Freitag Samstag
Aquí el poema es para perquè baixeu i sortiu a la llum del dia.	Hier hält das Gedicht an damit ihr aussteigen könnt und herauskommt ans Tageslicht.

Der bedeutende katalanische Kunsthistoriker und Kunstkritiker Alexandre Cirici (1914-1983) hatte über Brossa geschrieben, was auch auf seine Dichtung insgesamt applizierbar ist:[47]

> Die Visuelle Poesie und die Objekt-Gedichte von Brossa sind ergiebig. Wie der Achat des Pyrrhus, von dem uns Plinius berichtet, in dessen Äderung die Leute Mythen und Schlachten sahen, so sind sie ein Ansporn für unsere freien Gedanken und unsere freien Gefühle. Sie sind Schulen der Freiheit.

Anmerkungen:

1 Antoni Tàpies teilt mit, Brossa habe sich bei der Namensgebung für die Zeitschrift an „La septième face du dé" des Surrealisten Georges Hugnet [sic] inspiriert (in: *Dau al Set.* Nadal 1990, Weihnachtsgabe des Bürgermeisters von Barcelona, Barcelona: Regidoria d'Edicions i Publicacions/Museu de les Arts Gràfiques de Barcelona, Dezember 1990, in dem von Tàpies gestalteten Faltblatt).

2 Sein erstes Gedichtbuch – Sonette unter dem Titel La bola i l'escarabat – schreibt er schon 1941. Auch im *Dau al Set* sind Beiträge Brossas zum Teil auf 1945 datiert.

3 Siehe http://www.partal.com/aelc/autors/brossaj/publicacions.html; vgl. auch: Glòria Bordons: 50 anys de publicacions de Joan Brossa – Bibliografia 1948-1997, in: Zeitschrift für Katalanistik 10 (1997), Frankfurt/M., S. 90-108. Siehe auch meine Artikel: Joan Brossa: Das lyrische Werk, in: Kindlers Neues Literatur Lexikon, vol. 3, München 1989, S. 234-235; Joan Brossa: Poesia escènica, in: ebd., S. 235-236; Brossa, Joan, in: Harenbergs Lexikon der Weltliteratur, vol. 1., Dortmund 1989, S. 474.

4 Diese Hochschätzung Wagners und überhaupt der aus dem (deutschen) Norden kommenden Kultur ist in Katalonien weit verbreitet – besonders gilt dies für den Jugendstil. Siehe T. Stegmann: Das Licht aus dem Norden. Der Einfluß der deutschen Kultur [in Katalonien], in: Merian Barcelona Costa Brava, Juni 1979, Jg. 32, S. 82. Brossa ist 1919 im Carrer de Wagner in Barcelona geboren und hat 13 seiner Gedichte, die auf Wagner Bezug neh-

men, mit 10 Radierungen von Antoni Tàpies in dem Künstlerbuch Carrer de Wagner, Barcelona 1990 publiziert (Auflage 165 Ex.). Das Buch wurde am 23. 5. 1990 öffentlich vorgestellt – „natürlich" im *Liceu*, dem Opernhaus Kataloniens, in dem so viele Wagneropern ihre katalanische Erstaufführung erlebten. (Siehe dazu: Til und Inge Stegmann: Katalonien und die Katalanischen Länder, Stuttgart 1992, S. 98-99.)

5 Am 24. 7. 1997 wurde das PLAZA eröffnet – u. a. mit einer Ausstellung von Brossa-Objektgedichten, die in 13 Vitrinen ausgestellt waren. Dazu erschien ein Katalog in Form eines Menus: Joan Brossa: Menjar art – Essen Sehen, ed. T. D. Stegmann et al., Barcelona – Frankfurt/M., Ediciones Ilimitadas – Commerzbank 1997, zweispr. kat.-dt.

6 Siehe auch die „hypnagogische" Phase in Antoni Tàpies' Frühwerk: Pere Gimferrer: Antoni Tàpies und der Geist Kataloniens, trad. T. D. Stegmann, Berlin 1976, S. 9-18. In dem in Anm. 8 genannten Katalog umfasst das Kapitel „Les imatges hipnagògiques. D'Algol a Dau al Set" die S. 44-101.

7 „Sextina per un poema visual transitable, en tres parts, situat en un espai urbà, a l'entorn del Velòdrom d'Horta", in: Viatge per la sextina (1976-1986), Barcelona 1987, S. 258-259. In dem Exemplar dieses Buches, das mir Brossa mit einer wagnerianischen Widmung versehen hat („Per a Til S., amic de Catalunya i «Sigfrid» [sic] de la cultura catalana"), hat er mir handschriftlich auf einem Zettel die Korrektur der ersten zwei Verse dieser Sestine notiert, die so lauten müssen: „La primera de les lletres, / alta de setze metres, és de pedra,".

8 Die neueste Publikation zu Brossa ist der 457-seitige Begleitband und Katalog zu der Brossa-Retrospektive in den Ausstellungsräumen der „Fundació Joan Miró" in Barcelona vom 23. 2. – 27. 5. 2001: Joan Brossa o la revolta poètica, ed. Manuel Guerrero, Barcelona 2001; auf den S. 464, 471 und 472 ist Brossa (auch zum Größenvergleich) in seinem Poem abgebildet. Ich hatte die Freude, von Brossa selbst geführt, kurz nach der Fertigstellung sein transitables Poem zu „begehen".

9 Im genannten Katalog von 2001 finden sich auch vielfältige Beispiele für die Präsenz des Buchstabens A in BrossAs Werken.

10 Im Katalog von 2001 auf S. 444 und 445. Das Poema visual erschien 1975 als Serigrafie.

11 Ein Spiel von Spiegeln. Katalanische Lyrik des 20. Jahrhunderts, mit 7 Farbzeichnungen und 3 Collagen von Antoni Tàpies, Leipzig 1987, S. 144-145; auch in einer Vorzugsausgabe mit einer von Tàpies signierten Farblithographie in 230 Exemplaren erschienen.

12 Offenbar von 1970 (siehe im Katalog von 2001 die S. 444). Die erwähnte Lithographie von Tàpies/Brossa dürfte in den 70er Jahren entstanden sein.

13 S. 141

14 Wie, wenn ich mich recht entsinne, der Titel einer Anthologie afrikanischer Gedichte der 60er Jahre hieß.

15 Vgl. die Totenlarve des Tirano Banderas in Ramón del Valle-Incláns gleichnamigem Diktatorenroman von 1926: „parece una calavera" schreibt Valle-Inclán schon im ersten Kapitel vom Tyrannen Banderas.

16 In Spanien stand unter dem Warnzeichen meist noch „Peligro de muerte" (Todesgefahr).

17 Besonders wenn man an einen Vergleich mit einer Todesanzeige denkt.

18 Alle Epochen umfassend ist der reiche bildliche Anteil im in Anm. 8 genannten Katalog von 2001.

19 Joan Brossa o les paraules són les coses (J. B. oder die Worte sind die Dinge), Barcelona: Fundació Joan Miró 1986. Die Ausstellung wurde später in Valladolid und in València gezeigt.

20 Katalog Joan Brossa. Grafiken – Objekte – Installationen, Kassel: Museum Fridericianum 1998 (überwiegend Werke aus dem Besitz von Andrea Tschechow und Erik Mosel).

21 Besonders die Kataloge der Ausstellungen 1. im Museo Nacional Centro de Arte Reina Sofia: Brossa 1941-1991, ed. Victòria Combalia, Mailand: Grupo Editorial Fabbri, Madrid:

Ministerio de Cultura, 1991; 2. in der Sala Diputación de Huesca in Aragonien: Brossa 1986-1991 Poemas objeto e instalaciones, [Huesca?]: Diputación de Huesca, 1991/92; 3. im Palau de la Virreina in Barcelona: Joan Brossa, entre les coses i la lectura – objectes, poemes, muntatges, instal.lacions ..., Barcelona: Ajuntament de Barcelona, 1994. In dieser letzten und der Ausstellung in der Fundació Joan Miró von 1986 führte ich mit Brossa lange Gespräche vor den einzelnen Exponaten.
Ein grafisch außergewöhnlich als ästhetisches Objekt gestalteter Katalog (allerdings nur Texte über Brossa enthaltend) begleitete die von Josefina Matamoros organisierte Ausstellung von 1990 in Nordkatalonien: im Musée d'Art Moderne de Ceret und im Musée de Cotlliure, Fonds Peské: Joan BROSSA, Montpellier 1990. Dies war nicht die erste Ausstellung im Ausland, denn 1988 hatte bereits die Galerie Mosel & Tschechow in München eine kleinere Ausstellung veranstaltet, zu der ein Buch mit Bildern von Objektgedichten und dem Abdruck all der Brossagedichte erschien, die ich 1987 in meine Anthologie *Ein Spiel von Spiegeln* aufgenommen hatte: Joan Brossa, Werke 1951-1988, München 1988. Anlässlich der vom 8. 6. bis 12. 8. 1988 dauernden Ausstellung lasen Michael Krüger vom Hanser Verlag, Inge Mees und ich Gedichte von Brossa auf deutsch und katalanisch.
Außerdem war Brossa 10 Jahre zuvor an hervorragender Stelle an den „Katalanischen Wochen Berlin" vom Juni/Juli 1978 beteiligt, zu denen wir ihn offenbar erstmalig ins Ausland eingeladen hatten. Im Berliner Theater „Tribüne" wurde Brossas Musik-Konzert-Ballet-Theaterstück *Suite bufa* aufgeführt, bei dem Brossa selbst mitwirkte. (Das Plakat dazu findet man auf S. 317 des Katalogs von 2001 [Anm. 8].) Im Künstlerhaus Bethanien erlebten wir am 30. 6. 1978 eine denkwürdige Zauber- und Gedichtvorführung Brossas. Bei der „Nacht der katalanischen Autoren" las Brossa neben Vicent Andrés Estellés, Joan Fuster und Josep Palau i Fabre. In der Staatlichen Kunsthalle war Brossa mit visuellen Gedichten und Objektgedichten in der Ausstellung „Art i Modernitat als Països Catalans – Katalanische Kunst des 20. Jahrhunderts" vertreten. In dem Katalog: Katalanische Kunst des 20. Jahrhunderts – Art i modernitat als Països Catalans, co-ed. T. Stegmann, Berlin 1978, sind Werke von Brossa und Aufsätze über ihn auf den S. 255, 286-288 und 329-332 abgebildet und abgedruckt (es handelt sich um die umfangreichste zweisprachig katalanisch-deutsche Publikation, die bisher existiert). Zu den Katalanischen Wochen Berlin siehe T. Stegmann: La cultura catalana, cal que la gent de fora la conegui?, in: *Serra d'Or* 20 (1978) n. 229, S. 621-627 mit anschließendem Aufsatz von Alexandre Cirici: L'art català a Berlín, S. 627-629.

22 Triada de llibres (1957-1963), prolog. v. Arthur Terry, Barcelona 1977.

23 Z. B. Kreativität in Joan Brossas Gedichten, in: *Zeitschrift für Katalanistik* 9 (1996), S. 72-102 www.rz.uni-frankfurt.de/katalanistik/zfk_969.html. Siehe auch Tilbert Dídac Stegmann: Joan Brossa, la creativitat i la creativització del lector und Joan Brossa, die Kreativität und die Kreativisierung des Lesers, in: Primera trobada Internacional „Creativitat ara": 2, 3 i 4 de maig de 1996. L'Alfàs del Pi 1996, S. 66-73.

24 Insbesondere das Gedicht *Poema* („Tot poema /és una detenció") von 1960, S. 78-84 des vorgenannten Aufsatzes. Das Gedicht *Poema amb fons negre* von 1961 (zweisprachig abgedruckt in: Die Spezialität des Hauses. Neue katalanische Literatur, ed. R. Friedlein, B. Richter, München 1998, S. 128-129), habe ich in meinem Beitrag zum Internationalen Symposion „Joan Brossa o la revolta poètica" vom 14. 5.bis 13. 6. 2001 unter dem Titel „Com Brossa ens ha creativitzat" detailliert auf die Überschreitungen hin untersucht; siehe: http://campus.uoc.es/jocs/brossa/articles/stegmann_imp.html..

25 Siehe Anm. 11, S. 136-137, zweisprachig; hier in neuer Übersetzung von mir; der katalanische Text nach dem Band: Joan Brossa: Poemes de seny i cabell (Gedichte von Vernunft und Haar), Barcelona 1977 (siehe Anm. 22), S. 759. Er entstammt dem Gedichtbuch *El saltamartí* von 1963, das zuerst in Barcelona 1969 erschienen war. Ins Deutsche übersetzte Gedichte von Brossa liegen ferner vor in dem Band: So entstand Joan Brossa. Gedichte,

München 1998. (Es handelt sich um die Übersetzung des gesamten Gedichtbandes Em va fer Joan Brossa von 1951, trad. Frank Henseleit-Lucke; die Übersetzung des Titels ist falsch und müsste heißen: „Mich machte Joan Brossa"). Zuerst erschienen Brossa-Gedichte in: Ich will deutlich sprechen. Gedichte aus Katalonien, in: *Akzente* 21 (1974), Nr. 4 (August), S. 289-314; darin die 3 Gedichte: *Dichtung*, *Pfau*, *Theater*, trad. Johannes Hösle und Antoni Pous (S. 301-302). Kurz nach den Katalanischen Wochen Berlin erschienen ferner vier Gedichte von Brossa in: *Park.* Zeitschrift für neue Literatur. Heidelberg/Berlin, Nr. 7, Sept. 1978, S. 24-25 und 26-29.

26 In einem weiteren Gedicht aus dem gleichen Gedichtbuch, mit dem Titel *Hàlit* (Atemhauch) beginnt der Dichter das Gedicht mit den Utensilien eines Architekturzeichners zu verfertigen und dann kommt ein Vogel vorbei und führt das Gedicht zu Ende. Das Gedicht lautet: „Trec el regle, / la caixa de compassos, / i començo a traçar / i dibuixar. // Passa un ocell i acaba el poema." (S. 787).

27 Es wird angeraten, diese Seite von Leonhard M. Fiedlers Festschrift nicht unbedingt für das Nachfalten der Anweisung zu verwenden. Ich schlage vor, es mit einer Fotokopie zu tun.

28 Behandelt in meinem Aufsatz zur Kreativität Brossas (s. Anm. 23), S. 99-100.

29 Etwa *Fogall de sonets* (1943-1948), *Sonets de Caruixa* (1949), *La barba del cranc*, *Càntir de càntics.*

30 Siehe Anm. 7.

31 In: Signes d'Aire - Luftzeichen, mit 5 Lithographien von Albert Ràfols Casamada, ed. T. D. Stegmann, Barcelona/Frankfurt/M. 1990; darin [S. 9-10] die Ode-Sestine auf katalanisch und auf deutsch (Übersetzung von Hans-Ingo Radatz). Es handelt sich um ein Künstlerbuch, das in 32 vom Künstler und vom Herausgeber signierten Exemplaren erschien und auf der Frankfurter Buchmesse im Oktober 1991 in einer eigenen Vitrine in der Spanien gewidmeten Halle gezeigt wurde.

32 Als Beispiel sei die ganze 3. Strophe auf deutsch zitiert: „Ich höre nächtens das Geräusch von Schritten. / Der Dichter folgt euch nach; ihr seid das Zentrum / innen im Kreis – Vernunft, verschmähend Stärke. / Es hemmen auf dem Rückenrund des Lebens / Blitzstrahlen die Umarmungen der Sohlen; / doch zwingt voran der Bergeskamm die Spuren."

33 Siehe dazu auch mein Vorwort zu dem Ausstellungskatalog der ersten Brossa-Ausstellung in einer deutschen Galerie, (Mosel und Tschechow, vgl. Anm. 21), S. 9-10.

34 *Poemes de seny...*, S. 428; es stammt aus dem Gedichtbuch *Poemes civils* von 1960 (Erstpublikation: Barcelona 1961).

35 *Poemes de seny ...*, S. 439. Aus: *Poemes civils.*

36 S. Anm. 21. Siehe auch meinen Beitrag: Joan Brossa: Prestidigitador de la lletra i de la paraula – mag del poema - fregolitzador dels objectes, in: Joan Brossa, València 1994, S. 247-250.

37 Auch Dalí hat (katalanische) Gedichte geschrieben, die seit 1928 in katalanischen Avantgardezeitschriften erschienen und die ich 1974 auf deutsch übersetzt habe, in: Salvador Dalí: Unabhängigkeitserklärung der Phantasie und Erklärung der Rechte des Menschen auf seine Verrücktheit. Gesammelte Schriften, hg. v. A. Matthes u. T. D. Stegmann, München 1974; erneut: Frankfurt/M. 1990.

38 Das folgende Gedicht findet sich in *Poemes de seny* ... auf S. 310 und stammt aus *Cau de poemes* von 1960.

39 Siehe S. 92 meines in Anm. 23 genannten Aufsatzes.

40 Das folgende Gedicht findet sich auf S. 304 von *Poemes de seny* ... und stammt aus *Cau de poemes.*

41 *Poemes de seny...*, S. 290 (aus *Cau de poemes*).

42 *Poemes de seny...*, S. 285 (aus *Cau de poemes*).

43 Zitiert nach der deutschen Ausgabe *Der göttliche Funke,* Bern/München 1968, S. 122. Siehe dazu ausführlicher meinen in Anm. 23 genannten Aufsatz, S. 76-77.

44 Aus Koestlers Aufsatz „The three domains of creativity", in: The concept of creativity in science and art, ed. Denis Dutton/Michael Krausz, Boston 1985, S. 1-17, hier S. 1. Siehe auch S. 101 meines in Anm. 43 genannten Aufsatzes.

45 S. 2 von Koestlers genanntem Aufsatz.

46 S. 716 von *Poemes de seny ...;* aus *El saltamartí.*

47 Auf deutsch im Münchner Ausstellungskatalog (Anm. 33), S. [22], trad. Inge Mees [Stegmann]. Das katalanische Original in: Joan Brossa. Poesia visual i poemes objecte, Barcelona: Galeria Joan Prats, 1982, S. 5.

Dolf Oehler

Calvino – Perec – Auster
Über verschiedene Arten, mit der autobiographischen Schreibweise zu experimentieren

Die Geschichte der Beziehungen zwischen Roman und Autobiographie ist eine von Anbeginn an problematische und komplexe. Die Autobiographie, wir reden von ihrer modernen Spielart, deren Prototyp *Les Confessions* von Rousseau darstellt, die Autobiographie versucht sich als das andere des Romans zu profilieren, als diejenige Form der erzählenden Darstellung einer Lebensgeschichte, die es nicht nötig hat, sich mit den Griffen und Kniffen des Romans zu behelfen, die es nicht nötig hat, zu erfinden und zu flunkern, die sich an nichts anderes hält als an die reine, dem Verfasser besser als jedem anderen vertraute Wahrheit des Erlebten, des Selbsterlebten. Rétif de la Bretonne, der ebenso gelehrige wie selbständige Schüler Rousseaus, geht so weit, die Autobiographie, oder zumindest doch *seine* Autobiographie, *Monsieur Nicolas*, als „Anti-roman" zu definieren, wobei er dem Verfasser der *Confessions* unterstellt, er habe einen Roman geschrieben. Einem solchen Vorwurf aber setzen alle Autobiographen sich aus, wie hartnäckig sie auch immer versichern mögen, ihre Lebensgeschichte sei, als reine Wahrheit, über jede Form von Roman oder Fiktion erhaben. Goethe und Stendhal haben dies Dilemma schon früh durchschaut und deshalb die Autobiographie als die Einheit der Gegensätze von Rechenschaftsbericht und Fiktion konzipiert. Freilich verändert die luzidere Auffassung der Gattungsproblematik die Anlage und Gestalt des Textes nicht wesentlich, es sei denn, man erblicke in der Kündigung dessen, was Philippe Lejeune „le pacte autobiographique" nennt, eine wesentliche Veränderung der Autobiographie. Ich werte das Ausweichen in die 3. Person oder das Ersetzen des eigenen Namens durch einen anderen – wie bei Karl Philipp Moritz oder Stendhal – als eine vergleichsweise geringfügige Konzession an die heimliche Übermacht des Romans über die Autobiographie, die dazu dient, die unvermeidliche Promiskuität von genuin autobiographischer Erinnerung und fiktionaler Erzählprosa bewußt werden zu lassen und dadurch das Hybride der Gattung Autobiographie abzumildern.

In der Literatur des 20. Jahrhunderts nun wird das Spannungsverhältnis zwischen diesen beiden, der Idee nach unvereinbaren, Gattungen in einer ganz neuen, buchstäblich unerhörten Weise virulent. Nicht nur die Poesie geriet durch die Erfahrung zweier Weltkriege und die noch unbegreiflichere, noch entsetzlichere der Shoah in eine Krise, auch der Roman, die Fiktion überhaupt geriet in eine solche und desgleichen ihr Gegenstück – die Autobiographie. Der Realismus des Romans mußte vor dem Unvorstellbaren, dem Undarstellbaren kapitulieren und umgekehrt wurde das Ich der Autobiographie mit seiner eigenen kleinen Geschichte von der Weltgeschichte, von „l'Histoire avec sa grande Hache", wie es bei Perec heißt, ausgelöscht: im Widerschein der Weltkriege und der Konzentrationslager drohte die narrative Kompetenz des Romanciers ebenso zu versagen wie die Fähigkeit des Autobiographen, gestützt auf seine Erinnerung eine exemplarische Lebensgeschichte zu rekonstruieren. Die Geschichte drohte die epische Erzählung ebenso ad absurdum zu führen und Lügen zu strafen wie die autobiographische Konfession oder wie die lyrische Klage. Genialische Autodidakten, anachronistische Kraftgenies wie Louis-Ferdinand Céline, die sich zutrauten, es literarisch mit dem Schlimmsten aufzunehmen, Roman und Autobiographie zusammen zu zwingen und diese Synthese in den Dienst einer Geschichtsvision zu stellen, die es mit Dante aufnehmen wollte, gebaren Monster wie dem berühmten Wort Goyas zufolge der Traum der Vernunft Monster gebiert.

Auf diese Aporie, die niemals schneidender war als nach dem Zusammenbruch des Faschismus in Europa, hat kaum ein Schriftsteller so empfindlich reagiert wie der junge Calvino. Er verabschiedet den „neorealismo" seiner eigenen Anfänge, – und der „neorealismo" war in Italien das, was die „Littérature engagée" damals in Frankreich war – er verabschiedet auch das Subjekt mit seiner Erfahrung, seiner Psychologie, seiner Psyche aus der Literatur, er will weder den Roman noch die Autobiographie, noch die immer beliebter werdende trübe Mischung beider, er konstruiert Prosafiktionen, die allein noch dem Schein nach Romane sind, in Wirklichkeit aber virtuose luftige Experimente mit dem Erzählen an sich; Calvino schafft eine Literatur aus der Retorte, Literatur aus Literatur, und kehrt der Wirklichkeit, die ohnehin zu schrecklich sei, als daß man sie ungestraft anschauen könne, bewußt den Rücken. Seine experimentellen Texte aber sollen zugleich dazu dienen, wie Calvino nicht müde wird zu betonen, die Wirklichkeit zu überwinden, ihr den Todesstoß zu versetzen wie Perseus der Medusa. Der nachträgliche Autor-Kommentar erklärt den Text zu einem allegorischen Angriff auf die Wirklichkeit: man denke etwa an das Nachwort zu der Trilogie *I nostri antenati*, in dem das scheinbar reine Spiel mit traditionellen Erzählformen und - situationen auf einen individuellen und kollektiven Bedeutungskern zurückgeführt wird. In seiner literarischen Alchimistenküche eingeschlossen, betätigt sich Calvino ganz nebenbei als ein tiefsinniger Kritiker der eigenen Zeit – dies jedenfalls ist der Anspruch seiner zahlreichen Selbstkommentare, die andererseits Wert darauf legen, daß sie den Sinn seiner Texte keineswegs erschöpfend benennen wollen.

Und so wie die Wirklichkeit buchstäblich durch die Hintertür des Selbstkommentars in Calvinos Fiktionen bzw. Metafiktionen eindringt, so taucht auch das „Ich" des Autors – und mit ihm eine autobiographische Bedeutungsschicht – durch den Selbstkommentar in seinen Erzähltexten auf. Einerseits erweisen sich, dank dem Selbstkommentar, gewisse Texte als gleichnishaft verschlüsselte Selbstaussagen, der Kommentar ist, so gesehen, eine Art Metaautobiographie, andererseits aber erwächst aus der Praxis des Selbstkommentars das Bedürfnis nach einer historischen Herleitung der eigenen artistischen Optionen. Damit aber knüpft Calvino an eine Praxis an, die in dem, ihm so lieben, 18. Jahrhundert bei den großen Autobiographen Gang und Gäbe war: man faßt die Autobiographie als den Schlußstein eines Œuvres auf; der Verleger oder bewundernde Leser regen sie an als Supplement zur Werkausgabe. Niemand, weder Rousseau, noch Goldoni, noch George Sand, hat diese Funktion der Autobiographie klarer definiert als Goethe: sie ist eine nachträgliche Lesehilfe, eine Gebrauchsanweisung für Publikum und Nachwelt, die die Einheit einer scheinbar heterogenen literarischen Produktion stiftet oder sichtbar werden läßt. Calvino jedoch hat der Autobiographie gegenüber ein gespaltenes Verhältnis. Zum einen ist er überzeugt von der Notwendigkeit, daß der Autor in oder hinter seinem Werk verschwinden müsse. Zum andern generiert sein Drang nach Selbstauslegung und Selbstsituierung den Wunsch zur Selbstdarstellung. Da aber das ästhetische „parti pris" Calvinos in seiner absoluten „leggerezza" besteht, was Jean Starobinski mit Recht als den Versuch wertet, die Melancholie aus der Literatur zu verbannen[1], haftet Calvinos autobiographischem Projekt von vornherein etwas Aporetisches an. Die Fiktion verträgt die Vogelperspektive ober die Perspektive von oben, die Calvino selbst als die ihm eigentümliche bezeichnet hat, durchaus, die Autobiographie hingegen muß an ihr scheitern. Um dieser Unvereinbarkeit willen dürfte das autobiographische Projekt Calvinos, dem er, scharfsichtig genug, den Titel *Passaggi obbligati* hat geben wollen, unausgeführt geblieben sein. In den wenigen publizierten Texten, die wohl als nuclei einer Autobiographie anzusehen sind, zeichnet sich die Nowendigkeit ab, die eigenen spielerisch-experimentellen ästhetischen Maximen, die auf eine Eliminierung nicht nur des Ich', sondern darüber hinaus des empirisch leidenschaftlichen und leidenden Menschen hinauslaufen, im Lichte einer Auseinandersetzung mit der Person seines Vaters und seiner Mutter und deren Lebensernst zu revidieren. *La strada di San Giovanni*, ein Versuch, seinen Konflikt mit dem Vater zu erfassen, ist der einzig melancholische Text Calvinos: ein ehrlicher Text ohne Experimente wie ohne Ausweichmanöver, aber ein ganz konventionell geschriebener Text. Der Weg in die Luft, die sagen- oder märchenhafte Flucht nach oben, für die er als Erzähler sich entschieden hat, schneidet Calvino sonst unweigerlich den Rückweg in die eigene Kindheit ab, den jeder Autobiograph anzutreten hat, und der immer nur unter Schmerzen gegangen werden muß.

Ganz anders Georges Perec, der, obwohl nur 13 Jahre jünger als sein Freund Calvino, nicht mehr derselben Epoche anzugehören scheint. Beide – Calvino und Perec – haben einander bekanntlich geschätzt, aneinander und übereinander geschrieben, beide frequentierten das Ouvroir de Litt. potentielle in Paris, beide waren leidenschaftliche Experimentatoren, und dennoch kann man sich kaum verschiedenere Literatur-Temperamente, größere Gegensätze denken. Anders als Calvino, der als junger Mann Partisan gewesen war und welthistorisch sich als Sieger fühlen konnte, vermochte Perec sich nie als Subjekt der Geschichte zu empfinden, er hat sich immer nur als deren Objekt empfunden: von der Geschichte verwaist, in den Stand eines Findelkindes eingewiesen „dans le statut inoffensif de l'orphelin, de l'inengendré, du fils de personne"[2], wie es in *W ou le souvenir d'enfance* heißt. Ist es bei Calvino eine ästhetische Entscheidung, nicht „Ich" zu sagen und die Geschichte aus der Fiktion zu verbannen, so bedeutet es für Perec eine Art Fluch, daß er nicht „Ich" sagen kann und daß die Geschichte ein unheilbares Trauma für ihn darstellt. In einem *Curriculum* in Briefform, das in einer italienischen und einer französischen Version in dem Nachlaß-Band *Eremita a Parigi. Pagine autobiografiche* abgedruckt ist, erwähnt Calvino, er habe, vor seiner Etablierung in Paris jahrelang an einer „nevrosi geografica" gelitten, die sich darin geäußert habe, daß er es nie länger als drei Tage hintereinander an einem und demselben Ort ausgehalten habe.[3] Die bloße Erwähnung einer derartigen, klinisch wohl unerhörten Neurose ist kaum mehr als eine originelle Pointe, fast ein Scherz, suggestiv zwar für den Leser der *Cittá invisibili*, des *Palomar* oder der *Cosmocomiche*, aber man wüßte gar zu gern, und das hätte ein autobiographischer Text zu leisten, wie es dazu gekommen ist und wie er von ihr geheilt wurde.

Perec hingegen läßt es nicht bei einem Scherz über seine Krankheit bewenden. In seinem autobiographischen Projekt, das mehrere Teile umfaßt, die nicht allesamt ausgeführt werden konnten – Perec ist ja schon 1982 im Alter von 42 Jahren einem Krebsleiden erlegen –, in diesem facettenreichen Großprojekt halten sich der darstellerische Ernst und der Wille zum Experiment wie zum Spiel die Waage. Im mehr oder minder klaren Bewußtsein dessen, daß er nicht ohne weiteres „Ich" sagen und daß er über die Geschichte nicht verfügen kann, und schon gar nicht über seine eigene, entscheidet sich Perec für eine Darstellungstechnik der Inkohärenz, der Opacität. Wobei Perecs Technik der Opacität einer Erfahrung entspricht, der Erfahrung des Dunkels der gelebten Augenblicke, des Dunkels auch der ungelebten Augenblicke, um die seine Familie betrogen worden ist; während für Calvino, der sie ausdrücklich thematisiert, die Kategorie des Opaken nur Bestandteil einer theoretischen Versuchsanordnung ist, die dazu dient, den geometrischen Ort des „Ich", „il luogo geometrico dell'io" zu bestimmen, eines Ich freilich, das abstrakt, von der eigenen Erfahrung abgeschnitten ist, oder doch jene Erfahrung nur noch in abstrakter Weise beschwört, etwa durch die Nennung eines dialektalen Ausdrucks, dem aber nicht weiter nachgehorcht wird.[4] Perec problematisiert nicht nur die Nichtidentität eines Juden, dessen Eltern von den Nazis ermordet wurden, mit sich („Je n'ai pas de souvenirs d'enfance", Kapitel II von *W*), er versucht nicht nur, durch das akribische Zusammentragen von Souvenirs – auch im Sinne von Erinnerungsstücken, Photographien, Zeugnissen u. ä. – diesen Ausfall des Gedächtnisses, das Verschwinden der eigenen Geschichte als Folge des Verschwindens der Eltern, notdürftig wettzumachen, einen autobiographischen Text wie ein Puzzle zusammenzusetzen, mehr als ihn aus der Erinnerung zu rekonstruieren: Er erfindet sich selbst ein zweites Ich, indem er die schon erwähnte Promiskuität von autobiographischem und fiktionalem Diskurs, die, wie gesagt, von Anfang an in der Autobiographie herrscht, entmischt und sie explizit neu organisiert. Denn in dem autobiographischen Hauptwerk *W ou le souvenir d'enfance* wechseln romaneske und autobiographische Passagen einander ab und durchdringen einander. Wer, wie Perec, seiner Kindheit beraubt wurde, wer keine Geschichte sein eigen nennen kann, der vermag auch keinen Lebenslauf und keine Geschichte mehr zu erzählen. Darin aber besteht das Telos der autobiographischen – wie der biographischen – Erzählung, daß sie bis zu einem gewissen Grade den Sinn eines Lebens von seinen Anfängen her erschließt. Georges Perec ist einer von denen, deren Anfänge sich in der Nacht eines namenlosen Grauens verlieren, und insofern repräsentiert er das Schicksal eines Zeitalters, in dem die Möglichkeit abhanden kam, in der Geschichte, mit der Geschichte, dank der Geschichte Erfahrungen zu machen: Perecs Generation ist allein traumatisiert von der Geschichte, mit Sprachlosigkeit geschlagen von ihr, und gleichwohl finster entschlossen, „es" irgendwie zu sagen, was auch heißt: zugleich mit der Literatur Geschichte zu machen, und sei es nur auf dem Papier.

„Le projet d'écrire mon histoire s'est formé presque en même temps que mon projet d'écrire". [5] Das schreibt einer, der darunter leidet, daß er eigentlich lügt, wenn er das Wort Geschichte mit einem Possesivpronomen in der ersten Person Singular versieht, einer, für den die Autobiographie also beides ist: Roman – oder mit Goethe gesprochen: Dichtung – *und* Utopie. Utopie einer nirgends zu fassenden Wahrheit. So nimmt Perec, der von der Geschichte um sein Leben Betrogene, Zuflucht zum Roman, zur Utopie, um seinen Plan zu schreiben, den Plan, *sein* Leben zu schreiben, wider alle Vernunft doch noch zu verwirklichen. Er kombiniert einen Roman, den er als 13-jähriger, während der ersten von drei Psychoanalysen, ersonnen hatte, eine Art Phantasma also, den Roman von einer utopischen Insel *W*, mit einem im engeren Sinne autobiographischen Projekt, dem der Archäologie eines Ich, das unter dem Ruinenfeld der Geschichte verschüttetet ward. *W* versteht Perec selbst als Feuilleton-, Abenteuer-, Reise- und Bildungsroman in einem und nennt als Modelle Jules Verne, Roussel und Lewis Carroll[6]. Es drängt dennoch die Frage sich auf, ob die Kombination aus Roman und autobiographischer Resterzählung oder autobiographischen Erzählresten den Zerfall des traditionellen autobiographischen Textes wettmachen oder auch nur, ob sie ihn aufhalten kann. Soviel ist sicher: daß die offenbare Sinnlosigkeit des sogenannten Romans der Ratlosigkeit des autobiographischen Erzählens entspricht, wie daß das Zusammenwirken, der Zusammenklang beider Textsorten weder einen Sinn herstellt noch ein Gefühl von Spannung beim Leser hervorruft, allenfalls die Ahnung eines zwischen beiden Textbewegungen obwaltenden Zusammenhangs – eines latenten Textgedankens gleichsam – und den Wunsch, ihm auf den Grund zu kommen. Aber zunächst einmal enthält Perec dem Leser seiner Autobiographie beides vor: den Sinn oder die Erklärung ebenso wie die Unterhaltung oder den Genuß. Darin unterscheidet er sich radikal nicht nur von den klassischen Autobiographen, sondern auch von den Zeitgenossen, die mit dem Genre experimentieren, unter ihnen auch von Calvino und Paul Auster. Denn diese sind äußerst bedacht sowohl auf den Unterhaltungswert ihrer Bücher als auch auf deren Bedeutungsgehalt. Perec hingegen hält sich nicht an die alte Regel Voltaires, derzufolge ein Buch alles sein dürfe, außer langweilig. Er scheint es, hierin manchen unter den Nouveaux Romanciers verwandt, darauf anzulegen, langweilige Bücher zu schreiben, deren Langeweile durch die technischen Schwierigkeiten der Komposition, die er sich selbst auferlegt, kaum gemildert wird. Oder kann man, wie in *La Disparition*, von einer atemberaubenden Langeweile sprechen? Jedenfalls führt Perec die Langeweile in großem Stil in sein autobiographisches Projekt ein: und dies sowohl unwillkürlich, wie ich meine, sie ist eine primäre Gegebenheit seiner Existenz, als auch zu experimentellen Zwecken. Ein Meisterwerk der Monotonie ist ein anderer Text aus der Serie der autobiographischen Versuche: *Je me souviens*, den man als autobiographische Mikroprosa oder minimal art bezeichnen könnte. Wird in *W ou le souvenir d'enfance* immerhin noch eine Kindheit, wo nicht erzählt, so doch in zerstückelter, sich meist an Äußerlichkeiten der Chronologie orientierende Erinnerungsfragmenten heraufbeschworen, so vermengen die 480 durchnummerierten Sätze von *Je me souviens*, die allesamt mit demselben „Je me souviens" beginnen, kunterbunt und anachronistisch Erinnerungen aus den verschiedensten Abteilungen eines Lebens, von denen uns ein Postskriptum versichert, sie gehörten in die Jahre zwischen 1946 und 1961. Was bedeutet, diese unverbundenen, heterogenen, gänzlich unerzählten und durch und durch assoziativen Erinnerungen, die von keiner Hierarchie des Gedächtnisses mehr zeugen, ja die eine solche Hierarchie offenbar bewußt unterlaufen sollen, bilden, chronologisch gesehen, eine Art Fortsetzung der vergleichsweise ausformulierten Autobiographie *W ou le souvenir d'enfance*. Ich sagte, *Je me souviens* sei ein Meisterwerk der Monotonie. Der willfährige Leser muß sich durch dürre Erinnerungen quälen, die bewußt dürftig formuliert sind, etwa: „Je me souviens que mon oncle avait une 11 CV immatriculée 7070 RL2." (2) oder „Je me souviens de *Ploum ploum tra la la.*" (9) oder „Je me souviens de l'*Adagio* d'Albinoni." (43) oder „Je me souviens de 'GARAP'." (59) oder auch „Je me souviens de films avec le chien Rin-Tin-Tin, et aussi de ceux avec Shirley Temple, et aussi des poésies de Minou Drouet." (197)[7]

Das scheinbar Unbedeutende, das unseren Alltag prägt, und wenn es der Alltag der frühen Jahre ist, unser ganzes Leben, dessen Poesie die moderne Autobiographie seit Rousseau entdeckt hat, dies Unbedeutende wird hier aus dem Erfahrungszusammenhang herausgelöst oder -gerissen und dadurch erst in aufdringlicher, fast schon provokativer oder verletzender Weise bedeutungslos. Und dies um so mehr, je weiter der Erfahrungshorizont Perecs von dem seines Lesers sich entfernt, je weniger letzterem die Namen, die hier fallen, noch etwas sagen. Es ist diese Form des Sich-Erinnerns die eines Subjekts, das kein Objekt seines Interesses oder seines Begehrens mehr findet, das nur noch kraftlose Anwandlungen zu Objektbindungen und welke Erinnerungen an solche *élans* kennt. Gerade hierin aber liegt das ästhetische wie das kulturgeschichtliche Interesse eines solchen Textes, der das Symptom einer Krise nicht nur der Autobiographie, sondern allgemein einer Krise des Gedächtnisses ist. In anderer Weise symptomatisch für die Pathologie des zeitgenössischen Menschen sind die anderen autobiographischen Texte Perecs: das Projekt einer Beschreibung von autobiographisch relevanten Orten, die über einen Zeitraum von 12 Jahren hinweg je zweimal jährlich beschrieben werden sollten, und zwar je einmal an Ort und Stelle und das andere Mal aus dem Gedächtnis. Das zahlenmäßige Ritual der Beschreibung, das nach einem bestimmten Algorithmus vorgeht, tritt an die Stelle einer authentischen Erfahrung mit dem Ort. Die zu diesem Projekt gehörende Beschreibung der Place St. Sulpice, publiziert unter dem Titel *Tentative de description d'un lieu parisien* zeigt, wie sehr heutzutage der Städtebewohner seiner eigenen Stadt entfremdet ist: deren Zeichen, die er minutiös bis zum Überdruß registriert, sind ihm allesamt gleichgültig und als indifferente bedeutungslos geworden, und eben deswegen muß er sie alle registrieren, um die Stadt zu erfassen. Perecs autobiographische Experimente besitzen gerade um ihrer selbstmörderischen Radikalität und Eigenwilligkeit willen etwas Faszinierendes. Obwohl sie gegen alle Regeln der ästhetischen Präsentation verstoßen und sich weder um Spannung noch um Stil zu kümmern scheinen, finden diese Texte einen immer größer werdenden Leserkreis: Vielleicht auch um der Vita willen, die sich in ihnen verbirgt und entbirgt, vielleicht weil das Pathos dieses Lebens in Puzzleform verrätselt und verfremdet ist? Fasziniert uns der Fall Perec oder seine Literatur? Sind beide überhaupt voneinander zu trennen? Die Zukunft wird an den Tag bringen, was es damit auf sich hat.

Das „missing link" zwischen den autobiographischen Texten und dem Fall wären die Aufzeichnungen von Perecs Psychotherapeuten, die natürlich nicht an die Öffentlichkeit gelangen. In gewisser Weise ist die Autobiographie im 20. Jahrhundert ohne ihr therapeutisches Pendant, die Psychoanalyse, ebenso schwer vorstellbar wie sie ohne ihren mnemotechnischen Garantiefond, die Photographie, vorstellbar ist. Beides benutzt Perec ausgiebig für sein autobiographisches Verfahren, es wäre eine weitere Untersuchung zu zeigen, wie, während Calvino beidem ausweicht. Auffälligerweise kommen in den autobiographischen Erzähltexten Perecs keine Träume vor; diese werden in ein besonderes Traumtagebuch *La boutique obscure* eingeschrieben, von dem aus wiederum kein Weg in die Wachwelt des Verfassers führt: es sei denn der, der sich aus der Datierung, Numerierung und Betitelung der Träume ableiten ließe. Indem Perec den verschiedenen Sphären der gelebten Geschichte des Subjekts verschiedene literarische Gattungen bzw. Darstellungsformen zuweist, sie also auffällig voneinander isoliert, ohne die Darstellung jemals kommentierend zu begleiten, mutet er dem Leser eine Verknüpfungsarbeit zu, die Autoren wie Calvino und Auster ihm bereitwillig abnehmen. Es dürfte just diese Zumutung sein, die die andere Zumutung Perecs, die nämlich, daß der Leser auf Unterhaltung und Genuß Verzicht zu leisten habe, akzeptabel macht.

Werfen wir zum Schluß noch einen Blick auf Paul Auster, der, ähnlich wie Perec und Calvino von seinem ersten Prosabuch an rasch zu dem avancierte, was man heute einen Kultautor nennt. Bei Auster ist der autobiographische Text nicht der Schlußstein, der ein Werk vollendet, er ist vielmehr der Grundstein eines solchen. Denn *The invention of solitude*, Austers erster Prosaband, legt den Grundstein zu einem brillant, vielleicht zu brillant geschriebenen Erzählwerk, in dem das autobiographische Moment überwiegend zu Spiel-, Überraschungs- und Verwirrzwecken eingesetzt wird. Hingegen weist das Verfahren Austers in *The invention of solitude* Ähnlichkeiten mit der Démarche Perecs auf. Ähnlich oder doch vergleichbar ist die Ausgangssituation der Autoren: Ihr Schreibprojekt ist untrennbar verbunden mit dem Projekt, ihre Geschichte zu schreiben, d. h. die Geschichte junger Juden, die ihre Väter bzw. ihre Familie verloren haben und Gefahr laufen, ortlos und entwurzelt zurückzubleiben. Bei dem New Yorker Autor, der erst nach dem Kriege geboren wurde, er ist Jahrgang 1947, ist dieser Verlust allerdings kein unmittelbar geschichtliches Faktum. Austers Verhältnis zu seinem Vater, dessen Tod ein gewöhnlicher Tod und dessen Leben das eines Durchschnittsamerikaners gewesen ist, gehört zur Alltagsgeschichte zeitgenössischer Generationenkonflikte. Die Pikanterie dieses Verhältnisses, die dem Text zugleich eine kriminalistische und eine stark psychologische Dimension verleiht, rührt daher, daß der Vater in Wirklichkeit autistisch veranlagt war und dies wegen eines Traumas, das in einen realen Familienroman gehört und in Austers Text wie eine schlechte Erfindung wirkt oder ein makaberer Scherz: „My grandmother murdered my grandfather."[8] Durch diese Enthüllung erhält der autobiographische Text etwas vom Kolportageroman. Sie will schlechterdings nicht in des Verfassers Reflexion auf jüdisches Schicksal moderner Entfremdung etc. hineinpassen: sie ragt wie ein unpassendes Realitätspartikel in den sonst kohärenten autobiographischen Text hinein. Was Auster mit Perec verbindet, ist die Obsession von Räumen, die bei ihm meist Innenräume sind. Austers Räume sind besetzt mit entweder unsichtbaren, unfaßbaren, aber irgendwie feindseligen Vaterfiguren bzw. Doppelgängern oder mit sympathischen, vorbildlichen Vaterfiguren. Mit Hilfe der Räume identifiziert sich der autobiographische Erzähler mit anderen, erfindet er sich eine eigene Familie, eine Familie aus guten Juden (Anne Frank, Anna Achmatowa usw.) und aus hervorragenden Denkern (Pascal, Descartes etc.) oder Künstlern. Austers Räume sind keine *Lieux où j'ai dormi* – wie ein weiteres Projekt Perec' lautete –, es sind Räume, wo ein Mitglied der eigenen geistigen Familie gelitten und geschrieben hat: Räume, dank deren er einen eigenen Raum erobert, wo er in schöpferischer Einsamkeit souverän wird. Die narrative Souveränität wiederum verbindet Auster mit Calvino, den Auster eigentlich nicht mag, dessen Methode aber seine eigene ungleich näher ist als der Perecs, wie besonders *Mister Vertigo* beweist. Weil Perecs Experimente mit der autobiographischen Schreibweise niemals zu virtuosen Glanznummern werden, weil die Stigmata seiner Erfahrung als Leerstellen oder als Mangel im Text kenntlich bleiben, weil sie dem Leser weder den „Groschen Sinn" (Benjamin) noch den Kunstgenuß gewähren, der angesichts eines solchen Lebenslaufes ohnehin eitel wäre, deswegen erscheinen mir seine autobiographischen Experimente als die überzeugendsten, seine Texte als die glaubwürdigsten.

Wer, unter mannigfachen obligatorischen Verbeugungen vor den sogenannten aufgeklärten Köpfen, die genau das in dem Text entdecken, was sie ohnehin schon wissen, eine neue „heile Welt" in der Metaliteratur ansiedeln will, der muß auch den Preis für ein solches Unterfangen entrichten. Auch wenn dieser Preis zunächst von niemanden eingefordert wird und noch keinen Namen hat. Ich schlage den Begriff

„Meta-Kitsch" vor – ein Kitsch, der sich ausgezeichnet mit dem höchsten erzählerischen Raffinement verträgt, der Kitsch, den einer produziert, der mit allen literarischen Wassern gewaschen ist und mit allen ästhetischen Winden segelt. Kurzum, ein Köder für die Fetischisten der gelehrten Anspielung, seien sie nun Philologen oder Kritiker oder beides in einer Person.

Anmerkungen:

(Der Beitrag fußt auf einem im SS 1995 am Komparatistischen Institut der Universität München gehaltenen Vortrag.)

1 Jean Starobinski: Italo Calvino, in: Nachwort zu: Italo Calvino, Die Mülltonne und andere Geschichten. Aus dem Italienischen von Burkhart Kroeber, München/Wien 1994, S. 136
2 Georges Perec : W ou le souvenir d'enfance, Paris 1975, S. 21
3 Italo Calvino: Erimita a Parigi, Milano 1994, S. 180 ff.
4 Italo Calvino: Dall'opaco, in: La strada di San Giovanni, Milano 1990, S. 130 f., 134
5 Georges Perec: W ou le souvenir d'enfance, a. a. O., S. 41
6 Lettre à M. Nadeau vom 7. Juli 1969, auszugsweise abgedruckt in: Ph. Lejeune : La Mémoire et l'Oblique. G. P'autobiographe. Paris 1991, S. 95 ff. Die ungenannten Vorbilder des stärker autobiographischen Teils aber sind andere: Flaubert, Melville, Kafka: die das emphatisch Autobiographische in die Form des Fiktiven einkleideten.
7 Georges Perec : Je me souviens, Paris 1993
8 Paul Auster: The invention of solitude, London/Boston 1988, S. 35. (Auch ist Austers Vater kein neuer Orest, sondern nur eine verkrachte Existenz, die die eigene Tochter in eine Irrenanstalt bringt).

Rainer Brändle

Abenteuer der Dialektik
Ein Gemälde Veroneses in Sempruns Roman *Der weiße Berg*

I.

Die Malerei spielt in einigen Romanen des spanisch-französischen Schriftstellers Jorge Semprun eine nicht unbeträchtliche Rolle. Dabei sind nicht nur die intensiven und genauen Beschreibungen von Gemälden, etwa der Vermeerschen *Ansicht von Delft*[1], bemerkenswert. Charakteristisch ist auch die Rolle, die diese Bilder in den entsprechenden Romanen spielen. Sie können unmittelbar als Assoziationsträger fungieren, dann aber auch, in ihrem Beschriebenwerden, als Motivverdichtungen oder, und dies ist die für Semprun typische Funktion, als visuelle Ausgangspunkte plötzlicher ‚historischer Durchbrüche'.[2] Diese eröffnen eine Art von Zeitkorridor, in dem sich an die Gegenwart des Gemäldes und seines Ausstellungsortes Vergangenheiten anschließen, in einer mitunter langen Reihe von Assoziationen, motivischen Kontrasten oder historisch-lokalen Koinzidenzen. Die Gemälde stellen Verbindungen zwischen den historischen Zeiten her, Verbindungen, die aus der Gegenwart in die Vergangenheit führen und etwa im Detail des Ausstellungsortes zur Heraufrufung vergangener Betrachter führen. So findet in ihnen auch eine Umkehr des Lebens in den Tod statt, der lebendigen, gegenwärtigen Bilder in die Blicke jener, die das Bild einstmals betrachtet hatten. Diese Verwandlung der Historie und ihrer moralischen Bewertung ist etwa in der Beschreibung des Prager Renoir-Gemäldes in Sempruns Roman *Was für ein schöner Sonntag!* zu finden.[3]

II.

Sempruns Roman *Der weiße Berg* setzt, ebenso wie *Der zweite Tod des Ramon Mercader*, mit einem Kaleidoskop der Malerei ein. Einer der Protagonisten, der Maler Antoine de Stermaria, hat, so beginnt der Roman, gerade ein Gemälde fertiggestellt. Die Aufmerksamkeit, die auf dieses geheimnisvolle und anziehende Bild, ein *Helles Seestück*, gelenkt wird, hält freilich nicht lange an; sie wird vom Erzähler unterbrochen durch die Erwähnung einer Postkarte, die der Maler und seine Frau aus Madrid von einem Freund erhalten hatten.

Die Abbildung der Karte ebenso wie ihr Text eröffnen einen Blick auf die Wirkung der Malerei bei Semprun: Der Text spielt auf einen bestimmten Weg durch die Gemäldegalerie des Prado an, den der Maler selbst, dies weiss er sicher, mit dem Absender der Karte nie gegangen ist. Der Maler ahnt, dass die Adressatin dieser Anspielung seine Frau Franca ist, dass sie also mit dem Freund diesen Weg durch die Galerie gegangen sein muss, ohne dass er jemals davon erfahren hatte. Dadurch erhält der Postkartentext für ihn eine verwirrende und bedrohende Wirkung. In einer Spiegelung dieses Effekts der Verwirrung führt auch die Abbilung der Karte, die ein Gemälde Joachim Patinirs zeigt, zu einer Irritation, die vom Titel des Gemäldes ausgeht: „In allen Kunstbüchern und Katalogen heißt dieses Bild des flämischen Malers *Die Überfahrt über den Styx* [*Le Passage du Styx*]. Doch auf der Rückseite der Postkarte stand *El Paso de la Laguna Estigia*. So wie im Prado-Museum übrigens auch, Franca erinnert sich. Warum wurde in der kastilischen Bezeichnung des Gemäldes der Styx zur Lagune? Es war rätselhaft. Jedenfalls schien, unter der in Großbuchstaben gedruckten Bezeichnung, eine Übersetzung in Englisch und Französisch zu bestätigen, daß der Styx aufgehört hatte, ein Fluß zu sein."[4]

Gleich zu Beginn des Romans schafft Semprun so, über ein Spiel von Gemälden und ihren Titeln, eine vielfältig kippende, instabile Bewegung, die einerseits die Akteure verwirrt, die aber auch eine Ebene des kulturellen Wissens einführt und dadurch die Lektüre zusätzlich auflädt.

III.

Semprun legt einen gewissen Wert darauf, seine Romane mit den Zeichen der Erotik und den Gestalten des Sexus auszustatten. In Verbindung damit generiert seine Neigung zur Kunst, zu Literatur, Malerei, Musik, ein Bildungserlebnis, welches das bürgerliche Bildungsstreben in gewissem Sinne fortführt und zugleich karikiert. In dieser Hinsicht sind die Werke der Kunst für ihn Werke der absoluten Gegenwart, die die Gegenwärtigkeit des erotischen Augenblicks hervorrufen. Vom Standpunkt der bürgerlichen Kunstbetrachtung aus, die die Mäßigung im Bewegtwerden durch die Kunstwerke vorschreibt, macht sich Semprun einer Übertreibung schuldig, wenn er die Museen zu Orten des Taumels macht. Aber auch dies ist doppeldeutig; das Kunsterlebnis ist an die Lebensgewohnheiten eines kulturellen Jet-Set angelagert, der gerade jene Versenkung meidet, die bei Semprun das Erlebnis initiieren soll. Seine Romanfiguren durchmessen Europa von einem Schauplatz der Kultur zum nächsten. So führt auch ein Weg des Romans *Der weiße Berg* von der Gemäldegalerie des Prado in Madrid in den Palazzo Ducale in Venedig.

IV.

Dort nun trifft man auf ein Gemälde Veroneses, das die Protagonisten in eine besondere Erregung versetzt:

Im Augenblick aber war von der Dialektik die Rede. Nicht von dem letzten grossen Moskauer Prozeß, im März 1938, wo sich, unter anderen, Kristinski und Rykow, Jagoda und Bucharin auf der Anklagebank wiederfanden. (Obwohl sich eine gewisse Beziehung zwischen diesem besonderen Ereignis und der Dialektik im allgemeinen nicht ohne weiteres ausschließen läßt.)
Kepela hatte [...] Larrea soeben gefragt, ob er die Dialektik von Veronese kenne. Und er war nicht unzufrieden, seinen Freund auf frischer Tat der Unwissenheit ertappt zu haben.
Er verschwieg natürlich, daß er selbst die Dialektik – die von Veronese, versteht sich: mit der anderen hatte er dauernd zu tun, hatte nicht aufgehört, unter ihr zu leiden, sein Leben lang – erst vor wenigen Tagen entdeckt hatte. Noch dazu ganz zufällig. Oder vielmehr dank Ottla, ihrer systematischen Art und Weise, Reiseführer, Kataloge und Nachschlagewerke in der Hand, Museen zu besuchen. In diesem Fall übrigens handelte es sich nicht um ein Museum, sondern um den Dogenpalast. Genauer gesagt, um die Sala del Collegio.
Ottla las aus dem Führer vor und zählte die acht Tugenden auf, deren Portraits die Decke des Saales schmücken: Die Mäßikeit, Die Einfachheit, Die Sanftmut...
Und Karel hörte ihr mit Sanftmut zu, ohne wirkliches Interesse. Nicht, daß er die Malerei von Paolo Cagliari, genannt Veronese, verachtete. Im Gegenteil, er hatte soeben eine geraume Weile, reglos, bezaubert, vor dem Raub der Europa gestanden, der sich in einem anderen Saal des Dogenpalstes befindet. [...]
Ottla jedoch fuhr mit ihrer Aufzählung der Tugenden fort: Die Treue, Die Prosperität, Die Wachsamkeit, Die Dialektik ... Sie unterbrach sich abrupt, hob die Augen und vergaß, die achte Tugend zu nennen.
Karel fuhr zusammen.
– Die was? rief er. [...]
– Die Dialektik, sagte die junge Frau verblüfft.
Sie betrachteten gemeinsam, aneinandergedrängt, zitternd, die Decke der Sala del Collegio. Ein Knie auf der Erde vor dem Sockel einer Marmorsäule, die sich ansatzweise am oberen rechten Teil des gemalten Paneels erhebt; mit einem Stück blauen Himmels voll grauer Schäfchenwolken von einem sehr hellen, fast weißen Grau; den rechten Fuß, nackt, unter den Falten des Gewandes stehen lassend; den Körper in der Drehung, die sie Kopf und Arme heben ließ, war Veroneses Dialektik eine üppige junge Blondine. [...]
Die Dialektik hielt ein wunderliches Gerät in ihren Händen: eine Art rudimentären Webstuhl, dessen Tuch spinnwebhaft gewesen wäre. Und buchstäblich: in den Händen der Dialektik entstand ein wahrhaftes Spinnennetz. Ein Gewebe zum Einfangen der vom Realen betäubten Fliegen, zweifellos.
Karel und Ottla hatten sich einander zugewandt. Sie wurden von einem unterdrückten, nervösen Lachkrampf gepackt.
– Die Dialektik! Endlich weiß man, mit wem man es zu tun hatte! murmelte Kepela."[5]

Ihm drängen sich, in einer Erinnerung des Wissens, Details der Moskauer Prozesse auf, er versinkt im Gang eines bestimmten Verhörs und nimmt diese Audition mit in seine Gegenwart in der Sala del Collegio:

> Die Schweinehunde! schreit Kepela, in der Sala del Collegio des Dogenpalastes, in Venedig.
> Mehrere Touristen bekunden laut ihre Mißbilligung. Fordern ihn auf zu schweigen, die Stille des Orts zu respektieren, die gedämpfte, gediegene Aufmerksamkeit, die den Tugenden zukommt, deren Portraits die Decke des Saals schmücken. Sie können nicht wissen, versteht sich. Wieviel Schmerz, wie viele zersplitterte Leben, auch wieviel Blut hinter diesem einfachen Wort: Die Dialektik, o todbringende Tugend!
> Karel drückt die junge Frau noch fester in seine Arme. Er küßt sie auf den Mund, vielmehr in den Mund, tief. Er streichelt ihre Hüfte, hebt ihren Rock, um die Mulde ihrer Beine zu erreichen.
> Seit 1948 (und er hatte an diesem Ereignis teilgenommen, voller Ungestüm und Gewißheiten) herrschte Die Dialektik, die unerbittliche Göttin, über die Nacht, die auf die Tschechoslowakei herabgesunken war.[6]

V.

Die Tugend-Allegorien Veroneses in der Sala del Collegio entstanden als integraler Bestandteil der nach dem Brand im Dogenpalast 1575 notwendig gewordenen neuen Deckengestaltung dieses Saales[7]; sie wurden spätestens 1578[8] vollendet.

Das inhaltliche Programm der Decke steht ganz im Zeichen des Herrschaftsanspruchs Venedigs und seiner Rechtfertigung. Dabei haben, wie Wolfgang Wolters darlegt, konkrete historische Ereignisse die Wahl der Themen bestimmt:

> Die Schlacht von Lepanto (1571), der Sieg der Heiligen Liga über die Türken, lag nur wenige Jahre zurück, Venedig hatte sich [...] beim Bewahren und Verteidigen des christlichen Glaubens hervorgetan. Es hatte aber auch (1573) einen Separatfrieden mit den Türken geschlossen, eine politische Entscheidung, die von übelwollender Seite als Verrat an der christlichen Sache mißdeutet worden war. Hinzu kamen Schwierigkeiten mit den Jesuiten, Auseinandersetzungen mit dem Papst [...] [sowie die] Verschärfung der Inquisition.[9]

Die Tugenden, deren Allegorien die drei mittleren Bilder umrahmen, wurden dabei, so Wolters, „im Hinblick auf den Staat ausgewählt."[10] Man hat es also inhaltlich nicht mit den christlichen theologischen Tugenden und den Kardinaltugenden, sondern mit ‚politischen Tugenden' zu tun. Sie stellen keine allgemeinen moralischen Prinzipien dar, sondern verweisen auf den Komplex all jener Eigenschaften, die die Selbsterhaltung und Stabilität eines politischen Gebildes gewährleisten sollen.[11] Terisio Pignatti spricht bezüglich der drei Hauptgemälde[12] von der Verherrlichung des „'buon governo' della Repubblica" und im Bezug auf die Tugendallegorien von den „Virtù di governo."[13]

Die in den Namen stattfindende Anlehnung der modernen politischen Tugenden an die im Mittelalter als moralische Grundhaltungen verstandenen Tugenden[14] darf nicht darüber hinwegtäuschen, daß im Falle der Tugendallegorien im Dogenpalast tatsächlich Regierungstugenden gemeint sind, deren ‚Inhalt' sich nach der jeweiligen politischen Situation richten muß. Insofern handelt es sich bei den Tugenden in der Sala del Collegio, ebenso wie z. B. auf der Apotheose der Venezia in der Sala del Maggior Consiglio[15], um ‚Virtù' im Sinne von politischen Fähigkeiten und Kompetenzen.

Während aber nun bei sieben der insgesamt acht Tugendallegorien der Sala del Collegio vollkommene Klarheit über ihren Titel und ihre Bedeutung herrscht[16], zeigt sich bei jenem Gemälde, das die beiden Protagonisten der Semprun'schen Romanszene zu solcher Ekstase herausfordert, eine bemerkenswerte Irritation im Titel. Im *Weißen Berg* heißt das Gemälde, gemäß Ottlas Fremdenführer, *Die Dialektik*. Tatsächlich aber lautet der Titel vollständig *L'industria o Dialettica*.[17]

L'Industria ist die Tugend der Rührigkeit und Emsigkeit, der Arbeitsamkeit, des Fleißes und, in einem weiteren Sinne, der Geschicklichkeit und der Findigkeit. Zu dieser Bedeutung fügt sich das Attribut der Tugenddarstellung vollkommen: es ist ein spinnwebgleiches, goldenes Netz, das die Personifizierung der Tugend zwischen ihren Händen aufspannt, den Blick auf diejenige Hand gerichtet, die das Netz weiter auszudehnen scheint.[18]

La Dialettica ist nun keineswegs mit der Dialektik im Hegelschen Sinne gleichzusetzen. Vielmehr bezeichnet sie in der Renaissance, aus der antiken und mittelalterlichen Tradition der Logik hervorgehend, vor allem ganz konkret die Unterredungs- und Disputationskunst und, im engeren Sinn, die Kunst des Auffindens von Argumenten.[19]

Im Rahmen des politischen Programms der Sala del Collegio muß die Dialettica aber als politische Tugend verstanden werden, etwa als diplomatische Verhandlungskunst. Tatsächlich mußte Venedig nach dem militärischen Sieg über die Türken gerade zur Sicherung dieses Erfolges die separaten Friedensverhandlungen mit ihnen führen; ebenso dürfte in den Spannungen mit dem Papst und der Heiligen Liga eine ideologische Findigkeit in der Rechtfertigung der Position Venedigs nötig gewesen sein.

In dieser Sicht ergibt sich durchaus eine inhaltliche Verbindung der beiden Titel der Allegorie; ebenso scheint ihr Emblem beiden Tugenden zu entsprechen.[20] Der Doppeltitel legt freilich – aus ideologiekritischer Perspektive – eine ganz bestimmte Doppelbödigkeit offen: Während im Industria-Titel durch die Nennung der ‚harmlosen' Tugend der Emsigkeit und Geschicklichkeit eine ideologische Verbrämung stattfindet, leugnet die politische Spezifizierung dieser Tugend im Dialettica-Titel den Bezug zur Macht nicht. Damit findet sich im Doppeltitel der Überraschungseffekt der Semprun'schen Romanszene selbst wieder. Denn die Verblüffung der beiden Protagonisten rührt ja aus der Tatsache, daß in der langen Reihe alter, ‚ehrwürdiger' Tugenden vollkommen überraschend die Leib- und Magentugend des Marxismus auftaucht. In die ‚harmlose' Kunstbetrachtung bricht bei Semprun unvermittelt die Zeitgeschichte ein. Dies ist jener gewissermaßen undialektische Durchbruch der historischen Zeiten, ein Effekt, der für die Rolle von Kunstwerken in den Romanen Sempruns bezeichnend ist.

VI.

Freilich gibt es, auf einer spekulativen Ebene, noch eine weitere Verbindung dieser Allegorie zu bestimmten politischen Ereignissen, eine Verbindung eher untergründiger politischer Natur und daher sicher nach dem Geschmack Sempruns; er selbst hat diese Verbindung nicht bemerkt, und insofern verhilft ihre Aufdeckung seinem Roman zu einer besonderen Pointe.

Den entsprechenden Hinweis auf eine bestimmte Interpretation des Doppeltitels der Allegorie gibt André Chastel. Er sieht eine mögliche Verbindung der Dialettica-Allegorie zu einem Verhör durch die geistliche Inquisition, dem sich Veronese 1573 hatte unterziehen müssen.

Es war dort um das Abendmahlsgemälde Veroneses gegangen, das er 1573 für das Refektorium des venezianischen Klosters Santi Giovanni e Paolo gemalt hatte. Die römische Inquisition, in Venedig allerdings nur von eingeschränkter Macht[21], hatte die profane Prachtentfaltung des Gemäldes, welches offenkundig auch ein weltliches Gastmahl darstellte, angegriffen, und in der ausführlichen Gestaltung einer Reihe von Figuren, die mit dem biblischen Abendmahlsgeschehen in keiner Verbindung stehen, eine Verspottung eben jenes letzten Abendmahls gesehen.

Das Verhör durch das Inquisitionsgericht dokumentiert aber auch die Verteidigungsrhetorik Veroneses, mit deren Hilfe er seine Erzähllust auf betont harmlose Art rechtfertigt:

> Frage des Inquisitionsgerichts: Was bedeutet in dem Abendmahl, das Ihr für Santi Giovanni e Paolo gemalt habt, die Gestalt des Mannes, dem Blut aus der Nase läuft?
> Antwort Veroneses: Er ist ein Diener, der aus irgendeinem Grund [per qualche accidente] Nasenbluten hat.
> F: Was bedeuten die bewaffneten und nach deutscher Manier gekleideten Leute, die eine Hellebarde in der Hand halten?
> A: Dazu habe ich etwa zwanzig Worte zu sagen.
> F: Sagt sie.
> A: Wir Maler nehmen uns gewisse Freiheiten heraus wie die Dichter und die Narren, und ich habe diese Hellebardiere dargestellt, von denen einer trinkt, der andere unten an einer Treppe ißt, und die im übrigen bereit sind, ihren Dienst zu verrichten, denn es schien mir passend und möglich, dass der Hausherr, der, wie mir gesagt wurde, reich und prunkliebend war, solche Diener haben mußte.
> F: Und der andere, der wie ein Hofnarr gekleidet ist und auf dessen Faust ein Papagei sitzt, zu welchem Zweck habt Ihr ihn auf diesem Bild dargestellt?
> A: Er ist zur Verzierung da, wie das üblich ist.
> F: Wer sind die Leute, die sich am Tisch unseres Herrn befinden?
> A: Die zwölf Apostel.
> [...]
> F: Welche Personen waren Eurer Meinung nach wirklich an diesem Abendmahl anwesend?

A: Ich glaube, daß nur Christus und seine Apostel dort waren; aber wenn mir auf einem Bild ein wenig Raum bleibt, schmücke ich ihn mit erfundenen Gestalten aus.
F: Hat Euch jemand geboten, auf diesem Bild Deutsche zu malen, Narren und dergleichen?
A: Nein. Aber ich hatte den Auftrag, es auszuschmücken, wie es mir passend schien; nun war es aber groß und konnte, wie mir schien, viele Gestalten enthalten.
[...]
F: Scheint es Euch schicklich, im Abendmahl unseres Herrn Narren darzustellen, betrunkene Deutsche und andere Albernheiten?
A: Nein.
F: Warum habt Ihr das dann gemacht?
A: Ich habe es in der Annahme gemacht, daß diese Leute außerhalb des Orts sind, an dem das Abendmahl stattfindet.[22]
F: Wißt Ihr nicht, daß sie in Deutschland und in anderen von der Ketzerei verseuchten Gegenden die Gewohnheit haben, mit ihren Bildern voller Albernheiten die Dinge der Heiligen Katholischen Kirche herabzuwürdigen und lächerlich zu machen, um den dummen oder unwissenden Leuten die falsche Lehre nahezubringen?
A: Ich gebe zu, daß dies von Übel ist [...]
F: Glaubt Ihr [...], daß Ihr wohl daran getan habt, Euer Bild auf diese Weise zu malen, und wollt Ihr behaupten, daß es ziemlich und anständig ist?
A: Nein, durchlauchtigste Herren, ich will das nicht behaupten; aber ich vermeinte es gut zu machen. Ich hatte nicht so viele Dinge in Betracht gezogen. Ich war weit davon entfernt, mir einen so großen Aufruhr vorzustellen, um so mehr, als ich diese Narren außerhalb des Ortes gesetzt habe, an dem unser Herr sich befindet.“[23]

Der Abschluß des Protokolls enthält das Urteil, nach dem Veronese „verpflichtet sei, sein Gemälde [...] zu korrigieren und zu berichtigen, und zwar gemäß dem Willen und Entschluß des Inquisitionsgerichts.“[24]

Tatsächlich korrigiert Veronese nicht das Gemälde, sondern er ändert lediglich dessen Titel in *Gastmahl im Hause Levi*[25] und nimmt damit ironischerweise die monierten Figuren erst recht in das Bild auf. „Derart ‚mühelos‘ umgestaltet und dem Urteil angepaßt, blieb das Gemälde weiterhin im Refektorium“ des genannten Klosters.[26]

Chastel nun fragt sich, ob die Rüge der Veronese'schen Abendmahls-Darstellung durch die Inquisition und Veroneses listige Umbenennung in die Titelgebung eben jener, einige Jahre später gemalten Tugendallegorie *L'Industia o La Dialettica* eingegangen ist: „Geht die Annahme zu weit, daß Veronese zwei Jahre [nach dem Verhör] mit der *Dialettica* im Dogenpalast dieses Vermögen, Unternehmungsgeist und Subtilität, ja zuweilen sogar List zu entwickeln, feiern wollte, alles Eigenschaften, die seine Stadt kennzeichnen?“[27] – und die in diesem Fall ihn selbst kennzeichnen würden. Es ist freilich sehr zweifelhaft, ob der Doppeltitel der Allegorie von Veronese selbst gewählt wurde; vielmehr dürfte er im Programm für die Ausgestaltung der Sala del Collegio vorgegeben gewesen sein, das vom entsprechenden Ressort im Dogenpalast formuliert worden sein muß. Dieses Programm ist freilich nicht erhalten.[28] Gleichwohl wird sich die Tugend der Disputationskunst, die in jener Allegorie dargestellt ist, in einem weiteren Sinne auch auf die Politik Venedigs gegenüber der römischen Inquisition bezogen haben.

Veronese selbst befleißigt sich in seinem ‚Streitgespräch' mit der Inquisition tatsächlich der Tugend des Auffindens von Argumenten. Die Findigkeit der Semprun'schen Romanfiguren besteht dagegen darin, auf jede ‚dialektische Argumentation' zu verzichten. Sie bevorzugen stattdessen eine ‚sinnliche Erwiderung'. Auf diese Weise, so hoffen sie, werden sie das ‚Spinngewebe' der Dialektik, das Veronese einst als Verherrlichung der Disputationskunst gemalt hatte, zerreissen können.

Anmerkungen

1 Vgl. Jorge Semprun: Der zweite Tod des Ramón Mercader, Frankfurt/M. 1979, S. 9 ff., S. 12 f.

2 Vgl. Richard Faber: Erinnern und Darstellen des Unauslöschlichen. Über Jorge Sempruns KZ-Literatur, Berlin 1995; er bezeichnet dort die Funktion des Bildes bei Semprun als „Kristallisationskern einer vielfachen Horizontverschmelzung" (S. 49).

3 Vgl. Jorge Semprun: Was für ein schöner Sonntag!, Frankfurt/M. 1981, S. 317 f. Richard Faber spricht bezüglich dieses Gemäldes und Sempruns Verhältnis zu ihm von einem „‚dialektischen Bild'", das einen „exorbitanten Fall von ‚Dialektik im Stillstand' (Walter Benjamin)" (S. 45) darstelle. Man dürfte Faber dahingehend verstehen müssen, daß er die Dialektik dieses Bildes als ‚labiles Umkippen' historischer und persönlicher Vergangenheit und Gegenwart betrachtet.

4 Jorge Semprun: Der weiße Berg [La Montagne blanche, Paris 1986], Frankfurt/M. 1987, S. 12.

5 Ebd., S. 51 ff.

6 Ebd., S. 56.

7 In die reich vergoldete Flachdecke sind drei ebenfalls von Veronese verfertigte Hauptgemälde, die acht Tugendallegorien sowie die Darstellungen antiker Tugendexempla eingefügt.

8 Vgl. Terisio Pignatti, Filippo Pedrocco: Veronese. Catalogo completo dei dipinti, Firenze 1991, S. 210

9 Wolfgang Wolters: Der Bilderschmuck des Dogenpalastes. Untersuchungen zur Selbstdarstellung der Republik Venedig im 16. Jahrhundert, Wiesbaden 1983, S. 262.

10 Ebd., S. 263.

11 Vgl. Herfried Münkler: Machiavelli. Die Begründung des politischen Denkens der Neuzeit aus der Krise der Republik Florenz, Frankfurt/M. 1984, S. 313 ff.

12 Es sind dies „Mars und Neptun", „Gerechtigkeit und Friede, der Herrscherin Venedig huldigend" und „Der Glaube und die Religion"; sie stehen in Verbindung mit den sich ebenfalls an der Decke befindenden Inschriften „Robur Imperii", „Custodes Libertatis" und „Reipub.[lica] Fundamentum."

13 Terisio Pignatti/Filippo Pedrocco: Veronese. Tomo secondo, Milano 1995, S. 308.

14 Dies gilt z. B. für die Kardinaltugend Justitia, die bei Veronese in dem mittleren der Hauptdeckenbilder der Sala del Collegio als Giustizia wiederkehrt.

15 Apotheose der Venezia, Palazzo Ducale, Sala del Maggior Consiglio, Deckengemälde, ca. 1582. Die sieben Tugenden, die die Venezia umringen, sind: La Pace, L'Abundanza, La Fama, La Felicità, L'Honor, La Sicurità und La Libertà.

16 Die entsprechenden Titel lauten La Ricompensa (Die Belohnung), La Purezza (Die Lauterkeit), La Mansuetudine (Die Sanftmut), La Fedeltà (Die Treue), La Prosperità (Der Wohlstand), La Vigilanza (Die Wachsamkeit) und La Moderanzione (Die Mäßigung). Vgl. Terisio Pignatti/Filippo Pedrocco: Veronese. Tomo secondo, Milano 1995, S. 340 ff.

17 Vgl. ebd., S. 342. In der Literatur zu Veronese trifft man auch auf die andere Verkürzung des Titels. So lautet er bei Kurt Badt (Paolo Veronese, Köln 1981, S. 226) *Fleiß*. Aber auch Pignatti nennt in seinem Catalogo completo dei dipinti an einer Stelle nur den Titel *L'industria*, während er an anderer Stelle desselben Werkes von der „famosa *Dialettica*" spricht. (Terisio Pignatti/Filippo Pedrocco: Veronese. Catalogo completo dei dipinti, a. a. O., S. 210 bzw. S. 17.) Eine zuerst 1983 veröffentlichte Zeichnung Veroneses für diese Tugendallegorie trägt lediglich den Titel *Industria*, wobei diese Titelgebung sicher auf die Erstveröffentlichung zurückgeht. (Vgl. Alessandro Bettagno: Paolo Veronese. Disegni e dipinti, Vicenca 1988, S. 65.) Im übrigen ist *L'Industria o Dialettica* die einzige Tugendallegorie Veroneses mit einem Doppeltitel.

18 Pignatti beschreibt das Attribut einmal als „ragnatela" (Spinngewebe; vgl. Terisio Pignatti/ Filippo Pedrocco: Veronese. Tomo secondo, a. a. O., S. 342), das andere Mal als „tela di ragno" (vgl. Terisio Pignatti/Filippo Pedrocco: Veronese. Catalogo completo dei dipinti, a. a. O., S. 17). Die Beschreibung der Zeichnung führt bezüglich des Attributs an: „In questo caso il soggetto allegorico non sembra constituire un problema: una giovane donna che sta ammirando una tela di ragno tenuta in controluce, il cui perfetto disegno geometrico è il simbolo dell'Industria." (Paolo Veronese. Disegni e dipinti. Vicenca 1988, S. 65f.) Die Beobachtung des bewundernden Blicks, welcher auf der Zeichnung gar nicht zu identifizieren ist, ist für das Gemälde sehr zutreffend.

19 Vgl. Historisches Wörterbuch der Rhetorik, Bd. 2, Tübingen 1994.

20 Vgl. André Chastel: Chronik der italienischen Renaissancemalerei, Würzburg 1984, S. 224: „Das Emblem des Spinngewebes entspricht als Beispiel geduldiger Tätigkeit beiden Allegorien. Es geht darum, den der Stadt eigenen Unternehmungsgeist und ihre Subtilität zu preisen."

21 Vgl. Emerich Schaffran: Der Inquisitionsprozess gegen Paolo Veronese, in: Archiv für Kultur-Geschichte 42 (1960), Nr. 2, S. 186 ff. Vgl. auch Matin Seidel: Venezianische Malerei zur Zeit der Gegenreformation. Kirchliche Programmschriften und künstlerische Bildkonzepte bei Tizian, Tintoretto, Veronese und Palma Il Giovane, Münster 1996, S. 29 ff.

22 Das Gemälde zeigt tatsächlich eine gewisse räumliche Trennung des Abendmahltisches mit Jesus und seinen Jüngern und der verschiedenen Szenen, die ein profanes Gastmahl darstellen.

23 André Chastel: Chronik der italienischen Renaissancemalerei, a. a. O., S. 217 ff. Die in Einleitung und Abschluss lateinische und ansonsten italienische Originalfassung des Protokolls ist abgedruckt bei Emerich Schaffran: Der Inquisitionsprozess gegen Paolo Veronese, a. a. O., S. 179-182.

24 André Chastel: Chronik der italienischen Renaissancemalerei, a. a. O., S. 219.

25 Cena in Casa Levi, nach Lukas 5,27ff.: „Als Jesus von dort wegging, sah er einen Zöllner namens Levi am Zoll sitzen und sagte zu ihm: Folge mir nach! Da stand Levi auf, verließ alles und folgte ihm. Und er gab für Jesus in seinem Haus ein großes Festmahl. Viele Zöllner und andere Gäste waren mit ihnen bei Tisch. Da sagten die Pharisäer und ihre Schriftgelehrten voll Unwillen zu seinen Jüngern: Wie könnt ihr zusammen mit Zöllnern und

Sündern essen und trinken?" (Einheitsübersetzung) Schaffran vermutet, daß Veronese von einem theologisch gut informierten Freund den trefflichen Rat bekam, den Titel des Gemäldes zu ändern. Vgl. Emerich Schaffran: Der Inquisitionsprozess gegen Paolo Veronese, a. a. O., S. 183.

26 Emerich Schaffran: Der Inquisitionsprozess gegen Paolo Veronese, a. a. O., S. 183.

27 André Chastel: Chronik der italienischen Renaissancemalerei, a. a. O., S. 226.

28 Vgl. den bei Wolters (Der Bilderschmuck des Dogenpalastes, a. a. O., S. 307ff.) abgedruckten Programmentwurf zur Ausstattung der Sala dello Scrutino und der Sala del Maggior Consiglio. In gewisser Weise versucht Wolters eine Rekonstruktion des „Concetto" für die Sala del Collegio aus den vorhandenen Bildern und Urkunden (ebd., S. 256 ff.). Er geht dabei allerdings nicht auf den Doppeltitel *L'Industria o La Dialettica* ein. Zur Frage der Programmschriften vgl. auch Norbert Huse/Wolfgang Wolters: Venedig. Die Kunst der Renaissance. Architektur, Skulptur, Malerei 1460-1590. München[2] 1996, S. 342 ff.

Leonhard M. Fiedler
Schriften

I. *Buchveröffentlichungen, Monographien, Editionen*

Hugo von Hofmannsthal. Worte des Gedenkens. Nachrufe aus dem Todesjahr 1929. Im Auftrag der Hugo von Hofmannsthal-Gesellschaft hg. und mit einem Nachwort versehen von Leonhard M. Fiedler, Heidelberg 1969 (Lothar Stiehm Verlag)

Max Reinhardt und Molière. Text- und Bilddokumentation, Salzburg 1972 (Otto Müller Verlag) [Publikation der Max Reinhardt-Forschungs- und Gedenkstätte III]

Hugo von Hofmannsthals Molière-Bearbeitungen. Die Erneuerung der comédie-ballet auf Max Reinhardts Bühnen, Darmstadt 1974 (Agora Verlag) [editio 2]

Max Reinhardt in Selbstzeugnissen und Bilddokumenten, Reinbek 1975, 4. Auflage 1994, (rowohlts monographien 228)

Gusti Adler: ... *aber vergessen Sie nicht die chinesischen Nachtigallen.* Erinnerungen an Max Reinhardt. Redaktion und Nachwort Leonhard M. Fiedler, München 1980 (Langen Müller Verlag/Deutscher Taschenbuchverlag 1983)

Das Theater. Blätter für neuere Bestrebungen der Bühne. Redigiert von Christian Morgenstern, Berlin 1903-1905. Kommentierte Faksimileausgabe, hg. von Leonhard M. Fiedler und Edwin Froböse, Emsdetten 1981 (Lechte Verlag)

Für Christiane. Blätter für Christiane Zimmer zum 14. Mai 1982. Gesammelt von Leonhard M. Fiedler und überreicht vom S. Fischer Verlag, Frankfurt/M. 1982

Grete Wiesenthal. Die Schönheit der Sprache des Körpers im Tanz, hg. von Leonhard M. Fiedler und Martin Lang, Salzburg 1985 (Residenz Verlag)

Gertrud Eysoldt 1870-1955: Bilder aus einem Schauspielerleben. Ausstellungskatalog des Magistrats der Stadt Bensheim (Wissenschaftliche Beratung), Bensheim 1988

Kleist in Frankfurt, Kleist im Film: Ein Arbeitsbuch, hg von Leonhard M. Fiedler, Dierdorf 1989 (Margot Lang Verlag)

Norbert Altenhofer: Poesie als Auslegung. Schriften zur Hermeneutik, hg. von Volker Bohn und Leonhard M. Fiedler, Heidelberg 1993 (Universitätsverlag Winter) [Frankfurter Beiträge zur Germanistik 26]

Gustav Landauer (1870-1919). Eine Bestandsaufnahme zur Rezeption seines Werkes, hg. von Leonhard M. Fiedler, Renate Heuer und Annemarie Taeger-Altenhofer, mit dem Beitrag „Shakespeare ist der Genius der Freiheit'. Landauers Shakespeare-Studien" von Leonhard M. Fiedler, Frankfurt/New York 1995 (campus Verlag) [Campus Judaica 2]

Norbert Altenhofer: ‚Die Ironie der Dinge'. Zum späten Hofmannsthal, hg. und mit einem Nachwort versehen von Leonhard M. Fiedler, Frankfurt/M. 1995 (Peter Lang Verlag) [Analysen und Dokumente. Beiträge zu Neueren Literatur 30]

Der Sturm Elektra. Gertrud Eysoldt/Hugo von Hofmannsthal: Briefwechsel, hg. und mit einem Nachwort versehen von Leonhard M. Fiedler, Salzburg 1996 (Residenz Verlag)

Walter Heymann: Gedichte, Prosa, Essays, Briefe, hg. von Leonhard M. Fiedler und Renate Heuer, Frankfurt/New York 1998 (campus Verlag) [Campus Judaica 13]

II. *Herausgegebene Zeitschriften und Buchreihen*

Hofmannsthal-Blätter. Veröffentlichungen der Hugo von Hofmannsthal-Gesellschaft e. V.

Schriftleitung 1968 - 1976 (Hefte 1-15)
Herausgeberschaft 1980/81 - 1991/92 (Hefte 23/24 - 41/42)

Schriftenreihe EDITIO im Agora-Verlag Darmstadt/Berlin; hg. von Leonhard M. Fiedler und Martin Schlösser (seit 1974)

Analysen und Dokumente. Beiträge zur Neueren Literatur. Begründet von Norbert Altenhofer im Peter Lang Verlag, Frankfurt/Bern (seit 1993)

III. *Aufsätze, Beiträge und Berichte in Sammelwerken*

Die Krise der Vergleichenden Literaturwissenschaft – eine Dauererscheinung? in: *Schweizer Monatshefte* 47 (1967), H. 7, S. 714-718

Ve Congrès de l'Association Internationale de Littérature Comparée. Belgrade 1967, in: *Revue de Littérature comparée XLI* (1967), H. 4. S. 640-650

Hans Magnus Enzensberger: Geburtsanzeige. (Interpretation), in: *Wege zum Gedicht*, hg. von R. Hirschenauer und A. Weber, 7., erweiterte Auflage, München/Zürich 1968, S. 423-437

Internationale Tagung der Komparatisten. Bericht zum 5. Kongreß der Association Internationale de Littératur Comparée, in: *Die Neueren Sprachen* 1968, H. 1, S. 45-48

Erste Tagung und Mitgliederversammlung der Hugo von Hofmannsthal-Gesellschaft in Frankfurt am Main am 28./ 29. September 1968, zusammengestellt von Leonhard M. Fiedler, in: *Hofmannsthal-Blätter*, Heft 4 (1970), S. 73-90

Carl Sternheim – Hugo von Hofmannsthal: Briefe. Mitgeteilt und kommentiert von Leonhard M. Fiedler, in: *Hofmannsthal-Blätter*, Heft 4 (1970), S. 243-254

Eine Molière-Ausgabe von Hofmannsthal und Sternheim: Begegnungen und gemeinsame Pläne, in: *Hofmannsthal-Blätter*, Heft 4 (1970), S. 255-263

‚Der Unbestechliche' in Bochum und Wien: Kommentiert von Günther Erken. Mit Beiträgen von Max Fritzsche und Leonhard M. Fiedler, in: *Hofmannsthal-Blätter*, Heft 4 (1970), S. 296-304

L'auteur dramatique et son époque. Le rôle de Molière – vu et adapté par Carl Sternheim, in: *Actes de VIe Congrès de l'Association Internationale de Littérature Comparée*, Bordeaux 1970, S. 433-435

Nestroy analysé, présenté et traduit, in: *Etudes Germaniques*, Janvier-Mars 1970, S. 69-74

Rezension zu Norbert Altenhofer: Hofmannsthals Lustspiel ‚Der Unbestechliche', in: *Wirkendes Wort* 20 (1970), H.1., S. 62-63

Rezension zu Günther Erken: Hofmannsthals dramatischer Stil, in: *Wirkendes Wort* 20 (1970), H.1., S. 286-287

Rezension zu Helmut Arntzen: Die ernste Komödie, in: *Literaturwissenschaftliches Jahrbuch*, N. F. 11, Bd. 1970, S. 417-425

Hofmannsthal, Reinhardt und Molière, in: *Hofmannsthal-Forschungen I. Referate der zweiten Tagung der Hugo von Hofmannsthal-Gesellschaft*, Wien 10. bis 13. Juni 1971, Basel 1971, S. 48-58

Hofmannsthals Ballettpantomime ‚Die grüne Flöte'. Zu verschiedenen Fassungen des Librettos, in: *Hofmannsthal-Blätter*, Heft 8/9 (1972), S. 113-145

Ein anonymer Prolog zur ‚Grünen Flöte'. Mitgeteilt von Leonhard M. Fiedler, in: *Hofmannsthal-Blätter*, Heft 8/9 (1972), S. 145-147

Zur gegenwärtigen Situation der Komparatistik: 7. Kongreß der Association Internationale de Littérature Comparée in Montréal und Ottawa, in: *Schweizer Monatshefte* 53 (November 1973), H. 8, S. 252-530

Max Reinhardt im Exil, in: *Theater im Exil 1933-1945* (Ausstellungskatalog), Berlin 1973, S. 35-37

Hofmannsthal und Reinhardt: Ihr gemeinsamer Weg, in: *Hugo von Hofmannsthal, „Jedermann. Das Spiel vom Sterben des reichen Mannes" und Max Reinhardts Inszenierungen,* Frankfurt/M. 1973, S. 121-127

Drama und Regie im gemeinsamen Werk von Hugo von Hofmannsthal und Max Reinhardt, in: *Modern Austrian Literature*, Vol. 7, Nr. 3/4, 1974, S. 183-208

Reinhardt-Renaissance? Eine Bilanz des Reinhardt-Jahres, in: *Theater heute* 3 (1974), S. 52-57

Max Reinhardt inventeur d'une nouvelle vision de Molière ou La renaissance des fêtes, in: *Etudes Germaniques*, Janvier-Mars 1974, S. 18-34

Molière on Max Reinhardt's Stage, in: *Molière and the Commenwealth of Letters: Patrimony and Posterity,* ed by R. Johnson. E. S. Neumann, Guy Tail, Jackson 1975, S. 591-602

Rezension: Deutung und Bedeutung – Studies in German and Comparitive Literature presented to Karl-Werner Maurer, ed. by B. Schludermann u. a., in: *ARCADIA 10* (1975), H. 3, S. 296 -297

Bestandsaufnahme in Sachen Weltliteratur: Die Association Internationale de Littérature Comparée tagte in Budapest, in: *Schweizer Monatshefte* 56 (November 1976), S. 663-666

Plan der Komödie und Molière, in: *Programmheft zu ,Der Rosenkavalier'*. Frankfurter Oper 1976 (wiederaufgenommen im Programmheft der Bayerischen Staatsoper München 1978)

Rezension: Komparatistik – Aufgaben und Methoden, hg. von H. Rüdiger, in: *ARCADIA 11* (1976), H. 1, S. 82-85

Dada und der Weltkrieg: Aspekte der Entstehung der internationalen Bewegung in Literatur und Kunst, in: *ARCADIA 11* (1976), H. 3, S. 225-237

Hugo von Hofmannsthal und die Weltliteratur, in: *Acta Litteraria Academiae Scientiarum Hungaricae*, Tomus 18 (1-2), Budapest 1976, S. 85-99

Zum Fest, in: *Für Rudolf Hirsch. Zum siebzigsten Geburtstag am 22. Dezember 1977*, Frankfurt/M. 1977, S. 18-19

„... dem wirklichen Regisseur": Hugo von Hofmannsthals Briefe an Max Reinhardt, in: *Ein Theatermann. Theorie und Praxis. Festschrift zum 70. Geburtstag von Rolf Bodenhausen*, hg. von Ingrid Nohl, München 1977, S. 89-113

Comparaison n'est pas raison: Die Budapester Tagung der Komparatisten, in: *Literatur und Kritik*, H. 111 (Februar 1977), S. 6 - 9

Musik im ,Zirkus Reinhardt', in: *Für Heinz Thiessen 1887-1971. Aufsätze, Analysen, Briefe, Erinnerungen, Dokumente, Werkverzeichnis, Bibliographie*, hg. von Martin Schlösser, Berlin 1979, S. 243-246

Max Reinhardt's American Experience, in: *Actes du VII Congrès de l'Association Internationale de Littérature Comparée*, Stuttgart 1979, S. 179-184

Max Reinhardt im Exil, in: *Theater im Exil. 1933 -1945. Ein Symposion der Akademie der Künste*, hg. von Lothar Schirmer, Berlin 1979 (Schriftenreihe der Akademie der Künste, Bd. 12), S. 262-276

Ein großer Vermittler zwischen den Künsten: Dank an Otto Kallir (1894-1978), in: *Hofmannsthal-Blätter*, Heft 23/24 (1980/81), S. 12-18

Keime des Lustspiels: Frühe Notizen zum ,Schwierigen' und zum ,Unbestechlichen'. Aus einem von Christiane Zimmer bewahrten Nachlaßkonvolut. Mitgeteilt von Leonhard M. Fiedler, in: *Hofmannsthal-Blätter*, Heft 23/24 (1980/81), S. 75-85

,Legende um Iphigenie': Richard Beer-Hofmann als Regisseur von Goethes ,Iphigenie auf Tauris'. Notizen und Bilder. Mitgeteilt von Leonhard M. Fiedler, in: *Hofmannsthal-Blätter*, Heft 25 (Herbst 1982), S. 32-57

Geschichten aus Hollywood: Zur Uraufführung von Christopher Hamptons Stück über deutsche Emigranten in Los Angeles, in: *Theater heute* 9 (1982), S. 15-16

Shakespeare den Massen nahebringen ... Max Reinhardts Rede im Waldorf Astoria Hotel, New York, 8. Oktober 1935, in: *Theater heute* 11 (1983), S. 28-29

Schöne Bilder, plumpe Gefühle: Goldonis ‚Trilogie der Sommerfrische' [in Wiesbaden], in: *Theater heute* 11 (1983), S. 83

Max Reinhardts amerikanische Spielpläne, in: *Heinrich Huesmann: Welttheater Reinhardt. Bauten Spielstätten Inszenierungen*, München 1983, S. 433 ff.

Zwischen ‚Wahrheit' und ‚Methode': Kafka-Rede in Mainz, in: *Neue Rundschau* 94 (1983) H. 4, S. 184-204

Hofmannsthal und Kafka, in: *Hofmannsthal-Blätter*, Heft 27 (Frühjahr 1983), S. 62-65

Peter Altenbergs Postkarten, in: *Hofmannsthal-Blätter*, Heft 27 (Frühjahr 1983), S. 72

Hofmannsthal, der Nobelpreis und wir, in: *Hofmannsthal-Blätter*, Heft 28 (Herbst 1983), S. 3-4

Paris in London: Französische Stücke im National Theatre und bei der Royal Shakespeare Company, in: *Theater heute* 3 (1984), S. 40-41

‚Josefine, die Sängerin oder das Volk der Mäuse': Kafka bei Bread & Puppet in New York, in: *Theater heute* 6 (1984), S. 32

Plädoyer für ein medienwissenschaftliches Universitätsinstitut, in: *H. Stettner: Kino in der Stadt. Eine Frankfurter Chronik*, Frankfurt/M. 1984, S. 185-187

Dada à New York, in: *Les Avant-Gardes littéraires au XX siècle*, hg. von J. Weisgerber, Budapest 1984, S. 337-344

Dada: Le domaine français, in: *Les Avant-Gardes littéraires au XX siècle*, hg. von J. Weisgerber, Budapest 1984, S. 363-372

Walter Ritzer in Rodaun 16. März 1911 – 16. Mai 1984: Worte an seinem Grabe, in: *Hofmannsthal-Blätter*, Heft 29 (Frühjahr 1984), S. 59-60

‚Um Hofmannsthal': Max Brod und Hugo von Hofmannsthal. Briefe, Notizen. Mitgeteilt von Leonhard M. Fiedler, in: *Hofmannsthal-Blätter*, Heft 30 (Herbst 1984), S. 23-45

Blätter und Quellen: Aus einer Korrespondenz, in: *Hofmannsthal-Blätter*, Heft 30 (Herbst 1984), S. 121-123

Zwischen ‚Wahrheit' und ‚Methode', in: *Franz Kafka Symposion 1983*, hg. von W. Emrich und B. Goldmann, Mainz 1985, S. 355-375

‚Über das höhere Schauspiel in München': Hofmannsthal-Uraufführungen in der bayerischen Hauptstadt: Von ‚Tor und Tod' zum ‚Turm', in: *Hofmannsthal-Forschungen 8*, hg. von W. Mauser, Freiburg/Br. 1985, S. 81-103

‚Urfaust', à la manière expressioniste. Der junge Goethe und die jungen Dichter oder: Urfaust expressionistisch (Die Uraufführung, Frankfurt, 1918), in: *Goethe et les arts du spectacle. Actes du colloque de Francfort (1982)*, Textes réunis par M. Corvin, Bron 1985, S. 309-325

‚Zum Filmstar prädestiniert?' Grete Wiesenthal und der frühe Stummfilm, in: *Die neue Körpersprache – Grete Wiesenthal und ihr Tanz.* (Ausstellungskatalog) Wien 1985, S. 23-27

Das Anlegen und das Ablehnen von Maulkörben. Eine ungehaltene Begrüßungsrede für Ernst Jandl, in: *manuskripte 25*, Juni 1985, S. 37-38

Frankfurter Expressionismus, in: *Bühne und Bild des Frankfurter Expressionismus.* Frankfurt, Stadt- und Universitätsbibliothek 1985 (Ausstellungskatalog), S. 6-10

Reinhardt, Shakespeare and the ‚Dreams', in: *Max Reinhardt. The Oxford Symposion*, ed. by Margaret Jacobs and John Warren, Oxford 1986, S. 79-95

‚Christiane lebt', in: *Hofmannsthal-Blätter*, Heft 34 (Herbst 1986), S. 4-10

Gedenkblatt für Eugene Weber, in: *Hofmannsthal-Blätter*, Heft 34 (Herbst 1986), S. 80-82

Pucks Epilog. Eine Übertragung. Hofmannsthals letztes Gedicht? in: *Hofmannsthal-Blätter*, Heft 39 (Frühjahr 1989), S. 55-63

Dada und der Weltkrieg. Aspekte der Entstehung einer internationalen Bewegung in Literatur und Kunst, in: *Literarische Avantgarden*, hg. von Manfred Hardt, Wissenschaftliche Buchgesellschaft Darmstadt 1989 (Wege der Forschung 648), S. 194-211 (zuerst in: *ARCADIA 11*, 1976, S. 225-237)

Die Überwindung des Naturalismus auf der Bühne: Das Theater Max Reinhardts, in: Dieter Kafitz (Hg.): *Drama und Theater der Jahrhundertwende*, Tübingen 1991, S. 69-85

Bleiben doch die ewgen Juden. Max Reinhardts Exil, in: *Exiltheater und Exildramatik 1933 -1945. Tagung der Hamburger Arbeitsstelle für Deutsche Exilliteratur 1990*, hg. von Edita Koch und Frithjof Trapp, Maintal 1991, S. 41-62

Salzburg in New York. Max Reinhardts jüdisches Welttheater, in: Peter Csobádi, Gernot Gruber, Jürgen Kühnel u. a. (Hg.): *Welttheater, Mysterienspiel, Rituelles Theater. „Vom Himmel durch die Welt zur Hölle"*, Anif/Salzburg 1992, S. 481-494

Die Sorge der Mutter. Hugo von Hofmannsthals Verse für Gertrud Eysoldt in Max Reinhardts Inszenierung von „Der Tor und der Tod" (1908), in: *Poetry Poetics Translation.* Festschrift in Honor of Richard Exner, hg. von Ursula Mahlendorf und Laurence Rickels, Würzburg 1994, S. 99-106

Deutschland, bleiche Mutter (Helma Sanders-Brahms), in: *Metzler Film Lexikon*, hg. von Michael Töteberg, Stuttgart 1995, S. 149-150

„Nur schaffen will ich und geschaffen werden". Gertrud Eysoldt, Hugo von Hofmannsthal, Max Reinhardt und das Neue Theater, in: Carsten Niemann: *„Das Herz meiner Künstlerschaft ist M u t".* Die Max Reinhardt-Schauspielerin Gertrud Eysoldt (1870-1955), Hannover 1995 (prinzenstraße 6), S. 94-109

„Der Diener zweier Herren" und das Weiterleben der commedia dell'arte, in: *Stadttheater Würzburg. Programmheft zu Goldonis „Diener zweier Herren"*, Würzburg 1995, S. 5-9

Hugo von Hofmannsthal: Der Dichter und die Leute. Mitgeteilt von Leonhard M. Fiedler, in: *Hofmannsthal-Jahrbuch* 3/1995, S. 7-15

Towards a Universal Language: Some Observations on Common Backgrounds of Professional Acting in Europe and the Genesis of the Director as an Artist, in: *The European Legacy: Toward New Paradigms*, Part 3, Vol. 1, No. 3, 1996

Gärten als Wasserfälle, Luftschiffe, Drachen. Hans Poelzigs Skizzen zu eigenen Filmprojekten, in: *Kinematograph* 12, 1997: Hans Poelzig. Bauten für den Film, hg. vom Deutschen Filmmuseum (Schriftenreihe des Deutschen Filmmuseums), Frankfurt/M. 1997, S. 82-87

Realer und virtueller Raum. Hans Poelzig und das Theater, in: *Kinematograph* 12, 1997: Hans Poelzig. Bauten für den Film, hg. vom Deutschen Filmmuseum (Schriftenreihe des Deutschen Filmmuseums), Frankfurt/M. 1997, S. 88-101

Auf der Suche nach einem Grenzgänger. (Eine Liebeserklärung), in: *Meine Lieblingsfigur auf der Bühne. Freundesgabe für Günther Erken*, hg. von Klaus Briegleb und Thomas Koebner, St. Augustin 1998, S. 103-126

The Eternal Road – Max Reinhardts Weg, in: Helmut Loos und Guy Stern (Hg.): *Kurt Weil – Auf dem Weg zum „Weg der Verheißung"*, Freiburg/Br. 2000 (Reihe Litterae 75), S. 157-174

Epilog zu Nava Semel: *Gläserne Facetten*. Zehn Geschichten, hg. von Chaja Koren-Born, Frankfurt/M. 2000, S. 224-228

Gerhart Hauptmanns „Festspiel in deutschen Reimen", inszeniert von Max Reinhardt in Max Bergs Jahrhunderthalle in Breslau (1913), der „Kampf um Hauptmann" und Hans Poelzigs „theatralische Sendung", in: *Hans Poelzig in Breslau. Architektur und Kunst 1900 - 1916*, hg. von Jerzy Ilkosz und Beate Störtkuhl (Begleitband zur gleichnamigen Ausstellung des Architekturmuseums und des Nationalmuseums in Breslau sowie des Bundesinstituts für ostdeutsche Kultur und Geschichte in Oldenburg), Delmenhorst 2000, S. 95-122

Max Reinhardt und Ferruccio Busoni – Das musikalische Theater, Berlin 2001 (Druck in Vorbereitung)

Erinnerung. Symposion zum 10. Todestag von Norbert Altenhofer, Frankfurt/M. 2001 (Druck in Vorbereitung)

Fülle des Herzens, Poetisierung der Sprache. Zu einem Blatt aus dem Nachlaß Hugo von Hofmannsthals (Ein Brief), in: Monika Hahn (Hg.): *Spielende Vertiefung ins Menschliche. Festschrift für Ingrid Mittenzwei*, Heidelberg 2002, S. 281-286

*

Rezensionen, literaturkritische und theaterwissenschaftliche Beiträge in Zeitschriften und Tageszeitungen: *Germanistik, Die Zeit, Frankfurter Allgemeine Zeitung, Frankfurter Rundschau, Neue Zürcher Zeitung, Der Landbote* (Winterthur) und *Uni-Report* (Frankfurt/M.)

Die Autoren

Brändle, Rainer, geb. 1956 in München; Studium der Philosophie, Politikwissenschaft und Germanistik in Freiburg/Br. und Frankfurt/M.; Promotion über Ernst Lissauer.

Erken, Günther, geb. 1933 in Nordhorn; war Professor für Theaterwissenschaft in Köln und München, Schauspieldramaturg an den Staatstheatern in Stuttgart und München und zuletzt Leiter des Studiengangs Dramaturgie an der Bayerischen Theaterakademie München. Bücher und Aufsätze zur europäischen Theatergeschichte, Shakespeare, Schiller, Raimund, Hofmannsthal, Horváth, Dorst und zum deutschen Gegenwartstheater.

Ewald, Rainer, geb. 1950 in Berlin; Dr.-Ing. habil., Privatdozent an der Universität Hannover und freier Architekt in Weimar; Sanierungsprojekte u. a. Römisches Haus (Weimar), Schloß Friedenstein und Historisches Haus (Gotha), Burg Giebichenstein (Halle); Veröffentlichungen u. a. zu Goethes Architekturanschauung sowie zur Stadtplanung, Bau- und Siedlungsgeschichte und Denkmalpflege.

Exner, Richard, geb. 1929 in Niedersachswerfen (Harz); 1950 Auswanderung in die USA; Studium der Germanistik und Komparatistik; 1965-1992 Professor für Deutsche und Vergleichende Literaturwissenschaft in Santa Barbara (USA); Gastprofessuren in den USA, Europa und Australien; 1992 Rückkehr nach Deutschland; Mitglied der Bayerischen Akademie der Schönen Künste; Veröffentlichungen und Editionen zur deutschen Literatur des 19. und 20 Jahrhunderts, u. a. zu Stifter, Rilke, Hofmannsthal, Rudolf Alexander Schröder, Thomas Mann, Celan und zur Poetik; Übersetzungen aus dem Englischen (Yeats, Jeffers, Wallace); zahlreiche Lyrikbände. Richard Exners Gedicht wird hier zum ersten Mal veröffentlicht (© beim Autor).

Fetscher, Iring, geb. 1922 in Marbach/N.; Studium der Philosophie in Tübingen und Paris; bis 1988 Professor für Philosophie und Politische Wissenschaft an der J. W. Goethe-Universität Frankfurt/M.; Herausgeber u. a. der Schriften Alexandre Kojèves, Graf York von Wartenburgs, Karl Marx' sowie der *Marxismus-Studien*; neben publizistischen Arbeiten zahlreiche Bücher und Aufsätze u. a. zu Hobbes, Hegel, Rousseau, Marx, zum historischen Materialismus, wissenschaftlichen Sozialismus, zur Ideologiekritik und NS-Rhetorik sowie zur politischen Kultur in Deutschland. Iring Fetscher ist Träger zahlreicher Auszeichnungen, darunter des Bundesverdienstkreuzes und der Goethe-Plakette der Stadt Frankfurt 1992.

Hackenbruch, Ulrich, geb. 1967 in Kassel; Studium der Germanistik, Amerikanistik und Theater-, Film- und Fernsehwissenschaft in Frankfurt/M.; Promotion über Walter Serner; seit 1993 im Auswärtigen Dienst in Breslau (Polen).

Jeziorkowski, Klaus, geb. 1935 in Chemnitz; war Professor für Neuere Deutsche Literatur an der J. W. Goethe-Universität in Frankfurt/M.; Gastprofessuren in den USA, Kanada, Senegal und Kamerun; zahlreiche Veröffentlichungen zu Georg Büchner, Gottfried Keller, zur Erzählliteratur des 19. Jahrhunderts und zur Gegenwartsliteratur, publizistische Arbeiten, Gedichte.

Johnson, Bond, geb. 1940 in Birmingham (Alabama/USA); lehrte Deutsche und Vergleichende Literaturwissenschaft in Los Angeles und ist seit 1990 Professor für Französische Literatur an der Pepperdine University in Malibu. Veröffentlichungen: Essays zur Literatur, Prosa und Lyrik.

Lohner, Marlene, geb. in Bremen; Studium der Germanistik und Musikwissenschaft in Erlangen, Promotion mit einer Arbeit über literarische Wertung; Lehrtätigkeit in New York und Stanford/Kalifornien und Übersetzungen literaturtheoretischer Schriften ins Deutsche; Veröffentlichungen u. a. zu Marie Luise Kaschnitz, Goethe und die Moderne. Marlene Lohner ist Dozentin für Deutsche Literatur in der Erwachsenenbildung und wurde 2001 vom Land Hessen mit der Ehrenurkunde für Kunst und Kultur ausgezeichnet.

Metzner, Ernst Erich, geb. 1938 in Hillersdorf (damalige Tschechoslowakei); Studium der Germanistik, Geschichte, Politikwissenschaft und Skandinavistik in Frankfurt/M.; seit 1972 Professor für Deutsche Philologie an der J. W. Goethe-Universität Frankfurt/M., 1999-2001 geschäftsführender Direktor des Skandinavischen Instituts; Gastdozenturen in Florenz, Lublin und Lyon; seit 2001 Mitglied der sudetendeutschen Akademie. Zahlreiche Veröffentlichungen u. a. zur alt-, mittel- und neuhochdeutschen und skandinavischen Literatur, zur germanisch-deutschen Wort- und Namenkunde, zur Sprachgeschichte und Geschichtsdichtung des Rhein-Main-Gebiets und des böhmisch-mährisch-schlesischen Raums; 1996 Inaugurator des Jubiläumskongresses „150 Jahre Erste Germanistenversammlung".

Mittenzwei, Ingrid; Professorin für Neuere Deutsche Literaturwissenschaft an der J. W. Goethe-Universität Frankfurt/M.; Veröffentlichungen zu Fontane, Rilke, Keller, C. F. Meyer und Brentano.

Nehring, Wolfgang, geb. 1938 in Oppeln/Oberschlesien; Studium der Philosophie, Germanistik und Klassischen Philologie in Bonn, Tübingen und Wien; nach Lehrtätigkeiten in Bonn, Boston und Basel heute Professor für Deutsche Literatur in Los Angeles. Zahlreiche Veröffentlichungen u. a. zu Wackenroder, Eichendorff, E. T. A. Hoffmann, zu Hofmannsthal und Schnitzler und allgemein zur Literatur der Jahrhundertwende in Deutschland und Österreich.

Oehler, Dolf, geb. 1943 in Sprottau/Schlesien; Studium der Romanistik, Germanistik und Philosophie in Frankfurt/ M. und Tübingen; lehrte von 1981 bis 1991 an den Universitäten Orléans und Paris-Vincennes und ist heute Professor für Vergleichende Literaturwissenschaft in Bonn; Buchpublikationen zu Baudelaire, Daumier und Heine; zahlreiche Aufsätze zur Literatur und Ästhetik der Moderne; Übersetzungen Baudelaires, Sartres und Marthe Roberts.

Pehnt, Wolfgang, geb. 1931 in Kassel; Studium der Germanistik, Kunstgeschichte und Philosophie in Marburg, München und Frankfurt/M.; Promotion 1956; Lektor im Gerd Hatje Verlag Stuttgart; von 1963 bis 1995 verantwortlich für Literatur und Kunst im Deutschlandfunk (Deutschlandradio); 1992 und seit 1996 Lehrtätigkeit an der Ruhr-Universität Bochum; 1995 zum Professor ernannt; Mitglied der Akademie der Künste Berlin und der Bayerischen Akademie der Schönen Künste München; langjähriger Mitarbeiter der FAZ; zahlreiche Veröffentlichungen in Fachzeitschriften, Katalogen, Sammelbänden; Buchpublikationen zur Architekturgeschichte des 19. und 20. Jahrhunderts.

Primavesi, Patrick, geb. 1965 in Offenbach/M.; Studium der Theaterwissenschaft und Germanistik in Berlin, Gießen und Frankfurt/M.; Promotion über Walter Benjamin; Lehrtätigkeit in Mainz, Frankfurt/M. und Südindien; z. Zt. wissenschaftlicher Assistent am Institut für Theater-, Film- und Medienwissenschaften der J. W. Goethe-Universität Frankfurt/M.; Veröffentlichungen u. a. zu Walter Benjamin, den Filmen von Danièle Huillet und Jean-Marie Straub, Brecht, Robert Wilson, zur Funktion der Stimme im Theater sowie zum Verhältnis von Theater und Film.

Rölleke, Heinz, geb. 1936 in Düsseldorf; Studium der Germanistik, Geschichte und Philosophie in Köln und Zürich; nach Lehrtätigkeiten in Köln, Düsseldorf, Trier und in den USA seit 1974 Professor für Deutsche Philologie einschließlich Volkskunde in Wuppertal; Herausgeber von *Wirkendes Wort* und Mitherausgeber der Werke Hofmannsthals, Else Lasker-Schülers und der Schriftenreihe *Literaturwissenschaft*. Zahlreiche Buchpublikationen und Aufsätze zur deutschen Literaturgeschichte und literarischen Volkskunde; 1985 Preis der Akademie für Kinder- und Jugendliteratur Volkach und Staatspreis des Landes Hessen, 1999 Brüder-Grimm-Preis.

Sader, Jörg, geb. 1945 in Erfurt; Studium der Germanistik, Romanistik und Philosophie in Frankfurt/M. und Paris; Promotion über Ernst Jünger; Lehrbeauftragter für Neuere Deutsche Literatur an der J. W. Goethe-Universität Frankfurt/M.; publizistische Arbeiten, Katalogbeiträge.

Schlosser, Horst Dieter, geb. 1937 in Düsseldorf; Studium der Germanistik, Geschichte, Philosophie und Pädagogik in Hamburg, Münster und Freiburg/Br.; seit 1972 Professor für Deutsche Philologie an der J. W. Goethe-Universität Frankfurt/M., 1976-1978 und 1988-1990 Universitätsvizepräsident, seit 1991 Sprecher der Jury für das „Unwort des Jahres"; zahlreiche Veröffentlichungen zur Sprachentwicklung im 19. und 20. Jahrhundert (Schwerpunkte u. a. Technik- und DDR-Sprache).

Starz, Ingo, geb. 1969 in Heilbronn; Studium der Kunstgeschichte, Klassischen Archäologie, Vor- und Frühgeschichte und Geschichte in Würzburg, Basel und Freiburg/Br.; Lizentiat mit einer Arbeit über Walter Leistikow; seit 1996 Mitarbeiter am Ludwig-von-Hofmann-Archiv Zürich, ab 1999 wissenschaftlicher Leiter; zahlreiche Veröffentlichungen zur Kunst- und Kulturgeschichte der Jahrhundertwende; Vorbereitung einer Dissertation über Ludwig von Hofmann.

Stegmann, Tilbert Dídac, geb. 1941 in Barcelona; Studium der Romanistik und Katalanistik in Hamburg, Berlin, USA, Madrid und Coimbra; Lehrtätigkeit in Erlangen-Nürnberg, Rennes, Berlin (FU), Venedig und Ewing (USA); Professor für Romanische Philologie an der J. W. Goethe-Universität Frankfurt/M.; Gründer der Deutsch-Katalanischen Gesellschaft, des Deutschen Katalanistenverbandes, der Biblioteca Catalana Frankfurt/M. und der Zeitschrift für Katalanistik; (Mit-)Autor und Herausgeber von ca. 30 Büchern und zahlreichen Beiträgen zur Romanistik und Katalanistik; zuletzt „EuroCom", eine Methode zum Simultanerwerb von Lesekompetenzen in allen romanischen Sprachen (zus. mit H. Klein).

Stern, Guy, geb. 1922 in Hildesheim; 1937 Emigration in die USA; Studium der Romanistik und Germanistik; nach verschiedenen Lehrtätigkeiten 1963 Professor für Deutsche Sprache und Literatur in Cincinnati, seit 1978 in Detroit; Gastprofessuren in Freiburg/Br., Frankfurt/M., Leipzig, Potsdam und München. Zahlreiche Veröffentlichungen und Editionen zur Literatur der Aufklärung, zur deutschen Exilliteratur und zu Kurt Weill. Träger des Großen Verdienstkreuzes der Bundesrepublik Deutschland (1987) und der Goethe-Medaille des Goethe-Instituts (1989).

Stoupy, Joëlle; Studium der Germanistik, Anglistik und Romanistik in Aix-en-Provence, Marburg und Frankfurt/M.; Promotion über Paul Bourget; Dozentin am Germanistischen Institut der Universität Boulogne-sur-Mer und Mitarbeiterin an der Großen Frankfurter Ausgabe der Werke Thomas Manns; Veröffentlichungen zu Lessing, Hofmannsthal, Leopold von Andrian sowie Heinrich und Thomas Mann.

Suelem, Mouschira, geb. 1956 in Kairo; Studium der Germanistik, Professorin für Literaturwissenschaft und seit 1996 Leiterin der Deutschen Abteilung der Pädagogischen Fakultät der Ain-Shams Universität Kairo; Gastprofessuren in Wien, Salzburg, Graz und München; Veröffentlichungen zur deutschen Gegenwartsliteratur.

Tyszak, Stephanie; Antiquarin; seit 1973 im Geschäftszimmer des Instituts für Deutsche Sprache und Literatur II der J. W. Goethe-Universität Frankfurt/M. tätig.

Urbach, Reinhard, geb. 1939 in Weimar; Studium der Germanistik, Geschichte, Kunstgeschichte und Theaterwissenschaft in Köln, Bonn und Wien; Promotion über Arthur Schnitzler; nach Tätigkeiten als Mitarbeiter bzw. Gründer und Leiter der Österreichischen Gesellschaft für Literatur, des Literarischen Quartiers in der alten Schmiede Wien und Literaturreferent im Kulturamt Wien sowie als Leiter der Dramaturgie des Burgtheaters Wien seit 1988 Direktor des Theaters der Jugend Wien; seit 1969 zahlreiche Gastprofessuren (u. a. in den USA und am Max Reinhardt Seminar Wien) und Vortragsreisen; Buchpublikationen, Hörfunksendungen und TV-Filme zu Literatur und Theater, darunter besonders zu Schnitzler, Nestroy und Raimund; Mitherausgeber der Tagebücher Schnitzlers; Träger verschiedener Auszeichnungen, darunter das Grosse Ehrenzeichen für Verdienste um die Republik Österreich.

Walk, Cynthia, geb. 1945 in Chicago; Promotion 1973; seit 1972 Associate Professor für Deutsche Literatur in San Diego/Kalifornien; Veröffentlichungen zu Hofmannsthal, Max Reinhardt und zum Film.

Wörner, Anette, geb. 1971 in Frankfurt/M.; Studium der Germanistik, Kinder- und Jugendliteratur und Psychologie in Frankfurt/M.; Magisterarbeit über Dieter Leisegang.

Wuthenow, Ralph-Rainer, geb. 1928 in Rendsburg/Sch.; Prof. em. Dr. phil.; nach Lehrtätigkeiten in Lausanne, Bordeaux, Tokyo und Göttingen Professor für Neuere Deutsche Philologie und Vergleichende Literaturwissenschaft an der J. W. Goethe-Universität Frankfurt/ M.; Gastdozenturen in Dänmark, USA, Italien, Frankreich und Ungarn; monographische Studien und Einzeldarstellungen über Jean Paul, Georg Foster, Nietzsche, Diderot und Valéry; zahlreiche Veröffentlichungen u. a. zur europäischen Autobiographie, Reiseliteratur, Übersetzungsproblematik, Ästhetizismus und Literarischen Spiegelungen (Intertextualität) sowie Übersetzungen aus dem Französischen und Japanischen.

Nachbemerkung der Herausgeber

Überwältigend war, das wollen wir an dieser Stelle nachtragen, die Zustimmung, die die Ankündigung des Festschrift-Projekts weit über Deutschland hinaus auslöste. Worte der Hochschätzung und Sympathie, der herzlichen Verbundenheit mit dem Jubilar erreichten uns von allen Seiten, bemerkenswert einhellig in der ungeteilten Freude und Begeisterung für das Buch, das zu Ehren Leonhard M. Fiedlers, seiner Arbeit als Hochschullehrer, Herausgeber und Essayist und seinem unvergleichlichen Engagement für die Literatur, das Theater, die Bildenden Künste innerhalb und außerhalb der Universität entstehen würde.

Mitarbeiter zunächst des Freien Hochstifts Frankfurt, ab 1968 wissenschaftlicher Assistent, schließlich für knapp drei Jahrzehnte, von 1972 bis zum Jahre 2000, Professor für Deutsche und Vergleichende Literaturwissenschaft an der Frankfurter Goethe-Universität (zuständig auch für Kunstgeschichte und mehrfach Gastprofessor in den USA und in Kairo), daneben, vom Ende der 60er Jahre bis 1981, Redakteur und Herausgeber der *Hofmannsthal-Blätter*, überdies Mitglied der Deutschen Akademie der Darstellenden Künste, des deutschen P.E.N. – soweit die akademisch-offizielle (und gewiß unvollständige) Vita Leonhard M. Fiedlers.

Dem Blick auf die Forschungsschwerpunkte, auf seine favorisierten Themen und Einzelleidenschaften ergeben sich farbigere Bilder, zeichnet sich vor allem eine Haltung ab, die stets Vorrang genoß vor den wohlgehüteten Gesetzen der Fachwissenschaft: die der Interdisziplinarität. Ob es um Max Reinhardt ging, der Fiedlerschen *Lieblingsfigur* auf dem Welttheater, oder Hofmannsthal, um Kafka oder Goethe, um Architekturtheorien vom Klassizismus bis zum Jugendstil, um das Dritte Weimar in allen seinen Facetten oder schließlich um die ungewöhnliche Leidenschaft eines Architekten wie Hans Poelzig für das Theater und den Film – immer waren Grenzen zu überschreiten, um Fachwissen in ungewohntem Kontext neu zu befragen, nutzbar, anwendbar zu machen, die Disziplinen also miteinander ins erhellende Gespräch zu ziehen. Zukunftsweisende Denkanstöße sind so entstanden, verblüffende Themenkomplexe – Bereicherungen des Lehrangebots, gewiß, vor allem aber Bereicherungen der Phantasie: Unruhestiftungen durch Phantasie. Daß ein vergleichendes Betrachten der (auch abgelegenen, unerschlossenen oder wenig gewürdigten) Gegenstände höheren Erkenntnisgewinn verspricht als ein gewohnt eingleisiges, das war und ist eine der Grundüberzeugungen des Jubilars, sein Ethos gewissermaßen als Lehrer und Forscher. Eine ernstzunehmende Alternative zur Haltung des Interdisziplinären bestand also nie.

So hat der bewußt gelebte Widerspruch des Literatur- und Theaterbesessenen gegen den (noch immer) arbeitsteiligen Betrieb den Kanon, gerade weil er ihn konstruktiv in Frage stellte, auf substantiellere Weise zu pflegen vermocht. Dies wäre ohne ein unbeirrbares Gespür für unentdeckte Zusammenhänge, ohne die sichere Intuition eines Sammlers so nicht möglich gewesen. Allerdings hat der Sammler Leonhard M. Fiedler auf mitunter abenteuerlichen, wenig erfolgversprechenden Wegen nicht nur bedeutende Materialien und Themen zusammengetragen, er hat auch Menschen entdeckt und sie als Zeugen eines künstlerischen Werdegangs, einer Ära oder der Entstehung eines Werks in seinen Seminaren befragt.

Seine Studenten haben das ungewöhnliche Vorgehen ihres Lehrers überaus geschätzt. Nicht selten hatten ja die geistigen Überschreitungen eine hautnahe, eminent materielle (und für die Literaturwissenschaft nicht eben selbstverständliche) Seite: referiert und erörtert wurde in ungewohnten Räumen, im Homburger Schloß, in Hans Poelzigs IG-Farben-Ensemble (für das Leonhard M. Fiedler, auch mit der Idee eines Poelzig-Museums, Öffentlichkeit herstellte, lange bevor es andere taten) oder gleich in Breslau, in Stuttgart, Weimar oder am höchsten Punkt des Park Guëll in Barcelona. Wer darin lediglich willkommene Unterbrechungen des Studienalltags sieht, verfehlt ihren wirklichen Gewinn: den sinnfällig ästhetischer Verankerung des Stoffs, eines tieferen Verständnisses der Gegenstände, das nur so zu haben ist.

Auf alle, die ihm begegneten, übertrug sich die Begeisterungsfähigkeit, die Neugier und Offenheit des Lehrers für das Unerkannte und provozierte spielerisch staunendes Überprüfen eigener liebgewordener Positionen. Als streitbaren Forscher und nachsichtigen Betreuer haben ihn Studenten wie Kollegen erlebt, als Impulsgeber im fachlichen Gespräch, als weitsichtigen Initiator des Instituts für Theater-, Film- und Medienwissenschaft und frühen Befürworter einer komparatistischen Abteilung an der Frankfurter Universität, als einen Menschen vor allem, dem Literatur und Kunst mindestens soviel bedeutet wie Wissenschaft, das aktuelle Theater keinesfalls weniger wichtig ist als seine entsprechende Theorie. Als sei es das Natürlichste innerhalb der akademischen Welt, wußte und weiß Leonhard M. Fiedler zu vereinen, was gemeinhin beziehungslos nebeneinander besteht: Wissenschaftlichkeit, gelebte Erfahrung, ästhetische Wahrnehmung und rastlose Phantasie.

In dieser Haltung, in diesem Widerspruch des Ästhetischen und Interdisziplinären gegen alle akademische Enge und Provinzialität sahen die Beiträger dieses Buchs die einzig angemessene Form des Danks. Der Versuch, den Lehrer, Kollegen und Freund mit eben jener Praxis zu ehren, der er selbst zentrale, ja existentielle Bedeutung zumißt – gewissermaßen als Spiegelungen seines langjährigen Wirkens –, diese Intention ist den einzelnen Beiträgen deutlich abzulesen. So ist mit diesem Blick eine Bühne aus Texten entstanden, vergleichbar einem imaginären *Welttheater*, das ja – unnötig zu erwähnen – für Leonhard M. Fiedler die *größte* und *schönste* Bühne ist, *die es überhaupt gibt.* Für die Augenblicke des Lesens (und Wiederlesens) gehört es ihm – ein Welttheater zwischen zwei Buchdeckeln, jederzeit aufschlagbar und nun dem Jubilar zu seinem unglaublichen 60. Geburtstag überreicht.

Den Autorinnen und Autoren haben wir herzlich zu danken (im übrigen entschieden sie selbst, ob sie nach alter Rechtschreibung schreiben oder gegen sie). Nicht alle, die sich der Arbeit Leonhard M. Fiedlers verbunden fühlen, waren erreichbar: ihre Stimmen fehlen, das bedauern wir sehr. Niemand indes wird besser als er selbst zu schätzen wissen, daß jeder zu Papier brachte, was ihm zum persönlichen Dank an ihn, den Kollegen, den Lehrer, den Freund geeignet erschien. Wir alle danken ihm.

Frankfurt am Main,
im März 2002